法治中国论坛

李 林 冀祥德 主编

依法治国与深化司法体制改革

RULE OF LAW AND IMPROVED JUDICIAL REFORM

方志出版社

代　序

深化司法体制改革应做好顶层设计

李　林*

按照十八大报告的部署，在全面推进依法治国的实践进程中，需要进一步深化司法体制改革。时至今日，我国的司法体制改革已到了“深水区”，应当更加自觉地做好充分科学的理论准备。没有革命的理论，就没有革命的实践。而理论有多远，我们就可能走多远。深化司法体制改革亦然。应当在深入调查研究的基础上，对前一阶段司法改革的成效进行全面评估和深刻反思，总结经验，找出差距，调整思路，为进一步深化司法体制改革提供历史经验和实践依据。同时要立足国情，学习借鉴国外先进经验，深入研究和确立中国特色社会主义的司法理论，为新一轮司法体制改革提供科学的理论指导。

一　深化司法体制改革应当客观评价以往司法改革的成效得失

毫无疑问，新形势下深化司法体制改革是一项系统工程，需要各种行之有效的具体措施和具体办法，但当务之急是要做好深化司法体制改革的顶层设计。做好深化司法体制改革的顶层设计，应当在肯定司法建设和司法改革取得成绩的基础上，实事求是地认识和评价我国司法改革的利弊得失。这是进一步深化司法体制改革的基础，也是保持司法改革连续性、有

* 李林，中国社会科学院学部委员、中国社会科学院法学研究所研究员。

效性的前提。1997年以来，我们在贯彻落实依法治国基本方略的进程中，大力推进了一系列司法改革。2012年10月国务院新闻办公室发布的《中国的司法改革》白皮书，对近年来我国司法改革作出的总体评价是："通过司法改革，中国特色社会主义司法制度不断完善。司法改革促进了司法机关严格、公正、文明、廉洁执法，推动了中国司法工作和司法队伍建设的科学发展，赢得了公众的认可与支持"。党的十八大报告也在一定程度上肯定了过去5年的司法改革工作，认为我国司法体制和工作机制改革取得了新进展。对于过去几年我国以司法改革为代表的法治建设状况，学界有不同的评价。有的认为，近年来法治建设是"进一步、退两步"，与改革开放前20年法治建设"进两步、退一步"的状况相比，形成明显反差。也有的认为，近年来我国法治建设明显倒退，主要表现是司法改革倒退和某些领域人治现象回潮，法治状况堪忧。在民间，有"段子"对我国法治和司法现状做了调侃式的描述：三大基本法——领导的看法、领导的想法、领导的说法；三个诉讼规则——大案讲政治、中案讲影响、小案讲法律；三个法律效力原则——宪法服从国外看法、法律服从内部规定、内部规定服从领导决定；法治基本状况——严格立法、普遍违法、选择执法；执法依据原则——百分之十人大通过、百分之九十高院释法。尽管民间"段子"对我国法治和司法状况的上述评价颇为直观、夸张、片面、消极，甚至捕风捉影、以偏概全，但如果从民意角度来正面理解，这种调侃似乎也在一定程度上反映了人民群众对于我国法治建设和司法改革状况的某种不认同和不满意。

应当承认，我国司法改革取得的成效是有目共睹的。前一阶段我国司法改革轰轰烈烈，确实解决了办公条件、经费、人员编制以及一些长期制约法院和检察院建设发展的体制机制等"老大难"问题，基本上实现了各个阶段司法改革方案预设的目标。但也不可否认，一些影响司法独立、司法权威、司法效率、司法公正、司法公信力的体制问题仍未得到解决。①

① 例如，陈卫东教授指出："在充分肯定前些年司法改革工作取得的重大成绩的同时，我们也不得不承认，许多更深层的问题并没有彻底解决，并且面临更大的困难。司法改革本是一项涉及机制设置、权力机关协调等多方位的全面改革，需要一种宏观的、战略性的规划。然而，目前的司法改革措施大多停留在工作机制层面上，深层次的体制改革尚未展开。"陈卫东：《未来五年我国司法体制改革的若干建议》，《河南社会科学》，2012年第2期。

尤其是，“有法不依、执法不严、违法不究现象在一些地方和部门依然存在；关系人民群众切身利益的执法司法问题还比较突出；一些公职人员滥用职权、失职渎职、执法犯法甚至徇私枉法严重损害国家法制权威”[①]；干预人民法院、人民检察院依法独立行使审判权、检察权的现象时有发生，制约和影响司法公正、司法权威、司法公信力的深层次问题依然存在，现行司法体制还不能完全适应全面推进依法治国、加快建设法治中国和全面建成小康社会的新形势，还不能充分满足广大人民群众对于司法公正和有效保障人权的新诉求，还没有全面建成独立、公正、高效、权威的社会主义司法制度，进一步深化司法体制改革依然任重而道远。

二 深化司法体制改革应当把握几个关键词

在新形势下深化司法体制改革，应当找准目标，突出重点，解决一些“老大难”问题。为此，新一轮司法体制改革应当着力把握以下几个关键词：一是“全面”。深化司法体制改革不是单兵突进，不能单打独斗，应当把它放在全面建成小康社会、加强“五位一体”建设和全面推进依法治国、加快建设社会主义法治国家的时代背景下来把握，放在未来中国政治体制改革和法治系统建设的整体制度条件下来展开，否则就难以“深入”和“推进”。二是“司法体制”。新一轮司法改革的重点既不是司法机制、司法工作机制、司法工作方法的改革，也不是泛泛而论的一般司法改革，而是以司法体制作为改革的对象和着力点。所谓司法体制，主要就是有关司法职能和司法活动的各种制度安排、权力配置、相互关系和程序设计，是司法权力运行规范化、制度化、法律化的制度载体。十八大报告提出的主要改革对象是改革司法体制，而不是舍本逐末地改革司法工作机制、司法工作方法。三是“深化”。1997 年党的十五大以来，我们进行了 15 年的司法改革，有的司法改革触及了我国司法体制机制的深层次问题，具有一定的深度和广度；但有的司法改革则流于表面、徒具形式、隔靴搔痒，有违司法改革的初衷。因此，新一轮司法体制改革应当由浅入深，切实在“深化”上下功夫，敢于涉足司法体制的深水区、敏感区，善于突破司法体

① 习近平在首都各界纪念现行宪法公布施行 30 周年大会上的重要讲话。

制的所谓“禁区”，以大无畏的改革创新精神和实事求是的科学态度，在政治体制改革进程中切实解决那些制约和束缚依法独立行使审判权和检察权的体制问题。四是“法治思维”。深化司法体制改革要始终坚持依法治国方略和依宪执政原则，坚持法治思维和法治取向，坚持司法的法律属性和基本规律，警惕以人治取代法治、以德治弱化法治和以政治否定法治等违背政治文明发展规律的苗头。

三　深化司法体制改革应当做好顶层设计

在我国，司法体制是政治体制的重要组成部分，司法体制改革是政治体制改革的一个有机组成部分，也是政治体制改革的一个突破口。因此，进一步深化司法体制改革，应当按照十八大报告关于全面推进政治体制改革的总部署和总要求，坚持中国特色社会主义民主政治发展方向，坚持三者有机统一，在现行宪法的框架下，在社会主义法治的轨道上，有领导、有组织、有步骤地积极稳妥地展开。

十八大以后，我国法治建设和司法改革既面临千载难逢的新机遇，也面临前所未有的新挑战。由衷希望法学界、法律界能够结合学习贯彻十八大精神，以建设性的高度和负责任的求真务实态度，理论联系实际、理想结合现实，积极开展全面推进依法治国和深化司法体制改革的大讨论。法学界、法律界应当解放思想，积极参与，集思广益，群策群力，为新一轮司法体制改革建好言、献良策。有关主管机关和部门应当充分发扬民主，广泛听取各方面意见和建议，组织深入调查研究，积极引导讨论方向，及时提出司法体制改革顶层设计的草案，最大限度地形成深化司法体制改革的思想共识、理论共识和顶层设计的方案共识，以十八大倡导的新精神和新作风充分调动一切积极因素支持和参与新一轮司法体制改革。

按照十八大报告的新部署、习近平总书记“12·4”讲话的新精神和全国政法工作会议的新要求，在全面推进依法治国和依宪执政进程中进一步深化司法体制改革，应当高度重视做好司法体制改革的顶层设计，努力使新一轮司法体制改革体现宪法原则和宪法精神，体现法治思维和法治方式，体现尊重司法规律和司法属性的改革取向。

第一，司法体制改革应当体现宪法原则和宪法精神的取向。这就要求必须坚持宪法规定的依法治国基本方略和建设社会主义法治国家的政治发展目标，坚持以宪法的最高权威、最高法律效力和最高法律地位推进依宪治国和依宪执政，坚持宪法思维和宪法权威，增强宪法意识，全面贯彻实施宪法。在依宪治国的宪法思维看来，立法权是以民主为核心价值取向的表达人民意志的“分配正义”，行政权是以效率为核心价值取向的实现人民意志的“执行正义”，司法权则是以公正为核心价值取向的保障人民意志的“矫正正义”。在国家宪政体制下，司法是实现社会公平正义的最后一道防线，是解决社会矛盾纠纷的终结机制。

深化司法体制改革体现依宪执政的价值取向，就是要按照宪法确立的民主集中制原则、国家政权体制和活动准则，坚持人民代表大会统一行使国家权力，切实保证国家机关依照法定权限和程序行使职权、履行职责，保证国家审判机关、检察机关依照宪法和法律独立负责、协调一致地开展工作。要根据宪法的政治架构和社会主义法治原则，从体制、机制和法律上理顺并处理好人大与司法的宪法关系，切实落实人民法院和人民检察院的宪法地位，有效维护人民法院和人民检察院的宪法权威；应当根据宪法和法律理顺并处理好政法委与司法的宪法法律关系，排除各种名目、各种形式对司法的干预，确保人民法院和人民检察院依法独立行使宪法和法律赋予的神圣职权；应当根据法治精神和法治原则理顺并处理好公众、媒体与司法的民主和宪法法律关系，防止舆论审判案件、媒体绑架司法、民意左右法院等现象泛滥成灾，确保人民法院、人民检察院依法独立自主行使职权；应当根据宪法和有关法律理顺并处理好公安机关、人民法院、人民检察院三者之间的宪法法律关系，防止公安机关凌驾于人民法院和人民检察院之上等违宪现象的发生，保证各类政法主体都恢复其宪法法律规定的角色，使它们各归其位，各司其职，确保审判机关、检察机关依法独立、公正行使审判权、检察权。

第二，司法体制改革应当体现法治思维和法治方式的取向。这就要求必须坚持社会主义法治价值和法治原则，坚持宪法法律至上和社会主义法制统一。在我国，宪法和法律是党的主张和人民意志、国家意志相统一的集中体现，是党的领导、人民当家作主和依法治国的有机统一。在依法治国的和平时期和法治社会，法治思维在治理国家和管理社会过程中，是政治思维、意识形态思维、行政思维、经济思维以及社会思维的集大成者；法治方式在党领导人民治国理政过程中，是道德方式、政治方式、意识形态方式、行政方式、经济方式的集大成者。因此，依法办事，维护社会主义法治权威，就是维护党和人民共同意志的权威；严格执法，捍卫社会主义法治尊严，就是捍卫党和人民共同意志的尊严；依法独立行使审判权和检察权，保证公正司法，就是保证党的事业和人民根本利益的实现。应当按照十八大报告和“12·4”讲话精神，学会并善于运用法治思维和法治方式研究、设计和推进司法体制改革。

当务之急要解决的一个重要问题，是针对“信访不信法”“信闹不信法”以及“小闹小解决”“大闹大解决”“不闹不解决”等不正常现象，充分发挥司法作为解决社会矛盾纠纷最后一道防线的功能，重建司法终结涉诉涉法矛盾纠纷的良性循环机制，不断强化司法公信力和权威性。当代任何民主法治社会要保持稳定和秩序，对于社会矛盾纠纷的处理和解决，都必须依法设置终结机制，而不可能任由当事人无休无止地“诉求”或“纠缠”下去。宪法和法治是人类政治文明发明的解决社会矛盾纠纷的最好机制和终结方式。在宪法原理和法治思维下，矛盾纠纷解决的终结机制主要由纵横两方面构成。在横向结构上，通过宪法对国家权能做出立法权、行政权、审判权、法律监督权等的分工，把终结矛盾纠纷的权力赋予审判权（司法或者法院）；在纵向结构上，通过在审判权内部设置两审或者两审以上的审级制，把终结矛盾纠纷的权力赋予终审法院。如果解决社会矛盾纠纷的终结权，既不在司法，也不在终审法院，而是由其他机构、组织或者人员代而为之，那么，必然会出现国家权力职能分工紊乱、民众诉求紊乱和社会秩序紊乱的现象，其结果是欲求稳而不能稳、欲求治而不得治。因此，进一步深化司法体制改革，必须坚持宪法原则和法治思维、法治方式，尽快把涉诉涉法信访全盘纳入法治轨道，依照程序法和实体法解决和终结矛盾纠纷。

第三，司法体制改革应当体现尊重司法规律和司法属性的取向。这就要求必须在宪法和人民代表大会制度关于国家审判权、国家检察权的合理分工与科学定位的基础上，在社会主义法治思维和法治方式的轨道上，坚持人民司法的科学性、规律性和客观性，更加尊重司法规律，认同司法属性，保障司法权威，维护司法公信力，通过深化司法体制改革使司法制度及其功能真正体现司法的本质要求和属性特征。

坚持法律面前人人平等的宪法原则，任何组织或者个人都不得有超越宪法和法律的特权，绝不允许以言代法、以权压法、徇私枉法。一切违反宪法和法律的行为，都必须予以追究。依法公正对待人民群众的诉求，努力让人民群众在每一个司法案件中都能感受到公平正义，绝不能让不公正的审判伤害人民群众感情、损害人民群众权益。深化司法体制改革，最根本的就是要从体制、机制和事实上切实保障人民法院、人民检察院作为国家审判机关和国家法律监督机关的国家属性，切实保障并依法监督它们依照法律规定独立行使审判权和检察权，依法保障人权，实现司法公正。

在我国宪法框架下，以法治思维和法治方式进一步增强司法的透明度和公开性，强化司法的民主性和专业化，祛除司法的行政化、地方化和官僚化色彩，更加注重发挥司法在国家和社会治理中的权利救济和定纷止争作用。同时，在法院和检察院内部，要尽快建立和完善保障法官、检察官依法独立行使职权的权责利相统一的体制机制，真正做到有职有权、独立行使、权责统一、高效权威，从根本上树立和维护人民法院、人民检察院的司法公信力。

深化司法体制改革坚持“三个取向”，是对前一阶段司法改革的补充、完善和发展，而不是对以往司法改革的全面否定和改弦更张。国家政体中之所以有权力机关、行政机关、审判机关和检察机关的不同分工，之所以有立法权、行政权、审判权和检察权的不同设计，就是因为它们有着角色、功能、价值、职责和运行方式等各方面不同的分工、属性和特征。这些符合中国国情和人类政治文明发展规律的制度安排和权力分工，在得到国家宪法确认后，就具有宪法上的最高效力，应当得到全面落实。以往有关司法的某些提法和改革，存在与宪法、法治和司法规律内在要求不尽一致的现象。尽管在过去特定的历史条件下这些现象的存在有某些合理性，但在举国全面推进依法治国、依宪治国和依法执政的新形势下，新一轮深化司法体制改革应当尽快调整到体现宪法、法治和司法规律取向的轨道上来。

（本文原载于《环球法律评论》2013 年第 2 期）

目录

第一部分
深化司法体制改革研讨会的主要内容

第二部分

改革中的政法委及公检法

第三部分

历史与当下的司法改革

第四部分
附　录

第一部分

深化司法体制改革研讨会的主要内容

为“司法独立”正名

李步云*

目前，有些人认为，“司法独立”是一个错误的观念，应当否定。这种主张显然是缺乏历史知识、法治理念和政治智慧的。

司法独立是现代宪政的一项重要原则与制度。现在对当代中国司法独立的理论和实践，中外学术界和法律实务界正予以特别的关注。笔者认为，为“司法独立”正名与脱敏，是其中一个需要认真对待和解决的问题。理由如下：

第一，司法独立作为现代宪政的一项重要原则和制度，具有三重属性。首先，它是现代民主的一项重要原则和制度。自近代以来，无论是主张和实行二权、三权、四权或五权分立与制衡，其精髓都是国家权力的分立与相互制约。而权力过分集中，权力不受制约，权力必然腐败，这是一条历史的铁的规律。而司法独立就是现代民主中国家权力分立和制衡的一个极为重要和必备的内容与环节，是现代民主与古代专制政体的重要区别。其次，司法独立又是现代法治的一个重要原则和制度，是现代司法制度民主性的一个重要体现，是实现司法公正和权威的根本保证。再次，司法独立还是人权保障的重要内容。即当一个人受到警察机关或检察机关指控其有犯罪嫌疑时，他享有接受一个独立而公正的司法机关审判的权利。

第二，“司法独立”一词，在我国我党的立宪史和重要文献中早已被接受和使用。例如：1954 年《中华人民共和国宪法》（以下简称宪法）的规定是“人民法院独立行使审判权，只服从法律”，最准确而又清晰地表达了

---

* 李步云，中国社会科学院法学研究所研究员，广州大学人权研究与教育中心主任。

“司法独立”的理念和原则。叶剑英委员长在“八二宪法”制定中召开的第一次“宪法修改委员会”会议的致辞中就曾明确指出：这次宪法修改，要贯彻“司法独立”和“民主立法”两项原则。笔者参加了这个讲话稿的起草。1981 年，为总结审判“江青反革命集团”的历史经验，笔者又受命起草了《人民日报》“特约评论员”文章，题为《社会主义民主与法制的里程碑——评审判林彪、江青反革命集团》，发表在是年 11 月 21 日的《人民日报》上。该文总结了法治五项原则，第一条就是“司法工作的独立原则”。上述两个文件都是经过中央多位领导审定的。如果提“司法独立”就是反对党的领导，这是完全说不通的。新中国成立以来，党中央的主要领导人都对司法独立的原则和制度予以充分肯定和高度重视。例如，1962 年 5 月，时任党中央副主席和国家主席的刘少奇，就曾对一些地方党政部门干涉司法独立的行为进行了严肃批评，并指出：“法院独立审判是对的，是宪法规定了的，党委和政府不应该干涉他们判案子”。他甚至明确指出：“不要提政法机关绝对服从各级党委领导。它违法，就不能服从。如果地方党委的决定同法律，同中央的政策不一致，服从哪一个？在这种情况下，应该服从法律，服从中央的政策。”① 1986 年 6 月，邓小平在党中央政治局常委会上也指出：“属于法律范围的问题要用法制来解决，由党直接管不合适”，“党干预太多不利于在全体人民中树立法制观念”。他还说：“不管谁犯了法，都要由公安机关依法追查，司法机关依法办理，任何人都不许干扰法律的实施。”②

第三，实际上，反对“司法独立”的，只是党内极个别的领导。1981 年在第一次全国政法工作会议上，一位分管政法工作的领导就曾提出要批判“司法独立”“无罪推定”“有利被告”“自由心证”。他曾说：“司法独立，还要不要党的领导？这是一个老问题，有人提出，法院独立审判，只服从法律，任何机关、社会团体、个人不得干涉和施加影响，这样讲还要不要党的领导，还要不要对全国人民代表大会及其常委会负责？”③ 正是由于这位领导的坚持，他的思想被规定在 1979 年的《中华人民共和国刑事诉讼法》（以下简称刑事诉讼法）中，后又规定在“八二宪法”的第 126 条中，其中具体表述是“人民法院独立行使审判权，不受行政机关、社会团体和个人的干

① 《刘少奇选集》下卷，人民出版社，1985 年，第 462 页。

② 《邓小平文选》第二卷，人民出版社，1993 年，第 163 页、第 292 页。

③ 《彭真文选》，人民出版社，1991 年，第 416 页。

涉”。“八二宪法”起草过程中，时任宪法起草秘书处秘书长的胡乔木曾要求中国社科院法学所对草案提出修改意见。包括笔者在内的五位专家一致提出，要修改现在的第126条，将“不受行政机关……的干涉”改为“不受任何机关……的干涉”或最好是恢复1954年宪法的表述：“人民法院独立行使审判权，只服从法律”。但建议未被采纳。而现在的表述不仅理念错误，也未顾及形式逻辑。因为“干涉”是个贬义词，司法机关办理具体案件，行政机关不能“干涉”，党的组织和人大不能也不应“干涉”。而这与党要在政治上、思想上对司法工作进行领导、人大要对司法工作进行监督，是完全不同的两个概念和两个问题。

第四，“司法独立”已经成为现今国际社会的共识，反对的国家极少。它由一系列国际文书予以明确和具体地规定，其中还包括了“北京声明”，即1995年8月19日在北京举行的第六届亚太地区首席大法官会议通过的《司法机关独立基本原则的声明》。在诸多这类国际文书中，有两项对所有联合国成员国有普遍约束力，即联合国第40/32号决议和40/146号决议认可的《关于司法机关独立的基本原则》和联合国经社理事会1989/60号决议通过的《关于司法机关独立的基本原则：实施程序》。它还规定自1988年起所有成员国负有义务“每五年向秘书长通报一次在实施基本原则方面所取得的进展情况，包括基本原则的宣传，纳入国内立法的情况，在国内实施原则时所面临的问题和困难以及遇到的各种阻碍，同时还包括可能需要的国际社会的援助等”。我国是安理会五个常任理事国之一，又是人权理事会的理事国。如果我们不严格履行自己的义务，在体制和机制上有诸多明显违背其基本原则的地方，甚至连“司法独立”这四个字也不允许提，这在政治上是不明智的，必将大大有损于我国在国际上的形象和威望。

第五，“司法独立”这一原则和制度，既具有普适价值，在不同国家又具有不同的表现形式。在我国，司法机关办案只服从法律。这与党在政治上、思想上对司法工作进行领导、各级人大对司法工作是否严格依法办案进行监督，并不矛盾。完全用不着也不应当否定“司法独立”这一原则本身。在我国，宪法和法律是党领导人民制定的，在一定意义和程度上，宪法和法律是党的路线、方针、政策的具体化和条文化，是党的主张和人民意志的统一。司法机关独立行使职权，排除来自任何方面的干涉和干扰，以维护宪法和法律的崇高权威，就是最好地维护党的领导，能最有力地保证党的领导的实现。

第六，在我国，要切实实现“司法独立”这一原则和制度，必须对司法体制和机制作出深入的改革，其中尤以体制的改革最具有关键性意义。这方面存在的问题主要有三个：一是党组织批案问题。本来，党委审批案件的制度已在1979年9月9日颁布的中共“64号文件”中明令宣布取消。该文件指出，这些法律“是否严格执行，是衡量我国是否实行社会主义法治的重要标志”。这是在中央文件中首次提出“法治”的概念并强调其重要性。该文件提出：“加强党对司法工作的领导，最重要的一条，就是切实保证法律的实施，充分发挥司法机关的作用，切实保证人民检察院独立行使检察权，人民法院独立行使审判权……国家法律是党领导制定的，司法机关是党领导建立的，任何人不尊重法律和司法机关的职权，这首先就是损害党的领导和党的威信。”为此，它作出了一个极为重要的决定：“取消各级党委审批案件的制度。”① 但是，后来这一制度又有回潮，主要改为“政法委”批案。无论怎样，这样做是明显违宪，因为这意味着在检察院和法院之上，还有某个机关可以对某些具体案件作出最后决定。但宪法完全没有这个意思，而是明确地将检察权和审判权赋予检察院和法院行使。二是涉法涉诉信访制度。现在“信访不信法”的现象已在全国蔓延开来，使各地党政领导叫苦不已。信访机关对涉法涉诉上访，单凭上访一方一面之词，就可以对一些正在审理甚至已经生效的判决或裁定说三道四，这既不科学，也是对司法机关独立行使职权的非法干预，严重损害了法律的应有权威。这个问题不尽快解决，“上访潮”将愈演愈烈，也会直接影响到社会的稳定。中国的老百姓是通情达理的，只要把道理说清楚，强调这类问题应按法定程序办，信访机关无权表态，经过若干年的努力，这个问题是完全可以解决的。三是地方保护主义。法官不听话就摘乌纱帽，这种事例已绝非个别。司法机关的人财物都属同级党政机关管理的体制是其重要的制度性根源。为此，学术界长期以来已提出的种种改革建议，需要认真继续研究。

在我国，宪政建设的实体三要素——民主、法治、人权在发展战略与策略上，在全面推进的同时，应将法治置于优先的位置，即依靠法治保民主与人权，以法治与人权促民主。在法治建设的几个基本环节，即立法、执法

① 张慜等:《法院独立审判问题研究》，人民法院出版社，1998年，第133页。

（行政）、司法上，最为薄弱的环节是司法。而要建立一个独立、公正、廉洁、高效、权威的司法制度，保证其独立性是极其重要的一环。

党的十八大胜利召开，在我们党和国家的历史上具有非常重要的意义。十八大报告的内容，在短短两个多月的时间里新的中央领导集体的一系列举措，包括改变作风的八条规定、习近平同志的“12·4”讲话、新任中央政法委书记孟建柱在全国政法工作电话电视会议上的讲话，都发出了一个强烈的信息：未来的中央领导一定会带领全国人民，加快建设社会主义法治国家。孟建柱在全国政法工作电话电视会议上提出，将“劳教制度改革，涉法涉诉信访工作改革，司法权力运行机制改革以及户籍制度改革”确定为2013年政法工作的重点。在讲话中，他还脱稿明确宣布，今后政法委不再干预司法机关办理个案。这些都是“老大难”问题，在这样短的时间里就决定尽快解决它们，这是需要很大的智慧、勇气和魄力的。正如《人民日报》下属的《环球时报》“社评”对此作出的评论：中央“为2013年的政法工作设立了庞大目标，这可以看成总动员级别的继往开来，甚至新的出发”。孟建柱提出四项重大改革，其中有两项改革，直接关系到“司法独立”原则与制度的贯彻落实。笔者对这个问题的早日解决充满信心。

（本文原载于《环球法律评论》2013年2期）

关于司法体制改革的几点思考

李少平*

司法体制改革是党作出的重大的具有连续性的战略决策，从党的十六大和十七大分别作出了推进、深化司法体制改革的部署，到十八大提出了“进一步深化司法体制改革，完善中国特色社会主义司法制度”，充分体现出党中央深入实施依法治国、建设社会主义法治国家的坚定决心。近年来，人民法院通过深化司法改革，在践行司法服务、落实司法公开、推进司法民主、强化监督制约、创新审判管理、加强司法保障等方面取得显著成效，有力地促进了人民法院执法办案及其他各项工作的健康发展。贯彻党的十八大精神，继续深化司法改革，必须站在全局和战略的高度，以法治的思维方式，进行更加理性的分析和研究，推动改革达到预期目的和效果。

一　司法体制改革的必要性

（一）司法体制改革是社会主义市场经济发展的需要

市场经济的本质就是法治经济，在市场经济中，交易自由和契约自由必须有法律的保障才可以实现。一方面，调整和维持稳定的社会关系、合理配置现有资源、保证正常交易秩序的基础就是法律规则，法律规则可以把阻碍市场主体间交易的摩擦降至最低限度，使市场主体可以安全、快捷、有序地进行交易；另一方面，市场经济的有序发展在于市场主体能够预测到其行为可能产生的结果，而这种预测结果的功能取决于法律的正常实施。完善

---

* 李少平，天津市高级人民法院院长。

的司法体制可以创造稳定和可预测的环境，为经济活动的可期望利益提供保障，从而使商业风险可以被合理估量，产权与合同权利受到保障，降低交易成本并扩大获得利益的机会，最终为建立适应市场经济发展的信用体制奠定基础，为市场经济的持续健康发展提供可靠的保障。如果没有完善的司法体制，就没有真正完善的市场经济，市场主体之间就难以建立信任关系，从而增加了合同谈判的交易成本，并给违约责任的追究带来困难，最终导致市场经济的发展受到严重制约。

（二）司法体制改革是社会可持续发展的需要

国家提出的可持续发展总体战略，就是要通过法治引导社会朝着良性循环方向发展，社会的可持续发展决定了司法体制改革既是一个长期性的任务，也是法治建设面临的新课题和新机遇。这就需要司法机关公正执法，政府机关依法行政，通过司法体制的改革，强化和完善解决社会矛盾和冲突的法治机制，使法治成为实现社会管理和长治久安的制度化手段。社会的可持续发展要求经济建设和法治建设并重，需要有效评估和处理好经济建设与法治建设的关系，需要处理好对国民收入的合理再分配，只有通过司法体制改革，促进全社会的法治化进程，才能为其提供常态化手段和重要支撑。社会的可持续发展不能只讲经济 GDP 的发展，更要讲法治 GDP 的发展，发展必须是建立在法治基础上的科学发展、和谐发展，不能违背法律的底线搞短期形象工程。司法体制改革的方向和目标就是要建立尊重司法，敬畏法律的保障制度，促进经济发展和社会管理由短期运动式向常态法治化转变，唯有如此才能实现社会的科学发展和可持续发展。

二　对几个问题的理解

（一）司法体制改革和政治体制改革的关系

司法体制改革是我国政治体制改革的重要组成部分，具有非常强的政治性、政策性和法律性。司法体制改革的过程就是全社会法治化的过程，法治既是中国特色社会主义的重要特征，也是现代社会文明进步的重要标志，对法治建设的认同，也是对发展中国特色社会主义事业的认同。推动司法体制改革必须坚持中国特色社会主义政治方向，在全社会达成共识，最重要的是坚持在党的领导下，树立和维护法律权威，这是司法体制改革的核心和重要内容。司法机关是党领导下的重要国家机关，人民司法是党领导人民治国理政的重要方式。确保法律的有效实施，树立和维护法律权威，就是在维护党的权威，提升党的执政水平和执政威信。因此，推进司法体制改革的关键在于坚持在党的统一领导下，不断提升全社会对树立法律权威和建设法治国家的统一认识，形成高度共识，这样才能使司法体制改革沿着正确的方向迈进。

（二）司法体制改革和工作机制改革的关系

司法体制和工作机制都属于司法制度的重要组成部分，但层次有着显著不同。首先，涵盖范围不同。司法体制改革的范围较小，只涉及司法机关的设置、领导和监督体制、职权划分和管理制度；司法工作机制改革的范围较大，不仅可以涉及各项具体制度或措施，而且涉及司法工作制度、司法程序所包含的具体内容。其次，制度形式不同。司法体制改革涉及的是一种处于静态的制度形式，即司法机关的组织体系或组织架构，其本身不涉及实施问题；而司法工作机制改革则涉及一种动态的制度形式，具体表现为具体工作的实施和运行。再次，改革途径不同。司法体制改革事关司法主体的机构设置和权力来源的合法性，对其改革和调整必须通过自上而下地进行；而司法工作机制改革只涉及制度运行中的环节或方法、方式问题，通过文件、方案或通知的途径进行，手段灵活。把握好两者之间的关系，就要在改革过程中既做好顶层设计，坚持自上而下保持一致；又做到积极探索，勇于担当。

（三）司法体制改革与依法独立行使审判权之间的关系

如何确保人民法院依法独立行使审判权是司法体制改革的重要内容，也是一项复杂的系统性工程，既要有宏观的顶层设计能力，又需要细微的技术操作。依法独立行使审判权绝对不是西方教科书模式的司法独立。20世纪末东欧原社会主义国家全面复制了美国式的司法制度，经过20年的检验，司法的质量和法治程度不仅没有提升，司法的公正和廉洁度甚至还出现了一定程度的下降。西方发达国家的司法制度要求社会具备稳定的利益集团，并由此产生理性的政党政治，司法独立和中立裁判的出现才有现实基础，具备相应的权威。在社会向多元化快速转化的发展中国家，司法独立缺乏宏观的制度条件，即使复制了西方发达国家的司法制度，也无法发挥其均衡器和稳定器的制度作用。在我国，司法体制改革是党领导下的政治体制改革的重要组成部分，依法独立行使审判权是司法体制改革的重要内容之一。一个国家的法治程度和司法体制在很大程度上是由经济发展所指示的社会阶段决定的，司法体制改革必须结合自己的国情和发展所能承受的范围进行，国家的政治经济格局决定了改革难度，国家越大，政治经济格局越复杂，变量关系也越复杂，也就意味着改革的难度越大。在中国现有国情下，需要采取渐进式的改革方式，保持政治制度和社会秩序的稳定和连续，以公平解决社会矛盾和纠纷作为司法体制改革的主要功能和定位，依法独立行使审判权，只是维护司法公正和廉洁的手段而不是目的，但不断提升司法审判的独立性，以确保司法审判的公正与权威，也是改革的基本方向，改革之路任重而道远。

（四）司法体制改革和民众司法需求的关系

民众的司法需求是司法体制改革的原动力，我国长期以来的司法改革实践证明，凡是符合民众根本司法需求的，改革措施都具有持久的生命力；凡是误读甚至背离民众的司法需求的，则难以实现预期的效果。首先，要正确区分当事人的利益诉求和民众的司法需求的关系。个人功利主义的利益诉求并不必然代表着集体利他主义的司法需求。司法的本质是经过正当程序和法律衡量后，判断抽取当事人诉求中的正义内涵，从而实现社会的公平正义的过程。只有利益诉求中的正义成分，才构成民众司法需求的组成部分。其次，民众的司法需求应当体现在法律目的与法律规范中。在中国特色社会主义法律体系已经建立的当下，法律本身已经包含了各种利益的妥协以及各方当事人权利义务的平稳。人民法院正确理解立法意图，严格执行法律，依法公平、独立行使审判权，就是在最大限度地满足民众的司法需求。再次，民众的司法需求体现在司法工作的方式方法上。法律目的与法律规范体现着民众对司法的需求，但实现的工作方式方法却可大有作为。当前，各级法院采取的诉讼服务、诉调对接、民意沟通、便民利民等各项改革措施，正是在机制改革上的突破和提升。

三　提出几点建议

（一）通过依法独立行使审判权推动法治国家建设

法院依法独立行使审判权，包含着两个层次的含义：一是审判权只能由法院行使，其他任何机关、团体、组织或个人不能也无法代替。我国是单一制的社会主义国家，地方各级法院是国家统一司法体系中的组成部分。人民法院依法独立行使审判权，是在履行宪法法律赋予的职责，必须保障审判权行使的独立判断、独立思考，唯此才能提升司法公信，强化社会的法治信仰。在这方面，可以深化法院系统的经费保障制度改革，实行中央、省级两级财政；探索跨区审判，完善法官职业保障等措施，强化审判权的国家属性，避免司法的“地方化”。二是审判权的行使不受外界干扰。法院依法独立行使审判权，就是在最大限度地实现人民利益和社会正义的过程，要坚决杜绝那些利用领导干预、煽动民意围攻、非法人身攻击等不良手段干预司法的行为，只有坚守法律底线，才能增强社会对民主法治的信心。在这方面，要特别注重解决好涉法涉诉信访问题，将信访工作纳入法治化轨道，贯彻落实涉法涉诉信访终结制度，维护司法裁判终局效力。

（二）通过基础调研强化司法体制改革的理论支持

司法体制改革事关国家政治的顶层设计，需要强大的理论支持，既要立足当前，着力落实已有改革成果，又要着眼长远，科学规划适应时代要求、符合人民意愿的框架蓝图。任何一项司法改革措施都要符合基本的司法规律，要根据新的形势任务，准确把握党和国家工作大局对司法体制改革的要求，深入分析制约人民法院工作科学发展的问题，夯实司法改革举措的法理基础，在此基础上确定新一轮司法体制改革的基本路线。特别是要深入研究如何推进司法公信建设，如何通过深化司法体制改革确保人民法院依法独立行使审判权，如何优化司法职权配置等重大问题，合理配置侦查权、检察权、审判权，确保司法机关相互配合、相互制约，理顺司法机关的纵向关系，按照宪法和法律的规定，正确处理各级司法机关之间的领导关系、指导关系和监督关系，逐步完善中国特色社会主义司法制度，为推进新一轮司法体制改革提供理论和实践依据。

（三）通过司法衡平引导良性利益博弈机制建设

司法体制改革的目的之一，是提高司法机关解决社会纠纷、化解社会矛盾的能力。在社会日趋多元化的背景下，利益博弈的时代发生社会矛盾和利益冲突是正常的社会现象，通过社会矛盾的相互制衡来谋求社会的和谐，通过利益的博弈促进社会公正秩序的建立是未来的发展趋势。法律是社会关系的基本调整器，司法的最终目的就是通过对社会关系的调整和利益的衡平，确定一个公认的社会规则和标准，通过公平、公正的司法过程建立健全社会利益博弈机制，促使矛盾各方按照法律的渠道和程序进行对话和谈判协商，通过已知裁判结果而预知行为结果，促进自主解决其利益冲突，实现社会的自我管理，自我调节。改革就是要让司法更好地起到衡平利益关系，引导推动良性利益博弈机制的作用，一方面使个案的竞争与矛盾利益进行价值平衡和选择，使法律结论具有实质的正当性和合理性，实现个案的实质正义；另一方面克服和弥补制定法和制度的形式价值缺损，进行创造性的解释和适用，使法律结论具有形式上的正当性和合法性，实现法律的形式正义。

（四）通过统一法律方法提升司法公信力建设

统一司法尺度，规范自由裁量权，一直是司法体制改革关注的热点，案例指导制度也因此应运而生。但正如“人不可能踏入同一条河流”一样，实践中只有相似的案件，而没有完全相同的案件，即便是对同一个案件在法官之间、学界与实务界之间也会有不同的看法。在中国特色社会主义法律体系已经建立的背景下，司法体制改革的理论研究并不能仅仅停留在体系建设这样的“硬制度”层面，更应去关注法律方法这种“软制度”的构建。当今的不足，就是没有统一的法律思维和推理方式，如果法律界用的是统一的法律推理和方法，那么大部分的案件的结果就应该是没有分歧的，而不会出现法典的公开化和法律思维的不公开化相冲突的困境。这就需要构建具有中国特色社会主义法学理论体系，统一法学思维和方法，让法官、法学教授和实务家参与进来，制定一套囊括各部门法和法学理论的法典，为中国法的统一适用，法律思维和逻辑推理统一形成开创一个新局面。

（本文原载于《环球法律评论》2013 年第 2 期）

排除干扰　深化改革 加快推进依法治国

董开军*

将依法治国确立为党领导人民治理国家的基本方略，这是我们党从战略高度对治国之道作出的带有根本性、必然性的历史选择。党的十八大把“依法治国基本方略全面落实”列为全面建成小康社会的目标要求，再次申明了中国共产党厉行法治的战略决策。提出依法治国方略16年来，我国社会主义法治建设取得了长足进步，特别是中国特色社会主义法律体系如期形成，标志着依法治国、建设社会主义法治国家步入了一个新的历史阶段。如何继往开来地进一步推进依法治国、加快法治国家建设，是时代赋予的一项重大而紧迫的神圣使命。

一　警惕并排除人治干扰，坚持依法治国方略不动摇

搞法治、不要人治，本来是早已明确、不应成问题的。“文化大革命”结束后，邓小平就深刻指出：必须使民主制度化、法律化，使这种制度和法律不因领导人的改变而改变，不因领导人看法和注意力的改变而改变。党的十五大提出依法治国方略，随后又正式写入宪法。这表明，在治国之道问题上，已经明确选定了法治。20世纪80年代，学界就法治与人治问题展开过深入讨论，结论是实行法治，摒弃人治。然而，我国人治思想根深蒂固，至今仍有相当大的市场。不论是领导干部还是普通群众，抱有人治思想的大有

* 董开军，青海省高级人民法院院长。

人在。尤其是握有公共权力、肩负治国理政重任的党员领导干部，法治思维欠缺问题是比较突出的。十八大对领导干部运用法治思维法治方式提出了专门要求，无疑具有很强的现实针对性。从领导干部看，有的轻视法治，骨子里认为法律是次要的，是可有可无的。思想上信奉“党大于法”“权大于法”，行动上习惯于“以言代法”“以权压法”；有的不相信法治或者半信半疑，总觉得法治没有那么多的好处和用处，法是死的，人是活的，还是要靠人；有的片面理解法治，认为法治不过是一种实行专政的工具、治民管民的工具，而较少意识到法治意味着公平正义、安全稳定，其本身就具有实体价值；还有一种较为普遍的倾向，就是漠视司法权威，不懂得更不理解司法规律，以“大局”之名行地方保护之实并不鲜见。从一般社会成员看，一方面维权意识明显增强，另一方面守法意识相对欠缺。清官情结、人情关系、熟人文化依旧大行其道，闹访、闹事时常发生。近年来，“信人不信法”“信情不信法”“信访不信法”等现象愈演愈烈，就是社会成员对法治怀疑、不信任状态的现实写照。

法治的敌人是人治。依法治国、建设法治国家面临的最大障碍，还是积淀下来的人治思想。对此，应时刻保持足够的警惕，并随时排除其干扰，坚守依法治国不动摇。同时，作为领导干部还要正确认识和处理依法治国与其他治国方略的一般关系。这一点对坚定不移地贯彻落实依法治国方略具有重要意义。

治理国家当然离不开多种方略的综合运用，因此提及治国方略时应当有一个立体的、综合的理念。依法治国是党领导人民治理国家的基本方略，在治国方略体系当中处于基本的、主导的地位，起着统筹、统帅的作用。除了依法治国，还有科教兴国、以德治国等，但它们不是治国的基本方略，不能与依法治国这一基本方略相提并论。治国方略虽然有多种，但基本方略只能有一个，这就是依法治国。其他的治国方略，包括教育的、经济的、行政的诸多作法，属于非基本的或者说是辅助性的方略，与依法治国不在一个层次上，所以不但不能与依法治国等量齐观，而且必须按照依法治国的要求，在法律轨道上运行。要突出依法治国作为基本方略的根本性、全局性、至上性，系统阐明依法治国与其他治国方略的关系，注意避免用其他治国方略冲淡甚至代替依法治国，使依法治国沦为空洞的口号。

二　深化体制机制改革，采取有效措施解决好执法司法问题

中国特色社会主义法律体系业已形成，总体上解决了主要领域有法可依问题。相应地，法律实施的压力更大了，要求更迫切了。法律实施包括执法、司法、守法和法律监督诸多方面，特别是其中的执法和司法，是依法治国的核心所在，更是重点、难点所在。几乎每起影响和谐稳定的群体性事件、严重危害生命健康的生产安全责任事故、引发社会诟病的司法个案，都明显存在着有法不依、执法不严或违法不究等情况。解决执法司法问题，除了加强队伍建设、提高执法司法队伍素质能力，加强宣传思想教育、提高公民遵纪守法自觉性外，最要紧的在于把握有利契机，下决心改革完善有关执法司法体制机制，以开创执法和司法新局面。

在执法方面，要进一步明确政府的责任定位，建立执法工作报告制度，探索政府绩效考评新机制，强化司法监督。

执法一般用来指行政执法，即政府实施法律的活动。我国现有 236 件法律、690 件行政法规、8600 件地方性法规，绝大部分都是各级政府及其所属部门负责实施的。政府执法活动门类众多，范围广泛，从摇篮到坟墓，无所不涉。一个人一生可以不和司法机关打交道，但不能不和行政机关打交道。目前，执法方面存在的问题有：一是存在着部门分割、多头管理、政出多门、法出多门的实际情况，在具体执法实践中衍生出多头执法、重复执法、扯皮执法等现象；二是传统工作方式起着较大作用，如习惯于采用具有临时性、突击性的运动式、会战式的方式方法搞行政执法，忽视行政执法的规范性，程序性，主观随意性大；三是在涉及国计民生的重点领域违法行政相当突出。在建设项目、土地管理、安全生产、食品药品监管、城镇房屋拆迁等领域，经常暴露出一系列令人触目惊心的问题。

解决这些问题，总的要求是全面贯彻依法行政原则，深化行政体制改革，加快法治政府建设，特别要在体制机制的创新上下功夫：进一步明确政府是法律实施的责任主体。不要一说到执法活动，似乎仅仅是基层执法机关的事情。各级政府除了直接负责法律实施，还担负着为司法机关提供人财物支持保障的职责，在法律实施方面地位和作用至关重要；建立政府执法工作报告制度。各级政府负应当向同级人大报告法律、行政法规和地方性法规的执行情况。对一年来执法情况，可以采取专题报告的方式，也可作为年度政

府工作报告的重要内容，向同级人大或其常务委员会进行报告；探索建立衡量政府绩效的法治新机制。及时总结提炼一些地方试行的法治指数或法治指标等作法，实行法治“GDP”，把法律实施情况作为衡量、评判政府绩效的重要标尺；发挥司法监督的特殊作用。人民法院每年受理大批行政案件，客观形成了对行政执法活动的司法监督。政府行政机关应当正视并自觉接受司法监督，并从行政诉讼中发现执法薄弱之处，有针对性地予以改正。

在司法方面，要尊重司法规律，通过创新制度措施来实现司法公正，维护司法权威。我国正在进入诉讼社会，司法审判对社会关系发挥着日益广泛深入的调整作用。人民法院每年办理各类诉讼案件已超过 1000 万件，而且以 10% 的速度逐年上升。在社会对司法寄予更多期待和依赖的同时，司法方面暴露出不少问题，时常成为群众不满、社会热议的焦点。一是司法不公。从刑事司法过程看，司法不公现象存在于侦查、起诉、审判和执行各个阶段。如刑讯逼供、滥用强制措施，该诉不诉或乱诉，滥用自由裁量权、量刑畸轻畸重，不按规定执行假释、减刑和保外就医等。从民商事司法过程看，司法不公现象存在于法院审判和执行诸环节中，如案件质量有瑕疵，违反程序，久拖不决，还有枉法裁判等。二是司法权威不彰。社会上缺乏对司法的必要尊重，不少人包括一些领导干部不相信司法机关的公正性。一时间涉诉信访堆积如山，而执行难更是一个久治不愈的顽症。三是司法环境不佳。有些当事人通过无理上访给司法机关施压，有的公然威胁、抗拒案件审理和执行，个别人铤而走险。有的国家工作人员和领导干部直接干预司法，地方和部门保护主义依然严重。

要解决这些问题，必须不断深化司法体制改革，大力推进体制机制改革和创新，高度重视司法在实现依法治国过程中的特殊重要价值。解决好司法公正问题，关键在于尊重司法规律、突出司法特性，落实依法独立行使审判权、检察权原则，确保司法机关依法独立公正地办好各类案件。一方面要大力提升司法人员素质能力，另一方面要提供必要且合理的人财物保障；完善涉诉信访案件司法终结机制。将涉诉信访案件终结权赋予司法机关，使之真正发挥定纷止争的最后一道防线的作用。只要是依法成立的诉讼案件，就要通过诉讼程序去解决，原则上不宜再回流出去解决；探索建立解决执行难问题的新路子。对涉及公共资金、财政资金等案件的执行，应当与现行财政体制结合起来进行，可考虑通过资金下拨、上解环节直接从中扣除执行款项。

对确属无财产可供执行且申请执行人困难的，则通过普遍建立执行救助基金适当解决之；引导社会成员理解、信任司法；进而尊重司法权威。司法权威就是法律权威，是执政党的权威。司法权威缺失，社会难以和谐稳定，而且严重损害、直接矮化执政党的形象。对司法的态度如何，实际上是法治思维之有无或强弱的试金石。在很大程度上看，司法是法治思维养成的增长点。一些人包括领导干部对司法裁决抱有不必要的猜疑、误解，其实多为不了解、不理解司法活动的实情及其特点所致。这几年平均下来，不服法院一审判决上诉率为10%、申诉再审率不到2%、信访率1%，这表明司法的基本面是良好的、正常的。有关方面应当注意改善、优化司法环境，营造信任司法机关、维护司法权威的社会氛围。

三　加强党对法治建设的领导，加快建设法治中国

在中国搞法治、建设法治中国，绝对不能摆脱或削弱党的领导，而且必须进一步加强和改进党的领导。从形形色色的人治渐次走向法治，是人类社会治理发展的必然趋势。中国选择的是政府推进型的法治发展之路，在推进依法治国过程中，党必须重视和加强对法治建设的领导工作，这是我国社会主义法治建设的迫切要求。

经过多年努力，我国社会主义法治有了很大发展。但从实际情况看，形势不容乐观，需要引起重视。比如，各级党委政府在领导工作中，存在重经济、轻法治的倾向。不少法律机构、法律设施相对弱化、虚化甚至边缘化。立法数量可观，但一些法律法规的质量和可操作性偏弱。最大的也是令人忧心忡忡的还是法律得不到有效实施的问题。此外，法律服务不够健全，社会成员法律意识失衡，一些领导干部学法用法的热情减退等，也应值得关注。

重视和加强党对法治建设的领导，当前尤须考虑从三个方面着眼：

第一，加强对法治建设的统一领导，从宏观上统筹法治发展问题。法治建设是一个包括立法、执法、司法、守法、法律监督和法律服务等诸多环节和方面的庞大工程，客观上需要统筹兼顾，全面、协调发展。党要始终发挥统揽全局、协调各方的领导作用，才能从法律上保证党的基本路线、基本方针的贯彻落实，保证法治建设与经济社会政策协调发展。党中央应当成立法治建设领导小组或依法治国领导小组，专题研究解决法治建设中的重大问

题，确保法治发展的全面性、整体性和协调性。各级党委也应建立完善自身的法治工作机构和工作机制，使之发挥党领导、指导法治建设的参谋助手作用。

第二，把推进依法治国、加快法治建设置于重要战略地位，与经济社会发展同重视、同部署。重要会议、重要文件中应增加法治分量，丰富法治色彩。重大举措、重大部署应立足法律框架，考虑法治保障问题，体现依法治国方略的要求。在顶层研究、顶层设计中，应当将党的领导、人民当家做主和依法治国有机统一问题的路径、机制作为重点，力求有新突破、新进展。在领导工作中，各级党委要注重了解掌握法律法规在本地区的实施情况，督促立法机关依法立法、强化行政机关依法行政、支持司法机关依法司法。整合、完善依法治理机制，重视法律机构、法律设施的建设和发展，使之发挥应有的职能作用。最重要的还在于真正下功夫养成法治思维习惯，推动形成办事依法、遇事找法、解决问题用法、化解矛盾靠法治的氛围。

第三，依法加强社会管理和维护社会稳定，提升全社会治理的法治化水平。社会管理中存在着较多的无序、混乱现象，有不少盲点、空白地带；维稳工作也主要靠集中统一行动、层层动员部署等展开，具有明显的临时性、阶段性特征。这方面的问题，总的症结在于社会治理法治化水平低下。不少领导干部不了解、不熟悉法治方式，仍习惯于甚至津津乐道于传统的行政指挥、宣传鼓动、开展活动等办法来管理社会、维护稳定。各级党委要按照依法治国总要求，转变领导方式、工作方式，习惯并善于依法决策、依法办事。通过立法程序，将自己的政治意图、政策主张转化为法律规范，同时教育、引导和要求党员领导干部尊崇法定程序，讲求规范运作。对社会生活中出现的各类冲突，一定要坚持立足法治轨道解决，特别要注重发挥并尊重司法机制的法律调节作用，实现定纷止争。

司法体制改革的理论基础和价值趋向

王公义*

就目前司法体制改革的具体措施而言，应坚持“四个分立”“一个平等”：裁执分立，侦检分立，侦羁分立，审判权、检察权和司法行政权分立，控辩平等。中国共产党的十五大、十六大、十七大、十八大都提出了“司法体制改革”的任务，这对推进在全社会实现公平和正义、保障公民权利、实现社会稳定及建设社会主义法治文明，都具有划时代的意义。但是，如何进行改革，有一个理论基础和价值趋向的选择问题。

一　当前中国司法体制的现状

司法体制是政治体制的组成部分。中国司法体制的概念与国际司法体制的概念有较大差别，它涵盖面较宽，包括公安机关、检察机关、审判机关和司法行政机关四家。按宪法第135条规定：“人民法院、人民检察院和公安机关办理刑事案件，应当分工负责、互相配合、互相制约，以保证准确有效地执行法律”，加上司法行政机关的部分刑罚执行即监狱管理、社区矫正，在刑事领域侦察权、检察权、审判权、执行权四权相对分离，相互制衡，从体制上基本能保证司法公正。在民事和行政领域，其分权和制衡思想大体上等同于刑事领域。

但是，这四权分立并不彻底，如果再加上司法行政权，五种权力多有交

* 王公义，司法部司法研究所所长。

叉，影响司法公正及效率。目前，法院享有审判权、死刑执行权及民事、行政裁决强制执行权；检察机关拥有法律监督权、刑事追诉权及对职务犯罪的侦察权和起诉权；法院和检察机关还各自管理着自己的司法行政工作；公安机关拥有刑事侦查权及短期自由刑即判决后剩余刑期在三个月以内的有期徒刑及拘役等的执行权；司法行政机关拥有自由刑罚即有期徒刑、无期徒刑、死刑缓期二年执行权和部分司法行政权等。

二　司法体制改革的理论基础：权力分立与制衡

“司法体制改革”之所以被提出，是因为现行司法体制存在许多不合理的地方，尚不能有效保障司法公正和社会正义，已经引起社会各方强烈反映，才被提上了改革的日程。

现行司法体制的主要弊端是权力设置不够合理，各种权力多有交叉，配合有余，制约不足，行政化倾向过于严重，不能从体制上切实保障司法公正及效率的实现，不少冤假错案和超期羁押的形成与当前的体制多有关系。因此，司法体制改革的目标应该是从权力划分上使各机关边界清楚，相互独立，相互制衡，相互配合，确保公正与高效。因此，其改革的基本理念应该是分权和制衡原则。

权力分立与制衡，这是现代国家政治体制和司法体制建设遵循的基本原则。没有监督和制衡的权力必然导致腐败，已被中外历史所反复证明。因此，应合理划分公安、检察、法院、司法行政四家的权力，不使权力交叉或重叠，科学配置审判权、检察权、侦查权、执行权和司法行政权五权，以形成相互独立又相互制约的高效机制，是司法体制改革的方向和目标。

就改革的具体目标而言，应该是：公安机关行使侦查权，检察机关行使检察权，司法机关（人民法院）行使审判权。司法行政机关（司法部）行使执行权和司法行政权。公检法三机关各独立行使一种权利，司法行政机关除行使法院裁判的执行权外，还有为司法机关提供行政服务的司法行政权。这样就基本理顺了四机关的权力关系，使得各自独立行使法律授予的权力，独立开展工作，并形成体制制约关系。后一道程序进入的机关可以及时发现前一道程序机关的错误，并依法提起或直接纠正前一道程序的错误，及时有效地避免冤假错案的发生和及时纠正有关问题的发生，从体制上有效地保障司法公正。

司法行政权是一种行政管理权及行政服务保障权。主要有三个方面：一是为司法机关提供保障服务，如机构编制、人员调配、财政保障、后勤服务等，以截断司法机关与行政权力机关的联系，在司法机关与行政权力机关间建起一道“防火墙”，从体制上排除行政权对司法权的干扰；二是为诉讼活动提供有关保障服务，如提供律师、公证、法律援助、司法鉴定、裁判执行等服务；三是为社会提供有关法律事务管理服务，如法律宣传、人民调解等。

就目前司法体制改革的具体措施而言，应坚持“四个分立”“一个平等”：

第一，裁执分立。按照宪法的规定，法院是国家的审判机关，具有独立审判权。司法体制改革的核心应是从体制上确保审判机关能依法独立公正审判，建立起能有效排除行政机关、社会团体和个人干涉审判的机制，排除已严重破坏国家法治的地方保护主义，维护全国法制的统一。但与此同时，法官也只能单施审判权，应把刑事和民事行政等裁决的强制执行工作交由司法行政部门执行，实行裁判权与执行权的分立，体现现代司法职能独特性和职责统一性原则。从严格的理论界定而言，执行权是一种典型的国家行政权力，具有积极性、主动性及强制性，与审判的中立性、被动性和终极性完全相悖，不是法院裁判职能的合理延伸。再则，民事行政裁决执行权由法院行使，不仅性质差异较大，而且会影响和干扰法院审判工作的高质量和公正性，容易造成审执呼应，相互牵制及司法腐败，不符合权力分立与制衡的基本原则。法院执行过程中出现的问题与体制有关。在刑罚执行上，人民法院也应把死刑执行分离出去，交有关行政部门执行。

第二，侦检分立。按照宪法规定，检察院是国家的司法机关，是国家的法律监督机关。在现实中，检察机关还有职务犯罪侦查权。但侦查权，就严格的科学意义讲，无论从任何角度衡量，都不是司法权而是行政权，由国家专门的法律监督机关和公诉机关行使是不合适的。目前，检察机关的“自侦自检”，与权力分立制衡原则相悖。在限制人身自由的重要环节失去了对其决定的监督，容易导致侵犯人权，造成司法不公和冤假错案，且难以得到纠正。同时，职务犯罪从本质上也是犯罪，其适用法律和一般人犯罪是相同的，只是犯罪主体的身份不同而已，从刑罚角度看没有什么本质的不同，没有必要浪费紧缺的司法资源。所以“侦检分立”应成为改革的题中之意，职务犯罪的侦查权应交由国家侦查机关公安部门行使才好。

第三，侦羁分立。警察实施侦查权，为了侦查的需要，有时需要限制犯罪嫌疑人一定的自由，但世界各国法律规定一般不超过24或48小时，如需要延长羁押时间则必须移交专门机构，如未决犯监狱等。这是限制警察权力，保护当事人合法权益的一项法律措施，有利于司法公正和人权保护，维护社会稳定。中国则采取由公安机关继续羁押的制度，这种规定明显违背权力分立和制衡原则，容易导致刑讯逼供和冤假错案，难以对侦查过程中的违法行为进行有效的监督，冤假错案难以纠正。同时，这也是律师难以按照法律规定及时会见犯罪嫌疑人并提供有效法律服务的体制原因之一。因此，必须进行改革，把看守所从公安机关分离出去，交由司法行政机关管理。

第四，审判权、检察权和司法行政权分立。按宪法规定，国务院领导并管理司法行政工作，县以上各级政府管理行政区域内的司法行政工作。实际上，20世纪50年代、70年代末和80年代初就是这样实行的，但是后来，司法行政权由政府移交给法院和检察院自行管理。经过几十年的实践，目前来看弊多利少，主要弊端是导致司法机关行政化。法院、检察院要面对人事、财政、编制建设等诸多行政部门，分散了司法机关的精力，使司法机关不得不花费大量的时间和精力于这些日常的行政事务中，浪费了国家可贵的司法资源，提高了司法成本，同时也增加了外界干涉司法的可能性，不利于国家法治文明建设和政治文明建设。根据宪法及党的十五大、十六大、十七大、十八大关于司法改革的精神，司法行政权应交由政府行使，以减轻法、检负担，阻绝其他部门对司法工作的干扰，这也符合一般的国际惯例，是一种确保司法公正和高效的体制。

第五，控辩平等。在法庭上，控辩双方的地位问题也反映了司法体制问题。中国目前的审判方式已由“纠问式”改为“控辩式”，这是审判方式的革命性变革，体现了现代法治文明的精神。“控辩式”要求控制双方在法庭上地位平等，依据法律和事实为各自的被代理人控诉或辩护，法院处于完全中立的地位，依法居中裁判，以保证司法公正、维护社会正义。这也是权力分立和制衡思想的反映。然而，目前控辩双方在法庭上的地位是不平等的。一边是检察院代表国家对犯罪嫌疑人提起公诉，一边是犯罪嫌疑人的律师为其辩护。检察院按宪法规定，享有法律监督权，也就是说，它不仅可以监督律师的辩护过程，而且也可以监督法院的审判过程。这种畸高的法律地位，使整个审判活动失去平衡，使律师处于十分不利的地位，难以展开强有力的辩护，而法院也难以完全处于中立地位，依法进行裁判，使司法公正从体制上难以得到保障。因此，要从司法体制上解决法院、检察院及律师三方在法庭的地位设置，使控辩双方在法庭上地位完全平等，使检察院对法律的监督与其公诉职能彻底分立，其在公诉环节不能具备监督职能，仅是代表国家及社会提起公诉而已，在法庭上与律师的地位只能是控辩双方平等的地位，无其他任何特权，比如法律监督权。法官在整个审判过程中的地位则应是至高无上的，其权威不应受到任何干扰和挑战，才能保证司法公正，保护公民的合法权益，最终维护社会正义。至于检察院的法律监督权，应以另外一种法定程序和方式对审判活动和律师执业行为等进行监督，才符合一般法制原则。

三　司法体制改革的价值趋向：公平优先、兼顾效率

公平与效率，是任何社会发展必须解决的课题，中国也不例外，司法体制改革更不例外。所以，任何司法体制改革目标模式及体制设计都应有其明确的价值趋向。目前进行的司法体制改革应以追求公平为目标，同时兼顾效率的提高，节约司法资源。

在司法体制设计时应首先考虑的是公平。为了保证公平，有时可能就要适当牺牲效率。特别是在和平年代，在中国法制建设的起初阶段，更应如此，才能取信于民，建立起法律的权威，最终有利于建成法制社会。因此，侦羁分立，主要体现的是公平，主要为防止一部分侦查人员为了效率而忽视公平，甚或刑讯逼供，侵犯公民的合法权益。侦检分立也是为了保障公平，预防自侦自检带来的弊端，当然也适当地牺牲了效率。裁执分立，是保障司法公正的重要环节，维护法院权威的重要举措。法官依法公正裁判，能否顺利执行是行政机关的事，不致影响法官及法律的尊严而使人们对审判制度及国家法治产生怀疑。当然，执行中发现审判过程的问题或偏差，执行机关可以及时反映给审判机关，也是一种监督机制。至于执行变更，司法机关改判，则是正常的救济活动，与效率无关。司法业务与司法行政相分离，是从制度上保障司法公正和效率的重要举措。法院、检察院只负责审判与监督，不负责法官、检察官及职员的选任、日常运营及财政预算，无疑更能提高司

法机关的效率。而司法行政部门受法律的约束及体制限制，不可能干涉司法业务活动，这又从体制上保证了法、检机关的独立性，更利于维护社会公正。控辩平等也是为了保障司法公正，只有双方地位平等，才能明辨是非，充分保障人权，保证依法裁判，维护社会公正。这当然也是为了公平而牺牲了部分效率。

我们的司法目的是为了追求公平还是追求效率，是为了维护社会正义还是为了完成某项任务，应该不至于产生疑问或本末倒置。人们对社会正义的价值追求不应被忽视，只有人们感到社会是正义的、公平的，才能从根本上维护稳定，维护国家的长治久安。如果人们感到社会不公，不能信任法律，有矛盾纠纷不寻求法律解决的途径，那么社会的稳定从根本上难以维持，这也是对社会相当大的破坏力量。所以说，从体制上追求维护社会公平的价值趋向，是保持社会稳定、持续健康高速发展的最低成本、最佳途径。

司法独立的本质是依法办案

陈卫东[*]

长期以来，司法独立是理论界与实务界比较敏感的话题。人们讳莫如深，认为司法独立与三权分立政治体制密切相关，是西方资本主义的产物。诚然，司法独立诞生于西方资产阶级革命期间并被作为三权分立理论的一项重要理论支撑，但这不意味着司法独立仅能够适用于资本主义社会。司法独立在本质上追求的乃是司法公正，是实现司法公正目标时进行制度设计，司法职权配置过程中的一项技术性规则，在资本主义国家可以适用，在社会主义国家也可以适用。从世界范围来看，这是一项成功的经验。我们没有理由排斥这项成功经验。而且，从近年来司法实践中反映出的问题来看，司法独立已经成为司法体制改革绕不过去的话题。当前社会各界普遍反映的司法不公正、司法无权威，司法缺乏公信力，老百姓不认可司法，不愿通过司法程序解决纠纷等问题，说到底都与司法不独立直接相关。司法体制改革工作如果继续回避这一重点、难点问题，改革的路只能是越走越窄，唯有迎难而上，才能从根本上推进我国的司法改革事业继续前行。

确保审判机关、检察机关依法独立行使审判权、检察权便是具有中国特色的司法独立原则。而前不久公布的中国第一部司法改革白皮书更是开宗明义地提出，中国司法改革的根本目标是保障人民法院、人民检察院依法独立行使审判权和检察权。这是多年来探索司法体制改革中正反两方面经验和教训的重要总结，揭示出当前及未来相当长一段时间内我国司法改革的首要课题与重要着力点。

---

* 陈卫东，中国人民大学法学院教授。

当前，在现行的政治体制下探索出中国化的司法独立原则，是一项紧迫而意义深远的重大理论命题。无论是理论界还是实务界对司法独立原则的认识还存有分歧，比如党的领导与司法独立之间的关系，司法的法律效果、政治效果、社会效果的关系问题，司法独立与信访制度改革问题等等。这些问题都需要予以进一步澄清。唯有如此，具有我国特色的司法独立原则才能够获得不断发展的蓬勃生机。

一　党的领导与司法独立的关系

在我们国家，各方面的原因决定了司法独立是党领导之下的司法独立，是人民代表大会制度下的司法独立，正确处理好党的领导与司法独立、人民代表大会的监督与司法独立的关系是其中的重要内容，而重中之重则是要理顺党的领导与司法独立之间的关系。妥善处理党的领导和司法独立之间的关系，需要把握好一个基本的原则：即，既要认识到司法需要党的领导，也要认识到党的领导也应当适可而止，不能够超越相应的限度，干扰司法活动的基本规律。因此，探索科学合理的领导方式是实现党的领导与司法独立相统一的核心任务。传统上认为党的领导不仅是路线、方针、政策的领导，地方党委还要领导该行政区域内的各项司法工作。从多年的司法实践来看，这种领导方式已经暴露出了很多弊端。

第一，我们难以解决为什么地方党委的领导才是党的领导而检、法两院的领导不是党的领导的质疑。在司法独立为法院、检察院整体独立的情况下，检、法两院党组的领导作为党的领导形式已然涵盖于其中，为何还要强化地方党委对司法的控制？检、法两院的党组也是一级党的组织，且检、法两院的党组领导也是经过严格的组织程序遴选产生的，为什么只把地方党委书记、政法委书记的领导视为党的领导，而检、法两院自身党组的领导却不当做党领导司法的一种机制？

第二，地方党委对司法的领导造成了司法的行政化、地方化趋向。当前党的领导方式导致司法机关只能是唯地方党委的意志是从。否则，司法机关便因为人、财、物等各种因素受制于地方。当前党的领导方式，成为各种地方势力干扰司法办案，妨害司法公正的手段，严重损害了党的领导权威。

第三，从实践效果来看，地方党委对司法个案办理、人事任命等方面的过多干预，导致案件的处理不是依据事实与法律，而是依据地方党委的指示、命令，很多冤假错案的发生都与此相关。地方党委对司法的不当领导成为妨害司法独立，危及司法公正的主要原因。

因此，改革党的领导方式迫在眉睫。对此，1979 年中央 64 号文件早在 30 多年前就曾经作出过阐释，“今后，加强党对司法工作的领导，最重要的一条，就是切实保证法律的实施，充分发挥司法机关的作用，切实保证人民检察院独立行使检察权，人民法院独立行使审判权，……党委和司法机关各有专责，不能互相代替，不应互相混淆。为此，中央决定取消各级党委审批案件的制度。……党对司法工作的领导，主要是方针、政策的领导。各级党委要坚决改变过去那种以党代政、以言代法，不按法律规定办事，包揽司法行政事务的习惯和做法”。

上述论述具有重要的时代价值，是探索党的司法领导方式的重要努力。随着社会发展，人民群众对司法公正的要求日益提高，我们认为对党的领导方式还要作进一步的发展，即应当确立“依法办案”就是尊重和保障党的领导的观念。

司法作为纠纷解决的一种机制，其对社会生活的干预是被动的，唯有存有纠纷，起诉时才有司法介入的可能性。因此，相较而言，司法权总体而言是一种被动性的权力，其扩张性是有限的，因而也是比较安全的。而且，司法活动有各种诉讼主体的参与，能够确保司法权得到抑制。更为重要的是，司法活动要遵循自身的规律，严格受制于法律，只要能够在立法上对各种权利、义务与责任作出安排，司法活动便应当遵循此种安排。因此，基于司法活动本身的规律，只要将党和人民的意志与利益通过立法的形式得以体现，党领导司法活动的目的实际上便能够得到实现。在我们国家，宪法和法律都是党领导人民制定的，体现的是党和人民的意志和利益。只要能够确保司法机关严格按照法律办案，就能够实现党对司法工作的领导。因此，确保司法机关“依法办案”并不会削弱党的领导，反而是使党的领导法治化、维护国家长治久安的长远之计。就此而言，“依法办案”体现的就是尊重和保障党的领导。而且，我们认为也应当改变认为党对司法的领导是党的路线、方针、政策的领导的观念。一方面，党的路线、方针、政策往往是以法律的形式得以体现的，因此，只要依法实施法律也即是落实党的路线、方针、政策。另一方面，从实践来看，以党的路线、方针、政策来领导司法的初衷是好的，但效果可能适得其反。一则，以党的路线、方针、政策代替法律，会使党的领导的合法性遭受质疑，给党的领导造成负面影响；一则，以党的路线、方针、政策代替法律，往往会成为地方势力干预司法的借口，从根本上损害以法律形式体现的党和人民的利益。

由上可见，确保司法机关“依法办案”是实现党领导司法的最好方式。按照此种观念，党的领导乃是一种规范化、法治化、可持续的领导，将党的领导以法律的形式得以体现和运作，既能够排除地方党委对司法的不当干预，实现司法独立，也能够使司法工作统一于党的领导之下，维护党的领导。因此，依法办案是党的领导和司法独立的统一。

为了确保司法机关能够“依法办案”，摆脱地方党委的不当干预，我们还应当构建制度上的保障，即要实现司法管辖区域与行政区划的分离，从而彻底摆脱地方对司法的干预。司法管辖区域与行政区划的分离设置在新中国成立初期曾经实施过，在我国具有一定的历史基础。有条件的省份可以先实行省级以下司法管辖区的调整，作为试点先行尝试，经验成熟后逐步推广。

二　司法的法律效果、政治效果、社会效果的关系问题

落实司法独立原则，还应当厘清司法的法律效果、政治效果和社会效果的关系。实践中将法律效果、政治效果、社会效果相统一的认识为外部干预司法提供了依据，成为阻碍司法独立的重要障碍。各地的党委，其他机关、团体以及社会群众借助于这种认识大行干预司法之事，司法成了“有法不依”“有法难依”，三者的统一演变为了法律效果迁就于政治效果与社会效果，司法独立成为一种奢谈。当前暴发出的很多冤假错案，大多与过于追求社会效果、政治效果而牺牲了法律效果有关。例如河南赵作海案的发生，就与司法机关过分看重破案而迎合社会效果有关，导致司法机关不能够依法独立办案。再如云南李昌奎案，且不说案件实体处理得如何，单从程序的角度而言，云南省高级法院在作出生效裁决后，因为追求社会效果而最终被迫启动再审程序改判李昌奎死刑，看似维护了社会公正，实际上造就的乃是法院不独立，法院司法威信扫地后果。由此可见，强调三者的统一只能让司法无所适从，成为其他社会力量的附庸。以发展的眼光来看，这绝非司法发展的长久之计。

实际上在我们国家强调三者的统一，这是一种认识误区。法律效果、政治效果、社会效果的关系问题，解决的不应当是三者相一致的情况下如何协调的问题，而是解决三者不一致的情况下，如何处理三者之间的关系问题。在通常情况下，司法的法律效果实现了，司法的政治效果、社会效果便也就得以实现。因为如前所述，司法是以体现党和人民意志的法律为基础的，实现了法的要求便也就实现了党和人民的利益，也即是实现了相应的政治效果和社会效果。但是，这种“统一”乃是在法律效果实现的基础之上的一致，即政治效果和社会效果是法律效果的一种效用。而在三者并不一致的情况下，追求法律效果、政治效果、社会效果的统一乃是一种妄想，实际上乃是将政治效果、社会效果强加于法律效果之上，其实质是干扰司法独立。前述实践中的案例即是最好的证明。对此，我们认为在三者并不统一的情形下，司法应当以追求法律效果为最终的依归。

有人可能会认为实践中政治效果、社会效果与法律效果并不相一致时，追求法律效果可能会导致司法的政治效果、社会效果不佳，危害到社会、政治的稳定。我们在实现法律效果的基础之上，政治效果和社会效果通常都能够达成，而三者并不一致的情况是少数。之所以会发生三者之间的冲突，主要是处于转型社会的中国利益格局本身固有的特点所导致的，是一个社会问题，而不是一个司法问题。对于社会问题的解决，需要立法、行政等多方面的调整，不是牺牲司法就能够解决的。司法的直接任务就是依法办案，唯法是从，至于其在维护社会稳定、政治稳定上面的作用仅仅是依法办案的效果，而不能够成为司法的直接或者唯一目的。而且，牺牲司法乃是在破坏维护社会公平正义的最后一道防线，其危害是根本性的和难于恢复性的，不可谓不深。我们不能以眼前的利益而牺牲长远的根本利益。当然，三者的不统一也有可能是司法自身出了问题，即司法未能实现应有的法律效果，但这应当从规范司法行为本身、落实司法责任入手，而并不应当成为外部力量干预司法的借口。

基于此，我们认为应当尽快转变这种讲求司法的法律效果、政治效果、社会效果相统一的观念，司法所追求的只能是法律效果：追求法律效果通常会实现预期的政治效果和社会效果，但这仅是法律效果的一种当然效用；在法律效果、政治效果、社会效果并不一致的情况下，司法只能是以法律效果为最终归宿，不能将政治效果、社会效果强加于法律效果之上。唯有如此，我们才能够确保司法独立，重塑司法权威。当然，法律效果的追求乃是奠基于“依法办案”基础之上的。

三 司法独立与信访

落实司法独立原则，当务之急还应当重新调整信访的功能。信访作为一种纠纷解决机制，制度设置本意是良好的。但随着近年来信访功能被有意无意地拔高，信“访”不信“法”越来越成为一种普遍的大众观念，维稳接访的成本逐年递增甚至超过国家军费的开支，信访已经成为妨碍司法公正、危害社会稳定并最终威胁社会公平正义实现的一项重大社会问题。

信访之所以能成为中国社会的一大痼疾，究其原因乃是借助于上文所阐述的两个方面，即党政对司法的干预以及追求司法的法律效果、政治效果和社会效果相统一的观念而实现的。信访的逻辑是“司法——不服裁判，信访——社会、政治不和谐——党政干预司法——改变司法”。当然不可否认，信访对于解决实际的司法不公具有一定的效果，但是从长远来看，信访所破坏的乃是司法的权威与公信力。信访功能越强大，司法的权威越没落，二者之间呈现的是反比例关系。因此，这种借助于党政干预司法来追求社会公正的观念只能导致我们与建设社会主义法治国家的目标渐行渐远。

解决信访问题的关键是要弄清楚信访问题发生的根源。从当前社会状况来看，司法不公的症结就在于司法不够独立，不能依法办案。司法受制于各种外部势力，承担着各种社会与政治任务，导致司法难以切实依照法律的规定进行，由此产生了司法不公，而产生司法不公后则又依照上述信访的逻辑来寻求改变司法的结果，司法权威受损，司法作为解决社会纠纷的最后手段，作用被削弱甚至被淡化。由此，司法便陷入了永远无法独立的循环。

因此，解决信访的关键是确保司法独立，实现“依法办案”，从源头上解决司法不公正的问题。而欲确保司法独立，就要破解各种干扰司法独立的制度因素。其中，信访制度就是需要予以改革的重要问题之一。就信访机制而言，要逐步弱化其纠纷解决的作用，坚持司法最终裁判原则，将各种复杂的社会矛盾、社会纠纷纳入到司法轨道上去，而非通过人治意义上的信访来解决。

当然，解决司法独立并不代表问题的全部，我们还要改造我们的司法，构建畅通的司法救济机制，使得司法能够完全受制于我们的法律，唯法律是从，防止司法不公的产生。通过司法独立排除外部的不当干预，通过依法办案规范司法的运作，由此方可实现司法公正的根本目的，也能从根本上解决信访问题。

总结上述问题，可以发现这样一种逻辑：要确保司法独立，需要改善党的领导，而改善党的领导方式的方法便是确保司法机关“依法办案”；在司法的法律效果、政治效果、社会效果的关系问题上，唯有坚持以司法的法律效果为最终依归，方能实现司法独立，而司法的法律效果的实现乃是以“依法办案”为基础的；信访问题的根源在于司法不独立，司法不能够“依法办案”，解决的方式便是“依法办案”，确保司法独立。实际上如果深究起来，考察当前司法实践中的各种问题，我们会发现包括上述问题在内的所有问题的根源都在于司法不独立，而要确保司法独立，革除各种弊端，最终都要归结到“依法办案”上来。在此意义上而言，司法独立的本质即是“依法办案”。“依法办案”既是司法独立的法律保障，也是确保司法接受党的领导，确保司法受制的保障，“依法办案”乃是司法独立与司法受制的统一归宿。

（本文原载于《环球法律评论》2013 年第 2 期）

司法概念的内涵及意义辨析

莫纪宏*

当下法学界谈论司法体制改革，一个重大的理论问题就是缺少制度依据。因此，不论对司法体制改革开出的药方多么具体和独到，在法理上都很难避免流于“空谈误国”的境地。

从法理上来分析司法体制改革研究存在的制度问题，主要的制度依据就是我国目前作为国家根本法的宪法并没有将司法制度确定为国家的根本制度，现行宪法文本中“司法”一词出现过两次，即宪法第89条第（八）项的规定：国务院领导和管理民政、公安、司法行政和监察等工作；第107条的规定：县级以上地方各级人民政府依照法律规定的权限，管理本行政区域内的经济、教育、科学、文化、卫生、体育事业、城乡建设事业和财政、民政、公安、民族事务、司法行政、监察、计划生育等行政工作，发布决定和命令，任免、培训、考核和奖惩行政工作人员。上述两处规定，“司法”并不是作为独立词来表述的，而是以“司法行政”的术语形式出现。从宪法解释学的角度来看，虽然在汉语文意上可以将“司法行政”理解为偏正结构的名词词组，即“司法”的“行政”，但由于在其他条款中并没有“司法”的概念，所以，将“司法行政”理解为“司法”的“行政”是缺少宪法文本依据的。故从宪法解释学的角度来看，至少在宪法文本规定意义上，在宪法文本术语的表现形式上，“司法行政”属于一个不可拆分的宪法术语，只能通过宪法解释的途径来确定“司法行政”作为政府行政工作的一部分的具体制度内涵。因此，除非通过宪法修改的途径来明确“司法”一词的明确的制度

* 莫纪宏，中国社会科学院法学研究所研究员。

内涵，否则，目前在学术界广泛使用的“司法”“司法权”“司法制度”“司法体制”“司法体制改革”等等以“司法”作为中心词所衍生出来的一组概念，在制度意义上来探讨都是不严肃的。只能给予执政党的政策文件来解释这些概念的内涵，而不可能给予“司法”概念一个完整的法律内涵。

虽然现行宪法文本无法给“司法”这个概念提供太多的形式意义上的正当性依据，但是，实质意义上的“司法”概念是否可以从目前的宪法和法律制度中推导出来？另外，给予政策内涵是否能够解释“司法”概念的基本结构？这个问题的回答应当是肯定的。本文旨在考察一下作为汉字的“司法”一词来源以及在使用过程中所具有的内涵，从而来为解释“司法”所具有的制度意义上的实质内涵提供一点帮助。

一 “司法”一词的辞源学意义

汉字中的“司法”一词是何人所造，目前学术界还没有定论，但是在文献中最早出现，可见于《汉书》应劭曰:“平正司法者莫过于天，养物均调者莫过于地也”。《魏书》《晋书》中均未见“司法”，几百年后的《陈书·姚察传》载:“思廉在陈为衡阳王府法曹参军，转会稽王主簿。入隋，补汉王府行参军，掌记室，寻除河间郡司法”。姚思廉是姚察之子，这个姚思廉成为中国正史中记载的第一位“司法”。《旧唐书》载：上州设“司功、司仓、司户、司兵、司法、司士六曹参军事各一人，并从七品下”。“司法”成为“六曹参军”之一，隋唐的司法均掌刑法:“法曹、司法掌刑法”。《宋史·刑法志》:“凡诸州狱，则录事参军与司法掾参断之。”司法的职责是管理与法（主要是刑法）的判决和执行有关的事务。《明史》未见司法一词。《清史稿》中首次出现“司法”是在1907年。光绪三十三年（1907年）“丁巳，改按察使为提法使，置巡警、劝业道，裁分守、分巡各道，酌留兵备道，及分设审判厅，备司法独立，增易佐治员，备地方自治，期十五年内通行。戊午，诏：宪法，官民均有责任，凡知所以预备之方、施行之。”“司法”是预备立宪时使用的核心词汇，已经属于现代宪政意义上的“司法”，与“立法”“行政”相对。庆亲王奕劻等遵旨核议厘定官制，以“立宪国官制，立法、行政、司法三权并峙，各有专属，相辅而行。立法当属议院，今日尚难实行。请暂设资政院，以为豫备”。纵观“司法”一词在汉语中的演变，清末仿行宪政之前，被视为一种管理与法的判决和执行相关的一种管职，清末仿行宪政期间，被用来指称与“立法”“行政”相对应的国家权力。1918 年，《钦定宪法大纲》“君上大权”篇：总揽司法权。司法之权，操诸君上，审判官本由君上委任，代行司法，不以诏令随时更改者，案件关系至重，故必以已经钦定为准，免涉分歧。

民国后，1913 年的《中华民国约法》（袁记约法）第 44 条规定：司法以大总统任命之法官组织法行之。1946 年，《中华民国宪法》序言声称：“中华民国国民大会受全体国民之付托，依据孙中山先生创立中华民国之遗教”而制订。其中第七章为“司法”，第 77 条规定：司法院为国家最高司法机关，掌理民事、刑事、行政诉讼之审判及公务员之惩戒。《中华民国宪法》中的“司法”系孙中山先生立法、行政、司法、考试、监察“五权”思想的体现，主旨在于履行对案件进行“审判”的国家职能。

共产党领导的人民政权从根据地时期开始使用“司法”来表达人民政权的组织结构。1946 年，《陕甘宁边区宪法原则》“三司法”条款规定：各司法机关独立行使职权，除服从法律外，不受任何干涉。1949 年，《中国人民政治协商会议共同纲领》第 17 条也明确规定：废除国民党反动政府一切压迫人民的法律、法令和司法制度，制定保护人民的法律、法令，建立人民司法制度。但是，其后的 1954 年宪法、1975 年宪法和 1978 年宪法文本中并没有“司法”一词，这说明作为表述国家职能性质的“司法”概念已经退出了以 1954 年宪法为代表的社会主义类型宪法的术语体系，1982 年宪法虽然有两处提及“司法”，但是并不是独立词语，而是作为“司法行政”来使用的。从宪法文本演变的情况来看，1982 年现行宪法文本中没有“司法”一词并不是立宪者的一时疏忽，而是有意为之。从立宪者的指导思想来看，“司法”作为与“立法”“行政”相对应的表述国家职能性质的专门术语由于缺少权力分类的正当性，故其概念也就无法作为制度术语来加以肯定。

二 “司法”概念的实质内涵

由于“司法”一词作为汉字没有在现行宪法文本中得到完全肯定，因此，从法理上来说，以“司法”作为中心词来描述我国现行国家制度的特征的任何学术观点都缺少有说服力的制度依据，因此，在学术研究中，往往只能依托司法概念构建起“空中楼阁”。以江平先生主编的《中国司法大辞典》[①] 为例，一个专门性的关于“司法”问题的法学大辞典，却没有“司法”词条，只有“司法解释”“司法部”“司法行政”“司法助理”几个术语，“皮之不存，毛将焉附？”而上海辞书出版社出版的《辞海》[②] 中只收集了“司”，没有“司法”词条。如果从学术价值上来看，《中国司法大辞典》的编纂在制度上是没有意义的，因为该辞典没有对“司法”作出制度上的界定；但从学理上来看，所谓收入该词典的词条都可以视为编者自身对“司法”一词含义的实质性理解。

在国内外同类法律、法学词典中，对“司法”作出实质性解释的可以说是《牛津法律大辞典》[③]，该辞典虽然没有“司法”此条，但却有描述“司法”性质的派生性词条“司法的”。该辞典对“司法的”（judicial）解释为：关于法官的术语，在很多情况下区别于“立法的”“行政的”，在另外一些情况下，区别于“司法以外的”，后者指不经法院处理以及没有法官干预的处理。很显然，《牛津法律大辞典》是以法官的职务活动为核心来定义“司法”的，就是说，凡不是法官履行职务的活动都不属于“司法”概念的范围。这是对“司法”的实质性内涵作的“狭义”解释。中国社会科学院法学研究所法律辞典编委会编《法律辞典》（简明本）[④] 对“司法”词条的解释是：国家权力之一。指由法律赋予司法权的国家机关适用法律的活动，依法处理诉讼案件和非诉讼事件。《法律辞典》对“司法”实质内涵的解释可以视为“广义”的，因为该辞典的定义并没有将“司法”概念的实质内涵仅指向“法官”，而是指向了“法律赋予司法权的国家机关”，虽然“司法权”的概念需要以“司法”为基础，存在概念的“循环”定义方面的逻辑问题，但从另外的“限定词”，如“适用法律的活动”，“诉讼案件和非诉讼事件”来看，《法律辞典》对“司法”的理解绝对超越了法官依据法律所从事的职务活动。但不管是“狭义”的“司法”，还是“广义”的“司法”，“司法”一词的实质性内涵都与处理具体案件相关，是有权国家机关依法处理具体案件的活

① 江平主编：《中国司法大辞典》，吉林人民出版社，1991 年。

② 《辞海》，上海辞书出版社，1989 年。

③ ［英］戴维 · M. 沃克：《牛津法律大辞典》，北京社会与科技发展研究所组织翻译，光明日报出版社，1988 年。

④ 中国社会科学院法学研究所法律辞典编委会编：《法律辞典》，法律出版社，2004 年，第 612 页。

动。“司法”中的“司”应作“动词”理解，“司法”是“谓宾”式的词组，不宜理解为机关、权力，“司法机关”“司法权力”等只能依托“司法”概念的性质来构建自身的实质内涵，没有明确的“司法”概念，也就没有清晰的“司法机关”“司法权力”“司法制度”等概念的合法性。

三 “司法”是有权国家机关依法解决具体法律争议的活动

从现代宪法的基本原理出发，“司法”作为一种国家的职能，它与“立法”“行政”等国家职能相对应，虽然在具体形态上存在着“三权”“五权”“第四种权力”之说，但“司法”的实质内涵大致上是比较清晰的：立法是针对不特定的社会公众制定行为规则的活动，执法是使法律规定在实际生活中得到具体实现的活动，“司法”则是对实际生活中出现的法律争议依法进行处理的活动。相对于“立法”“行政”的性质来说，“司法”必须是对具体问题的处理，司法所处理的具体问题应当是存在法律争议的，没有争议的具体问题不属于司法职能的范围。对“司法”性质作出上述界定，有着各国宪政实践的经验支撑。例如，《维基百科》对“法国宪法委员会”的词条解释道：“法国政府由行政分支（共和国总统、总理、部长和他们的服务者及附属组织）、立法分支（国会的两院）和司法分支组成。”司法分支不像在美国最高法院下的美国联邦法院，不被组织成一个单独的层次体系（行政法院在国务委员会下，民事和刑事法院在翻案法院下），而且它的一些实体有咨询功能。因为历史原因，对有类似“最高法院”这样能够撤销立法的有力的法院的任何例子长久以来有着敌意。宪法委员会是否是一个法院，是一个学术讨论的议题，但一些学者认为它是法国的最高法院[①]。类似的现象还有英国上院的司法委员会以及负责处理英联邦法律事务的“枢密院”等等。如果从实质意义上来理解“司法”概念的内涵的话，就不会将“司法”问题简单地理解为只是“法官”或者是“法院”的事务。

涉及我国现行宪法的文本规定，虽然文本中没有“司法”一词，但是，依据宪法和法律处理具体法律争议的活动并没有被排斥在国家机构应当履行的国家职能的范围之外。在实质意义的“司法”概念下，我国的全国人大常

① 参阅 http：//zh.wikipedia.org/wiki/%E6%B3%95%E5%9B%BD%E5%AE%AA%E6%B3%95%E5%A7%94%E5%91%98%E4%BC%9A，最后访问日期 2013 年 1 月 25 日。

委会也具有一定的“司法”职能，其法律依据随处可见。例如，2000年《中华人民共和国立法法》（以下简称立法法）第90条明文规定：国务院、中央军事委员会、最高人民法院、最高人民检察院和各省、自治区、直辖市的人民代表大会常务委员会认为行政法规、地方性法规、自治条例和单行条例同宪法或者法律相抵触的，可以向全国人民代表大会常务委员会书面提出进行审查的要求，由常务委员会工作机构分送有关的专门委员会进行审查、提出意见。前款规定以外的其他国家机关和社会团体、企业事业组织以及公民认为行政法规、地方性法规、自治条例和单行条例同宪法或者法律相抵触的，可以向全国人民代表大会常务委员会书面提出进行审查的建议，由常务委员会工作机构进行研究，必要时，送有关的专门委员会进行审查、提出意见。根据立法法第90条的上述规定，全国人大常委会要依据立法法的规定行使违宪或违法审查权，对可能存在违宪或违法问题的行政法规、地方性法规、自治条例和单行条例进行审查，必然是面临着“法律争议”，因为没有“法律争议”，违宪或违法的案件就不可能提交给全国人大常委会解决。

明确实质意义上的“司法”概念，有助于当下司法体制改革的法理构建。特别是避开了将“司法”束缚于“法院”的活动，或者只是传统的“公、检、法、司”，以解决法律争议为核心来重构国家职能体系，可以最大限度减少改革阻力，更有效地利用实质“司法”的功能来全面推进法治建设。

劳教制度废除后的立法模式选择

冀祥德*

我国的劳动教养制度（以下简称劳教制度）一直是国内外共同关注的焦点问题。近期，随着“大学生村官任建宇”“永州妈妈唐慧”等劳教案件被媒体的披露，劳教制度再次引发民众的激烈论辩。特别是在贯彻落实十八大精神，深化司法体制改革的新形势下，劳教制度的存与废、“小改”与“大改”之争，成为社会各界讨论的热点问题。在最近召开的全国政法工作会议上，中央政法委书记孟建柱要求积极推进劳教制度改革，严格控制使用劳教手段，对缠访、闹访等三类对象不采取劳教措施，立即引起学术界与实务界的密切关注。当下，全国各地劳动教养委员会已经停止劳教决定适用数月，那么，劳教制度停止适用后怎么办？是彻底废除，对原来的劳教对象不再处罚？还是把原来的劳教对象予以分流，一部分归于治安处罚，一部分归于刑事处罚？还是重新启动违法行为矫治立法，用新法律代替旧制度？对此，法学界、法律界见仁见智，民众拭目以待。

劳教制度是我国特殊历史条件下产生的一种特殊制度。不乏废除论观点者认为，劳教制度在我国，从其产生的那一天起就是一个“怪胎”，一路走来，只有被劳教者的血泪控诉。我认为，劳动教养是我国特殊的一项制度，我们需要理性地看待。该制度从 1955 年开始建立，变化延续到现在，有其历史的、政治的和法律的原因。从历史观点看，该制度的产生有其时代的需要，其在不同历史时期发挥了社会管理的作用。进入 20 世纪 90 年代，劳教制度成为治理社会丑恶现象的重要手段，如在禁毒、禁赌、扫黄、打黑中，

---

* 冀祥德，中国社会科学院法学研究所研究员。

成为打击违法行为的有效手段，弥补了治安处罚和刑事处罚在社会管理上的不足，填补了两项立法之间的空白。从法律依据上来看，该制度具有极强的政策性。表现为劳动教养在各个时期有不同的特定对象，是国家行政权力在维护社会稳定方面的表现。

关于劳教制度的争论，主要概括有“废除论”“小改论”“大改论”三种观点：

“废除论”的理由之一是该制度从其出生时就是非法治产物，一直备受谴责，早应废除；理由之二是该制度没有合法性，既缺乏宪法依据，又与国际公约与国际规则冲突，理应废除。

“小改论”认为应当在现有制度基础上予以改良，即把现有的劳动教养委员会由虚置改为“做实”。劳动教养管理委员会由公安部门、民政部门、劳动部门负责人组成，但是，事实上就是公安机关一家说了算。所以，要改变这种做法，并吸收法院和检察院参与，增加听证程序，但委员会仍设在公安机关，由公安机关主导。

“大改论”的观点是对劳教制度进行大幅度地、甚至是“脱胎换骨”式的彻底改革。在现有制度基础上的改良，无异于“新瓶装旧酒”。

对此，我们必须鲜明地认识到，劳教作为一项制度被废除或者停止适用之后，对其原来调整的劳教对象绝对不能放任不管，对原来的劳教对象不再处罚。所以，主张彻底废除劳教制度而没有任何替代法律规制的观点是不可行的。

我的观点是，中国的劳教制度应当“向死而生”。先宣告劳教制度“死亡”。劳教制度“死”后，有两种“生的路径”：第一种路径是把原来的劳教对象予以二元分流，一部分归于治安处罚，一部分归于刑事处罚；第二种路径是重新启动《违法行为教育矫治法》立法，用新法律代替旧制度，对现在的劳教制度从名称到内容、从对象到手段、从实体到程序予以彻底改造。

对于第一种路径选择，可以解决“劳教非司法化”的现实问题，但是，随之而来的将是治安处罚中的拘留问题。因为无论是治安处罚法中原有的拘留，还是新增设的对原来部分劳教对象的拘留，依然存在用行政方式限制人身自由的诟病。所以，作此选择后，必须还要走出第二步，即建立治安法庭，将治安拘留的对象纳入刑法调整范围。这一方面，需要修改刑法，对刑罚的种类予以调整，如把“治安拘留”改为“教育矫治”作为刑罚的一种；另一方面，需要修改刑事诉讼法，在刑事诉讼法中增设“教育矫治程序”。

具体说，就是在现行刑事诉讼的“特别程序”一编中增加设置“教育矫治程序”一章。其显著弊端是犯罪圈的扩大等。

对于第二种路径选择，则不需要扩大犯罪圈，而是直接用“教育矫治制度”代替劳教制度，对于原来劳教的对象，除去特别需要调整的之外，全部纳入教育矫治法调整范围。

“劳动教养”是一个恶名，名声不好，不能再用，所谓名不正则言不顺，所以把“劳动教养”改名为“教育矫治”。

教育矫治立法的核心是对劳教程序（即改造后教育矫治程序）予以司法化改造。我建议立法规定，公安机关认为符合教育矫治条件的，应当写出教育矫治意见书，移送人民检察院。人民检察院经审查认为符合教育矫治条件的，应当向人民法院提出教育矫治的申请。由人民法院作出教育矫治的决定。同时，规定人民法院受理教育矫治的申请后，应当开庭进行审理。被申请教育矫治人及其亲属有委托辩护人的权利；没有辩护人的，人民法院应当通知法律援助机构指派律师为其提供法律帮助。对决定不服的，可以向上一级人民法院申请复议。人民检察院对教育矫治的决定和执行实行监督。

对于劳教制度废除后，对于将来可能的对治安拘留的诟病，既可以在本次教育矫治立法中直接把治安拘留的对象纳入，也可以把治安拘留对象纳入教育矫治范围作为立法变动的第二步。

当然，还可以有第三种路径选择，即将现在劳动教养的对象，一部分留作教育矫治范围，一部分纳入治安处罚范围，一部分纳入刑事处罚范围。相关设计同上。这种模式选择的特点是需要同时制定和修订三部法律，立法成本较高，教育矫治的范围较小。

劳教制度具有存在的现实意义，这是目前改革声音大于废止声音的主要原因。劳教制度最大的问题是游离于司法体制之外，公安机关权力过大，劳动教养适用对象混乱、随意性强，教育方式形同劳动改造。因此，必须解决这些根本性的问题，改变其法律性质、决定机关、决定程序、执行理念等。如果按照这样的观点，不是“新瓶装旧酒”，而是一项全新的法律制度，是“新瓶装新酒”。

劳动教养主要由公安机关立案，劳动教养管理委员会审批决定，司法行政部门及公安部门设立的劳动教养场所负责执行，人民检察院负责监督。目前，这些部门都在进行劳动教养改革的调研和论证，而中央司法体制改革领导小组已于2004年将劳动教养改革列入改革计划。2005年2月，第十届全国人大常委会将劳动教养改革列入议程，《违法行为教育矫治法》列入立法规划。第十一届人大常委会的立法规划上也列入了这部法律，2010 年 4 月份的人大常委会第 14 次会议对此部法律进行了审议。2011 年，最高人民法院等 10 个部委联合发布了《违法行为教育矫治委员会试点工作方案》，决定将兰州、济南、南京、郑州四地作为试点城市开始试点工作。据反映，这些试点改革工作，力度还不够大，基本上是上述三种观点中的第二种观点的做法，有“新瓶装旧酒”之嫌。

劳教制度的弊端主要是立法混乱，与其他法律相抵触，没有形成科学的法律体系；法律性质成为争论焦点，是行政处罚还是刑事处罚，界定不清；审批机构形同虚设，公安机关集权于一身，执法随意性、混乱性特征明显。因此，改革的方向和出路主要在于：

首先，转变理念，改变以往的“惩罚改造”理念，将“教育矫治”作为设立这项制度的基本宗旨。其次，通过立法，确立劳教制度的法律依据、法律程序，避免随意性，确保其被依法执行、遵守法律。再次，明确机构设置、法律性质、适用对象。其中机构设置，主要是具有裁定权的机构设置，目前有三种观点：一种观点认为，应当由法院进行司法审查，由人民检察院进行监督；另一种观点认为，应当由公安机关决定，但可以提起行政诉讼；第三种观点认为，由公安机关提出，由人民检察院决定。我认为，作为较长时间限制人身自由的制度，必须纳入诉讼程序，由人民法院裁决。公安机关决定的诟病已经有目共睹。如果由人民检察院决定，也是“换汤不换药”的做法。最后，处罚强度可以有所减弱。为了与已有刑事处罚、治安处罚相衔接，改造后的教育矫治的处罚强度应当有所减弱。这可以从两方面设计：一方面是缩短期限。目前最长的劳动教养期限是四年，可以考虑针对不同的违法行为设置不同的教育矫治期限，规定最长不超过二年；另一方面，改变执行场所的环境和执行方式。例如，可根据违法行为性质或者违法人员主观恶性不同，将执行场所设置为封闭式、半开放式、开放式；将教育、劳动的方式改变为劳动技能的培养，让被教育矫治人员掌握一门以上专业技能，以便于其再社会化。

有人认为，《违法行为教育矫治法》（草案）被列入两届全国人大立法计划，但最终都难产，说明改革的阻力很大，所以担心这次呼吁还是“千呼万唤不出来”。我认为，影响劳教制度改革的因素很多，有认识上的，有观念上的，有制度上的。但是，最根本的因素在于对劳教制度法律性质的界定以及对公权力再分配的决心与勇气。作为一种较长时间限制人身自由的制度，在法治国家是不可能由行政机关决定的。劳教制度的“向死而生”涉及多个部门的设置、人员配置、制度建立等，必然会牵一发而动全身，不仅需要从立法方面进行改革，还要从机构设置、人员配备等多个方面进行通盘考虑。这需要决定者的担当意识。《违法行为教育矫治法》的制定，意味着劳教制度游离于司法体制外状态的结束，标志着我国在批准《公民权利与政治权利公约》上迈出了坚实的一大步，更表明了执政党全面加快建设中国特色社会主义法律制度的决心与行动。但是，我们也应当看到，任何改革总是在大量地、慎重地调查研究、论证的基础上，才能获得成功。一部刑事诉讼法的修改让我们等待了16年，劳教制度的“向死而生”也是需要时间来磨砺的。况且，劳教制度的“向死而生”涉及的问题很多，很复杂，慎重一些是应当的。

我认为，目前劳教制度“向死而生”的时机已经基本成熟。一是理论上的准备已经成熟。理论界关于劳教制度的讨论已久，劳教制度已经无路可走，非改不可。二是从司法实践来看，劳教制度可谓历经风雨，需要改革的问题已经清晰可见。三是从立法现状来看，立法法、《中华人民共和国行政处罚法》（以下简称行政处罚法）、《中华人民共和国行政强制法》（以下简称行政强制法）等相关法律陆续制定并实施，治安管理处罚法、刑法日臻成熟完善，刑事诉讼法也进行了较大修改，这为劳教制度的“向死而生”奠定了法律基础。四是从民意来看，进入21世纪之初，不断有人大代表和政协委员以及学者、民众就此提出议案或者表达意见，社会各界对劳教制度的“向死而生”几乎已成共识。五是党的十八大提出全面建设社会主义法治国家，加快依法治国进程，劳教制度的“向死而生”正是十八大报告深化司法体制改革的题中之意。

除去劳教制度废除后被劳教对象法律调整模式的立法选择外，还必须关注原来劳教执行场所的改革。我认为，无论是哪一种立法模式选择，原来由公安机关和司法行政机关两家都设立执行场所是没有必要的。近年来，司法劳动教养部门探索改革劳动教养方式的力度很大，取得了一些经验和成绩，例如用矫治代替改造理念的转变，顺应了教育矫治立法的趋势。除此之外，司法行政机关在社区矫正工作中已有的资源和积累的经验，也为未来的教育矫治工作奠定了良好的基础。

（本文原载于《环球法律评论》2013年第2期，收入本文集有改动）

司法改革必须整体推进

范明志*

自从党的十五大提出推进司法改革，我国已经出台了多项司法改革措施，最高人民法院发布了三个“五年改革纲要”。当今司法改革已经进入了深水区，关于司法改革的方式方法也成为关注的焦点。前期的一些改革经验以及教训告诉我们，司法改革必须整体推进，“单兵突进”式的改革方式已经被证明不可能完成我国的司法改革任务。从宏观上看，整体推进我国的司法改革，不仅是我国社会经济形势发展的要求，也是司法体制内部缜密的逻辑所决定的，纳入我国政治体制改革的顶层设计是推动司法改革的必由之路。

一　社会经济形势的发展要求司法改革具有整体性

司法制度属于上层建筑的范畴，它应当取决于经济基础。我国已经建立了社会主义市场经济，市场经济是法治经济、平等经济、民主经济，必然要求建立与市场经济相适应的司法体制。表面上看，我国的司法体制改革是在一个又一个改革文件规定下前进的，有些改革措施的效果欠佳也归责于改革措施的不完善。实际上，我国的司法改革，仍是我国社会生产力所决定的，未来司法改革的走向与速度，也必然是社会经济发展的结果。

当前进行中的司法改革，仍然是 20 世纪 90 年代我国建立社会主义市场经济所引发的审判方式改革的延续，虽然看起来只是从纠问式到抗辩式的

* 范明志，中国应用法学研究所副所长。

审判方式的改变，但实质上是对司法体制的变革，因为抗辩式审判方式与纠问式审判方式要求不同的司法体制，前者才真正体现了司法的独立性、中立性、程序性、被动性、终局性等现代司法的特性，正是抗辩式审判方式的确立，才引发了审判组织、诉讼程序、司法监督等一系列改革。而且，经济发展也决定了审判方式不可能再回到纠问式的审判方式，不仅因为抗辩式审判方式更加公正，也不仅因为纠问式也有抗辩式所不具备的优势，更是因为，职权主义的纠问式审判方式效率太低，不可能完成市场经济形势下的解决纠纷的使命。从根本上说，还是社会经济决定了司法体制。

我国经过30多年的改革开放，社会经济形势发生了巨大变化，社会主义市场经济基本建立，不仅加入了世界贸易组织，而且成为重要的“金砖”国家，国民生产总值已经跃居世界第二，国际影响力日趋增强，党的十八大提出了民族复兴的“中国梦”。在这种社会经济快速发展的形势下，虽然我国不断制定、修改相关法律法规，初步建立了社会主义法律体系，但是，我国的司法体制仍然保持了原来的框架，反映司法体制的主要法律基本没有改变，比如法院组织法和检察院组织法。人民法院依法独立行使职权还存在这样那样的体制机制障碍；一些重要诉讼制度和原则还没有建立或者健全，因此，建立与我国社会经济发展相适应的现代司法制度已经成为中国完成“大国崛起”过程的迫切任务。显然，对于司法改革来说，这是一项整体性而非局部的使命。

二　司法体制内部的逻辑性决定了司法改革的整体性

对于当前的司法改革，有人认为应当从某个制度首先突进，有的认为应当首先改革的应当是法官制度，有的认为是诉讼程序，有的认为是基层司法组织……党的十五大以来，中央提出了若干改革方案，最高人民法院制定了三个“五年改革纲要”，改革措施涉及司法的方方面面，从司法组织到诉讼程序，从审判管理到司法监督，从队伍建设到经费保障，几乎无所不及。但是，很多改革措施的实施效果没有达到预期设想，甚至有人认为是“司法改革倒退”。

我们不否认司法改革已经取得了巨大成果，但是至今，人民法院依法独立行使职权的司法体制还没有完全建立起来，2013年最高人民法院工作报告也明确指出：人民法院依法独立行使职权还存在体制机制障碍。

从具体改革措施来看，曾经被取消的法院案件审批制又恢复了，法院人员分类改革停滞不前，司法职业保障仍然不高，申诉上访甚至愈演愈烈，“终审不终”问题依然存在，法官行政化管理甚至得以强化，等等，都说明了在这些方面的改革措施并没有取得预期的效果。这不能说明司法改革的方向错了，也不能说明我国司法改革缺乏智慧，而是说明，在缺乏整体设计的情况下，司法改革的单项措施很难取得成功。

以“案件请示”这个具体改革项目来说，最高人民法院已经制定下发了近十个文件禁止下级法院就案件向上级法院请示，但是至今仍没有消除。这说明案件请示在我国现有司法体制下具有存在的客观基础，如果决定案件请示具有价值的那些制度仍然存在，在法院内部是很难消除这个现象的，就像当一个国家经济落后时很难阻止和消除乞讨现象一样。案件请示现象之所以存在，至少与以下几个因素密切相关：

第一，法官素质。如果没有案件请示制度，目前的法官尤其是基层法院的法官是否具备公正审判的能力？

第二，法律统一适用。案件请示可以在一定区域内实现“同案同判”，有利于实现司法公正，也越来越能够避免舆论对“同案不同判”的批判。

第三，对法官的考核。现在，法官受到的考核和评价是多方面的，“发改率”是一项重要的法官考核指标，而案件请示则可以当然地降低这一负面评价指数，对于下级法院及其法官，当然就有案件请示的动力。

第四，法官的责任。如果说“发改率”只是一个鼓励案件请示的考核指标，那么“错案追究制”则是催发案件请示现象的更强硬因素。无论法院还是法官，都会自然地要求避免被错案追究的责任，当法官担心被错案追究时，案件请示的负面作用便不值得考虑了。赵作海案、佘祥林案件的法官如果没有案件请示汇报，承担的责任可能会更重。

第五，外部的压力。现在法院办案要面对各种压力和干扰，如果说连整个法院也抵抗不了的话，那让一个法官怎么去抵抗？如果上级法院抵抗不了，让下级法院去抵抗，更不现实。案件请示可以在一定程度上化解外部的压力，尤其是地方保护主义的压力。

所以，案件请示现象在目前的大环境下是有其客观基础的，如果相关制度不变，要解决这个问题要么是不现实的，要么是将付出更大的代价。案件审批制度、审判委员会制度、审判长联席会制度等也都具有相似的情况。

其实，司法体制改革中的任何一项措施，就像取消案件请示改革一样，都与整个体系有着千丝万缕的联系，司法主体（保障）——审判独立——诉讼程序——司法公正——司法权威，这是一个逻辑缜密的整体。只有被充分保障的司法主体才有可能实现审判独立，独立的审判组织才可能严格遵循诉讼程序，严格的诉讼程序才可能实现司法公正并不受程序外的干扰，司法公正才可能带来司法权威，而司法权威尤为司法保证提供了理由。在这个大体系中，单独改革其中一项或者多项都是难以成功的，因为司法改革的成功是指整体司法权运行的成功，不是司法权某一环节的成功，离开其他环节的支持，单独的改革措施是难以取得成功的，甚至是难以让人接受的。比如，当提到法官职业保障时，往往就有人认为，司法腐败问题、司法公正还没有解决，就不应当加强职业保障。其实，职业保障不足，恰恰是司法腐败、司法不公的原因之一。因此，试图通过单项司法改革措施的成功来证明司法改革方向正确和方案的合理，几乎是不可能的。

当前，我国的司法改革面临着众多具体任务，无论是刑事诉讼中的控辩平等、沉默权、非法证据排除，还是民事诉讼中的新证据、申诉上访、终审不终，抑或行政诉讼中的和解、地方保护主义，甚至执行中的难、乱现象，在尝试了各种改革措施后仍没有得到妥善解决，并不仅是具体制度的设计问题，更是因为每一项具体改革所需要的配套制度和环境没有提供改革措施实施的可能性。因此司法改革如果不能整体性推进，则难以成功。

三　我国司法改革的政治性决定了司法改革的整体性

政治推动下的司法改革必然是整体性的。在我国，司法改革是政治改革的一部分。很多人呼吁将司法改革作为政治改革的突破口，是有道理的。党的十五大到十八大，四次党的大会都明确提出同一司法改革目标：确保人民法院、人民检察院依法独立行使审判权、检察权。这说明了一方面审判（检察）独立是我国司法改革的核心内容，另一方面审判（检察）独立仍然任重而道远。同时也表明，党是我国司法改革的领导者、决策者。司法制度是党领导人民治理国家的重要制度，司法权威是党的权威的重要组成部分。近一二十年的发展进程，基本契合了我国政治体制改革的步伐，未来司法改革的推进，也必然依赖于我国政治体制改革的进程。作为政治体制改革的一部分，司法改革不可能以具体司法制度为目标，必然整体推进。

司法改革比经济制度改革更具有整体性。司法制度与经济制度都是极其重要的国家制度，司法改革也应当与经济改革具有同样重要的地位。与经济改革相比，司法改革具有整体性的特点。因为经济发展可以是阶段性的、递进式的，也可以是局部的，而社会对司法公正的需求则是一步到位的、终极性的，也必须是完整的。一个人只要经济状况在逐步好转，那么他就会满意；而对于司法，只要存在司法不公的任何环节，那么就会对司法不满，就可能引发申诉上访。人们需要的是一种彻底正义，其中的任何一部分不能得到实现，都会将司法视为不公正。从这个角度来说，司法公正是不应当受到社会经济条件制约的，那么司法改革也不应采用局部、渐进性的方案。如果不进行顶层设计整体推进，就像我国从计划经济向市场经济转变那样，司法改革就很难取得成功。司法体制改革必须拿出从计划经济向市场经济转变的那种魄力，由中央来确定，整体性、全面性、政治性地推行。

司法改革的整体性不止于司法系统的整体性，而是整个社会的整体性。司法是整个社会制度中的一部分，与社会各方面有着相互影响的关系。如果单独让法院更加独立地审判，而缺乏整个社会的保障措施，不但不可能取得成功，且会让法院或者法官承受更大的压力，遭受更大的损害，就像鼓动一群没有武装保护的士兵去冲锋陷阵一样。要求法院独立审判的司法改革理想是非常美好的，但是过去的实践已经证明了“单兵突进”的方法不可能成功，甚至是非常危险的。审判独立是一个完整性的概念，只要存在审判不独立的因素，审判独立就不能说已经50%、80%或者90%地完成了。“木桶原理”决定了审判独立是否实现，取决于是否还存在审判不独立的因素，而不在于有多少审判独立的因素。而整体上推进审判独立的司法改革，显然是一项政治任务。

政治改革能走多远，司法改革才能、也就能走多远。

裁判文书公开方式应改革

徐　炳*

充分利用网络这种经济而又高效的方式实施司法公开，是我国司法界和学术界早已形成的共识。最高人民法院也早已明文规定了立案公开、庭审公开、执行公开、听证公开、文书公开、审务公开。各级法院也都建立了各自的网站，以便用网络形式落实上述各项公开制度。但是，笔者认真看了许多法院的网站，却感到很失望。概括地说，目前法院在利用网络实施司法公开方面是流于形式，或者说是有形无实。仅以裁判文书公开为例。利用网络公开司法裁判文书应当是最容易做的事，既有明确的法律规定，也不需要多大的投入，技术上也没有什么操作困难。正因为如此，各个法院的网站现在几乎都有专门的裁判文书专栏。但翻看这些专栏的内容，则会让人倍感寒心。几乎所有法院都是精心选择了几个裁判文书公开在网站上。这种有选择的公开，给人的结论是：法院的裁判文书公开而不真实，公开而不透明。

为什么这么说呢？现在法院的确把某些判决书公开在网络上，但是他们是有选择的公开，即不是所有裁判文书全部公开，也不是所有的案件都公开，甚至不是多数裁判文书公开，只是选择少数几个公开。让人乍一看不错，法院不是公开裁判文书了吗？能够应付上级了，也能应付百姓了。其实这样做比不公开还糟糕，因为它具有欺骗性。谁都不能说法院判的每一个案件都是错的，有问题的，事实上有相当比例案件的判决是公正的，在认定事实和适用法律两个方面都是正确的。但不可否认的是，也有相当比例的案件的判决是有问题的，是不公正的，或是腐败办案的产物，是不当干预的产

* 徐炳，中国社会科学院法学研究所研究员。

物，是枉法裁判的产物。裁判文书公开的目的既是要让人们看那些判得公正正确的文书，更是要让人们有可能看到那些判决有问题的文书，让大家评判，让大家监督，让法官不敢枉法，不敢懈怠，必须慎重对待他在裁判文书上写的每一个字。这才是裁判文书公开的真正目的。任何一个法官，哪怕是最贪腐的法官，绝不可能一辈子没有判一个公道的案件，正如任何一个坏人，如希特勒、蒋介石都不可能一辈子没有做过一件好事。把几个判得比较好的、没有争议的东西放上去，而把有问题的判决文书藏起来、紧锁起来，这是欺骗党，欺骗人民的做法！就如同把希特勒做的几件好事公开，大加宣传，而闭口不谈他的罪恶一样。当然，这只是一个不很恰当的比喻，不是说我们的法官都像希特勒一样。

第一，裁判文书公开必须是无例外的公开。各级法院的所有裁判文书都必须一个不藏地全部公开，不允许有例外，否则就视同没有公开。有人说，现在还做不到，可能有些案件如死刑案件的判决还不能公开。如果这个理由成立，可以通过立法规定哪类裁判文书不能公开，其他一律公开，而不能像现在这样，各个法院自由裁量，想公开哪个裁判文书就公开哪个，想隐藏哪个就隐藏哪个。这种做法必须立即停止！

第二，现在各个法院在网络上公开的裁判文书事实上是公开而不透明，而透明才是公开的目的。就目前各个法院已在网站上公开的裁判文书来看，各个法院都只公开了法院的判决文书，而且一字不漏，好像很公开，很透明。其实不然。我们都知道，一个枉法裁判的法官要想判当事人赢，当事人就能赢；要想判当事人输，就能判当事人输。如果当事人只看他的判决文书，可能会感觉那些枉法裁判的判决书还很有道理。因为，无数案例说明，如果一个贪腐法官要枉法判决行了贿的当事人赢，他会把对行贿人有利的证据拿出来、把对行贿人有利的法律引出来、把对行贿人有利的理由统统讲出来，而把对对方有利的证据一字不提，这个证据好像根本不存在，好像法庭上从来没有人提出过这份证据；对于对方当事人在法庭上提出的对证明其诉求有利的法律理由，贪腐法官也往往只字不提，从贪腐法官的判决书上看，好像这个对方当事人纯粹是胡闹，没有任何理由，他的判决则正确得很。只要是有问题的判决大多都是如此，都不敢面对败诉方提出的有利证据和正当的法律理由。

如何解决这个问题呢？笔者提一个建议：法院公开裁判文书时，要同时公开刑事案件中被告人的律师辩护词或民事案件中当事人的律师代理词。一审判决书公开的时候，还一定要同时公开一审当事人的上诉书。如果一审当事人服气了，不上诉了，当然就没有上诉书公布。如果一审当事人不服一审判决，一定有一个上诉书，法院要将这个上诉书一并附在一审判决书上公开。这样做才真的有价值。法院把当事人律师的辩护词、代理词、上诉书或申诉书作为所公开的裁判文书的附件同时公开，那就行了。人们对照法官的判决和双方当事人的意见，就能彻底明白这个案件判决得是否合法，是否正确。一看就知道法官的水平如何，有没有玩猫腻儿，有没有枉法裁判。如同上诉人上诉时，原审法院必须把全部案卷移送受理上诉的上级法院一样，当事人的律师辩护词、代理词、上诉书、申诉书都必须全部移送。如果原审法院不把这些全部移送，而只向上诉法院提交原审法院的判决，那能行吗？上诉法院就没法审了，就弄不清案件的是非曲直了。我们法院公开裁判文书就是要让人们能把案件的案情和审理看得清清楚楚，把案件所涉问题的是非曲直搞明白，如同上诉审法官那样，把案件的各方意见都看完，才能得出正确的结论，才能作出维持原判或推翻原判的结论。上诉的目的就是要上诉审法院重新审查上诉案。法院公开裁判文书的目的就是要人民群众对此案当一次再审法官，让历史做一次再审法官。法官通过这种方式接受人民的再审，接受历史的再审。终审判决书下达以后，法院也可征求一下双方当事人意见，问问他们对本案的判决还有什么意见没有，有什么评论没有。如有，也应如实公布出来，看看当事人仍然不服的理由在哪里。如果把这些都公开了，那这个案件就真对公众透明了，否则就是假的，是欺骗公众的。

这样彻底公开透明还有一个重要作用，那就是对律师的监督作用。因为律师也有欺骗当事人的、拿钱不办事的，不认真为当事人办案的。现在也有的律师认为辩护是没有意义的，辩了白辩，写代理词、辩护词都是白写，说不说由律师，听不听由法官，不论律师写代理词多么认真，法官连看都不看。律师也就寒心了，不把功夫用在法律辩护上，而是用在为当事人找关系走门路上。如果把律师的辩护词、代理词及为当事人写的上诉书等都公布出来，这个作用就大了，律师知道他这个辩护词、代理词是非常有价值的，即使输了，他对得起当事人，对得起法律，他的工作让同行来评判，让大家来评判。写的目的、公开的目的是让大家见到。我们的学者、律师和当事人一看就能明白律师工作的质量如何。这对我们的律师作用的正确发挥会起到巨大的作用。

这样彻底公开，还有一个好处，当事人把理由讲出来了，让全社会都知道了，即便自己不服气，但起码出气了。现在涉法上诉的很多，为什么？他连讲道理的地方都没有，他不想白白受冤。如果把他的意见都公开了，他不需要到处递什么申诉书了，网上都有了，都公开了，很简单啊！

总之，笔者认为，裁判文书公开就要彻底、透明。这样法官才能好好工作，才能有所顾忌，才能有所约束。他们的工作也才能得到一个公正的社会评价。法官写裁判文书时，才能认认真真，针对诉讼当事人的举证和诉讼理由一一给予评判。如果面对当事人的强有力的证据和法律理由，法官判决无言以对，那就有问题了。现在法官太好当了，想判当事人赢或输，都有的是办法。

笔者就提这么一个看似很小的建议，只要法院下决心采纳，不要多少金钱成本，立即就可以做到，就会收到立竿见影的实效。都说空谈误国，我们不空谈，全公开就可以了。

（本文原载于《环球法律评论》2013 年第 2 期）

老话重提：司法权和司法体制的宪法修改意见

刘作翔*

1982年宪法已经实施了30年，其间经历了四次修正案，但这四次修正案都未触及司法权问题及其司法体制问题。经过30年的实践，现行宪法中有关司法权及其司法体制的相关规定已经暴露出了一些问题，有一些条款已经明显不能适应司法体制改革和社会发展的需求。为此，我想就司法权及其司法体制的相关问题提出有关宪法修改意见，供研究参考。

第1条修改意见。应该在宪法中明确规定："中华人民共和国的司法权属于国家。"

简要说明，增加这一条款有两个意义：一是在宪法中专门和首次提出"司法权"的概念；二是明确规定"司法权属于国家"的司法权属性。这是针对现行宪法中存在着的"司法权地方化"的有关宪政体制安排而言的。"司法权地方化"的宪法根源体现在现行宪法的第2条第二款"人民行使国家权力的机关是全国人民代表大会和地方各级人民代表大会"以及第3条第三款"国家行政机关、审判机关、检察机关都由人民代表大会产生，对它负责，受它监督"的规定中。同时，也是对为防止"司法权属于司法者个人"的倾向而言的。这一条款体现的一个理念是：一切公权力、国家权力都属于国家，最终属于人民。公权力不能个人化，不能私有化。这是人民主权的民主理念的体现。

---

* 刘作翔，中国社会科学院法学研究所研究员，《环球法律评论》主编。

第 2 条修改意见。应该在宪法中明确规定："国家行使司法权的专门机关是人民法院和人民检察院。"

简要说明，增加这一条款是为了纠正目前在我国存在的关于司法、司法权、司法体系、司法机关、司法主体等概念和问题上所存在的混乱。尤其是 1997 年刑法第 94 条关于"司法工作人员"的立法解释所产生的混乱。

关于"司法""司法权""司法主体""司法体系""司法机关"等概念，现在仍存在着很大的争议。司法到底如何界定？司法权的范围到底如何划定？中国的司法体系到底由哪几部分组成？我们经常听到的和讲到的所谓"公、检、法、司"是不是司法体系的组成？从我国的宪政安排来讲，我国的司法体系是由人民法院和人民检察院两大系统构成，而公安机关和司法行政机关（包括监狱管理机关）是隶属于国务院的国家行政机关。但 1997 年修订后的刑法第 94 条的立法解释却产生了新的问题。刑法第 94 条规定："本法所称司法工作人员，是指有侦查、检察、审判、监管职责的工作人员。"此条立法解释将有侦查、监管职责的工作人员定性为司法工作人员，那么，他们所在的机关是不是就成了司法机关？如果是，那么，是否意味着要改变现有的宪政安排？如果不是，那刑法第 94 条的立法解释又如何理解？有的学者用"大司法"概念和"小司法"概念来做解释；有的学者则从刑事诉讼的过程所涉及的权力主体来解释。我认为，这些解释都不具有充分的解释力和说服力。我认为，1997 年修订后的刑法第 94 条的立法解释存在着问题，它将原有的宪政安排打乱了。关键是如何理解司法的概念和司法权的概念以及侦查权、监管权的权力属性，即侦查权、监管权是行政权的体现，还是司法权的体现？这一问题直接关系到我们对司法、司法权、司法体系以及司法主体等问题的理解。我认为，将侦查权、监管权定义为行政权，以及将有侦查、监管职责的工作人员定性为国家行政工作人员，并不影响他们的法律地位和法律职责的履行，还有利于宪政的统一。

第 3 条修改意见。应该在宪法中恢复 1954 年宪法第 78 条的规定："人民法院独立进行审判，只服从法律。"

简要说明，这一条是为了体现司法独立的原则，以替换现行宪法第 126 条"人民法院依照法律规定独立行使审判权，不受行政机关、社会团体和个人的干涉"的规定。现行宪法第 126 条采用了罗列排除干涉主体的方法。这种罗列的方法是有缺漏的，应恢复 1954 年宪法第 78 条的规定，即人民法院独立进行审判，只服从法律。这应该作为中国宪法和法律中关于司法独立的法律表述语言。

第 4 条修改意见。应将现行宪法第 131 条“人民检察院依照法律规定独立行使检察权，不受行政机关、社会团体和个人的干涉”修改为“人民检察院独立行使检察权，只服从法律”，理由同第 3 条。

第 5 条修改意见。应该在宪法中明确规定：“人民检察院是国家的检察机关。”

简要说明，这一条是为了修改现行宪法第 129 条关于人民检察院性质的规定。现行宪法第 129 条将人民检察院的性质规定为“国家的法律监督机关”，这一定性不准确也不明确，存在重合。因为人大也是国家的法律监督机关之一，监察、审计等也是国家的行政法律监督机关。同时，在实践层面，检察机关行使法律监督权也存在许多体制性的障碍和自身职能的矛盾。

我们应该注意到：在习近平“12·4”讲话中，他专门用了一大段话讲述了如何通过具体的立法、司法、执法、监督等法治机制来落实宪法中所提出的任务以及对各法治机制及其所应承担的任务的具体分解。

第一，立法任务：“全国人大及其常委会要加强重点领域立法，拓展人民有序参与立法途径，通过完备的法律推动宪法实施，保证宪法确立的制度和原则得到落实。国务院和有立法权的地方人大及其常委会要抓紧制定和修改与法律相配套的行政法规和地方性法规，保证宪法和法律得到有效实施。”

第二，执法和司法任务：“各级国家行政机关、审判机关、检察机关要坚持依法行政、公正司法，加快推进法治政府建设，不断提高司法公信力。国务院和地方各级人民政府作为国家权力机关的执行机关，作为国家行政机关，负有严格贯彻实施宪法和法律的重要职责，要规范政府行为，切实做到严格规范公正文明执法。我们要深化司法体制改革，保证依法独立公正行使审判权、检察权。”

第三，加强对宪法和法律实施的监督任务：“全国人大及其常委会和国家有关监督机关要担负起宪法和法律监督职责，加强对宪法和法律实施情况的监督检查，健全监督机制和程序，坚决纠正违宪违法行为。地方各级人大及其常委会要依法行使职权，保证宪法和法律在本行政区域内得到遵守和执行。”

在这段任务分解中，检察机关主要承担的是司法任务，并落脚在“检察权”上。而对监督任务的承担主体讲话中用的是“全国人大及其常委会和国家有关监督机关”，其中的“国家有关监督机关”除了监察机关、审计机关等，是否包括检察机关，值得研究。因为对于监察机关的任务，在前面的司法任务中已经明确的被提及。

第 6 条修改意见。修改现行宪法中有关“司法权地方化”的相关条款。其中有宪法第 2 条第二款的规定：“人民行使国家权力的机关是全国人民代表大会和地方各级人民代表大会。”

简要说明，这一规定从总的原则上没有问题。但缺乏对国家权力的分解，缺乏对国家权力一旦具体化后和进入运作过程后其不同性质和特点的科学界定。我们为了避免“三权分立”之嫌，拒绝对国家权力进行分解，坚持国家权力是不可分的。但如果我们将国家权力做以分解，就会发现其中存在着问题。因为“国家权力”这个概念包括立法权、行政权、司法权、军事权、监督权，这五种权力具有不同的性质和特点。其中的立法权、行政权可以有一个地方化的问题和有条件地转让的问题。如前所述，立法权可以部分地转让，可以部分地授权，因而可以有地方立法，可以有授权立法，等等。行政权也可以部分地转让，可以有条件的授权其他主体行使，因而可以有地方行政，行政授权，等等。而司法权、军事权这两种权力是不能地方化的，是不能转让的，是不能授予其他主体行使的，因而不能有“地方司法”，不能有“授权司法”，更不可能有“地方军事”“授权军事”等，“地方司法”“授权司法”是有违司法的国家专有性和国家专属性的，是有违司法法治原则的。这就是司法权的国家专属性和专有性。作为公权力的监督权有地方化问题，但同时监督权又具有专属性，即只能由国家专门的监督机关可以行使监督处分权，其他主体的“监督权”属于广义上的，不具有处分权，如公民对政府及其工作人员的监督权等。而宪法第 2 条第二款的规定将“人民行使国家权力的机关”规定为“全国人民代表大会和地方各级人民代表大会”，这就包括了司法权由地方产生也是人民行使国家权力的方式之一。这是造成“司法权地方化”的宪法总根源，也是在理论上没有对“国家权力”进行分解所造成的。

除了这一条之外，建议修改宪法中有关地方司法机关由同级人大产生的相关规定。以“司法权国家化”作为司法体制改革的思路，来进行相应的宪法修改和制度设计。使司法权回归到国家所有，改变和消除司法权地方化的体制性根源。

以上关于司法权及其司法体制问题的几条修宪意见，关键取决于我们对司法权的性质、司法权的属性等重大问题进行深入的研究并取得共识和结论。我们需要打破三个理论上的禁区：

第一，司法权属于国家和司法机关独立行使司法权，并不会影响“司法权属于人民”的国家性质理念，而且，可能还会更好地实现这一国家性质理念；

第二，“司法权属于国家”同有些人所说的“国家主义”没有必然联系；

第三，对国家权力进行理论分解，是为了更好地认识各个具体权力的不同性质和特点，以便在宪法上对各个不同性质的权力进行合理的制度设计和安排，它同“三权分立”理论不是同一层面的问题。

劳动教养的改革方向应为保安处分

刘仁文*

2013年1月7日，全国政法工作会议提出，年内将推进劳教制度改革、户籍制度改革、涉法涉诉信访工作改革、司法权力运行机制改革，全力建设平安中国、法治中国。[①] 这表明：经过多年的呼吁，劳教制度的改革终于临近了！

我完全同意对劳教制度的改革，而且认为要越快越好，越快越主动。以免像当年的收容遣送制度一样，被“孙志刚事件”最后一根稻草压倒。[②]

但与此同时，我又深感我们的相关配套措施还没有为“后劳教时代”的到来做好准备。[③] 所谓对劳教改革达成共识，主要是指针对现有劳动教养制度的弊端，大家都觉得非改革不可，但究竟如何改，迄今并未形成比较一致的方案。[④]

* 刘仁文，中国社会科学院法学研究所研究员。

① 《全国政法工作会议：劳教制度今年拟停止使用》，载央视网（http：//news.cntv.cn/2013/01/08/ARTI1357583580324680.shtml），最后访问日期2013年1月10日。

② 在“孙志刚案”之前，民政部已经针对收容遣送制度在实施过程中存在的问题及解决出路召开了数次内部专家讨论会，但由于召集部门自身的局限性，并没有将对收容遣送制度的改革上升到脱胎换骨的高度来考虑，而且一拖再拖，致使耽误了改革的时机。参见林寒奇:《〈收容遣送办法〉废止始末》,《外滩画报》，2003年7月2日。

③ 回想当年的孙志刚事件，使得收容遣送制度在仓促间被废除，结果由于相关的制度没配套，有些地方一时陷入了混乱。例如，深圳宝安区，外来人员特别多，废除收容遣送制度后，有一年多的时间到了用武警来维持社会治安的程度，过了很长时间才缓过来。

④ 即便按目前有的媒体报道那样，今年内将停止使用劳教制度，这个意思仍然不很明朗，是暂时停止使用呢，还是永久废除，甚至只是改个名、换个“马甲”？何况全国人大常委会已经连续两届针对劳动教养制度的改革将《违法行为（教育）矫治法》列入立法计划，虽然该法草案的内容外界尚不得而知，但据有的学者披露:“其对象，只是缩小版的劳教对象；其程序和劳教程序也并无实质性的差别”，所以之前才有人呼吁：要设法阻止《违法行为（教育）矫治法》的出台！《劳教制度改革别是换“马甲”》,《北京晚报》，2013年1月1日。

本人最初关于劳动教养制度的改革建议也主要集中在要将劳动教养决定权从公安机关转移到法院以实现其裁决程序的司法化。[①] 当时基于我国刑法在定性之外还有独特的定量规定，[②] 也主张劳教制度有存在的空间，不能彻底取消。

但随着我对这个问题思考的深入，现在的观点也在原来的基础上更进一步了，那就是：在刑法和治安管理处罚法之间插入一个现行劳动教养制度，无论如何都理不顺逻辑关系；现行劳动教养制度的改革方向只能是保安处分。

一 劳动教养制度到了非改革不可的时候

党的十八大报告明确提出，法治是治国理政的基本方式，要全面推进依法治国，提高领导干部运用法治思维和法治方式深化改革、推动发展、化解矛盾、维护稳定的能力。在此背景下，对照十八大前后成为舆论焦点的湖南“上访妈妈”唐慧案，以及重庆任建宇案、黄成城案、彭洪案、方洪（方竹笋）案等一系列被错误劳教的案件所带来的恶劣社会影响，改革劳动教养制度成为新的中央领导集体在法制领域的首选是意料之中的事情，因为随着我国法律体系的建成，像劳教这样针对所有人特别是草根阶层的、成块的“人治自留地”确实不多了，[③] 改革这样一种制度，无疑有利于赢得民心。

为什么说劳动教养制度已经到了非改革不可的时候了？

第一，是因为它无法适应已经发生巨大变化的社会形势。劳动教养的历史原型是新中国成立后，我们接管城市并对游民、妓女清理、改造和安置而组织的生产教养的治理经验。在随后的内部“肃反运动”中被重新提出。1955 年 8 月 25 日，中共中央发布《关于彻底肃清暗藏反革命分子的指示》指出：“对这次运动中清查出来的反革命分子和其他坏分子，除判处死刑和罪状较轻、坦白彻底或因立功而继续留用的以外，分两种办法处理。一种办

① 参阅刘仁文:《劳动教养制度及其改革》，载陈兴良主编的《刑事法评论》(第 9 卷)，中国政法大学出版社，2001 年。

② 说我国刑法在定性之外还有独特的定量规定，主要是针对自然犯而言（国外刑法对自然犯是立法定性、司法定量，即通过刑事诉讼的“过滤程序”来实现“漏斗效应”，使不必要起诉和定罪的在诉讼程序中被过滤掉）。对法定犯的规定，国外刑法也不乏定量规定。

③ 其他有的制度如“双规”，虽然在法治方面也还有待完善，但由于它针对的是官员，而“仇富仇官”正是当前的社会心态，因而不仅不存在劳教这种离散民心的负效应，相反甚至还可以起到“赢得民心”的正效应，因而其改革的压力和动力就更小。

法，是判刑后劳动改造。另一种办法，是不够判刑、而政治上又不适用于继续留用，放到社会上又增加失业的，则进行劳动教养，就是虽不判刑，虽不完全失去自由，但亦应集中起来，替国家做工，由国家发给一定的工资。”可见，它最初主要是针对轻微的“反革命分子和其他坏分子”的，是要与判刑的劳动改造有根本区别的（但如今劳改劳教人员被统称为“两劳人员”，在剥夺人身自由和强制劳动等方面几乎没有区别），并且还带有解决失业问题的考虑。①由于劳动教养诞生于国家法治不健全的时代，在对象、期限、审批程序以及救济等方面带有先天的不足，所以很快在实践中就被滥用，最突出的就是劳动教养成为处理“右派分子”的主要方式。②正如有的学者所指出的：劳动教养的基因决定了其最大特点在于“好用”——灵活、开放和有效，它可以根据形势的变化和需要，及时地解决司法途径和其他行政方法不易或不便解决的社会管理问题，而不论这些问题来自哪个方面和何种情形。③如果说在过去法制不健全的年代，相比起定罪判刑这类严重的后果，④劳动教养的问题尚不突出，那么在如今国家法治建设已经进入新的时代，刑法、刑事诉讼法和监狱法都日趋完善并不断加大人权保障的力度的情况下，再让劳动教养制度这样一种“灵活”“开放”“好用”的制度继续游离于旨在把公权力锁在笼子里的法治精神之外，显然已严重不合时宜。

第二，是在立法上存在重大欠缺。2000 年颁布实施的立法法明确规定：对限制和剥夺人身自由的强制措施和处罚，只能由全国人大及其常委会通过制定法律来规定。劳动教养无疑属于剥夺人身自由的处罚，但它的最高位阶法律只是 1957 年《国务院关于劳动教养问题的决定》（以下简称《决定》）和 1979 年《国务院关于劳动教养问题的补充规定》（以下简称《补充规定》），因此不符合立法法的要求。有人可能会说，前述两个法律文件虽

---

① 在计划经济体制下，对于那些被单位开除的“反革命分子和其他坏分子”，如果放置到社会上，确实等于死路一条，所以 1957 年《国务院关于劳动教养问题的决定》明确将劳动教养界定为“安置就业的一种办法”，当时的《人民日报》在社论中更指出劳动教养“充分体现了社会主义国家改造坏人的宽大政策和仁至义尽的精神”。（《为什么要实行劳动教养》，《人民日报》，1957 年 8 月 4 日）而现在，劳动教养的安置就业功能早已消失。

② 参阅赵杜民：《关于反右派斗争严重扩大化内容的再探讨》，《党史研究与教学》，1996 年第 6 期。

③ 参阅张绍彦：《改革制度，优化功能——十字路口的劳动教养叙说》，《法学家茶座》，2012 年第 4 期。

④ 那时连刑法典都没有，所以定罪判刑也很随意。

然发布主体是国务院，但当时都是经过全国人大常委会批准的，因而在性质上仍然应当算法律。这种说法的理由并不成立，因为按照现行的立法法，并不存在过去这种由全国人大常委会批准、国务院来发布的法律类别，况且立法法还特别禁止对限制和剥夺人身自由的强制措施和处罚的授权立法，也就是说，全国人大常委会不可以授权国务院就限制人身自由的强制措施和处罚进行立法。更成问题的是，在实践中，起更大作用的是 1982 年由国务院批准、公安部发布的《中华人民共和国劳动教养试行办法》(以下简称《试行办法》)。该试行办法共 69 条，而前述 1957 年的《决定》和 1979 年的《补充规定》均分别只有 5 条。[①]《试行办法》事实上起到了与前述《决定》和《补充规定》同等地位的作用，如 1957 年的《决定》规定劳教的对象是四种人，但《试行办法》将其扩大为六种人。[②] 由于该试行办法只是一个部门规章，充其量也只能与行政法规沾边，[③] 由它来规定劳动教养这样一种剥夺人身自由的处罚，显然严重违反了立法法的有关规定，也与宪法关于“国家尊重和保障人权”的规定相悖。按照新法优于旧法的原则，既然立法法没有《决定》和《补充规定》这种由全国人大常委会批准、国务院来发布的法律类别，也没有《试行办法》这种由国务院批准、公安部来发布的行政法规，那么其合法性就大成问题，必须根据新的立法法来明确其法律法规的属性，更何况《决定》《补充规定》和《试行办法》的许多内容已经陈旧，不要说《决定》是 50 多年前的事了，就是《试行办法》也“试行”30 多年了。《试行办法》是 1982 年 1 月 21 日发布的，而现行宪法则是 1982 年 12 月 4 日公布的，之后宪法又在依法治国和保障人权等方面进行了与时

① 这种极其粗糙的规定自然为滥用该制度留下了巨大空间。例如，虽然 1957 年的《决定》只字未提“右派分子”，但第 2 条“罪行轻微，不追究刑事责任的反革命分子、反社会主义的反动分子，受到机关、团体、企业、学校等单位的开除处分，无生活出路的”，显然可以用来对付“右派分子”。而其他条文中的“不务正业”“无理取闹”等弹性极大。

② 到 2002 年公安部推出《公安机关办理劳动教养案件规定》时，劳教对象又被扩大到十种人，并且在十种人之后还加了个尾巴，即“对实施危害国家安全、危害公共安全、侵犯公民人身权利、侵犯财产、妨害社会管理秩序的犯罪行为的人，因犯罪情节轻微人民检察院不起诉、人民法院免予刑事处罚，符合劳动教养条件的，可以依法决定劳动教养”。如果说这十种人主要还来源于其他法律的规定的话，那么这个尾巴则又无异于行使立法权的作用，大大扩大了劳动教养对象的范围，连不起诉和免予刑事处罚的行为都要处劳教，而劳教剥夺人身自由的期限最低就是一年！由这样一个部门规章来随意扩大劳动教养对象的范围，更是违背了立法法的有关规定。

③ 按照立法法，国务院在自己的权限范围内制定行政法规，国务院各部委在本部门的权限范围内制定规章。

俱进的完善，在这种情况下，作为现行宪法之前的产物，在提倡依宪治国的今天，也该跟上宪法发展的步伐了。①

第三，就是在认定和执行中存在很大的随意性。目前，各省、自治区、直辖市和大中城市的劳动教养管理委员会，作为法定的劳动教养工作的领导和管理机构，是由民政、公安、劳动部门负责人兼职组成，并未设置专职的负责人。其主要法定权限有两项：一是审查批准收容劳动教养人员；一是批准提前解除劳动教养和延长或减少劳动教养期限。而这两项职权长期以来实际上分别由公安部门和司法行政部门以劳动教养管理委员会的名义行使。②这样一种机制使劳动教养在实践中难免带有随意性。在公安环节，近年来不断爆出非法将上访人员投入劳教所的丑闻（如唐慧案），以及对某些因定罪证据不足或办案期限已到本应放人的，却转而搞劳教，或以教代侦（即先将其投入劳教所，继续对其犯罪线索进行侦查），这些都是审批权被滥用的例子。在司法行政环节，不仅劳教机关有权对劳教人员延长劳动教养期限累计达一年之久，而且还授权劳教场所可以对劳教人员行使延长 3 个月期限内的审批权，这种由执行机关和场所擅自决定延长关押时间的做法，即使是关押罪犯的监狱也没有这个权限。

为了提高劳教质量，近年来公安部门也做了一些努力，如 2002 年公安部发布的《公安机关办理劳动教养案件规定》规定了对拟对违法犯罪嫌疑人决定劳动教养 2 年以上的，以及应当对未成年违法犯罪嫌疑人决定劳动教养的等案件，可以组织聆询。2005 年，公安部又发布了《关于进一步加强和改进劳动教养审批工作的实施意见》，进一步扩大了劳教案件的聆询范围，缩短了劳教期限（一般不超过两年），扩大了劳教场所外执行的范围，并规定律师可以代理劳教案件。这些改革取得了一些成绩，③ 但总的来看，由于是

① 其实劳动教养还与 1996 年全国人大通过的《中华人民共和国行政处罚法》相悖，因为行政处罚法规定的 7 种行政处罚种类中并无劳动教养这一种。进一步的分析详见刘仁文所作的《劳动教养制度及其改革》一文，载于陈兴良主编的《刑事法评论》（第 9 卷），中国政法大学出版社，2001 年。

② 例如，2002 年公安部发布的《公安机关办理劳动教养案件规定》第 2 条就明文规定：各省、自治区、直辖市公安厅（局）和地市一级公安局（处）设立劳动教养审批委员会，作为同级劳动教养管理委员会的审批机构，并以劳动教养管理委员会的名义作出是否劳动教养的决定。劳动教养审批委员会的日常工作由本级公安机关法制部门承担。第 3 条规定：省级和地级公安机关劳动教养审批委员会由下列人员组成：主任一名，由本级公安机关主管法制工作的负责人担任；副主任一名，由本级公安机关法制部门的主要负责人担任；委员三至五名，从本级公安机关法制、警务督察、治安、刑侦等部门的负责人中选任。

③ 如现在实践中大多数劳教案件都决定在两年以下，这就大大缩小了劳教规模。

审批部门自己组织聆询，公安机关仍然既当运动员又当裁判员，且其程序带有相当的封闭性和可控性，因而即使纳入聆讯的案件，也往往流于形式。①特别在一些特殊情况下，更是容易被突破。②

另外，2012年8月，媒体广泛报道了甘肃、山东、江苏、河南四个省的几个城市正在试点劳教制度改革，如南京市政府去年11月就根据最高人民法院等十部委《关于印发违法行为教育矫治委员会试点工作方案的通知》，发布了《关于成立南京市违法行为教育矫治委员会试点工作领导小组的通知》。但根据笔者近期对有的试点城市的调研，无论从省劳教局的领导发言还是从下面各劳教所的领导发言来看，都没有提及这一改革及其所带来的变化，这似乎可理解为与传统的劳教审批和执行相比，并没有出现什么根本性的变化。

第四，劳动教养的法律性质与其实际严厉程度极其不相适应。劳动教养的适用对象主要是有轻微违法犯罪行为、不够刑事处分的人，但从劳动教养的期限以及剥夺被劳动教养人员的人身自由程度看，却比适用犯罪人的管制和拘役这两种刑罚还要严厉，甚至严厉得多。管制的期限为3个月以上2年以下，拘役的期限为1个月以上6个月以下，而劳动教养的法定期限则为1～3年，必要时还可延长1年。被判处管制的犯罪人，在原居住地执行，属限制部分人身自由的开放性刑罚，被判处拘役的犯罪人，就近执行，每月可以回家1～2天；而被处劳动教养的人，则要收容于专门的戒备森严的劳教场所，节、假日一般只能就地休息，甚至劳动繁忙季节还不能休息。不仅如此，刑法对于被判处拘役、3年以下有期徒刑的犯罪分子，在符合法律规定的条件下，还可适用缓刑，而劳动教养则无此类规定。从2003年起，我国开始对被判处管制、宣告缓刑、裁定假释和决定暂予监外执行以及被剥夺政治权利的服刑犯人实行社区矫正，进一步推广和巩固了轻刑犯人在社区中

① 例如，曾经被错误劳教的黄成城在看守所申请聆讯时，很多一起的在押人员都对此不抱希望，说："从来没有听说过因为申请聆询就不会被劳教的"。在他提出要请律师参加聆询的请求并没有得到满足的情况下，璧山县公安局的法制科科长、国保大队的大队长等人就来到看守所为他组织聆询。当他提出反对意见时，法制科的干警打断他的话说："黄成城，我知道你说什么，你不用说了，我会把你要说的记录在案"。整个聆询过程也就15～20分钟。http：//view.news.qq.com/zt2013/ysdjt195/index.htm，最后访问日期2013年1月14日。

② 王立军时期的重庆就是一例。据一位不愿透露姓名、审理过劳教案件的重庆市高级人民法院行政庭的法官告诉笔者，王立军曾对他领导下的公安机关有要求：劳教案件凡有领导批示的，按批示办。这里的领导主要就是指他自己。

服刑的范围，效果很好，但与此形成鲜明对照的是，劳动教养这种针对尚不构成犯罪的人的处罚，却反而不能享有这种待遇。劳动教养的这种严厉性，使得社会上都把劳改与劳教混为一谈，即使国家机关，也常常将二者相提并论，统称为“两劳人员”。

劳动教养与某些刑事处罚之间出现的逻辑颠倒，导致了实践中一些不正常现象的出现，如有的共同犯罪，主犯被法院判拘役或有期徒刑缓刑，而从犯却反而被公安机关处以劳动教养1年以上；有的案件如盗窃，盗窃一两千元，法院判处的刑期仅为几个月，而偷拿不足千元的几百元钱，却要被公安机关处劳教一二年；还有的劳教人员，刚被投入劳教，便主动坦白交代劳教前的犯罪问题，恳请被法院判刑，从而用较短的刑期来免去较长的劳教期。①

二　劳动教养制度的改革方向是保安处分

现代国家的刑法一般都实行刑罚和保安处分的二元制。② 所谓保安处分，是指国家基于保卫社会之需要，对于具有特殊人身危险性的人，以矫治、感化、医疗、禁戒等手段，替代或补充刑罚适用的各种保安措施的总称。③ 李斯特指出“在现代刑事政策研究方面的一个重大成果，是最终达成了这样一个共识：在与犯罪作斗争中，刑罚既非唯一的，也非最安全的措施。对刑罚的效能必须批判地进行评估。出于这一原因，除刑罚制度外，还

---

① 在最近的调研中，笔者先后了解到两个荒诞的案例：一个是某违法犯罪嫌疑人，当听说检察院不批捕时，向检察官下跪，请求批捕，送交法院审理，因为他害怕程序倒流回去，被处以更长时间的劳教；另一个是某人卖黄色光盘被抓，身上有30多张，他主动交代说家里还有80多张，因为法律规定，倒卖黄色光盘100张以下的，劳动教养一年；倒卖100张以上的，还可判处缓刑，结果这个人最后判了6个月的缓刑。

② 在具体立法模式上，有的国家和地区是在刑法典中分别规定“刑罚”和“保安处分”的，如德国；也有的是在刑法典之外单独规定保安处分，如韩国。在单独规定保安处分的国家和地区中，有的是统一制定一部保安处分法，也有的是针对不同的保安处分对象分别制定法律。另外，除了这种把刑罚与保安处分截然分开的制度设计外，还有越来越多的国家和地区把刑罚和保安处分糅合在一起来使用，如挪威枪击案凶手布雷维克被法院判处21年监禁，但法院又同时决定，罪犯在刑满后，如果依然被认定对社会构成威胁的话，可被继续收押。这前面的21年可以说是对他罪行的定期刑罚，后面可以说是一种不定期的保安处分，如果对社会没有威胁，则21年刑期服满就可出狱，如果对社会有威胁，则要继续收押，直到这种威胁消除才可以被放出来。

③ 广义的保安处分还包括对物的保安处分，即以预防犯罪为目的，对与犯罪有关联的特定物采取的具有预防性质的措施，如保安没收、保安追缴等。参见徐久生:《保安处分新论》，中国方正出版社，2006年，第56页以下。

需要建立一套保安处分制度。”①

鉴于保安处分中的保安监禁等措施在纳粹时期曾被希特勒法西斯势力恶为利用，二战后各国从防止保安处分被滥用以及保障人权出发，在法治原则和矫正主义的基础上，对保安处分制度进行了完善，因而使得该制度获得了更大的发展，不仅遍及传统欧陆国家以及欧陆国家以外的大陆法系国家和地区，而且英美法系国家也广泛采纳，甚至连苏联、东欧等社会主义国家也在其各自的刑法典中纷纷对此加以全面承认，“保安处分制度在全世界发展成为与传统刑罚制度并驾齐驱的一种矫正制度”②。

刑罚和保安处分的共同点是：行为人都实施了危害社会的行为；都要实行行为和处罚法定主义，实行行为时法主义；都要经过法院的司法裁决；都要符合比例性原则。③ 它们的不同点在于：刑罚主要立足于对已然犯罪的惩罚，保安处分主要立足于对未然犯罪的预防；刑罚主要针对行为，保安处分主要针对行为人；刑罚的适用对象主要是有刑事责任能力的正常人，保安处分的适用对象则主要是一些需要对其人格或身体进行矫正和治疗的“病人”，如屡教不改者、吸毒成瘾者、精神病人等；刑罚是定期的，保安处分则带有一定的不定期性④。

正如各个国家或地区的刑罚种类不完全相同，保安处分在各个国家或地区的法律制度中也不完全一致，如《德国刑法典》，在刑罚之外，专门规定了6种“矫正与保安处分”：收容于精神病院；收容于戒除瘾癖的机构；行为监督；保安监督；吊销驾驶证；职业禁止。其中，关于“收容于精神病院”，法律是这样规定的：实施违法行为时无责任能力或限制责任能力状态的，法院在对行为人及其行为进行综合评价后，如认为该人还可能实施违法行为因而对公众具有危险性的，可命令将其收容于精神病院。关于“收容于

① ［德］冯·李斯特:《德国刑法教科书》，徐久生译，法律出版社，2000年，第20页。相比旧派的报应思想而言，新派的预防思想体现在不定期、对累犯和惯犯的加重处罚等许多主张中，而这些其实都体现了保安处分的思想，所以保安处分最初是通过揉进刑罚的一元化，后来才走上与刑罚相分离的二元化的。

② 徐久生:《保安处分新论》，中国方正出版社，2006年，第28页。

③ 如《德国刑法典》规定:“如判处矫正及保安处分与行为人的行为的严重性、将要实施的行为以及由行为人所引起的危险程度不相适应，不得科处。”

④ 但这种不定期要以定期进行人身危险性评估为条件，也就是说，被处保安处分的人有权利定期接受对其人身危险性的评估。另外，一般所谓的不定期还是有封顶的，如下面要说的德国“行为监督”之保安处分，法律规定:“行为监督的期间不得低于2年高于5年。法院可缩短最高期限”。

戒除瘾癖的机构”，法律的规定是：如果某人有过量服用含酒精饮料或其他麻醉剂的瘾癖，且因其在昏醉中实施的或归因于瘾癖的违法行为而被判处有罪；或仅仅因为他被证实无责任能力或未被排除无责任能力而未被判处有罪，那么，如果仍然存在由于其瘾癖而实施严重违法犯罪的危险，法院可命令将其收容于戒除瘾癖的机构。关于“行为监督”的规定：因实施了法律特别规定应予以行为监督的犯罪行为而被判处6个月以上有期自由刑的，如果行为人仍存在继续犯罪危险，法院除判处刑罚外还可命令在其释放后对其予以行为监督，如未经行为监督机构许可，不得擅自离开住所或居所或某一特定区域。关于保安监督，又称保安监禁，是指在特定条件下对具有特殊危险性的犯罪行为人适用的保安监禁措施，主要适用于有严重人身危险性的累犯和惯犯。保安监督是最严厉的一种保安处分措施，具有刑事政策上的最后一个紧急措施的特点。保安监督首次科处期限为10年（每两年审查一次，来确定是否有必要继续监禁），若因犯罪再次被科处保安监督，则可无期限地监禁。尽管从防卫社会的角度看，保安监督作为对特别危险的犯人的一种特殊预防措施有其必要性，但从人权保障方面考虑又确实有可忧之处，因此，司法实践中对其适用格外慎重，全德国每年被科处保安监督的人也就有40 ~ 50人。① 即便如此，在2010年德国联邦宪法法院的一个判决中，还是要求立法机关必须在2013年5月31日前找到该条的替代措施，以改变目前存在的无期限监禁的可能性。

我国台湾地区现在仍然沿用1935年制定颁布的《中华民国刑法》。当时这部刑法典就规定有较为完善的保安处分制度，具体分为7种：其一，感化教育处分。“因未满14岁而不罚者，得令入感化教育所施以感化教育。因未满18岁而减轻其刑者，得于刑之执行完毕或赦免后，令入感化教育处所，施以感化教育。”其二，监护处分。又分为两种：一是对于心神丧失的人的行为不判处刑罚，根据需要可直接处监护处分；二是对于精神耗弱或喑哑人的犯罪行为，虽然可以减轻刑罚，但在执行完刑罚或赦免后，可以强制其进入特定的处所施行监护。其三，禁戒处分。也分两种：一是对吸毒的犯罪人，可以判令其进入特定场所施行禁戒；二是对因酗酒而犯罪的，在刑罚执行完毕或赦免以后，可以令其进入特定场所施行禁戒。其四，强制工作处分。“有犯罪之习惯或以犯罪为常业或因游荡或懒惰成习而犯罪者，得于

① 参阅徐久生：《保安处分新论》，中国方正出版社，2006年，第48页。

刑之执行完毕或赦免后，令入劳动场所，强制工作。”其五，强制治疗处分。“明知自己有花柳病或麻风病而隐瞒、与他人进行猥亵行为或奸淫，以致传染给他人的，可以判令其进入特定处所强制治疗。”其六，保护管束处分。包括：一是，以保护管束代替其他保安处分。所有的感化教育处分、监护处分、禁戒处分，强制工作处分，都可以以保护管束取代之。但是，如果在保护管束期间不能达到预期效果，可以随时撤销保护管束，继续执行原保安处分。二是，对特定人的保护管束。对受缓刑宣告者在缓刑期内和获假释者在假释中可以得付保护管束。在这两种情况中，如违反保护管束规则情节严重的，即可以撤销缓刑宣告或假释，而执行其宣告刑或继续执行其剩余刑期。其七，驱逐出境处分。“外国人受有期徒刑以上刑之宣告者，得于刑之执行完毕或赦免后，驱逐出境。”

对照上述德国和我国台湾地区的规定，我们可以发现，类似这些行为在我国大都是作为行政处罚措施规定在相关的行政法规或规章中，如我国对未达到刑事责任年龄的人的收容教养，对卖淫嫖娼人员的收容教育，对吸毒者的强制隔离戒毒，以及过去对精神病人的强制医疗等。有些保安处分措施，如对因酗酒而犯罪者的酒瘾戒除，以及行为监督等，在我国甚至还付诸阙如。从这个意义上来讲，我国刑法实行一元制（只有刑罚而没有保安处分），值得反思，因为从社会治理的角度来看，刑罚和保安处分只有互相配合，才能实现最佳效益。任何一个社会都面临未达到刑事责任年龄的人、精神病人、吸毒和酗酒成瘾者实施危害社会的行为后如何处理的问题。一个人虽然没有达到刑事责任年龄或者是精神病，但如果通过其危害社会的行为已经足以显示其对社会还继续有危险，就总不能因为不符合刑法上的罪责原则而一放了之，还得考虑保卫社会；而对那些因吸毒和酗酒成瘾而犯罪者，单处以刑罚并不能有效地防止他们再犯，所以也有必要采取相应的保安处分措施来对其行为恶习加以干预和矫正。

根据有关国际人权公约和国际社会的通行做法，凡涉及剥夺或限制人身自由的处罚或措施，都要由法院通过司法裁决来决定。我国在 1998 年签署了《公民权利和政治权利国际公约》，该公约明确规定：“任何人不得加以任意逮捕或拘禁。除非依照法律所规定的根据和程序，任何人不得被剥夺自由”。根据联合国人权委员会的解释，该款适用于剥夺自由的一切情况，无论它涉及的是刑事案件还是诸如精神病、游荡、吸毒成瘾等其他情况；这里的"法律"，是指由立法机关制定的法律；而所谓的"根据和程序"，是"由一个依法设立的合格的、独立的和无偏倚的法庭来裁判"。

我国在 1997 年颁行新刑法时，增加了对危害社会的精神病人在必要的时候可以由政府强制医疗的规定，这是在我国刑罚一元制的情况下，保安处分措施渗透进刑法的体现；2012 年新修订的刑事诉讼法，正式将强制医疗的裁断程序司法化，即对那些实施暴力行为，危害公共安全或者严重危害公民人身安全，经法定程序坚定依法不负刑事责任的精神病人，有继续危害社会可能的，可以由人民法院来决定予以强制医疗。这体现了我国法治发展的规律，也为劳动教养制度的改革提供了方向。

三　将劳动教养制度改革为保安处分的可行性

目前，我国刑法典规定的犯罪行为由于有"情节严重""后果严重""数额较大"等定性之外的定量要求，因而基本相当于国外刑法典中的重罪部分；我国的劳动教养和治安处罚大体包括国外刑法典中的轻罪和违警罪以及部分保安处分措施。从长远看，应当实现刑法与治安处罚法的衔接，而把现行的劳动教养制度改造成为保安处分制度，这主要是因为：

第一，过去我们讲劳动教养制度存在的主要理由在于处理那些"大错不犯、小错不断、气死公安、难倒法院"的人，也就是说行为的客观危害虽然不大但屡教不改者。这一思路导致实践中我们的刑法和治安处罚法过于偏重行为的结果而忽视行为人的主观恶性，甚至唯结果论。① 例如，在肖传国等人袭击方舟子一案中，由于方舟子的伤情鉴定连轻微伤都不是，而按我国刑法和最高人民法院的解释，要构成故意伤害罪，必须造成至少是轻伤以上的结果，因而本案最后定不了故意伤害罪，只好牵强地定一个寻衅滋事罪（按立法本意，寻衅滋事罪侵害的是不特定对象的人身和财产安全，而肖传国报复的对象很明确）。② 我们都知道，刑法学上的一个基本原则就是主客

---

① 正如有学者所指出：我国现行刑法是注重行为及其危害结果的行为刑法，而非注重行为人主观恶性和人身危险性的行为人刑法。参阅储槐植:《刑事一体化》，法律出版社，2004 年，第 603 页。

② 许霆案是另一端的例子。虽然许霆是在自动取款机出毛病时实施的"盗窃"，主观恶性比起通常的盗窃来要小得多，但仍然在数字化立法和司法的情况下被处以重刑（后在民意的巨大压力下，才不得已启动经最高人民法院核准的特殊减刑权条款）。这种司法困境均来源于我们的"立法定性又定量"。

观要相统一，即定罪判刑既要考虑行为的危害后果，又要考虑行为人的主观恶性，[①] 但前述案例说明我国刑法过于强调客观结果，而忽视主观恶性，这样反过来又为劳动教养这样一种注重主观恶性的制度提供了契机。但我们必须注意到，我们的刑法现在正在朝着摆脱“唯结果论”的方向前进，如2011年全国人大常委会通过的《中华人民共和国刑法修正案（八）》，对盗窃罪的规定就不再像过去那样单纯强调数额，而是规定“多次盗窃、入户盗窃、携带凶器盗窃、扒窃的”，不论数额多少，都可以构成犯罪。[②] 至于实践中是否都要一概以犯罪来起诉和判决，由司法机关根据具体案情来定，对没有必要定罪的（如初次扒窃、数额极小），仍然可以处以治安处罚。[③] 又如，《中华人民共和国刑法修正案（八）》对危险驾驶罪的规定，也打破了原来刑法强调后果的立法传统。这样一来，刑法与治安管理处罚法的界限就不是那么清晰了，只有建立一部统一的刑法典，确立重罪、轻罪、违警罪和保安处分的体系，前三者对应的是轻重不一的刑罚，后者对应的是矫正、治疗和教育措施，才能实现刑事法领域的善治。[④]

第二，现行的治安处罚和刑罚在处罚力度上基本可以衔接，[⑤] 而加进一个劳动教养，反而打乱了逻辑。如刑法上的管制刑，本来最初是因劳教而设，但后来进入了刑法，这样就出现了刑罚比劳动教养还轻的现象。由于劳动教养在实践中异化为“二劳改”，致使这种现象还很突出，刑法中的缓

① 主观恶性与人身危险性是两个既有联系又有区别的概念，主观恶性的大小可以成为报应刑的一个考虑因素，而人身危险性的大小则更多地用于预防刑的考虑因素。

② 对于那些屡教不改的大错不犯、小错不断者，我认为可以成为犯罪化的一个理由，关键是我国刑罚要改变结构单一、僵化的局面。

③ 至于如何从立法和执法上实现好刑法和治安管理处罚法的对接，还需要作进一步的细致工作。

④ 也可考虑把违警罪置于刑法之外，继续放在《中华人民共和国治安管理处罚法》里，但该法的治安拘留必须纳入刑法（相应地有些行为也就应纳入刑法），不能在刑法之外再有剥夺人身自由的实体性处罚。此外，即使治安管理处罚法中设立的罚款等行政处罚措施，如果当事人有异议，也就应当停止执行，直接诉诸法庭，由法庭来裁决。事实上，只要执法公正，绝大部分治安案件当事人是不会有异议的，因为像非法停车、闯红灯之类，证据简单，到法庭去也是这个结果，但如果当事人确实有自己的理由（如禁止停车的指示牌不明显或被破坏），他就应当有权要求处罚方一起去见法官（如果处罚方无故缺席，法官将直接判决当事人胜诉）。如果在被处罚方不服的情况下仍然要先交罚款、接下来才可以去起诉，那无疑是不利于权利保障的，因为有时要作为公权力的一方把已经罚没的款项再拿出来，是有难度的。

⑤ 刑法中的拘役起点是一个月，治安拘留最高为15天，中间差15天，完全可以通过修改法律实现无缝衔接。

刑、假释、拘役等，都要在剥夺人身自由的强度和长度上，轻（短）于劳动教养。目前，在刑法领域广为推行的社区矫正，也是一种落实刑罚轻缓化的措施，但劳动教养却反而不能享受这种待遇。可见，只要把劳动教养定位于一种惩罚措施，就无法在刑罚和治安处罚之间找到位置，只有把它改造成为一种保安处分制度，这种较长时间剥夺和限制人身自由的措施才有存在的法理依据，那就是：由于它是区别于刑罚的保安处分，而保安处分不是一种惩罚，而是一种预防性的治疗、教育、矫正措施，所以要根据保安处分的对象特点，从治疗、教育、矫正的需要出发来确定其期限。①

第三，把劳动教养制度改造成为保安处分现实可行。据了解，目前全国劳教场所关押的传统意义上的劳教人员只有6万人（这其中还包括那些不该搞劳教的上访人员和以教代侦者），而强制隔离戒毒的却有20万人，这说明传统意义上的劳动教养正在急剧减少甚至自生自灭。② 强制隔离戒毒是一种典型的保安处分措施。③ 从我国法治建设的大局和发展规律来看，笔者建议把现有的劳教场所和工作人员加以分类，再与社区矫正等工作进行整合，使我国的劳动教养制度得以新生。具体而言：一是要基本废除传统意义上的劳动教养，使之纳入刑法和治安处罚法的调整范围。二是对那些本来就不该实行劳教的，要采取有效措施坚决杜绝，如对上访者的违法劳教，因办案期限所限而对犯罪嫌疑人采取“以教代侦”等。针对少数缠访、闹访者，可以进一步强化法制宣传，帮助其找到救济途径（如司法程序已走完，确有困难者可建议其找民政部门帮助），明确相关法律界限，提高其规则意识，让其意识到上访是权利，但行使权利不能妨碍他人和社会的公共利益，更不能以

---

① 请一定注意：本文绝不是说要把现行劳动教养的对象直接改为保安处分的对象，因为对于大部分轻微的违法犯罪行为，还是不用大炮来打苍蝇的好，保安处分毕竟是一种剥夺和限制人身自由的措施，它的不定期性甚至比定期的刑罚有时还要严厉，所以只能是针对那些确需动用的人（如已经实施了严重危害社会行为的精神病人，家属又没有能力看管，就需要把他与社会隔离开来，直到病治好为止）。

② 因此要重新评估一下劳动教养制度到底对目前的维稳有多大效用，笔者认为废除传统意义上的劳动教养制度，不会对维稳有多大冲击，相反，从长远来看，还有利于社会的稳定。

③ 当然具体到各国，又有一些差别：有的国家对毒品采取零容忍政策，只要发现是吸毒成瘾者就可以强制隔离戒毒；有的国家则对毒品采取相对宽容的政策，光吸毒本身不能成为强制隔离戒毒的理由，除非你已经犯罪，而犯罪的原因与吸毒成瘾有关，那么在对该犯罪行为进行惩罚时，就还要辅之以强制隔离戒毒措施。所以，就像各国刑法对某种行为是否是犯罪的规定会受到本国文化、传统等影响一样，对保安处分的具体规制对象各国也会受到这些因素的影响，如下文将要提及的我国对卖淫嫖娼者的收容教育措施，在那些对性持比较开放的态度的国家，是难以想象的。

冲击国家机关、伤害有关国家工作人员等违法犯罪的手段来达到目的，否则将承担相应的法律责任。三是鉴于我国新的刑事诉讼法已经将强制医疗予以司法化，可以考虑对被强制医疗者在改造后的“劳教场所”实行治疗（劳动教养改革当然也包括名字的改革，叫“违法行为教育矫治法”还是“保安处分法”还可以再讨论）；四是目前强制隔离戒毒还分两块，根据戒毒法和国务院戒毒条例的有关规定，强制隔离戒毒工作由公安机关与司法行政机关分段执行，一般在公安强制隔离戒毒场所执行三个月，经急性脱毒期后交由司法行政机关管理的劳教所（戒毒所）执行剩余强制隔离戒毒期限。建议将公安机关的强制隔离戒毒所合并到司法行政机关管理的劳教所（戒毒所），以便提高工作效率和戒毒效果。五是把收容教养等其他带有保安处分性质的措施都纳入改造后的“劳教”场所。收容教养针对的是未达到刑事责任年龄的人，几年前北京曾发生过一个有名的案件：海淀蓝极速网吧纵火案，两个小孩放火烧死很多人，一个达到刑事责任年龄被判刑，另一个没有达到刑事责任年龄就送到劳教所去了。收容教养制度本来是为了保护少年儿童，可在这个案件中我们看到，年龄大一点的可以有律师辩护，可以上诉，法庭公开审判。相反，未达到刑事责任年龄的小孩却没有这些保障措施，所以收容教养制度应当拿过来，走司法程序，把有些劳教场所改造成为一些特殊的学校。六是针对其他一些需要进行矫正和治疗的有人格障碍的违法犯罪人员，如有些恶习需要矫正的，酒瘾需要戒除的，把相关的劳教场所改造成为收容这些人的场所。这里面有一个问题不得不提一下，那就是针对卖淫嫖娼，现在可以由公安机关处以收容教育，时间长达两年。《中华人民共和国行政强制法》通过后，有学者主张按照新法优于旧法的原则，对卖淫嫖娼者只能处以治安处罚，不能再处以收容教育。有个别地方也一度取消过收容教育，但后来又恢复。我个人是同意对卖淫嫖娼人员不再使用收容教育的，治安拘留就足以达到处罚的效果了。这一块将来要不要放到改革后的保卫处分里？我认为至少不宜笼统地把这类人员都纳入剥夺人身自由的保安处分里，因为刑法中已有组织、容留卖淫嫖娼等罪名，治安管理处罚法也有相关的处罚措施。除非对那些有严重性罪错者，如多次主动上街拉客或者在网上采取欺骗方式揽客的，对这样的人可以采取一定的教育方式（但不一定得剥夺其人身自由，尤其不能长达两年）；又如，明知自己有性病还去有意通过卖淫嫖娼传播的，应在判刑的同时还要要求其进行性病治疗和相关恶习的矫正。

由上可见，针对将来改革以后保安处分对象的多样化，不能只用一个模式处治，要对症下药，分门别类，该设医院就设医院，该设学校就设学校，该用药物治疗就用药物治疗，该心理矫治就心理矫治。针对不同对象设计不同的管理制度，如一般应较之现有的劳动教养，缩短期限，加大社会化处遇，与社区矫正挂钩，但对强制隔离戒毒者，则要遵循戒毒规律，不可一律强调缩短期限和放宽管理措施。这样把现有的劳动教养场所和人员改造成为适用保安处分的场所和人员，将现在游离在刑法之外、实际上由公安机关在广泛行使的收容教养、收容教育、强制戒毒等措施和处罚统一纳入刑法，[①]适用刑事诉讼法的正规程序（当然可以是简易程序，而且简易程序还应当在现有基础上更加多样化，有的甚至要更加简易）。前面已经说过，随着《刑事诉讼法》对强制医疗的规定要经过法院裁定，可以预见，以后所有剥夺人身自由的处罚和措施都要逐渐符合国际人权标准，经过司法裁决。由于保安处分涉及防卫社会和人权保障的艰难平衡，因此目前主要应立足于对现在已存在的一些行政性保安措施的整理和司法化，这样非但不存在有些人所担心的侵犯人权问题，相反还通过程序的正当化有利于保障人权，有利于在国际上去除我们的警察国家形象，建立法治国家形象。至于是否要增加一些新的保安处分种类，如所谓的“预防性羁押”，[②]则要持十分慎重的态度，非严格论证不可。

总之，现行的劳动教养经过程序上的改造（从行政决定到司法裁决），对象上的改造（面向各类宜处保安处分者），时间上的改造（总体要缩短），内容上的改造（重在治疗、矫正和教育，即使安排适当的劳动，也旨在培养其热爱劳动的习惯，并通过习艺性的劳动，获得将来自食其力的能力），执行方式的改造（尽可能地用社区矫正等宽缓化的措施），名称上的改造（绝对不能再叫劳动教养），是完全可以实现脱胎换骨的制度变革的，那就是：传统意义上的劳动教养废，新的保安处分制度立。

---

① 严格来说，保安处分应当只能叫措施，不能叫处罚，但像收容教育这类措施，实际上带有明显的处罚性质。未来的一个重要任务是要厘清这两类不同的剥夺和限制人身自由的手段，分别设计制度。另外，本文关于保安处分措施的论述，没有涉及那些即时处置性的措施，如对醉酒者实施一定的管束、直至其酒醒等。

② 类似前面所说的德国的保安监禁，事实上是一种无确定期限的终身监禁，属于司法判刑，适用于如果被释放很可能再犯罪的一些经审判确定犯有暴力或性犯罪的人（例如反社会的杀人犯或恋童癖的累犯）。

要找准和坚持正确的司法改革方向

陈春龙[*]

过去十年，司法改革似可归结为两句话：司法机关在法律范围内尽力改革取得实效；司法改革似有保守倒退倾向。

一　司法机关在法律范围内尽力改革取得实效

改革开放以来，司法机关在法律范围内尽力改革，取得了明显的实际成效。以北京市为例，20 世纪 90 年代初，北京法院缺少审判法庭。一些法院在解决庭审用房的过程中，拖欠开发商工程款十几年都还不清。从法官素质来看，拥有大学本科学历的法官不到总数的 1/3。当时，北京市高级人民法院提出了名为“三个一工程”的治院目标，即办一个好案件，出一份好判决书，写好一份调研报告。如今，北京很多法院都建得庄严雄伟，硬件软件齐备。“公正、高效、廉洁、便民”成为治院目标，一个基层法院年收案量相当于西部一个省，非法学专业的博士、硕士要进法院都不容易。

最高人民法院通过贯彻三个法院五年改革纲要，最高人民检察院通过贯彻三个检察改革实施意见，使全国司法机关的司法水平、办案质量、人员素质、便民利民进入了一个新阶段。在现行宪法法律允许范围内，司法机制改革取得明显实效。

二　司法改革似有保守倒退倾向

上述司法机关改革取得实效仅限于司法机制范围内，如果司法体制改革

* 陈春龙，中国社会科学院法学研究所研究员。

跟上，情况则大不相同。遗憾的是，司法体制不仅未跟上改革步伐，反有僵化、保守、倒退之嫌。

（一）“绝对领导”

立法机关、行政机关和司法机关都是国家机关，我们几乎从未要求“党对立法工作绝对领导”或“党对行政工作绝对领导”，但是，2005年有关方面提出：“政法机关高举中国特色社会主义伟大旗帜，就要自觉接受中国共产党对政法工作的绝对领导”。

党对政法工作绝对领导，表面是加强党的领导，实际上置党于违宪违法境地。毛泽东早就指出，“彻底、绝对”的提法是不科学的。

有学者对“党对政法工作的绝对领导”与相关关系处理提出看法：“在对司法人员的任命上，人民代表大会制度的表决功能与‘党的绝对领导’如何协调？‘党对司法工作的绝对领导’与司法机关独立行使职权如何协调？‘党对司法工作的绝对领导’与科学执政、依法执政如何协调？如何把实施依法治国基本方略与坚持共产党领导、保障人民当家做主统一起来，而不是割裂开来甚至对立起来？这些都是党领导司法面临的挑战。”

（二）“能动司法”与否定司法职业化

“能动司法”作为有中国特色社会主义司法理念，尽管在应付社会转型期井喷式的矛盾爆发时能起到一定作用，但它强调司法不过分拘泥于法律规定和法律程序、情理法结合裁判、调解优先于判决之思路，刻意淡化独立审判和法律至上精神，否定司法职业化，从某种意义上说与法治基本原则有不相一致之处。

必须把权力关进制度的笼子里。从法治角度看，必须把公权力这只桀骜不驯之斗兽关进法律的笼子之中。司法作为法律秩序的最后守护者，只能尽忠职守、不可法外能动，只能严守法条、不可另起炉灶。

尽管司法能动作为西方国家反对过度法治化、制衡行政权之手段有其针对性，但“它最多只是法治的微调器，而不是法治和司法的主旨”。对于法治后发国家而言，当务之急是“有法必依、执法必严、违法必究”。强化司法职业，树立司法权威。

司法能动地为政治服务、为中心工作服务，牺牲法院判决既判力，弱化司法精英队伍职业建设，不问合法非法地花钱买平安，虽然能解一时燃眉之急，却以饮鸩止渴方式对依法治国方略造成冲击。令人尴尬的是，这种冲击不仅来自司法之外的政治，而且来自司法自身。

三　司法改革方向偏差不难纠正

尽管对我国司法改革方向是否存在偏差有不同认识，但笔者认为即使存在偏差，这种偏差也不大，不难纠正。

在长期实行计划经济、司法机关是专政“刀把子”的中国推进司法改革，会面临亘古未有之困惑与难题。左右摇摆、方向模糊是改革过程中难以避免之正常现象。摸着石头过河，巨石乱石都有。国外各种压力逼人，国内维稳形势严峻，一时手足无措而回到传统中找办法，完全可以理解。

另一方面，与其他国家机关相比，我国司法机关专业性强、机构体系稳定、人员素质整齐、程序严格、规定明确、职责清晰。虽不能不受宏观指导思想影响，但实体和程序的详细规定使得具体司法工作受到的影响有限。理论可以变来变去，而判决书之法理表述、署名印鉴、法律责任却是真切具体，不容含混，需经历史检验，任何法官对此都不敢掉以轻心。

与此同时，在几十年解放思想、扎实研究之基础上，我国法学界坚持真理敢于直言之风日渐形成:《环球法律评论》勇于刊登《“政法冤案”的政治背景阐释》一文；有关司法工作倒退之观点亮于研讨会场；给上级的各种内部研究报告频频报送。知识界客观冷静坚守法律人底线的真知灼见，成为照亮我国司法改革方向的盏盏灯火。

更为重要的是，司法改革方向似有偏差，应该仅仅来自上级有关部门（偏差之存在亦有某种合理性），而中央对司法体制改革的大方向始终未变。中共十六大、十七大一直遵循十五大确定的改革方向，十八大则进一步提出新的“深化司法体制改革”之目标。习近平总书记强调“宪法至上”、“依法治国首先是依宪治国”的理念令人振奋。

其实，当前的司法改革只需真正落实宪法关于“两院”法律地位的规定即可。如果在十九大、二十大上能有“两院”负责人进入政治局常委，则中国司法改革或许能有一些新气象。

我们相信并期盼，在十八大进一步深化改革精神指引下，我国司法体制改革应该能够向前推进一步，一步不行半步也好。

（本文原载于《环球法律评论》2013 年第 2 期）

司法公正、司法独立与司法公信

王卫国*

中共十八大以后，我国进入全面推进依法治国的新阶段。依法治国的“依法”，包括三个层次：一是依据，即决策的制定必须符合宪法和法律；二是依托，即决策的实施必须依照法律程序，运用法律手段，采用法律允许的方式，而不能采用法律不允许的方式，尤其不允许采用非法的暴力手段；三是依归，即决策及其实施要接受法律的评价，尤其是决策实施的效果要有利于法律制度的统一和权威。

十八大政治报告提出了依法治国的新十六字方针即“科学立法、严格执法、公正司法、全民守法”。在公正司法方面，十八大报告的基本要求是：“确保审判机关、检察机关依法独立公正行使审判权、检察权”。这里的“确保”，对应的必然是社会的“确信”，即确定的公正预期。这实际上是一个司法公信问题。

十八大报告把提高司法公信力作为政治体制改革的重要目标。所谓公信，就是全社会普遍的信任、信心和信赖。公信力是赢得这“三信”的能力。实际上，公信力问题不仅涉及司法机关的职能行使，而且关系到一个政权的生死存亡。20 世纪 90 年代初的苏联和东欧政治巨变，在相当程度上与当时的执政党和政府的公信力严重流失有关。“民无信不立”，这是孔子的千古遗训。一个国家不能得到老百姓的信任就会垮掉。所以说，公信力流失是亡国之祸。

一段时期以来，司法不公在我国泛滥成灾，已经成为社会中的一大公

* 王卫国，中国政法大学教授。

害。司法公正是司法制度的基本要求，也是政治制度的一条底线。如果一种政治制度不能解决司法不公的问题，甚至不断地产生司法不公的现象，这个政治制度就处于十分危险的状态。公正首先是一种价值目标和评价标准。在十八大报告中，公正被列为社会主义核心价值观的组成部分之一（“倡导自由、平等、公正、法治”）。

公正不公正，一看司法的过程，二看司法的结果。在这里，行为判断法和效果判断法都要运用。根据这个原理，我们对司法的公正性评价，要从行为和效果两方面设定标准，提出要求。因此，形式公正（程序正义）和实质公正（实体正义）都属于司法公正的范畴。过去有一种说法，认为只要程序合法，实体判决公正与否可以在所不问。还有一种说法，认为实体判决只要于法有据、逻辑周延，就是正确的，至于是否实现了实质的公平正义则在所不论。这些说法都是违反司法公正的要求的。有些制造冤假错案的高手，可以在程序上做得天衣无缝，把判决推理写得无懈可击，却在背地里偷运专横与偏私。这种人是法治的最危险的破坏者，需要我们特别地加以警惕。

司法独立是一个宪政问题。我国早在 1954 年宪法中就明确提出“人民法院独立审判，只服从法律”。司法独立要解决三大问题：一是依据的唯一性；二是地位的中立性；三是裁判的终局性。多年来的实践证明，司法独立是司法公正的基本表征，也是司法公信的基本保证。诚然，在司法独立的情况下可能有不公正，但在司法不独立的情况下则必然有不公正。更重要的是，司法独立情况下的不公正可以由司法制度本身加以救济，因而能够给社会带来司法公正的确定预期；而司法不独立情况下的不公正却没有任何常态化的救济，因而不能给社会带来司法公正的确定预期，其结果只会是司法公信的流失。

依据的唯一性，是指司法权的唯一依据是宪法和法律。马克思说：“法官除了法律就没有别的上司。”① 执政党的意志可以通过立法程序成为法律，执政党的意志一旦成为法律，就成为执政党与全社会的庄严约定。遵守这些约定，是一个执政党最基本的政治道德和政治纪律。执政党的任何一级组织和任何一个领导人，如果将自己的看法和意见置于法律之上，就构成了对党纪和国法的双重违反。可以说，忠于法律是司法人员基本的职业操守，

① 《马克思恩格斯全集》（第 1 卷），人民出版社，1961 年，第 76 页。

也是司法机关根本的政治准则。

地位的中立性，是指司法机关的职权不代表任何特殊利益集团或单个利益主体的意愿。在现代民主国家，司法权属于人民主权的范畴。过分强调司法机关的政治从属性，不利于提高司法的社会公信力。司法机关追求的最高价值是公平正义。法官手持天平和宝剑，必须罩上蒙眼布，不受任何权力、金钱和人情的影响。司法的中立地位必须得到制度的保障，任何人都没有在司法程序之外影响司法活动的特权。

裁判的终局性，就是司法裁判在符合法律的情况下，必须得到尊重和维护。对已经生效的判决，除了依法启动审判监督程序以及理性地进行舆论监督和学术评价外，任何机关、团体和个人都无权抗拒、阻挠或强行改变。人们应该相信，古今中外没有十全十美的法律，也没有十全十美的判决。不完美的合法判决给人们带来的遗憾，可以随法制的进步而消解，但是，一个藐视不完美的合法判决的社会，难免陷入长久而深重的灾难。

笔者曾谓："法乃天下之公器。法贵持平，当不阿不偏。不阿则公，不偏则正。公则天理明，正则民情顺。理明情顺，则法行德昌。心随义而正，气因平而和。正心施政，和气安民，可葆太平。故法所以行天下，在公平，在正义也。本公求平，持正树义，法之道也。循理秉公，顺情立正，法之治也。法治昌明，则国祚常盛。"在未来的岁月里，司法制度改革将是我国全面推进依法治国，实现政通人和、长治久安的关键环节。坚持司法独立，实现司法公正，维护司法公信，是司法制度改革的重心。为此，笔者提出以下几点建议。

第一，政法委要在新的形势下重新定位自己的职能。政法委要把依法执政作为根本指导思想，把维护宪法和法律的最高权威作为基本职能。首先，要维护司法独立，实行党、法分开，地方政法委书记不能兼任公检法机关的领导职务。政法委对司法个案应该坚持三不：不协调、不批示、不提处理意见。禁止地方党委干预个案，对干预司法个案的领导干部要给予纪律处分。其次，将政法委的职能定位于深化司法体制改革、完善司法制度，把制度建设和队伍建设作为工作重心。

第二，司法制度要坚持司法独立原则，尊重司法规律，尊重法官的职业尊严。要实行法官独立判案制和判决公开制，让公正的法官得以彰显，让偏私的法官得以暴露。同时，要科学地确定法官的责任边界，改变评价标准格式化、问责机制行政化的状况，让内行评判内行。应当明确，个别案件只要是程序公正，没有徇私枉法，即使被上级法院改判，也不能一概追究下级法院审判人员的责任。不要搞企业式的审判管理制度和指标化的业务评价机制，不能把法官当做生产线上的操作工。

第三，加强司法队伍职业化建设，实现法官精英化。在司法队伍建设中，一要从选拔、培训、考核奖惩等各个环节，致力于提高法官的素质；二要从薪酬、福利、礼仪等各个方面，提高法官的社会地位；三要建设司法文化，培养法官的社会责任感、职业自豪感和道德荣辱感。

第四，保持各级司法机关在司法活动中的独立性。首先，各级党委和政府，不得干预司法机关的个案审理。其次，上级法院对下级法院的个案指导，下级法院对上级法院的个案请示，都要有严格的程序，包括专门的文书和记录。建议考虑建立独立的上诉法院体系，包括设立最高人民法院各大区分院。

第五，提高司法透明度。要发挥舆论和学术评价在促进司法改革和司法状况改善中的作用。法学家群体应该成为司法改革的建议者、推动者和监督者。法学家要坚持独立的人格和操守，不媚权、不图利，做社会良心的保管者和社会良知的代言人。同时，尊重知识、尊重学术，应该成为司法工作者职业文明的基本素养。

第六，从根本上改革信访。要制定专门立法规范人民来信来访。要规定政府信访机关只接受针对行政机关的诉求表达。涉诉案件一律按司法程序处理，信访部门无权受理也无权督办。取消不问青红皂白的问责制度，中央政府不能只考虑自身减压，用简单地问责制度促使地方政府用简单（粗暴）的方法堵截、压制上访人员，地方党委和政府不能为了减轻自身压力而迫使法院违法判决或违法改判。

第七，要拓宽司法解决通道，大幅度降低起诉、上诉和申诉的受理门槛。要杜绝以种种借口拒绝受理诉讼和申诉的现象。两百多年前的《法国民法典》第 4 条“法官借口法无明文或者法律不明确不完备而拒绝受理案件者，得按拒绝审判罪予以追究”的规定，树立了一个样板。我们期待着在不久的将来，针对“司法不作为”的制度性约束在我国出现。

深化司法改革：让权力在阳光下运行

田禾　王小梅*

公正是司法的禀赋，现代法治不仅要实现司法公正，还要求以看得见的方式实现司法公正。十八大报告明确提出推进“司法公开”，“让权力在阳光下运行”。习近平总书记在全国政法工作电视电话会议上也提出要“深化司法体制机制改革”，“努力让人民群众在每一个司法案件中都能感受到公平正义”。

司法公开包括司法过程和司法结果的公开透明，具体是指：除涉及国家秘密、有关当事人商业秘密或者个人隐私以及可能影响法院正常审判秩序的事项外，法院的各项审判活动以及与审判活动有关的各类信息，均应向案件当事人和社会公众公开。司法公开是司法改革进行到一定阶段的产物，也是进一步深化司法改革的必要条件。司法透明对于司法改革的意义在于防止司法腐败、维护司法权威、提升司法水平和保障公民的知情权。首先，司法透明是将司法权曝晒在阳光下，有助于有效监督司法，避免“暗箱操作”，预防司法腐败，最终实现司法正义。其次，司法透明是以公众看得见的方式实现司法正义，公众对于亲眼所见的司法过程和司法结果接受起来更容易，增强公众对司法的信任感，提高司法公信力，从而维护司法权威。再次，司法透明通过将审判暴露在聚光灯下，督促法官谨慎行使司法权，审慎对待司

* 田禾，中国社会科学院法学研究所研究员；王小梅，中国社会科学院法学研究所助理研究员。

法参与人的意见，从而提升司法水平。最后，司法透明有助于保障公民知情权，使司法贴近人民，进而落实公民的参与权和监督权。

为全面、客观评估我国司法公开情况，中国社会科学院法学研究所法治国情调研组于2011年、2012年连续两年开展“中国司法透明度指数”年度调研，对全国26个省、直辖市高级人民法院和43个较大的市中级人民法院的网站做了测评。为了进一步探寻司法公开的突破路径，调研组还对域外司法公开的理论与实践进行了梳理和总结。

一 我国司法公开特点

（一）司法机关“自上而下”的推进路径

为了认真贯彻实施宪法、法律规定的审判公开原则，从20世纪末开始，最高人民法院颁布了一系列文件，从审判、执行等环节公开逐步扩展至司法公开，并制定了文书上网等单项规定，如《关于严格执行公开审判制度的若干规定》（1999）、《关于人民法院执行公开的若干规定》（2007）、《关于加强人民法院审判公开工作的若干意见》（2007）、《关于人民法院接受新闻媒体舆论监督的若干规定》（2009）、《关于司法公开的六项规定》（2009）、《关于确定司法公开示范法院的决定》（2010）、《司法公开示范法院标准》（2010）、《关于人民法院在互联网公布裁判文书的规定》（2010）、《关于人民法院直播录播庭审活动的规定》（2010）等。文件提出了司法公开要遵循依法公开、及时公开和全面公开的基本原则，并确定了司法公开示范法院。

为落实最高司法机关的文件精神，地方法院纷纷出台实施意见和工作方案，并成立司法公开领导小组，开展“司法公开促进年”之类的活动，有的地方还进一步扩大本省内示范法院的范围。

（二）“实体”与“虚拟”相结合的双重公开平台

司法机关采取多种形式进行司法公开，如立案信访窗口、宣传栏或者公告牌、法院公报、新闻发布会、记者招待会、新闻通稿、法院网站、微博等。这些途径可以分为两类：一类是实体司法公开平台；一类是虚拟司法公开平台。实体司法公开平台是指许多法院立足于立案信访大厅设置司法公开所必要的设施和设备，打造实体司法公开大厅。例如，在立案信访大厅设置开庭信息电子显示屏、诉讼信息电子查询系统等，公布各类案件的立案条件、法律文书格式、诉讼费用交纳标准、诉讼流程等事项；严格落实首问负责制、服务承诺制、办案公开制等相关制度，公开并规范立案信访的工作职责、工作流程；以宣传板、宣传手册、提示书等方式，及时全面告知当事人在诉讼中的权利义务，提示诉讼和执行风险，帮助当事人理性参与诉讼。

虚拟司法公开平台是指法院通过网站、微博等互联网应用技术将实体司法公开大厅搬到互联网上，形成虚拟司法公开大厅。法院网站建设率高，26个高级人民法院全部建有网站，网站建设率达100%；43个较大的市的中级人民法院，有40个法院建有网站，网站建设率达到93%。为充分利用网络技术，为公众提供快捷的司法服务及相关信息，许多法院还开通了微博，还有的地方法院通过在移动公司的网络平台上设立司法公开模块，让广大群众能够通过手机或者平板电脑等无线终端随时迅速查看各类司法信息，拓宽司法公开的渠道。

（三）由"宣传"向"公开"位移的角色定位

在法院网站建设伊始，地方法院往往是依托中国法院网建置网站，作为中国法院网地方频道。中国法院网是由中国法院报社主办的从事登载新闻业务的综合性新闻网站，定位为新闻媒体。中国法院网对传播审判信息，增强审判工作的透明度发挥了积极作用。但是随着司法公开工作的推进，法院网站建设的宗旨已经由"宣传"转为"公开"，法院网站的角色定位由"新闻媒体"转为"政务网站"，成为重要的司法公开平台。为了适应政务网站的角色要求，同时也是为了顺应司法信息数量激增的形势，一些法院开始改版自建网站，扩充网站的信息容量，突出自身特色。

（四）"全面推进"加"重点突破"的公开布局

我国的司法公开从早期的审判公开、执行公开，逐步过渡到目前全面的司法公开，并在裁判文书环节实现了重点突破。宪法和法律对审判公开作出了明确规定，虽未明确提出司法公开的概念，但为最高法院推动司法公开提供了宪法和法律上的依据。最高法院以审判、执行等环节公开为起点，逐步推进司法公开，在2009年《关于司法公开的六项规定》中明确提出司法公开。在司法公开的推进过程中，裁判文书公开取得重大突破，呈现制度化、集约化、便民性、互动性等特点。

第一，制度化。最高人民法院于2010年出台的《关于人民法院在互联网公布裁判文书的规定》，对裁判文书上网的原则、范围、上网时限、身份信息处理等作出了具体规定。2012年修改的《中华人民共和国民事诉讼法》（以下简称民事诉讼法）也专门明确了公众有查看裁判文书的权利。许多地方法院为落实裁判文书公开制定了实施办法，如广东高院出台《关于推进生效裁判文书上网公开的实施办法》，确立了裁判文书以最大范围内公开的原则，对于不予上网公开的裁判文书实行审批制。

第二，集约化。网站集约化建设有利于节省成本、提高效能。司法公开在裁判文书环节率先实现了集约化公开模式。最高法院拟在全国建设统一的裁判文书网站，目前，全国统一的知识产权裁判文书网站已经建成。有些省份（如河南）建立了全省统一的裁判文书网站。

第三，便民性。为了提升裁判文书获取的便捷性，许多法院将裁判文书按照刑事、民事和行政等案件类型进行分类；有的还配有裁判文书搜索引擎，方便公众快速找到自己所需要了解的裁判文书；有的法院提供裁判文书网页下载、打印功能。

第四，互动性。为了提高裁判文书的质量，有的法院还建立了公众参与机制。例如，宁波中院公布了《宁波中院关于促进社会公众监督上网裁判文书质量的若干意见》，建立在线纠错机制和审核反馈机制，为提高公众对裁判文书监督的积极性，还建立向裁判文书错误发现人支付稿酬制度。河南高院建立的三级法院统一的裁判文书网将裁判文书反馈机制与“网评法院”结合起来，加强了法院与公众的网上互动。上述法院的做法，显示出法院敢于接受公众监督的勇气和决心。

二 我国司法公开存在的问题

（一）司法公开工具主义盛行

尽管司法公开的重要性和价值得到了普遍的认可，但是从理论界到实务界，司法公开工具主义思想普遍存在。理论界认为，司法公开仅仅是在技术层面推行的司法改革，并未触及司法制度中的核心；对于实务界而言，司法公开是上层司法机关掀起的一场运动，而未将司法公开作为司法工作的本质要求而加以常态化和制度化。还有的认为，司法公开增加了工作量，给司法工作带来麻烦。在这种情绪的影响下，司法公开在许多地方流于形式，公开范围有限、公开内容避重就轻。

（二）司法公开地域发展不平衡

各地法院司法公开发展不平衡的问题十分突出：一些法院的网站建设和透明化程度非常高，有些做法甚至领先于国际司法公开的水准；也有相当一部分法院的司法公开工作仍处于应付状态，无网站、网站运行较差、有栏目而无内容等现象不同程度存在。首先，网站运行不稳定，有些网站会在某些时段无法登陆。其次，网站改版后未能及时上传信息，过渡期满未及时关闭旧网站，两个网站同时运行既增加了司法公开成本，也给公众查找信息造成混乱。再次，网站未能对信息进行整合分类，造成公众查询信息困难。

（三）司法公开打上了“宣传”烙印

早期法院开通网站的初衷并非是为了“公开”，而是为了对外“宣传”。随着司法公开的全面推进，不少法院开始以“公开”为导向进行政务网站建设，但是法院网站还是普遍存在重“宣传”、轻“公开”的现象，网站演变成为“秀领导”“秀文化”“秀先进”“秀风貌”的舞台。网站首页充斥法院领导人活动的新闻图片报道；普遍开设法官风采栏目，展示内部书法、摄影作品；便民措施栏目堆放好人好事的新闻报道。国家投入大量人力物力建设法院网站，应服从公开的需要，否则将本末倒置，造成极大的浪费。

（四）财政信息公开是司法透明的短板

法院的经费来源于税收，法院每年的预算收入有多少，法院在审判工作和司法行政工作中实际如何支出，应该公开透明，既应向法院内部公开，也应该向社会公开，法院应该建立公开透明的法院财务管理体系。调研组对预决算、“三公消费”支出等项目的公开进行调研，结果显示，只有极个别的法院在其网站上公开了相关信息。有的法院提出，当前实行的是法院向权力部门仅汇报事权，财政事项由本级政府统一向人大汇报的体制，因此，法院年度工作报告中一般不涉及财政事项。法院财政信息公开成为司法透明的短板。

（五）司法统计数据公开不到位

司法统计数据真实反映司法机关的工作业绩，详细的案件数据对于学术研究也非常有益。尽管也有法院（如广东高院）公开了详尽的司法统计数据，但是绝大多数法院的司法统计数据公开非常不到位，公众要了解法院相关的案件数据只能依靠年度工作报告一个渠道，并且很多法院未能及时上传年度工作报告，有的即使在网站上公开了年度工作报告，但是大多数年度工作报告是遵循大而化之的套路，许多详细的案件数据在本系统内掌握，反映在报告中的一般是笼统的数据，公众无法了解到具体的案件数据。

三　我国司法公开的完善路径

针对我国司法公开的特点和存在的问题，结合域外经验，要进一步推动司法公开，提升司法透明度，必须加强以下几个方面的工作。

第一，提升理念，将司法公开上升到司法改革的高度。权力在暗箱中操作必然会为谋私利留下空间，司法公开就是将司法机关的权限空间和行使程序进行公开，置于公众的监督之下，对于司法机关而言是一场自我革命。目前，从理论界到实务界，普遍存在一种看法，认为司法公开只是一种简单的技术活动，未触及司法制度中的核心，甚至认为目前声势浩大的司法公开仅仅是司法机关的一种姿态和表象，不能撼动深层司法矛盾。理念是行动的先导，只有树立正确的司法公开理念，才能真正推动和进行司法公开。因此，要推进司法公开，必须提升司法公开理念，将司法公开上升到司法系统自我革命的高度，认识到司法公开本身所具有的制度意义。

第二，不断加快司法透明的法制化进程。推动司法透明必须加快相关立法进程。2007 年通过的《中华人民共和国政府信息公开条例》是规范我国政府信息公开的行政法规，虽然其法律位阶不高且有种种不足，但为政府信息公开工作提供了明确的依据，为有序推动政府信息公开工作起了重要的作用。司法透明方面虽然可以找到宪法及诉讼法等方面的依据，但是具体的操作性依据欠缺，当前主要依靠最高法院以司法解释、内部文件的形式加以推动，随意性强，缺乏系统性。尽管在域外，信息公开法一般不适用于法院，但是由于司法公开是由司法机关内的行政服务部门负责的，而该行政服务部门属于信息公开法所规定的公共机构，因此可以适用信息公开法。为此，我国未来必须加快信息公开立法进程，为司法公开提供法律依据。

第三，改革司法体制，实现司法权与司法管理权的分离。在司法机关内部，司法审判权应该由法官行使，而辅助工作和一些行政事务则由行政辅助人员处理，属于行政权，但是目前我国并没有将二者严格区分开来，而笼统称之为司法权。例如，司法公开工作属于行政性事务，本应该由司法行政部门负责（域外通常是司法服务处），但是目前核心的司法公开工作仍由法官负责。法官除了审判案件之外，还肩负着司法公开的任务，增加了法官的工作量，加剧了案多人少的矛盾。如果我国司法机关将司法管理权与司法权进行分离，由司法服务部门负责司法公开，则既可以解决法律适用的问题，又能将法官从该项业务中解放出来，全身心地投入司法审判工作中去，并且还可以避免司法公开的主动性与司法权的中立性之间的矛盾。

第四，要处理好司法公开与保密、隐私权保护以及司法独立的关系。首先，司法公开要防止泄露审判秘密，如国家秘密、商业秘密以及不宜公开的审判工作信息等。其次，司法公开过程要注意隐私权的保护，不但要保护法官等司法工作人员的私人信息，还要尊重诉讼当事人的个人隐私。再次，司法公开不能妨碍审判独立。新闻媒体旁听甚至拍摄庭审情况是司法公开的一项内容，也是一种常见的舆论监督形式，但是需要在细节上进行制度完善，否则会干扰法官审判案件，尤其是在形成判决之前，容易形成“媒体审判”，从而损害审判的独立性。

第五，改革现行司法财政体制，促进全方位公开。目前，司法机关极少公开法官及司法人员的薪酬报告、经费预算与使用情况方面的信息，司法财政信息不透明成为司法公开的短板。司法不透明与现行的司法体制不无关系。现行体制下，法院与其他行政机关一样，其预算向本级政府归拢，由财政部门统一拨付。司法机关在向人大做年度报告时，也只报告事权，不报告财权，这种体制与宪法规定的人大领导下的“一府两院”体制不相符合。司法公开应该是全方位的公开，不仅包括人员和事项的公开，也包括财政信息的公开，为此必须改革现行的司法财政体制，建立独立的司法预算体制。

第六，网站建设改分散建设模式为集中建设模式。目前，在司法公开与电子政务浪潮的推动下，各地司法机关大力加强司法公开网络平台建设，很多地方建立了省、市、县（区）三级法院网站，甚至提出一院一网站的目标，这种分散建设模式造成资源浪费。由于法院的工作相对单一，并且适用统一的诉讼程序，再加上一些专项的网站由最高人民法院统一建设，因此，许多基层乃至中级法院都没有必要单独建设网站。同时，分散建设无法集中优势资源，网络的安全防范能力差，运维水平较低，致使法院网站普遍存在运行功能落后、网页陈旧、在线办事效率低下、链接指向错误等问题。另外，自行建设的网站水平参差不齐，网站的风格和逻辑架构大相径庭，采用的标准及信息接口也不统一，给公众查阅信息、网上办事以及法院之间的信息共享等造成不便。因此，网站建设应考虑采取集约化建设模式，既节省信息化资源，又保证信息发布的统一协调，方便公众查询本省法院的信息。

集约建设模式就是要对全国法院网站建设进行统一部署和规划，形成中央、省级两级平台，司法专项网站由最高人民法院统一建设。为了方便数据交换和信息融合，同时应使法院网站保持风格上和逻辑架构上的一致性，还应该遵循统一的网站建设方案和标准。

第七，完善司法公开目录。目前我国不论政府网站还是法院网站，存在的一个共性的问题是网站首页内容凌乱，领导行踪等有关的新闻和图片在网站首页滚动播放，给公众查找信息带来麻烦。法院在公开司法信息的时候应该对之进行整合和分类，建立清晰的司法公开目录，否则，即使公开了相关信息，但由于未加以系统化，公众很难查到，也会降低司法透明度。

司法体制改革的关键是实现审判独立

张卫平*

当下，关于司法的问题，社会反映非常强烈。人们普遍关注的是司法腐败、司法不公、司法效率低下的问题。虽然这些问题与司法体制有一定的联系，但联系并不是那么密切。司法腐败的问题实质上是公权力行使的普遍问题，而非司法领域中的特例，需要通过深化政治体制改革加以克服。如果排除司法腐败的原因，司法不公就主要是司法技术的问题，是法官司法水平的问题，与司法体制关联不大。司法效率低下是司法制度的设计问题，也与司法体制关系不大。相比较而言，与司法体制改革最直接相关的问题，也是中国法治的最大问题之一，是审判不独立的问题。因此，我想就审判独立的问题简要地谈谈自己的几点看法。

一　应重新审视和认识审判独立

改革开放以来，我国的法律规范的数量一直在不断增加，也宣称中国特色社会主义法律体系已经建立，但是我们不能不正视这样的现实——几十年来，我们的法治水平并没有实质上的提升，远远没有达到依法治国的基本要求，法律也远远没有实际发挥应有的作用。在当下的中国，一方面，经济在继续发展，国力在不断增强；另一方面，各种社会矛盾也在不断激化，不稳定因素在不断增加和强化。因此，我们有必要重新思考法治对于中国社会

* 张卫平，清华大学法学院教授。

发展的意义，重新审视司法体制改革与法治建设的关系。法治滞后的根本原因还不是法律制定的滞后，而是司法的滞后，司法的滞后导致法律的彻底虚无。司法的滞后除了制度建设滞后，司法知识、经验积累不够等原因之外，其中一个最重要的原因是司法体制方面的原因，是司法体制的滞后导致了司法滞后，而司法体制中的主要痼疾是没能够实现和保障司法机关审判权的独立行使。

二 审判不独立的后果

审判不独立必然产生诸多危害性的后果：一是审判不独立必然导致司法机关不能严格依法、严格执法。二是审判不独立导致司法的功能和作用不能发挥，法律不能成为活生生的、有生命的法律。司法的核心功能和价值是裁判。通过裁判解释法律，说明法律，使得法律真正成为活生生的规范，实际调整社会关系。三是审判不独立导致当政策与法律冲突时，只能是法律让步，法律无法起到调整社会关系、维持社会秩序的基本作用。四是审判不独立必然导致司法没有权威，一旦司法没有权威，司法的成本必然提高，司法裁量无法进行，司法解决缺乏终局性。司法没有权威的最终结果是法律没有权威，法律规范成为一张画饼。五是没有审判独立，就不可能有法治思维，也不可能用法治的方式解决法律问题。没有审判独立就很难避免用政治的方式、行政的方式、伦理的方式来解决法律。六是审判不独立必然导致司法地方保护主义的盛行、司法的不统一、法律实施的不统一。

三 审判不独立的现实

审判独立要求作为审判机关的法院能够独立地裁决案件的受理、审理和裁判，不受任何机关、单位和个人的干预。司法机关对于法律的适用不受任何外界的干预。对于司法公正的保障只能在法律框架内实施。而一个不可否认的现实是，司法机关的审判活动经常受到来自外界的干扰，导致司法机关无法按照法律的要求立案、审案和判案。应当立案的始终不立案，导致了所谓的起诉难状态。最终结果是法律无法实施，不能发挥法律的调整规范作用。司法机关不能按照司法机关的性质独立运作，成为与一般行政机关无异的机构，属于地方行政性机构的一个部门，由地方权力部门统一领导，即学术界所谓的司法行政性。

四　审判独立的法律依据

审判独立是我国法律所充分肯定的，无论是宪法、法院组织法，还是民事诉讼法、刑事诉讼法、行政诉讼法都对审判独立作出了明确的规定。有了法律的明确规定，就应当予以落实，实现审判独立。

五　审判独立与司法独立

司法独立的含义比较宽泛和多样。就司法独立意味着司法机关独立行使司法权而言，司法独立就是审判独立。但在国家基本权力关系的架构上，司法独立与审判独立有所不同。司法体制改革的指向是审判独立，不是基本权力架构关系层面的司法独立，司法独立的问题应当由更深层次的政治体制改革加以探究，是政治体制改革的顶层设计问题，因此笼统地讲司法独立不利于司法体制改革的推进，改革尽管应当攻坚克难，改革还是应当考虑渐进，从相对容易之处着手。

六　如何实现审判独立

审判独立的充分实现是一个复杂的系统工程。首先，执政党要在认识和观念上充分认识审判独立的重要性，认识到审判独立与实现法治、推进法治的重要意义。实现审判独立也是保障执政党领导全国人民实现法治的重要措施。

要完成这一工程需要根据我国的现实情形分阶段进行：

第一阶段，在组织纪律上保障审判独立。基于目前党政一体化的现实，我们有必要，也必须从组织纪律上明确审判独立。没有组织纪律上的保障，任何措施都可能是摆设而已。这种改革措施虽然不是正式的制度安排，但却是现实可行的。

组织纪律方面，应当明确任何人不得利用职权对审判进行干预，禁止任何机构和个人（主要是各级领导人）以任何方式，以任何理由直接或间接地干预审判活动。任何司法救济活动只能通过法律程序实现。地方党政一把手应当做出表率。在党的组织纪律上要作出明确规定，违者将给予组织处分。

第二阶段，司法机关在人事和财政方面脱离地方，仅保留地方人大对司法机关法官及司法机关负责人的人事决定权。要做到真正充分的审判独立，必须在人事和财政两个方面脱离地方权力部门的控制。如果司法不能脱离于地方，地方司法必然听命和受制于地方各个权力机构和掌握权力的个人，干预是必然发生的。在财政方面，司法机关的财政应当单列，而不是放入地方财政的大盘子中，由地方政府分配。由于人事和财政的独立需要各种具体的人事制度和财政制度予以支持，因此需要一个过程，故而应将其作为司法体制改革的第二阶段。这一改革实际上已经不再仅仅是司法体制的改革，而是牵涉到行政体制的改革和政治体制的改革。

第三个阶段，实现法官独立。要做到审判独立，法官的独立是最根本的。没有法官独立，便不可能有审判独立。因此，改变现存的观念以及在制度上进行改革是非常有必要的。法官独立的制度保障主要是法官身份保障。这涉及法官体制和制度的改革。鉴于法官在司法中的特殊地位，因此不能将法官作为一般公务员加以对待。法院内部也要逐步实现非行政化，避免外界借助法院的行政化干预审判。

七　如何认识审判独立与党的领导的关系

人们在对待审判独立的问题上，存有疑虑的是，推进和实行审判独立是否会影响党对司法的领导。在现有基本政治架构之下，党对司法的领导是必需的，但党对司法的领导应当是间接领导而非直接领导。间接领导主要是通过制定法律来加以实现。党的领导意志通过法律加以体现，相应的法律制度和程序规范的实施也就实现了党领导司法的意志。无论是实体法，还是程序法都能够充分地体现执政党的意志。另外，在现存的政治架构中，司法部门高层的人事安排也将体现认真贯彻党对司法的领导。执政党没有必要直接对司法审判活动进行干预，直接干预最终都可能是个人干预，是个人意志的体现，无法真正实现执政党对司法的领导，反而抹黑党的领导，降低党的领导权威。这一点已经为我国的司法实践所证实。只要保证了所有的法律都能够体现党的意志，党对国家的领导地位，对司法的领导都是不可能动摇的，因此上述疑虑是没有必要的。相反，如果实现审判独立，则因为能够更好地实施法律，必将使得党的意志能够得到落实，恰恰对党领导国家、人民是最为有利的。

为了落实党对司法的间接领导，建议转变地方政法委的工作职能。地方政法委不再作为直接领导司法机关的上级组织，主要职能转变为根据地方的现实提出司法政策性建议。在相应的法律制度、机制完善之后，逐步淡出。

在现行法律框架下看深化司法体制改革

熊秋红*

新一轮的司法改革是对过去十多年来所进行的司法改革的延续，司法改革经历了逐步发展、逐步深化的过程，司法改革的阶段性成果也通过相关法律法规的修改予以了固定，尤其是2012年刑事诉讼法和民事诉讼法的修改，突出地体现了司法改革所取得的成就。对此，国务院新闻办2012年10月发布的《中国的司法改革》白皮书做了详尽说明。在目前阶段，思考如何深化司法体制改革问题，不能不顾及新颁行的法律对于司法体制改革的制约，避免法律“朝令夕改”所带来的弊害。深化司法体制改革的意见和建议很大程度上需在现行宪法和法律的框架内予以考虑，与此同时，应当遵循司法规律，促进我国的司法体制朝着科学化、民主化、公正化方向发展。

一 新颁行的法律对于司法体制改革的制约

过去十多年来的司法改革总体上逐步向前推进，但其间也有曲折，甚至在学术界产生过是否有所倒退的争议。处于转型期的中国法治建设体现出阶段性和妥协性的特点，司法改革进程也不例外。2012年，我国相继对刑事诉讼法、民事诉讼法进行了修改，两大诉讼法的修改可以视为司法改革的组成部分。

刑事诉讼法的修改将“尊重和保障人权”作为刑事诉讼的任务；完善了

---

* 熊秋红，中国社会科学院法学研究所研究员。

非法证据排除制度，强化了证人出庭和保护制度；完善了逮捕、监视居住的条件、程序和采取强制措施后通知家属的规定；完善了辩护人在刑事诉讼中法律地位和作用的规定，扩大了法律援助的适用范围；完善了讯问犯罪嫌疑人的程序和必要的侦查措施，强化了对侦查措施的规范和监督；完善了审判程序中的重要环节；完善了暂予监外执行规定，强化了人民检察院对减刑、假释、暂予监外执行的监督。上述修改加强了刑事诉讼中的人权保障，完善了公、检、法、司之间的权力监督制约关系，提高了刑事诉讼程序的科学化程度。民事诉讼法的修改完善了调解与诉讼相衔接的机制，进一步保障了当事人的诉讼权利，完善了当事人举证制度，完善了简易程序、审判监督程序和执行程序，强化了检察机关的法律监督。修改后的民事诉讼法注重有效解决民事纠纷，提高诉讼效率，进一步保障当事人的诉讼权利，维护司法公正。

但是，两大诉讼法的修改基本未能触及学术界高度关注的体制性、结构性问题。修改后的刑事诉讼法在刑事司法职权配置方面，基本上维持了现有的刑事司法体制以及公、检、法三机关之间的权力架构，即公安机关拥有对除逮捕以外的其他强制性侦查措施的自行处分权，检察机关兼有控诉职能的行使者和法律监督者的双重身份，而作为现代刑事诉讼重要特征的“司法裁判中心主义”未能在观念和制度上得到确立。这使得刑事诉讼立法未能通过司法体制改革在限制国家专门机关权力、保障公民权利方面获得长足的进步。而修改后的民事诉讼法未能在改革民事执行体制问题上有所建树，依旧保留了法院负责执行已生效的民事裁判以及刑事裁判中的财产部分的规定。

在两大诉讼法的修改中，作为中国特色存在的还有一个重要方面，那就是检察机关的法律监督职能大大加强。修改后的刑事诉讼法进一步明确了检察机关审查批准逮捕的程序；增加了检察机关对指定居所监视居住的决定和执行的监督、对在押人员进行羁押必要性的定期审查；规定检察机关对司法机关及其工作人员滥用对人对物的强制性措施等行为的申诉、控告，有审查核实、通知纠正权；检察机关对侦查人员的非法取证行为有调查核实、通知纠正权；检察机关对公安司法机关及其工作人员阻碍律师依法执业行为有调查核实、通知纠正权；检察机关有权对减刑、假释、暂予监外执行实行同步监督。在刑事诉讼中，一方面，检察机关承担了一些在其他国家和地区由法院承担的司法职能，如审查批准逮捕、对公安司法机关侵犯公民权利的司法救济；另一方面，检察机关可以对法院的审判活动进行监督，尤其是对于法院的生效裁判，可以提起抗诉，而法院必须对该案启动再审。与其他国家和地区的检察机关相比，中国的检察机关享有最强的司法职能，然而行使职能的方式却高度行政化。长期以来，检察机关实行的是一种“三级审批制”的办案方式，即“检察人员承办，办案部门负责人审核，检察长或者检察委员会决定”①。修改后的民事诉讼法增加了检察机关法律监督的方式，在再审抗诉之外，增加了提出检察建议作为一种新的方式；扩大了监督范围，将人民法院的调解活动和民事执行活动纳入监督范围；强化了监督手段，增加规定“人民检察院因履行法律监督职责提出检察建议或者抗诉的需要，可以向当事人或者案外人调查核实有关情况”②。在民事诉讼中，如何处理检察监督与当事人自由处分原则、生效民事裁判的既判力、审判独立之间的关系，一直存在较大的理论争议。学术界对于民事诉讼检察监督制度的质疑，未能从根本上否定它，相反在民事诉讼法修改中，民事诉讼检察监督制度得到了很大程度的强化。

修改后的两大诉讼法均在2013年1月1日起施行。从某种意义上可以说，两大诉讼法的修改对于深化司法体制改革，理顺法院与检察院的关系，加强审判独立，维护法院的司法权威构成了新的制约。思考如何深化司法体制改革问题，在明确改革方向的同时，需要将具体的改革举措放在现行法律的框架下予以审视，以便准确把握改革的重点与难点。

二　深化司法体制改革的总体思路

回顾过去十多年来的司法改革，学术界用司法改革“第一波”（20世纪80年代末至90年代中期以审判方式改革为主导的司法改革）、“第二波”（从1997年至2008年依法治国方略所带来的全方位的司法改革）、“第三波”（从2008年至今更多地涉及体制性问题的司法改革）来描述我国司法改革的大致历程。③ 从总体上看，司法改革在持续性地推进，但在此过程中由于新旧

---

① 《人民检察院刑事诉讼规则（试行）》第4条。

② 《中华人民共和国民事诉讼法》第210条。

③ 季卫东教授将新中国成立初期的司法改革称为第一波，改革开放后的司法改革称为第二波，现阶段的司法改革称为第三波。他认为，第三波司法改革的基本目标应该设定为以适当的、有效的方式限制法官行使裁量权的任意性，其核心是在司法体系内部，通过制度性的、技术性的安排妥善地解决这个问题。参阅马国川：《季卫东：司法改革第三波》，《经济观察报》，2009年11月13日。

司法理念、体制、制度在理论上的对立，以及司法改革的内容、程序本身的复杂性，导致已有的司法改革主要集中于工作机制、工作方法层面，真正触及体制性问题的改革较为有限。进一步深化司法体制改革，意味着司法改革应当进入“深水区”，以体制性问题为着力点的司法改革本质上属于政治体制改革的组成部分，因而比技术性的司法改革难度明显加大。

司法体制改革究竟应当如何深化？对此问题的回答离不开对司法本身的性质和功能的认识。在一个法治社会中，司法的权威代表着法律的权威，“法律至上”在具体的司法裁判中加以体现。当公权力与公权力之间、公权力与私权利之间、私权利与私权利之间发生冲突时，将这种冲突委诸法院居中裁断，法院承担着解决纠纷、救济私权、制约公权的职责。显然，司法体制改革应当以有利于法院更好地履行司法职责为依归。据此，强化司法的本我定位、保障司法的独立性、提高司法保障人权的程度、促进司法品质的提升以及赢得民众对司法的信赖等，应当成为司法体制改革所追求的理想目标。

从世界范围来看，在以苏联和东欧国家为代表的建立法治的国家，司法的功能因为法治作为基本国家原则的确立而重新定位，司法在国家政治力退出、社会力解放后，必须承担起维系新秩序的主要责任。在我国，以吴敬琏先生为代表的经济学家们正在呼呼“走向法治市场经济”，他们认为当前社会上存在的种种丑恶现象，从根本上说是缘于经济改革没有完全到位、政治改革严重滞后、行政权力变本加厉地压制和干预民间正常经济活动，造成广泛寻租活动的结果。中国市场已经从人格化交换为主的“熟人市场”发展为以非人格化交换为主的“生人市场”，双边和多边声誉与惩罚机制难以发挥作用，因此需要建立一个以正式法庭为主的第三方执法体系来保证合同的实施，而从目前的情况看，司法的行政化、地方化、官僚化、政治化阻碍了司法功能的正常发挥。司法体制应当与市场机制相匹配，带有计划经济时代烙印的旧有司法体制应当予以改革。①

司法体制改革是我国政治民主化、法治化的表现之一，因此，从大的方向上来说，司法体制改革应当将构建中立、独立的法院作为主要目标，将其塑造为依“法”审判的第三者角色。只有如此，司法才能承担起对公民权利

① 参阅吴敬琏：《走向法治市场经济》，《小康》，2013 年第 3 期。

进行救济、对公共权力进行制约的功能。务实的司法体制改革应该以构建明确的司法功能为其目标，在组织上、程序上，让司法的中立、被动、事后、个案、争议等特质得到彰显，以与其他部门相区隔；建立保障法官身份、保障法官职务独立的制度，凭借裁判格式、严谨推理、程序公开等来达到“审判”的独立。

近些年来，“司法独立”似乎成了敏感词汇。在司法独立问题上，我们陷入了司法独立与司法公正的关系的纠结之中。一些人认为，因为司法不公正，所以司法独立目前尚不具备条件。但是，司法独立是法治的基石，司法不独立，法制的权威就无法树立。司法所承载的纠纷裁判功能决定了它需要以亲历性、判断性、独立性、对审性、中立性等为基本特征。司法独立是司法公正的前提条件。司法不独立，审判主体不明确，决定的责任就难以追究，从而助长司法腐败，妨碍司法公正。如果我们能够在司法独立的问题上达成基本共识，并以此为出发点推进法官队伍的精英化，司法的信誉就能逐渐提升，民众对司法的信赖才能逐渐形成。司法独立是深化司法体制改革的瓶颈问题，也是司法体制改革的突破口。

司法在法治社会中功能的发挥，有赖于司法权威的建立。对于司法权威，需要从外部和内部两方面加以维护。从司法权的外部看，司法权在国家权力体系中是“最不具有危险性”“最微不足道”的权力，各种权威力量都可能对司法运作构成实质影响。在这种情况下，要维护司法权威，首先需要树立法律的权威，使得“任何人和组织都不能凌驾于宪法和法律之上”，政治权力应当保持对司法的尊重，国家应当加大对司法的投入，充分保证司法的各项必要费用。党对司法工作的领导主要是路线方针的领导，政法委不应干预个案。

从司法权的内部看，司法机关应当对终审裁判予以尊重，保持终审裁判的稳定性。从我国目前司法制度的设计来看，再审制度有利于司法实现“有错必纠”，以至于错误可以一改再改，却不利于尊重终审裁判。“有错必纠”的传统观念，对司法权威具有严重影响。虽说司法错误的发生，肯定会严重危害司法权威，然而，我们在观念上应当允许一定程度的错误存在。如果所有的判决都正确，司法才有权威，恐怕任何国家的司法都不可能有权威。当然，这决不意味着司法可以为所欲为，也并不意味着司法的所有错误我们都应容忍，但这预示着司法权威需要刻意维护。信访是沟通民意、表达民意、听取民意的有效途径，但现实中有些信访变成救济权利、解决纠纷的途径，偏离了制度的初衷。因此，需要重新予以正确定位，减少行政对于司法的干预，改革信访考核制度，维护司法权威。法院判决执行难以及因为判决执行问题引发的信访问题屡见不鲜，严重影响法院的司法权威，因此法院判决与执行有待进行外部分离。

尽管进行了广泛而具有实质意义的司法改革，但我国当前的司法制度仍然存在一些根本性的问题，突出地表现在法官的非职业化、司法的行政化和司法的地方化。深化司法体制改革应当以解决法官的非职业化、司法的行政化和司法的地方化为主要内容。

依法治国的指导原则和蓬勃发展的市场经济是不可分的，在市场经济下，经济行为以及国家机关作为的“可预期性”变得非常重要，它有利于降低市场的防御风险成本，提高经营者的积极性。如果司法人员的专业训练不够，法律的操作变成完全不可预测，司法将无法承担“依法”裁判的功能。统一司法考试在加强司法专业化方面迈出了重要一步，未来的司法改革应当朝着进一步加强司法专业化的方向努力，如建立司法职业训练制度，提高法官的专业素质。另一方面，司法在追求专业化的同时，也要透过适当的教育，避免专业因素加深民众对法律的排斥，要通过法庭的开放、裁判书的通俗（其中包括判决理由的阐明）与网络化等方式，减轻专业化改革所可能造成的社会对司法的疏离。

司法的行政化是影响我国司法独立的体制性原因，也是制约司法体制改革的核心因素。司法的行政化体现在司法机关地位的行政化、司法机关内部人事制度的行政化、法官制度的行政化、审判业务上的行政化、审级间的行政化、司法机关职能的行政化等诸多方面。司法的行政化为行政权干涉司法权提供了可能，严重影响了法官的独立审判，严重威胁到审级监督体系，进而对司法公正造成严重影响。司法行政化问题早已受到社会各界的广泛批评，但近年来司法行政化倾向并未明显缓解，反而有加重之势。这与我国的权力结构及其运行机制有关，也与司法功能设定的非司法化和资源配置的有限性以及人事管理和财政供应制度有关。司法体制改革应当将去行政化作为改革重点之一，全面实现司法行政和司法审判的分立，阻隔行政性要素进入审判。

司法的地方化是困扰我国司法审判的另一个突出问题，它严重损害了法院作为公正执法机关的形象和声誉，严重危害到国家法制的统一和尊严。司法难以真正独立、法院受经济利益驱动、法官整体素质偏低、法制不健全以及缺乏对地方性法规、规章的合法性审查等是造成司法地方保护主义的主要原因。司法改革应当继续在遏制司法的地方化方面作出努力，通过改革现行法院管理体制，使法院在人、财、物方面摆脱地方政府的控制，在法院系统内部建立和完善跨地区、跨级别的法官交流和轮岗制度，完善现行管辖制度等措施，遏制司法的地方化。

在司法体制改革中，还应当注意以下问题：认真倾听民间意见，对民间意见进行有组织的整合，以弥补司法改革自上而下进行所造成的民众参与不够的缺陷；防止司法改革过程中各部门的自利化，打破部门割据、各自为政的状况；针对各地区实际情况的差异，提出不同的改革方案，避免改革中的“一刀切”。司法体制改革既要目标明确、重点突出，又要统筹兼顾、循序渐进，只有如此，才能少走弯路，推动司法体制改革走向深入。

三 深化司法体制改革的具体方案

鉴于劳动教养制度改革、涉法涉诉信访工作改革、司法权力运行机制改革已经被国家决策层确定为2013年政法工作的重点，因此，对于司法体制改革具体方案的探讨，首先应当围绕这几项重点工作而展开。

（一）劳动教养制度改革

就劳动教养制度改革而言，目前有两种可供选择的方案：

一种是将现有的劳动教养适用对象做行政化和刑事化分流处理，即将其中社会危害性较低的违法行为纳入行政处罚体系，将那些社会危险性较大的违法行为纳入刑事处罚体系。适当扩大犯罪圈之后，我国刑法中所规定的刑罚结构，特别是轻微刑罚，从管制、拘役到有期徒刑，并且辅有罚金和缓刑等，应当说可以满足对原来劳动教养对象的刑事处罚的需要。但是，《中华人民共和国治安管理处罚法》规定中比较严重的处罚就是15日的行政拘留，这种较轻的处罚方式不足以应对劳动教养停止后对比较严重的违法人员的处罚，因此需要适当延长治安拘留的时间为1 ~ 2个月，或者将治安管理处罚法中的“强制性教育”修改或解释为“强制性社区服务”，时间可定为15日以上和3个月以下，以与刑罚中最轻的管制刑（3个月为起点）实现对接。

这里涉及对刑法规定的扩大解释和对治安管理处罚法的修改。

另一种是制定《违法行为教育矫治法》，用“强制性教育矫治”替代“劳动教养”，其功能定位在弥补行政处罚与刑罚之间的空当，适用对象有两类：其一是触犯刑法但不具备刑法要求的定量要素，判处治安管理处罚又明显畸轻的行为；其二是行为实害不大，但主观恶性较大的对象。该法应当明确强制性教育矫治的具体对象、条件、程序、执行方式、期限以及执行监督等问题，以防止强制性教育矫治措施的滥用。劳动教养的对象可以分为两部分：一部分属于“保安处分”的对象，如吸毒人员、卖淫嫖娼人员，对于吸毒人员的强制性隔离戒毒、对于卖淫嫖娼人员的收容教育等措施具有“保安处分”性质（并非立足于惩罚，而是出于预防社会危险性的目的），可以作为特殊的强制性教育矫治措施，不再适用劳动教养。另一部分属于介于违法与犯罪之间的具有社会危害性的行为，其处理方式可在上述两种方案中进行选择。无论选择哪一种改革方案，都需要配套性地在法院内部增设治安法庭专门处理治安案件。劳教制度改革在很大程度上需要将过去由公安机关处理的劳教案件转为由法院处理，这无疑会大大加重法院的负担。转处的这部分案件可称为治安案件，在性质和特点上与一般的刑事案件有别，需要增设专门的治安法庭，采用相对快速、简易的方式加以处理。

如果采取分流处理方案，对于转处的轻微犯罪案件，可适用刑事简易程序处理。2012 年我国刑事诉讼法修改扩大了简易程序的适用范围。对于基层法院审理的案件，如果事实清楚、证据充分，被告人承认自己所犯罪行，对起诉书指控的犯罪事实和适用简易程序没有异议的，都可以适用简易程序。根据新的刑诉法，适用简易程序的案件，最高可能判 25 年有期徒刑。新的简易程序去掉了 1996 年刑事诉讼法所规定的可能判有期徒刑 3 年以上（适用普通程序）与 3 年以下（适用简易程序）的区分，采取美国式的做法，以被告人认罪为前提，导致简易程序适用的刑罚跨度范围极大。如果将部分劳教转处案件也纳入其中，采用完全相同的程序处理，显然不太合适。我国未来可以考虑借鉴意大利等国的做法，设立多种特别程序，使得简易、速决程序的设计进一步层次化、科学化，以促进公正与效率的平衡。但这涉及刑诉法的再修改问题。

（二）涉法涉诉信访工作改革

信访制度是一种具有中国特色的政治参与形式和权利救济方式，国务院颁布的《信访条例》对这一制度作了规定。由于我国目前司法权威性和公信力不足，导致涉法涉诉类信访量多面广，“信访不信法”现象突出，我国的司法制度陷入了两难境地。实践中信访渠道确实解决了许多司法难于解决的实际问题，减轻了司法机关的压力，但是，信访渠道越有作为、越高效，法律就会越衰退，程序规则就会越受损害，司法权威也就越弱化，继而引发更大规模的信访，同时法院终将成为没有公信力和终局权威的裁判机构。为了维护司法权威，应当将可诉涉诉的信访事项纳入司法轨道处理。信访机构应当通过法治化的预设程序，将可诉、涉诉、诉讼终结的信访案件，引导至正常的审判程序或审判监督程序之中处理，以避免信访制度冲击司法制度。①

（三）司法权力运行机制改革

第一，关于执政党与司法的关系：在我国的刑事司法中，对于腐败犯罪的刑事追诉存在一个前置性程序，即应由司法处置的具有中国共产党党员身份的国家工作人员职务犯罪以及其他犯罪，同时也是党的纪检部门调查处理的问题，纪检程序常常是党员违法犯罪处置的前置性程序。在纪检程序中，纪检部门让调查对象在规定的时间、规定的地点如实说明自己的问题，简称“双规”。纪委与司法机关的工作关系以及关联问题如何处置，有待进一步明确和规范。执政党与司法的关系问题是在中国反腐败刑事司法中十分敏感又十分重大的问题。对此，有两种方案可供选择：其一是借鉴其他国家和地区的做法，将检察机关反贪局、党的纪检部门、政府监察部门合三为一，建立“廉政公署”专门处理腐败案件；其二是维持现有体制不变，考虑中国司法程序设置与运行的制度背景与具体国情以及刑事司法正当性、合理性的底线要求，技术性地处理纪检程序与司法程序的程序对接以及相应的证据连接问题。

第二，看守所的归属问题：2012年的刑事诉讼法修改，在法条中除了“公安机关”“侦查机关”等称谓之外，还出现了“看守所”的专门用语，可以解读为“看守所”成为刑事诉讼中独立的诉讼主体，承担独立的诉讼职能，不再为“公安机关”“侦查机关”所包含，从而为看守所管理体制改革扫清了障碍。将看守所从公安机关剥离出来，归属于司法行政机关领导，有助于加强公、检、法、司之间的权力制约，遏制刑讯逼供、超期羁押等违法

① 参阅刘炳君:《涉法涉诉信访工作的法治化研究》,《法学论坛》，2011年第1期。

现象发生。

第三，法院的判决执行权改革：根据《中华人民共和国民事诉讼法》（以下简称民事诉讼法）、《中华人民共和国行政诉讼法》（以下简称行政诉讼法）和《中华人民共和国刑事诉讼法》（以下简称刑事诉讼法）的规定，发生法律效力的民事、行政判决、裁定，以及刑事判决、裁定中的财产部分，还有死刑立即执行的判决，均由人民法院负责执行。让人民法院负责执行，是因为将执行权视为审判权的一部分或者审判权的延伸。但是，执行权本质上属于行政权，且执行工作难度大、任务重，法院从事执行工作，易与当事人发生直接冲突，有损法院权威，因此，应当考虑将法院的判决与执行予以分离。

（四）其他方面的改革建议

第一，关于法院的人、财、物问题：要使法院在行使审判权时摆脱行政机关的控制，有必要对法院的人事编制、经费预算、基础设施的配给等给予特别保障。如法院系统经费由中央或者省级财政统一拨付给法院；法院的人事管理脱离地方，由中央或者省级人大常委会直接任命等。如果不能解决地方法院的人事财政由地方直接控制问题，最低限度应当建立严格的地方控制程序和方式，以防止行政权对司法权的侵蚀。还可考虑将司法管辖与行政区划适当分离，建立“巡回法院”。这一改革涉及《中华人民共和国人民法院组织法》（以下简称人民法院组织法）的修改，根据人民法院组织法第 34 条的规定，法官由同级人大及其常委会任免，任免“巡回法官”目前存在制度上的障碍。

第二，关于司法的专业化问题：其一，将书记员改为“书记官”，与法官纳入不同序列，进行分类、分级管理，不再将担任书记员作为培养法官的必经途径；担任书记官的条件低于法官，具备法律大专学历即可。其二，建立司法研修制度，担任法官和书记官均需通过司法研修，学习所需要的职业技能，如担任法官需经 2 年的司法研修，在此期间，到法院、律师事务所等实习，学习如何审判案件；担任书记官，则学习如何进行庭审记录、如何进行庭前准备等，时间为半年至 1 年。其三，院长应当从职业法官、职业检察官或律师中选拔，具有长时间的法律职业经历。其四，加强对法官的职业保障，如法官工资比公务员应当高 1/3 或 1 倍；法官的任期由法律明确加以规定，以确保法官的任职期间不被任意地缩短或延长；延长法官退休年龄（如法官的任职年龄不超过 70 岁）；法官对履行职责时所获知的秘密享有免证权；法官享有司法豁免权，即“在不损害任何纪律惩戒程序或者根据国家法律上诉或要求国家补偿的权利的情况下，法官个人应免于因其在履行司法职责时的不行为或不当行为而受到要求赔偿金钱损失的民事诉讼”[①]；对法官的惩戒应当依公正程序进行等等。其五，将法院内部从事行政管理的人员从审判人员中剥离，成立专门的法院管理机构，借鉴俄罗斯的做法，在最高法院成立专门的审判管理局，属于独立法人；管理机构人员具有公务员身份，而非法官身份，以保障法官队伍的纯洁性。此举是为了解决法院内部许多人拥有法官职称却不办案，内部行政管理部门越来越膨胀，优秀法官逃离审判一线，进行“逆向选择”等问题。

第三，关于法官责任问题：其一，取消院、庭长审批案件制度，取消审判委员会制度（因为二者均使庭审可有可无），法官对于案件质量独立承担责任。其二，通过抽查方式对法官的办案质量进行评审，建立法官办案质量考评委员会，吸收高水平的律师、学者等参与评审；考评结果作为法官今后晋升的依据。其三，如果案件质量出现严重问题是由于法官违法犯罪所导致，则进行相应的责任追究；如果是由于司法能力低下所导致，则可调离法官岗位。改变目前数字化管理，违背审判规律；只认结果、不论原因，没能体现审判工作复杂性的错误做法。

第四，关于扩大司法公开问题：其一，保障公民能够自由旁听庭审，这是司法公开的底线要求。其二，判决书公开应从部分公开走向全面公开（例外情况下不公开）、从形式公开走向实质公开。其三，除了判决书公开外，还需推进其他的司法信息公开，如司法机关的设置、职能、职责、权限与办案程序；司法机关制定的解释、规章和规范性文件；司法机关的人事信息；司法机关的财务收支及诉讼费用信息；司法机关办理案件时发生的诉讼信息；司法机关办理案件的统计信息；等等。

总之，深化司法体制改革应当以法院的改革为重点，以提高司法公信力为核心，防止其沦为公、检、法、司新一轮的权力博弈；而法院的改革应当以提高判决书和庭审质量为轴心，因为司法公信力主要体现于一纸判决书，而高质量的判决书以高质量的庭审为前提。司法体制改革的目的在于建立保障司法职能得以有效、充分发挥的机制。司法体制改革方案应当通盘考虑，环环相扣，才能取得良好的成效，“单兵突进”的改革思路存在很大的局限性。

---

① 联合国《关于司法机关独立的基本原则》第16条。

中国司法改革年度报告（2012）

徐昕　黄艳好　卢荣荣*

引　言

2012 年，中国司法改革史上平淡的一年，点滴成绩一如往常，“新一轮”司法改革宣告结束，改革未来，谨慎乐观。

2012 年，中国政府首次发布《中国的司法改革》白皮书，全面介绍中国司法改革的基本情况和主要成就，表明推进法治的决心，力图增进国内外对中国司法改革及法治建设的了解与认同。根据白皮书，中国的司法改革硕果累累。但回到现实，司法改革并未给民众更多“看得见”的公平正义及法治中国的信心。

以 2008 年启动以来的“新一轮”司法改革为例，60 项改革任务基本完成，文件的制定出台，进入督查和落实阶段。为迎接中国共产党的十八大，官方在总结司法改革成果时，不断宣称改革成就巨大，“中国特色社会主义法律体系宣告形成……执法规范文明，司法权威公正……法治的旗帜在神州大地高高飘扬”[①]。然而，民众对司法改革和法治建设的批评却力度不减，甚至更为激烈。这既源于信息加速传播、公民意识觉醒等因素，民众对司法的期待“水涨船高”；也因为改革成效有限，司法公正得不到切实保障，司

* 徐昕，北京理工大学法学院教授，司法研究所主任；黄艳好，北京理工大学博士生，司法研究所研究人员；卢荣荣，西南政法大学应用法学院讲师。

① 白龙，黄庆畅：《依法治国：公平发展的中国抉择——十六大以来重大战略述评之九》，《人民日报》，2012 年 11 月 1 日。

法腐败依然严重，司法公信和权威明显不足，司法改革在司法的行政化、地方化、官僚化等关键问题上不进反退；更因为从根本上放弃了对司法独立的追求。

2012 年，十八大召开，再度开启了令人期待而又忧心忡忡的十年。

十八大报告继续强调以经济建设为中心，坚定不移地沿着中国特色社会主义道路前进。依法治国作为治国理政的基本方式，在经济、政治、社会、文化等领域的重要意义一如往常地得以重申。相对保守和迟滞的司法领域则延续十五大以来的改革目标，要求进一步深化体制和工作机制改革，确保审判机关、检察机关依法独立公正行使审判权、检察权，不断提高司法公信力。具有想象空间的是十八大报告第五部分，宣示“坚持走中国特色社会主义政治发展道路和推进政治体制改革”，与十三大报告结构类似，加上习近平就任总书记后即重走邓小平当年的南方省份考察路线，不禁令人猜测未来或有可能参照十三大的思路，重启实质性政治体制改革。以“党政分开”为切入点，“建立高度民主、法制完备、富有效率、充满活力的社会主义政治体制”。

正如《中国的司法改革》白皮书指出，司法改革是中国政治体制改革的重要组成部分。政治体制改革停滞不前，司法改革只能小打小闹。30 多年的法治建设也充分证明，无论如何努力推行司法的技术性改革，皆无法改变司法公正不足、司法公信低下、司法权威失落的现实，更难以实现司法作为社会正义最后一道防线的核心价值。十八大后的中国，我们必须看清，脱离政治体制改革的司法改革，不过是笼中鸟，根本无法展翅飞翔。政治体制改革是推进司法改革的根本保障，司法改革必须纳入政治体制改革的框架一并考虑。政治体制改革应以法治改革为优先战略之一，法治改革以司法改革为核心，司法改革的关键是确保司法独立，确保司法独立的首要任务即厘清司法与党的关系。厘清司法与党的关系特别需要消除党对司法独立的误解，司法独立有利于改善党的领导。

司法改革以及政治体制改革是一项艰巨的任务。十八大后，高层是否及如何启动政治体制改革，如何看待司法改革与政治体制改革的关系，将会决定未来十年司法改革和法治建设的走向。当十八大吹来若隐若现的政治体制改革之风，我们既要期待，更要推动。当务之急，必须重申司法独立的重要意义。

一　综合性改革

（一）铁路司法改革

继2011年广州、肇庆等地铁路运输法院、检察院率先移交地方之后，铁路运输法院、检察院的“回归之旅”在2012年全面开启。年中，全国75个铁路运输法院（包括17个铁路运输中级法院、58个铁路运输基层法院）和76个铁路运输检察院（包括17个铁路运输检察分院、59个基层铁路运输检察院）全部完成向所在省、自治区、直辖市法院和检察院的移交。

铁路公检法机关从铁路部门剥离，移交地方，纳入国家司法体制，有助于化解铁路公检法既当运动员又当裁判员造成的程序不公，消除了司法企业化的弊端。但“企业办司法”时代尚未完全终结，同样掺杂部门利益的森林法院、农垦法院亦应一律纳入国家司法体系，参照铁路司法改革的方案推进转制，彻底实现司法的“去企业化”，维护国家法治的统一。

在某种意义上，此举只是铁路司法改革的中转站。完成移交的铁路司法系统仍面临多重困难，若干制度细节仍需不断完善，实质性地“去企业化”尚待继续努力。例如，如何解决跨省铁路法检“双重领导”带来的问题以及实现县级、省级单位的对接；如何重新划定管辖范围，并有效应对铁路案件流动性大、跨区域、变化快等特点；如何协调铁路法检与地方法检在案件数量、人员配备上的均衡性；如何提高铁路法检人员的工作积极性及队伍素质等。这些需要基于现代司法理念，兼顾铁路法检的历史、现状和未来发展，考虑各地的不同情况，循序渐进，尽快解决。

2012年7月，最高人民法院公布《关于铁路运输法院案件管辖范围的若干规定》，旨在解决尚未清晰却又急需明确的各地铁路运输法院管辖权问题。该司法解释兼顾历史和现实，确定了铁路运输法院管理体制改革后的刑事、民事案件管辖范围以及对应的二审法院，并授权各高级法院可结合本地案件的整体情况，从平衡工作量出发，指定本辖区内的铁路法院受理其他民事案件和执行案件。后者成为亮点，有助于各地根据自身情况，协调地方司法力量，缓解某些法院“案多人少”问题，充实铁路运输法院相对较少的工作量。

确定铁路法检的案件管辖范围，理顺铁路法检与地方法检、上级法检的关系，是铁路司法改革中重要的一环。目前，除上述举措外，法院系统尚无其他工作机制的改进，铁路运输检察院的案件管辖范围、办案机制等也暂时未变。铁路司法体制转型后，司法的“技术性改革”应迅速跟进，方可确保制度的良性运转，发挥改革的功效。在体制性改革与技术性改革之间，常容易重视前者的关键作用，而忽略后者的支撑功能。

（二）刑事诉讼法的修改及“解释”

《中华人民共和国刑事诉讼法》修正案于2012年3月公布，自2013年1月1日起施行。此次“大修”涉及诸多方面，有不小进步。一是贯彻“尊重和保障人权”的宪法原则，将其写入刑事诉讼法。二是明确非法证据排除规则，并规定不得强迫任何人自证其罪，证人、鉴定人出庭制度细化，首次就证明责任明确规定“运用证据证实指控罪名、刑罚主张成立的义务由控诉方负担”[①]。三是完善辩护制度，包括犯罪嫌疑人委托辩护人的时间提前至侦查阶段，完善律师在侦查期间的会见程序，对辩护律师涉嫌伪证罪案件的管辖作出特别规定，扩大了法律援助的范围。四是强化执行程序，完善暂予监外执行的适用，强化检察院对减刑、假释、暂予监外执行的监督，限定社区矫正的案件范围。五是增加第五编“特别程序”。此外，修正案还规定死刑复核程序中律师的参与权，调整简易程序适用范围，明确二审开庭审理案件的范围，对发回重审作出限制等。

就司法制度的改进而言，这些修改一定程度上有助于推动刑事侦查模式从“口供→其他证据”转向“其他证据→口供”，促进刑事审判方式从“以讯问被告人为核心”转向“以证人出庭、出示物证书证等为核心”，提升律师在刑事辩护中的作用，从而实现刑事诉讼法惩罚犯罪和保障人权的双重功能。

刑事诉讼法修正案草案公开征集意见时，民众积极参与，有人激烈批评，有人建言献策，但最终被修正案采纳不多。总体而言，此次修改意义重大，却仍存在诸多不足。一是侦查权不仅未受限制，反而有所膨胀，特别是技术侦查制度引发强烈质疑。有人将此视为规范技术侦查活动的契机，但更多人认为加大了侦查机关侵犯人权的可能。事实上，由于侦查权强大、监督严重乏力、技术侦查时间次数不受限制、权利救济机制缺位等因素，对技术侦查的严格规范根本无法实现。二是某些条款是法治的倒退。例如，指定监

① 《刑事诉讼法修改解读》，《荆门日报》，2012年4月12日。

视居住，实质上是“双规”的扩大化，却获得立法的确认。庭前审查的案卷移送，由“起诉复印件主义”又退回“案卷移送主义”，极可能导致先定后审、法庭审理流于形式等成为普遍现象。三是部分条款缺陷明显。例如，非法证据排除规则仍有不少漏洞：没有明确公权机关作伪证的法律责任；排除规则中如何“补正”和“合理解释”可伸缩性过大；采用“刑讯逼供等”方法中“等”过于模糊。又如，“尊重和保障人权”作为刑事诉讼法的具体任务而非立法宗旨，核心价值受到削弱；明确规定“不得强迫任何人证实自己有罪”的同时，保留“犯罪嫌疑人对侦查人员的提问，应当如实回答”的规定，自相矛盾，长期呼吁的“沉默权”并未实现；未规定指定监视居住和拘捕后如何通知家属；对证人的保护明显不足，特别是忽略了公权力对证人作证可能的阻碍和侵害；对涉及给付毒品等违禁品的案件，公安机关可实施控制下交付，易引发诱使犯罪；简易程序的适用范围急剧扩大，忽视被告人认罪的自愿性如何保证等问题；不计入审限的中止审理情形增加，中止审理的期间无限制等。

与上一年热议的刑事诉讼法修正案草案的沸腾不同，修正案正式通过时颇为冷清。这说明修正案与社会各界的期待存在差距。但这一轮修法已然“尘埃落定”，下一步应关注如何正确理解和执行修订后的新法，并部分通过司法解释弥补不足。11月，最高人民检察院出台《人民检察院刑事诉讼规则（试行）》，12月，最高人民法院出台《关于适用〈中华人民共和国刑事诉讼法〉的解释》，公安部颁布《公安机关办理刑事案件程序规定》，最高人民法院、最高人民检察院、公安部、国家安全部、司法部、全国人大常委会法制工作委员会出台《关于实施刑事诉讼法若干问题的规定》。两个司法解释和两个规定对于刑事诉讼法的适用具有重要作用。

最高人民法院《关于适用〈中华人民共和国刑事诉讼法〉的解释》共24章548条，是最高人民法院有史以来条文最多、篇幅最长的司法解释。该解释明确和细化了刑事诉讼法的适用，包括：明确刑讯逼供的定义；规定死刑执行细节；专节规定非法证据排除的具体程序；细化证人、鉴定人、有专门知识的人出庭的相关问题；规定庭前会议的适用案件范围、参加主体、功能；明确附带民事诉讼赔偿标准；细化简易程序的具体适用；明确二审开庭的范围、限制发回重审、上诉不加刑；具体规定查封、扣押、冻结财物的审查处理程序；细化新增的四个特别程序等。该解释部分规定，意义重大。例如，“使用肉刑或者变相肉刑，或者采用其他使被告人在肉体上或者精神上遭受剧烈疼痛或者痛苦的方法，迫使被告人违背意愿供述的”[①]，皆应认定为“刑讯逼供等非法方法”。又如，该解释明确死刑执行细节：法院执行死刑三日前，应通知同级检察院派员临场监督；执行死刑前，应告知罪犯有权会见其近亲属；罪犯近亲属申请会见的，法院应及时安排会见；执行死刑应公布，禁止游街示众或其他有辱罪犯人格的行为；法院接到执行死刑命令后、执行前，发现罪犯“怀孕”的，应暂停执行死刑；死刑采用枪决或注射等方法执行。特别值得肯定的是，会见亲属权彰显了人道主义精神。

该解释一些条款也引发较大争议，尤其是法庭纪律条款。之前的内部征求意见稿第250条规定，“辩护人、诉讼代理人严重违反法庭秩序，被强行带出法庭或者被处以罚款、拘留的，人民法院可以禁止其在六个月以上一年以内以辩护人、诉讼代理人身份出席法庭参与诉讼”。法院“越权”惩戒引起律师和社会各界的强烈批评，后被取消。该解释针对所谓的律师“闹庭”，试图强化法庭纪律：对未经许可录音、录像、摄影或者通过发送邮件、博客、微博等方式传播庭审情况的，审判长可以决定暂扣存储介质或者相关设备；担任辩护人、诉讼代理人的律师严重扰乱法庭秩序，被强行带出法庭或者被处以罚款、拘留的，法院应当通报司法行政机关，并可建议依法给予相应处罚。这些规定仍引起律师界及部分民众的较大反弹。出于维护法庭尊严与秩序的考虑，该禁令具有一定的合理性，但实践中难以得到完全遵守。一方面，在司法公正公开难以保障的情况下，尤其在某些很可能产生冤屈的案件中，律师仍会在庭审前后发布信息，以期引起关注，实现正义。另一方面，从目前看来，禁令可以限制庭审期间通过微博等方式直播，却很难限制庭审前后的信息传播；直播的禁令可约束律师，却难以约束旁听者，甚至也不太容易限制当事人传递庭审信息。“打铁还要自身硬”，法庭要真正获得尊重，根本在于实现司法公正。

《人民检察院刑事诉讼规则（试行）》主要从三方面明确刑事诉讼法的适用：一是界定刑事诉讼法中涉及检察工作的概念，明确和细化若干条文，如界定特别重大贿赂犯罪、非法证据排除规则中的“其他非法方法”，细化“有碍侦查”的情形、逮捕条件中属于“社会危险性”的情形等。二是结合

① 最高人民法院：《关于适用〈中华人民共和国刑事诉讼法〉的解释》，第95条。

检察工作实际，落实增修规定，包括专章规定辩护制度、证据制度；明确非法证据排除规则的具体适用；落实讯问全程同步录音录像制度，规定讯问录音录像可当庭播放；规定庭前会议的主要内容；进一步明确简易程序的适用范围、条件和办案程序；细化特别程序的办案流程；明确羁押必要性审查的具体程序和职责部门；细化最高人民检察院对死刑复核活动的法律监督等。三是调整刑事检察工作程序，包括检察机关受理案件后的内部移送、流程监控以及新增职能的内部分工等。

但该司法解释也存在明显不足，尤其是打上了“部门”烙印，检察机关甚至将刑事诉讼法修订博弈中未能实现的“部门意图”写入司法解释，扭曲立法本意。例如，改变过去同种罪不得重新计算羁押期的做法，规定可重新计算侦查羁押期限，易加剧变相羁押、超期羁押等本已严重的违法现象；明确检察机关可提前介入侦查，在目前的制度框架下，侦检合一可能导致检察监督的效用递减；律师阅卷范围被限缩为案件诉讼文书和证据材料，实质性限制律师阅卷权；规定法院宣判前检察机关可以变更和补充起诉，会造成对被告的诉讼突袭，亦不利于保持诉讼的严肃性等。此外，不少条款仍存在模糊的情形。例如，规定“辩护人不得为两名以上的未同案处理但实施的犯罪相互关联的犯罪嫌疑人辩护”，但何谓“相互关联”，含义不清，易被滥用；“重大社会影响”是构成特别重大贿赂犯罪案件的情形之一，如何界定尚需解释；技术侦查措施需经“严格批准”才能实施，却未对此作明确规定。

《公安机关办理刑事案件程序规定》的主要内容包括：一是保障人权。“尊重和保障人权”“不得强迫任何人证实自己有罪”“严禁刑讯逼供”写入总则。明确规定当事人各项诉讼权利，例如，规定传唤、拘传、讯问犯罪嫌疑人，应保证其饮食和必要的休息时间；明确讯问应当录音录像的案件范围，要求“对每一次讯问全程不间断进行，保持完整性。不得选择性地录制，不得剪接、删改”；要求犯罪嫌疑人被送交看守所羁押后，应在看守所讯问室内进行讯问。二是落实增修规定，例如，取消涉密案件委托辩护律师需经批准的规定；保证会见权充分实现；明确辩护人涉嫌犯罪案件的管辖；明确证据标准、取证要求和非法证据排除程序，要求全面审查判断证据；规定侦查人员出庭作证的程序；严格查封、扣押、冻结等侦查措施的审批和执行程序；确定技术侦查措施的适用范围和审批程序等。三是强化侦查权监督。例如，加强公安机关内部执法监督；接受检察机关、当事人及其辩护人等诉讼参与人监督；规定对检察机关的监督意见和建议进行调查核实；统一当事人申诉中复议复核的程序和办理机构等。

该规定也有“部门”烙印。例如，公安机关对律师权的侵犯相当严重，规定却无实质性突破；细化应当录音录像的案件范围和具体要求，却未涉及不作为的法律后果；“需要没收保证金的，应当经过严格审核”，何为“严格审核”未予解释；明确申请变更强制措施的处理方式及期限，但相应的法律责任及救济途径缺失；对采取技术侦查措施的案件范围解释极宽，可能直接成为权力滥用的“口袋”；秘密侦查的批准权交予县级公安机关负责人，批准层级过低，有扩权之嫌。

《关于实施刑事诉讼法若干问题的规定》有利于促进刑事司法运作的规范和统一，部分条款意义重大。例如，明确律师在侦查阶段的权利，律师可了解犯罪嫌疑人涉嫌的罪名及当时已查明的该罪的主要事实，被采取、变更、解除强制措施的情况，以及延长侦查羁押期限等情况；细化证人保护措施，依法决定不公开证人等个人信息的，可在法律文书、证据材料中使用化名。此外，该规定还明确了可并案处理的具体类型，强制措施的实施、讯问中录音或录像的操作方式，技术侦查措施的操作程序，侦查羁押期限，提起公诉时全面移送的原则，审判中调取证据材料的程序，法庭审理过程中的补充侦查，暂予监外执行、社区矫正等执行程序，对涉案财产的处理等。尽管确有必要解决各机关之间的职权重合和有效衔接问题，但该规定的多数内容不过是各部门实施规则的重申。

刑事诉讼法修正案刚刚出台，有关部门就制定篇幅浩大的司法解释和操作规程。两个司法解释和两个规定先后出台，再次提出立法及司法解释体制的问题。尽管2012年年初《关于地方人民法院、人民检察院不得制定司法解释性质文件的通知》出台，禁止地方司法解释，统一司法解释权，也尽管上述补充性规则有助于法律实施，但却不利于立法部门及法律的权威构建，甚至可能导致执法混乱。为什么不可以制定一部详细、可操作的法律，而非得另行制定细化的司法解释和操作规程呢？立法不应再坚持“宜粗不宜细”的原则，而必须尽可能地更科学、更规范、更严谨、更明确、更具体、更周全、更精细、更具可操作性。

中国特色的司法解释制度急需改革。该制度旨在解决立法规定和立法解释粗糙、法官能力不足、判例制度缺位等问题。作为法律解释体系重要的一部分，司法解释有助于法律的统一正确实施，提高司法机关的办案质量和效率。但长期以来，该制度也存在“越权”解释、解释主体多元、形式混乱、制定程序简单随意、撤销监督机制缺位等问题。此次刑事诉讼法的司法解释，就存在突破立法、利益部门化等问题。就目前而言，司法解释制度的改革应重点考虑：一是在保障立法科学性和可操作性的基础上，加强立法解释，减少制定司法解释的必要性，并建议全国人大常委会设立专门的法律解释机构。二是制定司法解释法或在立法法中专章规定，严格规范司法解释的制定、发布等程序，建立司法解释的审查和撤销机制。三是统一解释主体和解释形式，未来取消检察机关的司法解释权，司法解释权统一由法院专门行使。四是大力发展案例指导制度，公布更多的指导性案例，最高人民法院带头逐渐公开法院所有的判决书，尽可能通过判例的方式解释法律，减少“立法性”司法解释之必要。

（三）民事诉讼法修改

《中华人民共和国民事诉讼法》修正案于 2012 年 8 月通过。此次增修条文 60 余处，确立诚实信用原则，增设公益诉讼制度、小额诉讼制度，完善庭前准备程序，首次规定行为保全制度，赋予当事人启动鉴定程序、约定适用简易程序等权利，扩大简易程序适用范围，加强诉调衔接机制，限定上级法院“下放”案件的条件，确立裁判文书公开制度，完善当事人举证期限、证人费用负担、再审案件中止执行等规定，明确二审程序开庭审理的条件，缩短申请再审的时限并规定部分案件可申请原审法院再审，增加专家出庭参与诉讼的规定，增设对案外被侵害人救济程序，强化检察院对民事诉讼的法律监督，增加检察建议的法律监督方式，将民事执行活动纳入法律监督等。

现行民事诉讼法 1991 年颁行，2007 年就审判监督程序和执行程序作局部“小修”。随着经济社会发展，全面修订的呼声由来已久。但此次修改至多算是“中修”。理论上，民事司法改革较少涉及体制性顽疾，本不难突破，但修法受保守理念的牵制，虽有进步，亦留缺憾。例如，极其不当、毫无必要地限制公民代理，使之仅限于“近亲属”及“社区、单位、社团推荐”；公益诉讼主体确定为“法律规定的机关和有关社会团体”，总体上有所进步，但短期内可能会抑制公益诉讼实践，应附条件地允许公民提起公益诉讼；立案未从实质审查改为形式审查，未能有效回应“立案难”问题；顺应“调解优先”的司法政策，规定“先行调解”，易产生法院过度重视调解、强迫调解等问题，且未明确“调审分离”；检察监督范围从“民事审判”扩大到“民事诉讼”，增加检察建议，将民事执行活动纳入法律监督，值得商榷；法学界呼吁多年的立案登记制、废除法院依职权启动再审、强制答辩、律师调查令、三审终审及多元审级等诸多成熟的改革思路未被采纳。

2012 年年末，最高人民法院出台《关于修改后的民事诉讼法施行时未结案件适用法律若干问题的规定》，旨在完成新旧案处理的衔接。其他相关司法解释尚在制定之中。

（四）建立犯罪人员犯罪记录

最高人民法院、最高人民检察院、公安部、国家安全部、司法部联合出台的《关于建立犯罪人员犯罪记录制度的意见》，明确了建立的意义和要求，规定了犯罪信息登记制度、犯罪人员信息通报机制、信息查询机制、未成年人犯罪记录封存制度，以及违反规定处理犯罪人员信息的责任等。犯罪人员犯罪记录制度是近现代国家为维护公共利益和犯罪人员个体利益而设立的专门制度，既有助于加强国家对犯罪人员的有效管理，维护社会秩序，也有利于维护犯罪人员的正当利益，帮助其顺利回归社会。

2008 年年底，新一轮司法改革明确提出“探索建立犯罪人员犯罪记录”。2009 年，《人民法院三五改革纲要》将“配合有关部门研究建立犯罪人员的犯罪登记制度”和“有条件地建立未成年人轻罪犯罪记录消灭制度”作为法院改革任务。最高人民检察院在前期试点的基础上修订并颁布《关于行贿犯罪档案查询工作规定》，在行贿犯罪领域初步建立犯罪记录制度。各地方司法机关在未成年人司法改革中积极探索档案封存以及轻罪消灭制度。例如，2010 年，山东德州出台《德州市未成年人轻罪犯罪记录消灭实施细则（试行）》，太原、贵州等地开展逐步取消未成年人违法犯罪记录试点；2011 年，上海出台《加强未成年人检察工作的意见》，建立未成年人犯罪的污点封存制度；2012 年，江苏张家港市开展全省首例未成年犯罪人员犯罪档案封存工作等。

该文件的出台标志着我国犯罪人员犯罪记录制度正式建立。针对先前公检法司各自为政、地方做法不一的局面，该意见提供了统一的犯罪记录标准与平台，可视为政法部门联动推进社会管理创新的一项举措。但该意见只是框架性规定，仍需制定更具操作性的实施细则。鉴于当下社会秩序状况及

“维稳”政策，犯罪人员犯罪记录制度容易沦为官方加强社会控制的工具，不利于保护犯罪人员的合法权益。因此，一方面应细化制度，对记录封存、轻罪记录消灭的条件、程序及后果等事项制定明确的可操作性规范；另一方面应重点考虑抑制有关部门的“滥权”，从感化和挽救犯罪人员出发，逐步扩大适用犯罪记录封存、轻罪记录消灭的主体范围和案件范围，促使犯罪人员顺利回归社会。

（五）规范职务犯罪案件办理

2012年8月，最高人民法院、最高人民检察院出台《关于办理职务犯罪案件严格适用缓刑、免予刑事处罚若干问题的意见》，要求严格掌握职务犯罪案件缓刑、免予刑事处罚的适用，并细化不适用的情形及可适用的具体条件。该意见一定程度上有助于抑制职务犯罪轻型化，尤其是改善适用缓刑、免予刑事处罚偏多的状况。但在司法独立性不足、地方党政干预严重及体制性腐败的现状下，与职务犯罪逮捕权上提一级、诽谤罪逮捕须上级检察机关批准、对职务犯罪案件一审判决实行两级检察院同步审查等举措一样，发挥的作用有限。未来应在此基础上不断提升司法独立性，排除地方干预，包括制定职务犯罪案件的量刑指导意见，规范法官的自由裁量权；扩大司法公开，裁判说明理由，法院裁判文书及检察机关的起诉书、量刑建议上网；司法经费首先由省级财政全额保障，今后由国家财政统一承担；建立司法官遴选委员会，使司法官人事安排不受地方控制。

2012年年末，《关于办理行贿刑事案件具体应用法律若干问题的解释》公布，旨在减少法律规定的“模糊地带”，规范行贿案件的惩治。该解释规定“一万元”为应追究刑事责任的行贿数额起点，细化“情节严重”及“特别严重”的具体情形，明确谋取不正当利益的界定，规定多次行贿未经处理的按累计行贿数额处罚，严格立功的适用范围，明确行贿人自首、如实供述犯罪、揭发举报的处置。在体制性腐败的背景下，该解释根本不可能有效抑制行贿的动机，也不利于行贿人供认和揭发犯罪。若需提升打击腐败之力度，更应强调举报立功及建立污点证人制度。

2013年年初，最高人民法院、最高人民检察院发布《关于办理渎职刑事案件适用法律若干问题的解释（一）》，细化滥用职权罪和玩忽职守罪的定罪量刑标准，明确法律适用，强调对食品、药品监管领域的渎职犯罪从严惩处。该解释与正在制定、有望2013年出台的“解释二”“解释三”，共同组成相对完整的惩治渎职犯罪的司法解释体系。其出台有利于逐步化解渎职犯罪轻刑化、免刑化问题，发挥一定的预防作用。

上述完善反腐立法的举措，值得肯定。但就实质而言，反腐的关键在于体制的根本性变革。后文将专节讨论。

（六）完善社区矫正制度

2012 年 1 月，最高人民法院、最高人民检察院、公安部、司法部发布《社区矫正实施办法》，明确社区矫正的适用对象，全面规范社区矫正从适用前调查评估、交付与接收、矫正实施到解除矫正整个工作流程，细化对社区矫正人员的监管措施。3 月，刑事诉讼法修正案第 257 条规定，“对被判处管制、宣告缓刑、假释或者暂予监外执行的罪犯，依法实行社区矫正，由社区矫正机构负责执行”，与 2011 年刑法修正案（八）保持一致，并明确暂予监外执行的罪犯也可实行社区矫正。2013 年年初，全国检察长工作会议表示，将加强和改进社区矫正的法律监督。

社区矫正是将符合法定条件的罪犯置于社区内，由专门的国家机关在有关部门、社会组织和志愿者协助下，在判决、裁定或决定确定的期限内，对其执行非监禁刑罚的活动。社区矫正符合世界轻刑化潮流，是现代国家社会治理手段的优化。由于不脱离社会并广泛借助社会力量，这种非监禁刑罚执行方式能较好地促使、帮助犯罪人员回归社会，有效避免监禁刑带来的“再污染”，对预防和减少重新犯罪具有重要意义。建立和完善社区矫正制度是近十年来司法改革的重要内容。根据先后出台的《关于开展社区矫正试点工作的通知》《关于扩大社区矫正试点范围的通知》《关于在全国试行社区矫正工作的意见》等指导性文件，2003 年局部地区开始试点，2005 年扩大试点，2009 年全国试行。截至 2011 年年底，全国 97% 的地（市、州）、94% 的县（市、区）和 89% 的乡镇（街道）已开展社区矫正工作；累计接收社区矫正人员 88 万余人，累计解除矫正 48.2 万人，现有社区矫正人员 40 万人，社区矫正人员重新犯罪率一直控制在 0.2% 左右。

在上述文件及改革试点的基础上，《社区矫正实施办法》将试点中行之有效的工作模式、矫正方法等固定下来，为社区矫正工作提供了基本依据和操作规范。该办法的出台有利于推进社区矫正的制度化、规范化，完善刑罚执行制度，为今后出台《中华人民共和国社区矫正法》奠定基础。但其颁行仅仅是社区矫正制度建设的阶段性成果，诸多难题仍未解决。一是根据该办法，社区矫正工作主要由县级司法行政机关及司法所承担，但这些机构人财物受限，人员素质参差不齐，难以有效开展工作。例如，出具调查评估意见等需耗费大量人力和时间成本，易出现应付了事甚至“弄虚作假”等现象。虽规定司法行政机关对违规的社区矫正人员享有追查权，但条件不足导致执法困难。二是社区矫正工作需要的条件难以实现。社会保障体系远不健全，多数地方无力为社区矫正人员提供就业平台，外出务工的流动性令其居住地频繁变更。社区矫正工作特别需要民间组织和志愿者的协助，但民间组织的发展受到严格控制。

因此，社区矫正制度仍需不断探索改革。应立足中国实际，借鉴国外成熟经验，如澳大利亚的个性矫正模式、荷兰未成年人矫正的会商模式、美国成熟社区中的自治模式等，重点针对社区矫正工作的执行机构建设、人财物保障的落实、社区矫正力量及社会辅助力量的发展、民间组织的促进、与原有刑罚体系的合理衔接等关键问题，通过试点不断推进改革，在时机成熟时出台社区矫正法。

（七）《中国的司法改革》白皮书发布

2012 年 10 月，中国政府首次发布《中国的司法改革》白皮书，从司法制度和改革进程、维护社会公平正义、加强人权保障、提高司法能力、践行司法为民五个方面，全面介绍中国司法改革的基本情况和主要成就。首先，白皮书是官方对司法改革重要性的重申，表明推进法治和司法改革的决心，使司法改革的重要性重回民众视野，同时有助于司法改革本身的公开，促进司法改革的公开化、规范化、民主化及公众参与。其次，“加强人权保障”专节介绍，表明对人权的日益重视，也宣示了未来的发展方向，与世界先进的法治理念相融合。人权保障是中国司法制度必须面对的一大挑战，保障人权是最大的司法公正。再次，白皮书明确提出保障法院、检察院依法独立公正地行使审判权和检察权，表明司法的独立性在某种程度上获得官方的肯定，倡导司法独立并非不可能。最后，白皮书指出司法制度是政治制度的重要组成部分，给予人民改革的想象空间，司法改革或许可成为政治体制改革的一个切入点。

但白皮书宣传成分过大，避重就轻，只谈成就，不提问题，整体上较为平淡。特别是白皮书较少触及司法的体制性弊端，未涉及多年来遭到激烈批评的劳动教养、收容教育制度以及业已废除的收容遣送制度等“特色”制度，回避司法独立等推动实质性改革的关键点。因此，该白皮书难以为司法改革指明方向，甚至可能固化已有的制度缺陷。

二　法院改革

司法公信、法院文化、司法信息化、两评查、铁路法院移交、小额速裁、知识产权司法保护、司法拍卖、均衡结案、防范金融风险，是2012年度人民法院十大关键词，也体现了法院改革工作的重点。

（一）优化法院职权配置

第一，完善减刑假释制度。2012年2月，最高人民法院发布《关于办理减刑、假释案件具体应用法律若干问题的规定》。该文件明确六类减刑、假释案件须公开审理，所有案件应在罪犯服刑场所的公共区域公示；规定包括管制、拘役、有期徒刑、无期徒刑和死刑缓期执行在内的各类刑罚的具体适用；统一“立功”“重大立功”“确有悔改表现”“没有再犯罪的危险”等条件的认定标准；规定法院的监督纠错程序及加强检察监督；确立财产刑执行、附带民事赔偿义务履行与减刑、假释的关联机制，明确案件再审后原减刑、假释裁定的处理等。

作为重要的刑罚执行制度，减刑、假释制度有助于激励罪犯改造，缓解监狱压力，节约国家资源，保障罪犯人权。1997年，最高人民法院施行《关于办理减刑、假释案件具体应用法律若干问题的规定》。但在司法实践中，减刑、假释工作中日益暴露出严重问题，诸如，减刑、假释案件审理程序不科学、不透明，监督机制不健全，假释适用率偏低，司法腐败比较严重。故这一轮司法改革以此作为重要任务。2012年的规定旨在“建立减刑、假释审理程序的公开制度，严格重大刑事罪犯减刑、假释的适用条件”。其颁行对于规范减刑、假释工作具有重要意义。一方面，该规定是对《中华人民共和国刑法修正案（八）》关于刑罚结构调整的制度落实，有助于改变“死刑过重、生刑过轻”等刑罚轻重不均衡现象；另一方面，它既在实体上严格减刑、假释的适用条件，又加强程序正当化的改造，体现对罪犯人权的尊重。

实体上的严格和程序上的保障，是规范减刑、假释制度，遏制刑罚执行环节司法腐败的两个方向。虽然该规定努力扩大开庭审理的范围、增强审理程序的透明度，但其程序基本沿袭先前做法，缺陷较多。一是由刑罚执行机关提出减刑、假释建议书，经法院审理后作出裁定，属于单向流动的权力运作模式，以公权为中心，忽略了服刑人的程序主体地位。刑罚执行机关、法院权力极大，制约不足，法官中立也无法保障。二是有直接利害关系的服刑人和被害人无程序参与权，既无法启动程序，有效参与庭审，充分、真实地表达意愿，也未设立有效的权利救济机制，审理程序超职权化。三是开庭审理很难真正发挥作用。一方面，法官只凭刑罚执行机关提供的材料作出裁判，却难以查明这些封闭性材料的真实性；另一方面，减刑、假释必要性的判断需综合运用矫正学、社会学、心理学、生理学、精神病学等多学科知识，单凭法官一己之力，难以做好。四是检察监督在裁定作出后才开始，监督滞后无力。种种缺陷导致减刑、假释的决定权实质落入刑罚执行机关手中，法院的权力也过大。在缺乏有效制约的情况下，徇私舞弊，权力寻租，编设“条件”，捏造“立功”，轻易减刑，随意假释等腐败现象较为严重。

针对上述问题，在不断明确和严格减刑、假释的条件及标准的同时，不管是迈向诉讼化改造，还是实践中探索的公开听证等模式，都应考虑不断提升减刑、假释程序的参与性和透明度，加强对权力的制约和监督。具体而言，应赋予服刑人及近亲属的程序启动权，执行机关负责收集有关证据材料；赋予服刑人、被害人等利害关系人充分的程序参与权，包括陈述、申请回避、提出证据、通知证人出庭作证、聘请律师等基本程序权利；强化程序公开，可考虑在监所开庭审理，监所犯人可旁听，媒体可采访，结果应公示；设置救济程序，赋予服刑人申请复议权或上诉权，以及被害人向检察院的申诉权；强化检察监督，落实监所检察派驻机构，赋予检察院事先的调查权，检察官直接参与庭审程序。此外，完善服刑人日常管理评价机制；注重吸收各类专业人士以陪审员身份参与合议庭；提高假释的比例，建立“假释为主、减刑为辅”的刑罚变更执行模式；完善社区矫正制度，并与之有效衔接。

第二，执行体制及工作机制改革。2012 年 7 月，最高人民法院发布《关于设立执行指挥中心建设试点单位的通知》，肯定“三级联动”执行指挥中心之“广东模式”，要求广东法院铺开试点，积累经验，进一步完善指挥中心职责功能与运行机制，以推动全国执行指挥中心的规范建设和健康发展。

法院设立执行指挥中心源自山东东营等地试点。在获得 2009 年最高人民法院《关于进一步加强和规范执行工作的若干意见》的肯定后，全国许多地方先后设立。在各地探索的过程中，广东高院率先成立“三级联动”的高院执行指挥中心，初步显示了信息全面共享、反应快速、运转高效、功能强大的优势。该中心以三级法院联网为基础，以执行联动机制为依托，与人民银行、国土资源、工商、公安等部门合作，共享信息，建立起一套覆盖全省的被执行人财产和身份信息查询系统。近三年来，广东法院系统的案件实际执行率上升 29.6%，执行到位率提高 24%，涉及执行的申诉信访案件明显下降，在全国处于较低水平。

该模式体现执行权属行政权的本质特征，顺应信息时代下司法电子化的发展潮流，整合社会资源，调动社会力量，化解“执行难”“执行乱”的难题，进而推动社会诚信的建设。但该模式对信息技术的要求较高，系统仍需不断升级，系统的权威性、实用性有待继续提升，与其他部门的合作更需进一步协调和加强。长远而言，建立全国执行指挥中心，配合全国性的社会征信系统建设，不仅是化解“执行难”“执行乱”的重要举措，也是推进执行体制改革的关键所在。未来可设置独立于法院的专门执行机构，依行政或法警模式运作。目前正在进行的法院强制执行立法，需考虑这些根本性问题。

2010 年最高人民法院《关于人民法院委托评估、拍卖工作的若干规定》于 2012 年 1 月 1 日正式实施。该规定实行审判执行与委托拍卖分离，明确司法辅助部门作为负责对外委托拍卖的部门，符合规定资质条件的拍卖机构均可进入司法拍卖，法院不再编制委托评估、拍卖机构名册，要求由中级以上法院以随机方式确定评估、拍卖机构，以及拍卖机构通过管理部门的信息平台和网络公开招标信息，统一规范各类资产拍卖场所，并强调法院实行监督。近年来，法院系统查处的违法违纪案件中，近 70% 集中在民事执行领域，其中约 70% 又发生在资产处置特别是司法拍卖环节。作为易滋生腐败的环节，委托评估拍卖的改革历来是执行工作机制改革的重要内容。中央政法委也明确要求各地积极开展试点。该规定的正式实施有助于加强对重点执行环节的监督，规范法院的执行行为。

各地法院的探索中，重庆的做法尤其值得关注。自 2004 年，重庆就率先将涉讼产权打包进入重庆产权交易市场进行拍卖，2009 年全部实现由“电子竞价”取代“击槌成交”。产权所交易有助于杜绝黑箱串拍，但未能有效解决信息集散问题。2010 年 12 月，重庆启用司法拍卖互联网竞价系统，迈出网拍的第一步。2009 年 4 月至 2012 年 1 月，重庆法院共实施司法拍卖

1396 宗，总成交率和平均增值率分别达 81.3% 和 13.6%。

重庆经验受到最高人民法院的重视。依托重庆互联网竞价平台，最高人民法院正式开通全国性的人民法院诉讼资产网，并发文要求全国法院涉讼资产拍卖信息及拍卖结果全部在该网公开，司法拍卖也将逐步在该网进行。该网是由最高人民法院组建和备案注册的专门性司法拍卖公共网络平台，网站拥有拍卖信息发布、网上竞买报名、拍卖机构随机选定、网上电子竞价、网上结算等功能，竞买人可“足不出户”参加竞买。

浙江高院走得更远。2012 年 6 月，浙江高院与淘宝网联合推出司法拍卖平台，两家先行试点法院宁波市北仑区法院和鄞州区法院的两件拍品正式上线公告，受到广泛关注，开拍前的围观超过 35 万人次。但此举亦引发了争议，有人认为，网络司法拍卖有助于实现被处置财产的价值最大化，防止司法腐败。也有人认为此举违法且不合理，因为淘宝网不具备拍卖主体资格；淘宝仅提供技术平台，法院直接成为拍卖主体，有违近年来“执拍分离”的改革路径；存在黑客攻击、秒杀软件操纵等技术性漏洞，难以追究相关责任。

民事诉讼法修正案将“人民法院可以按照规定交有关单位拍卖或者变卖被查封、扣押的财产”，修改为“被执行人逾期不履行的，人民法院应当拍卖被查封、扣押的财产；不适于拍卖或者当事人双方同意不进行拍卖的，人民法院可以委托有关单位变卖或者自行变卖”。自行拍卖或委托拍卖由法院自行决定，浙江高院网络司法拍卖的做法并无不当。司法拍卖乃至整个审判执行过程的防腐，主要取决于公开、透明的程序运作以及利害关系人的有效监督。除房产、文物、限制流通的标的物等不适合网络拍卖的情形外，网络拍卖具有受众广、人气足、成本低、效率高、公开透明等特点，是未来重要的发展方向。

第三，促进司法统一。2012 年，在中国特色社会主义法律体系被宣告如期形成之后，依法治国基本方略的贯彻进入强化“法律实施”的新阶段。法院担负着统一适用法律、规范行使自由裁量权的重要任务。2 月，最高人民法院颁行《关于在审判执行工作中切实规范自由裁量权行使保障法律统一适用的指导意见》，首次明确自由裁量权的内涵、行使条件与行使原则，要求法官须正确运用证据规则、法律适用方法、法律解释方法并合理运用利益衡量方法。作为配套措施，该意见要求强化诉讼程序规范、审判组织规范、裁判文书规范和审判管理与监督，要求加强司法解释和案例指导，不断统一裁判标准，既加强法官的职业保障，又防止其滥用权力。

作为一部系统性文件，该意见对于规范自由裁量权、促进司法统一具有积极意义。但有关规定仍过于笼统和粗放，需尽可能明确具体。同时，司法过程是一种基于经验的判断，是诸多社会因素影响下的利益衡量和自由裁量，自由裁量是司法过程天然具有的一种特征，因此，既需规范自由裁量权的行使，更要保障法官独立审判，确保其正确、合理地行使自由裁量权。

为促进司法统一，最高人民法院2012年相继发布第二、三批指导性案例。案例指导制度具有渐进的革命性功能：它对司法的改变是渐进性的，润物细无声；但其功能是革命性的。法院确立该制度，表明中国正融入大陆法系国家积极吸收英美法系判例制度合理因素的潮流之中，为司法权和法官作用的扩张埋下了种子。倘若切实执行，该制度将逐渐改变法院，促进司法统一，保障司法公正，提升法院地位，扩展司法权，增强司法能力，提升司法独立。而这些正是法治社会的重要特征。但这一制度的落实仍然缓慢，期待最高人民法院加速发布指导性案例，使之成为主要的常规性工作。前三批指导性案例的公布，出现了最高人民法院"制作"案例过度提炼等问题，故再度呼吁法院判决的全面公开。发挥所有判决的比照效应，才是促进司法统一更重要的举措。希望最高人民法院建立全国性的法院案例汇编和发布平台，包括指导性案例及所有案例。民间亦可尝试建立法院判例数据库，对此我们正在考虑。

（二）落实司法为民

第一，加强司法建议工作。继2007年《关于进一步加强司法建议工作为构建社会主义和谐社会提供司法服务的通知》之后，最高人民法院公布《关于加强司法建议工作的意见》。该意见在明确建议对象、发送主体的基础上，要求法院充分认识司法建议是法院坚持能动司法、依法延伸审判职能的重要途径，应进一步增强主动性，创新建议形式，规范建议程序，统一建议格式，加强建议管理，确保建议质量，增强建议效果。

在实践中，司法建议制度主要存在两大问题：一是适用范围不统一，实践中各级各地法院适用司法建议混乱；二是程序规范缺失，司法建议发出随意。虽然有时得到被建议单位的尊重，但多数情况效果不佳，反馈率低。这是因为司法建议只是一种柔性的"建议"，不具备法律强制效力，执行效果完全取决于被建议机关的态度。为了提高反馈率，法院有时采取主动协调的姿态。正如上海高院沈志先副院长所说："司法建议是促进良性互动，不是为难别人，绝非制造难堪。为此，我们要主动加强与被建议单位的沟通交流，也要克服不想、不愿发建议的思想障碍。司法建议不仅要提得好，也要送得巧，让人能听进，让事能办成。"① 这样的效果和姿态，加上制度本身存在的问题，导致司法建议出现功能上的悖论：法院发出司法建议是希望参与社会管理，提升司法地位，但实际上，司法建议的发出反而导致司法权威降低。

司法建议是一项极具中国特色的制度，集中体现了司法机关的司法外职能。它表明当下中国，司法机关的职责并非单纯定位于司法，而是作为国家治理系统的一部分，需主动或被动扮演社会角色和政治角色，发挥社会职能和政治职能，实现法律效果、社会效果与政治效果的统一。就短期而言，在司法存在诸多体制弊端、法院无法充分发挥应有职能的背景下，司法建议制度在一定程度上有利于法院与党政部门保持良好的关系，可予以改进。

司法建议的适用应严格限制，规范适用对象、制作和发出程序，以保证法院文书的权威性。一是司法建议的适用对象，应严格限定在民事诉讼法和行政诉讼法规定的范围。在民事诉讼中，对不协助法院调查和执行的单位，向监察机关或者有关机关提出对该单位主要负责人或直接责任人员予以纪律处分的司法建议。在行政诉讼中，行政机关拒绝履行判决、裁定的，法院可向该行政机关的上一级行政机关或者监察、人事机关提出给予该行政机关负责人或直接责任人纪律处分的司法建议。二是司法建议书的制作应当规范，格式统一，发出程序严格。经院长审批或审委会讨论决定后，方可以法院的名义发出，而不能以法院内设部门的名义制作和发出。司法建议书应抄送被建议单位的上级主管机关。

但法院承担司法外职能，从根本而言会影响到程序正义的保障，削弱司法公信和权威。法院作为国家审判机关，应坚持司法的中立性、被动性和独立性，通过司法职能的行使影响社会，而非直接介入社会管理事务。间接的方式符合司法规律，效果更好，影响更大。如果充分发挥司法职能，法院完全可以为社会确立规则，对社会影响深远。因此，法院的司法建议未来应当

① 沈志先:《司法建议 落实比提出更重要》,《人民法院报》，2009 年 7 月 26 日。

废止，法院对外发出的唯一具有司法权威的文书只能是裁判文书。

第二，防治涉诉信访。2012 年，沿着 2009 年中央政法委《关于进一步加强和改进涉法涉诉信访工作的意见》、2010 年《人民法院涉诉信访案件终结办法》及实施细则、2011 年预防和减少涉诉信访的五项举措的思路，最高人民法院为防治涉诉信访提出“四个必须、五项制度”。“四个必须”指必须强化群众观念、必须加强源头治理、必须建立长效机制、必须工作重心下移；“五项制度”指评估预防、约期接谈、责任通报、多元化解、案件终结。检察机关则试图建立涉检信访终结案件备案审查制度。

涉诉信访是法院长期面临的难题，尽管年年治理，效果却不佳。作为当前和今后一段时期开展涉诉信访工作的基本要求，“四个必须、五项制度”旨在针对突出问题，回应新形势、新要求。但这不过是新坛装旧酒。涉诉信访居高不下，“截访”层出不穷，表明这些举措毫无效用。

2013 年年初，全国信访局长电视电话会议透露，2012 年全国信访总量同比下降 11%，连续八年下降，将推进以市县两级为重点的领导干部接访、下访工作，坚决纠正一切“拦卡堵截”正常上访群众的错误做法。2012 年年初的全国政法工作会议也将涉法涉诉信访工作改革列为司法改革四项重点之一。但现有框架下的信访改革毫无前途。报告一如既往地重申，应下定决心，从信访之治迈向规则之治。必须改变“维稳”政策，法治才是真正的“维稳”。必须确立司法独立原则，推进司法改革。应尽快废除信访制度，或将其彻底改造为补救性的常规权利救济机制。可考虑的方案是，借鉴瑞典等国的申诉专员制度，建立专门性信访处理机构，设中央和省两级申诉专员公署，实行两级申诉制度，使之改造为准司法性的专门申诉机构。

此外，2012 年 3 月，最高人民法院评选出“全国法院十大调解案例”和 100 件“全国法院优秀调解案例”，并作为贯彻“调解优先、调判结合”工作原则的典范，印发供全国法院学习。其中蕴含的调解工作经验和方法有助于法院调解工作的改进，但远远不够，应大力借鉴西方的“促进式”调解技术。最高人民法院还着手制定《人民法院调解工作规则（修改稿）》，强调加强法院调解的流程管理。尽管我们对“调解优先”原则一直持批评态度，希望尽快纠正过度强调调解的思路，回到“能调则调，当判则判”的司法政策，但规范法院调解、提高法官调解技能值得肯定，未来应继续加强。

“保民生”是近年法院工作的目标之一。《关于当前形势下加强民事审判切实保障民生若干问题的通知》要求法院妥善审理八类民生案件，促进经济社会平稳较快发展。《关于充分发挥民事审判职能，依法维护妇女、儿童和老年人合法权益的通知》重申法院在案件审理中注意维护相关人群的合法权益，授权有条件的基层法院可在民一庭内设立妇女维权合议庭，并积极展开相关审判工作机制的创新。尽管法院受司法政策之引导，但司法没有“促进经济社会平稳较快发展”，“促进西部大开发”之类的功能。从根本而言，独立审判，实现司法公正，才是法院唯一的使命。只要实现了司法公正，自然可以促进政策所希望促进的工作。

（三）强化司法监督

第一，建立均衡结案工作机制。2012 年 10 月，最高人民法院出台《关于加强均衡结案的意见》，发布“均衡结案评估参考指标体系”。该意见要求建立健全均衡结案各项工作机制，明确各项保障措施，包括加强立案管理工作，优化审判资源配置，完善审判流程管理，统筹安排办案计划等。均衡结案评估参考指标体系包括结案数波动指数、结案率波动指数、案件结收指数、法定（正常）审限内结案率、平均审理时间指数、平均执行时间指数、超审限未结指数、四类案件未结指数共 8 项指标，从均衡结案综合调控、审判执行效率、未结案管理和积案清理四个方面进行评估考察。

作为法院审判管理的一项创新举措，该意见的出台将有效解决“控制收案、突击结案”等问题，有利于保障诉权行使。自 2011 年 1 月原最高法院院长王胜俊提出以均衡结案促进司法公正高效后，该工作机制始受各级法院重视，取得一定效果。2006 年至 2009 年全国法院结案均衡度连续四年为 0.59，2011 年提升至 0.66。

但均衡结案只是回应“控制收案、突击结案”问题的权宜之计，而非解决法院积案、提高审判质效的长远之策。当前均衡结案管理模式仍呈现过度的行政化，存在不少缺陷。一是均衡结案实质仍是一种数字化管理的外在约束机制，忽视了司法过程主要基于法官判断等基本特点，缺乏对司法公正的考评，对案件质量的提升有限。二是均衡结案机制将年终结案率的目标压力分摊到各季度和月度，引导法官追求“平均数”，法官可采取已结案件预留不报、拖延案件审结时间等“对策”应对，难以真正激励法官公正高效地发挥审判职能。三是法院的行政化体制没有改变，各地法院主要透过“业绩 GDP”展开竞争，且此种竞争模式与获取财政、人事、领导升迁等资源相关。在此背景下，即使不建议据此进行评比和排名，刻意追求数字仍是各地法院难以回避的现实问题。

在法院行政化体制及管理模式尚未改变、法官素质有待提高的现状下，均衡结案是实现审判效率的无奈之举。但审判效率的提高，特别是司法公正的保障，必须顺应司法过程的特点，保障法官独立审判。未来应放弃对法官的一切负面考核指标，逐步取消指标式、数字化考评，相关数据仅为统计之功能；完善法官遴选机制，强化法官的职业保障，建立科学合理的法官奖惩机制，激发法官的职业尊荣，将提升审判的公正效率转化为法官的自觉行为。

第二，完善错案追究制度。2012 年 3 月，最高人民法院有关部门负责人表示，将进一步完善错案追究制度，尝试合理界定“错案”的标准，寻求既能防止法官违法、枉法办错案，同时又保护法官依法独立行使裁判权的机制。错案追究制度是法院自我监督、保障司法公正的手段。该制度最初由秦皇岛海港区法院于 1990 年初步探索确立，1992 年河北法院系统全面推行，1993 年最高人民法院在全国范围推广。1998 年最高人民法院颁行《人民法院审判人员违法审判责任追究办法》，明确错案责任的追究范围。许多法院根据本地情况规定了错案的认定标准及责任。

尽管初衷良好，但该制度从设计到实施却广受诟病。一是错案责任追究没有统一的标准。不少法院将发回重审、改判、启动再审、再审改判等列为“错案”，这种“客观归责”模式很不合理：一方面，压制了法官审判工作的积极性和独立性，另一方面，错案标准的泛化导致真正的错案未被突出。二是错案责任追究往往采取通报批评、扣发奖金工资、暂停评优晋升晋级、调离审判岗位等行政性手段。错案标准的泛化及错案责任追究的轻度化，一方面使法官广受错案责任追究制之苦，另一方面又导致应严厉惩戒的情形经常蒙混过关。三是制度设计的不合理，导致下级法院的法官为规避“错案”风险，更多依赖于向领导和上级法院“请示汇报”，强化了本来就极不合理的案件请示制度，令两审终审原则虚化，大大削弱了二审、再审程序的监督功能。不少法院和法官为规避风险，努力营造与上级法院的良好关系，抛弃司法的独立性，严重损害了司法公正和公信。四是《人民法院审判人员违法审判责任追究办法》及各地的规定对“错案”法官的处置均有僭越《中华人民共和国法官法》（以下简称法官法）内容及效力之嫌疑。许多法院根据本地情况规定错案的认定标准及责任，有违法治和司法的统一性。此外，错案追究制度作为法院的自我监督，监督力度亦令人怀疑。

目前，最高人民法院错案追究制度的改革方案仍在酝酿之中。我们认为，应废除当前弊端重重的错案追究制，参考国外的普遍做法，建立符合司法规律的法官职业保障与惩戒制度。一方面，加强法官职业保障，法官享有任期、人身安全、退休及职务行为豁免权保障。另一方面，应建立科学的司法问责和法官惩戒制度，未经法定的惩戒程序，法官不受追究。根据联合国《关于司法机关独立的基本原则》，法官因不称职或行为不检使其不适于继续任职时，可通过指控、弹劾程序做出停职或撤职处理。应修改法官法，单设法院惩戒的章节，建立法官惩戒委员会，法官若有违法、失职或不检之行为，由法官惩戒委员会负责调查。法官惩戒委员会附设于自治性的法官协会，这当然取决于法官协会的自治性提升；此前，亦可考虑将该机构附设于各级人大。司法官惩戒委员会由人大代表、法官、检察官、律师、非职业人士等组成，接受指控，举行听证，被指控者有权辩护，向上一级司法官惩戒委员会提出复议。法官责任包括法律责任和纪律责任。构成犯罪的，由检察机关代表国家予以追究。发回重审、改判、启动再审、再审改判等情形，法官若无徇私枉法等违法行为，而只是事实认定错误或法律运用不当，不属于可指控的“错案”。

第三，促进司法公开。2012 年 12 月 4 日，《中共中央政治局关于改进工作作风密切联系群众的规定》发布，全国掀起贯彻热潮。12 月 13 日，最高人民法院下发通知，落实八项规定精神，进一步密切联系群众，切实改进司法作风。其中涉及司法公开的举措属于司法工作机制的改进，包括：建立健全微博发布制度，鼓励有条件的法院适时开通工作微博，加强与网民的互动沟通；中级以上法院建立新闻发布例会制度，及时向社会发布重要司法信息；对民众高度关注、社会影响较大的案件，及时依法公布相关情况；完善法院民意沟通信箱，安排专人整理信件，落实承办部门。特别是微博公开，可视为最高人民法院回应新媒体时代的需求，促进司法公开的一项努力。微博交互型公开模式将大大促进法院与民众的沟通，只要运用得当，将有助于了解民意，消除误解，树立形象，提升公信。但关键在于落实，根据正义网的监测，截至 2012 年 12 月，法院开设官方微博 794 个，其中机关微博 619 个。广东高院等进行微博“庭审直播”，获得较好的反响。但法院微博整体活跃度不高，多用于发布公示、公告和新闻，甚至还有 37 个“空壳微博”。放眼国际，2012 年 2 月，英国最高法院正式登陆推特，成为世界上第一个开通官方微博的最高法院。期待最高人民法院带头，更多法院开通微博，主动公开民众关心的司法信息，并积极与网民互动。

司法公开是保障司法公正、促进司法民主、提升司法公信的重要手段。近年来，法院根据《关于司法公开的六项规定》《关于人民法院在互联网公布裁判文书的规定》等文件的要求，积极探索，司法公开程度有所提升。2012 年，在原有 100 个司法公开示范法院的基础上，示范法院的范围继续扩大。裁判文书上网工作持续推进。目前，中国知识产权裁判文书网、中国涉外商事海事审判网等网站以及许多地方法院、专门法院的网站均成为公布裁判文书的网络平台，上海、浙江、河南三地法院的上网裁判文书均超过 30 万份。但这还远远不够，未来目标是法院所有裁判文书全部上网，涉及国家秘密的情形除外，涉及个人隐私和商业秘密的情形可作技术处理。期待最高人民法院带头，公布本院所有的裁判文书，并尽快建立全国性的法院判例数据库。建议最高人民法院建立统一的裁判文书网，支持按法院、案由、当事人等关键词进行检索和复制，并完善裁判文书上网告知、审核等程序，注意尊重和保护当事人的隐私权。

第四，保障司法廉洁。2012 年 2 月，根据中纪委关于以完善防止利益冲突制度为重点，加强制度建设，进一步贯彻落实《中国共产党党员领导干部廉洁从政若干准则》的工作部署，最高人民法院出台《关于人民法院落实廉政准则防止利益冲突的若干规定》，设定八大禁止：禁止利用职权和职务上的影响谋取不正当利益，禁止私自从事营利性活动，禁止为他人的经济活动提供担保，禁止违反规定买卖股票或者进行其他证券投资，禁止违反规定在经济实体、社会团体兼职或者兼职取酬；禁止利用职权和职务上的影响为特定关系人谋取利益；禁止放任配偶子女在本人管辖地区和业务范围内从事可能发生利益冲突活动；禁止违反规定干预和插手市场经济活动。相对于先前的诸多禁令，该规定皆有明确的惩戒条款，有利于执行落实。

2012 年 5 月，最高人民法院发布《全面推进人民法院廉政风险防控机制建设的指导意见》。该意见设定六大工作步骤和六项工作要求，强调廉政风险防控工作应符合司法规律、具有法院特色、与法院执法办案工作紧密结合。该机制在一定程度上有助于监督更有针对性。

但上述举措与近年来的类似措施一样，远非司法廉政的长效机制，在体制性腐败的背景下，效果有限。未来除不断完善机制、提高风险点查找和等级评估的科学性、明确有关责任和惩戒制度外，更应从根本入手，确立司法独立，在此基础上实行严格的司法问责，推进司法公开，强化当事人和律师为主的监督及新闻自由，提高法官的自律意识。如此，司法廉洁可保，司法腐败可除，司法公正可期。

（四）加强法院文化与司法队伍建设

第一，建立法官宣誓制度。2012 年 12 月，《中华人民共和国法官宣誓规定（试行）》发布，要求初次担任或重新担任法官职务的人员应进行宣誓。该规定明确了宣誓仪式的组织机构、宣誓人、宣誓场地和誓词内容，旨在增强法官职业使命感、责任感和荣誉感。法官宣誓词为：我是中华人民共和国法官，我宣誓：忠于祖国，忠于人民，忠于宪法和法律，忠实履行法官职责，恪守法官职业道德，遵守法官行为规范，公正司法，廉洁司法，为民司法，为维护社会公平正义而奋斗。

法官，“轻者定纷止争，中者断人毁誉，重者判人生死”，民众将财产、自由乃至生命交给法官裁判，法官当秉持正义。法官宣誓有助于增强法官的职业尊荣感和正义感，确有必要。出人意料的是，誓词内容一反政治色彩浓厚的特点，未强调“党的领导”“中国特色”，而突出法官忠于祖国、人民、宪法和法律。与此形成鲜明对比的是律师宣誓制度，政治色彩极浓，直接表明司法行政机关的极端保守，也说明政府对律师群体的不信任，以及律师和法官两大群体的不同处遇。司法官和律师的宣誓制度只是形式，关键还需要完善司法官的遴选机制，特别是建立从律师到司法官的法律职业转换制度，提升法律人素质，推动法律职业共同体的形成。

第二，加强法院文化建设。最高人民法院下发《2012 年“人民法官为人民”主题实践活动实施方案》，要求以法院文化建设、司法能力建设为重点，紧贴审判工作，开展政法干警核心价值观教育实践活动；此后又下发《关于进一步扎实推进政法干警核心价值观教育实践活动的通知》。这些不过是既往法院文化建设、队伍建设的再糅合。

法院文化建设近年来有所强调，各地也有些探索。主要做法：

第一，通过院训等方式明确司法核心理念；第二，促进法官学习，提升司法能力，如建设图书馆，举办法官沙龙、学术讲座和各种课程，举行裁判文书等评比，树立文化标兵，支持法官深造；第三，引导法官研究，如出版刊物、书籍，组织研讨会；第四，硬件建设加入文化内涵，如在法院建筑、法庭结构、室内布置等方面体现司法文化，建设文化长廊，形成良好的外部环境；第五，开展文艺活动，如体育比赛、演讲和辩论赛，举办文化节，拍摄纪录片，开展学习型旅游；第六，开展文化宣传，如通过网站、微博宣传法院工作，参与普法活动，规范窗口用语等。

天津红桥法院，甘肃酒泉中院，黑龙江伊春中院，安徽蚌埠中院，广东东莞第一、二法院等法院的做法各有特色。

司法文化建设（包括检察文化建设），特别要避免的误区是：

第一，文化是养成的。文化是传统的延续，时间的积淀，“随风潜入夜，润物细无声”。虽然可以引导，但文化从根本而言是积累、传承和演进的结果，而不是建设或创造出来的，更不是短期内自上而下的工程所可能实现的。单靠文件上传下达、贯彻落实，绝不可能建设出真正的文化。培育文化最好的举措是放松管制，权力的过多介入，只会践踏、摧毁文化。因此，司法文化建设应当理解为服务于司法自身的活动，而不应寄予过高的功能。无论如何，司法文化不应蕴含服务大局等诸多政治的考量，此类过于现实的要求只会让文化变得庸俗。

第二，文化建设不是简单的软硬件建设和搞活动。这是目前多数司法机关文化建设所犯的通病。例如，打着文化建设的名号，开展学习型旅游、红色旅游。概言之，司法文化建设流于形式，“走过场”，“挂羊头卖狗肉”；模仿复制多，只求表面政绩；过分注重宣传，宣传行政化、会议化和单一化。

第三，量化考核等现行司法业绩考核方式对文化建设的作用适得其反。一些司法机关制定文化建设的量化标准，对下级机关及司法人员进行“文化建设合格率”等名目的考核。这不仅不能推动法院文化建设，相反还会增加工作量，影响审判职能的发挥，甚至引发弄虚作假的不良风气。

第四，文化无优劣。文化本质上是多元主义和相对主义的。正如我们不能断然指出，英语优于汉语。严格地说，司法文化不应有“先进”或“倒退”之分。所谓培育先进的司法文化，容易产生误导。法律和文化是一种地方性知识，往往具有地方性特色，正如中国传统的衙门注重调解，而古雅典的法庭实行陪审团审判。文化不是千篇一律的面孔，只要把握公平正义的核心司法理念，可以体现本地特色。

第五，公平正义的追求是任何司法文化的基本内涵，并无东西方之别。法治理念及其文化尽管滥觞于西方，发达于西方，但早已内化成法治社会的基本文化共识，成为现代文明中不可分割的一部分。因此，作为文化核心的公平正义并不适宜区分东西方，标榜“中国特色”。司法文化的展开也应以此为基点，然后才是不同色彩的调配和呈现。

面对问题，司法文化的培育可考虑如下思路。首先，围绕正义理念培育司法文化。司法文化的核心理念，在于正义、正义、更多的正义，此外别无其他。当下中国，法律人缺乏法律职业理想和正义理念，不知道也无所谓何为正义，法律职业内部严重分裂，法律人互不信任，民众对司法公正极为不满。“为了正义，哪怕天塌下来”，这就是法院文化必须解决的首要和根本问题。在中国这样一个只有共识网却缺乏共识的时代，应当让正义理念成为司法文化之共识。其次，司法文化，司法官先行。文化最终会落实到个人行为上，司法文化的终极体现者是法官、检察官为主的司法人员，因此提高司法官的法律文化素养，培养司法人员的法律文化意识，必不可少。最后，司法文化既应延续传统的优势，更应追求法治共识，而不必过度强调“中国特色”。

此外，司法能力建设再次被确定为“人民法官为人民”主题实践活动的工作重点和政法干警核心价值观教育实践活动的重要任务。2012 年 3 月，最高人民法院下发《关于在全员岗位大培训中开展庭审评查和裁判文书评查活动的通知》。“大培训”“两评查”正是提升司法能力的举措。尽管这种经常性的“运动化”方式对于提高审判质量和司法能力稍有帮助，但远非符合司法规律的长效机制，还可能助长“走过场”的不良风气。司法能力的提升，从根本而言取决于司法独立，司法独立之后的司法问责将倒逼法官提升能力，实现公正；同时，应建立科学的法官遴选和惩戒制度。

三　检察改革

2012 年，反腐成为社会热点。检察改革也在这方面有所进展，主要体现为规范职务犯罪案件办理、刑事申诉案件公开审查程序、举报线索不立案审查机制、行贿犯罪档案查询机制、廉政风险防控机制等反腐机制的完善。

随着两大诉讼法修正案的通过，如何贯彻落实法律成为检察机关的重要工作：2012年初启动《人民检察院民事行政抗诉案件办案规则》修改，即将出台；3月下发《关于进一步加强适用简易程序审理的公诉案件出庭工作的通知》，旨在落实刑事诉讼法修正案“人民检察院应当派员出席法庭”的要求；10月出台《关于进一步加强未成年人刑事检察工作的决定》；11月出台《人民检察院刑事诉讼规则（试行）》；12月与其他机构联合发布《关于实施刑事诉讼法若干问题的规定》。此外，检察队伍建设方面亦有所涉及。2012年1月，上年底成立的最高人民检察院案件管理办公室履行集中管理案件的职责，年底全国已有2500个检察院成立案件管理机构。11月，《关于加强侦查监督能力建设的决定》发布，强调提升七大监督能力。12月，《最高人民检察院贯彻落实中共中央〈关于改进工作作风密切联系群众的八项规定〉的实施办法》出台。

（一）完善刑事申诉案件公开审查程序。刑事申诉案件公开审查制度是检察机关推行检务公开、主动接受外部监督、促进申诉案件息诉罢访的一项制度创新，经地方性试点，2000年5月《人民检察院刑事申诉案件公开审查程序规定（试行）》正式确立。2012年1月，最高人民检察院公布并施行《人民检察院刑事申诉案件公开审查程序规定》。该规定克服原试行规定的诸多缺陷，公开审查的范围明确为对不批准逮捕决定、不起诉决定、撤销案件决定及其他刑事处理决定不服而提出申诉的案件；确立公开审查的基本原则，完善公开听证程序；提高受邀人员评议意见的效力等。该规定是十余年来检察机关试点刑事申诉案件公开审查的经验总结，在一定程度上有助于促进申诉案件息诉罢访。

有效监督、息诉罢访是刑事申诉案件公开审查制度的两项目标。就监督而言，该制度仍然只是一种内部监督，受邀人员完全由检察机关聘请，实质是自己请人监督自己，受邀人员评议效力低下，不可能真正制约检察机关。其审查范围与人民监督员制度多有重合，却缺乏必要衔接，且运行机制比不上后者。故该制度无非又是一项形式大于内容的监督秀。就息诉罢访而言，该制度的效用有限，根本性解决在于检察机关自身公平办案，严格执法。

与人民监督员制度相似，该制度完善的方向是尽可能扩大民主，强化民主监督。特别需强调：一是保障受邀人员的广泛性和代表性，参与途径的开放性和自由性，以及监督者独立于被监督者。受邀人员可从规模较大的人民监督员数据库中随机抽取。二是进一步提升受邀人员评议意见的效力，可考虑从目前“案件的处理意见与听证评议意见不一致时，应当提交检察委员会讨论”改为“原则上应当采纳评议意见”。

（二）改进举报线索不立案审查机制。举报线索不立案审查，是检察机关举报中心对侦查部门初查后决定不立案，而当事人未提出复议请求的举报线索，主动开展审查的一项事后监督。早在1999年，上海市黄浦区检察院就试行该机制；2010年10月，上海出台《检察机关举报线索不立案审查规定》。最高人民检察院2004年《关于人民检察院办理直接受理立案侦查工作案件实行内部制约的若干规定》第4条和2009年《人民检察院举报工作规定》第36条，对该机制作了原则性规定。但长期以来，该机制存在随意处置、轻率作出不立案结论、不按期反馈查办进度和结果、不制作回复文书等问题，导致线索利用度不高，成案率低，直接影响群众举报的积极性。据称，《人民检察院举报线索不立案审查工作办法》有望较快出台。鉴于微博反腐的重要作用，建议最高人民检察院带头，各级各地检察院积极建立微博举报平台，针对举报，及时公开回复。

2012年12月，最高人民检察院就中央纪委《非法干预查处渎职侵权违法犯罪案件违纪行为适用〈中国共产党纪律处分条例〉若干问题的解释》下发通知，要求与纪检机关协作配合，及时审查和处理涉嫌渎职侵权违法犯罪案件线索，绝不允许任何组织或个人非法干预。这从侧面反映了检察机关办理此类案件时遭遇的阻力巨大。

与其加强与纪检机关的合作，为何不考虑整合成统一、独立的反腐廉政机构？事实上，面对体制性腐败，独立性不足的检察机关反腐的空间相当有限。以举报处理机制为例，是否查处被举报人，是否扩大查处牵连的其他官员，检察机关往往不能自行做主，而需请示党委和纪委。查处的官员级别越高，越是如此。因此，反腐机构的作用大小，虽然与内部机制、配套措施等完善有关，但关键在于权力构架和独立程度。

（三）完善行贿犯罪档案查询机制。行贿犯罪档案查询机制是《“十二五”时期检察工作发展规划纲要》确定的改革。早在2006年年初，全国检察机关就普遍建立行贿犯罪档案查询系统并对外受理查询。2009年9月，该系统的行贿犯罪档案的录入和查询范围，由建设、金融、医药卫生、教育、政府采购五个领域扩大到所有领域。2010年，华东六省一市行贿犯罪查询系统实现互联互通；最高人民检察院设立行贿犯罪档案查询管理中心。2011年年底，行贿犯罪档案查询实现全国联网。2012年2月，最高人民检察院启动行贿犯罪档案全国联网查询平台。中国职务犯罪预防网设置了行贿犯罪档案查询页面，统一公布检察机关行贿犯罪档案查询的预约、受理电话。查询系统全国联网，有利于克服地域局限，防止行贿者“打一枪换一个地方”。

该机制一定程度上有助于防范和减少贿赂犯罪。2012年1月至10月，检察机关共受理行贿犯罪档案查询70余万次，涉及95万余家单位、100余万人，有关主管部门和业主单位对经查询有行贿犯罪记录的394家单位等做了处置。但该机制仍有待进一步规范化，例如，制定相关管理办法，保证法院的生效判决及时、准确录入行贿档案查询系统；将行贿犯罪之外的行贿行为纳入查询范围；行贿档案查询告知函的使用范围适度扩大。同时，不断完善和优化查询系统，扩充数据，建立全方位、立体化的职务犯罪档案系统，并进一步加强查询工作与政府、企业招标，行业监督、管理以及征信工作的衔接，要求“投标人应当先提供行贿犯罪档案查询资料”，促进社会诚信体系的建设。

（四）优化廉政风险防控机制。2012年11月，《关于深入推进检察机关廉政风险防控机制建设的实施意见》出台，规定了梳理职权事项、查找廉政风险、评定风险等级、制定防控措施、规范权力运行、推进检务公开、建立预警机制和深化廉政教育八项防控步骤，旨在从源头上减少和控制诱发腐败的风险。该机制最初由地方检察机关探索实践，北京、湖南、黑龙江、山东、重庆、河北等地检察机关从自查自纠、防控腐败出发，先后建立风险点评级防控机制，推行执法办案网络监管平台。其中，风险点评级防控机制要求查找各部门及岗位的廉政风险点，实行风险等级评定和管理。例如，长沙市检察院就公诉处、反贪污贿赂局、渎职侵权局等部门及岗位职责进行风险点查找、评估和防控，制定风险点等级评估及防控措施一览表，向当事人和律师公布，且风险点与惩戒挂钩、个人考评与个人档案挂钩，使内部监督更有针对性。

廉政风险防控机制具有一定的针对性和可操作性，有助于规范检察权运作。未来可进一步提高风险点查找和等级评估的科学性，特别完善责任和惩戒制度。但面对体制性腐败，该制度只是局部机制的改进，反腐败大工程中的小环节，无法产生根本性效果。作为内部监督机制，它还需要其他制度的配合，例如，进一步推行检务公开，完善检察官惩戒制度，限制检察官权力，提高检察官自律意识。从根本而言，须引入有力的外部监督，以权利/权力制约权力，特别是：建立一个职能明确、身份独立、惩处严明的廉政机构；放松言论管制，真正落实来自当事人、媒体和社会的监督。

（五）反腐体制需推动关键性变革。与上述反腐机制的“低效”相比，近年来网络反腐尤其是微博反腐成效较为明显。2012 年，陕西“微笑局长”杨达才被扒出多块名表而落马；重庆北碚区区委书记雷政富被曝“不雅”视频 63 小时即被撤职；山东农业厅副厅长单增德为情妇写离婚承诺书网上公开；郑州“房妹”被曝房产数十套引出翟振锋通过开发经济适用房获利数千万的大案；广东番禺“房叔”蔡彬 22 套房产被查；人大代表孙德江因女主播举报性侵犯被免职；静乐县县委书记杨存虎因女儿五年吃空饷被免职；浙江桐乡市公证处主任沈吉龙因“天价工资”被追究；山西国土厅厅官王有明涉嫌受贿和侵吞国有资产被曝光……类似事件，不胜枚举，足见自媒体时代网络反腐的作用不可忽视。

随着技术推动言论自由的空间扩大，网络反腐极大地触动官员阶层的利益，全国人大常委会未经征求各界意见，迅速通过《关于加强网络信息保护决定》。该决定第 5 条设定网络服务提供者作为言论自由的裁判者，并鼓励其向有关主管部门报告，第 6 条确立网络实名制。该决定明显将抑制网络反腐的动力和效用。网络立法确有必要，但主要目标在于保护公民权利，特别是公民个人隐私不受侵犯。网络实名制毫无必要，因为它不仅无助于公共利益，反而更可能导致公民个人隐私受到大规模侵犯，更易严重影响本来就很弱的公民言论自由。第 5 条更是直接损害公民的言论自由。绝大多数国家都没有网络实名制。2012 年 8 月，韩国宪法法院裁决网络实名制违宪，更是前车之鉴。韩国 8 名法官均认定：实名制阻碍了用户自由表达意见；信息外泄的可能性增大；实名制后，违法留言非但没有明显减少，反而出现用户逃避到海外网站及国内外运营商受到不同待遇的现象。由于该决定大大削弱了宪法第 35 条规定的公民言论自由权，有违宪之嫌，公民可依宪法第 41 条、立法法第 90 条向全国人大上书，提出对该决定进行合法性审查。

十八大以后，反腐成为民众对未来十年的首要期待。高层立场坚定，习近平称“党内绝不允许腐败分子有藏身之地”，王岐山执掌纪委，表现出空前的反腐决心；李春城、孙德江、梁道行、陈弘平、郑北泉等一批高官落马，似有新一轮“反腐风暴”；官员财产申报拟列入全国人大立法规划；2012 年年末最后一天，习近平主持中共中央政治局会议，要求“坚决遏制腐败现象蔓延势头”。据统计，2012 年，各级纪检监察机关接受检举控告类案件 866957 件（次），立案 155144 件，结案 153704 件，处分 160718 人，其中因贪污贿赂行为处分 30315 人，处分县处级以上干部 4698 人，移送司法 961 人。备受关注的薄熙来、刘志军、黄胜、田学仁等案件已移送司法处理，近期爆出的部级官员周镇宏、李春城等正立案调查。1982 年至 2011 年，共处分 420 余万人，其中省部级官员 465 人，因贪腐被追究法律责任的省部级官员 90 余人，加上 2012 年的数据接近百名。2012 年 1 月至 11 月，检察机关立案侦查各类职务犯罪案件 33331 件 46024 人，查处县处级以上 2494 人。种种迹象和反腐数据，似乎显示廉政中国或有希望。但反腐是一项极其艰巨的任务，最终取决于民主法治的实现。就现实的可能性而言，至少需在如下方面取得突破，方可真正反腐。

第一，确立官员财产申报制度。该制度源于 1766 年瑞典家庭财产收入申报制度，当时公民就有权查看从一般官员直至首相的纳税清单。1883 年，英国《净化选举防止腐败法》是世界上第一部有关财产申报的法律。由于反腐效果极好，该制度早已为世界绝大多数国家采用。在中国，1994 年该制度就被列入人大立法规划议事日程，但一直未提交审议；直至 2012 年年底，全国人大常委会才拟将财产申报列入立法规划。多年来，“条件不成熟”一直是有关部门拒绝官员财产申报入法的理由。但财产申报无需理由，官员连财产都不敢公开申报，就不要提反腐和为人民服务；财产申报更无需任何条件，该制度早在 200 多年前就在瑞典施行。作为反腐最重要的举措，官员财产申报制度的建立势在必行，呼吁尽早出台。

第二，建立廉政公署。在全方位、体制性腐败的背景下，要取得突破，必须加强反腐力量，可考虑充分借鉴香港的有益经验，分离检察机关的反贪职能，与中国特色的纪律检查委员会整合，建立统一、独立的廉政公署。廉政公署全权负责一切反贪事务，依法独立行使调查权，不受任何组织和个人干预。反腐实质是一场“自我革命”，既取决于决定者的勇气和决心，也可考虑一定程度上技术性地对腐败“原罪”既往不咎。

第三，放松言论管制，激励民间反腐。近年来，卓有成效的网络反腐充分说明，民众在反腐中可能发挥越来越重要的作用。而这有赖于言论自由空间的大小，以及政府、官员相关信息的公开透明度。若决心反腐，必须广泛依靠民众，允许发声，鼓励举报。

四 司法行政领域的改革

（一）劳动教养制度即将停止使用

个案推动法治，关注改变中国。2012 年，随着以任建宇、彭洪、谢苏明、黄成城、戴月权、方洪为代表的重庆系列劳教案，以及“上访妈妈”唐慧案、80 岁老兵刘春山案等案件的曝光，劳动教养制度再次被推向舆论的风口浪尖，废除劳教的呼声不绝于耳。劳教制度，未经法律的正当程序，剥夺公民人身自由最多长达 4 年，且可重复劳教，违反宪法、立法法、行政处罚法等上位法的规定，并与中国政府签署的人权公约相背，必须立即废除。

劳教制度是中国特有的通过剥夺人身自由以强制劳动和教育的行政处罚制度。它发端于 1950 年的“肃反”运动。1955 年，中共中央下发《关于彻底肃清暗藏反革命分子的指示》，首次明确提出“劳动教养”的办法。1957 年，国务院《关于劳动教养问题的决定》正式确立劳动教养制度。随后，近百处劳教场所相继建立，收容劳教人员数百万人，劳教对象范围不断扩大，并在实践中肆意泛化。1957 年，仅 5 个月就劳教 36983 人，1958 年为 355777 人，1959 年为 435325 人，1960 年为 499523 人。劳教时间在实践中不受任何限制，不少于 1957 年被劳教的“右派分子”直至 20 多年后才恢复自由，而很多人再也没能走出劳教所。尽管劳教制度在“文化大革命”期间陷入暂停状态，但 1979 年国务院《关于劳动教养问题的补充规定》延续了 1957 年《关于劳动教养问题的决定》的效力。1980 年，国务院发布《关于将强制劳动和收容审查两项措施统一于劳动教养的通知》。1982 年，经国务院批准转发公安部《劳动教养试行办法》，确立了由行政权力主导的“劳动教养管理委员会”制度。上述法规和规章奠定了新时期劳动教养制度的框架。此后，劳动教养的对象又开始扩散，逐步演变为针对小偷、卖淫嫖娼、吸毒、破坏治安等行为。20 世纪晚期以来，“维稳”政策导致劳教制度顺理成章地成为地方“截访”和打压信访者的主要手段。

现行劳教制度的法律依据有《关于劳动教养问题的决定》（1957 年）、

《关于劳动教养问题的补充规定》（1979 年）和《劳动教养试行办法》（1982 年），尽管前两者经过全国人大常委会的批准，但发布主体是国务院，在法律层级上属行政法规，后者属公安部的部门规章。基于行政法规和部门规章的劳教制度明显违宪。

第一，它违反了宪法第 37 条之规定："中华人民共和国公民的人身自由不受侵犯。任何公民，非经人民检察院批准或者人民法院决定，并由公安机关执行，不受逮捕。禁止非法拘禁和以其他方法非法剥夺或者限制公民的人身自由，禁止非法搜查公民的身体。"

第二，它违反了立法法、行政处罚法等上位法的规定。立法法第 8、9 条规定："对公民限制人身自由的强制措施和处罚，只能通过制定法律来规定；全国人大及其常委会不得授权国务院就限制公民人身自由的强制措施和处罚在没有正式法律的情况下先行制定行政法规。"行政处罚法第 9 条规定："限制人身自由的行政处罚，只能由法律设定"；第 10 条规定："行政法规可以设定除限制人身自由以外的行政处罚，规定的处罚种类不包括劳动教养，最严厉的行政处罚为行政拘留 15 天。"

第三，它违反了 1998 年中国政府签署的《公民权利和政治权利国际公约》。该公约第 9 条规定："除非依照法律所规定的根据和程序，任何人不得被剥夺自由。"根据联合国有关机构的解释，"法律"是指立法机关制定的法律；"程序"指经过正当的法庭审理。尽管全国人大至今未批准该公约，但承诺尽快施行。

在实践中，劳教制度的弊端更是暴露无遗。劳动教养委员会形同虚设，劳教的审批决定权完全掌握在公安机关手中，警察拥有随意剥夺公民人身自由长达数年之权力，缺乏制约而导致权力肆无忌惮的滥用。十多年来，劳教制度异化为"维稳"手段，上访之路通往劳教。重庆唱红打黑期间，劳教沦为压制言论的工具，任建宇、方洪、黄成城、戴月权等数以千计的人"因言获罪"。劳教制度缺乏基本的正当程序保障，执行中往往剥夺被劳教人的知情权、辩解权，申请行政复议、提起诉讼和寻求律师帮助的权利，许多人莫名其妙地被送进劳教所。劳教的"罪刑"极不相应，轻微违法行为所受处罚比管制、拘役甚至三年以下的有期徒刑等刑罚的惩处更严厉。

正如中央司法体制改革领导小组办公室负责人姜伟所言，改革劳动教养制度已形成社会共识，相关部门正在研究具体改革方案。事实上，2005 年、

2010年《违法行为矫治法》两度列入全国人大的立法规划，但由于草案规定违法行为矫治的决定权从公安部门主导的劳动教养委员会收归法院，因此遭遇政法委、公安系统及地方政府的反对，至今毫无进展。2011年最高人民法院等十部委下发《违法行为教育矫治委员会试点工作方案》，将南京、郑州、青岛、济南四市列为违法行为教育矫治试点地区，以“违法行为教育矫治”取代劳动教养。但试点改革的具体内容讳莫如深。从目前有限的信息来看，青岛、南京两地的具体办事机构仍设在公安机关。倘若如此，试点几乎毫无意义。

多年来，劳教制度发挥了积极作用、应当改革而非废除、改革方案尚未达成共识等成为有关部门用来拖延劳教制度废除的借口。但未经司法程序剥夺公民人身自由的劳教，有何积极作用可言？因此，我们只呼吁废除劳教，而不谈所谓劳教制度的改革。劳教制度必须废除，这是原则。剥夺公民人身自由的权力交给司法机关，是世界潮流，是法治底线，是所有民众的共识。作为一种衔接，废除劳教后，以《违法行为教育矫治法》取而代之。国外许多国家早有成型的保安处分、轻罪制度的方案可供借鉴。但必须避免“穿新鞋，走老路”，确保新制度与劳教具有原则性不同：一是除行政拘留外，任何剥夺公民人身自由的决定，不得由警察或其他行政机构作出，而必须由法院裁决；二是裁决须经法律的正当程序，包括听审、辩护、上诉、委托律师帮助等环节。因此，就实质而言，劳教的决定权若从公安部门为主导的劳动教养委员会转移至法院，就与先前的劳教制度完全不同，毫无必要让新制度背负劳教制度的恶名。

2003年，孙志刚案件成为废除收容审查制度的导火索。此后十年，面对比收容审查恶劣百倍的劳教制度，社会各界推倒“坚墙”的努力从未停止。2004年，在要求改革或废除劳动教养制度的议案上签字的全国人大代表达到420名，超过总人数的1/10。公民上书不断，例如2007年，茅于轼、贺卫方等69位学者、律师向全国人大提交公民建议，建言废除劳教制度。2012年的任建宇案、唐慧案等重大的影响性劳教案件，激发了新一轮更广泛、彻底的废除劳教的呼声。尽管官方的应对仍是消极拖延，但垂而不死的劳教制度不可能逃避最终被废除的命运。每一起个案，每一声呼吁，都是力量的积累，只为等待最后的临门一脚。

不懈的努力终在2013年伊始初见成效。在全国政法工作会议上，中央政法委书记孟建柱宣布，积极推进劳动教养制度改革，在报请全国人大常委会批准后，将“停止使用”劳教制度，并要求在全国人大常委会批准前，严格控制使用劳教手段，对缠访、闹访等三类对象不采取劳教措施。这意味着劳教制度即将成为历史。期待《违法行为矫治法》早日出台，这将正式标志着劳教制度的废除。

（二）拘留所条例颁行

2012 年 2 月，国务院通过的《拘留所条例》，是对 1990 年《治安拘留所管理办法（试行）》的全面修订和法律效力层级的提升，一定程度上有利于规范公安机关执法，保障被拘留人合法权益。该条例有进步之处，诸如，完善拘留所的职责，明确将行政拘留、司法拘留和行政强制措施性质的拘留人员全部纳入收拘对象；强调尊重和保障人权，禁止侮辱、体罚、虐待、强迫劳动，明确权利义务告知、生活饮食、医疗卫生、日常作息、通信权、会见权、检举控告权、对女性被拘留人权利保障及特殊情形下的请假出所权，安装监控录像对被拘留人进行安全监控；规定拘留所的设置和保障，经费列入本级政府财政预算。

但该条例的立法过程遭遇公安机关的抵触和反弹，甚至在 2009 年 11 月《拘留所条例（征求意见稿）》中许多重要的限制性条款被删改，部门利益的烙印依然明显。例如，“拘留所警察在执行拘留工作中，侮辱、体罚、虐待被拘留人；指使纵容被拘留人侵害他人等行为，拘留所警察将被依法给予处分，构成犯罪的将被追责”的问责违规警察条款消失。又如，修改“收拘 12 小时内通知亲属”的条款，仅规定拘留决定机关应当“及时”通知被拘留人家属；删除“执行拘留应接受检察院监督”、处理“被拘留人死亡和非正常死亡”、“不得利用被拘留人管理其他被拘留人”的条款。由此，足见条例对警察权的限制明显不足，尤其是检察、被拘留人亲属及公众监督的缺位。问责缺失，将导致被拘留人的合法权益难以切实保障，未来，“睡觉死”“洗脸死”等非正常死亡案件仍将不断上演。

2012 年 12 月，公安部出台《拘留所条例实施办法》，明确拘留所设置和保障的具体事项，细化收拘的程序和对象范围，规定拘留所应建立出入登记、巡视、交接班、被拘留人档案、被拘留人财物管理等制度，明确被拘留人享有的具体权利，细化解除拘留的操作程序。

拘留所的改革应以强化监督、防止警察滥权为方向。具体而言，应落实责任，明确和强化监管人员违反法律、法规所应承担的法律后果；加强检察监督，保证检察机关独立行使检察权，而不是作为地方党政、公安机关的代理人；推进拘留所公开，建立公民代表巡视制度，逐步实现拘留所对社会开放，扩大公众对拘留所工作的知情权和监督权。

（三）律师管理不断强化

为贯彻政治要求，加强律师管理成为近年来司法行政工作的重点。2010年，中办、国办转发《司法部关于进一步加强和改进律师工作的意见》，全国开展律师整风运动，《律师事务所年度检查考核办法》《律师和律师事务所违法行为处罚办法》相继实施。2012年，律师管理沿着这一方向继续前进。

2012年3月，司法部出台《关于建立律师宣誓制度的决定》，明确参加宣誓人员的范围，规定组织宣誓仪式的机构、时间和宣誓方式、誓词内容及具体流程，旨在引导律师牢固树立做中国特色社会主义法律工作者的信念，自觉践行“忠诚、为民、公正、廉洁”的核心价值观，提高律师队伍思想政治素质、职业道德水平和业务素质。律师宣誓词为：我志愿成为一名中华人民共和国执业律师，我保证忠实履行中国特色社会主义法律工作者的神圣使命，忠于祖国，忠于人民，拥护中国共产党的领导，拥护社会主义制度，维护宪法和法律尊严，执业为民，勤勉敬业，诚信廉洁，维护当事人合法权益，维护法律正确实施，维护社会公平正义，为中国特色社会主义事业努力奋斗。

与法官宣誓词相比，律师宣誓词政治色彩极浓。与法治国家的律师宣誓词相比，中国的律师宣誓词更是过度强调律师的政治属性，模糊了律师自身的法律属性。例如，法国律师宣誓词为：作为一名律师，我宣誓将在职业生涯中秉持尊严、道德、独立、诚信和人性关怀的准则。美国律师宣誓词，各地有所不同，但关键是：维护联邦宪法（及州宪法，若被认可为州律师）；以及不误导法院，追求正义，保持诚实等。律师宣誓制度的落后，直接表明司法行政机关的极端保守，不利于律师职业和法治建设的发展。应倡导并尽快落实律师协会的自我管理和行业自律，司法行政机关应逐渐退出，其职能也最终转变为宏观管理和为律师业发展创造良好的环境。

2012年，相关立法也体现了对律师执业的管理强化。最高人民法院《关于适用〈中华人民共和国刑事诉讼法〉的解释》第251条专门针对律师作出约束性规定：“对于律师严重扰乱法庭秩序，被强行带出法庭或者被处以罚款、拘留的，法院应通报司法行政机关并建议处罚。”《人民检察院刑事诉讼规则（试行）》第45条规定：对于特别重大贿赂犯罪案件，“在侦查期间辩护律师会见犯罪嫌疑人的，应当经人民检察院许可”；该规则还将律师阅卷范围限缩为案件诉讼文书和证据材料。《公安机关办理刑事案件程序规定》第48条规定：“有碍侦查或者可能泄露国家秘密的情形”过于模糊，实践中可能成为拒绝律师的借口。

2012年10月，《中华人民共和国律师法》部分条款的修订通过，主要涉及律师身份及具体职能、会见权和阅卷权、涉嫌犯罪律师的保护和律师保密义务等条款的调整。此次微调旨在与刑事诉讼法修正案保持一致，对律师权利的保障有一定意义。

此外，11月，国家律师学院成立，但只是在中央司法警官学院加挂一块牌子，而且校长由警官兼任颇具黑色幽默。司法部下发《关于开展“法律援助为民服务创先争优年”活动的意见》，强调依法扩大法律援助覆盖面，继续完善便民服务举措，大胆创新服务方式方法。

结　语

2012年，“新一轮”司法改革宣告结束，更新一轮的司法改革即将拉开序幕。

2008年11月，中央政法委《关于深化司法体制和工作机制改革若干问题的意见》，以加强权力监督制约为重点，从优化司法职权配置、落实宽严相济刑事政策、加强政法队伍建设、加强政法经费保障四方面安排的60项改革任务基本完成。具体而言，《人民法院第三个五年改革纲要（2009—2013）》提出的30大项共132项法院改革任务，已完成103项，25项取得实质性进展，余项亦有阶段性成果并继续推进。最高人民检察院牵头的7项改革任务以及《关于深化检察改革2009—2012年工作规划》确定的各项改革任务也已基本完成。

2012年，铁路公检法“去企业化”，纳入国家司法体系，刑事诉讼法、民事诉讼法修正案通过，社区矫正制度深化落实，犯罪人员犯罪记录制度建立，减刑假释制度完善，劳动教养制度即将停止使用……但改革尾声之年的举措，主要是先前改革的延续、收尾或修补。《中国的司法改革》白皮书发布，有助于民众了解司法改革的整体情况，但只谈成就，回避问题；两大诉讼法的修改及其司法解释涉及多项司法制度的改革，虽有进步之处，但总体上未触及司法体制的弊端，某些方面甚至有所倒退；铁路法检移交地方、社区矫正制度落实、执行制度完善等是先前改革方案的落实；犯罪记录、减刑假释、错案追究等制度的建立或完善稍有新意，但具体措施仍较保守；信访防控、反腐廉政、队伍建设等实属老调重弹；废除劳教早已形成社会共识，但官方仍迟于行动；针对律师的管制还在加强，折射出党政对律师群体的不信任。

"新一轮"司法改革四年多来，法院、检察院、公安、司法行政等部门付出较多努力，在司法经费保障、裁判统一、队伍建设、司法公开、监督制约等司法的技术性改革方面取得一定的进展。但司法公正、公信和权威基本上没有改进，民众对司法的不满有增无减。其根本原因就在于，司法的技术性改革无法化解司法体制的深层问题，司法改革未触及司法的行政化、地方化、官僚化等体制性弊病，司法的独立性进一步降低。

回溯历史，自1978年十一届三中全会提出保障人民民主和加强社会主义法制的任务、1997年十五大报告首次提出"推进司法改革"、2002年十六大报告明确"推进司法体制改革"任务、2007年十七大报告要求"深化司法体制改革"以来，中国的司法改革历经起伏，虽有成绩，但效果有限，特别是在司法体制的关键问题上毫无进展。十八大报告宣称司法改革的"进一步深化"将迈向何方？如何让民众从陈词滥调中寻求崭新的期待？

比期待更重要的是压力。微博时代，推动中国迈向民主法治道路的压力和动力日益显现。2012年，中国大戏，微博直播，世界上演。薄、王事件引起海内外震动，重庆打黑揭露"黑打"伤疤，民众视线再次牢牢锁定人治与法治、党政与司法关系等基本问题；以任建宇为代表的重庆系列劳教案，以及唐慧案等其他影响性案件，激起新一轮更广泛、彻底的废除劳教的呼声；陈平福、任建宇、黄成城、戴月权等"因言获罪"案获得较为理想的解决，伴随着信息技术对言论自由的推动，不断抵消强力管制，拉大言论自由的空间；四川什邡、江苏启东、浙江宁波等地的环保抗争，在微博的助力下，民众诉求迅速获得回应，群体性事件频发及新特点挑战了地方政府的唯GDP发展模式，显示了公民环保、维权意识的觉醒及行动理性；京沈高铁环评造假，北京罕见批准市民的抗议行动，或许意味着落实宪法第35条规定的公民基本权利方面有点滴松动；微博反腐的力量不断显现，新一届领导对反腐的重视，王岐山执掌纪委，引发了一波波打击腐败的制度建言，特别是对官员财产申报制度的呼吁，直至拟列入全国人大立法规划；民间利用“八二宪法”30周年纪念，不断研讨、宣传和呼吁落实宪法，习近平在纪念“八二宪法”30周年的会议上强调宪法的生命和权威在于实施，似乎从上到下形成了某种底线共识；十八大报告宣示“坚持走中国特色社会主义政治发展道路和推进政治体制改革”，以及习近平就任总书记后重走邓小平南方省份考察路线，令人期待实质性政改或可重启……等等，有如春意蛰伏，令人翘首以待，涵盖司法改革的政治体制改革和社会转型或许会比预想来得更快。

政治体制改革是中国转型之关键。司法体制作为政治体制的重要组成部分，须纳入政治体制改革的框架一并考虑。当然，这并不是否定近年来司法的技术性改革，透过“去政治化”的策略推动司法改革亦意义重大。因为在现有的体制框架下，司法制度仍有较大的完善空间，司法的技术性改革是一种必要的积累，在司法独立等关键问题突破后也有助于司法制度尽快地良性运转。

政治体制改革早已成为一切改革之瓶颈。从1978年到2012年，任何实质性改革，都不可能脱离政治体制改革单独推进。政治体制改革的切入点，首先无疑是民主改革。从县区一级推行直选，选举所到之处，便是权力限制之时。其他切入点，诸如，党内民主改革优先，保障言论结社自由优先，财税改革优先，法治改革优先。这些改革可以且应当同时推进，而无论如何，法治改革应优先考虑。因为法治改革是最容易达成共识、成本最低、最安全、风险最小、最能避免动荡的政治体制改革切入点。若法治体系能有效运行，宪政框架便基本具备，从而为急剧变动的社会提供一种缓和机制，作为保障和推动民主及其他政治体制改革的社会稳定器。

法治改革应以司法改革为核心。司法改革的关键是确保司法独立。司法独立是司法实现公正的必要条件，是法治的基本准则，是常识，是底线，不可回避，不可再退。司法独立程度的高低，衡量一国的法治水平。当下中国，必须澄清误解，重申司法独立的重要性。

第一，司法独立要求任何个人或组织不得干预司法。司法独立包括职能独立、组织独立和法官独立。司法职能应区分并独立于行政、立法等其他职能，由独立的专门机关行使。职能独立只是权能分离的结果和权力制衡的要求，并不必然要求以三权分立为条件。组织独立，即法院独立：一方面，法院应在制度上独立于立法、行政机关以及政党、团体和个人，从而为司法权的独立行使提供组织保障；另一方面，法院内部应相互独立，为法官独立行使职权提供保障和排除干扰。具体包括：法院根据事实依照法律独立裁判案件，不受任何组织包括上级法院直接或间接的干预和不当影响；法院对司法争议拥有管辖权，并自行判定争议是否可诉；法院独立决定司法程序问题；法院独立处理司法管理事务，国家为此提供必需的财政保障。法官独立是司法独立之核心，也是司法独立的最终落脚点。它既要求法官的身份独立，法官作为独立的职业和个体存在；更要求法官履行职务时，除了受法律及良知的拘束外，不受任何干涉；还要求国家为此提供司法官的任期、人身安全、退休、职务行为豁免等充分保障，建立一套科学的司法官遴选、任命、升迁、惩戒的制度。

第二，司法独立是司法有效运作的必要条件，实现司法公正的前提和保障。司法裁判要求中立的法官在听取双方陈述的基础上，独立作出判断，而不得受制于任何组织或个人的干预。倘若司法受到干预，未参与审理者可随意对司法的过程和结果施加影响，司法公正自然无从谈起。即使裁判结果公正，也无法获得民众的信任。倘若受到干预，以中立性、公正性作为程序正义基本法则的司法，功能必将失效。

第三，司法独立是国际通行的法治准则。司法独立是一切法治国家的基本准则，也为诸多国际文件明文规定。1982 年国际律师协会《司法独立最低标准》、1983 年世界司法独立第一次会议通过的《司法独立世界宣言》、1985 年联合国《关于司法机关独立的基本原则》等国际文件，都对司法独立提出了明确要求。1998 年 10 月，中国签署的《公民权利和政治权利国际公约》第 14 条也规定司法独立。

第四，司法独立并非资本主义特有的法治理念。马克思曾一针见血地指出："法官除了法律就没有别的上司……独立的法官既不属于我，也不属于政府。"① 历史上，许多社会主义国家确认了司法独立原则。例如，1936 年苏联宪法第 112 条规定："审判员和陪审员独立行使职权，只服从法律"。1960 年捷克宪法规定："经选举产生的独立的人民法院行使捷克斯洛伐克或

① 《马克思恩格斯全集》（第一卷），人民出版社，1995 年，第 181 页。

其社会主义共和国审判权。”1963 年民主德国宪法要求：“审判员、陪审员和社会法庭成员审判独立，仅受德意志民主共和国宪法、法律和其他法规约束。”波兰社会主义时期的宪法和法律反复强调：法官独立审判，不受干涉。

但在中国，司法独立长期以来受到批判。新中国成立之初，司法独立就被视为资产阶级的“专利”。尽管 1954 年宪法宣示了司法独立的原则，但在 1957 年“反右”运动中，司法独立被当做资产阶级法律原则受到彻底否定。“文化大革命”期间，公检法受到毁灭性的破坏。改革开放后，1982 年宪法确立审判和检察独立原则，但这只是相对独立，司法独立未得到认可。时至今日，司法独立仍被视为西方敌对势力试图渗透中国的一个阴谋。有关部门甚至最高人民法院的大法官不断重申：中国坚决不搞司法独立。这样以司法独立为禁区，完全是自毁公正与公信。改革开放 30 多年来，司法独立原则被愚蠢地拱手让于“西方”，也导致所有司法改革努力效用大减。

司法独立之所以被官方视为禁区，既缘于官方的误解，他们不了解司法的功能及司法独立的好处，误以为司法独立可能带来麻烦；也归功于某些学者的论证——他们因为献媚、误解、天真或者其他原因，而把司法独立解释为资本主义司法制度的特征。这些人在未来确立司法独立原则后，将会迅速转向，成为论证社会主义司法独立正当性的主力军。

事实上，司法独立可以且有必要理解和转化为法律技术问题。它与三权分立、代议制民主、资本主义制度并无必然联系，或者说可以没有任何关联。司法独立不分古今中外，古代有、现代也有，外国有、中国也有。前资本主义社会存在司法独立，法国大革命之前国王有时甚至受制于巴黎高等法院，而中国古代也并非没有司法独立。司法独立不分姓资姓社，资本主义有、社会主义也有，社会主义不应排斥司法独立，甚至还可以强调社会主义司法独立优于资本主义司法独立。

第五，司法独立只有程度的不同，而没有绝对的独立或不独立。即使否定司法独立，中国宪法规定的审判独立也旨在强调司法裁判的独立性，独立性越强，司法的公正度越高。而即便司法独立程度极高的美国，联邦最高法院大法官仍不可避免存在“党派性”，只要翻看美国反托拉斯领域的司法裁判史，就能找到明显的例证。因此，无论是否确立司法独立的原则，司法都应当追求更高的独立性。规定司法独立，更有利于司法独立性的提升。

第六，司法独立是最有可能达成的共识。司法是关于纠纷解决的程序规则，在一个缺乏共识的时代，关于程序规则的共识相对容易达成。为了保障司法公正，司法程序应基于中立性、独立性等程序正义的规则来设计。作为现代法治的基本准则，司法独立已成为世界各国的共识，也是中国社会各界的共识。多年以来，绝大多数法律人一直在呼吁推动以司法独立为核心的司法体制改革。作为司法制度的消费者，民众更是强烈呼唤司法独立与司法公正。

第七，司法独立的关键在于厘清司法与党的关系。司法独立不仅无损于党的领导，而且有利于改善党的领导。正如党的十六大报告指出："党的领导主要是政治、思想和组织领导，通过制定大政方针，提出立法建议，推荐重要干部，进行思想宣传，发挥党组织和党员的作用，坚持依法执政，实施党对国家和社会的领导。"党对司法的领导也体现为政治、思想和组织领导。党的政治主张体现在党领导人民制定的宪法和法律中，司法机关不折不扣地遵守宪法和法律，就是坚持党的政治领导。中央政法委的职能应纯化为党对司法政策的引导，也是政治领导的重要体现。我国绝大多数法官是中国共产党党员，党对司法的思想领导，主要体现为督促党员法官树立公平审判、严格执法、廉洁自律的职业品德，对违纪者进行党纪惩处。党对司法的组织领导，以"推荐重要干部"的方式实现。党可以向未来的司法官遴选委员会推荐法院院长、检察院检察长等高级司法官人选。因此，司法独立根本不会"弱化"党的领导。

但党不干预个案，这是基本原则。党毫无必要干预个案，因为管得太细，容易只见树木不见森林，容易被卷入而导致成为一方的"当事人"，因为干预个案将带来责任，制造腐败，倘若干预错误，将严重损害党的权威。实际上，司法独立有利于改善党的领导。司法为纠纷解决和社会正义提供最后一道防线，为党分忧分责，为社会确立规则，实现社会的长治久安和党的根本利益，从而更好地坚持党的领导。司法的被动性和保守性也确保司法独立无损于党的领导。改善党的领导，才是真正坚持党的领导。

2012年年末，中央政法委书记孟建柱履新，在中央政法委第一次全体会议上提出：深入实施依法治国，努力提高守护社会平安、维护公平正义的能力，坚持以解决人民群众反映强烈的突出问题为突破口，积极推进司法改革，规范司法行为，推进司法公开，鼓励支持群众有序参与司法监督，让司法权在阳光下运行，进一步提升司法公信力。目标美好，但实现目标的唯一路径，除司法独立外，别无其他。只有司法独立，才能最大限度地消除司法腐败，保障司法公正，重建司法公信，提升司法权威。

在纪念“八二宪法”30周年的会议上，习近平强调：保证宪法实施，就是保证人民根本利益的实现。宪法的生命在于实施，宪法的权威也在于实施，要坚持不懈抓好宪法实施，把全面贯彻实施宪法提到新水平。不遵守宪法，是中国一切问题之根源。遵守宪法，保障宪法实施，必须违宪必究，建立司法审查制度，确立司法独立原则。正如宪法第五条规定：“一切国家机关和武装力量、各政党和各社会团体、各企业事业组织都必须遵守宪法和法律”，一切国家机关和武装力量、各政党和各社会团体、各企业事业组织也都不得干预司法独立。党的利益体现在严格遵守宪法和法律之中。现行宪法规定的司法机关依法行使司法权，“不受行政机关、社会团体和个人的干涉”，应修改为“不受任何组织或者个人的干涉”，同时增加“司法官员只服从宪法和法律”的规定。

当然，司法独立性的提升是一个渐进的过程，不可能一朝实现。但首先必须确立司法独立原则，然后朝向这一目标不断迈进。具体方案的设计，可采取由内而外、先易后难的策略。目前至少可以推行：从法院内部独立做起，上级法院不得干涉下级法院审判，院、庭长不得干涉法官办案，取消最高法院对具体案件的批复，废除审判委员会；实施严格的司法问责和惩戒制度，确保司法公正；加强司法官的任期、人身安全、退休及职务行为豁免权保障，建立一套科学的司法官遴选、任命、升迁、惩戒的制度，特别是从律师到司法官的法律职业转换机制，司法经费由中央财政承担。

2013年，更新一轮司法改革的规划之年。2013年年初，全国政法工作会议明确了新时期政法工作的总思路：一条主线、两手抓、三大建设、四项改革、五个能力，即把握坚持和发展中国特色社会主义的主线，坚持一手抓当前维护国家安全和社会稳定工作、一手抓政法事业长远发展，以平安建设、法治建设、队伍建设为载体，以推进劳教制度改革、涉法涉诉信访工作改革、司法权力运行机制改革、户籍制度改革为重点，以提升群众工作能力、维护社会公平正义能力、新媒体时代社会沟通能力、科技信息化应用能力和拒腐防变能力为保障。尽管总体上是先前政策的延续，但此会以及之前中央政法委第一次全体会议强调依法治国，守护社会平安，维护公平正义，而未重申“三个至上”，并以劳教制度改革作为新一届领导送给人民的礼物，透露了未来中国将加强法治建设的信息。

2013年，中国新十年之起点。未来十年，期待、焦虑中潜伏着变数的十年；未来十年，麻木、平淡中酝酿着风云激荡的十年；未来十年，中国或将迎来社会转型的关键时期，迈向法治和民主的正路；未来十年，包括司法改革在内的社会变革，或将以一种预知或不可预知的方式、逐渐或突然展开；未来十年，几分焦虑，几分期待。期待上下凝聚共识，压力转为动力；期待新一轮的解放思想；期待实质性的司法改革，司法独立原则确立；期待政治体制改革的全面展开，社会转型平稳有序，顺利推进中国的民主与法治建设。

（本文原载于《政法论坛》2013年第2期）

司法公开与司法改革

魏新璋*

司法公开是我国宪法的一项基本原则，推进司法公开是近年来司法改革的重点之一。近年来，浙江法院将推进司法公开作为法院一项重点工作来抓，尤其是自2011年起，借最高法院抓“司法公开示范法院”的东风，部署开展阳光司法达标工作，制定《浙江法院阳光司法实施标准》，明确立案、庭审、执行、听证、文书、审务六个方面必须公开的内容、程序和方法，并对全省法院进行达标考核，23个法院被评为“全省阳光司法优秀法院”，8个法院被最高法院确定为全国“司法公开示范法院”。2012年年初，为巩固深化阳光司法达标工作成果，浙江高院又将阳光司法指数调研确定为重点课题，并分别组成法官课题组和专家学者课题组，分头开展调研，共同研究制定《浙江法院阳光司法指数评估体系》，包括7项一级指数、26项二级指数，内容涵盖人民法院审判执行工作的所有环节。该评估体系已于2012年12月27日正式发布，自2013年1月1日起在全省三级法院推行。目前，全省法院已初步建立起了开放、透明、便民、信息化的阳光司法新机制，有效推动了队伍素质、审判质量和司法公信力的提升。作为浙江法院阳光司法工作的亲历者和实践者，我深深感受到司法公开是法院工作的“牛鼻子”工程，也是当前司法改革的核心内容之一。下面，我谈几点体会：

* 魏新璋，浙江省高级人民法院研究室主任。

一　强化司法公开是推进司法权规范运行的重要保证

建立公正、高效、权威的社会主义司法制度是司法改革的目标。公正司法要求司法权必须规范运作，司法行为既要做到合法合理，又要做到程序正当，司法公正不仅应当实现，而且必须以人们看得见的方式实现。推进司法公开，让当事人有话讲在庭上，有证举在庭上，有理辩在庭上，以事实和证据说话，真正促进审判权规范运行。阳光是最好的“防腐剂”，实行司法公开，将司法信息通过便捷的方式向全社会公布，有利于解决监督者与被监督者的信息不对称问题，充分调动广大法官接受监督的主动性、自觉性，防止“暗箱操作”，推进权力运行程序化和公开透明，建立科学的权力运行机制，最大限度地减少和杜绝司法工作的随意性，确保权力正确行使，从源头上预防腐败现象的发生，实现司法的公正、公平。

近年来，浙江法院不断探索推进司法权规范运行的有效路径。早在2008年，浙江法院就制定《关于规范裁判文书的指导意见（试行）》《关于加强裁判文书说理的若干意见》等指导性文件，强化裁判文书公开说理，明确了刑事、民事、行政等不同类型案件裁判文书的说理要求。积极探索网络司法拍卖新举措，进一步规范司法拍卖行为，自2012年6月26日，全省20家法院试点“零佣金”司法网拍，共上线拍卖汽车、机器设备、商铺等标准化、通用型的涉诉资产53件，成交42件，成交率为79.25%，总成交额1532万元，平均溢价率达41.1%。大力加强司法作风建设，讲究司法礼仪，避免当事人的合理怀疑，倡导“处事要严谨，讲话要亲和，办案要公正，为人要清廉”的浙江法官“职业四要”，司法作风明显改善，法院工作更加透明、规范、文明。

二　强化司法公开是提升司法公信力的有效举措

党的十八大将“司法公信力不断提高”作为全面建成小康社会和全面深化改革开放的一项新要求，提升司法公信和权威是司法改革目标的应有之义。作为一项司法原则，坚持司法公开有其深刻的理论意义和实践意义。一方面，公开能够促进公正，公正能够促进公信，公信又能够促进权威；另一方面，人民群众对司法的要求和期待，主要来自对司法过程和裁判结果的关注。强化司法公开，使审判与执行的每个环节尽可能的透明，让老百姓打一场公开、明白、受尊重、有尊严的官司，以让人民群众看得见的方式感受司法公正，是树立人民法院公信力的有效举措。

近年来，浙江法院坚决落实审判公开规定，一审案件除有法定情形外，一律公开开庭审理，对公开审理或不公开审理的案件，一律在法庭内或通过其他方式公开宣告判决，二审案件公开开庭率不断上升。2006年6月1日起，在全国率先实现死刑二审案件全部开庭审理，有60余家法院开展了庭审直播、录播工作。在“浙江法院网”建立案件信息查询系统，当事人凭法院提供的密码可以登录网站及时查询案件审理、执行进展信息，充分保障当事人对案件进展情况的知情权。逐步加大裁判文书网上公开力度，已在“浙江法院网”上公布裁判文书49万余篇。通过公开一切依法可以公开的司法信息和工作环节，让人民法院真正在阳光下运行，确保依法满足人民群众对司法的知情权，自觉接受人民群众对法院工作的监督，努力以公开促公正，以公正立公信，以公信树权威。

三　强化司法公开是加强司法能力建设的有效途径

司法改革的深入推进有赖于法官司法能力的不断提升，而司法公开是加强司法能力建设的有效途径。一方面，从管理层面讲，司法公开对法院的工作能起到一种“倒逼”的作用，可以促使法院做好各项审判执行工作；对法官而言，司法公开也能产生制约、激励作用，迫使法官全神贯注地关注当事人的诉请与陈述、认真分析论证每一个证据，在裁判文书制作过程中真正做到释法析理，明辨是非，不会担心裁判文书在网上公开，让社会公众评价，裁判文书上网是展现法官司法能力和司法智慧的平台，反映当代法官的法律素养。另一方面，司法公开有利于密切法院审判组织与法官的关系，营造审判权、执行权内部阳光运作的良好氛围，使法官更好地了解和参与法院管理，最大限度凝聚各方面智慧和力量，提高人民法院科学管理的水平。同时，司法公开有利于法官、法院形象的改善，在聚光灯下、在众目睽睽之下，法官的行为举止自然会受到约束，有利于密切人民法院与人民群众的关系。另外，法院在制定重要的规范性文件、审判指导性意见时，广泛听取相关部门、专家学者、其他法律工作者的意见，不断完善司法决策征求群众意见的各种机制，能进一步推进司法决策的民主化、科学化，增进社会公众对司法的认知和认同，提高司法公信力。

四 强化司法公开，是法院信息化、现代化建设的强大动力

当今世界，科技已成为支撑、引领经济发展和人类进步的主要动力，也是法院破解工作难题、加强自身建设的重要手段。当前的司法改革也必须紧紧依托现代信息技术，进行现代化的改革，而实行司法公开，能有力地推动法院基础建设信息化、现代化进程，并最终有利于司法高效价值的实现。

近年来，浙江法院以推进司法公开工作为契机，大力实施“科技强院”战略，依托现代信息技术和科技手段，不断改革创新审判和办公模式。一是创新审判管理手段，支撑司法公开。自2008年起，浙江省法院就开始实施电子审务的开发和应用，利用信息技术，汇总涵盖了审判执行各个节点的数据，建立了全省法院审判、执行两个质量效率评估体系。透明翔实的数据又有助于加强审判管理，提升审判工作质量，在最高法院公布的案件质量评估指标中，浙江法院的评估指标综合指数近几年一直处于全国前列。二是加强门户网站建设，不断丰富司法公开的方式和内容。目前，全省103家法院全部建立了门户网站，有60余家法院在门户网站设立了在线诉讼服务平台，开展网上预约、网上立案、在线咨询、文书送达等服务，搭建了开放、互动、快捷的现代化司法公开平台，更好地满足了开放、透明、信息化条件下人民群众对法院工作的知情权、参与权、表达权和监督权的需要。三是积极拓展电子审务，提升公开实效。全省1572个审判法庭全部数字化，实现所有开庭的案件全程录音、录像，让公正“可定格”“可再现”“可复制”；建立了92个远程视频室，对大部分事实清楚、证据充分、争议不大的刑事案件实现远程审理。有56家法院实现诉讼档案电子化，实现电子化阅卷。

司法体制改革的几个问题

许永强*

司法体制改革作为政治体制改革的重要组成部分，从党的十五大正式提出之后，党的历次代表大会报告对此均一以贯之、逐步推进，目标始终如一，要求越来越高。特别是，党的十八大报告通篇贯穿了社会主义法治思想，鲜明指出“法治是治国理政的基本方式”，要“进一步深化司法体制改革，坚持和完善社会主义司法制度，确保审判机关、检察机关依法独立公正行使审判权、检察权”，将法治的地位和作用提到了前所未有的高度，要求更加注重发挥法治在国家治理和社会管理中的作用，实现国家各项工作的法治化。应当说，这是我们党总结多年工作经验的必然选择。

一 关于深化司法体制改革的几点反思

党的十六大以来，在中央的坚强领导下，通过各地区各部门的共同努力，司法体制改革取得了很多重要的成果，积累了很多好的宝贵经验，需要我们深入总结和研究。当然，在推进和深化司法体制改革的过程中也遇到一些问题，值得我们认真思考。结合深化司法体制改革的贯彻落实情况，建议在谋划下一轮改革时应着重注意以下几个方面：

（一）更加注重改革的总体规划并进一步突出改革重点

在制定新一轮司法体制改革意见时，建议更加注重改革的总体规划，进一步提高顶层设计的科学性。目前，改革已进入深水区，必将触及深层

---

* 许永强，最高人民检察院司法体制改革领导小组办公室一处处长。

的矛盾和利益，应找准制约司法公正的根本性问题和突破口，抓住对推进法治建设具有重大影响的体制性问题，突出改革重点，坚持少而精，打好攻坚战。

（二）更加注重改革的协调性并进一步研究相关配套制度

为维护司法体制改革部署的严肃性，增加改革的可行性，需要完善制订改革方案的工作方式，加强前期论证，对涉及多部门的改革项目，联合各部门共同论证其可行性，使各部门提前发现主要矛盾和改革难点，研究解决的措施和步骤，为以后落实改革部署打好基础。

（三）更加注重改革投入的精细论证和进一步节约改革成本

目前，我国仍处于社会主义初级阶段，全球性金融危机对我国经济的影响还未消除，我们依然面临复杂严峻的经济形势，要树立“过紧日子”的思想。改革是牵一发而动全身的事情，必须考虑国家财政及其他方面的承受力，对改革项目需要增加人、财、物，前期论证时都应进行精细测算，成本过高的改革，应视具体情况做中长期规划，分期逐步推进，以尽可能保证和提高改革的“投入产出”效益。

（四）更加注重改革完善信息反馈机制从而进一步增强改革的透明性

改革要取得实效，必须得到社会各界的理解和支持。一些重要的改革项目应尽可能广泛征求意见，有些改革项目可以考虑向社会公开，以求尽力取得社会共识，减少改革的阻力和障碍，绝不能搞“改革神秘主义”。因此，在新一轮改革中，应建立健全信息反馈机制和工作指导机制，进一步畅通改革信息渠道，使基层部门能够及时了解改革的动态，及时反映实施中遇到的问题和困惑，上级部门能够及时掌握改革推进情况，对遇到的问题及时指导解决，保证改革任务顺利实施。

二 对新一轮司法体制改革的前瞻

（一）进一步协调好司法体制改革的若干外部关系

首先要正确处理好深化司法体制改革的一系列外部关系，如：改革与加强改进党的领导的关系，改革与加强人民代表大会及其常委会监督的关系；改革与政府各部门的相互关系；改革与政协民主监督、群众和舆论监督的关系等，确保审判机关、检察机关依法独立公正行使审判权、检察权。

（二）进一步优化司法职权配置与完善人权保障制度

积极推动劳动教养制度的诉讼化改造，切实保障人权，推进诉讼文明。扩大民众的诉讼参与，比如，可探索建立在检察体制之外运行的人民监督员制度，从制度上切实保证其公正性。

（三）进一步加强对司法权的监督制约机制从而提升司法公信力

进一步深化诉讼公开，完善诉讼公开机制，继续强化信息化条件下对司法权的监督制约。根据刑事诉讼法、民事诉讼法修改后的要求，研究侦查权、检察权、审判权之间相互制约及其与法律监督的关系，建立健全相关工作机制。

（四）进一步健全化解矛盾的工作机制从而提高司法机关在社会管理创新中的法治保障能力和水平。进一步建立多元化的社会矛盾化解机制。进一步健全完善诉调对接机制，使诉讼改革与矛盾化解有机结合。进一步改进涉法涉诉信访制度，将涉法涉诉信访纳入法治轨道，完善信访制度、规范信访秩序、维护司法权威

（五）进一步健全司法机关的组织体系和管理制度

第一，大力推进法官、检察官分类管理。分类管理制度改革是提高法官、检察官司法能力的重要举措，在前几轮司法体制改革中已作出部署，但目前仍然没有实质性进展。在新一轮司法体制改革中应将此项任务作为重点强力推进。

第二，建立统筹高效的司法管理体制。目前，我国对各司法机关实行分散管理，不利于司法官之间的有序轮换和交流。建议探索建立统筹高效的司法管理体制，加强司法职业共同体建设，实现司法官的正常流动和轮换。

第三，加快人民法院组织法和人民检察院组织法的修改进程。目前，“两院”组织法的修改已列入全国人大的修法日程，应根据全国人大的工作安排，加强调研、深入论证、做好相关工作。遵循司法规律，探索建立符合中国国情的社会主义司法制度，有效遏制司法行政化、地方化倾向。

（六）进一步完善司法经费保障机制

巩固现有的经费保障改革成果，建立随经济社会发展而逐步增长的稳定增长机制。在现有制度框架下，争取建立中央财政保障中央司法机关经费、省级财政保障省以下司法机关经费的长效机制。统筹做好各司法机关的信息化工作，推动信息共享机制建设，提高司法效能。

司法是社会公平正义的最后防线，司法体制改革是实现依法治国方略的重大举措，也是一个长期渐进的过程，绝非轻而易举、一朝一夕所能完成。同时，司法体制改革又是一个复杂的系统工程，需要营造一个良好的法治环境，公众及社会各界的法律意识和法律素养应得到普遍提高。此外，还要积极借鉴人类发展史上优秀的法治文明成果，以司法体制改革取得的实际成效强力推动建设社会主义法治国家的进程。

（本文原载于《环球法律评论》2013 年第 2 期）

应祛除法院工作“行政化”

林　娜*

作为司法实务工作者，笔者对于法院工作“行政化”的弊端感触颇深，也深知祛除行政化的重要意义，更能理解进行此项改革的难度。在20年前就有专家深刻分析过我国审判活动“行政化”的各种表现、危害，并提出了相关改革建议。在过去的20年里，学术界对法院工作行政化这座“堡垒”进行了系统、全面的理论分析，最高人民法院和各地方法院也对其发动过无数次“进攻”，比如改革审判方式、改革合议庭制度、实行审判长选任制、实行院长、庭长办案制度等。虽然这些理论研究和改革措施使司法规律更加清晰，使法院行政化程度在某些领域有所减弱，但并没有最终消除行政化，甚至因种种原因使行政化在某种程度上有愈演愈烈之势。在党的十八大部署的新一轮司法改革中，法院工作行政化又成为改革的主要对象。

为彻底祛除司法制度中的行政化，笔者从司法实务的角度提出几点建议，归纳为“纠正一种认识、厘清两种分类、推动三项措施”。

所谓“纠正一种认识”，就是纠正人们关于是法院独立审判权还是法官独立审判权的认识问题。实际上，这是一个伪命题，完全是由于认识错误所致。我国宪法、法院组织法均明确规定，审判权由人民法院独立行使。因此，有些人想当然地认为，审判权是法院的，而不是法官的，至于院长、庭长作为法院或具体庭室的领导者，自然享有对案件的审判权，有权过问案件、“间接审理”案件。但是，法律同时也明确规定，人民法院行使审判权的组织形式是独任审判员、合议庭、审判委员会。这与行政机关、立法机

* 林娜，北京市第一中级人民法院法官助理。

关、检察机关行使相应国家权力的组织形式有根本的区别。也就是说，审判组织行使审判权力的行为，就是人民法院行使审判权力的行为。院长、庭长行使审判权的方式只有一种，那就是作为审判组织的成员审判案件。只有在代表法院（审判庭）这个组织行使管理权（而不是案件审判权）时，院长、庭长才具有与行政首长一样的代表性。

所谓“厘清两种分类”，就是要求我们把法院的各种职能和权力进行区分，并把各种职能和权力回归本位，使其按照各自的规律运行，“审判的归审判，行政的归行政”。这两种分类是：区分法院的案件审判职能和行政管理职能；区分法官的案件审判角色和行政管理角色。宪法规定人民法院是国家的审判机关，但实际上任何法院要履行宪法赋予的审判职责，就必须有一套相应的管理、服务职能作为保障，而这种保障在行使其他国家权力的组织中都同样存在。实际上，审判职能与管理职能的性质有根本区别，实现这两种职能的方式也完全不同。也就是说，行使管理、保障、服务职能的方式可以是“行政化”的，而行使审判职能的方式是法律规定的诉讼程序，必须是“非行政化”的。就行使审判职能的法官来说，他们除了行使审判职责外，还兼履行一些行政管理职责。例如，法院院长作为审判委员会的主持人、合议庭的审判长或者独任审判员来履行审判职责，同时又要作为一院之长向人大报告工作、统一管理本院行政事务、监督指导本院人员履行行政职责等。尽管这两种角色的平衡并不容易，但如果平衡不好必将影响审判独立。

所谓“推动三项措施”，主要包括：

第一，把法官从公务员队伍中分离出来并实行单独序列管理。这看起来是法官管理制度中的一个技术问题，但在中国特色的干部管理制度之下，这是祛除法院工作行政化的一个基础问题。虽然法官是国家公务人员的组成部分，但其选任、管理、职责及其履行职责的方式都与普通公务员有根本区别。在“党管干部”这一政治原则之下，如果法官管理混同于普通公务员管理，消除行政化则不可能真正实现。

第二，精简合并法院内的行政机构，突出提高审判机构的地位。目前一个法院内的行政管理机构和人员与审判机构和法官“平起平坐”，甚至行政人员的地位显得更加重要，实属轻重不分。笔者结合其他国家的经验提出一个大胆的设想：将法院内部的行政序列与审判序列彻底分离，在最高人民法院设法院事务管理总局，在各高级和中级法院垂直下设分局、办公室。总局对地方事务采取划片分类管理。行政事务管理总局局长由最高人民法院一名副职院长担任，专门管理法院系统的行政事务；地方法院的分局、办公室分别管理本地区的法院行政事务。行政管理系统（序列）不参与案件审判事务，从而形成一个与法院审判系统并行、为审判服务的自上而下的行政系统，把法院内设的行政机构真正变成一个服务和保障部门，凸显出法院审判工作的主体性和重要性。

第三，探索“一个合议庭就是一个审判庭”的审判组织模式。最高人民法院早在“二五改革纲要”等多个重要文件中就曾重复强调，重大复杂疑难案件可以由院长、审委会委员或庭长担任审判长审理，并探索“一个合议庭就是一个审判庭”的制度。对于一个具体案件而言，实行“一个合议庭就是一个审判庭”之后，案件的审判权由合议庭独立行使，合议庭的审判长就是审判庭的庭长。这一机制在日本、韩国以及我国台湾地区均有成功的实践。在日本，法院内设的裁判部就相当于我国法院的合议庭，所有案件的审理由裁判部掌握，裁判部以外的组织或个人无权干涉案件审理。

法院工作行政化问题由来已久，要彻底解决这个问题并非一时一事，但相信只要学术界和实务界齐心协力，认准方向，就一定能使法院工作的行政化色彩消失殆尽，使法官成为真正的法官，使法院成为真正的法院。

（本文原载于《环球法律评论》2013 年第 2 期）

司法体制改革中的权力配置问题

——基本原则、细化标准及位阶关系

吕升运*

一 问题的提出

1776年，著名经济学家亚当·斯密在其代表作《国富论》一书中认为，市场恰如一只“看不见的手”，自发地调节着每一个理性经济人的自利行为，并因此而推动整个社会财富的增加。事实上，在法律的背后也同样有着一双看不见却又无处不在的利益之手。这双手应和着人性的偏私，几乎无所不能地左右着法律的一切。借助法律这一工具，不同的主体都在竭力地、最大化地实现自己的利益。一旦立法中关于权利、义务或职权、职责的分配不符合某一群体的根本利益之时，不单立法的过程会出现激烈的争斗，而且法律的运行也必然会出现问题，各种阳奉阴违、甚至公开的抵抗就不可避免。因此可以说，一国法律运行状况的良好与否，从根本上取决于立法过程中相关主体之间利益分配的合理与否。就权力的配置而言也是如此，立法者必须要充分考虑民众以及各相关国家机关在权力分配方案中的利益问题。

在宪政体制下，不同利益主体经过不断的博弈和妥协，就权力的配置最终会达成一种各方大致都能够接受的方案。这种建立在各方利益基本一致基础上的方案无疑体现了某种“大局观”，它从更高的高度出发，尽可能地去体现出“全民”的理性，因而最终既与各方主体的局部利益保持了某种底线上的一致，又从更大程度上超越了所有主体的局部利益。可以说，正是这种

* 吕升运，北京大学法学院2012级法学博士生，主要研究方向：刑事诉讼法学。

对于“全民”利益的考虑统合了偏私的人性所易于导致的分裂与冲突，动态而又稳定的宪政才得以可能。因此，将局部利益抽离出去、高度关注那些与局部利益无涉的原则或价值，就成为立法者进行权力配置之时所同样需要关注的问题之一。这种关注整体利益而尽可能地不去显示出某种偏私或偏见的研究进路，对于提高整个国家权力的效能、保障整个社会公民权利的充分享有，无疑是有着重大的意义和价值的。

接下来的问题是：要达致法律运行过程——主要是权力运行过程中的顺畅无阻和高度协调，立法者在权力配置的过程中究竟应该高度关注哪些与整体利益有关的问题或因素？或者说，应遵循何种原则？以及如何把这些抽象的原则具体地展现出来，以作为衡量权力配置合理性的具有可操作性的细化标准？同时，我们还必须关注：当这些原则以及细化指标相互之间发生冲突时，应当遵循什么样的价值位阶或协调法则？

二　权力配置须遵循三大原则：公平、效率与节约

刑事司法体制的改革从根本上关涉公检法三机关权力的配置问题。在打破三机关既有的权力格局、对各家权力进行重新配置的过程中，权力运行中的公正、高效与节约是立法者必须要考量和遵循的三个基本原则。围绕这三大基本原则，立法者的核心任务是寻找一种最符合这三大基本原则的、并能使得这三种原则之间的关系最为优化的权力配置方案，即立法者必须要考虑：何种权力配置方案能够最有助于权力运行的公正、高效与节约？

事实上，本文并不打算长篇大论为什么要特别关注公正、高效与节约三大原则，而是试图直接地、甚至有些先验地把权力运行过程中的公正、高效与节约作为立法者进行权力配置时所必须遵循的三个基本原则。之所以这样做，一方面是因为这三个原则已经成为我们日常思考和处理问题的一种常识性做法，在实践当中已经形成了一致的共识；另一方面，还是因为的的确确从古至今已经有了数不胜数的著述对于这个问题进行了虽然未必充分却也足够大量的论证。因此，“站在巨人的肩膀上”来讨论那些进一步的操作问题，就更能凸显出实用主义的研究进路对于法律实践的助推作用。

尽管如此，简要地回答一下这个问题还是必要的，即为什么立法者在权力配置过程中尤其要考量的是权力运行的公正、高效与节约这三个原则，而

不是其他的某些或某个原则？很显然，这三个原则之所以能够成为权力配置过程中立法者所要关注的基本原则，是与法律自身的追求、人类功利的天性以及社会资源与司法资源的有限性紧密关联在一起的；换句话说，任何一种法律制度的产生和运行都无法脱离开立法的特定目的、主体的特定追求和一定的社会资源、司法资源对它的影响和作用。

第一，权力运行的公正性不单直接关涉法律存在的目的，而且也直接决定了整个法律制度的价值取向。“法律是善良和公正的艺术。”从应然的角度讲，如果不是为了追求公正，法律存在的意义就会丧失，法律自从其产生的那一刻起，就是为了寻求某种公正，即便这种公正存在各种局限。另一方面，权力运行的公正性也与民主宪政直接相联系。公正地厘定整个社会的利益格局，使每一个主体能够各得其分，这本身就是民主宪政的应有之义。从这个意义上讲，公正就成为民主宪政体制下立法者进行权力配置所必须要重视的首要的原则。离开了公正这一原则，遵循所谓的效率和节约就会背离整个社会主体要求立法的初衷，有时候甚至会出现南辕北辙的现象——权力运行的效率越高，或者成本越低，其所带来的恶果也就越大。

第二，权力运行效率的高低关涉法律运行的目的能否及时达到。所谓“迟来的正义是非正义”，只有将正义及时高效地运送到人们身边，法律的目的才不至于落空，法律所追求的公正价值才可能算得上是得以有效实现。很显然，这对于社会的稳定来说无疑是必要的。从长期来看，权力的高效运行还有利于社会资源、司法资源的节约，在这个意义上，效率与成本有着直接的关联。

第三，权力运行成本的高低则直接关系着权力运行的条件能否具备。社会资源和司法资源毕竟是有限的，立法者只能利用有限的资源去最大化权力运行的效果。事实上，协调有限的资源与无限的人的欲望之间的矛盾是经济学长久以来所面对的核心课题。因而，运用成本—收益分析的方法来推进权力运行成本的理性节约，是立法者在权力配置过程中不得不予以遵循的基本原则之一。

公正、高效与节约固然是权力配置过程中立法者必须要考虑的三大基本原则，然而，这并不代表其他的因素都不重要。譬如，所谓的传统也应当引起我们的重视。毕竟从某种意义上讲，“存在的就是合理的”，所谓的“本土资源论”也并非空穴来风；甚至我们可以断言，对于任何一种变革来讲，对原有路径的依赖都不啻是一种不可避免的反动。再如，权力配置过程中的时机因素也十分重要。只有到了“水到渠成”、“瓜熟蒂落”的时候，对权力的重新配置才会最大限度地实现立法者的目的，等等。从总体上看，权力运行中的公正、高效与节约这三个基本原则，不仅贯穿于权力配置的各个方面，而且还贯穿于权力配置过程的始终。而其他因素，或者只涉及某一个方面，或者只存在于某一阶段，因而较之这三个原则而言，只能是立法者需要关注的次要的因素。

鉴于这三大原则的基本性或重要性，我们很有必要对其加以具体、深入的分析。本文试图运用自然正义原则、权力制约理论以及经济学的相关原理，将公正、高效和节约这三项宏大且抽象的指导性原则加以技术化的处理，使之在权力配置的过程中具有切实的可操作性，最终成为立法者进行权力配置时可以具体参照的细化标准。

三　公正的两个标准：利益无涉与权力制衡

权力运行要达致公正的效果，就首先要求立法者按照自然正义原则的基本要求去配置权力。自然正义是英美法系的核心概念，这一原则包括两方面内容：一是任何人均不得担任自己案件的法官；二是在做出不利决定时法官应听取双方的陈述。但归根结底只有一条，即在权力运行过程中权力的持有者必须与案件的利益无涉，一旦案件之中牵涉了权力持有者的利益，那么公平地听取双方的意见就成为不可能。因此，立法者在进行权力配置时，必须要考虑法官解决纠纷所要遵循的这一最低限度的程序公正标准，即当立法者将某一项权力赋予特定国家机关的时候，一定要考虑这种权力在具体的运行过程中能否做到与其所处理事项的利益无涉。一旦某项权力的配置导致权力的持有者可以借制度之名堂而皇之地谋取私利的话，公正就成为一个神话。然而，对自然正义原则的严格遵守仅仅为一种权力的公正运行提供了可能，要使得这种可能确定地成为一种现实，立法者还必须考虑权力制衡原则。

与其他权力形成有效的制衡关系是确保一种权力公正运行的进一步要求。即便科学的配置方案确保了某种权力具有中立的立场，我们也无法保证中立的权力不会被滥用。作为强力的权力天然地具有扩张、侵略的本能。阿克顿认为:“权力使人腐败，绝对的权力导致绝对的腐败。”① 孟德斯鸠也有言:“一切有权力的人都容易滥用权力，这是万古不易的一条经验。有权力的人们使用权力一直到遇有界限的地方才休止……从事物的性质来说，要防止滥用权力，就必须以权力约束权力。”② 因此，权力的配置一方面要考虑到任何人均不得担任自己案件的法官，另一方面也必须要考虑到权力相互之间的制约与平衡。惟其如此，权力的侵略本能才可能得以遏制，公正才可能有了确定的保障。

遵循权力配置过程中的制衡原则包含两个要求：一是要考察新配置的权力能否为外部某项已有的权力所制约。如果没有外部权力对新配置的权力进行制约，那么，我们就无法保证这项新配置的权力在运行过程中能够保持公正性。二是要考察新配置的权力能否对其他已有权力形成必要的制约。在一些情况下，对其他已有权力形成必要的制约是配置一项新权力的直接目的。但这并不能涵盖所有的情形。立法者配置一项新的权力有时并不是为了制约已有的权力，而仅仅是出于专业化分工借以提高特定工作效率的需要，或者是为了满足其他方面的需求。

因此，统合这两项要求我们可以看到，出于公正的考虑，立法者在配置一项新的权力时必须要使得该项权力能够为其他已有权力所制约；其次，出于成本的考虑，立法者也应当尽可能地使得新配置的权力能够反过来对其他已有权力进行制约。否则的话，就会形成多种权力并行但不交遇的情形——这对于权力制约原则来说是一种破坏，对于法律运行的成本而言，也一定是一种浪费。一个简单的道理是：与其再创设一种权力去制约某项特定的已有权力，何不利用新配置的权力去制约它？权力配置的方案如若设计得当，能在一定程度上节约国家的司法资源和权力的运行成本。值得注意的是，权力制衡的这两项要求有主次之分。新配置的权力为已有的权力所制约这项要求旨在确保新配置的权力不被滥用，它直取权力运行的公正目的。而对其他已有权力形成制约这项要求则不同，其主要的意旨在于节约，而非公正。并且，后者并非是权力配置过程中的必然要求，立法者应当在充分考虑权力制约的必要性与可行性之后视具体情况而定。

---

① 参阅英国政治家阿克顿著作《自由与权力》，原文是“Power tends to corrupt，absdufe power corrupts absolutely.”

② ［法］孟德斯鸠:《论法的精神》上册，商务印书馆，1982 年，第 14 页。

四 高效的两个标准：异质权力分化和同质权力集中

在亚当·斯密看来，效率的提高源自于分工的不断细化。他说："分工出现以后，劳动生产力得到了最大的增进，运用劳动时的熟练程度、技巧和判断力也得以加强……凡是能分工的工艺，分了工就可以相应地增强劳动生产力。分工的这种好处，也体现在各种行业各自分立这一社会现象上。如果一个国家有着较高的产业与劳动生产力的增进水平，那么其各行各业的分工一般也都达到了较高水平。在未开化区域中由一个人担任的工作，在进步的社会中一般都由几个人分任。"① 亚当·斯密进一步分析了分工之所以能够大幅提高效率的原因所在，他说："出现了分工之后，同样数量的劳动者所完成的工作量，就能比过去多得多。其原因有三点：其一，劳动者因为专业而掌握了技巧；其二，免除了由一种工作转到另一种工作所带来的时间损失；其三，随着简化和缩减劳动的机械的发明，一个人能够做原本需要许多人才能完成的工作。"②

涂尔干进一步指出，分工已经成为一种不可逆转的趋势。他说："今天，分工现象已经家喻户晓、备受瞩目，我们再也不能对它在现代工业中的发展趋势闭目塞听。现代工业拥有日益强劲的动力机械，大规模的能源和资本集团，以及随之而来的最大限度的劳动分工……然而分工并不是经济生活所特有的情况，我们看到它在大多数的社会领域都产生了广泛影响。政治、行政和司法领域的职能越来越呈现出专业化的趋势，对科学和艺术来说也是如此。"③ 自然界和人类社会的不断进化其最显而易见的表现就是分化。

学者们关于分工能够大幅提高效率的观点大多建立在其对偏私的人性的认识之上的。在亚当·斯密看来，"屠夫、酿酒家或烙面师供给我们每天所需的实物和饮料，不是出自恩惠，而是因为他们自利的打算"。"正是因为契约、交换和买卖实现了我们所需要的大部分帮助，所以当初才产生了分工这一倾向。"④ 如果不是为了能够获取更好更多的收益，社会中的理性经济人为何要如此一致的去追求社会分工，而不是去固守"麻雀虽小，五脏俱

① ［英］亚当·斯密：《国富论》，富强译，陕西师范大学出版社，2010年，第1～2页。
② 同①，第3页。
③ ［法］涂尔干：《社会分工论》，渠东译，生活·读书·新知三联书店，2000年，第1页。
④ ［英］亚当·斯密：《国富论》，富强译，陕西师范大学出版社，2010年，第1页。

全”式的自给自足的自然经济？可见，分工的出现及其不断细化的趋势，并非源自人类一时的心血来潮或异想天开，而是趋利避害的人性自然驱动的结果。

权力的分工也同样如此。国家权力之所以由混沌一体而细化为数种不同功能的权力，便得助于人类欲不断优化权力效能的自然本性。随着分工的不断细化，效能的逐步趋优，权力运行的高效也就成了一种可欲的追求。

分工是异质事物分化与同质事物集中两种过程的统一体，而且，从通常的情况来看，异质事物的分化往往是同质事物集中的前提，但这并非意味着这两个过程互不交叉。实际上，当立法、司法与行政三权分立（分化）的同时，三种权力的各自内部却也可能同时获得力量上的高度集中。但是，这并非意味着分化越细越好。在分化的前提下，效率要得到最大化的提高，就要求同类事物的适度集中。事实上，并非异质事物的分化，而是同质事物的相对集中才是效率得以提高的关键所在。同质事物的适度集中有利于形成规模效应，有助于单位产品生产成本和经营费用的降低，从而在成本上获取优势；而且，还会由于资源以及力量的相对集中在生产效率上取得进步。

就权力本身而言，分工也同样意味着异质权力的分化和同质权力的集中。面对分权制衡与高效运转这一对矛盾，最为可行的解决方案或许就是让异质的权力分化制衡，让同质的权力相对集中。即在立法、司法、行政三种权力之间，一定要强调分化的价值，因为异质权力的分化不单是同质权力集中的前提，也是异质权力相互制衡的前提——而只有异质权力之间相互制衡才有可能达致国家权力整体的平衡和稳定。同时，在三种权力的各自内部，应当追求相对的集中，因为对于同一种权力而言，只有在力量相对集中的情形下，才更有可能将这种权力的作用发挥到极致。俗语所谓的“握紧拳头好打人”说的正是这个道理。同质权力的相对集中直取效率这一价值，它固然可能失之于内部制约上的不力，却无疑顺应了权力的扩张本性，胜之以高效和强力。因而，权力运行的高效与否尽管直接决定于异质权力的分化状况和同质权力的集中程度，而后者，正如上文所论述的那样，才是提高权力运行效率的关键所在。因为从相反的角度看，当同一种权力内部形成几个相对分散的权力中心时，相互间的摩擦与打架不仅在所难免，而且其力量也势必由于分散而被削弱了，效率的提高自然就成为泡影。

但是，我们必须要认识到所谓的“异质”和“同质”都只是相对的概念。举例来说，从通常的观点来看，立法权、行政权、司法权三者之间是异质关系，但当立法权分化为国家立法权和地方立法权之时，原先同为立法权的国家立法权和地方立法权就形成了一种异质的关系。可见，伴随着社会分工的不断细化，权力的发展历史必将是一个由同质权力不断裂变为多种异质权力的历史。从价值或作用上看，异质权力的分化有助于制衡，而同质权力的集中则有助于效率。从这个意义上讲，权力的发展历史又必将是一个不断在权力制衡中追求效率的历史。

五　节约的主要标准：精简机构

与效率紧密相关的是成本问题。立法者不仅要追求权力在运行中的公正和高效，而且也要追求对权力运行成本的理性节约。司法资源的有限性和社会纠纷的无限性之间的矛盾决定了成本问题必须要进入法学研究者的视野。成本问题不仅关涉权力运行代价的大小与否，还直接反映出一个政府的执政理念和一个国家的宪政状况。执政为民必然要求“好钢要用在刀刃上”，政府对于纳税人的税款和国家的资源一定要予以合理利用；而一个宪政状况良好的国家也必然会把民主奉为圭臬，以民众的利益为其根本利益，理性节约也就必然成为宪政的应有之义。由此可见，对权力运行成本的理性节约，并非仅仅是一个重大的经济问题，实则更是一个重大的政治问题。因此，立法者在进行权力配置的过程中，必须要对可能产生的权力运行成本予以尽可能精确的预计和尽可能理性的节约。

有许多因素影响或者决定权力运行成本的高低。比如公务人员的业务素质和道德素质、整个社会的守法意识等等。但是，在这些因素当中，单就权力配置这一环节而言，影响权力运行成本高低的最主要因素莫过于权力结构的优化程度了，其从更深层次上决定了资源的可节约程度。而权力结构的优化结果最为直接和明显的体现，往往就在于机构的设置上。可以说，在一般情形下，适度地少设、甚至尽量不设新的权力机构，是权力配置过程中立法者为降低权力运行成本所能采取的最主要的方式。除非有紧迫的现实需要，否则，不宜轻易设置新的机构。这主要是因为：增设新的权力机构往往意味着人员、设施的增加，并且权力的割裂也会导致新旧机构之间沟通成本的加大，更为重要的是，国家机器的过分复杂不仅会加大运行成本，而且还可能导致效率的降低。

在这里，我们似乎看到了成本与效率这一对概念之间的矛盾。在通常情况下，对效率的追求要求分工的细化——这意味着机构的增加，而对成本的理性节约则要求适度地少设甚至不设机构。这里面就有一个长期利益和眼前利益、高效和节约这两对矛盾各自内部彼此权衡的问题。从根本上说，这些矛盾的解决一方面取决于立法者的价值选择，另一方面则取决于社会资源和司法资源的短缺程度。若着眼于长期的利益，或者相关资源相对宽裕的话，那么，立法者很可能就偏向于对长远效率的追求；如果着眼于眼前的利益，或者相关资源已经非常短缺的话，那么立法者往往更可能会顾及眼下成本的节约。事实上，对长期效率的追求往往意味着整体成本的降低；对眼前成本的节约则往往意味着长期效率的丧失，并将最终导致整体成本的增加。由此可见，在效率与成本之间，立法者需要结合实际情况和其所追求的目标，进行精巧地权衡。

那么，当立法者出于成本的考虑不再增设新的机构来行使一种权力之时，这种权力到底应该赋予一个什么样的已有的机构？这就要考虑已有机构的权力属性、两种权力之间的相关性以及是否有本质上的冲突等因素。但是，这无疑是一种权宜之计，毕竟，正如上面所论证的那样，分化是不以人的意志为转移的社会发展的必然趋势，从长期来看，增设新机构以专门行使一种权力，是社会发展的必然结果。从这个意义上讲，在一般情况下，除非现有的资源已经短缺到了不足以支撑一个新设机构运行的地步，立法者就应当遵循分化的大势，去增设新的机构来专门行使新分化出来的权力。当然，权力的分化——正如前面所论述的那样，应当有所节制，要以适度为原则。

六　三大原则的基本位阶：公平—高效—节约

从立法者的角度讲，权力配置的过程就是一个对多种价值进行选择和协调的过程。实践中很多权力的配置之所以不到位甚至错位，究其根源就在于立法者对权力配置的价值位次缺乏深刻的认识和清晰的判断。只有在思想上真正理清了这一点，立法者才会在权力配置问题上显现出理性的决断力，否则，就会由于价值选择上的彷徨不定而不可避免地引致立法上的种种混乱。

在公正、高效与节约这三大原则之中，公正是权力运行的核心追求。在一般情况下，对高效和节约的追求要以权力能够公正运行为前提，不以公正为目的的高效与节约背离了现代诉讼的基本精神，也背离了现代法治追求秩序和长治久安的初衷。从根本上看，要追求秩序和长治久安，就必须要对各方利益进行有效的平衡，非平衡利益不足以稳定社会。从这个意义上讲，较之于高效与节约而言，公正无疑是权力运行过程所要追求的第一位的价值。

而且，从现时的情形来看，我们也必须把权力运行的公正性放在最为突出的位置上。现今中国虽然已成为世界第二大经济体，但贫富差距过大，基尼指数极高，各种不稳定的因素大量存在。为了摆脱普遍的贫困，在经济改革的初期，国家提倡“效率优先，兼顾公平”无疑是正确的。但发展到现在，由于贫富差距问题已经非常严峻，如若再不以“公平优先，兼顾效率”进行矫正，就会导致整个社会的失衡，30 多年来取得的成果很可能会得而复失。这种理念反映在政法领域，一个很重要的体现就是在权力的配置上也要以公正为主要目标，对效率和成本的提倡一定要建立在公正的基础之上。只有认识到了这一点，立法者在权力的配置过程中才不会产生迷茫和徘徊，甚至于出现方向性的错误。因此，在权力的配置中，公正是核心，是目的，如果不能达致公正的目的，高效和节约就会丧失意义，甚至会导致南辕北辙的结果——效率越高危害越大，成本再低也是一种浪费。

通常情况下，在权力的公正运行与高效、节约之间始终存在着一种反比关系。为了达致公正的目的，立法者往往会有意设计一系列复杂的制度或环节，比如在刑诉中引进对抗制、赋予被告人以沉默权等等。这实质上是大大增加了权力运行的成本，降低了权力运行的效率。权力运行中的公正性往往是依靠低效率和高成本来维系的。所谓的对于高效率和低成本的追求都仅仅是在能够维系公正的前提下才是有价值的，否则法律所追求的息诉宁人的效果就无法实现。但事实上，一个社会的司法资源毕竟是有限的，这就要求权力在运行过程中要尽可能地高效和节约。在公正基本达致的前提下，提高权力运行的效率，降低权力运行的成本无疑十分必要。一般情况下，立法者对高效和节约这两种价值的考量——与对公正价值的考量一样——都是不可或缺的，在某些特殊的情况下，这种考量甚至是至关重要的。尽管如此，所谓的“公正优先，兼顾效率和成本”还是一个大致正确的判断。在这三种价值相互不产生冲突的情形下，自然不会存在争议，但一旦三者之间产生冲突之时，天平应该偏向公正，否则权力就会异化为一种冰冷的、肆意的暴力，从而在根本上丧失了其存在的正当性。

接下来的问题是，权力的高效运行与节约之间是什么关系？是正比还是反比关系？在不考虑其他因素的情况下，通常来说，权力运行的高效常常是以资源的更多消耗为代价的。在资源不是非常匮乏的情况下，如若非要在高效与节约之间选择一项价值不可的话，我比较倾向于主张高效优于节约。因为从长期来看，权力的高效运行必然有助于资源的整体节约。在效率与成本之间，除非到了不得不考虑成本的境地，追求效率——意味着整体上的节约——就成为立法者的一种明智的选择。

七　以职务犯罪侦查权的配置为例

根据宪法以及检察院组织法的相关规定，我国检察机关的职权可以主要概括为三个部分：职务犯罪侦查权、公诉权和法律监督权。在这一部分，我将以上述的有关原理来检讨检察机关的职务犯罪侦查权是否配置得当，以及如若配置不当的话，应当如何配置这一问题。

在正面回答这个问题之前，我想首先回应一个问题，即为什么不把职务犯罪的侦查权一并赋予公安机关？如果一并将职务犯罪侦查权赋予公安机关岂不是更符合权力运行的高效原则吗？的确如此，一旦将职务犯罪侦查权赋予公安机关，那么，检察机关会因为职务犯罪侦查权的去除，而能够将其所有的精力和资源集中于其他两项权力之上；同时，公安机关也会因为职务犯罪侦查权的加入而使得原有的侦查权更为集中和强大。从这一角度来看，这种权力配置方案能够引致检察机关与公安机关各自权力运行效率的提高。但是，值得注意的是，这一做法从根本上违背了权力配置的公正原则。这是因为，检察机关职务犯罪侦查权的适用对象不是一般的主体，而是公权力的实际操作者；对于这类主体，如果把侦查的权力交予公安机关来行使，在我国现行的权力架构下，无法保证对职务犯罪的客观追诉。现行的公安系统均隶属于政府，属于政府的一个工作部门，在行政机关首长负责制下，公安机关对于政府官员职务犯罪的追诉无异于让政府去监督自身行为的合法性，这显然是自己做了自己案件的法官。因此，对于政府官员的职务犯罪，我们必须交由独立于政府以外的其他机构来予以侦查，不如此就无法保证追诉的中立和客观。因此，出于权力运行公正性的考虑，不宜将职务犯罪侦查权赋予公安机关。

那么，立法者将职务犯罪侦查权赋予检察机关是否合适？从公正性上讲，由于检察机关独立于政府，这就使得其在职务犯罪侦查中可以保持中立的地位，其侦查权力的行使与检察机关自身的利益无涉。但是，我们也要看到另一点，那就是除了法律监督等内部监督之外，与公安机关的侦查权不同，检察机关的职务犯罪侦查权缺乏必要的外部监督。在这种情况下，把职务犯罪侦查权赋予检察机关的现有做法，虽然具备了权力公正运行的可能性，但是由于其缺乏必要的外部监督，因而又显然存在着公正性无法“足额兑现”的可能。再从效率的角度来看，检察机关不适宜将职务犯罪侦查权纳入自身权力范围之内，毕竟，职务犯罪侦查权与检察机关的公诉权、法律监督权这三种权力在权力的属性和行使方式等方面还是有着很大的区别的。但是，如若考虑到成本问题，将职务犯罪侦查权另设机构予以专门行使，则无疑会增加权力运行的成本。

现行的将职务犯罪侦查权赋予检察机关的方案，由于检察机关独立于政府而具备了职务犯罪侦查权公正运行的可能性，由于缺乏外部的权力制衡而很难将这种公正的可能性确定地转化为现实，由于职务犯罪侦查权与公诉权、法律监督权三种不同质的权力并行于一个机构，有悖于分化而不利于效率的提高，由于未单设机构专门行使职务犯罪侦查权而节约了现时的成本。在这里，公正、高效与节约三者之间出现了冲突。最为致命的是，公正性内部的两大衡量标准——利益无涉与权力制衡之间也出现了难以消解的矛盾：检察机关职务犯罪侦查权的运行过程尽管与自身利益无涉，但并无外部权力对其进行直接有效地制约。因此，抛开高效与节约之间的矛盾且不说，现有的方案至少在权力运行的公正性上出现了分裂。因此，这一方案尽管不能说是最糟糕的方案，但最起码不是一个符合公正要求的方案。

那么，把职务犯罪的侦查权赋予一个新设的独立机构——比如类似香港的廉政公署之类的机构来行使会是一种什么样的情形？这样做的最大好处在于公正。独立性使得新设机构不做自己案件的法官，但同时，它又受到检察机关法律监督权的有效制衡。这种新方案也符合异质权力分化的趋势，其运行的效率会因权力分工的细化而趋于提高。其缺点在于由于新设了机构因此在成本方面并没有达到短期节约的效果。但从整体上来看，这一做法与以上两种方案相比较而言，在权力运行的公正性上应该更有保障。

八 结语

总而言之，进行权力配置，不但要高度关注权力运行的公正、高效和节约问题，而且，还要在这三者之间确立一个理性的位阶关系。在确保公正的前提下，立法者应尽可能地追求权力运行的高效与节约。并且，在高效与节约这两种价值存在内在的紧张关系时，要遵循这样一个基本的原则：除非相关资源严重缺乏，立法者应当优先考虑权力运行的高效这一价值。原因在于：从长期来看，高效必然引致整体成本的节约。只有确立了以上这些基本的理念，权力的配置才有可能更为合理，才更可能有效地达成我们预期的目标。

加强党的领导，深化司法体制改革

——在“深化司法体制改革理论研讨会”上的总结发言

刘海年 *

各位同仁，下午好！

今天的研讨会进行了一天，与会诸位遵循十八大精神围绕深化司法体制改革，从不同角度发表了自己的见解。正如李林在会议开始时说的，这是一次内部研讨会，为的是大家都能畅所欲言。研讨会贯彻了解放思想，百花齐放、百家争鸣精神，各抒己见，开得很好。我相信对推进司法体制改革是有益的。发言的内容如此丰富，如此广泛，我总结不了。以下只谈几点看法。

一　深化司法体制改革意义重大

第一，党的十八大报告提出切实尊重和保障人权，促进人的全面发展。这是科学发展观的根本，也是全面建成小康社会、建设中国特色社会主义的目的。司法公正既是全面建设小康社会的应有之义，也是保障人权的最后一道防线。无论从建设全面小康或尊重保障人权看，都必须在现有基础上深化司法体制改革。

第二，党的十八大报告和习近平的“12·4”讲话，都强调提高党和政府及司法的公信力。古人有言：“奉法者强则国强”，“能去私曲就公法者，民安而国强”。这告诉我们，由于司法对各种社会纠纷有最后的决断权，所

* 刘海年，中国社会科学院荣誉学部委员。

以奉公法，去私曲，在全社会实现公平正义，就能提高党和政府的公信力，实现社会安定、社会主义建设事业发展、国家富强。为提高司法公信力，必须深化司法体制改革。

第三，党的十八大报告重申，要继续促进人类和平与发展，发挥负责任大国的作用，积极参与全球治理。我国是世界大国，是联合国安全理事会常任理事国，已参加了数十个国际公约和协定。我们应将已加入的国际公约纳入我国的法律体系，并在司法中注意遵循国际行为规则。推进司法改革，在全社会实现公平正义，才能增强国家软实力，赢得良好的国际声誉，更好地参与全球治理，为人类作出更大贡献。

二　肯定司法体制改革成就，直面存在的问题

正式提出司法体制改革是党的十五大，实际上可以追溯至1978年十一届三中全会。30余年来，在全国法学界和法律界同仁们的共同努力下，成效很大，但也存在不少问题。我们既要肯定成绩，也要直面存在的问题。如此，才能把握正确方向，进一步深化改革，解决存在的问题。

第一，成绩方面：十届三中全会之后，司法机关逐步健全；司法队伍素质得到提高；1980年开始实施新制定的刑法和刑事诉讼法；之后又实现民法通则、民事诉讼法等民事、经济等法律；依照法律，建立了刑事辩护制度和民事代理制度；实行公开审判；严格死刑复核，最后将死刑复核收归最高人民法院；党的十五大之后，公、检、法、司在内部建设和工作机制上也取得了不少成就；这一切都有力地保障了人民的权益和促进了社会主义建设事业的顺利进行。

第二，存在的问题：如大家所言，我国司法体制建设起点低，底子差，组织机构、干部队伍、律师队伍恢复需要过程；对新法制的实施，干警观念更新速度往往落后于客观需要；党的十五大提出司法体制改革后，缺少总体构思和顶层设计，公、检、法、司多从本系统考虑问题，成效未达预期目标；司法机关内部行政化倾向未能减弱；司法权往往受外部干扰，独立审判权、独立检察权未能真正落实；宪法和法律关于对人民检察院和人民法院监督的规定在实践中未到位，一些案件审理受潜规则左右，冤假错案时有发生，降低了司法公信力；全国范围涉诉上访不断，由于处理的不妥，对司法

机关声誉和社会稳定都造成了不良影响。

第三，正确态度应该是：既要肯定成绩，又不能以百万公安司法干警在党的领导下取得的巨大成绩掩饰司法领域存在的问题。要看到形势发展，看到建成全面小康的要求和广大人民群众的期待，通过深化司法体制改革加以解决。

三　深化司法体制改革必须加强和改善党的领导

正如大家发言中所指出的，深化司法体制改革要解决的问题很多，需要全面思考，从多方面努力。诸如：如何提高公民的道德水准和整体素质；如何结合市场经济的发展，在干部和群众中普及宪法和法律知识；如何加强公民的依法维权意识，加强对国家工作人员的监督；如何发挥城乡基层自治组织和社会团体的作用，将社会矛盾化解于初萌之时；如何解决行政不作为或超越法定职权胡作为；所有国家工作人员和企事业单位的公职人员，都要提高解决群体性事件的能力，一旦发生群体性事件，要防止事态扩大，尤其要防止事态激化。如此，就不至于将大量矛盾都推给司法机关，以使其能腾出手解决相对复杂和重大的纠纷。

当然，最根本的是如何加强党的领导，处理好党组织与司法机关的关系。中国共产党是执政党，是中国特色社会主义事业的领导核心。我国的改革开放是党发动和领导的，司法体制改革也不例外。所以深化司法体制改革，必须加强党的领导。党如何加强对司法改革的领导？集中到一点就是保证司法机关依照宪法和法律独立行使职权。邓小平说："属于法律范围的问题要用法制来解决，由党直接管不合适。"1979 年党中央发布的《关于坚决保证刑法、刑事诉讼法切实实施的指示》，总结了历史经验，特别是"文化大革命"的教训，明确宣布："取消各级党委审批案件制度"。至今 30 多年了，问题并未解决。对此，今后应建立问责制度，以从关键上保证司法机关独立行使权力。会上有同仁在发言中说，对案件依法公正审判，就是党加强对人民司法机关领导的体现。这话说得很好！有了这样认识，深化司法体制改革就增添了新的思想动力。

各位同仁，对党的十八大文件正在学习和落实，新修改的两个诉讼法已开始实施。深化司法体制改革形势是好的，我们应充满信心。但是，改革不可能一帆风顺，不会不遇到阻力，我们也要有思想准备。在整个过程中，既要有长远目标，也要记着千里之行始于足下，不忽视小的步骤。一个星期前在这里举行的研讨会上，一位上海来参会的同仁说，政治家要有法学思维，法学家要有政治智慧。这话很有见的。

此外，我还注意到，在法律专家内部，学者和司法官员也应取长补短。大家对司法体制改革的目标是一致的，但对实现目标的道路，学者们往往排除了现实存在的某些不利因素，将实现目标的道路设计得笔直；而司法官员看到了这些因素，则认为需要迂回。我不认为这是原则问题。还是那句老话，只要大方向正确，就应携手前进，将司法体制改革推向深入，争取达到预期目的。

谢谢大家！

第二部分

改革中的政法委及公检法

中国检察制度的几个问题

朱孝清*

近几年来，特别是在司法体制改革过程中，对我国检察机关的性质、职能等问题提出质疑的声音时有所闻。它与广大人民群众要求强化法律监督的呼声和党中央把强化法律监督作为司法体制改革重要内容的精神形成强烈反差，需要我们高度重视、认真研究，并作出理性回应。为此，本文试就一些人的质疑，主要从应然的角度，对中国检察制度中的若干问题略书管见，以求教于同仁。

一　中国为什么要设法律监督机关

中国要不要设立包括法律监督机关在内的专门的监督机关，这是一些人提出质疑的首要问题。有观点认为："为什么中国历代的监督制度如此发达，而又难以产生廉明高效的政府呢？为什么在没有监督制度的欧美法治国家却不必像我们这样担心政治权力的膨胀呢？"其根本原因，就在于监督与法治不能兼容。故应以法治的方式即以分权制约和正当程序为原则，对传统的监督模式进行改造。[①] 还有的认为，通过设立专门机构实施监督，不仅其效果差于分权制约，而且造成机构重叠，效率低下。因此，改革的出路就是实行分权制约，取消专门的监督机构。

笔者认为，在我国设立法律监督机关，既不是共和国开国领袖们的心血来潮，也不是宪法制定者的任意，而是我国的国体、政体、国情和制度传统使然。

---

* 朱孝清，最高人民检察院副检察长、中国社会科学院研究生院法学系特聘教授。

① 参阅孙笑侠、冯建鹏：《监督，能否与法治兼容》，《中国法学》，2005 年第 4 期。

（一）我国一元分立的权力架构决定了要设立法律监督机关

权力不受监督必然导致腐败，这是颠扑不破的真理。因为“一切有权力的人都容易滥用权力，这是万古不易的一条经验”[①]。为了防止权力的腐败，资本主义国家一般采取“分权制约＋非权力监督”的模式对权力进行制约监督。所谓“分权制约”，就是在国家权力架构上多元分立，在分立的诸权中间互相制约（制衡）。这种权力架构有以下特点：其一，权力平行分工。国家权力按其性质和功能一般分为立法、行政、司法三种，它们一般不受制于同一个上位权力。其二，权力互相牵制。每个权力在行使时或在内容上具有不完整性，或在程序上具有非终局性，或在效力上具有附条件性，[②] 从而使三权中任何一方的权力错用或滥用都将受到其他一个或两个方面的制约。其三，权力之间的制约是双向的。以作为三权分立典型的美国为例，其立法、行政、司法三权分别由国会、总统、法院行使，其权力制约情况是：国会对总统的制约有：总统必须向国会两院提出国情咨文；国会参议院有权就总统提交的高级法官及法官任命名单提出意见并予批准；总统签署的对外条约须国会参议院批准；国会有权对总统及高级官员、法官等提出弹劾并予裁决；国会与总统同享对外宣战权等。总统对国会的制约体现在：国会通过的法案须经总统签署批准；总统对国会通过的法案拥有否决权。法院对国会、政府的制约则表现为国会所通过的法律及政府的行政决策、命令、行为等是否违宪作出裁决。国会和总统对法院的制约体现在：联邦法官需经总统提名、参议院同意后任命。除了三权之间的制约外，资本主义国家一般还有国会两院之间的制约。

除了分权制约外，还有“非权力监督”。所谓“非权力监督”，是指对权力的监督来自于非权力部门。它与“分权制约”的区别主要在于“分权制约”中的“制约”来自于权力部门，故该“制约”是一种“权力”；而“非权力监督”中的“监督”则来自于非权力部门，故该“监督”是一种“权利”。在资本主义国家，这种“非权力监督”主要表现在以下几个方面：一是选民的监督。选举民主是现代民主的重要形式，选民监督是对权力实施民主监督的重要措施。任何党派及其代表人物只有得到选民的拥护和支持，在

---

① 孟德斯鸠：《论法的精神》（上册），商务印书馆，1961 年，第 154 页。

② 参阅陈正云：《试论我国法律监督架构及其属性》，《人民检察》，2006 年第 3 期。

选举中取得胜利，才有可能执政。执政党如果政策失当，就会在选举中丧失政权。二是在野党的监督。在野党虽然没有在台上执政，但仍然活跃在政治生活中，时刻盯住执政党，对执政党的政策提出批评和意见，对执政党领导人中个人的作风、品质等问题更是揪住不放。三是新闻舆论的监督。新闻媒体有灵敏快捷、覆盖面广的特点，它披露要闻，评论时政，臧否得失，对发现的政治丑闻、腐败事件则盯住不放，穷追猛打，从而使国家的政治活动和政治人物的言行变得相对公开透明，也对权力运行起到重要的监督作用。① 上述三方面的监督虽然都有其局限性，有的也往往被政治集团、利益集团所操纵，但对国家权力运行确能起到较为明显的监督作用。可见，多元分立国家没有专门负责监督的机构，并不等于不存在监督，正像一些学者所说："建立有效的监督制度是西方国家民主制度中重要的组成部分……在西方国家政治权力运作中，有各种不同的权力监督机制在发挥作用，有体制内的，也有体制外的，基本形成立体的监督体系"②。

值得我们关注的是，随着形势的发展，西方国家也有设立专门监督机构对权力实施监督的动向和趋势。如在英国，为了加强对警察的监督，防止警察违法和专横，2004年公布的《警察改革法案》决定成立"英国投诉警方独立监察委员会"，该委员会有权调查处理所有对警方的投诉，如果认为警察涉嫌犯罪，该委员会有权实施侦查和逮捕，案件侦查后提请检察机关向法院起诉。可见，在西方国家，也并非绝对地不设立负责监督的专门机构，只不过这种机构不属于国家分权层面上的机构罢了。

为了防止权力腐败，我国也需要对权力进行监督。与西方国家不完全相同的是，我国主要采取"权力监督+权力制约+非权力监督"的模式。所谓"权力监督"，指最高权力机关和专门监督机关的监督。所谓权力制约，指最高权力机关对其下辖权力的某些制约，行政权、审判权、检察权之间的某些制约，检察机关法律监督中实际存在的制约等等，由于我国制约监督的模式所决定，这种制约比较有限。所谓"非权力监督"，主要指政协监督、新闻舆论监督、人民民主监督等。之所以采取这种监督模式而不是采取西方"分权制约+非权力监督"的模式，主要基于我国的国体和政体。我国是工人阶

① 参阅吴孟栓：《论侦查权与法律监督》，《检察论丛》（第2卷），法律出版社，2001年，第210页。

② 唐晓、王为、王春英：《当代西方国家政治制度》，世界知识出版社，2005年，第8页。

级领导的以工农联盟为基础的人民民主专政的社会主义国家。同这一国体相适应，在政党制度上，实行共产党领导的多党合作和政治协商制度；在政体上，实行民主集中制的人民代表大会制度。这是历史形成的，是全国各族人民通过自身的政治经验进行选择的结果。它符合广大人民的根本利益，是实现人民当家做主权利的保证，是具有中国特色的社会主义民主政治的体现，也是区别于一些资本主义国家的多党竞争、议会民主和三权分立的最大特点和优势之所在。为了实现对国家的管理，我国也对国家的权力进行分工，但中国共产党的领导权和人民代表大会代表人民统一行使国家权力的权力是不容分割的。因此，我国的分权，只能、也必须是在坚持共产党掌握完整的领导权和人民代表大会享有完整的国家权力前提下的权力分工，其制度安排是：将权力进行职能分工，并以人民当家做主的制度形式来监督其所分工的各项权力。因此，我国实行的是一元多立的权力架构，即在一元权力——人民代表大会下，分出立法权、行政权、审判权、检察权、军事权，其中立法权留给人民代表大会自己直接行使，而将行政权、审判权、检察权、军事权分别授予行政机关、审判机关、检察机关、军事机关行使，这些机关都由人民代表大会产生，向人民代表大会负责。在这种权力架构下，人民代表大会及其常委会固然有权对由其产生与下辖的诸权能实施监督，但这种监督只能是宏观的监督和对国家、社会重大事项的监督，而不可能是经常的具体的监督。在人民代表大会下辖的诸权能之间，虽然也有一定的制约，但比较有限，且诸权能对人民代表大会也不存在反监督关系。① 总之，这种制约监督主要是人民代表大会对其下辖的诸权能的单向的宏观的监督，而不是各权能间双向的经常的具体的制约监督。毋庸讳言，这种制约监督与多元分立权力架构下的制约监督相比，是不普遍、不充分的。为了弥补制约监督的不足，防止权力腐败和被滥用，保证国家权力在法治的轨道上正确运行，就必须在人民代表大会下设立专司监督的法律监督权能，并将该权能赋予某一机关，使其成为专门的法律监督机关。此外，还在共产党内部设立党的纪律检查委员会，在政府内部设立行政监察部门，从而形成对权力的监督网络。因此，设立包括法律监督机关在内的专门的监督机关，是我国一元分立权力架

① 这里的“监督”指的是作为监督权力的监督，而非作为监督权利的监督，因为作为监督权利的监督，任何机关、公民均享有。

构下对权力进行制约监督的必然选择。如果说中国实行共产党领导和人民代表大会制度是历史的必然、人民的选择，那么，中国设立法律监督机关同样具有历史的必然性和现实的合理性。

（二）中国的国情决定了要设立法律监督机关

"徒法不足以自行。"法的运行由立法、守法、执法、司法、法律监督（护法）等环节构成。其中，"法律监督是法律运行不可或缺的构成性机制"[①]，也是保证法律统一正确实施、维护法律权威和尊严的重要环节。而影响法律统一正确实施、损害法律权威和尊严的情况越突出，法律监督的必要性就越大。在我国，由国情所决定，在相当长的时期内，还存在诸多影响法律统一正确实施、损害法律权威和尊严的因素。

第一，封建思想残余影响法律统一正确实施

我国有两千多年封建社会历史，封建社会的人治、等级、特权思想和重权轻法、重言轻法、重情轻法的观念根深蒂固，且至今仍有广泛而深刻的影响，致使现实生活中以言代法、以权压法、以情扰法、有法不依、执法不严、违法不究的情况仍然比较突出。清除封建思想残余是一项长期而艰巨的任务，需要几代、几十代人的艰苦努力。因此，在相当长的时间内，封建思想残余对法律统一正确实施的影响不可低估。

第二，"潜规则"影响法律的统一正确实施

"潜规则"是指在明文规定的各种正式制度之外，实际存在又获得广泛认同的潜在规矩。"潜规则"是人治社会的产物，其根源是对制度、规则的蔑视和对权力的崇拜。封建社会是"潜规则"盛行的社会。新中国成立后，由于种种原因，"潜规则"在我国一些地方一些时候仍然较有市场。不少人认为，规则是死的，人是活的，任何规则都可以变通，关键在于你有没有本事去变通或获得变通。在这种观念的支配下，严格按规则办事的官员往往被指责为"死板"，遵守规则的公民往往被认为"无能"。于是，"潜规则"在政治生活、社会生活中屡见不鲜。例如，国家要求按德才兼备原则选拔干部，严禁跑官要官，但一些人却认为"生命在于运动，当官在于活动"，"不跑不送，原地不动；只跑不送，同级调动，又跑又送，提拔重用"；中央要求宏观调控要令行禁止，但一些地方干部则认为"谁老实谁吃亏"；国家规

① 张文显主编:《法理学》，高等教育出版社，2003年，第287页。

定在经济往来中严禁暗中送收回扣，但不送钱难以承包到工程、不给回扣难以推销掉药品的行为在一些地方是不争的事实；国家要求照章办事，严禁搞不正之风，但一些搞不正之风者左右逢源，办成一件件按照规则不可能办成的事的事实，而使不少人认为不能相信那些规章制度；法律要求遵守交通规则，“红灯停、绿灯行”，但不少人认为那样做是“呆子”，等等。“潜规则”是对各种制度（包括法律）的直接背离，它必然严重影响法律权威的树立和法律的统一正确实施。

第三，经济、文化不发达且不平衡，影响法律统一正确实施

我国处于并将长期处于社会主义初级阶段。经济、文化不发达且发展不平衡，是社会主义初级阶段的一个显著特征。根据国际货币基金组织（IMF）公布的2005年按汇率法计算的世界180个国家和地区国内生产总值和人均生产总值的统计结果，我国2005年GDP总量虽位居世界第4位，但仅占世界的5%，占美国的17.8%，占日本的48.7%。中国人均GDP为1703美元，居第110位，占卢森堡的2.3%，占美国的4%。[①] 同时，城乡之间、地区之间很不平衡，其中城镇的居民可支配收入是农村的3.2倍；人均GDP最高的省份（上海）是最低省份（西藏）的7.4倍。[②] 据中国科学院可持续发展战略课题组的研究和测算，最先跨入现代化的省区（上海）与最后跨入现代化的省区（西藏）要相差75年。在文化方面，我国一般大众人口的文化素质、领导层人口的文化素质、执行层人口的文化素质、司法人员的职业学历都与发达国家存在明显的差距，在国内省与省之间也呈现明显的不平衡性。经济是法治的基础，文化与法治关系也十分密切，法律本身就是一种特殊的文化。“穷国无法治，愚昧无法治。”[③] 一国的法治水平，总是与该国的经济文化水平大致相适应的。我国经济、文化不发达且发展不平衡，不仅制约着立法，而且制约着法律的统一正确实施。例如，办案经费紧张、侦查装备落后、执法人员素质不高，使得不少案件得不到及时有效地查处，还使得一些执法机关因利益驱动，为钱办案、办案抓钱、以罚代刑。

第四，地方和部门利益刚性影响法律统一正确实施

在我国，广大干部群众要求发展经济、改变地方面貌的迫切愿望，地区

① 参阅任晓燕：《2005年中国国内生产总值跃居世界第四位》，《中国统计》，2006年第6期。
② 国家统计局官方网站《全国年度统计公报》和《地方年度统计公报》。
③ 郝铁川：《中国依法治国的渐进性》，《法学研究》，2003年第6期。

间相互竞争的压力，上级领导对干部政绩的考核评价体系，分级包干的财政管理体制等等，都使地方利益具有刚性。由于我国是政府主导的发展经济模式，地方政府在发展当地经济中的作用举足轻重，责任重大，因而地方利益刚性既有力地促进了地方政府发展经济的积极性，也诱发了地方保护主义和某些违法违纪，如以邻为壑、互设藩篱；贸易壁垒、画地为牢；搞“上有政策、下有对策”和“闯红灯”；对某些违法犯罪怂恿庇护等等。实践中，一些地方假冒伪劣、偷税漏税、非法开采、侵犯知识产权以及“黄赌毒”等违法犯罪屡禁不止，都与地方利益刚性不无关系。而现行以地方为主的人事、经费管理体制，又使司法机关难以对地方保护主义形成有效制约，有的反而成为地方保护主义的帮凶。此外，我国不少地方允许部门自搞福利的做法，使得一些部门、单位以权谋利，搞部门保护主义，如利用权力违法经营、有案不送以罚代刑以及乱收费、乱罚款、乱摊派、乱提留等。而单位“账外账”、“小金库”的大量存在，又诱发了不少贪污贿赂、侵占挪用犯罪。当年，列宁在批评地方主义时说：“地方影响对于确立法制原则与文明性来说，即令不是唯一有害的障碍，也是最有害的障碍之一。”① 如今，在社会主义初级阶段的中国，地方和部门利益刚性对法制的影响同样不可低估。

第五，执法犯法影响了法律统一正确实施

在初级阶段，执法人员的素质和水平不能不受初级阶段的局限，而封建主义和资产阶级思想的影响，金钱、美色的诱惑，说情、请客、送礼风的侵蚀，人财物管理体制的影响，有关方面的压力，执法者基于个人或单位、团体利益的考虑等等，都有可能影响执法人员对法律规则的把握，对证据的采信和对案件的正确处理，并导致一些执法人员有法不依、执法不严、违法不究，甚至贪赃枉法、徇私舞弊、失职渎职。

由于上述多方面影响法律统一正确实施的因素的存在，设立专门的法律监督机关，用以监察、督促国家权力的依法运行，保证法律的统一正确实施，就成了当然的制度选择。

（三）我国正反两方面的经验教训证明，要设立法律监督机关

我国检察机关经历了新中国成立初期设立、20世纪50年代后期因“左”的思想影响受到波折、“文化大革命”期间被撤销、“文化大革命”结束后拨

① 《列宁论苏维埃国家机关工作》（中译本），人民出版社，1957年，第246页。

乱反正被重建、改革开放新时期勃兴的曲折发展历程，与社会主义民主法制具有同兴同衰的命运。50多年的经验教训证明，我国什么时候重视法律监督，什么时候社会主义民主法制就发展，什么时候削弱以至取消法律监督，什么时候社会主义民主法制就受到损害以至破坏；反之亦然。在我们这样一个影响法律统一正确实施的因素严重存在的国家，如果没有专门的法律监督机关，就难免出现有法不依、执法不严、违法不究等违反法制原则的现象，社会主义民主也就失去了法治的保障，“文化大革命”所造成的严重后果就是最典型的例证。“文化大革命”结束后的1977年，中共中央在征集宪法修改意见中，全国有19个省、自治区、直辖市和人民解放军8大军区，35个中央直属机关、国家机关及军事机关，都提出了“重新设立人民检察院”的建议。在中央修改宪法小组召集的各地区、各部门领导人和民主党派负责人、社会知名人士的座谈会上，各方面也纷纷要求重新设立人民检察院。[①]这充分说明重新设立检察机关是中国人民在总结历史的经验和教训、特别是“文化大革命”血的教训后提出的一致要求，说明“鉴于同各种违法乱纪行为作斗争的极大重要性”[②]，在国家政权体制中设置检察机关，对于加强社会主义民主法制建设、保障人民民主权利所具有的重大意义。

（四）设立专门的法律监督机关符合中国的制度传统

我国自秦汉以来，历朝封建统治者无论是汉族还是其他民族，都曾设立监察制度，对官吏实施监督，并在两千多年的封建历史中长盛不衰，不断完善。御史有多项职能，但纠察百官、追究官吏犯罪是其基本职能之一。他们拥有侦查、逮捕、审判等广泛的权力，具体如驱磨点检（审查各级官府文卷案牍为“驱磨”，清点各级政府库场为“点检”）、微行暗察、风闻奏事、越级弹奏、便宜行事（大事奏裁，小事立决，特殊情况下可以先斩后奏）等。封建社会的监察制度虽然没有也不可能改变封建社会覆灭的命运，但它对于维护封建社会纲纪，遏制官吏违法犯罪，缓和阶级矛盾，维护封建统治，无疑起到了重要的作用。

辛亥革命时，孙中山先生主张国家权力分为“五权”，即立法权、行政权、司法权、考试权、纠察权，分别由五院即立法院、行政院、法院、考

---

① 参阅李士英主编:《当代中国的检察制度》，中国社会科学出版社，1987年第12版，第183页。

② 这是叶剑英委员长1978年在五届人大一次会议上作关于修改宪法的报告中，对为什么要重新设置作为法律监督机关的人民检察院所做的说明。

试院和监察院行使，主张制定“五权宪法”。孙中山作为熟知西方政治制度的中国资产阶级革命家，并没有主张照搬西方三权分立的政治制度，而主张把封建社会的监察制度继承下来，使之与西方政治制度的“三权”“中西合璧”，这不是出于一时的心血来潮，而是因为他“曾将美国宪法仔细研究，研究的结果，觉得它不完备的地方很多，而且流弊不少”①。他在阐述专管监督弹劾的纠察权时说：“现在立宪各国，没有不是立法机关兼有监督的权限，那权限虽然有强有弱，总是不能独立，因此生出无数弊病。比如美国纠察权归议院掌握，往往擅用此权，挟制行政机关，使他不得頫首总命。因此常常成为议院专制……况且照正理上说，裁判人民的机关已经独立，裁判官吏的机关都仍在别的机关之下，这在伦理上是说不过去的，故这机关也要独立。”② 可见，设立专门监督机构以监督官吏，是孙中山先生研究中国制度传统和总结西方宪政制度经验教训得出的结论。

有人认为，设立专门的监督机关还要解决监督者谁来监督的问题，致使机构叠床架屋，徒增制度成本，且“难以产生像欧美法治国家那样廉洁高效的政府”。笔者认为，单从设立专门监督机构这一点来看，比不设立专门机构的国家似乎增加了制度成本，但从全局看，即从国家权力架构及其运行情况看，却未必。因为多党制、议会制、三权分立的政治模式的成本是惊人的，仅以美国竞选总统、议员为例，美国2004年总统竞选费用近40亿美元，竞选一名参议院议员的平均费用是251.875万美元，最高达3148.8821万美元。③ 至于互相掣肘、无休止争吵、你争我斗等，则更是司空见惯，这不仅增加了成本，而且严重影响效率。正像邓小平所说：“资本主义国家的多党制有什么好处？那种多党制是资产阶级互相倾轧的竞争状态所决定的……这使它们每个国家的力量不可能完全集中起来，很大一部分互相牵制和抵消。”④ “社会主义国家有个最大的优越性，就是一件事情，一下决心，一做出决议，就立即执行，不受牵制……这方面是我们的优势，我们要保持这个优势，保证社会主义的优越性。”⑤ 至于设立专门监督机构的反腐败效果，

① 孙中山：《五权宪法之讲解》，《孙中山文集》，团结出版社，1997年，第539页。
② 同①，第29页。（在原文中，前引［14］即为本页的注①）。
③ 参阅李振通：《如何看待西方的民主制度》，《求是》，2006年第1期。
④ 《邓小平文选》（第二卷），人民出版社，1994年，第267页。
⑤ 《邓小平文选》（第三卷），人民出版社，1993年，第240页。

也未必比分权制约的差，因为一国腐败的多少，是由该国经济和社会发展阶段、民主法制发展水平等多种因素决定的，在世界范围内，既有设专门机构使反腐败卓有成效的范例，也有一批采用三权分立政体但腐败相当严重的国家。故那种认为设专门监督机构制度成本高、反腐败效果差的观点是缺乏依据的。

根据以上分析，可以得出以下结论：其一，在我国设立专门的法律监督机关，是由我国的国体、政体和国情决定的，且符合我国的制度传统，具有客观必然性。它充分反映了我国宪政制度下加强对权力监督制约的客观要求，是体现中国共产党和中国人民政治智慧的科学选择，也是中国特色社会主义政治制度的重要特征之一，因而是不以人们的意志为转移的。其二，为了防止权力的异化和变质，无论是多元分立的权力架构还是一元分立的权力架构，都存在制约监督机制，所不同的仅是在多元分立的权力架构下，大多不设立专门的监督机关，而采取“分权制约＋非权力监督”的模式；而在一元分立的权力架构下，则要设立专门的监督机关，采取“权力监督＋权力制约＋非权力监督”的模式。而无论是“分权制约＋非权力监督”还是“权力监督＋权力制约＋非权力监督”，都是对权力实施制约监督的表现形式。其三，一国实行何种权力架构以及采取何种制约监督形式，取决于该国政治、经济、文化、历史传统等因素，正像很难评价大陆法系与英美法系孰优孰劣一样，不同权力架构及制约监督形式也很难说孰优孰劣，关键在于其是否适合某国的实际，并比较有效地预防和治理权力腐败问题。

二　中国为什么要把检察机关作为法律监督机关

既然中国根据国体、政体及国情需要设立专门的法律监督机关，那么，为什么要将检察机关而不是别的什么机关作为法律监督机关？

这是因为检察机关与法律监督存在高度的契合。

（一）检察机关的刑事公诉具有监督属性

世界各国的检察制度不尽相同，其职权范围也存在较大差异，但至少有一项职权是相同的，即都负责刑事公诉。而刑事公诉，具有监督的属性。

第一，从公诉制度产生的初衷来看。

公诉制度发端于中世纪的法国。当时，法国处于封建割据状态，各封建领主、教会领地和城市都设有自己的法庭，对领地的居民行使司法权。国王法院只能管辖王室领地内的案件。诉讼采取私诉方式。私诉方式具有明显的弊端，它要受加害和被害双方力量对比关系、举证能力等影响。比如，加害方势力强大，被害方担心抗争不过而放弃诉讼；被害方举证不力，不仅打不赢官司，而且成了"诬告"；侵害公益等案件无人过问，等等。司法权的分散、割据和私诉，都影响了法律的统一实施和司法的公正。为了弥补诉讼的缺陷，加强中央集权，原先仅代表国王私人处理与诸侯发生涉及财政、税务和领土方面纠纷的"国王的律师和代理人"，逐渐具有了以政府公诉的身份听取私人告密，进行侦查，提起诉讼，在法庭上支持控诉，以及抗议法庭判决并代表国王监督地方行政当局等职能。从菲力普四世（1285—1314 年）时起，"国王的律师和代理人"成为专职的国家官员。至 17 世纪路易十四时，将其定名为检察官，现代意义上的公诉制度由此产生。现代公诉制度起源表明，"公诉制度是为了消除封建割据状态下法制不统一对追诉犯罪活动带来的影响"和监督法院审判，维护国王制定法律的统一实施而问世的。①

第二，从公诉制度的继承和发展看。

在公诉制度发展的过程中，有一个情况耐人寻味并值得我们深思：资产阶级夺取政权后，随着现代警察制度的建立，在警察统一行使刑事案件侦查权后，资产阶级如从完成刑事控诉任务考虑，那完全可以在废除封建制度时，一并废除封建社会法国等国所实行的由检察官提起公诉的制度，改由警察将刑事案件直接向法院起诉。因为这不仅可以减少诉讼环节，节省司法资源，而且可以提高诉讼效率。然而，资产阶级没有这样做，他们废除了封建制度，却将封建社会（如，法国等国）由检察官公诉的制度继承下来，且各国无一例外地都先后建立了检察官公诉制度，并予以发展与完善。这是为什么？是因为在资产阶级及各国统治者看来，在警察与法官之间插入检察官这个楔子，虽增加了司法成本，降低了诉讼效率，却能收一举多得之效。我国台湾学者林钰雄认为，它一可透过诉讼分权模式，以法官与检察官彼此节制的方法，保障刑事司法权行使的客观性和正确性；② 二可以严格法律训练和法律约束的公正客观的官署，控制警察活动的合法性，摆脱警察国家的梦

① 参阅王桂五主编：《中华人民共和国检察制度研究》，法律出版社，1991 年，第 4 ~ 5 页。

② 如法国民主议会于 1790 年 8 月 14 日及 16 日通过法令规定："检察官是行政派在各级法院的代理人。"它清楚地表明了检察官（即行政权）对法官（即司法权）的节制监督作用。

魇；三可让检察官守护法律，使客观的法意旨贯通整个刑事诉讼程序，以追诉犯罪，保障民权。[①] 总之，在警察与法官间介入检察官这个楔子，就是为了让检察官充当法律守护神，即保证法律的统一正确实施，以避免法官的擅断和警察的恣意，从而实现对国家权力的双重控制。由此也说明，在各国资产阶级及其统治者看来，刑事公诉不是目的，对警察和法官权力的双重控制才是目的，刑事公诉仅仅是实施这种控制的手段。

第三，从公诉权的内容来看。

公诉不仅仅指提起公诉，而是指检察机关为依法指控犯罪，请求法院开庭审判并追究其刑事责任而进行的一系列诉讼活动的总称。世界上多数国家的公诉权包括审查起诉权、决定起诉和不起诉权、公诉变更权、出庭支持公诉权和抗诉权。其中审查起诉需要审查警察移送的案件是否符合起诉条件、犯罪嫌疑人是否构成犯罪、所认定的罪名是否正确、有无遗漏罪行和其他应当追究刑事责任的人、警察侦查活动是否合法等内容，这些审查活动无疑体现了对警察侦查活动的监督。检察机关审查后，如果作出不起诉决定，则体现了对警察侦查结果的否定和侦查程序的控制；如果作出起诉决定，则表明对警察侦查结果的认可，并启动了刑事审判程序，限定了刑事审判的范围，法院只能就检察院起诉的案件及其被告人与犯罪事实进行审判，而不得对检察院没有起诉的事实及其他案件行使审判权。公诉变更权一般包括撤回起诉、追加起诉、补充起诉、变更起诉等权力，这些权力的行使，既是对检察机关自身原起诉决定的修正，也是对警察侦查和法院审判的双重制约。出庭支持公诉既对被告人履行控诉职能，又负有监督法院审判活动是否合法的职责，特别是大陆法系国家的检察官普遍负有该职责。如在法国，最高检察长的主要职责是“对国家整体执法活动进行监督”，其中当然包括对法院审判活动的监督。德国检察官“在法庭审理阶段，充任国家公诉人，同时监督审判程序是否合法”。因此，“检察官在法庭上既是公诉人，又是法律监督者。”[②] 抗诉是检察院对法院确有错误的裁判提出异议，并要求上一级法院予以纠正的活动，它更体现了对法院的法律监督。虽然，被告人也可以对其

① 参阅林钰雄:《检察官论》,（台湾）台北学林文事业有限公司，1999 年，第 16 ~ 17 页；转引自孙谦:《检察：理念、制度与改革》，法律出版社，2004 年，第 186 ~ 187 页。

② 宋英辉、陈永生:《英美法学与大陆法学家检察机关之比较》,《检察论丛》(第 1 卷)，法律出版社，2000 年，第 547 ~ 553 页。

认为错误的裁判提出上诉，但其上诉的内容是要求从轻判处或者改判无罪，上诉的目的是为了自己的利益。而检察院抗诉则既可以“抗轻”（认为原判太轻，要求从重判处），也可以“抗重”（认为原判决太重或完全错误，要求从轻判处或改判无罪），既可以提出不利于被告人的抗诉，也可以提出有利于被告人的抗诉；抗诉的目的并非为了自己的利益，而是为了维护法律的正确实施。因而不能因为被告人也拥有上诉权而怀疑或否定检察院抗诉所体现的监督属性。

有学者还认为，公诉所具有的控诉功能，也具有自诉所不具有的法律监督性质，因为公诉与自诉相比，二者在起诉的目的、起诉的原因、诉讼立场、追求的诉讼结果等方面均不同，“公诉权除了具有自诉权启动刑事审判程序的作用外，还具有自诉权所不具有的维护法律被切实遵守、保障法律实施的作用”[①]。笔者认为，该观点具有创新的意义，也有一定的道理。但是，与检察院公诉代替被害人自诉相适应，在刑事案件的调查取证上，人类社会也经历过由当事人自己调查取证到由警察统一调查取证（即侦查）的过程，目前英美法系国家所奉行的当事人主义诉讼方式，以及不少国家所保留的对部分案件的自诉，就是由此而来。如果因公诉不同于自诉而认为公诉的控诉职能具有法律监督性质，那么，警察侦查代替私人调查是否意味着警察的侦查也具有法律监督性质？因为警察侦查同私人调查相比，在侦查的目的、原因、诉讼立场、追求的诉讼结果等方面也都不相同，似乎也具有当事人调查所不具有的“维护法律被切实遵守、保护法律实施”的作用，此为其一。其二，检察机关法律监督的对象，主要是公权力，即对公权力行使合法性的监督，其目的主要是为了保证国家权力在法治轨道上正确运行。我国现行法律赋予检察机关的诸项权力，莫不以此为界。如果把控诉犯罪也视为法律监督，那就把公民遵守法律的情况也纳入了检察机关的监督范围，照此思路，那凡是对在法的遵守中出现的违法犯罪进行查处的活动，如公安机关的侦查活动、行政执法机关的执法活动都是法律监督了，这就难免混淆了检察机关监督的对象和其他执法机关执法对象的界限，从而使法律监督泛化。可见，说公诉的控诉功能属于法律监督，虽有一定的道理，但也有牵强之嫌。

根据上述，可以得出如下结论：其一，世界各国的公诉都具有两个功

---

① 孙谦：《检察：理念、制度与改革》，法律出版社，2004 年，第 433 ~ 435 页。

能：控诉功能和监督功能，即一方面，将犯罪嫌疑人诉至法院，要求法院判处刑罚；另一方面，通过审查起诉、决定起诉或不起诉、变更起诉、出庭公诉、抗诉等活动，控制侦查程序和审查侦查结果，启动审判程序和限定审判范围，监督侦查活动和审判活动。这两个功能不可分割，统一于公诉之中，是一个事物的两个方面，就像一枚硬币的两个面一样。当然，就某一具体案件来说，如果检察机关经过审查作出不起诉决定，则该案的公诉只有监督功能而无控诉功能；如果审查后作出起诉决定，则该案件的公诉必然既有控诉功能又有监督功能。可见，在具体案件中，只有无控诉但有监督的公诉，但无没有监督而仅有控诉的公诉，那种认为只有控诉而无监督的公诉是根本不存在的。其二，既然公诉同时具有控诉功能和监督功能，而检察机关又是因公诉而产生的。因此，监督是检察机关与生俱来的固有的属性。其三，在公诉的控诉功能与监督功能之间，控诉是手段，监督是目的，各国之所以不由直接负责侦查的警察向法院起诉，而宁可牺牲一定的司法资源和诉讼效率，由检察机关向法院起诉，其目的就是为了实现对警察侦查权与法官审判权的双向监督。其四，各国检察机关之所以要对警察侦查权和法官审判权实施监督，是因为在大陆法系国家，检察机关是“法律的守护神”，在英美法系国家，检察机关是“国家和公共利益的代表”，为了法律利益或者国家和公共利益实施监督，是其职责所在。

（二）检察机关除公诉之外的职能也大多具有监督属性

各国检察机关除了公诉具有监督属性外，还拥有其他一些具有监督性质的职权，为指挥、监督侦查权，监督判决执行权，监督监所权，对涉及公共利益的民事、行政诉讼提起和参与诉讼权等等。其中大陆法系国家的职权则更为广泛。如在法国，检察机关除在刑事诉讼中行使侦查、起诉、支持公诉和指挥刑事裁判的执行等职能外，还对下列事项行使广泛的监督权：“（1）监督司法辅助人员；（2）监督检察书记官；（3）监督司法救助制度的营运；（4）监督户政官员；（5）对私立教育机构的监督；（6）对公立精神病院的监督；（7）对开设咖啡店、酒店等特种营业的资格审查；（8）对新闻、杂志等定期刊物进行审查等等。”[①] 德国检察机关除对刑事诉讼的侦查、审判和执行有广泛监督外，“对律师执法活动的合法性，也负有一定的监督

① 王然冀等：《当代中国检察学》，法律出版社，1989年，第70页。

职责”[①]。葡萄牙检察机关的权限有“……7.监督司法官员的工作；在自身权限内，维护法庭的独立，并监督司法职能依照宪法和法律进行。……9.在监督司法职能进行时，依据宪法和法院组织法的规定，可向宪法法院提出上诉。10.监督常规法律的合法性。共和国检察长可请求宪法法院对任何违宪进行宣布”[②]。在英美法系的英国，根据1985年《犯罪起诉法》的规定，检察机关拥有对警察侦查行为一定的监督和建议权：其一，为了防止警方对应当提起诉讼的案件不予提起诉讼，警察局局长应当将本辖区内的每一严重犯罪通知检察官。其二，检察机关在侦查阶段要给予警察必要的司法建议，指导警察收集和发现充分的能证明案件事实的证据。美国联邦总检察长有权侦查政府官员的犯罪行为，有权监督司法行政管理、监狱和其他惩办机关。除对刑事诉讼领域实行监督外，多数国家的检察机关还广泛地干预涉及国家利益和公共利益的民事、行政诉讼，如英国、美国、日本、德国、意大利、比利时、希腊、瑞典、澳大利亚、巴西、阿根廷、荷兰、委内瑞拉、哥斯达黎加、斯里兰卡、布隆迪、乌干达、突尼斯等国，都在法律或判例中确认了检察机关参与民事诉讼的内容。[③]

由于各国检察机关承担的公诉职能具有监督属性，同时，除公诉外，还拥有较为广泛的带有监督性质的权力，因此，有的学者将英美法系国家的检察机关界定为“诉讼机关”，将大陆法系国家的检察机关界定为“法律监督机关”[④]；还有学者则将西方国家的检察机关界定为“司法监督机关”[⑤]。笔者认为，对资本主义国家检察机关无论作何界定，它们都具有对有关诉讼机关执行法律的行为实施监督的属性则是无可争议的事实；其中说大陆法系国家的检察机关是“法律监督机关”似也不为过。试想，“对国家整体执法活动进行监督”、被称为“法律守护人”的机关，难道还不可以称为“法律监督机关”吗？至于这些国家没有将其界定为“监督机关”或“法律监督机关”，这既有法律语言习惯的原因，更有受三权分立政体所限的原因。

正因为世界各国检察机关所承担的公诉职能及其他职能都具有监督的属

---

① 中国检察考察团：《德国的检察制度》，《人民检察》，1994年第11期。

② 《人民检察》编辑部：《葡萄牙〈检察署组织法〉简介》，《人民检察》，1996年第4期。

③ 宋英辉、陈永生：《英美法学与大陆法学家检察机关之比较》，《检察论丛》（第1卷），法律出版社，2000年，第556页。

④ 同③，第547～548页。

⑤ 同④。

性，因而我国在借鉴苏联检察制度和批判地继承我国封建社会监督制度的基础上，将外国以公诉（内含监督）为主体、以其他监督职能为补充的检察制度进行适当的改造，即除了承担各国都具有的公诉（内容监督）职能外，再对外国监督的职能进行适当扩充与系统化，赋予检察机关公诉、审查批捕、职务犯罪侦查、诉讼监督等职能，[①] 并将检察机关定位为法律监督机关。因此，各国检察制度中公诉及其他职能所具有的监督属性，是我国将检察机关定位为法律监督机关的合理性基础。

三　检察机关的法律监督是否会破坏控辩平等、损害审判权威?

有人认为，检察机关的法律监督定位，使其集法律监督职能与公诉职能于一体，这种“检诉合一”的诉讼机制，使“本来已经足够强大的国家公诉机关又如虎添翼，‘平等武装’成为泡影，必然会导致控辩双方力量呈现严重不均衡，控辩平等原则就形同虚设，被告人的宪法性权利就没有任何保障可言”。同时，还“使检察官身兼了运动员和裁判员两种互相矛盾的法律角色于一体”，使“检察机关实际拥有了高于审判机关的法律地位和权力效能，检察官成为地地道道的‘法官之上的法官’，直接导致审判不独立裁判不终局，司法权威先天受到贬抑”。[②]

笔者认为，这是对检察机关法律监督的误解。

（一）法律监督不仅不会破坏控辩平等，而且有利于控辩平等

“控辩平等”是指刑事审判中控诉和辩护双方“在形式上保持平等对抗的格局”。[③] 它主要包括以下内容：其一，控辩双方诉讼地位对等，即都是诉讼主体，都享有诉讼权利，并承担诉讼义务，而不应一方是诉讼主体，另一方是诉讼客体。其二，控辩双方诉讼权利对等，即对双方给予平等武装和平等保护。所谓“平等武装”，是指刑事诉讼法应当赋予控辩双方对等的攻防手段；所谓“平等保护”，是指法院应当给予控辩双方平等的参与机会，对双方的主张、意见和证据给予平等的尊重和关注。其三，控辩平等的目的在于防止控方权力过于强大而对辩方合法权益造成损害，从而实现诉讼的客

① 其实，这些职能或多或少地为其他国家所具有，只不过我国出于法律监督的需要，而将它们系统化罢了。

② 郝银钟：《评“检诉合一”诉讼机制》，《法制日报》，2006年8月3日。

③ 参阅宋英辉：《刑事诉讼法原理导读》，法律出版社，2003年，第69页。

观、公正。[①] 据此，笔者认为，从实然角度来说，我国现行刑事诉讼法并未确立控辩平等原则，故不存在法律监督是否破坏该原则的问题；从应然角度来说，我国刑诉法即使应当确立控辩平等原则，法律监督也不仅不会破坏而且有利于实现该原则。

第一，监督是各国检察机关与生俱来的固有属性，不唯我国检察机关独有。如前所说，在世界各国检察制度中，控诉与监督是公诉所必然具有的两种功能，二者统一于公诉之中，只要对案件实施控诉，监督就相伴而生，故只有控诉而没有监督的公诉是不存在的。既然如此，为什么其他国家没有认为公诉所隐含着监督不会破坏控辩平等，而我国的法律监督就会破坏控辩平等呢？质疑者只知道外国的检察机关是公诉机关，却不知道让检察机关提起公诉的初衷就是为了监督，公诉仅是监督的手段。其把公诉与法律监督对立起来的观点，就如同把人的手与人对立起来一样不符合逻辑。

第二，法律监督有利于校正检察机关的片面控诉倾向，从而有利于控辩平等。如前所说，控辩平等原则是为了使犯罪嫌疑人、被告人的合法权益免遭追诉机关的不法侵害，保障诉讼的客观公正，而不是为了使犯罪嫌疑人、被告人逃脱法网，获得不正当利益。据此，检察机关究竟是作为单纯的公诉机关[②] 时片面控诉倾向大，还是作为法律监督机关时片面的控诉倾向大？我想答案是不言而喻的。如果检察机关仅是公诉机关，那公诉成了其唯一任务和追求，显然，其片面的控诉倾向就会大一些。而当检察机关是法律监督机关时，维护法律统一正确实施和社会公平正义成了其宗旨和价值追求，公诉仅是其诸多职能中的一项职能，是其实施法律监督的一个手段，显然，检察机关在履行公诉职能时，必然要受其整体性质的制约，以整体的价值追求为追求，而不可能只顾公诉职能的需要而不顾整体，就像人的个别器官必然要受大脑指挥，服从人的整体需要一样。例如，人的嘴的功能是辨别食味和

---

① 目前学界对“控辩平等”有多种理解，如有的认为它不仅适用于审判阶段，而且适用于整个刑事诉讼过程；有的认为它是指控辩双方法律地位平等，即都是诉讼当事人。如照此理解，那么，控辩平等在西方资本主义大国也未实现，而仅是美好的愿望而已。例如，在法律地位上，即使是在当事人主义诉讼模式的美国。检察官的角色也不是当事人，而是“公诉律师”；在诉讼权利（力）上，大陆法系国家追求实体真实为目标的职权主义诉讼模式比较重视对侦控机关权力的配置，而对辩方权利限制较多，使得难以平等实现；平等保护要以法官中立为前提，但大陆法系各国的法官为追求实体真实，可依职权主动讯问被告人、证人，并采取必要的调查措施，故平等保护也难以真正实现。

② 其实，西方国家的检察机关也不是单纯的公诉机关；笔者在这里仅是按照质疑者的观点提出的一种假设。

摄取食物，如仅从嘴自身的欲望出发（假设嘴能思维），那可能遇有美味佳肴就会暴吃暴饮。但嘴作为人体的一个器官，必然要受消化系统承受能力和人体健康需要的制约，不仅不能遇有美味佳肴就暴吃暴饮，而且有时还要吃些嘴并不喜欢吃甚至讨厌的食品、苦药。因此，当检察机关作为法律监督机关而存在时，其履行公诉职能也必须恪守法律监督性质，以维护法律统一正确实施和社会公平正义为宗旨和价值追求，而不可能为控诉犯罪而不择手段。

在实际的公诉工作中，检察机关为了使其整体价值追求落到实处，采取了若干有力措施：一是严格依照法定条件起诉。我们知道，我国刑事诉讼法规定的刑事起诉在事实证据方面的条件与法院作有罪判决的条件是相同的，即都是“事实清楚，证据确实充分”。这就要求检察机关以法院作有罪判决的条件来要求起诉，防止把一些只有定罪判刑可能但无定罪判刑把握的案件诉至法院。而在外国，刑事起诉条件大多低于法院定罪判刑条件，如德国起诉的条件是“有足够事实根据”①；美国相关判例说明的起诉条件是“有合理的理由认为被告人已实施了法律规定的犯罪行为”②；英国的起诉条件是“预期可予定罪”，即“被指控的被告人定罪的可能性远远大于不定罪的可能性”③。因此，我国检察机关只要严格依照法定起诉条件起诉，就比外国更有利于防止片面的追诉倾向，从而更有利于维护犯罪嫌疑人的合法权益。二是建立判无罪案件分析总结制度和案件质量考评制度。既然法律对刑事起诉条件的规定与判决一致，那检察机关和社会上就自然要以法院的判决情况作为衡量起诉质量的一个依据。为此，我国检察机关建立并完善了判无罪案件分析总结制度和起诉质量考评制度，并以此作为考核公诉人的工作质量、水平的一个重要依据。对检察机关实行的这两个制度尽管有不同的评价，但它有利于促使办案人员客观公正地履行公诉职责，防止片面的追诉倾向，严把案件事实关、证据关、定性关、起诉关，从而确保办案质量，确是不争的事实。而在外国特别是英美法系国家，检察机关不仅没有判无罪案件分析总结制度和起诉质量考评制度，而且连案件起诉后判无罪数、判无罪率也不作统

---

① 参阅《德国刑事诉讼法典》第152条，载《德国刑事诉讼法典》，李昌珂译，中国政法大学出版社，1995年，第72页。

② 参阅李学军主编:《美国刑事诉讼规则》，中国检察出版社，2003年，第306页。

③ 参阅1994年《英国皇家检察官条例》第2、5条，载［英］迈克·麦康威尔、岳玲选编:《英国刑事诉讼法：选编》，中国政法大学刑事法律研究中心编译，中国政法大学出版社，2001年。

计。在中外互访交流中，当中方问及这方面情况时，他们往往只能提供一个估计的大概数据。因为在他们看来，检察机关依法起诉，法院依法审判，各有各的职责，如果去统计法院判无罪率，并以法院判无罪情况作为评价起诉质量的一个依据，就会使检察官承受不必要的思想压力，不利于检察官依法指控犯罪。只要检察官认为罪该依法起诉，该起诉就是正确的，至于法院判无罪，那是法院的权力。在这种思想指导下，一些国家特别是英美法系国家的无罪判决率往往较高，有的高达20%～30%。与此相适应的是，这些国家的百姓对高无罪判决率能够容忍，不会指责检察官“办错案”，检察官也不会受到舆论的压力。而在我国，无罪判决率无疑是社会评价检察院起诉水平和质量的重要依据，有的案件还会因判无罪而指责检察院乱起诉，并掀起轩然大波，检察院因此承受巨大的压力。可见，我国不仅在法律上规定起诉标准与审判标准相一致，而且在办案制度上、社会评价上也促使检察院严格依法办案，坚持客观公正，防止片面的追诉倾向，从而把法律规定真正落到实处。由于我国检察机关在公诉工作中恪守法律监督机关性质，以维护法律统一正确实施和社会公平正义为价值追求，故起诉案件的无罪判决率一般仅在0.05%左右，比一些国家特别是英美法系国家要低得多。这说明与一些国家相比，我国检察机关的法律监督性质避免了不少案件的不当起诉，更有利于控辩平等和保护犯罪嫌疑人的合法权益。

第三，法律监督在审判程序中并不必然地不利于辩方。① 其一，在审判程序中的法律监督对被告人来说是中性的。因为在法庭上，公诉人不仅负有指控犯罪之责，而且还负有根据事实和法律公正地阐述被告人罪轻或法定从轻、减轻的事实和情节，并且对法庭损害被告人合法权益的问题进行法律监督的职责；庭审后，公诉人不仅要对有罪判无罪、重罪轻判的判决提出抗诉，而且要对轻罪重判的判决或损害被告人合法权益、违反程序的判决提出抗诉或者提出违法纠正意见，从而确保司法公正，维护被告人的合法权益。其二，检察机关在审判程序中的监督权辩方也对等地具有。检察机关在审判程序中的法律监督主要是审判监督，它主要体现在以下两个方面：一是监督法庭的审判活动，发现违反法定程序有权提出纠正意见；二是监督法院

① 由于控辩平等原则主要适用于法院审判阶段，故这里着重就法律监督在审判程序中的情况进行分析。

判决，发现确有错误有权提出抗诉。而在这两方面，被告人也具有对等的权利，即监督庭审活动，发现违反法定程序并侵犯自己合法权益的有权提出意见；监督法院判决，不服判决的有权提出上诉或者申诉。所不同的仅是检察机关所拥有的是法律监督权，被告人所拥有的是监督权；检察机关所拥有的法律监督权是权力，被告人所拥有的监督权是权利；检察机关实施法律监督的目的是保证法律统一正确实施，维护社会公平正义；被告人实施监督的目的是维护自己的合法权益。[①] 而被告人所拥有的上述两方面权利，并不会因检察机关的法律监督而丧失。至于检察机关所拥有的之所以是权力而不是权利，是因为履行职责所需，不能因此而认为破坏了控辩平等。正如宋英辉教授所说："检察机关对法庭活动是否合法提出意见，对其认为错误的裁判有权抗诉，是其承担的诉讼职能所要求，并不能因此就认为检察机关的诉讼地位优越于辩护方或凌驾于辩护方之上。"

第四，法律监督权仅是程序性的权力，它不可能对被告人的合法权益造成损害，也不可能使法院屈从监督而作出不利被告的判决。由于该观点在后一问题中还要作具体阐述，故在这里不作展开。

（二）法律监督不会损害审判权威，也不会使检察官成为裁判员

第一，检察院对法院的监督是平等主体间的监督，而非"上对下"的监督。在我国，监督有多个角度，体现多种功能，如体现管理职能的上级对下级的监督；体现制衡功能的平等主体间的监督；体现民主权利实现功能的公民、下级及社会组织对国家机关、国家公职人员和上级的监督，等等。检察机关的法律监督，则是体现制衡功能的平等主体间的监督，而非"上对下"的监督。因此，那种认为检察院对法官实施法律监督使得检察官成为"法官之上的法官"的观点，是把监督的角度和功能单一化了的结果，因而是站不住脚的。

第二，法律监督权是程序性的权力，而非实体处分权。检察机关对法院实施法律监督的直接作用体现在两个方面：其一，启动程序。如对案件提起公诉是启动一审程序；提起抗诉则是启动二审程序或审判监督程序。其二，提出意见。即当发现审判活动违法时提出纠正意见。而这两种作用，都只具有程序的意义，检察机关启动程序后法院怎么判决，提出纠正违法意见

---

① 参阅张智辉、黄维智：《控辩平等与法律监督》，《法学》，2006 年第 8 期。

后法院是否接受、是否纠正及怎样纠正，都由法院自己依法独立自主地作出决定，检察机关无权要求法院必须怎么判和怎么纠正。包括检察院对涉嫌职务犯罪的法官实施侦查并起诉，也仅是启动追诉程序和审判程序而已，法院对其是否判罪以及判处何种刑罚，也是全由法院自己依法独立作出决定。因此，刑事诉讼中的裁判员始终都是法院，而不是检察院。试想，如果认为检察院启动了程序、提了意见就是裁判员，那么，被告人在审判中不服法院判决提出上诉，对法院审判活动提出意见，运动员在体育竞技中对裁判员的裁判提出不同意见，岂不是也都成了裁判员？

有人认为，检察院的法律监督，特别是职务犯罪侦查会对法官产生威慑力，从而使法官作出不公正的判决。笔者认为，其一，世界上多数国家的检察官都拥有对职务犯罪包括法官职务犯罪实施侦查的权力，为什么其他国家没有人认为这会影响法官公正判决，而在我国就会影响法官公正判决呢？其二，法律监督只会促使法官将这种外在的监督内化为清廉自持、谨慎用权、公正执法的信念和行动，从而促进裁判公正。其三，法律监督对法院及其审判人员来说，都不存在产生威慑力问题，“这就如同在大街上，迎面走来一队巡逻警察，一般的路人与其擦肩而过，并不会产生恐惧感，唯有做了坏事的人才心惊肉颤一样”。对于实施了职务犯罪的审判人员来说，他熟悉法律，深知法律的威力，如果有恐惧感的话，则是在其准备或着手实施犯罪时就有，然而他之所以仍然实施犯罪，是因为他自以为作案及逃避追究的手段高明。故其对法律和法律监督的恐惧往往转化为千方百计使犯罪不留痕迹和逃避追究上，而不会转化为屈从监督作出枉法裁判上。当然，如果某检察官发现法官职务犯罪的证据，而以检举揭发或查处相要挟，使该法官作出枉法裁判的可能性也不能完全排除，但在这种情况下，该检察官的行为仅是其个人行为而非职务行为和法律监督行为，它与检察机关的法律监督权并无必然联系。其四，迄今为止，我们还未曾发现法官因屈从于检察机关的法律监督而枉法裁判的案例，而法官因徇私、贪赃等个人原因而枉法裁判的案件却不胜枚举。因此，说法律监督会影响法官公正判决的命题，仅是一些人简单的线性思维和片面理论推导的结果，是一个缺乏理论和实践依据的伪命题。

第三，法律监督形式不同并不意味着检察官既是运动员又是裁判员。检察机关有多项监督权，如职务犯罪侦查、公诉、侦查监督、审判监督、刑罚执行和监管活动监督，民事审判、行政诉讼监督等，然而其表现形式则主要是两种：一种是制约型监督，即法律监督是诉讼的必经环节，非经检察机关的审查不能进入下一诉讼环节，如审查批捕、审查起诉即属此。另一种是督察型监督，即法律监督并非诉讼的必经环节，检察机关在诉讼之外，对监督对象进行审视督察，一旦发现违法犯罪，即启动监督程序，并进入诉讼之内，如职务犯罪侦查和某些诉讼监督即属此。制约型监督使检察机关深入诉讼程序，身临其境，亲历亲为，有利于发现诉讼中存在的问题，增强法律监督的实效。但这种监督有其不足，即监督权不能主动行使，必须以前一诉讼环节的提请或移送为前提，因而具有被动性。督察型监督有利于以较少的力量监督较大的面，监督权可以主动行使，并不以他人提请或移送为前提，具有主动性。其不足是检察院不进入诉讼程序，不亲力亲为，因而不利于发现问题，从而有可能使一些违法犯罪逃避监督。这种制约型监督和督察型监督、诉讼程序内的监督和诉讼程序外的监督、被动监督和主动监督的结合，使得不同监督的优势得以互补，并由此组成了检察机关法律监督的特色。正因为这两种监督各有利弊，因而需要结合行使，使其互相补充、互相促进，例如，通过审查批捕和审查起诉（制约性监督），有助于发现侦查、审判活动中的违法行为和司法人员的职务犯罪线索，从而为侦查活动、审判活动合法性监督和职务犯罪侦查（督察型监督）提供线索；而督察型监督的结果，又会使一些案件进入制约性监督程序，从而使法律监督循环往复，在深度和广度上不断推进。

制约性监督和督察性监督的确把检察机关的业务人员分为两部分：一部分进入诉讼程序，通过行使批捕、审查起诉职能实现对犯罪的控诉和对侦查活动、审判活动的监督；另一部分在诉讼程序外，对诉讼领域及其他领域进行督察，通过行使某些诉讼监督和职务犯罪侦查职能，对诉讼活动和国家权力运行的合法性进行监督。检察业务人员的这种布局，使得一些人误认为其进入诉讼程序内的是运动员，在诉讼程序外的是裁判员，且在诉讼程序内的运动员又拥有监督的权力，因而其又是裁判员。其实，判断检察人员是不是裁判员，不在于他是在场内还是场外，也不在于他是否具有监督提意见的权力，而在于其是否具有裁判职权。如前所说，检察机关的法律监督只具有启动程序和提出意见的作用，而无裁决的权力，因此，诉讼中的裁判员始终是法院，而非检察院。

第四，对审判权进行制约监督和限制是各国的通行做法，法律监督只会有利于树立而不会损害审判权威。认为法律监督会损害审判权威的观点，是把监督与权威对立起来的绝对权力的思想。在持论者看来，要监督就难以树立权威，要树立权威就不允许有监督。其实，这种绝对权力只有在专制国家才有，在民主法治国家根本不可能有。即使是在标榜“司法独立”的西方三权分立国家，法官的权力也要受多方面的制约、监督和限制：一是对法官的产生进行制约。大多数国家的法官由国家元首或议会或政府首脑任命产生。如美国联邦法院法官由总统提名，经参议院同意后任命；德国联邦最高法院法官由联邦司法部长与法官选举委员会共同推选，总统任命；日本最高法院院长由内阁提名，天皇任命。二是对法院案件管辖范围进行限制。主要有：其一，规定法院不能审理政治性案件。如美国马歇尔首席大法官在1803年“马伯里诉麦迪逊案”中指出，有一类宪法案件联邦法院是不能审查的，因为“所涉及的问题是政治性的”。并由此创立了“政治问题理论”。根据该理论，外交事务、国家安全事务、战争权力的行使等政治性问题，法院不得审理。[①] 其二，规定司法权是消极被动的权力。即使是属于法院管辖范围的事项，法院也不能主动地行使职权，非因当事人或有关机关的请求，不得启动司法程序，运用司法权力。三是对法院的权力进行分解，使法官在有限的范围内行使职权。主要有：其一，将某些本该属于法院管辖的事项划归政府管辖和裁决。如法国由于对三权分立近于苛刻的理解和对传统司法机关的不信任，将法院分为普通法院和行政法院两个系统，普通法院属于司法机关，行政法院属于行政机关。最高行政法院院长由法国政府总理担任。当两个法院系统发生管辖权纠纷时，由以司法部长为主席、最高法院和最高行政法院人数相等的法官参加的权限争议法庭裁决，当法庭表决票数相等时，司法部长投最后一票。[②] 其二，将法院的案件分解给不同的法院管辖，规定某一类法院只能审理某方面案件。如有的将法院分为普通法院、行政法院、劳动法院等法院；有的将法院分为重罪法院、轻罪法院、违警罪法院；有的将法院分为审判法院、预审法院、治安法院，等等。其三，将法院审判权的主要部分分割给陪审团行使。一些国家规定，对某些案件，判定是否有罪的权力属于陪审团，法官只有量刑权。如《美国联邦宪法》第3条规定：“除

① 参阅［美］杰罗姆·巴伦、托马斯·迪恩斯:《美国宪法概论》，刘瑞祥等译，中国社会科学出版社，1995年，第36～40页。

② 参阅《法国司法制度》，中外民商裁判网 http：//www.cfcjbj.com.cn/list.asp？ unid ＝ 133。

弹劾案以外，对所有犯罪的审判都应当由陪审团进行。”[①] 凡陪审团审判的案件，陪审团负责判定是否有罪，法官只负责量刑。四是对法院判决实施制约监督。主要表现为：其一，立法权对审判权的制约监督。如英国上议院同时又是英国民刑事案件的最高上诉法院即终审法院，有权重审高等法院和上诉法院已经审理过的任何案件。[②] 其二，检察权对审判权的制约监督。多数国家的检察机关有对法院错误的刑事判决提起抗诉或上诉，要求予以纠正的权力。其中大陆法系国家基于职权主义的传统和发现真实的需要，检察官对法院裁判大多拥有广泛的上诉权。如法国、日本的检察官都不仅可以对法律未生效的裁判提出上诉，而且可以对法院已生效的裁判提出上诉（日本称“非常上告”），且上诉的理由不受限制，既可以因认定事实错误提出上诉，也可以为了法律利益提出上诉；既可以提出不利于被告人的上诉，也可以为了被告人的利益提出上诉。[③] 英美法系国家基于一事不再理以及禁止重复追诉原则的要求，对检察机关上诉权的范围、理由一般限制较严，但对审判权也具有一定的监督职责。如在美国，对犯有可诉罪恶的被告人宣告无罪释放时，总检察长有权对案件的法律问题提请联邦参议院复议；地方检察官也有权就法院判决中的法律错误要求原审法院复议。[④] 英国在 1988 年《英国刑事审判法》颁布后，总检察长具有对被告量刑过轻的上诉权。[⑤] 五是对法官进行纪律约束。为了保证审判公正，西方各国都以法律明确规定法官纪律，用以规范法官行为，如规定不得兼任行政职务，不得兼任议员，不得从事教学以外的营利性职业，也不得有政党身份或从事政治活动，并规定了对违纪法官的惩戒措施。可见，权利不受制约监督必然导致腐败的原理同样适用于法院，对法院权力进行制约监督与限制是各国的通行做法。美国大法官爱德华兹说：“美国法院之所以拥有巨大的权力，是因为我们总是仔细地限制这些权力。”“如果没有限制，社会公众肯定会担心法官的权力过大……对

---

① 美国的司法实践与此制度不尽一致，根据美国联邦最高法院判例，陪审团审判只适用于重罪案件以及可能判处 6 个月监禁以上的轻罪案件，不适用于更轻微的刑事案件。同时，被告可以放弃由陪审团审判。宋英辉等:《外国刑事诉讼法》，法律出版社，2006 年，第 169 页。

② 唐晓、王为、王春英:《当代西方国家政治制度》，世界知识出版社，2005 年，第 325 页。

③ 参阅《法国刑事诉讼法典》，余叔通、谢朝华译，中国政法大学出版社，1997 年，第 168 页、第 183 页、第 193 页。《日本刑事诉讼法》，宋英辉译，中国政法大学出版社，2000 年，第 81 ~ 101 页。

④ 参阅刘兆兴:《两大法系国家检察机关在刑事诉讼中的职权比较》，《外国法译评》，1995 年第 3 期。

⑤ 参阅金明焕主编:《比较检察制度概论》，中国检察出版社，1991 年，第 224 页。

法官权力的限制一开始好像削弱了对法官的权力，但最终却形成了全社会对司法行为合法性的信任。”[①] 爱德华兹的话，从一个侧面说明了对法官权力进行制约监督、限制与树立审判权威之间的辩证统一关系。

审判的公正是审判权威的源泉，不公正的审判决无权威可言。正如培根所说：“一次不公正的审判比十次犯罪危害更大，因为犯罪只是污染了水流，而不公正的审判却真正污染了水源。”[②] 审判是否有权威，不在于是否有人对审判提出意见，而在于它是否公正，以及发现不公正后能否予以纠正。因为不公正的审判不管是否有人提出意见，也不管法院是否承认，它都像秃子头上的虱子——明摆着，并被案件当事人及周围群众真切地感受到，只有把它纠正了，才能恢复已被损害的审判权威，树立人民法院的公正形象。审判公正包括审判程序公正和审判结果公正，检察机关的法律监督，一方面通过审判活动合法性监督，纠正审判中的违法行为，实现审判程序公正；另一方面通过对确有错误裁判的抗诉，纠正错误判决，实现审判结果公正，从而恢复已被个别审判人员损害的审判权威。同时，法律监督不仅仅有利于纠正已然的审判程序不公和审判结果不公，更为重要的是，还有利于防止未然的审判程序不公和审判结果不公的出现。因为审判人员并非圣贤，也不具有天然的免疫力，如同其他权力一样，审判权如果不受监督，也必然导致腐败。法律监督的存在和良好运行，可以警戒审判人员中的极少数试图以身试法者，并促使广大审判人员谨慎用权，清廉自守，公正审判，从而树立审判权威。

四　检察机关行使批准或决定逮捕权是否合理

根据我国宪法和刑事诉讼法规定，逮捕除由法院决定外，均由检察院批准或者决定，[③] 而世界上大多数国家的批捕权是由法院或法官行使的。为此，一些学者对我国检察机关行使批捕权的正当性和合理性提出质疑，其主要理由是：批捕是具有裁判性质的权力，批捕权与检察机关所承担的控诉职能存在内在的矛盾和冲突，检察机关的追诉倾向使其不能保持超然态度，很

---

① 许身健：《司法独立与司法公正之间并非正相关关系》，《检察日报》，2006 年 11 月 22 日。

② ［英］培根：《论司法》，《培根论说文集》，水天同译，商务印书馆，1983 年，第 193 页。

③ 根据法律规定，检察机关的逮捕权包括对公安等机关侦查案件的审查批准逮捕权和对直接受理侦查案件的决定逮捕权。为叙述方便，本文将这两种权力简称为“批捕权”。故本文中的“批捕权”包括批准逮捕权和决定逮捕权。

容易漠视或纵容诉讼中出现的刑讯逼供等违法行为，打破控辩平衡，使程序正当性缺失。而诉讼中控辩双方之外的中立的第三方即法院行使批捕权，有利于体现控辩平衡的刑事诉讼机理，保证批捕的客观性和公正性。①

笔者认为，单从一般的诉讼机理角度来看，上述对我国批捕权配置的质疑有一定的道理，但根据我国的宪政制度和司法制度，批捕权由检察院行使，却比由法院行使具有更多的合理性。

（一）批捕的法律监督性质决定了检察机关行使批捕权具有合理性

批捕具有法律监督性质，可以从以下三个方面加以说明：

第一，从批捕的内容来看。检察机关受理侦查机关提请批捕后，首先要进行审查，审查的内容主要是：犯罪嫌疑人是否涉嫌犯罪并符合法定的逮捕条件，有无遗漏犯罪嫌疑人及案件，侦查活动是否合法等。这些审查，都体现了对侦查机关侦查活动及结果的法律监督。

第二，从批捕的功能来看。批捕对侦查活动的功能是放行、引导、叫停和纠错。“放行”，是指检察机关如批捕逮捕，就体现对侦查活动的认可，并允许对犯罪嫌疑人进行羁押审查。“引导”，是指检察机关如不批准逮捕并提出补充侦查意见，则体现了在个案上对侦查活动的引导；同时，多个案件批捕或者不批捕的结果，都促使侦查机关在提请批捕时将案件的事实、证据标准与检察机关对接，这又体现了在类案上对侦查活动的引导。“叫停”，是指检察机关如认为不构成犯罪而作出不批捕决定，则体现了对侦查活动的叫停。“纠错”，是指发现侦查活动中的违法行为要求侦查机关纠正。

第三，从批捕的作用来看。批捕是对侦查机关提请批捕案件的过滤和控制，从而防止侦查机关滥用逮捕权，保证逮捕决定的合法性和合理性，从而实现保障诉讼顺利进行与保障人权的统一。

以上都说明，批捕是对侦查活动的法律监督。根据机关性质决定机关职能的原理，既然批捕的性质是法律监督，而检察机关是法律监督机关，批捕权就应该由检察机关行使。

（二）由检察机关行使批捕权符合批捕权的法理要求②

世界上多数国家的批捕权由法官行使，但这并不意味着世界各国的批捕

---

① 参阅陈卫东：《程序正义之路》，法律出版社，2005 年，第一卷，第 226 ~ 228 页；第二卷，第 328 ~ 329 页。

② 检察机关对直接受理案件行使决定逮捕权与法理要求不尽相符，此问题将在后文论及。

权都只能由法官行使，也不意味着各国由法官行使批捕权都具有合理性。这是因为各国的宪政制度、司法制度、诉讼制度有别，各国应当也完全可以根据自己的国情和相关制度安排来决定包括批捕权在内的各项权力的归属。批捕权归属的关键不在于批捕权的行使者是个什么机关，而在于这个机关能否符合批捕权的法理要求。根据批捕权的一般理论，批捕权的法理要求一般是：其一，行使批捕权的主体应当独立和中立；其二，通过批捕权的行使，能够实现对侦查权的控制；其三，行使批捕权的主体与行使审判权的主体应当互相独立，以使审判权对批捕权进行有效制约。

世界上多数国家的批捕权之所以不由检察机关行使而由法院行使，其原因就是认为检察院仅仅符合上述要求中的第三个要求，而法院却全部符合。因为：其一，世界各国的警察机关都属于政府的一个职能部门或直属机构，而多数国家的检察机关也被认为属于政府序列，因而在批捕时被认为难以保持独立和中立。而法院都独立于政府，在刑事诉讼中超脱于侦查和起诉，属中立的第三方。其二，批捕的目的是为了实现对侦查的控制和对人权的保障，而大陆法系国家检察机关与警察机关的关系是“警检一体”，检察机关直接领导或指挥警察机关侦查，是侦查权的主体。如由检察机关负责批捕，那检察机关就集侦查与批捕于一身，难以实现对侦查权的有效控制和对犯罪嫌疑人合法权益的有效保护。而法院由于处于独立与中立地位，因而由其批捕能实现对侦查权的控制和对人权的保障。其三，在外国，批捕权一般由治安法官或预审法官行使，刑事审判则由审判法官负责，而治安法官、预审法官与审判法官分属不同的法院，且无论何种法官，都依法独立行使职权，故由法院行使批捕权能符合与审判权主体相互独立、审判权要对批捕权实行有效制约的条件。

但是，我国检察机关由于其在国家权力架构中的地位及性质不同于世界上多数国家，因而能够符合或基本符合批捕权的法理要求。首先，我国检察机关是独立于行政机关和审判机关并与之相并列的法律监督机关，有权依法独立行使权力而不受行政机关、团体和个人的干涉，而不像多数国家那样属于政府的一个部门。因而符合逮捕权主体必须独立的要求。其次，我国司法制度是警检分立和检审分立，由检察机关行使批捕权，既能实现对侦查权的有效控制，又能实现审判权对批捕权的有效控制，并由此在批捕中形成检察机关、警察机关、犯罪嫌疑人的三角关系和在刑事诉讼中形成侦查权、检察权、审判权互相制约的格局。再次，检察机关基本符合批捕权主体应当中立的要求。就世界上多数国家来看，公诉是检察机关的基本职责，因而检察机关被认为难以保持中立。我国检察机关虽然也担负公诉职责，但有关制度和机制却能将公诉中的控诉倾向降至最低直至消解。这是因为：其一，我国检察机关是法律监督机关，维护法律统一正确实施和社会公平正义是其宗旨，公诉仅是其职能之一，且公诉不是目的，而仅是实现宗旨的手段。因此，检察机关的宗旨决定了其必须保持中立；检察机关多种职能的价值追求相互作用的结果也使检察机关趋于中立。其二，批捕和公诉分别由检察机关内部不同的部门负责，由于批捕在前，起诉在后，故批捕部门在办理审查批捕案件时，其思想是超脱的。如果说他们存在受公诉部门追诉倾向的影响而放宽批捕标准的可能性，那么，他们同样存在怕案件批捕后诉不出去、判不了罪因而提高批捕标准的可能性，而这两种可能性相互作用的结果，是使他们保持中立和公正。其三，如前所说，批捕仅是侦查与起诉、审判之间的中间环节，要分别受侦查机关提出复议复核、检察机关公诉部门决定不起诉和审判机关判决无罪的制约。对侦查机关提出复议复核后改变原不捕决定的案件、捕后被不诉或判无罪的案件，检察机关要进行剖析，并把该捕不捕或不该捕而捕的情况作为考核、评价批捕质量和奖惩干部的一个重要依据。这无疑会促使批捕部门坚持中立和公正立场，依法认真履行批捕职责。其四，从实际情况来看，2005 年我国批捕后被撤案、不诉、判无罪数合计占批捕总数的 1.54%，其中批捕后被判无罪的案件仅占批捕总数的 0.02%，这主要是由于批捕仅是一种强制措施，一些案件捕后事实证据发生了变化。当然，批捕时就搞错了的也有，但数量很少，况且在由法官批捕的国家，也有错捕案件。因此，那种认为检察机关因承担公诉职能就会放松批捕条件造成滥捕的观点是没有事实根据的。至于由检察机关行使批捕权“会漠视或者纵容刑讯逼供等违法行为”的观点，则更是没有根据。检察机关是法律监督机关，纠正侦查中的违法行为、查处刑讯逼供犯罪是其职责所在。由负有这一职责的机关行使批捕权倒不利于遏制侦查中的违法行为，而由不负有这一职责的机关行使批捕权反而有利于遏制侦查中的违法行为，这种逻辑无论如何都难以说通！至于当前侦查中刑讯逼供屡禁不止的问题，是由多种因素造成的，如刑事诉讼制度中有效遏制刑讯逼供的机制缺失，侦查机关案多人少矛盾突出，侦查装备落后，少数侦查人员素质不高等等。把它算到检察机关行使批捕权的账上是不公平的。

总之，虽然我国检察机关履行公诉职能，但由于我国宪政制度、诉讼结构、检察机关的性质及内部办案机制不同于他国，故能够在批捕时把片面控诉倾向降至最低直至消解，从而符合批捕权的法理要求。同时，联合国《公民权利与政治权利公约》第9条第3款规定："任何因刑事指控被逮捕或者拘禁的人，应当被迅速带见审判官或者其他经法律授权行使司法权力的官员，并有权在合理的时间内受审判或者被释放。"《欧洲人权公约》第5条第3款也作了基本相同的规定。可见，根据国际公约，批捕权既可以由法官行使，也可以由"其他经法律授权行使司法权力的官员"行使。既然我国检察机关符合批捕权法理，又被宪法授权，还属于司法机关，那么，由其行使批捕权是完全合理的。

（三）在我国，由法院负责批捕比由检察院负责批捕存在更多的弊端

纵观外国批捕权的归属，凡由法院行使必须具备两个制度前提：一是法官独立；二是批捕、审判由不同法院的法官负责。[①] 个别的虽不由不同的法官负责，但由于实行陪审制度，案件是否有罪由陪审团说了算，法官只负责量刑，故也不会因批捕而先入为主，影响对案件正确处理。而我国这两个制度条件都不具备。我国是法院独立而非法官独立，法官在院长领导下依法履行职责，凡审判委员会决定的案件，法官必须服从。我国并无独立于审判法官的预审法官或治安法官的设置，也无陪审团制度。在这样的情况下，如由法院负责批捕，那负责批捕的法官和负责审判的法官都在同一个法院，在同一个院长领导下工作，其弊端会比检察院负责批捕可能存在的弊端还要大。

第一，由法院负责批捕不利于法院居中审判。主张由法院负责批捕的理由之一是检察院负责公诉，批捕时不可能保持中立，而法院是中立机关。然而，如由法院负责批捕，如果说其在批捕时尚能中立的话，那在审判该案时就难以保持超然和中立了，因为他所审判的是自己批捕的案件。而审判不中立所产生的危害比批捕不中立所产生的危害更大。

第二，由法院负责批捕会使法官产生预断，与庭审改革的初衷相悖。我国庭审改革的初衷是防止法官预断和庭审形式化，使法官处于中立地位，依

---

① 外国的批捕一般由治安法院的治安法官或预审法院的预审法官负责。审判由审判法院的法官负责。

法公正审判。为此，1996年刑事诉讼法修改时，改革了检察院向法院移送案卷及法官主动行使职权的一些做法，增强了控辩之间的对抗性。如由法院负责批捕，审判时对案件的预断就难以避免，而这不仅有违庭审改革的初衷，而且会使庭审结构失衡。

第三，由法院负责批捕不利于对错捕案件的纠正。有人认为，检察负责批捕不利于起诉时对错捕案件的纠正。如果该观点能够成立，那么，由法院负责批捕就更不利于对错捕案件的纠正了。因为由检察院负责批捕，发生错捕后还可通过审查起诉和法院审判这两个环节加以纠正。而由法院负责批捕，错捕后由法院自己纠正自然会更加困难，加上刑事赔偿委员会设在法院，这就更使当事人司法救济无路。

第四，由法院负责批捕不利于对侦查活动的监督。由检察院负责批捕，有利于检察院直接介入诉讼程序，发现并核查侦查机关在侦查活动中刑讯逼供等违法犯罪行为，从而纠正违法，惩治犯罪，保障诉讼证据的客观性，保障诉讼参与人包括犯罪嫌疑人、被告人的合法权益。如由法院负责批捕，由于法院不具有监督调查侦查活动中违法犯罪行为的职权，因而既不利于检察院侦查监督工作的开展，又难以较好地纠正侦查中的违法犯罪行为，保障诉讼参与人在侦查中的合法权益。

总之，如果说检察院负责批捕存在弊端的观点能够成立，那么，由法院负责批捕则弊端更大：它以负责审判的法官的预断代替了负责起诉的检察官的预断，以庭审结构失衡代替了控辩结构失衡，并使可能发生的错捕案件更难以得到纠正。因此，在我国，由法官行使批捕权不符合法理，不具有合理性。

这里需要说明的是，检察机关行使批捕权具有合理性，是就批捕公安等机关侦查并提请批捕的案件而言的，而对于检察机关直接受理侦查的职务犯罪案件的逮捕，其合理性则存在缺陷。虽然职务犯罪案件的侦查和批捕由检察机关不同的部门、不同的人员、不同的分管检察长负责，但他们毕竟都在一个检察院内，在同一个检察长领导之下。它虽然也能对侦查权起到制约作用，但这种自己对自己的制约较之对其他机关的制约，其效果总要差一些。为此，检察机关采取了以下两条措施：一是建立直接受理侦查案件的逮捕报上级检察院备案制度。对下级院的备案，上级检察院要认真审查，发现逮捕错误的，要立即通知纠正。二是建立人民监督员制度。凡犯罪嫌疑人对检察机关的逮捕决定不服的，决定逮捕的原承办部门应当重新审查，认为应当维持原逮捕决定的，必须将案件提交3名以上总人数为单数的人民监督员进行监督评议，人民监督员要按少数服从多数的原则提出表决意见，然后将该表决意见与案件承办部门的审查意见一并提交检察长或检察委员会决定。人民监督员对检察长和检察委员会的决定有异议的，可以要求上一级人民检察院复核。笔者认为，这两条措施把上级检察院监督与人民民主监督结合起来，弥补了由检察机关行使直接受理侦查案件决定逮捕权所存在的缺陷，有效地提高了逮捕的质量。虽然，这与逮捕的法理要求尚有一定差距，但是世界上不符合法理的问题非此一例，例如，英美法系国家的法官有造法权；英国上议院既是立法机关，又是刑民事案件的最高审判机关，不仅行使立法权，而且行使终审裁判权；法国的预审法官既行使侦查职能，领导和指挥对现行重罪轻罪案件的侦查，有权按照法律规定进行一切他认为有助于"查明案件事实真相"的侦查活动；又行使司法职能，批准拘留、逮捕、司法管制和临时羁押，对刑事案件进行预审。① 法国等国的行政法院、劳动法院属于政府，政府总理兼任法院院长；中国的法院既是刑事赔偿义务机关，又是刑事赔偿的最终决定机关，中国等国的法院负责基本属性是行政权而非裁判权的民事判决执行，等等。因此，从某种意义上说，关于机构设置和职权划分的一般法理及根据，都只有相对的意义，各国完全可以根据本国的权力架构、司法体制、诉讼制度以及法律传统等作出适合于本国的规定，使之既体现规律性，又呈现多样性。

为了弥补检察机关决定逮捕直接受理侦查案件的缺陷，有人认为，应当使检察机关决定逮捕的案件具有可诉性，即案件当事人对检察机关的逮捕决定不服的，除要求人民监督员监督外，还可向法院申请重新审查，法院经审查认为不应当逮捕的，有权释放犯罪嫌疑人。笔者认为，这可以作为一种思路加以研究，但是，正如一些人担忧检察机关行使批捕权会因控诉倾向而影响批捕的公正性，或因案件已经逮捕而先入为主影响起诉的公正性一样，如果法院经审查裁决犯罪嫌疑人应当逮捕，那法院在审判该案时也存在先入为主影响公正判决的可能性。这种既增加了诉讼程序，又难以克服的弊端，只不过是以一种弊端代替另一种弊端的思路，其可行性究竟如何，需要我们

① 参阅程味秋：《法国刑事诉讼法简介》，《法国刑事诉讼法典》，余叔通、谢朝华译，中国政法大学出版社，1997年，第4页。

慎重把握。

五　检察机关行使职务犯罪侦查权是否合理和必要

一些人认为，检察机关行使职务犯罪侦查权，与其作为法律监督机关的性质不相契合，因为侦查本身不是法律监督，而是法律监督的对象，如果检察机关自己既搞职务犯罪侦查，又自己搞监督，那么，这种自己监督自己的制度设计“不符合我国刑事诉讼中分工负责、互相制约的原则”①。

笔者认为，职务犯罪侦查与法律监督是契合的，检察机关行使职务犯罪侦查权具有合理性和必要性。

（一）职务犯罪侦查的性质是法律监督，理应由法律监督机关负责

职务犯罪是国家公职人员在行使国家管理权过程中滥用或误用权力所构成的犯罪。由于这种犯罪的主体（系国家公职人员）和客观行为（滥用、误用权力）的特殊性，故其危害性高于普通犯罪。它鲸吞国家财产，破坏公共管理秩序，败坏政府形象和声誉，直接危及政权和社会稳定，成为不少国家社会动荡和政权更替的一个重要原因。因此，古今中外的统治者及其思想家都苦苦地寻求对其预防和惩治的对策。在纷呈的对策中，较具共性的是根据权力不受制约监督必然导致腐败的原理，对公职人员的职务行为实施制约监督。例如，在我国两千多年的封建社会里，统治者都贯彻“明君治吏不治民”的指导思想，通过设立自上而下、自成体系的御史制度，并赋予某些特殊的权力，来“纠察百官，整肃纲纪”，对各级官吏实施监督。西方资本主义国家根据其思想家分权制衡的学说，通过对国家权力作必要的分工，实现权力的平衡和对权力的制约。新中国则根据马克思、列宁、毛泽东等革命导师关于“公众监督”“人民监督”的思想，逐渐构建起对国家公职人员职务活动的监督体系。这个监督体系有三个层次：第一个层次是道德监督，即对国家工作人员职务活动是否遵守社会主义道德实行监督。它用社会舆论、道德谴责的办法监督职务活动中的道德失范行为，是保障职务合法性的第一道防线。第二个层次是党的纪检机关和国家监察机关的纪律监督，即对国家工作人员职务活动是否遵守党纪、政纪实行监督，它以党纪、政纪处分的办法监督职务活动中的违反党纪、政纪行为，是保障职务活动合法性的第二道防

① 蔡定剑：《司法改革中检察职能的转变》，《政治与法律》，1999 年第 1 期。

线。第三个层次是检察机关的法律监督，即对国家工作人员职务活动是否执行和遵守法律实行监督，它用追究刑事责任这一最严厉、最极端的办法监督职务活动中触犯刑律、构成职务犯罪的行为，是保障职务活动合法性的最后一道防线。这三个层次的监督，其监督主体、监督内容、监督办法、监督后果均不同，其中，检察机关的法律监督较典型地体现了用权力（法律监督权）制约权力（国家工作人员的管理权）、用法律手段防止和制裁权力滥用、误用的权力制衡的特点。① 因此，检察机关对职务犯罪的侦查，是一种法律监督，即用刑事追诉或曰司法弹劾的办法，对国家工作人员违反法律、构成犯罪的职务行为所实行的监督，它是检察机关履行法律监督职能的重要方式和手段，在本质上是用法律监督权制约国家工作人员的各项管理权，用法律手段防止和制裁权力的滥用和误用，保障国家公职人员职务活动的合法性。

有人认为，世界各国行使职务犯罪侦查权的主体不尽相同，如有的由检察机关行使，有的由警察机关行使，外国的由检察机关（俄罗斯等国除外）行使或由警察机关行使就不是法律监督，而中国由检察机关行使就成了法律监督，这在逻辑上是说不通的。笔者认为，无论在什么国家，对国家公职人员滥用或误用权力的犯罪行为进行查处，都应具有监督的性质，这除了上面所说的理由外，还可从以下几个方面得到证明。首先，从国家公职人员的特殊性来看，国家公职人员不同于普通公民，其特殊性表现为受人民委托行使国家权力，从而使个人的行为代表国家的行为。而在普通公民那里，个人行为就是个人所为，不可能成为国家行为。公职人员的这种特殊性，就为其滥用权力、以权谋私提供了便利。公职人员在接受人民委托前，人民是主人，权力是否委托以及委托给谁，都由人民说了算；而当权力委托给有关人员使之成为公职人员后，公职人员是否始终按人民的意志行使权力，就存在着变数，一些公职人员就蜕变成为主人，而人民却成了他的仆人，人民赋予公职人员的权力成了公职人员谋取私利和压迫人民的工具。有人形象地说："当人民把权力赋予某人前，人民是老子，该人是儿子，而当人民把权力赋予某人后，该人就成了老子，人民就成了儿子。"为了防止公职人员的蜕变和权力的异化，人民唯一有效的办法就是对公职人员实施制约监督，具体措施如批评、检举、质询、撤换、罢免、弹劾、查处等。"不受制约监督的权力必

---

① 参阅孙谦主编:《职务犯罪监督论》，中国检察出版社，1994年，第2页。

然导致腐败”这一名言，就说明了制约监督是防止权力腐败的唯一途径。故对职务犯罪实施侦查属于对国家权力行使合法性的一种监督，[①] 当无异议。同时，这也是为什么对普通公民违法犯罪的查处不是监督而对公职人员违法犯罪的查处是监督的原因所在。其次，从无产阶级革命导师的有关论述来看。马克思、列宁、毛泽东在论述防止权力变质的办法时，使用的都是“监督”一词，如马克思赞扬巴黎公社以“在公众监督下进行工作的”“随时可以罢免的勤务员代替了骑在人民头上作威作福的老爷们”的做法，强调无产阶级国家必须建立社会监督机制，以保证国家真正成为社会的公仆，公职人员真正成为人民的勤务员。[②] 列宁提出要以“多种多样的自上而下的监督形式和方法，来杜绝毒害苏维埃政权的一切可能性，反复不倦地铲除官僚主义的莠草”。毛泽东在回答黄炎培关于共产党领导的国家能否跳出封建王朝兴亡周期率的提问时，提出以民主的新路，即让人民来监督政府的办法来跳出这种周期率。再次，从相关单位的情况来看。我党的纪律检察机关负责对党组织和党员遵守党纪情况的监督，行政监察机关负责对行政机关和公务人员遵守政纪情况的监督，他们查处案件的性质分别是党纪监督和政纪监督，对此，任何人都没有提出过异议。既然如此，为什么检察机关对国家公职人员滥用、误用权力所构成的职务犯罪进行查处就不可以是“法律监督”呢?

因此，应当说，世界各国对职务犯罪的侦查都有监督的性质，至于一些国家没有称其为“监督”或“法律监督”，这既有制度传统的原因，也有语言习惯的原因，还有是否认为有必要把事物内在的性质揭示出来的原因。多数国家没有把检察机关定位为法律监督机关，当然也就不需要去揭示对职务犯罪的侦查是否属于法律监督，而习惯于按刑事诉讼阶段的名称，将普通犯罪侦查和职务犯罪侦查都叫“侦查”。但是，世界上多数国家之所以将破坏社会秩序的普通刑事犯罪交由警察机关侦查，而将违反职务活动合法性的职务犯罪交由检察机关侦查，就是因为犯罪性质不同，因而侦查性质也不同。因此，多数国家没有将职务犯罪侦查定性为法律监督，并不等于其内在的法律监督属性就不存在。

---

① 广义的监督包括制约，前已述及，检察机关的监督包括制约型的监督与督察型的监督。

② 参阅《马克思恩格斯选集》(第3卷)，人民出版社，1972年，第414页。

（二）由检察机关行使职务犯罪侦查权既是我国的一贯分工，也是多数国家的通行做法和国际法律文件的明确要求

新中国成立初期，我国就把侦查权特别是职务犯罪侦查权赋予了检察机关。1949 年 12 月 20 颁布的《中央人民政府最高人民检察署试行组织条例》规定，检察机关的职权之一是“对刑事案件实行侦查，提起公诉”。1950 年 8 月，最高检察署李六如副检察长在第一届全国司法会议所作的报告中，就提出检察机关首先要“注意检察贪污案件”，“注意检察违法乱纪侵犯人权案件”。这实际上初步指明了检察机关侦查的范围是职务犯罪。① 1954 年颁布的第一部《中华人民共和国人民检察院组织法》（以下简称人民检察院组织法）规定，检察机关职权之一是“对于刑事案件进行侦查”。“文化大革命”后检察机关重建，1978 年，叶剑英委员长在五届人大一次会议上作《关于修改宪法的报告》中说明检察机关重建的理由是“鉴于同违法乱纪行为作斗争的极大重要性”，这里的“违法乱纪行为”指的主要是公职人员违法犯罪。1979 年 7 月 1 日全国人大五届二次会议通过的人民检察院组织法将原来的“对于刑事案件进行侦查”改为“对于直接受理的刑事案件，进行侦查”。与人民检察院组织法同时通过的 1979 年刑事诉讼法则进一步明确了检察机关立案侦查案件的范围主要是职务犯罪。可见，对职务犯罪实行侦查，历来是我国检察机关的一项职权。

世界上多数国家根据侦查权从属于、服务于公诉权的诉讼理论，赋予了检察机关对刑事犯罪特别是职务犯罪侦查权。其中有的是法律规定检察机关对一切犯罪具有侦查权或者指挥侦查权，如日本、法国、德国、意大利等；有的是法律明确规定检察机关侦查的范围是职务犯罪等犯罪，如俄罗斯、韩国、越南、罗马尼亚、南非、芬兰、匈牙利、印度尼西亚等；有的是法律没有明确规定检察机关侦查的范围，但实践中检察机关可以直接侦查公务员腐败等犯罪，② 如美国在尼克松总统“水门事件”后，“为了应对公众对水门事件及地方公务员腐败行为泛滥的不满，联邦检察院加强了对白领犯罪以及政治腐败的刑事追诉，位于合众国大都市的联邦检察院开始重视对案件的侦查，许多地方的联邦检察院也开始将一些原由警察进行侦查的案件变为由自

① 参阅朱孝清：《职务犯罪侦查学》，中国检察出版社，2004 年，第 37 页。

② 参阅邱学强：《检察体制改革》，《检察论丛》（第 8 卷），法律出版社，2004 年，第 15 页；刘立宪、张智辉等：《检察机关职权研究》，《检察论丛》（第 2 卷），法律出版社，2001 年，第 112 页。

己直接侦查”[①]。此外，有关的国际法律文件也对检察机关的侦查权特别是职务犯罪侦查权作了规定。如1998年联合国《国际刑事法院罗马规约》第54条“检察官在调查方面的义务和权力”规定：检察官应当查明真相，调查一切有关的事实和证据，以评估是否存在本规约规定的刑事责任。1990年9月第八届联合国预防犯罪和罪犯待遇大会通过的《关于检察官作用的准则》第15条规定：“检察官应适当注意对公务人员所犯的罪行，特别是贪污腐化、滥用权力、严重侵犯人权、国际法公认的其他罪行的起诉，和依照法律授权或当地惯例对这种罪行的调查。”[②] 可见，我国检察机关行使职务犯罪侦查权，与世界上多数国家的做法和国际法律文件的要求是一致的。

（三）检察机关行使职务犯罪侦查权具有明显的优势

第一，检察机关所具有的独立性有利于对职务犯罪实施侦查。职务犯罪是掌握着公共权力的人利用职务实施的“强势犯罪”，具有关系网密、保护层厚、干扰阻力大、反侦查能力强等特点，需要侦查主体能够依法独立行使职权。检察机关正是具有这种独立性的机关，他依法独立行使职权而不受行政机关、团体和个人的干涉，从而有利于排除阻力干扰，冲破关系网、保护层，秉公查办案件。而如由公安机关、监察机关等行政机关负责侦查，则不具有这种独立性，加上行政机关是掌握公共权力比较集中、其工作人员在职务犯罪中占有较大比重的机关，如由他们负责侦查，不利于对行政权的监督和对行政人员所涉职务犯罪的公正查处。

第二，检察人员所具有的相对较高素质有利于对职务犯罪实施侦查。职务犯罪是高隐蔽型、高智能型犯罪，犯罪主体具有较高学历和理论素养、丰富的社会经验，大多熟悉国家政策，了解国家法律，有不少还是某些方面的专家。这就需要侦查主体有较高的文化素养、较丰富的社会经验，熟悉国家政策法律，能够讲究政策，文明执法，善于同犯罪分子用谋斗智。而检察队伍是素质相对较高的一支队伍，与目前的其他侦查队伍相比，在文化程度、法律素养、讲究政策、文明执法、用谋斗智等方面，可以说具有一定的优势。

第三，检察人员丰富的侦查积累有利于对职务犯罪实施侦查。侦查工作需要素质，更需要积累。自检察机关成立以来，特别是我国改革开放以来，

---

① 王云海:《美国的贿赂罪》，中国政法大学出版社，2000年，第105～106页。

② 孙谦主编:《中国检察制度论纲》，人民出版社，2004年，第136～137页。

检察机关在查处职务犯罪方面，经历了从解放初的“三反”“五反”，到改革开放初的“打击严重经济犯罪”，再到20世纪80年代以来的“反腐败”等全过程，积累了丰富的侦查经验，造就了一支政治坚强、业务精通、作风过硬、敢打硬仗的侦查队伍，涌现了一大批侦查能手和专家。同时，积极探索侦查规律，研究侦查理论，初步建立了职务犯罪侦查理论体系。这些都无疑为进一步行使好职务犯罪侦查权奠定了良好的技能基础、组织基础和理论基础。

第四，由检察机关行使职务犯罪侦查权有利于职务犯罪侦查与其他法律监督工作互动发展。一方面，检察机关其他的法律监督工作如审查批捕、审查起诉、诉讼监督有助于发现职务犯罪特别是司法领域的职务犯罪线索，从而促进职务犯罪侦查工作的开展；另一方面，职务犯罪侦查可以为其他的各项监督提供有力的保障和推动，因为公安、司法机关在诉讼中该立案不立案、错漏提请批捕、错漏移送起诉、错误起诉与不起诉、错误判决以及错误减刑、假释等执法不公行为，有些就是由于公安、司法人员贪赃枉法、徇私舞弊、滥用职权、玩忽职守等滥用、误用司法权力的职务犯罪所造成的，只有对这些犯罪实施侦查，予以揭露和惩处，才能震慑犯罪分子，促进广大公安、司法人员恪尽职守，依法办案，从而有效地防止司法权被滥用和误用，保障各项诉讼监督职能的权威性和有效性。实践证明，检察机关的诉讼监督权必须以职务犯罪侦查权为后盾，否则，就会软弱无力，起不到应有的作用。

（四）检察机关在职务犯罪侦查中存在的一些问题已经或正在通过深化改革、强化监督等工作加以解决

由于职务犯罪案件的审查批捕、审查起诉和侦查活动监督由检察机关自己负责，这种自己对自己的控制和监督与来自外力的监督相比，其效果要差一些，这主要表现为少数职务犯罪案件质量不够高，侦查中执法不公，违法办案问题时有发生。[①] 为此，检察机关采取了一系列措施：一是完善人民检察院对职务犯罪侦查的内部制约机制。其基本精神是人民检察院对职务犯罪案件的查处工作由不同内设机构承办，互相制约。主要内容是：反贪污贿赂侦查部门和反渎职、侵权部门分别负责贪污贿赂、渎职、侵权犯罪案件的侦

① 职务犯罪侦查中存在的有些问题与检察机关“自己监督自己”的体制有关，而有些问题则与检察机关“自己监督”的体制无关，因为在其他机关的侦查工作中也存在同样问题。因此，对职务犯罪侦查中存在的问题要注意分析和区别，不能把它们都算在“自己监督自己”这一体制的账上。

查工作，举报中心统一受理、管理人民检察院直接受理侦查的职务犯罪案件线索，实行侦查工作与案件线索的受理、审查工作相分离；侦查监督部门承担对人民检察院直接受理侦查的职务犯罪案件的犯罪嫌疑人是否决定逮捕的审查工作，实行侦查工作与审查决定逮捕工作相分离；公诉部门承担对人民检察院直接受理侦查案件的犯罪嫌疑人是否提起公诉、不起诉的审查工作，实行侦查与审查起诉相分离；控告申诉检察部门承担有关案件或个人不服人民检察院的不立案、撤案决定的复议、复查工作，实行侦查工作与对不立案、撤案决定的复议、复查工作相分离；财务部门统一管理侦查部门办案中扣押的款物，实行侦查工作与扣押款物管理工作相分离；纪检、监察部门承担侦查部门违法违纪案件的查处工作，实行侦查工作与监察、监督工作相分离；建立侦查工作集体决策机制，实行侦查工作办理权与决定权相分离。二是建立人民监督员对职务犯罪侦查工作进行监督的制度。即从机关、团体、企事业单位和基层组织中经过民主推荐，选任一批人民监督员，对检察机关查办职务犯罪中的“三类案件”（即犯罪嫌疑人不服逮捕决定的，拟撤销案件的，拟不起诉的）和“五种情形”（即应当立案而不立案或者不应当立案而立案的，超期羁押的，违法搜查、扣押、冻结的，应当给予刑事赔偿而不依法予以确认或者不执行刑事赔偿的，检察机关在办案中有徇私舞弊、贪赃枉法、刑讯逼供、暴力取证等违法违纪情况的）实行监督。其中对“三类案件”的监督还列入检察机关办理职务犯罪案件的必经程序。当有该三类案件时，就在人民监督员中随机确定 3 名以上总人数为单数的人民监督员对案件进行集体评议和表决，按照少数服从多数的原则提出监督意见，然后将人民监督员监督意见与检察机关承办部门的意见一并提交检察长或检察委员会决定。人民监督员如果不同意检察长或检察委员会决定，有权提请上一级人民检察院复核。今后，人民监督员制度还将向法制化方向发展，以进一步提高人民监督员的监督效果。三是建立职务犯罪案件立案、逮捕报上一级人民检察院备案制度和拟作撤案、不诉处理的职务犯罪案件报上一级人民检察院批准制度，以加强上级人民检察院对下级人民检察院职务犯罪侦查工作的具体监督和控制。四是加强侦查工作规范化建设，完善侦查机制和办案流程，加强对侦查过程的监督和控制。五是强化对职务犯罪侦查队伍的教育、管理和监督，预防和及时查处违法违纪。通过上述制度和工作，职务犯罪案件的质量有了明显提高。据统计，职务犯罪案件的撤案率、不诉率分别由 2002 年的 7.3%和 20.4%下降到 2005 年的 3.2%和 11.4%，侦查人员违法违纪明显减少，社会上对职务犯罪侦查工作的意见明显减少，职务犯罪侦查工作的公信力明显增强。实践证明，只要不回避问题，敢于面对，深化改革、强化监督，职务犯罪侦查监督方面存在的缺陷是可以得到弥补的。

六　为什么检察制度屡受质疑

从以上分析可知，中国设立法律监督机关十分必要；将检察机关定位为法律监督机关，并由其行使公诉权、批捕权、职务犯罪侦查权、诉讼监督权是科学合理的，其个别不尽合理之处完全可以通过深化改革、完善体制机制来解决，改革的总体方向是强化法律监督，而不是有些人所说的削弱或者取消法律监督。

那么，一些人为什么屡屡对我国检察制度提出质疑呢?

笔者认为，对我国检察制度提出质疑的，大多是为了推进我国司法体制改革，完善我国司法制度和诉讼制度。但也有少数人存在着思想方法片面、研究方法脱离中国实际，动机目的不够端正的问题。

（一）片面的思想方法

马克思主义要求看问题要客观全面，防止主观片面。但少数质疑检察制度者的思想方法有片面性，比如：其一，只看到中国与多数国家的检察制度不同，却不分析为什么不同。一些人看到我国检察制度不同于多数国家，就觉得我国的检察制度太“另类”，需要削足适履，以便与多数国家“看齐”，而不去分析这种不同的原因在于国体、政体与国情不同。其二，只知道世界各国检察机关都承担公诉职能，却不知道由检察机关承担公诉职能的初衷就是为了实现对警察侦查权和法院审判权的双向监督，不知道监督是各国检察机关与生俱来的固有属性，并提出了把公诉与法律监督对立起来的悖论。其三，只看到各国检察机关都承担公诉职能，而看不到其所承担的其他职能，特别是看不到大陆法系国家检察机关所承担的大量与监督有关的职能，并简单地把外国检察机关与公诉机关画等号，认为外国检察机关仅是公诉机关，而既然仅是公诉机关，就必然有强烈的片面控诉倾向。其四，只看到检察机关仅是公诉机关时的价值追求，而看不到检察机关作为监督机关或者法律监督机关时价值追求的变化。其五，只看到中国检察机关是法律监督机关而外国检察机关大多不是法律监督机关这一区别，却看不到各国检察机关都有监督属性这一共同点。其六，对法律监督作片面的理解。如有的将监督仅理解为上级对下级的监督这一种形式，而看不到监督形式的多样性，进而认为检察机关如对审判机关进行监督就使检察官成了“法官之上的法官”，成了“裁判员”，从而否定对审判机关的监督；有的片面理解法律监督的法律效果，没有看到法律监督效果的程序性和有限性，认为法律监督侵犯了审判的终局性；有的“把监督看作是一种超然的单向的活动，认为检察机关自身是执法机关，需要接受监督，因而没有资格成为法律监督的主体”①。

（二）不从中国实际出发的研究方法

理论联系实际是马克思主义的学风；一切从实际出发，具体情况具体分析是马克思主义活的灵魂。理论研究既要放眼世界，学习借鉴世界各国的先进文明成果，同时又必须立足国情，从中国的实际出发，为建设中国特色社会主义服务。但在一些人看来，马列主义的上述基本原理，都已经成了需要研究和值得质疑的问题。如有的认为，理论要保持自身的纯粹性和完美性，而没有必要联系实际；有的认为，法学家只管设计法律制度，至于该制度是否行得通，做得到，那是实际部门考虑的事；有的在法学研究中言必称英美，而忘记了自己是在中国，常常批评中国的法律制度这也不对那也不好，似乎法学研究的主要任务就是批判中国法律制度，宣传外国特别是英美的法律制度；还有的片面强调与国际接轨，离开中国国情，主张对外国特别是英美国家的司法制度和法律制度不加分析地照搬照抄，等等。这种不从实际出发特别是不从中国实际出发的研究方法，反映在司法制度、检察制度研究上，就是以西方三权分立下的检察制度来评判和裁剪中国的检察制度。西方三权分立国家将国家权力划分为立法权、行政权、司法权，分别由立法机关、行政机关、司法机关行使，且司法机关仅指法院，检察权既不属于立法权，也不属于司法权，因而只能属于行政权，且其基本职能之一是对刑事案件提起公诉。据此，一些人就根本不考虑我国国体、政体与外国的区别，更不去分析为什么会存在这些区别，认为既然外国的检察权属于行政权，且其主要职能是对刑事案件提起公诉，那么，中国的检察制度也应如此，即检察权只能属于行政权，检察机关只能是公诉机关而不应是法律监督机关，除公

---

① 刘立宪、张智辉:《检察机关职权研究》,《检察论丛》(第 2 卷)，法律出版社，2001 年，第 112 页。

诉权之外的权力检察机关都不应该有。

（三）不端正的动机、目的

主要有以下几种情况：其一，本位主义思想作祟。少数人总想使自己的权力成为“绝对权力”，只想握有权柄而不愿接受监督，因而千方百计地找理由反对和排斥检察机关的监督。而反对和抵制的最好的办法就是“釜底抽薪”，即对检察机关的法律监督地位和检察职权的合理性和科学性提出质疑，进而主张取消检察机关的法律监督地位和检察职权，从而达到随心所欲行使权力而无人监督的目的。其二，畸形的出名观。理论研究贵在创新。但少数人将理论创新理解为标新立异，认为如果坚持主流的思想观点，法学研究很难搞出名堂，为了使自己“搞出名堂”，早出名，就竭力标新立异，不惜离经叛道，以吸引眼球，挑起争论，制造轰动效应。有的甚至认为思想观点越出格越好，越容易出名。在这种畸形出名观的支配下，少数人就选择最与外国存在差异的东西作为质疑的对象，因为最与外国存在着差异的东西，最容易提出质疑，文章也不难写。于是，在司法制度中，与外国存在明显差异的我国检察制度就成了一些人对质疑对象较为理想的选择。其三，别有用心。当前我国正处在改革发展的关键时期，社会情况正在发生复杂而深刻的变化，西方敌对势力通过多种途径加紧进行思想和文化渗透，千方百计地推销他们的意识形态、价值观念、政治制度和司法制度，国内各种思想交流激荡，思想领域的矛盾和斗争错综复杂。在这样的大背景下，极少数人竭力宣扬西方的价值观念、政治制度和司法制度，挑战马列主义在我国的指导地位，质疑甚至诋毁我国的政治制度、司法制度。不过，与改革开放初期和1989年出现的公然否定四项基本原则情况有所不同的是，近些年法学界极少数人把攻击矛头主要指向我国人民代表大会制度及司法制度，并以此影射、诋毁共产党的领导。如有的主张以三权分立政体代替人民代表大会制度，鼓吹“三权分立不是资本主义的专利品”，“应当成为我国政治体制改革的首要选择”。有的宣传“法院至上”，影射党的领导和人民代表大会制度，认为“只要有一个社会主体站在法院之上，它事实上就是站在法律之上，站在人民之上”。有的则顾忌公然否定共产党领导和人民代表大会制度太过直白，因而把攻击的目标放在与共产党领导和人民代表大会制度有密切联系以及作为我国政治制度有机组成部分的检察制度上。因为在他们看来，攻击检察制度，既可避免直接攻击共产党领导和人民代表大会制度的政治风险，又能起到诋毁我国政治制度和司法制度，削弱以至取消党对司法领域监督权的作用。于是，极少数人借我国司法体制改革之机，竭尽质疑我国检察制度、攻击我国检察机关法律监督地位，毫无事实根据、恶狠狠地攻击检察制度“阻碍国家权威的生成，助长冤假错案，危及社会稳定，损害国家利益”，并提出要“取消法律监督机关”。在持论者看来，由中国宪法所规定、被中共中央第一代领导集体决定建立、第二代领导集体决定重建，并在此后的中共中央有关文件中多次指示应当予以加强与完善的检察制度，简直是一个祸国殃民、罪大恶极、早该寿终正寝的制度！这除了说明其别有用心外，恐无其他合理的解释了。

七　本文结语

作为现代检察制度之缘起和基本职能的公诉，是控诉功能和监督功能的有机统一，检察机关通过对犯罪的控诉，实现对警察侦查权和法官审判权的双向监督，故监督是检察机关与生俱来的固有属性。中国检察制度是从中国国体、政体和国情出发，在吸收中国历史上政治法律制度的精华、总结社会主义民主法治建设正反两方面经验教训、借鉴其他国家检察制度的基础上建立和发展起来的，是马列主义基本原理同中国具体实际相结合的产物，也是中国特色社会主义政治制度和司法制度的重要特征。其法律监督的性质，批准和决定逮捕、公诉、职务犯罪侦查、诉讼监督等项职能，既体现了世界各国检察制度的共性，又体现了中国的特殊性，较好地反映了中国宪政制度下对国家权力监督制约，以保证权力在法治轨道上运行的客观要求，因而具有科学和先进的内在品质。对中国检察制度有不同认识是正常的，检察制度也有不完善之处，在司法体制改革中，要坚持马克思主义在政法意识形态领域的指导地位，坚持百花齐放、百家争鸣的方针，在不同观点的争鸣中互相启迪，创新理论，正本清源，澄清模糊认识，以促进中国特色检察制度的进一步完善。但对不符合社会主义核心价值体系的观点则应予以重视，对极少数借司法体制改革之机，企图通过否定检察制度来否定我国基本政治制度与基本司法制度的错误观点，则应保持应有的警惕。

（本文原载于《中国法学》2007 年第 2 期）

人民法院司法改革的基本理论与实践进程

张文显*

2008年是中国改革开放的第30年。连续30年的大改革、大开放，使我国成功地实现了从高度集中的计划经济体制到充满活力的社会主义市场经济体制、从封闭半封闭社会到全方位开放社会的伟大历史转变。改革开放的伟大实践有力地推动了社会主义民主法治的建设和发展，使我国成功地实现了从人治到法治、从无法无天到规范有序、从“运动国家”到“法治国家”的伟大历史转变。改革开放30年，是我国法治建设重新起步、快速发展的30年，也是我国司法改革全面展开、逐步推进的30年。

在纪念改革开放30周年之际，回顾30年来人民法院司法改革的历史进程，梳理30年来人民法院司法改革的理论与实践，总结人民法院司法改革的成就，检讨人民法院司法改革的经验与教训，展望新时期新阶段人民法院司法改革的前景和趋势，对于坚定不移地高举中国特色社会主义司法理论旗帜，深入推进人民法院司法改革，建设公正高效权威的社会主义司法制度，具有十分重要的意义。

一 30年人民法院司法改革的思想理论

第一，对“人民法院司法改革”这一命题的解读

对“人民法院司法改革”这一命题可以做出两种解读，其一是涉及人民

* 张文显，吉林大学理论法学研究中心终身教授。

法院的司法改革，其二是人民法院实施的司法改革。本文所说的“人民法院司法改革”是第一种意义，这种意义包括了人民法院开展的司法改革，但不限于人民法院的司法改革，而且主要的不是人民法院自身的改革，最重要的是由党中央领导的司法改革，由全国人大以立法形式实现的司法改革，以及政法机关之间互动性、互补性的司法改革。在推进依法治国的进程中，我们党始终高度重视司法改革，并始终把推进司法改革作为社会主义法治建设的组成部分作出部署，特别是党的十六大以后，党中央专门成立了司法体制改革领导小组，并于2004年底出台了《中央司法体制改革领导小组关于司法体制和工作机制改革的初步意见》，确立了司法体制改革的基本原则，对司法体制和工作机制改革进行了全面部署。这种意义上的司法改革是我国整个改革开放伟大实践的重要组成部分，是依法治国、建设社会主义法治国家的重要组成部分，是全面建设小康社会的重要组成部分。

第二，司法改革的核心

司法改革的核心是制度创新。通常，人们说司法改革的根本原因在于现行的制度不合理，所以要改革。但实际上，问题不那么简单。要从两个方面看，一方面司法制度本身存在着不合理性，或者说初创时的合理性已经穷尽，需要从体制和制度本身改革，即改制；另一方面司法制度是合理的，但是由于认识、具体体制、技术、人员等因素，限制了合理性的发挥，预期的合理性没有体现出来，所以要通过机制、方式方法的改革让制度的优越性充分发挥出来。我认为人民法院司法改革两方面的针对性都有。在所有的司法改革成就中，我们更应当看重制度创新，制度创新带有根本性、长期性。

第三，司法改革的第一要务

司法改革的第一要务是司法事业的科学发展。科学发展有三层意思。其一，司法改革应当遵循司法规律，把人民司法作为中国特色社会主义事业的重要组成部分，随着中国特色社会主义事业的发展而发展；走中国特色社会主义司法道路，建设公正高效权威的社会主义司法制度，是人民司法事业健康发展和法院工作顺利推进的根本规律，司法改革必须沿着这条规律推进。司法的具体规律有很多，诸如化解社会矛盾的规律、程序公正的规律、审判管理的规律、法官职业化的规律，等等。其二，司法改革必须符合国情，最主要的是符合社会主义初级阶段的基本国情，符合全球化时代的特殊国情。在全球化时代，中国属于世界的一部分，是世界中的中国，是经济全球化、公共事务全球化、环境全球化、人权全球化之中的中国，在这个意义上，符合中国国情也就是符合当今世界的世情。在科学发展的意义上，不改革不行，乱改革也不行。30 年来人民法院司法改革，就是不断探索审判权运行和司法工作的客观规律，并尽可能在尊重司法客观规律前提下持续推进改革的过程。在探索司法客观规律的过程中，形成并不断丰富和发展了社会主义司法理论，引领人民法院司法改革不断推进和发展。其三，司法改革应当有利于人民司法事业的科学发展，即全面、协调、可持续发展，尤其是要有利于基层人民法院的各项事业的发展。

第四，司法改革的根本目的

司法改革的根本目的是解放和发展司法能力，更好地满足广大人民群众的司法需求。经济改革是以解放和发展个人的生产力和社会的生产力为根本目的，政治体制改革是以保证人民当家做主为根本，以增强党和国家活力、调动人民积极性为目标，扩大社会主义民主，建设社会主义法治国家，发展社会主义政治文明。在政治体制改革的总体框架之内，司法改革的宗旨则是不断解放和发展司法能力，包括维护党的执政地位的能力，维护国家安全和社会稳定的能力，维护人民群众合法权益的能力，维护社会公平正义的能力，服务和保证经济和社会发展的能力，化解社会矛盾纠纷、促进社会和谐进步的能力，不断满足人民群众日益增长的司法需求。在解放和发展司法能力方面，司法改革也不断地调动广大法官的积极性和创造力，法官个人的司法能力显著提高。

第五，司法改革的根本动力

司法改革的动力包括外在动力和内在动力。司法改革的外在动力是经济改革和政治改革。我国的司法改革是在经济体制改革和政治体制改革的宏观背景下展开的，是适应经济改革和政治改革而发生的。改革开放与法治建设息息相关、相辅相成：一方面，改革开放的伟大实践产生了对法律和法制的迫切需求，推动了法治的建设和发展，推动了司法改革；另一方面，法治建设和法制改革回应和适应了改革开放的需要，立法、执法、司法、普法等法治工作为改革开放创造了良好的法治环境。所以，司法改革属于整个改革事业的重要组成部分。

司法改革的内在动力是广大人民群众日益增长的司法需求。上个世纪 80 年代以后，随着改革的深化、开放的扩大、社会的发展，人民群众越来越习惯于从法律和权利的角度提出利益主张，当事人越来越要求通过法律程序解决矛盾和纠纷，把维护公平正义的最后诉求付诸于人民法院，寄希望于人民法官。人民群众日益增长的司法需求与相对落后的司法理念、司法体制、运行机制、司法能力，以及相对匮乏的司法资源之间的矛盾日益突出。这些矛盾，必须通过改革来解决。而且，人民法院也主要从人民对司法的新要求中寻找改革的任务，从最不满意的地方改起。当然人民群众的司法需求是不断增长的，旧的矛盾解决了，新的矛盾又出现了，所以司法改革不是一朝一夕就完事大吉，而是要持续改革、长期改革，改革是司法事业发展的永恒主题。

第六，司法改革的指导思想

人民法院司法改革固然有一些属于摸着石头过河的事项，也有过失与教训，但总体上是在正确的思想理论指导下进行的。

总体上来说，司法改革的指导思想就是中国特色社会主义理论体系。中国特色社会主义理论体系是我们党在实事求是地总结和反思在艰辛探索社会主义建设规律、开展社会主义建设过程中的经验教训、成败得失的基础上，创立并不断丰富和发展起来的当代中国的马克思主义。它包括三个组成部分，即邓小平理论、“三个代表”重要思想和科学发展观。中国特色社会主义理论体系的鲜明特征在于，它是思想解放的结晶又是思想解放的武器，就精髓来说它是改革的理论体系，是发展的理论体系，是通过改革推动发展的理论体系。这个理论体系运用于人民法院工作，必然要求解放思想，改革创新，推进司法改革。中国特色社会主义理论体系与社会主义法治建设的实际相结合，形成了中国特色社会主义法治理论和法治理念，并使之成为中国特色社会主义理论体系的重要组成部分。中国特色社会主义法治理论和法治理念，是直接指导司法改革的理论基础，它不仅决定了司法改革的政治方向，也构成了司法改革的战略策略、司法改革的理论坐标和检验标准。

具体而言，直接指导司法改革的基本理论包括：

司法民主的理论。司法民主包括两个方面，一是司法为民，二是民主司法。其中，司法为民是我们党以人为本的崇高精神和“立党为公、执政为民”的伟大理念在司法领域的集中体现。司法为民充分体现了社会主义司法制度和人民法院的人民性本质。根据这一理论，实现好、维护好、发展好最广大人民的根本利益，要始终作为改革和发展社会主义司法制度的出发点和落脚点，作为一切司法工作的出发点和落脚点，通过公正高效的司法活动依法保障人权，依法维护人民权益，做到司法惠民、司法护民。与此同时，还要考虑司法活动如何更快捷、更方便、更有效地实现好、维护好、发展好最广大人民的根本利益，做到司法便民、司法利民。正如胡锦涛总书记在全国政法工作会议上所强调的:“政法工作搞得好不好，最终要看人民满意不满意。要坚持以人为本，坚持执法为民，坚持司法公正，把维护好人民权益作为政法工作的根本出发点和落脚点，着力解决人民最关心、最直接、最现实的利益问题。”

2003年，最高人民法院提出了“司法为民”，将其作为法院工作的根本宗旨和要求，并制定了关于实践司法为民宗旨的23条意见，对指导人民法院正确进行司法改革起到了重要的作用。2005年，最高人民法院又明确把胡锦涛总书记关于“公正司法，一心为民”的谈话精神确立为人民法院工作的指导方针，并把这一指导方针作为新时期人民法院衡量全部司法活动、包括司法改革的根本标准，强调深入推进法院司法改革，无论是谋划方案还是具体实施，都必须贯彻落实“公正司法，一心为民”的指导方针，确保法院改革的正确方向和有效实施。

民主司法是人民当家作主的政治制度在司法领域的体现。坚持民主司法，首先要求坚持人民代表大会制度。新中国建立前夕，关于国家机构名称，毛泽东、周恩来等老一辈革命家强调指出：我们的国家机构都要冠以“人民”，政府称为人民政府，法院称为人民法院，检察机构称为人民检察院，1954年建立人民代表大会制度，更是以“人民”为前置。现行宪法第2条规定:“中华人民共和国的一切权力属于人民。人民行使国家权力的机关是全国人民代表大会和地方各级人民代表大会。”宪法第3条规定:“各级人大由民主选举产生，对人民负责，受人民监督。国家行政机关、审判机关、检察机关都由人大产生，对它负责，受它监督。”人民法院组织法第17条规定:“最高人民法院对全国人民代表大会和全国人民代表大会常务委员会负责并报告工作。地方各级人民法院对本级人民代表大会及其常务委员会负责并报告工作。”这些规定表明，在我国司法权来自人民，属于人民，为了人民。具体而言，就是人民法院由人民代表大会产生，向人民代表大会负责，接受人民代表大会监督，依靠人民代表大会支持。其次，坚持民主司法要切实保障人民群众对司法工作的知情权、参与权、表达权、监督权，真正把司法工作置于广大人民群众的监督之下，以民主保公正，以公正得公信。要全心全意依靠人民群众，充分挖掘、善于利用人民群众当中惩恶扬善、禁黑除恶、除暴安良、化解社会矛盾纠纷的各种资源，包括民事调解、民间商谈的传统经验，以及与法律并行的道德力量、习惯做法。同时要加强人民陪审制度，随着人民群众法治实践的丰富，依法办事的能力显著提高，人民陪审制度可以进一步拓展。再次，坚持民主司法就是要坚持和发展法院内部的民主组织体系和工作机制。我国司法制度是以司法民主为核心建构起来的，法院的合议庭、审判委员会、党组会议等都是司法民主的载体，要充分发挥这些制度形式的民主机制，在审执工作和法院的其他工作当中，集中法官们的法律智慧、政治智慧、哲学智慧和社会经验，确保审判和执行工作的质量和效率。

司法公正和效率理论。公正精神，即社会公平正义的精神。公平正义是社会主义法治的价值追求，是社会主义法治理念的重要组成部分。社会主义法治的公正精神体现在立法、执法、司法的各个方面，其中司法公正尤为突出。司法公正是社会公平正义的底线。党的十六大报告指出，“社会主义司法制度必须保障在全社会实现公平和正义”，明确指出了社会主义司法制度的根本价值。司法公正往往需要由司法效率来保证。效率意味着及时获取证据，防止因时过境迁证据被转移、毁损灭失，使得当事人受到损害的合法权益无法补救。提高司法效率，不仅可以使被害人的权利及时得到救济，还可以使受损害的法律秩序及时得到恢复，同时有助于增强公众对司法机关的信任。如果效率低下，案件久拖不结，必将使纠纷长期处于不确定状态，当事人之间长期处于对抗或敌对状态；在当事人疲惫不堪的情况下拿到一个“公正”的判决，此时的当事人对司法机关已经没有什么感激，更谈不上什么公正感、信任感。因此，在社会主义司法领域，应坚持公正与效率的辩证法，以公正统领效率，以效率保障公正。

2001 年，最高人民法院明确把“公正与效率”确立为 21 世纪人民法院工作的主题，逐步形成了司法公正的理论体系，要求各级人民法院根据实现司法公正与提高司法效率的要求，推进司法改革和创新。在 2006 年 5 月中共中央印发的《关于进一步加强人民法院、人民检察院工作的决定》中，也明确要求人民法院要在党的领导和人大监督下，坚持“公正与效率”的法院工作主题，切实提高保障社会公平和正义的能力；要以保障在全社会实现公平和正义为目标，以解决制约司法公正和人民群众反映强烈的问题为重点，推进司法体制改革，并反复强调了促进司法公正，提高维护国家安全和社会稳定的能力，保障社会公平正义的能力。经过多年的努力，各级人民法院对公正与效率的认识逐步深化，对司法公正在理论上形成了许多共识，如司法公正不仅包括实体公正，而且包括程序公正，还包括行为公正或形象公正；

不仅要通过审判活动实现司法公正，而且要以人们看得见的方式实现司法公正，让裁判或认定的过程变成当事人感受民主、客观、公正的过程；司法程序不仅是实现司法公正的必要手段和内在要求，而且本身具有独立的价值；司法公正不仅要求坚持合法合理的原则，公正处理好每一起案件，也要求坚持及时高效的原则，提高诉讼效率；司法公正不仅要求公正高效，还要求树立和维护司法权威；等等。这些从司法实践中不断总结出来的理论成果，为人民法院司法改革体现“公正与效率”主题，维护社会公平正义，明确了目标，指明了方向。纵观改革开放30年的人民法院司法改革，都是在围绕着实现司法公正、提高司法效率、维护社会公平正义展开的。

“三个至上”重要思想。胡锦涛总书记提出的“始终坚持党的事业至上、人民利益至上、宪法法律至上”，是对社会主义民主法治建设客观规律的科学总结，是对马克思主义法治思想和社会主义法治理念的丰富和发展，集中体现了坚持党的领导、人民当家做主、依法治国有机统一的社会主义法治的本质特征，体现了中国特色社会主义司法制度政治性、人民性、法律性的有机统一，体现了人民法院工作对党负责、对人民负责和对法律负责的高度一致，对于在新的历史条件下建设公正高效权威的社会主义司法制度，保障和推进中国特色社会主义事业，具有极其重要的指导意义。

“三个至上”重要思想是人民法院司法改革理论的又一次升华。人民法院司法改革是我国政治体制改革的组成部分，是发展我国社会主义民主政治的组成部分。党的十六大报告指出：“发展社会主义民主政治，最根本的是要把坚持党的领导、人民当家做主和依法治国有机统一起来。党的领导是人民当家做主和依法治国的根本保证，人民当家做主是社会主义民主政治的本质要求，依法治国是党领导人民治理国家的基本方略。”坚持党的事业至上、人民利益至上、宪法法律至上，正好对应了党的领导、人民当家做主、依法治国，并由此派生出对党负责、对人民负责、对法律负责。因此，“三个至上”的指导思想与社会主义民主政治的本质要求是一致的，是在新的历史起点上推动人民法院司法改革的根本指导思想，司法改革必须体现“三个至上”及其统一性。

和谐司法理论。改革开放以来，随着我们党指导思想的与时俱进和社会经济、政治、文化的现代化，随着社会主义法制建设实践经验的丰富，以及包括立法、执法、司法等在内的各项法制改革的深入推进，依法治国、法治国家的内涵越来越丰富和科学，特别是党的十六大提出社会和谐、十六届四中全会明确提出构建社会主义和谐社会、十六届六中全会作出《关于构建社会主义和谐社会若干重大问题的决定》，构建社会主义和谐社会的战略思想和历史任务明确提出，为依法治国、建设社会主义法治国家进一步明确了指导思想和奋斗目标，丰富和创新了依法治国、法治国家的内涵。在这样的背景下，“和谐法治”理念呼之欲出。和谐法治不仅要求立法要和谐，司法也要充分体现和谐的精神，实现“和谐司法”，并在和谐司法理念的指引下从事司法活动，引领司法改革。

和谐司法是中国特色社会主义司法制度的基本特征。其内涵包括：其一，司法目的和谐，要通过审判、执行和涉法信访，定纷止争，化解社会矛盾，促进社会和谐。法院产生的直接原因就是社会出现了矛盾纠纷，当社会矛盾纠纷大量增多而私权力无法解决的时候，就需要有一种公权力来取代私权力解决矛盾纠纷，法院由此产生。因此，任何社会形态下、任何时候，解决社会矛盾纠纷都是法院司法权的最基本的属性和功能。现阶段，随着经济体制深刻变革、社会结构深刻变动、利益关系深刻调整、思想观念深刻变化，社会矛盾凸显，其对人民法院依法妥善协调各方面的利益关系、最大限度地化解社会矛盾纠纷，提出了更迫切、更现实的要求。形成矛盾纠纷的原因是多方面的，解决矛盾纠纷的途径和方法也应该是多元化的，但无论选择怎样的解决途径和方法，其最终的目的都是要定纷止争、息事宁人、案结事了。其二，司法职能要和谐。在党委的统一领导和人大的监督下，在宪法和其他法律的制度框架内，与检察、公安、国安、司法等政法机关分工负责，互相支持、互相配合、互相制约，准确有效地执行法律，共同履行维护党的执政地位、维护国家长治久安、维护人民群众利益、维护社会公平正义、保障和服务经济社会发展的神圣职责。这是党的执政权在政法工作中的集中体现，是中国特色社会主义政法事业的政治优势、法律优势和工作优势所在。司法改革要充分展示和最大限度地发挥这种制度优势，而不是削减这种优势。其三，司法过程中各个主体之间要和谐。这需要法官能够切实尊重、维护当事人的诉讼权利及选择。一是当事人享有自主实施诉讼行为的自由，即诉讼权利的行使与放弃依据当事人的自愿；在符合法律规定的条件下，自主选择有利于自己诉讼利益的诉讼手段，法官应予准许；在不违反法律规定情况下，当事人之间形成的纠纷解决合意应得到法官的确认和支持。二是在发挥辩论原则的主导作用的同时，对于当事人在权利实现过程中遇到的无法克服的诉讼能力障碍，法官应适当介入，避免当事人之间在诉讼结构关系上的失衡。如在当事人因客观原因无法收集证据时，法官可以依职权调查收集证据。其四，司法工作模式要和谐。司法的基本职能在于，通过调整利益关系以解决社会矛盾和纠纷，这就要求司法工作模式能够立足和谐，促进和谐，减少、化解社会矛盾和纠纷对正常社会秩序的冲击。中国古代司法文化是一种和谐文化，不是对抗文化，始终强调法律与社会的融合，调解作为中国古代司法重要的工作方式在这其中发挥了很大作用，这对于社会主义司法仍然具有不容忽视的现实意义。

二　30年人民法院司法改革的实践进程与基本成就

（一）司法改革的基本进程

30年的司法改革经历了从恢复重建到体制机制改革，从零敲碎打到整体纵深推进这样一个与时俱进的过程，不断完善和发展着中国特色社会主义司法制度，不断使中国特色社会主义司法制度的优越性得到充分展示和发挥。

第一，恢复重建时期

在中国特殊的历史背景下，恢复重建是一种特殊形式的改革。“文化大革命”当中，造反派“踢开党委闹革命”“砸烂公检法”，司法机关是重灾户。司法机关被打砸抢，档案被抢走或撕毁，很多司法干警被揪斗，司法队伍被解散，检察机关不再存在，法院成为各地公安机关军管会下属的“审判组”，大批法院干部被下放或调离审判岗位。1975年宪法甚至以法律的形式规定由公安机关行使检察机关职权（实际上取消了国家检察机关），取消人民法院独立审判及陪审制度、公开审判和辩护制度。在“群众专政”的名义下，大搞“群众立案”“群众办案”“群众审判”，私设公堂，进行非法审判和非法惩办。社会主义司法受到严重破坏，人民的权利和自由受到肆意践踏。1978年宪法恢复了人民检察院职权。“文化大革命”结束之后，伴随着1982年新宪法颁布实施、三大诉讼法的陆续出台与不断完善、人民法院组织法和人民检察院组织法的修改完善，我国的社会主义司法制度得以恢复和重建。恢复不是简单复原，重建也不是复制原样，而是包含了许多制度创新。在恢复重建的过程中，发生了中国现代历史上最重大的法律事件，即对林彪、江青反革命集团的大审判。1980年11月22日《人民日报》发表了题为《社会主义民主和法制的里程碑》的特约评论员文章，指出“对林彪、江青反革命集团的审判，是我国民主和法制发展道路上的一个引人注目的里程碑，它充分体现了以法治国的精神，坚决维护了法律的权威，认真贯彻了社会主义民主和法制的各项原则”。在这篇评论员文章中明确指出对林彪、江青反革命集团这一历史性审判中蕴含的现代法律原则：司法独立、司法民主、实事求是、人道主义和法律平等。

第二，法院内部的综合改革

20 世纪 80 年代中期，特别是党的十三大以后，确立了社会主义初级阶段理论，经济体制改革进一步深化，政治体制改革稳步推进，对外开放日益扩大。在这种改革开放的宏观背景下，司法改革被提到历史日程上来。

人民法院的司法改革在开始阶段是为了适应经济体制改革和对外开放的要求，着重于加强和改进人民法院工作。1988 年 7 月第十四次全国法院工作会议提出了六项改革措施：一是改善执法活动，要求认真执行公开审判制度，改进合议庭工作；二是改革现行法院人事管理制度，制定法官法，建立具有中国特色的社会主义法官制度；三是改革法院干部教育培训管理体制，建立一个多层次的正规化的法院干部教育培训体系；四是改革和加强法院系统的司法行政工作，加强法庭建设，改革法院业务经费管理办法，解决法院办案经费不足的困难；五是大力加强基层建设，加强建设、调整和充实人民法庭，加强对人民调解委员会的业务指导；六是积极开展同外国法院间的司法协助工作。这些改革措施贯彻了党的十三大深化经济体制改革，推进政治体制改革，发展社会主义民主和加强社会主义法制建设的部署，以改革总揽全局，着重加强人民法院改革和自身建设，目的是解决长期困扰和严重影响审判工作的问题，革除弊端，为法院创造一个良好的工作环境，使审判工作逐渐正规化和规范化。

第三，审判方式改革

进入 90 年代，随着社会主义市场经济体制框架的基本确立，经济社会关系急剧变动，公民法律意识极大提高，社会对法律规则的依赖日益增强，案件数量大幅上升。陈旧的司法设施、落后的司法理念、低下的办案效率、捉襟见肘的司法经费，远远不能适应人们的司法需求。一场以举证责任改革为切入点的审判方式改革渐次展开，逐渐波及诉讼机制，并更加深入地触及司法体制。

1991 年七届人大四次会议通过民事诉讼法，确立了“谁主张谁举证”的证据规则。从此，由举证责任分担开始，引起了庭审方式和诉讼制度的变革，进而推动了审判方式的改革。1996 年八届全国人大四次会议审议通过了《关于修改〈中华人民共和国刑事诉讼法〉的决定》，这是我国社会主义民主与法制建设的重大成果，也为人民法院改革和完善审判方式创造了更好的条件。1999 年 7 月，最高人民法院召开了全国法院审判方式改革工作会议，确定以学习贯彻修正后的刑事诉讼法、推进刑事审判方式改革为重点，全面改革和完善民事、经济、行政审判方式。这次会议标志着审判方式改革从试点走向全面实施阶段。会议确定了审判方式改革的指导思想：以宪法和诉讼法等法律为依据，以保障裁判公正为目的，以公开审判为重心，强化庭审功能，强化当事人举证责任，强化合议庭职责。会议提出了改革和完善审判方式的具体任务和要求：改革和完善刑事审判方式，实行控辩式庭审方式；改革和完善民事经济审判方式，强化庭审功能，强化当事人举证责任，强化合议庭职责；完善行政审判方式，审判活动紧紧围绕审查被诉具体行政行为的合法性进行，强化被告的举证责任，进一步健全行政审判的裁判形式。会议还确定了一批改革试点单位，一场以刑事诉讼为核心的审判方式改革在全国法院全面铺开。与此同时，民事、经济、行政审判方式的改革和完善也得到进一步推进。这期间，最高法院制定了一系列的规范性文件，包括《第一审经济纠纷适用普通程序开放审理的若干规定》《经济纠纷案件适用简易程序开庭审理的若干规定》《人民法院立案工作的暂行规定》《关于民事经济审判方式改革问题的规定》等，积极推进了改革的开展。

审判方式改革的主体是法院，方式是自下而上，内容限于诉讼机制的健全和完善。轰轰烈烈的审判方式改革极大地解放了思想，为建设中国特色社会主义诉讼制度和法院制度积累了有益的经验，引起了社会各界对司法改革的重视和关注。

第四，建设法治国家战略中的司法改革

1997 年党的十五大明确提出“依法治国，建设社会主义法治国家”的目标，同时指出：“推进司法改革，从制度上保证司法机关独立公正地行使审判权和检察权”。司法改革首次以党的纲领性文件被确认，首次被正式纳入法治国家战略，使司法改革有了坚实的理论基础和坚强的政治保障。按照党的十五大精神，1999 年最高人民法院制定了《人民法院五年改革的纲要》（又称“一五改革纲要”），这是法院系统第一次以纲要的形式推出阶段性改革规划。改革纲要指出：“从 1999 年起至 2003 年，人民法院改革的基本任务和必须实现的具体目标是：以落实公开审判原则为主要内容，进一步深化审判方式改革；以强化合议庭和法官职责为重点，建立符合审判工作特点和规律的审判管理机制；以加强审判工作为中心，改革法院内设机构，使审判人员和司法行政人员的力量得到合理配备；坚持党管干部的原则，进一步深化法院人事管理制度的改革，建立一支政治强、业务精、作风好的法官队伍；加强法院办公现代化建设，提高审判工作效率和管理水平；健全各项监督机制，保障司法人员的公正、廉洁；对法院的组织体系、法院干部管理体制、法院经费管理体制等改革进行积极探索，为实现人民法院改革总体目标奠定基础。”“一五改革纲要”的制定与实施，有力地推动了司法改革的历史进程，在审判程序、审判管理等方面的改革成效明显。

第五，着力推进司法体制改革

进入新世纪以后，中国加入了世贸组织，迎来了更深层次的市场经济变革。为了适应社会主义市场经济发展、经济全球化的进程和社会的全面进步，2002 年党的十六大作出了推进司法体制改革的重大战略决策。十六大指出“加强对执法活动的监督，推进依法行政，维护司法公正，防止和克服地方和部门的保护主义。推进司法体制改革，按照公正司法和严格执法的要求，完善司法机关的机构设置、职权划分和管理制度”。2003 年 5 月，由中央政法委牵头成立了中央司法体制改革领导小组，由此司法改革成为中央主导、各部门紧密配合、社会各界广泛参与的国家统一行动。2004 年 12 月中央司法体制改革领导小组出台了《关于司法体制和工作机制改革的初步意见》，提出了改革和完善诉讼制度、诉讼收费制度、检察监督体制、劳动教养制度、监狱和刑罚执行体制、司法鉴定体制、律师制度、司法干部管理体制、司法机关经费保障机制等 10 个方面 35 项改革任务，成为改革开放以来改革事项最为全面、改革力度较大的一次重要司法改革。2006 年 5 月，中共中央做出了《关于进一步加强人民法院、人民检察院工作的决定》，对司法改革、司法建设、司法工作、司法理念所涉及的一系列重大问题和突出问题作出了明确的决定，明确了“公正与效率”的法院工作主题。根据党中央关于司法体制改革的总体要求和部署，最高人民法院推出了《人民法院第二个五年改革纲要（2004—2008）》（又称“二五改革纲要”），确定人民法院司法改革的基本任务和目标是：改革和完善诉讼程序制度，实现司法公正，提高司法效率，维护司法权威；改革和完善执行体制和工作机制，健全执行机构，完善执行程序，优化执行环境，进一步解决“执行难”；改革和完善审判组织和审判机构，实现审与判的有机统一；改革和完善司法审判管理和司法政务管理制度，为人民法院履行审判职责提供充分支持和服务；改革和完善司法人事管理制度，加强法官职业保障，推进法官职业化建设进程；改革和加强人民法院内部监督和外部监督的各项制度，完善对审判权、执行权、管理权运行的监督机制，保持司法廉洁；不断推进人民法院体制和工作机制改革，建立符合社会主义法治国家要求的现代司法制度。该改革纲要围绕上述八个方面的任务和目标，提出了50项具体改革内容。

第六，着力推进司法事业科学发展的司法改革

党的十七大之后，司法改革进入全新阶段，即进入通过司法改革实现中国特色社会主义司法事业科学发展的新阶段。党的十七大确立了科学发展观的指导思想地位，并以科学发展观为统领谋划和部署司法改革，对司法改革的目标和重点做出更加全面、深刻而准确的表述："深化司法体制改革，优化司法职权配置，规范司法行为，建设公正高效权威的社会主义司法制度，保证审判机关、检察机关依法独立公正地行使审判权、检察权。"十七大之后，中央政法委立即组织中央和国家机关有关部门进行广泛深入地调研论证，于2008年12月推出了《中央政法委关于深化司法体制和工作机制改革若干问题的意见》(以下简称《意见》)，并由中共中央转发。该《意见》全面贯彻党的十七大精神，以中国特色社会主义理论体系为指导，以始终坚持党的领导、始终坚持中国特色社会主义方向、始终坚持从我国国情出发、始终坚持群众路线、始终坚持统筹协调、始终坚持推进改革为原则，提出在继续抓好2004年中央确定的司法体制改革和工作机制改革事项的基础上，从人民群众司法需求出发，以维护人民利益为根本，以促进社会和谐为主线，以加强权力监督制约为重点，紧紧抓住影响司法公正、制约司法能力的关键环节，进一步解决体制性、机制性、保障性障碍，并设定深化司法体制和工作机制改革的重点是：优化司法职权配置、落实宽严相济的刑事政策、加强政法队伍建设、加强政法经费保障。围绕这四个重点，《意见》规定了29项改革内容。与此同时，最高人民法院也从法院工作实际出发，提出了深化人民法院司法改革的具体意见。在党中央的正确领导下，人民法院司法改革呈现出诸多新的特点和趋势：其一，把司法改革作为人民法院科学发展的战略问题，在深入学习实践科学发展观的活动中，最高人民法院党组提出既要解决服务科学发展的问题，又要解决好自身科学发展的问题，只有解决好法院的科

学发展，才能更好地服务科学发展。第一次把人民法院的科学发展提高到战略高度加以思考，并提出要按照科学发展观的要求，结合审判工作的规律和特点，结合目前人民法院工作的实际状况，结合从严治院、公信立院、科技强院的工作方针来考虑，拓宽思路、群策群力、集思广益，认真考虑人民法院如何实现科学发展的问题。其二，把司法改革放在以人为本的基点上，更加明确改革发展为了谁、依靠谁这一前提问题，把维护最广大人民群众的利益作为司法改革的根本出发点和落脚点，司法改革的成果要惠及于民，由人民共享，不断满足人民群众对司法工作的新期待、新要求。其三，把发展依靠人这一科学发展观的思想落实在法院队伍建设上，提出全面加强法官队伍建设，除了继续推进法官职业化建设之外，更加重视法官队伍的思想政治建设、反腐倡廉建设、工作作风建设、司法能力建设。其四，更加强调司法改革与发展要做到全面、协调、可持续，特别是把人民法院基层基础建设放在重中之重，着力破解制约人民司法事业科学发展的瓶颈问题；以建设公正高效权威的社会主义司法制度为发展目标，统筹司法体制改革、司法职权配置、司法行为规范；在审判和执行工作中努力做到依法、独立、公正的协调一致。

（二）司法改革的基本成就

人民法院司法改革的成就主要体现在体制改革和工作机制改革两大方面。这里重点论述体制改革方面的成就。司法体制改革是最深层、最关键的改革，也是难度最大的改革。人民法院司法体制改革既包括法院外部的体制改革，也包括内部的体制改革。这两个方面都有实质性进展，并为今后更深层次的司法体制改革积累了经验，奠定了基础。

第一，人民法院外部性体制改革

人民法院外部性体制改革，着力点是正确处理好党与司法的关系、人大与法院的关系、政府与法院的关系。外部性司法体制改革的主题是在坚持党的正确领导、保证人大的法律监督的前提下，保障人民法院依法独立行使审判权，或者说是保障审判权独立运行。

改革党对司法的领导模式，从“以党代法”到“依法执政”。在长期的革命战争年代和新中国成立之初，党对司法工作的领导表现为直接指挥、直接决定，甚至实行党委审批案件制度。尽管“五四宪法”确立了“审判独立”原则，但是由于各种原因，特别是1958年中共中央实施“党的一元化领导”之后，党权代行司法权的党委审批案件制度一直延续下来。1979年中央64号文件严肃地分析和批评了党内严重存在着的忽视社会主义法制建设的错误倾向，指出“在我们党内，由于新中国成立以来对建立和健全社会主义法制长期没有重视，否定法律、轻视法律；以党代政、以言代法、有法不依，在很多同志身上已经成为习惯；认为法律可有可无，法律束手束脚，政策就是法律，有了政策可以不要法律等思想，在党员干部中相当流行。”“各级党委要坚决改变过去那种以党代政、以言代法、不按法律规定办事，包揽司法行政事务的习惯作法。”明确要求各级党委要保证法律的切实实施，充分发挥司法机关的作用，切实保证人民检察院独立行使检察权，人民法院独立行使审判权，使之不受其他行政机关、团体和个人的干涉。至此，党委审批案件的制度被取消，从体制上保证了人民法院独立行使审判权。1982年中共中央《关于加强政法工作的指示》，进一步明确了各级党委对政法工作的领导主要是管方针、政策，管干部，管思想政治工作，监督所属政法机关模范地依照国家的宪法、法律和法令办事。1986年7月10日，中共中央针对党内依然存在的严重蔑视社会主义法制的严重倾向，发出《关于全党坚决维护社会主义法制的通知》(以下简称《通知》)，十分严肃地指出：目前有的党组织和党员、干部，特别是有的党政军领导机关和领导干部，仍然自恃特殊，以言代法，以权压法，甚至徇私枉法，把自己置于法律之上或法律之外。他们当中有的习惯于个人说了算，损害法律的尊严，不尊重国家权力机关的决定和决议；有的对司法机关的正常工作横加干涉，强制司法机关按照他们的意图办事，强行更改或者拒不执行法院的裁判，任意调离秉公办事的司法干部；有的无视宪法和刑事诉讼法，任意决定拘留和搜查公民，或者强令公安、司法机关去干一些非法侵害公民人身权利和民主权利的事，甚至把政法干警作为他们搞强迫命令和以权谋私的工具，等等。这些现象虽然发生在个别单位和少数人身上，但是影响很坏，严重损害了党的威信和社会主义法制的严肃性，必须引起全党的充分重视。《通知》要求各级党委正确认识和处理与国家权力机关、行政机关、司法机关的关系，支持国家机关依法行使职权。1989年9月，江泽民在就任总书记后的第一次记者招待会上就公开表态：“我们绝不能以党代政，也绝不能以党代法。这也是新闻界讲的究竟是人治还是法治的问题。我想我们一定要遵循法治的方针。”把党与法的关系问题提到人治与法治的范畴，并把这个问题作为中央第三代领导核心的执政纲领的切入点，意义非常重大。特别是党的十六大和十七大明确提出实行依法执政。胡锦涛总书记指出，依法执政是新的历史条件下马克思主义政党执政的基本方式。依法执政，就是坚持依法治国、建设社会主义法治国家，领导立法，带头守法，保证执法，不断推进国家经济、政治、文化、社会生活的法制化、规范化，以法治的理念、法治的体制、法治的程序保证党领导人民有效治理国家。从以党代法到依法执政、保证司法机关依照宪法和法律独立公正地行使审判权和检察权，确立了在党的领导下司法机关独立行使职权的司法体制。这是我国司法改革取得的最具有显示度和标志性的成果，是我国政治文明的重大进步。

改革人大对法院的监督模式，确立依法监督、集体监督、公开监督的新模式。人民法院由人民代表大会产生、对人民代表大会负责、接受人民代表大会监督、依靠人民代表大会支持，是中国特色社会主义政治制度下人大与法院的基本关系。这一基本关系的确立也经历了一个过程。“五四宪法”规定，法院由国务院或省级人民委员会（人民政府）产生；各级法院院长由同级人大选举，副院长、庭长、副庭长和审判员由地方各级人民委员会（人民政府）任免；法院向同级人大负责并报告工作；法院审判只服从于法律。可见，人大与法院的关系比较松散，人大对法院的制约限于法院向人大报告工作和选举院长，监督力度明显不强。“八二宪法”和 1983 年新修订的《人民法院组织法》对人大与法院的关系进行了重大改革。首先，法院由同级人大产生并对人大负责，明确了法院权力的来源和监督的主体；其次，法院院长由同级人大选举，副院长、庭长、副庭长和审判员由同级人大常委会任免，确立了人大对法官的人事任免权；再次，人民法院依照法律规定独立行使审判权，不受行政机关、社会团体和个人的干涉，但要向人大报告工作，这意味着法院的审判权要受权力机关的监督，赋予了人大及其常委会对审判工作的监督权。人大对法院的全面监督，确立了司法权力来源于人民、对人民负责、受人民监督的中国特色社会主义司法制度。但是，上个世纪 80 年代以来，各地纷纷实行人大对法院的“个案监督”，有的地方人大常委会制定了实施个案监督的地方性法规，有些地方甚至演化为人大常委会领导个人对法院发号施令，致使法院的独立审判受到严重影响，地方保护主义、部门保护主义和特权保护主义有所抬头。2006 年 8 月 27 日十届人大第二十三次会议通过了《中华人民共和国各级人民代表大会常务委员会监督法》，以法律的形式停止各级人大常委会对法院审判的个案监督，禁止人大常委会组成人员个人对法院的监督，把监督的重点放在通过司法解释的备案制度监督最高人民法院的司法解释，通过审议法院工作报告、专项报告、询问和质询、执法检查、特定问题调查和人事任免对法院进行法律监督和工作监督。监督法的出台，明确了人大对法院的监督既是制约，也是支持，更是促进，通过人大代表建立法院与社会公众沟通的桥梁，通过权力机关的支持优化司法环境、支持法院队伍建设、保障改革创新，促进法院充分发挥司法功能。

改革行政与司法的关系，一府两院格局形成。司法与行政合一是中国延续了几千年的政治法律制度，县太爷既是地方行政长官，又是地方的大法官，皇帝既是“国家元首”，又是国家的最高裁判者。这种传统法律文化根深蒂固，影响着中国法制现代化的进程。在革命战争时期，司法行政长期合二为一，法院是根据地政府内部的一个部门，在政府的领导下行使审判权。新中国成立后，“五四宪法”确立了在人民代表大会制度下“一府两院”的政治格局，司法机关与政府属于同级国家机关，分工协作、彼此尊重并互相监督，在机构、人员、职能上分立。但是，法院的设置仍然需要行政机关的批准，各级法院助理审判员的任命、人员编制和办公机构由司法行政机关负责。尽管“八二宪法”和1983年修订的人民法院组织法删除了这些规定，然而实行多年高度集中的计划经济体制和“分灶吃饭”的财政体制，以及现有体制下的行政权泛化，使司法职权与行政职权仍然保持着千丝万缕的联系，甚至出现“司法权地方化”“司法权行政化”的弊端。但是，以宪法的形式规定司法权与行政权分立毕竟是中国法制发展史上的伟大变革，为司法权真正独立于行政权奠定了宪政基础。不仅如此，法院通过对行政行为的司法审查，促进了行政机关依法行政，实现了司法权对行政权监督的宪法原则。自1982年起，人民法院根据《中华人民共和国民事诉讼法（试行）》的规定，开始试行受理部分行政案件。1988年9月5日最高人民法院行政审判庭成立，各级人民法院逐步建立了行政审判机构，为全面开展行政审判工作奠定了组织基础。1990年10月《中华人民共和国行政诉讼法》正式实施，标志着我国行政诉讼制度正式建立。对具体行政行为的司法审查是我国宪政建设、民主政治建设和民主法制建设具有里程碑意义的一件大事，标志着我国社会主义民主和法制建设进入了一个新阶段。随后，全国人大及其常委会先后颁布了国家赔偿法、行政处罚法、行政复议法等法律，国务院相继发布《全面推进依法行政的决定》和行政复议条例，与行政诉讼相关的法律体系进一步完善。进入新世纪以来，党和国家更加重视依法执政和依法行政，制定了行政许可法等保证依法行政的法律法规。根据这些法律法规，最高人民法院制定了《关于执行中华人民共和国〈行政诉讼法〉若干问题的解释》《关于行政诉讼证据若干问题的规定》等一系列重要的司法解释，进一步完善了行政审判制度，使我国行政审判制度日趋走向成熟，司法权对行政权的监督在国家经济社会生活中的作用越来越重要。

改革政法机关之间的关系，确立公、检、法、司、安等政法机关之间“分工负责、互相配合、互相制约”的司法制度。新中国成立初期，虽然宪法和法律确立了公、检、法三机关之间互相制约、互相配合的关系，但是为了迅速有效地镇压反革命，也为了解决财政经济困难，公检法在很长时间内合署办公。至“文化大革命”期间，检察机关一度被撤销，“七五宪法”规定由各级公安机关代行检察职权，直到“七八宪法”恢复人民检察院设置。十一届三中全会以后，随着宪法、刑法、刑事诉讼法等法律的相继出台，确立了公检法三机关“分工负责、互相配合、互相制约”的司法制度。在刑事诉讼活动中的关系也体现为检察机关对公安机关、审判机关双向制约和监督，同时也要受到公安机关和审判机关的制约和监督。1996 年新修改的刑事诉讼法，变“纠问式”庭审为“抗辩式”庭审，形成了带有当事人主义色彩的混合式诉讼模式。这种诉讼模式对侦查和公诉证据要求有了更高的标准，更加强调了制约关系，使司法机关之间独立性增强，标志着我国刑事诉讼程序步入民主化、科学化轨道。

第二，人民法院内部的体制改革

如果说法院的外部性体制改革主题是保障人民法院在党的领导和人大监督下依法独立行使审判权，其内部性体制改革则着眼于保证公正司法、高效司法、文明司法、廉洁司法。1988 年 7 月最高人民法院召开第十四次全国法院工作会议，提出了人民法院自身改革和建设的六大措施，在人民法院司法改革的历史进程中占有重要的地位，为其后人民法院司法改革的深入推进打下了重要基础。最高人民法院 1999 年颁布的《人民法院五年改革纲要》和 2004 年颁布的《人民法院第二个五年改革纲要》，也更多地关涉法院内部的体制改革和审判方式改革。

优化上下级法院之间的职权配置，探索分工科学、职责明晰的法院内部体制。在体制上，人民法院内部上级法院对下级法院的关系主要是审判监督、工作指导、干部协管等。但在以往的实践中，时常发生下级法院就个案审判向上级法院“请示”，以及上级法院对下级法院某些事务的“包办”，致使司法行政化趋向日益明显。为了切实保证审级独立和审级监督，维护当事人的诉讼权利，维护公正合理的诉讼秩序，全国人大常委会通过修改刑事诉讼法、民事诉讼法和行政诉讼法，最高人民法院通过司法解释和指导性文件，进一步明晰和优化了上下级法院之间审判权和执行权的配置，其中死刑核准权收回最高人民法院统一行使、对民事再审案件提级审理、对一审民商事案件管辖权的改革、建立省区市高级人民法院对辖区内执行工作统一领导、统一指挥、统一管理的执行体制等，是法院内部体制改革的重要举措。

建立“统一立案、分类审判、集中执行、专门监督”的工作体制。改革开放以来，人民法院内部的工作体制发生了一系列重大变化。1979 年开始建立经济审判庭，1986 年组建行政审判庭，1999 年中级以上法院设立赔偿委员会。一些法院还设立了房地产审判庭、涉外经济审判庭、少年法庭、知识产权审判庭等专业审判庭。为了加强调解工作，许多法院借鉴深圳市中级人民法院的经验，成立了“经济纠纷调解中心”。随着改革开放的深入，人民群众的维权意识日益增强，诉讼制度完善和法院司法救助措施的扩大，人民法院受理的案件迅速增多，原来自收自审自判自执的工作体制已不适应新形势、新情况和新任务，为此各地法院相继进行了立审分立、审执分立、审监分立的体制和机制改革。1995 年最高人民法院设立执行办公室（2008 年 11 月改为执行局）；2001 年 8 月最高人民法院审判监督庭正式成立，之后，全国各级法院也相继成立了执行庭和审监庭。经过这些改革，在人民法院内部形成了“统一立案、分类审判、集中执行、专门监督”的工作体制，使诉讼中的立、审、执、监等各个过程相对独立、相互制约，从而强化了审判的自我监督功能，有利于保障公正司法。2003 年以后，为了进一步提高司法效率，法院开始健全以人民法庭建设、审判法庭建设和信息化建设为重心的司法政务管理制度，建立以审判流程为机制的审判管理制度，使法院内部职权配置和分工更加合理，确保审判工作公正高效运行。与此同时，从合议庭到审判委员会各类审判组织和执行组织也进行了重大改革。

上述法院外部性体制改革和内部性体制改革，推动了司法文明，促进了中国特色社会主义司法制度的科学发展。

（本文原载于《法制与社会发展》2009 年第 3 期）

比较法视野下的中国特色司法独立原则

陈光中*

司法独立（judicial independence），是国际通行的法律术语，为国际法律文件所惯用。其含义一般是指法院和法官的审判独立。司法独立是近代西方资产阶级革命的产物，是司法制度发展到一定阶段的进步成果，也是现代国家的一项重要法治原则。本文拟以比较法为视角，对中国特色的司法独立原则做初步的探讨。

一　司法独立的域外考察

作为国家权力运行的重要原则，司法独立之理念源于权力分立与制衡的思想。古希腊先哲柏拉图、亚里士多德都在其著作中阐释了权力制衡的观点；作为西方法治主义奠基人之一的洛克则率先较为详细地阐述了分权理论，他认为政治权力应划分为立法权、行政权和外交权，并由不同的部门执掌。第一次明确提出三权分立主张的是法国启蒙思想家孟德斯鸠，他主张在国家权力中应当赋予司法权一席重要之地，并明确指出："如果司法权不同立法权和行政权分立，自由也就不存在了。如果司法权同立法权合而为一，则将对公民的生命和自由施行专断的权力，因为法官就是立法者。如果司法权同行政权合而为一，法官便将握有压迫者的力量"[①]。

---

*　陈光中，中国政法大学终身教授。

①　［法］孟德斯鸠：《论法的精神》（上册），张雁深译，商务印书馆，1997 年，第 156 页。

随着资产阶级革命的胜利和现代法治理念的发展，司法独立原则不仅在美、英、法、德、日等西方法治发达国家得以确立，也成为亚、非、拉诸多国家的一项重要的宪法性原则。考察各国宪法规定，可以发现，司法独立原则在各国宪法条文的具体表述上存在着较大差异。概括起来主要有如下几种不同的表达方式：

第一，宪法中未对“司法独立”进行明文规定，仅以三权分立为国家权力框架规定司法权属于法院，此类型主要存在于英美法系国家的宪法之中，包括美国、英国、加拿大、澳大利亚等国家。以美国为例，1787 年《美利坚合众国宪法》第 3 条第 1 款规定：“合众国的司法权属于最高法院以及由国会随时下令设立的低级法院。”① 虽然在宪法文本上没有明确规定“司法独立”，但司法权与立法权、行政权的分立本身就意味着司法权独立于立法权与行政权存在，并在不受二者干预的情况下运行。可以说，司法独立实质上是三权分立理论的应有之义。然而，正如任何制度的形成都不是一蹴而就的，美国的司法独立也经历了从法律规定到实际确立的曲折历程。在这一过程中，有两个判例对于司法独立的确立而言是极为重要的，即马伯里诉麦迪逊案② 和蔡斯弹劾案。③ 马伯里诉麦迪逊一案开启了美国联邦最高法院对联邦法律进行合宪性审查的先例，赋予了法院对立法及行政机关的制衡权，在实质上确立了法院的司法独立地位。其意义正如学者所言：“司法上拒绝适用法律以及这种权威的程度和范围可视为司法独立程度的指示器……美国在历史经验的基础上，有时假设，没有司法审查，就无真正的司法独

① 本文所引用的现行宪法条文均出自于《世界各国宪法》，中国检察出版社，2012 年。

② 1801 年，时任美国总统的亚当斯在卸任前紧急任命了一批“午夜法官”（Midnight Judges），但由于前国务卿马歇尔的疏忽，导致包括马伯里在内的一部分人的任命状未能及时发出，继任的总统杰弗逊命令国务卿麦迪逊扣押这批委任状。马伯里依据《1789 年司法条例》第 13 条（该条规定联邦最高法院具有针对联邦官员提出的执行令案件的初审管辖权）将麦迪逊诉至联邦最高法院，要求法院命令其发出委任状。审理此案的最高法院大法官马歇尔裁定马伯里应该获得委任状，但同时首次运用司法审查权，以该案中所援引的《1789 年司法条例》第 13 条违反了联邦宪法关于最高法院初审管辖权的规定无效而将案件撤销。

③ 塞缪尔·蔡斯于 1796 年至 1811 年任美国联邦最高法院大法官，是马歇尔法院的成员，因其政治立场与当时掌权的杰斐逊党人不合，1805 年遭到了杰斐逊党人的弹劾，试图通过弹劾来免除蔡斯的职务。对塞缪尔·蔡斯进行指控的根据是他担任大法官时的行为，而远不是宪法所规定的“严重犯罪和不当行为”。实际上，人们普遍认为这次弹劾是有政治目的的。蔡斯审判本身以无罪宣判告终，因为杰斐逊党派中有足够多的参议院为被告的论辩所说服，从而使得定罪的投票没有达到宪法规定的多数。[美]伯纳德·施瓦茨:《美国最高法院史》，毕洪海等译，中国政法大学出版社，2004 年，第 61 页。

立。”[①] 蔡斯弹劾案之所以在司法独立层面上具有重要意义，不仅仅是因为蔡斯是美国历史上唯一一位遭到弹劾的联邦最高法院法官，而且在于此案宣告了杰斐逊党人“试图利用弹劾这一武器来使司法部门屈从于他们的意愿”[②]。这一政治权力干预司法独立计划的破产，保障了法官任期，巩固了法官的独立地位。对此，首席大法官威廉伦奎斯特指出，“不能说蔡斯审判的意义是夸张其辞”[③]。要是蔡斯大法官被撤职的话，整个宪法结构所依赖的司法机关的独立将不可能实现。作为一个历史问题，蔡斯的无罪判决宣告了基于政治理由被撤销法官职务的危险已经结束。[④] 历史学家们经常指出参议院对蔡斯免职的失败是司法独立的胜利，并创设了法官不能因其在法官席上陈述了政治观点就被免职的先例。[⑤]

具有不成文法传统的英国原来没有类似美国式的宪法，1998 年英国《人权法案》附表 1 第 6 条第 1 款中仅规定裁决个人的公民权利和责任或对其提起的任何刑事控诉时，每个人均有权在合理的时间内接受由一个依法成立的、独立的、中立的法庭公平、公开的审理。

第二，在宪法中明确规定司法权独立，主要规定法院独立或法官独立。这是世界各国宪法中采用的主流方式，包括德国、日本在内的大陆法系国家普遍采用此种形式。如《德意志联邦共和国基本法》第 97 条第 1 款规定：“法官独立行使职权，只服从法律。”《日本国宪法》（昭和宪法）第 76 条规定：“一切司法权属于最高法院及按照法律规定设置的下级法院。”“所有法官依良心独立行使职权，只受本宪法及法律的约束。”《俄罗斯联邦宪法》第 118 条第 1 款和第 120 条第 1 款分别规定：“俄罗斯联邦的司法权只能由法院行使。”“法官独立，只服从俄罗斯联邦宪法和联邦法律。”《大韩民国宪法》第 101 条第 1 款规定：“司法权属于由法官组成的法院。”第 103 条规定：“法

---

① ［美］H.W. 埃尔曼：《比较法律文化》，贺卫方、高鸿钧译，清华大学出版社，2002 年，第 225 ~ 226 页。

② ［美］伯纳德 · 施瓦茨：《美国最高法院史》，毕洪海等译，中国政法大学出版社，2004 年，第 61 页。

③ ［美］伯纳德 · 施瓦茨：《美国最高法院史》，毕洪海等译，中国政法大学出版社，2004 年，第 61 页。

④ 参阅［美］伯纳德 · 施瓦茨：《美国最高法院史》，毕洪海等译，中国政法大学出版社，2004 年，第 61 ~ 62 页。

⑤ 参阅［美］克米特 · L. 霍尔主编：《牛津美国联邦最高法院指南》（第二版），许明月等译，北京大学出版社，2009 年，第 150 页。

官根据宪法、法律和良心独立审判。”《卡塔尔国永久宪法》第 130 条规定：“司法权独立。司法权由不同种类与等级的法院行使，法院根据法律作出判决。”第 131 条规定：“法官独立。除了法律，任何权力都不得凌驾于法官的判决之上。任何主体均不得干预司法程序。”《沙特阿拉伯王国治国基本法》第 46 条规定：“司法机关是独立机关。判决时，除了伊斯兰教法，没有其他机关可以凌驾于法官之上。”《南非共和国宪法》第 165 条“司法权”规定：“共和国的司法权赋予法院。法院是独立的并且只受宪法及法律的限制，其必须公正无惧地，不偏不倚地、无偏见地适用宪法和法律。任何个人或国家机构不得干涉法院的运作。国家机构必须通过立法以及其他措施协助及保护法院以确保法院的独立、公正、尊严、开放及效率。法院发出的命令或决定拘束其所适用的所有人及国家机构。”

值得注意的是，一些社会主义国家宪法关于司法独立原则的规定也极为鲜明，如《古巴共和国宪法》第 122 条规定：“法官独立行使审判权，只服从于法律。”《越南社会主义共和国宪法》第 130 条规定：“法官和陪审员独立审判，只服从法律。”这些社会主义国家并非实行三权分立的政治体制，说明司法独立可以“姓社”，并非只“姓资”；也并非必然与三权分立挂钩。

第三，部分国家在强调法院、法官独立的同时，也涉及检察机关及其他相关司法主体的独立。如《意大利共和国宪法》第 104 条第 1 款规定：“司法部门构成独立自治的体系，不从属于其他任何权力。”第 108 条规定：“法律规定有关司法组织和法官的规则。法律保障特别法院法官的独立性，同时也保障检察官及参与司法审判的非司法机关人员的独立性。”《南非共和国宪法》第 179 条第 2 款规定：“国家立法应当确保检察系统在行使权力时无私无惧、不偏不倚或没有歧视。”

在确立司法独立原则的同时，一些国家在宪法中建立了相应的保障机制。一是规定法官任期固定。对此，汉密尔顿曾指出：“除使司法人员任职固定以外，别无他法以增强其坚定性与独立性；故可将此项规定视为宪法的不可或缺的条款，在很大程度上并可视为人民维护公正与安全的支柱。”① 法国 1958 年宪法第 64 条第 4 款规定：“法官终身任职。”《德意志联邦共和国基本法》第 97 条第 2 款规定：“专职法官和按照计划最终任用的法官在任职

① [美] 汉密尔顿、杰伊、麦迪逊：《联邦党人文集》，程逢如、在汉、舒逊译，商务印书馆，1980 年，第 392 页。

期届满前，只能在依据法律规定的理由和方式作出司法裁判后，方可违背其本人意愿予以免职，或予以长期或暂时停职、调职或令其退职。可通过立法规定终身制法官的退休年龄。法院机构或法院辖区发生变更时，法官可被调至其他法院任职，或退职，但应保留其全部薪酬。"《阿根廷国家宪法》第110条规定："国家最高法院大法官和地方法院法官，凡秉公执法的，均可一直任职"。二是规定法官薪金及法院经费的保证。正如汉密尔顿所言："最有助于维护法官独立者，除使法官职务固定外，莫过于使其薪俸固定。就人类天性之一般情况而言，对某人的生活有控制权，等于对其意志有控制权。在任何置司法人员的财源于立法机关的不时施舍之下的制度中，司法权与立法权的分立将永远无从实现。"① 《俄罗斯联邦宪法》第124条明确规定："法院的经费只能来自联邦预算。联邦预算对法院的拨款，应当能够保障法院依照联邦法律的规定，充分和独立地行使司法权。"《阿根廷国家宪法》第110条规定："……法官依法律领取薪金，且在职期间其薪金不得降低。"美国宪法第3条第1款规定："……最高法院和低级法院的法官，如果尽忠职守得继续任职，并应在规定的时间获得服务报酬，此项报酬在其继续任职期间不得减少。"三是规定法官不得任意罢免。《日本国宪法》（昭和宪法）第78条："法官除经法院认定为因身心的障碍不适合执行职务的情形外，非经正式弹劾不得被罢免。对法官的惩戒处分不得由行政机关作出。"《大韩民国宪法》第106条第1款："非因弹劾或被判处监禁以上的刑事处罚，法官不得被罢免；非因惩戒处分，不被处以停职、减薪及其他不利的处分。"

在成为现代法治国家公认的宪法性原则的基础上，司法独立原则进一步成为国际性条约、文件中的重要内容。1948年12月10日通过的《世界人权宣言》第10条规定："人人完全平等地有权由一个独立而无偏倚的法庭进行公正的和公开的审讯，以确定他的权利和义务并判定对他提出的任何刑事指控。"1966年12月通过的《公民权利和政治权利国际公约》第14条作了大致相同的规定。进入20世纪80年代以来，国际社会对司法独立问题给予了更大的关注，并相继通过了一系列有关司法独立的专门性文件：1982年国

① ［美］汉密尔顿、杰伊、麦迪逊：《联邦党人文集》，程逢如、在汉、舒逊译，商务印书馆，1980年，第396页。

际律师协会第19届年会通过了《司法独立最低标准》；1983年在加拿大魁北克蒙特利尔举行的司法独立第一次世界会议通过了《司法独立世界宣言》；1985年意大利米兰举行的第7届联合预防犯罪和罪犯待遇大会通过了《关于司法机关独立的基本原则》；联合国经济及社会理事会于1989年通过了《关于司法独立的基本原则：实施程序》。这些文件对司法独立的内涵，对司法机关与其他国家机关、执政党及新闻媒体的关系，对法官的资格、任免、任期、权利与义务，以及对司法机关内部的关系作了系统、全面的规定。例如，《关于司法机关独立的基本原则》第22条对司法独立的内涵规定为："司法机关应不偏不倚、以事实为根据并依法律规定来裁决其所受理的案件，而不应有任何约束，也不应为任何直接间接不当影响、怂恿、压力、威胁、或干涉所左右，不论其来自何方或出于何种理由。"所有上述这些国际文件对世界各国确立与健全司法独立的原则和制度，具有重要的指导意义与参考价值。而且这些文件中的一部分对联合国成员国具有约束力。[①] 至此，司法独立作为一项国际司法准则得到了正式牢固的确立。

二　司法独立是司法规律的必然要求

司法独立原则确立为现代法治和宪政的一项重要原则，乃是司法规律的必然要求，具体言之，可从以下三个方面来分析：

（一）司法独立是实现司法公正的首要保障

公正是人类社会追求的首要价值目标，司法公正是实现社会公正的重要体现和重要保障。司法公正包含程序公正和实体公正两个维度，前者指办理案件过程中所体现的公正，后者指案件实体的结局处理符合公正要求。司法公正是司法追求的核心价值目标，是司法的灵魂和生命线。

司法独立之所以是司法公正的首要保障，从程序上说，它是程序公正的一项主要内容。早在古罗马时代产生的自然正义理念，对审判程序提出了两项基本要求，即"任何人不得在涉及自己的案件中担任法官"和"必须听取双方当事人的陈述"。[②] 中国古代司法也有"两造具备，师听五辞"[③] 的要

① 参阅李步云、柳志伟：《司法独立的几个问题》，《法学研究》，2002年第3期。
② ［美］伊·A.马丁：《牛津法律辞典》，上海翻译出版公司，1991年，第328页。
③ 《尚书·吕刑》。

求。在当代，“法官负有对公民的生命、自由、权利、义务和财产作出最后判决的责任”，更必须保证法官站在中立、独立的立场上处理案件，这样才能使得作为“法律帝国王侯”的法官在司法中真正发挥保障实现社会正义的重大作用。

从实体上说，法官独立是准确认定案件事实，正确适用法律的必要保证。众所周知，案件事实发生在过去，只有借助于证据才能全部或部分地还原案件事实真相。对证据的审查判断贯穿于刑事诉讼全过程，其中最重要的是法庭审理阶段。我国刑事诉讼法第193条第1款规定：“法庭审理过程中，对与定罪、量刑有关的事实、证据都应当进行调查、辩论。”从认识论的层面看，证据的审查判断程序是审判人员对案件事实的认识逐渐深化，从感性认识上升到理性认识的过程。法庭审理过程中，难免存在着当事人的虚假陈述以及证人的虚假证言，只有通过法庭审理过程中的举证、质证、交叉询问、辩论，法官才能对其陈述的真实性得出更加可靠的判断。这也就是刑事诉讼中直接原则的意义所在。“直接原则乃指法官以从对被告人之讯问及证据调查中所得之结果、印象，才得作为其裁判之基础。”[①] 法官对各个证据的真伪的判断以及综合全案证据对案件事实的认定，只能依靠法官内心的独立、自由的分析、判断，而不能由上级或其他人员越俎代庖。

（二）司法独立是树立司法权威的必要条件

司法权威作为一种特殊的权威类型，是指司法在社会生活中所拥有的令人信从的地位和力量。司法权威源于法律权威，是衡量一个国家法治建设程度的重要尺度。在法治社会，法律具有至上性和权威性，但法律的至上性和权威性需要法官在法律实施过程中加以体现和维护。而法官的独立性对于司法权威的维护显得极为重要。其原因主要有二：

第一，法官作为法律的实施者，只有保持自身独立和中立才能够不屈服于外界的干扰和压力，做到如马克思所讲的“法官除了法律就没有别的上司”[②]，从而有能力、有勇气、有信心执法如山，正确地适用法律，实现司法公正，进而维护法律的统一性和权威性。

---

① ［德］克劳思·罗科信：《刑事诉讼法》（第24版），吴丽琪译，法律出版社，2003年，第117页。

② 《马克思恩格斯选集》（第1卷），人民出版社，1972年，第76页。

第二，应该承认，法官是人而不是神，在适用法律的过程中不可能做到“万无一失”，难免会出现这样那样的错误和瑕疵。对于较为严重的错误，需要通过法定程序加以纠正，以此来维护司法的权威性。因为司法的权威从根本上说是建立在司法公正的基础上，如果案件经常发生错误，司法的公信力、权威性就无法树立。但是对于一些较小的瑕疵，反复的纠错改正也不利于维护司法的稳定性以及司法裁判的公信力。此时如果法官在审判中保持独立和中立，即使在实体裁判上存在一些小的瑕疵，不改判也能够获得当事人和社会大众的理解和谅解，从而达到维护司法权威的效果。

（三）司法独立是法官职业化的题中之义

法律作为一种国家制定、认可的行为规范，是由一系列专门的规则体系组成的，知识性、专业性很强。在商品经济形成之前社会生活比较简单、纠纷性质比较单一，对法律职业人员的专业性要求不高。而在商品社会，对他们的专业性、技术性要求越来越高，正如有西方法学家所说的：“早期法律秩序通常能够在没有通过适当训练而获得实体法规与诉讼程序知识的专家们的情况下得以维持。但是，当社会变得愈来愈复杂时，法律规范也变得愈来愈具有抽象性和普遍性，因为只有这样他们才能协调组成社会的各种集团的利益与价值。由于同样的原因解决纠纷或对其可能的解决方式提出建议的工作变得更为困难，更需要专门的训练。这时，几乎在所有社会中都出现了一个界限明确并形成独立阶层的集团，即法律专家。”① 可见，伴随着人类社会的逐步发展，社会分工日益细化，人类知识的“无限化”趋势与个体认识能力的有限性、现实之间矛盾的持续扩大，客观上要求一种专门研习法律知识的群体的存在，法律职业化应运而生。法律职业化的内涵十分丰富，包括专业的法律知识、法律思维、法律职业道德等诸多方面。法律职业者（法律共同体）包含了法官、检察官、律师、法学家等诸多职业群体，法官是其中最具有代表性的。司法活动职业化的关键在于法官职业化，司法独立则是法官职业化的题中之义。

法官之所以需要独立，不仅是由于法官必须具有丰富的专业法律知识，而且需要在长期的司法实践中形成一种有别于社会大众的法律思维方式。所

① ［美］H.W. 埃尔曼：《比较法律文化》，贺卫方、高鸿钧译，清华大学出版社，2002 年，第 86 ~ 87 页。

谓法律思维就是“依循法律逻辑，以价值取向的思考、合理的论证，解释适用法律”[①]。英国上诉法院首席大法官爱德华·科克认为：“法官具有的是技术理性，而普通人具有的是自然理性，对法律的认识有赖于在长年的研究和积累的经验中才得以获得的技术。”[②]以刑事案件审判为例，职业法官在审判过程中，应当秉承着无罪推定与疑罪从无的司法理念，而社会公众更可能被仇视犯罪的情绪所支配而期望作出不利于被告人的判决。当然，我们也不能把法官的法律思维绝对化、神秘化，而应当把法律思维与大众（普通）思维结合起来。正因为如此，司法应当把职业法官与陪审法官加以结合，两方面取长补短、互相补充。

三　中国特色司法独立的特点与改革展望

我国司法制度的建设既要借鉴吸收西方法治国家的经验，又不能照搬西方，而应当立足中国实际形成与中国政治体制相适应的司法制度，司法独立原则也是如此。我国宪法第 126 条规定：“人民法院依照法律规定独立行使审判权，不受行政机关、社会团体和个人的干涉。”第 127 条规定：“人民检察院依照法律规定独立行使检察权，不受行政机关、社会团体和个人的干涉。”我国人民法院组织法、人民检察院组织法以及刑事诉讼法等三大诉讼法都有着与宪法同样的规定。这些规定形成了中国特色社会主义的司法独立原则。

（一）中国特色司法独立原则的主要特点

根据我国宪法及法律规定，中国特色司法独立原则与西方国家比较具有如下主要特点：

第一，司法独立的主体不同。西方国家所讲司法独立是法官个人的独立，即“法官独立行使职权，只服从法律”[③]，并通过一系列制度保障法官独立裁判。我国的司法独立是法院、检察院作为整体的独立，而不是作为个体的法官、检察官的独立。法院和检察院内部分别设审判委员会和检察委员

---

① 王泽鉴:《法律思维与民法实例：请求权基础理论体系》，中国政法大学出版社，2001 年，第 1 页。

② 季卫东:《法治秩序的建构》，中国政法大学出版社，1999 年，第 200 页。

③《德意志联邦共和国基本法》第 97 条。

会，前者是作为审判组织对重大案件的处理具有决定权，后者在检察长的主持下讨论决定重大案件。根据我国法律规定，独立审判的主体有三种法定的审判组织，即独任法官、合议庭和审判委员会。其中合议庭是主要审判组织。而且少数疑难、复杂、重大的案件根据法律是由合议庭主动提请审判委员会讨论的，刑事诉讼法第 180 条规定："对疑难、复杂、重大的案件，合议庭认为难以作出决定的，由合议庭提请院长决定提交审判委员会讨论决定。"① 可见，在我国，合议庭是主要审判组织。

第二，司法机关的上下级关系不同。西方国家的司法机关一般仅指法院，各级法院是独立的，互相之间是审级上的上下级关系。在我国，上下级法院之间也是相对独立的，是监督指导关系。检察院上下级之间是领导关系。根据人民检察院组织法第 10 条第 2 款规定："最高人民检察院领导地方各级人民检察院和专门人民检察院的工作，上级人民检察院领导下级人民检察院的工作。"

第三，司法独立的程度不同。考察域外各国宪法文本及司法实践可以发现，域外之司法独立较少受外界制约的，即法官独立审判，只服从宪法和法律，其他任何权力不得干预法官的审判。我国法院和检察院依法独立行使审判权和检察权，不受其他行政机关、团体和个人的干涉，其独立性是相对的。首先，司法机关要接受党的领导。党领导社会主义各项事业建设是我国的一项宪法原则，司法机关也必须接受党的领导。其次，司法机关要接受权力机关的监督。按照宪法第 128 条和第 133 条规定，人民法院和人民检察院由各级人民代表大会产生，向同级人民代表大会负责并报告工作，接受人民代表大会的监督。

（二）确保中国特色司法独立的几点思考

我国 1954 年宪法规定了人民法院、人民检察院独立行使职权只服从法律的司法独立原则，后来经过多次政治运动，特别是经历了"文化大革命"的十年浩劫，遭到了批判和完全否定。"文化大革命"之后的 1982 年宪法重

---

① 《最高人民法院关于适用〈中华人民共和国刑事诉讼法〉的解释》第 178 条规定："合议庭审理、评议后，应当及时作出判决、裁定。拟判处死刑的案件、人民检察院抗诉的案件，合议庭应当提请院长决定提交审判委员会讨论决定。对合议庭成员意见有重大分歧的案件、新类型案件、社会影响重大的案件以及其他疑难、复杂、重大的案件，合议庭认为难以作出决定的，可以提请院长决定提交审判委员会讨论决定。"

新恢复了司法机关依法独立行使职权的规定，虽然在实施过程中存在着一定的困难和阻力，但总的来说还是在曲折中得到了维护。

十八大报告中强调要“进一步深化司法体制改革，坚持和完善中国特色社会主义司法制度，确保审判机关、检察机关依法独立公正行使审判权、检察权”。结合现阶段司法独立原则实施存在的实际问题，及中共十八大报告中深化司法体制改革的精神，笔者认为应当通过改革进一步理顺以下几方面的关系以确保司法机关依法独立行使职权。

第一，司法机关与党的领导的关系

在我国，司法机关必须坚持党的领导，这是毋庸置疑的。但党的领导主要应当是政治上和组织上的领导，以及方针、路线的领导，原则上不能干预对具体案件的审理。早在1979年中共中央64号文件就明确指出：“加强党对司法工作的领导，最重要的一条，就是切实保证法律的实施，充分发挥司法机关的作用，切实保证人民检察院独立行使检察权，人民法院独立行使审判权，使之不受其他行政机关、团体和个人的干涉”，并明确宣布“中央决定取消各级党委审批案件的制度”。1986年《中共中央关于全党必须坚决维护社会主义法制的通知》进一步明确：“司法机关党组提请党委讨论研究的重大、疑难案件，党委可以依照法律和政策充分发表意见。司法机关应该认真听取和严肃对待党委的意见。但是，这种党内讨论，绝不意味着党委可以代替司法机关的职能，直接审批案件。对案件的具体处理，必须分别由人民检察院和人民法院依法作出决定。”然而时至今日，地方党委特别是地方政法委仍然在搞协调办案。由政法委协调办案、拍板定案，显然存在着严重弊端。一是违背了宪法规定的法、检、公三机关办理刑事案件“分工负责、互相配合、互相制约”的原则，通过协调使三家实际上变成了一家。二是违背了司法的亲历性，造成“审者不判、判者不审”的不合理现象，加大了冤案、错案的风险。如佘祥林、赵作海等冤、错案的酿成，都与当地政法委直接干预有关。三是政法委对因其插手发生的错案不承担任何法律责任，违背了权责相结合的原则。何况现在一些地方的政法委书记或副书记是由公安机关负责人兼任，由政法委协调案件并决定处理结果，无异于将公安机关置于法院、检察院之上。综上，笔者认为应当取消地方政法委协调案件的做法，但对于全国性的大案要案或社会影响重大的个别案件，党中央与中央政法委有权直接或者委托省级政法委进行协调处理，以使这类案件的办理最大程度地符合司法公正与国家大局利益的统一。[①]

第二，司法机关与权力机关的关系

根据我国宪法规定，人民法院、人民检察院由各级人民代表大会产生，向同级人大负责并报告工作，接受人大的监督。对于人大监督法院、检察院工作的具体方式，根据2006年制定的《各级人民代表大会常务委员会监督法》第二章“听取和审议人民政府、人民法院和人民检察院的专项工作报告”的规定，人大常委会对法院、检察院的工作监督，主要是采取听取和审议两院的专项工作报告、执法检查和视察等形式，没有规定对具体案件的审判可以进行直接干预。实践中，人大常委委员或人大代表个人对具体案件的处理有意见的可以向两院反映，两院应认真对待、秉公处理，但不是必须接受。应当说，目前权力机关与司法机关的监督与被监督的关系，从立法和司法两个层面来看都是比较正常的，应当予以坚持。

第三，司法机关与行政机关的关系

行政权力干预司法权力根源于行政权的扩张本性。沃尔夫甘·许茨尝言：“行政侵犯司法，特别是侵犯法官的独立，在任何时代都是一个问题！”[②] 在我国，虽然宪法第126条明确规定人民法院依法独立行使审判权，不受行政机关之干涉，但司法实践中法院和法官根本无法抵制来自行政机关的干预，行政干预司法的案例屡见不鲜。例如，重庆市就出现过“史上最牛公函”：重庆市工业园区管委会就当地养殖户与爆破公司的诉讼，给一审法院发出措词强硬的公函，要求“一审（法院）不应采信（西南大学司法鉴定所的）错误鉴定结论，应作出驳回原告诉讼请求的判决”，并公然警告法院不要“一意孤行”。原以为胜算在握的养殖场业主等来的却是与公函要求相符的判决。[③] 由此可见行政权对司法权的干预已达到何种猖狂的地步，而造成这种不正常局面的根源在于司法保障体制的严重缺陷。在我国，地方法院经费基本上由同级地方财政拨付，法院的财政预算是同级政府财政预算的组成部分；地方法院法官的职位也要受到同级政府编制的约束。这种人事、

① 关于政法委原则上不宜协调决定案件的看法，笔者在《政法论坛》，2011年第1期发表的《关于司法权威问题之探讨》一文。

② ［德］沃尔夫甘·许茨：《司法独立——一个过去和现在的问题》，李士彤译，《环球法律评论》，1981年第4期。

③ 参阅杨万国：《法院判决前接到政府“警告函”》，《新京报》，2010年6月28日。

财政上的受制使得法院根本无法摆脱同级行政机关的强势干预。为此，党的十六大报告曾强调要“改革司法机关的工作机制和人、财、物三者管理体制，逐步实现司法审判和检察同司法行政事务相分离。”笔者认为，应当回过头来参考中共十六大报告的精神，改革现行的法院、检察院财政保障机制，改由中央和省两级划拨，同时逐步将地方法院、检察院的人事管理权从同级地方党委和政府改由上级党委和政府管理。

第四，上下级法院之间的关系

在我国，人民法院上下级之间是监督关系。宪法第127条第2款规定：“最高人民法院监督地方各级人民法院和专门人民法院的审判工作，上级人民法院监督下级人民法院的审判工作。”上级人民法院对下级人民法院的监督不是通过对具体案件的直接指示实现的，下级人民法院对其正在审理的案件有权独立作出裁判。上级法院应当也只能通过二审程序、审判监督程序、死刑复核程序维持下级法院正确的判决和裁定，纠正下级法院错误的判决和裁定来实现监督。实践中，上级法院有时对下级法院正在审理的案件作出指示，下级法院更经常在作出裁判前向上级法院请示。这种指示或请示汇报现象明显违背了宪法、法律的规定。最高人民法院曾多次发出通知，禁止这些不正常现象，例如，2007年《最高人民法院关于完善审判工作监督机制促进公正司法情况的报告》中指出：“最高人民法院严格禁止下级法院就个案的事实认定和如何处理进行请示，确保诉讼当事人有效行使上诉权利，确保下级法院的审级独立和二审的审级监督功能。”但因涉及业绩考核等种种情况，改革效果不甚理想，下级法院的法官为了避免上诉案件被改判，往往先请示上级法院的法官，而后再作出判决。这种作法实际上取消了二审程序的职能。因此，必须重新制定科学合理的业绩考核办法，以杜绝一审法官请示二审法官的违法作法。

第五，法院内部合议庭与院长、庭长的关系

在我国，对合议庭独立审判的阻碍不仅来自法院外部，也存在于法院内部，这就是具有浓厚行政色彩的院、庭长审批案件以及庭务会议讨论决定案件制度。

按照法律规定，合议庭是我国法院审理各类案件的基本组织形式。法院院长、各业务庭庭长作为法院内的领导除履行一定的行政管理职责，也参与对具体案件的审理。法官法第6条规定：“院长、副院长、审判委员会委员、庭长、副庭长除履行审判职责外，还应当履行与其职务相适应的职责。”但是，“现实中，庭长、院长对审判工作的组织、协调、指导、监督的职责往往被浓缩或异化为对案件的把关权和对裁判文书的审核签发权。”① 这就是所谓院、庭长审批案件制度。这种做法，事实上将庭长、院长的管理、监督权变成了不具有法律依据的审批权，削弱乃至架空了合议庭的审判职权。为此，最高人民法院在 1999 年制定的第一个“五年改革纲要”中指出要建立符合审判工作方式规律的审判组织形式，“在审判长选任制度全面推行的基础上，做到除合议庭依法提请院长提交审判委员会讨论决定的重大、疑难案件外，其他案件一律由合议庭审理并作出裁判，院长、庭长不得个人改变合议庭的决定。”2002 年 7 月通过的《最高人民法院关于人民法院合议庭工作的若干规定》第 16 条规定：“院长、庭长可以对合议庭的评议意见和制作的裁判文书进行审核，但是不得改变合议庭的评议结论。”后续的《人民法院第二个五年改革纲要（2004—2008）》和《人民法院第三个五年改革纲要（2009—2013）》都继续强调要“加强合议庭和主审法官的职责”。令人遗憾的是，这些文件未能消除实践中习以为常的院长、庭长审批案件现象，法律所欲达到的扩大合议庭权力的目的也未能得到真正落实，个别法院甚至出台专门的文件肯定这种没有法律依据的做法。如江苏省盱眙县人民法院出台了《关于明确院、庭长审批审核案件权限的若干规定》，加强以院、庭长为主体的微观个案管理，明确分管院长、庭长在直接指导办案、直接指导法官等方面的管理职责，以制度形式将院长、庭长在定案把关、裁判文书签发等方面管理职责固定下来，督促其履行对个案的微观管理。② 其他地方的法院也有类似的规定。

所谓庭务会议决定案件制度，是指对于合议庭无法作出裁决的案件或某些重大案件，由庭长召集副庭长、审判员组成的庭务会议，讨论决定案件结果；对于庭务会议的决定，合议庭原则上应当执行。这种做法也大量存在于司法实践中，个别法院、法庭甚至要求所有案件都必须经过庭务会议讨论决

① 江必新：《论合议庭职能的强化》，《法律适用》，2000 年第 1 期。

② 参阅刘瑞祥、刘志超：《提升审判质量的探索与实践——以审判管理为视角》，载淮安市中级人民法院网站 http：//fy.huaian.gov.cn/web/fy/2011/11/23/2532164.html，最后访问日期 2012 年 12 月 12 日。

定。① 为纠正这种损害合议庭独立审判的错误做法，2009年12月制定的《最高人民法院关于进一步加强合议庭职责的若干规定》明确了可以由审判长提请院长或者庭长决定组织相关审判人员共同讨论的案件范围，同时强调这些案件的“讨论意见供合议庭参考，不影响合议庭依法作出裁判”。

院长、庭长审批案件和庭务会议讨论决定案件的制度违背了司法的亲历性，是对合议庭独立审判的严重阻碍，而且没有任何法律依据，因而，必须加以废除。但就现实而言，立即废除这两项制度存在一定难度。一是我国法官整体职业素养不够高，而且不平衡，完全由合议庭独立办案难以保证案件质量。二是合议庭完全独立，难以抵制种种法外因素的干扰。因此，笔者认为院长、庭长审批案件和庭务会议决定案件制度的取消难能一步到位，应当有一个准备条件的过程，而且应当与司法机关健全防腐败防外界干扰的机制同步进行。

第六，司法独立与法官职业稳定性的关系

要确立中国特色司法独立，还应当保障法官职业的稳定性。法官办案，需要坚守法律，维护正义，难免得罪当事人，得罪领导，或者受到社会舆论的指责。因此，只有保障职业稳定性，才能顶住压力，坚持秉公办案。如果案件未办完，法官帽已丢了，独立办案就会沦为一句空话。结合中国国情和国际经验，必须考虑以下两个问题：其一，强化法官的身份保障，尽量摆脱有关权力单位和领导人任意调动或撤职的可能性。放眼域外，罢免法官须有法定事由并经严格法定程序是诸多法治国家和地区保障司法独立性的重要途径。如在美国，要弹劾一名联邦法官，除因叛国罪、贿赂罪或者其他重罪和轻罪，或者法官未忠于职守（如职务上的故意妄为，故意并且坚持不尽职责，习惯性的品行不端，以及其他破坏司法行政，使司法机关声名狼藉等）的事由外，还须经严格的弹劾程序并经参、众两院通过，才能剥夺其法官资格。② 又如在日本，法官只有在渎职、玩忽职守或犯有严重损害法官威望

① 《重机制严管理提质效互助法院民一庭七项措施助力审判管理》，据该文介绍，青海省互助土族自治县人民法院民一庭规定对所有判决的案件全部经过庭务会议讨论，严把案件事实、法律适用、证据关，同时，有利于廉政监督，杜绝案件不廉、不公问题。载于青海平安网 http://www.qh.xinhuanet.com/qhpeace/2011-03/29/content_22400301.htm，最后访问日期：2012年12月12日。

② 参阅［美］卡尔威因·帕尔德森：《美国宪法释义》，徐卫东、吴新平译，华夏出版社，1989年，第138～140页。

的过错的情况下，才能被弹劾。一般情况下，法官的判决不妥，是不能成为被罢免的理由的。其实，在法官的身份保障方面，我国香港地区已取得了成功的经验。按照《中华人民共和国香港特别行政区基本法》的规定，香港法院的法官除了因身体或精神等原因而无力履行职责，或者因为行为不检等而不宜继续担任法官外，不被免职。而且，免职须依法定程序进行。[①] 香港这种做法对司法独立的保障卓有成效。根据2010年世界经济论坛的报告，就司法独立而言，香港在139个国家和地区中排行第15位，是亚洲最优秀的地方之一。[②] 笔者认为，我国应该通过立法对法官的身份保障作出规定。具体而言，应当明确规定法官一经人民代表大会及其常委会选举和任命，不得任意免职、撤职、调离或降低工资待遇。只有在法官因身体或精神原因不能履行职责，或因触犯国家法律或其他行为不检造成影响而不宜担任法官的情况下，且须经严格法律程序，才能对法官进行调离、免职、撤职或降低工资待遇。当然，担任领导职务的因工作需要的调动另当别论。其二，进一步提高法官的薪酬与待遇水平，这是保障法官职业稳定性的重要途径。从国外经验来看，给予法官相对较高的薪酬与待遇水平是诸多现代法治国家的通行做法。例如，在美国，据一项调研结果显示，2002年联邦地区法院法官的税前年收入为15万美元，上诉法院的法官年收入为159900美元，最高法院大法官的年收入为184400美元。破产法官和审裁法官的年收入比地区法院的法官要少10%左右。远远超过2004年美国公务员人均薪酬约7万美元的水平。[③] 又如在日本，法官的月工资最低等为93.7万日元，[④] 与处长级公务

① 香港基本法第89条规定："香港特别行政区法院的法官只有在无力履行职责或行为不检的情况下，行政长官才可根据终审法院首席法官任命不少于三名当地法官组成的审议庭的建议，予以免职。香港特别行政区终审法院的首席法官在无力履行职责或行为不检的情况下，行政长官才可任命不少于五名当地法官组成的审议庭进行审议，并可根据其建议，依照本法规定的程序，予以免职。"

② 参阅康殷：《香港司法独立世界排第十五》，载凤凰网 http://news.ifeng.com/hongkong/detail-011_10/06/9656694_0.shtml，最后访问日期2013年1月7日。

③ 参阅 See Survey of Judicial Salaries. Vol.27，No.1，published by the National Center for State Courts，available at www.nc-sconline.org。

④ 据统计，在1999年，最高法院的院长月工资为230.4万日元，最高法院法官的月工资为168.2万日元，东京高等法院院长的工资为161万日元。高等法院的法官及地方法院院长、地方法院的法官、家庭法院的院长、家庭法院的法官的月工资标准分为八等，最低等为93.7万日元。日本国最高法院事务总局编：《日本的裁判》，法学书院，1999年，第117页；转引自冷罗生：《日本现代审判制度》，中国政法大学出版社，2003年，第230～233页。

员之工资水平相当。[①] 回视我国，我国法官的工资标准实行行政机关公务员的工资标准，薪酬一直处于相对较低的水平。尽管近年来法官与公务员一样经历了多次加薪，但较之国内其他阶层仍属较低水平。这很难留住优秀法官人才，使部分法官流失，影响法官的职业稳定性。因此，我国应当适度提高法官的薪酬与待遇水平，原则上略高于相同等级的公务员，以增加法官的职业认同感和荣誉感，保障法官职业的稳定性。

（本文原载于《比较法研究》2013 年第 2 期）

① 按照日本国家人事院公布的 2003 年公务员工资标准，处长级月薪约为 95.83 万日元。盛立中：《国外公务员每年能够赚多少钱》，《世界新闻报》，2005 年 3 月 24 日。

论人民法院司法改革的背景与新发展

蒋惠岭*

2009年3月，最高人民法院发布了《人民法院第三个五年改革纲要（2009—2013）》（以下简称《三五纲要》）。《三五纲要》是人民法院贯彻落实中央关于深化司法体制和工作机制改革部署的重要行动，也是指导今后五年人民法院司法改革的基本纲领。《三五纲要》的发布，标志着新一轮司法体制改革的开始。这一轮司法改革的启动有其特别的历史背景，也有很多新的突破。

一 《三五纲要》的背景与形势

人民法院是伴随着新中国的诞生而建立和发展起来的。尤其是改革开放30年来，人民法院经历了加快恢复、逐步提高、全面发展几个阶段，取得了历史性的大发展。在近30年的发展进程中，人民法院每一项工作的开展，每一项成绩的取得，都伴随着大大小小的体制机制以及工作方式方法的改革和创新。可以说，司法改革为人民法院工作提供了可持续发展的永不枯竭的动力源泉。特别是1999年以来，最高人民法院相继发布了两个“五年改革纲要”，作为落实党的十五大、十六大提出的司法体制改革任务的重要部署，奠定了新一轮改革的基础。人民法院的新一轮司法改革，是根据中央关于司法体制改革的总体部署，并结合当前人民群众日益增长的司法需求和人民法

---

* 蒋惠岭，最高人民法院司法改革办公室副主任。

院科学发展的需要而展开的。这就构成了《三五纲要》颁布的背景和形势。

第一,《三五纲要》是落实中央深化司法体制改革部署的体现。2007年,党的十七大从全面落实依法治国基本方略、加快建设社会主义法治的高度出发,提出了“深化司法体制改革,优化司法职权配置,规范司法行为,建设公正高效权威的社会主义司法制度,保证审判机关、检察机关依法独立公正地行使审判权、检察权”。2008年年初,中央政法委会同中央和国家机关的17个部门和有关地方,在进行深入调研论证、集中方方面面的意见和智慧的基础上,提出《关于深化司法体制和工作机制改革若干问题的意见》(以下简称《改革意见》),经党中央批准已下发贯彻执行。这一轮深化改革提出要解决的问题,聚焦了人民群众司法需求的难点、热点问题,也是影响司法公正和制约司法能力的关键环节。经对我国现行司法体制和工作机制进行全面综合分析,本着突出重点、加强监督、稳步推进的要求,提出了优化司法职权配置、落实宽严相济刑事政策、加强政法队伍建设、加强政法经费保障等4个方面的改革任务。

第二,司法改革必须满足人民群众对司法的新要求、新期待。人民的司法需求在不同的历史时期有不同的表现,在新的历史时期,人民法院司法改革必须满足人民群众对司法的新要求、新期待,这是司法工作的人民性所决定的。我国的法律是最广大人民根本意志的反映,司法机关必须始终着眼于维护人民利益来开展工作。对此,最高人民法院王胜俊院长反复强调:“我国法治建设,无论是立法权还是司法权,都是属于人民的。”要求司法改革必须“从人民群众最不满意、反映最强烈的问题改起”。因此,人民法院进行深化司法改革,必须牢记司法权的本质和来源,牢牢把握中国特色社会主义司法制度的人民性这一本质属性,始终坚持为民司法、为民改革,通过不断完善司法体制和工作机制,更好地在司法领域落实我们党立党为公、执政为民的宗旨,更好地体现司法为民的要求,更好满足人民群众对司法的新要求、新期待。《三五纲要》的制定特别关注了这一指导思想。满足人民群众对司法的需求,必须努力把握和实现人民群众的新要求、新期待。随着经济社会的发展进步和依法治国基本方略的实施,人民群众对完善社会主义市场经济法律秩序、对保护自己的经济政治文化权利、对维护自己的人身财产安全、对实现社会和谐稳定等都提出了许多新要求、新期待,司法改革必须给予高度关注。通过完善司法体制和工作机制,更好地发挥人民法院的审判职能作用，努力满足人民群众的司法需求。在建设社会主义和谐社会的过程中，人民法院应当研究如何贯彻落实宽严相济的刑事政策，如何完善中国特色少年司法制度，如何完善保护公民教育、医疗、就业、社保、住房等各方面权益的司法解释，如何完善多元纠纷解决机制，如何完善国家赔偿和司法救助制度，如何完善各项便民诉讼制度，等等，努力在刑事、民商事、行政审判和执行、信访等工作中更好地实现人民群众自身各方面权益保护，努力在立案、审判、执行、司法救济等工作中更好地实现人民群众希望司法便民、利民和惠民，努力在审判方式和审判程序上更好地实现简化程序、减少讼累、促进和谐，尽量满足人民群众方方面面的新要求、新期待。

第三，司法改革必须克服法院科学发展中的体制、机制性障碍。科学高效的司法体制和工作机制是维护社会公平正义的前提和保障，人民法院要担负起宪法和法律赋予的神圣职责，必须在巩固既有改革成果的基础上，进一步深化人民法院司法体制和工作机制改革，破解人民法院科学发展中的体制性、机制性障碍。在司法职权配置方面，当前人民法院的司法职权配置总体上是恰当的、合理的，基本上能够适应我国现代审判工作的需要。但是，还确有一些制度需要进一步完善。比如，经过近年来人民法院内部机构的不断发展，人民法院司法职权运行机制需要进一步完善，尤其是在增设了立案庭、审监庭、执行局和其他机构之后，加之新修改的民事诉讼法对再审的规定影响了各级人民法院的案件数量分配，就需要对人民法院上下级之间、内部审判业务部门之间，及与综合管理部门之间的职权配置进行重新安排。刑事、民事和行政审判有关制度需要进一步完善，执行难问题尚未得到根本解决，审判组织、审判管理、司法职业保障等方面的制度也需要进一步完善。在落实宽严相济刑事政策方面，建设社会主义和谐社会需要人民法院妥善处理各种刑事案件，实现刑事审判的法律效果与社会效果的有机统一。在依法从严、依法从宽的审判制度与工作机制上，还有很多需要完善的地方。宽严相济刑事政策的司法协调制度与保障制度也不健全，一些很有价值的做法难以在实践中推行。在人民法院队伍建设方面，法官遴选办法尚不完善，一些中西部地区法院面临严重的法官短缺问题，法官培训机制不够合理，尤其少数民族法官的培训缺乏应有的保障。法官的工资福利和任职保障制度还不健全，法院队伍管理不够科学，反腐倡廉长效工作机制没有得以建立。在人民法院经费保障方面。“分级管理、分级负担”的财政保障体制在经济欠发达地区带来了诸多问题和弊端，影响了司法公正的实现，执法条件难以改善，干部队伍难以稳定。在司法为民机制建设方面，司法公开尚不够彻底，多元纠纷解决机制尚未健全，民事沟通表达机制、涉诉信访机制、司法救助制度还需要进一步完善。这些人民法院制度中的体制性、机制性障碍，影响了人民法院司法功能的发挥，阻碍了人民法院的科学发展。因此，必须在党的坚强领导下，进一步深化人民法院司法体制和工作机制改革，优化司法职权配置，规范司法行为，通过改革不断完善人民法院的司法体制和工作机制。

二 《三五纲要》内容上的新突破

《三五纲要》提出的改革目标是：进一步优化人民法院职权配置，落实宽严相济刑事政策，加强队伍建设，改革经费保障体制，健全司法为民工作机制，着力解决人民群众日益增长的司法需求与人民法院司法能力相对不足的矛盾，推进中国特色社会主义审判制度的自我完善和发展，建设公正高效权威的社会主义司法制度。《三五纲要》是最高人民法院落实中央关于深化司法体制和工作机制改革部署的具体安排，是全国各级人民法院贯彻党的十七大关于深化司法体制改革精神的重要文件。它贯彻了中央关于深化司法体制和工作机制改革的基本精神，体现了完善司法为民的根本宗旨，符合新一轮人民法院司法改革的根本要求。就人民法院司法改革的内容而言，新发展则更为突出。

《三五纲要》提出要解决的问题，不仅是中央部署的司法改革的任务，也是人民群众对司法需求的难点、热点问题，是影响司法公正和制约司法能力的关键环节。最高人民法院经过对现行司法体制和工作机制进行全面综合分析，本着突出重点、加强监督、稳步推进的要求，提出了优化人民法院职权配置、落实宽严相济刑事政策、加强人民法院队伍建设、加强人民法院经费保障和健全司法为民工作机制等 5 个方面改革任务。这些任务既有对以前未完成的改革项目的继续，更有新的内涵和新的突破。

（一）优化司法职权配置方面。主要是改革和完善人民法院司法职权运行机制、改革和完善人民法院内部职权配置、改革和完善有关刑事、民事和行政审判制度和执行体制、改革和完善上下级人民法院之间的关系和审判管理制度，改革和完善人民法院接受外部制约与监督机制、加强司法职业保障制度建设等。

（二）落实宽严相济刑事政策方面。主要是建立和完善依法从严惩处和依法从宽的审判制度与工作机制，建立健全贯彻宽严相济刑事政策的司法协调制度与保障制度。一方面，适应新时期犯罪行为发生的变化，对严重危害社会秩序和国家安全的犯罪从严打击；另一方面，对轻微犯罪、未成年人犯罪，按照教育为主、惩罚为辅的原则，实行宽缓处理，尽量教育挽救，增加社会和谐。打击犯罪、改造罪犯的目的是为了遏制犯罪，减少社会对抗，促进社会和谐稳定，这也是中央深化司法体制和工作机制改革、落实宽严相济的刑事政策的重要目标。

（三）加强人民法院队伍建设方面。本着“从严治警”与“从优待警”相结合的原则，提出完善人民法院法官招录和培训机制，完善法官行为规范和职业保障制度，加强人民法院党风廉政建设，改革和完善法官待遇和任职保障制度以及人民法院队伍管理制度等。与现有的制度相比，这些改革措施对完善人民法院队伍建设提出了新的目标和要求。

（四）加强政法经费保障方面。提出了建立分类保障政策和公用经费正常增长机制，制定完善各类业务装备配备标准，规范基础设施建设的经费保障，加强人民法院信息化建设。这些改革措施，必将促进司法公正的实现，促使人民法院工作快速发展。

（五）健全司法为民工作机制方面。提出了完善审判与执行公开制度、建立健全多元纠纷解决机制、建立健全民意沟通表达机制和司法为民长效机制、完善涉诉信访工作机制、改革和完善司法救助制度等新的改革措施，必将进一步体现人民法院为大局服务、为人民司法的本质属性。

《三五纲要》提出的上述改革措施，有的是对已有制度的进一步完善，如改革和完善刑事民事和行政诉讼制度，落实宽严相济的刑事政策，完善审判组织中的人民陪审员制度、合议庭制度；有的是体制机制上的创新，如法官招录制度、非法干预人民法院依法独立办案责任追究制度、多元纠纷解决机制等；有的是对现有不合理制度的修正，如人民法院经费保障制度、规范下级法院向上级法院请示报告等。无论哪种情况，都体现了突破现有体制机制的局限、大胆改革创新的特点，也体现了在司法为民的目标下，人民法院的改革逐步涉入“深水区”。

三 司法改革方法论的新发展

除了所部署的逾百项具体改革措施外,《三五纲要》对司法改革工作方法的要求,以及其中贯穿的新的方法论也是这一轮司法改革的特色之一。纲要明确指出,深化人民法院司法体制和工作机制改革,必须集思广益,精心设计,周密部署,统筹协调,把各项改革措施落实到位。各级人民法院在研究制定和落实具体实施方案时,要争取党委、人大、政府、政协、政法各单位和社会各界的大力支持。人民法院司法改革工作涉及其他部门工作时,要广泛听取意见,充分协商沟通。地方各级人民法院要按照中央的总体部署和最高人民法院的统一要求,根据本地区的实际情况,统筹兼顾,因地制宜,分类实施,狠抓落实,确保取得实际效果。另外,建立了人民法院司法改革联系点制度。最高人民法院综合考虑地域分布、经济发展水平、职能定位,以及司法改革工作开展情况等因素在全国高、中、基层三级法院中确定了30个法院作为改革的联系点,以广泛带动整个法院系统司法改革工作的全面开展,有利于推动司法改革举措落到实处。由此可见,新一轮人民法院司法改革更加注重改革方法。与以往的司法改革相比,新一轮司法改革在方法上具有以下特点:

第一,将克服现有体制、机制弊端与发掘、发挥现有体制的优越性结合起来。深化人民法院司法改革,目的就是要克服现有司法体制和工作机制的弊端,通过优化司法职权配置等措施有效地完善我国人民法院司法制度。但是,也必须认识到我国现有司法体制的基本合理性和固有的优越性,应当以现有司法制度为基础,决不能随意否定我国的司法制度,尤其对现有司法制度的优越性是否已经得到充分的发挥进行足够的调研,比如调解制度。对于没有充分发挥优越性的现有司法制度,一定要查找清楚原因,深入分析,制定出能够促使其发挥优越性的方案出来,促进现有人民法院司法制度的完善和发展。

第二,将制度完善与解决人民法院实际问题结合起来。深化人民法院司法改革,必然要完善有关司法制度。司法制度自身的完善是一个系统性的工程,必须要符合相关法学理论要求,但同时更加注意解决当前司法体制所面临的实际问题,避免为改革而改革、为理论而改革。只有深入进行调查研究,努力发现人民法院实际问题所在,才能制定出符合人民法院实际需要的改革方案，解决人民法院科学发展中存在的体制性和机制性障碍。

第三，将推进单项改革任务与改革的整体性结合起来。司法改革具有系统性，往往牵一发而动全身，任何跳跃式的、碎片式的改革方案都是行不通的，司法改革必须注重整体性、系统性、连续性。在进行单项改革项目时，必须考虑改革措施出台的时机，考虑其他改革措施的配套，考虑与整体司法改革进程的协调等因素，以保证改革措施的可行性和实效性。

第四，将司法工作的政治性和司法工作的规律性结合起来。实施《三五纲要》，必须始终全面贯彻、完整体现“三个至上”指导思想。每一项改革措施的制定和落实，都既要符合司法自身的规律性，更要体现应有的政治智慧，体现中国特色社会主义司法制度的内在要求。将司法工作的政治性和司法自身的规律性结合起来，努力制定出政治上过硬、法治上先进的具体改革方案。

第五，将改革方案的必要性与现有改革环境条件规制的改革可能性结合起来。我们确有一些司法制度还存在这样或那样的缺陷，需要我们通过改革予以完善，但是改革不能在真空中进行，只有选择在适当的时机、成熟的条件、有利的环境都基本具备的时候推动改革，才能取得较好的效果。我国尚处在社会主义初级阶段，长期的封建社会没有使我国形成符合现代市场经济要求的法律意识和法律文化，因此，一些改革措施从理论上看起来很有必要，但未必适合现在的条件和环境，尤其是未必适合我国的政治制度。我们一定从实际情况出发、考虑实际可能性、评估实际效果，才能制定出切实可行的改革方案。

《三五纲要》对深化人民法院司法改革提出了新的目标和要求，这将是司法改革漫长道路上的一段崭新历程。虽然很多司法体制问题有待在以后的“四五”“五五”阶段解决，但相信《三五纲要》必将发挥其应有的作用。

（本文原载于《中国行政管理》2009 年第 6 期）

司法公开：提升司法公信力的重要保证

公丕祥*

当前，司法公信力不够高是制约人民法院工作科学发展最为突出的问题。导致司法公信力不够高的原因错综复杂，其中一个重要原因就在于人民群众的知情权、表达权、参与权和监督权还未能得到充分实现，司法的社会认知度和认同度有待于进一度提高。中国特色社会主义法律体系形成，有法必依、执法必严、违法必究的问题更为突出、更为紧迫，这对于人民法院树立司法公信，维护司法权威，更好地保障宪法和法律的正确有效实施提出了新的更高的要求。司法民主和司法公开是打消群众疑虑、提升司法公信力的重要保证。在新的形势下，人民法院必须深入推进司法公开，让司法公开成为维护司法公正的坚实基础和提升司法公信力的坚强保障。

一　充分认识司法公开的重要性

维护社会公平正义，是人民法院工作的生命线。“正义不仅应当得到实现，而且应当以人们看得见的方式得到实现。”人民群众对司法工作的要求和期待，很大程度上来自对司法公开的关注。司法公开对于树立司法公信具有十分重要的意义，甚至可以说，司法的透明度在某种意义上决定了司法的公信力。一方面，司法的公信力来源于社会公众对司法权力及其实施过程和结果的信任、尊重、认同与服从。推进司法公开，将司法权置于阳光下运

* 公丕祥，江苏省高级人民法院院长。

行，满足人民群众对司法工作的知情权、表达权、参与权和监督权，人民群众就会亲身感受到司法的公正和法官的辛劳，从而对司法工作更加理解和信任。另一方面，公正的司法行为、高质量的审判活动，是树立司法公信的基础。在公开透明的环境下，法官队伍的素质、能力和作风直接面对人民群众的评判，司法审判的任何瑕疵和疏漏都有可能被公众所关注。司法透明度高，法官接受监督的意识就强，就会自觉做到严格、公正、文明司法，这往往比制度约束更加有效；司法透明度低，司法行为容易脱离社会监督，不利于防止“权力寻租”等消极腐败现象的发生。可以形象地比喻，司法公开就是一个杠杆，能够撬动司法公信力的整体提升。应当看到，在开放、透明、信息化的社会环境下，司法是无法自我封闭的。提高司法公信力，人民法院应在坚持严格、公正、文明司法的同时，进一步推进司法公开，两者缺一不可。只有彻底消除司法神秘主义，让公众更多地了解司法、接近司法，司法才能获得公众的理解、信赖和支持。

二　深刻分析司法公开的群众关切

推进司法公开，提升司法公信力，要求人民法院必须准确把握人民群众的司法公开需求。进入新世纪新阶段，人民群众对司法公开的关注程度超过以往任何一个时期，并呈现出一些新的特征：

第一，对司法公开的对象提出了新要求。当前，我国司法在经济社会生活中的重要作用愈益凸显，人民群众了解司法的愿望越来越强烈。在司法公开的对象方面，不仅仅满足于司法向当事人公开，实现当事人对案件进程的知情权，而且要求司法进一步向社会公开，让公众了解、参与和监督司法。

第二，对司法公开的广度提出了新要求。新时期，人民群众在司法公开的内容方面，不再仅仅满足于案件立案、审判、执行过程的公开，而是进一步要求司法管理、司法政务等司法信息的全面公开；不再满足于获取一般的、大概的司法信息，而是要求人民法院公开一切依法可以公开的内容环节。

第三，对司法公开的深度提出了新要求。现阶段，人民群众不再仅仅满足知悉某一案件的裁判结果，还期待了解案件裁判的过程，特别期待认定事实和适用法律的公开、裁判说理的公开；不再仅仅满足于被动旁听，而是期待更多地参与司法，乃至把自己的生活经验和道德观念带到人民法院来运用；不再仅仅满足于通过报刊杂志等传统渠道获取司法信息，而是期待人民法院通过更加高效、便捷的信息平台公开司法工作情况。

三　准确把握司法公开的基本要求

依法公开。人民法院应当通过司法公开倾听涉诉民意，回应人民群众的司法关切，保障当事人和社会公众依法参与审判活动、知悉审判工作信息、监督审判工作的权利，但决不能因此妨碍司法审判权的依法独立行使。司法公开的范围和程度，既涉及群众权利保障问题，也涉及审判秘密保护问题。人民法院一方面应加大司法公开力度，另一方面也应注意保护审判秘密。在公开司法信息时，还要注意保护当事人和诉讼参与人的合法权益。

全面公开。司法公开的内容，应当涵盖司法审判的全过程和法院工作的各个方面。司法公开，并不是人民法院“想公开什么就公开什么”的权力，而是宪法赋予公民的权利。人民法院要把司法公开作为依法履行的义务，努力实现“看得见的公正”“可感受的高效”“能认同的权威”。

实质公开。现代法治意义下的司法公开，是指在“法律底线之上，一切皆可公开”。人民法院司法公开，不能走形式、走过场，公开的不能只是“能够公开”的事项，而应当是符合法律规定、群众真正希望了解的事项。

及时公开。“迟到的正义是非正义”。人民法院司法公开，必须严格遵循法律、司法解释规定的公开时限，在法定时限内及时、完整地依法公开司法信息。法律、司法解释没有规定公开时限的，应当在合理时限内尽快公开，确保当事人和公众及时知悉法院工作，以便有针对性地加强监督。

规范公开。应严格执行司法公开的制度和程序，防止“随心所欲”的无序公开。加强司法公开的规划部署，统一司法公开的范围和尺度。加强司法公开与司法规范化建设、司法作风建设、司法安全管理等工作的衔接配合，确保司法公开规范、安全、和谐运行。稳步推进司法公开，决不能超越自身的承受能力提出不切实际的要求，更不能为追求轰动效应，一味标新立异。

四　健全完善司法公开的制度机制

近年来，最高人民法院连续发布了多个司法公开的规范性文件。应从细微之处一步一个脚印地把司法公开的要求落到实处，努力将司法公开向全面公开、全程公开、实质公开推进。各地法院还可以结合自身的工作实际，积极探索切实可行的司法公开新举措，切实满足群众日益增长的司法公开要求。

健全完善的司法工作机制，是司法公开规范、有效、持久开展的重要保障。建立健全组织领导机制，成立专门的司法公开工作机构或指定专门人员负责司法公开工作，将司法公开工作作为全局性的日常工作来抓；建立健全分工协作机制，制定司法公开实施细则，明确立案、庭审、执行、听证、文书和审务公开的具体内容，确定公开范围、责任部门、配合部门、完成时限、工作要求和评价标准，形成“分工协作、各负其责”的工作格局；建立健全检查指导机制，上级法院加强对下级法院司法公开工作的指导，定期或不定期组织专项检查，督促任务落实，加强业务指导；建立健全考核评价机制，合理设定各项司法公开任务的对应分值，科学制定考核实施方案，将司法公开项目的落实情况纳入法院工作考核评价体系和部门业绩考核范畴；建立健全举报投诉和责任追究机制，畅通举报投诉渠道，及时办理当事人和社会公众反映涉及司法公开方面的问题；建立健全物质保障机制，对立案大厅、法院门户网站、其他信息公开平台、审判法庭安全检查设备、庭审“三同步”设备等方面提供充足资金、设施和技术保障；健全完善宣传报道机制，加强司法公开的日常宣传和集中宣传工作，形成有利于司法公开的外部环境和舆论氛围。

（本文原载于《中国党政干部论坛》2012 年第 7 期）

媒体监督与司法公正

卞建林*

媒体监督，是指报纸、刊物、广播、电视等大众传媒对各种违法违纪行为、特别是国家公职人员的违法犯罪、渎职腐败行为所进行的揭露、报道、评论或抨击。在现代法治国家，司法权是国家权力的重要部分，媒体对司法活动进行报道并监督司法权的行使，已是一种司空见惯的社会现象。在我国，传统文化中媒体对司法的监督作用非常有限。近年来，随着进行司法改革、促进司法公正的呼声日益强烈，加强对司法的监督成为一项紧迫的任务。党的十五大报告特别指出，要推进司法改革，从制度上保证司法机关依法独立公正地行使审判权和检察权，要把党内监督、法律监督和群众监督结合起来，发挥舆论监督的作用。由于媒体报道是舆论的主导，舆论监督主要通过新闻媒体的监督来实现，因此媒体监督已成为我国加强司法监督、促进司法公正的一支重要力量。

媒体监督，由于其自身所特有的开放性与广泛性，为我国的监督体系注入了新的活力，在促进司法公正、遏制司法腐败方面发挥了积极作用。然而，媒体监督是一把双刃剑，缺乏制约或运用不当便可能对司法公正造成负面的影响，从另一侧面妨碍或破坏司法公正。

一　媒体监督与审判公开

审判公开是现代诉讼的一项基本原则，是司法民主的重要标志。著名

* 卞建林，中国政法大学教授。

刑法学家贝卡利亚在其名著《论犯罪与刑罚》中指出，审判应当公开，犯罪的证据应当公开，以便使或许是社会唯一制约手段的舆论能够约束强力和欲望；这样，人民就会说，我们不是奴隶，我们受到保护。这里，贝卡利亚不仅强调公开审判的重要性，而且把舆论监督与审判公开相提并论，使我们不难看出二者之间的紧密关系。审判公开是舆论监督的前提和条件，而审判公开的目的之一便是借助舆论来促进审判公正，制约监督司法权的正当行使。

有学者认为，审判公开在方式上有直接公开和间接公开之分。直接公开是指允许公民旁听法庭审理和宣告判决，间接公开是指允许新闻记者采访和报道[①]。媒体报道是实现审判公开的重要手段，甚至其实际功用要大于公民旁听。对此，台湾学者林山田先生曾论述道，由于现代大众传播工具之发达，使公开原则更能发挥监督国家刑事司法之功能，因为经由新闻记者在法庭之现场采访，以及就审理与审判内容所作之新闻报道，更使公开原则从早期之直接公开，转化为间接公开，除法庭现场直接公开外，尚有大众传播工具所提供之间接公开，而扩大公开原则所及之范围。故与事实相符，且于适当时机发表之新闻报道，自当符合公开之本旨，而为刑诉法所允许。[②] 审判公开原则是现代民主政治对审判的要求，其出发点是实现社会公众对司法的监督，满足公众的知情权。因此，媒体的参与和报道，不仅符合审判公开的宗旨，而且可以使这项重要的诉讼原则落到实处，成为实现审判公开目的的重要手段。

以媒体报道间接实现审判公开具有以下特点：一方面，现代社会人们工作繁忙，时间紧张，居住分散，不太可能经常以旁听的方式去了解司法、监督司法，因此使直接审判公开出现一定的局限，而公民对于法院审判的案件应当享有知情权，这样就为间接审判公开留下了合理的空间。媒体报道和监督恰恰充当了扩大审判公开范围、最大限度实现公民知情权与监督权的角色。另一方面，直接审判公开需要必要的物质条件，许多地区法院由于受审判场所、设施的限制，往往不能满足群众旁听的需要，有时甚至发生影响法庭秩序的情况。通过媒体报道实现间接公开，可以弥补审判场所、设施的不

① 参阅程味秋、周士敏:《论审判公开》,《刑事诉讼法专论》，中国方正出版社，1998 年，第 157 页。

② 参阅林岫:《刑事诉讼法》,（台湾）三民书局股份有限公司，1990 年。

足，成为公民了解司法、监督司法的主要途径。

我国1979年刑事诉讼法便把审判公开作为一项重要的诉讼原则，但实际执行情况却不能令人满意，法院以各种理由将旁听群众和媒体采访挡在法院大门之外，直至近两年此种状况才开始得到改变。1998年4月，最高法院院长肖扬强调要把宪法和法律规定的公开审判制度落实，各类案件除法律另有规定不予公开审理的以外，一律实行公开审判制度，不许实行暗箱操作。公开审理案件，除允许公众自由参加旁听外，逐步实行电视和广播对审判活动的现场直播，允许新闻机构以对法律自负其责的态度如实报道。1998年6月10日，北京市第一中级人民法院宣布：年满18周岁的我国公民持身份证即可进入该院旁听审判，新闻记者可以对法律负责的态度报道公开审理的案件。1998年11月16日，北京市高级人民法院作出关于公民旁听审判案件的规定和关于新闻记者旁听采访公开审判案件的决定，要求从同年12月1日开始，北京市各级法院对依法公开审理的案件一律公开审理。旁听或采访的新闻记者应遵守法庭规则，对公开审判案件的报道应实事求是，客观公正，文责自负。目前，在全国范围内，除依法不应公开审理的案件外，法院审判案件基本都已做到公开进行。

与此同时，媒体监督也蓬勃发展起来。中央电视台于1998年7月11日对十大电影厂提起的电影版权侵权损害赔偿案的法庭审理首次进行现场直播。在此之前或之后，地方新闻媒体，包括报纸、杂志、电视、广播，也很热衷于报道审判活动，特别是各级电视台，一时间庭审纪实、现在开庭、法庭直播等栏目成为公众关注的收视热点，电视直播庭审过程似乎成为法院公开审判、媒体监督司法的一种时尚。对此，司法界、新闻界及社会大众褒贬不一。有人认为，电视直播揭开了法庭审判的神秘面纱，把司法活动直接置于人民群众的监督之下，有利于遏制司法腐败，促进审判公正，因此应该大力推广这种监督方式。也有人则担心，现场直播把庭审过程这样赤裸裸地曝光于公众，会妨碍法官理性判断的形成，侵犯司法独立这一重要原则，从而与公正司法背道而驰。在我们看来，在我国目前审判条件、设施受限制的情况下，发展媒体监督以间接实现审判公开无疑是一个可取的思路，也是一种比较行之有效的办法。但在媒体监督方式上则不宜过于依赖电视的现场直播。本文在后面将对法庭录像与电视直播问题作进一步探讨。

二　媒体监督与司法独立

媒体监督是一把双刃剑，在实现审判公开的同时，又可能对另一重要的法制原则——司法独立构成威胁。诚如有学者所言：现代大众传播工具如新闻报纸、无线电与电视等之发达，往往对于法官独立性构成威胁。由于大众传播工具对于司法领域之报道，而对司法之影响程度亦日渐上增，因为整个社会舆论，均为大众传播工具所控制，有些法官之审判，就可能受此等组织之传播系统所控制之舆论所左右，而失却独立审判之立场。

司法独立，是一项为现代法治国家所普遍承认和确立的基本法律准则。作为一项宪法原则，它确认司法权的专属性和独立性，是现代法治的基石；作为一项审判原则，它确保法院审判权的公正行使，防止法官的审判过程和审判结果受到来自其他政府部门和外界力量的干涉和影响。根据世界司法独立宣言和国际律师协会关于司法独立最低限度标准的规则的表述，完整的司法独立概念应当包括四个不可分割的方面，即实质独立、身份独立、集体独立和内部独立。实质独立，在有些国家又称为职能独立，是司法独立的核心和目标，指法官在履行审判职能以及制作司法判决的过程中，只能服从法律的要求与其良心的命令。英国学者史迪芬对独立的司法审判机关的定义从另一角度阐述了实质独立的含义，他指出："一个独立的审判机关应当是只根据法律实现正义而不受政府政策和倾向性影响的司法机关。"事实上，从历史的经验和当代的实际来看，对法官实质独立的最大威胁除了来自行政机关、立法机关的非法干涉以外，新闻媒体的过度渲染和炒作，也是影响司法独立的一个重要因素。

审判本身是一个以主观认识客观，以已知探求未知的活动，理性思维与独立判断是法官正确认识案件事实和适用法律的基础。在此理性判断与逻辑推理的过程中，排除任何形式的干涉和影响，包括来自媒体的渲染和影响，对于承审法官是十分必要的。德国学者曾将司法独立具体化为八个方面，其中一项即明确规定独立于新闻舆论。

新闻的自由性原则、典型性原则以及及时性原则对司法独立具有天然的侵犯性。首先，新闻自由是指采集、发布、传送和收受新闻的自由，包括报刊的出版自由；电台电视台的播放自由；新闻采访与报道的自由；媒体发表意见和进行批评的自由。当新闻用于报道和监督司法活动时，由于司法活动的严肃性和司法判决在社会上的重要影响，新闻自由的范围和程度应当受到限制。不仅新闻的采集、发布和传送要遵照有关法律规定进行，而且发表意见和进行批评更要慎重。也就是说，从事司法报道和监督的记者要采取对法律负责、对真实性负责的态度，要承担更重的法律责任。实践中，新闻工作者常常过多地强调新闻自由，对司法活动的报道往往超越了法律的界限，从而对司法独立和司法公正造成伤害。其次，新闻的典型性原则要求新闻媒体从社会公众心理考虑，在抓住典型、重大、疑难、复杂、提高收视率的利益驱动下，媒体可能会对某些案件的情节过于渲染或妄加评论，从而对法官判案形成强大的舆论压力和心理负担。再次，新闻的及时性原则要求新闻报道要快，要及时，最好在现场报道，这样才能反映新闻的应有价值。而司法活动的过程和程序具有很强的特殊性，不合时宜的报道可能对诉讼公正产生消极影响。如审判前对案件事实的大量披露，审判过程中对控辩双方举证和论辩的轻率表态，都可能对诉讼当事人的合法权益造成伤害，可能对法官独立判断依法办案施加影响。如上所述，媒体监督与司法独立之间本质上表现为侵犯与排斥的关系。由于司法独立是司法公正的前提和必要条件，因此需要对媒体监督加以规范与限制。既要坚持媒体监督，充分发挥其遏制司法腐败、促进司法公正的积极作用，又要维护司法独立，排除包括媒体在内的一切非法干扰，消除媒体监督可能产生的消极影响。

三　媒体监督与司法公正

司法公正是人们对司法活动的企盼，也是司法本身所应具有的品质。人们常说，司法正义是社会正义的最后防线。一个社会，如果连司法都达不到公正，法治根本就无从谈起了。为实现我国依法治国，建立社会主义法治国家的基本治国方略，司法公正显得分外重要。要实现司法公正，一方面要推进司法改革，从制度上保证司法机关依法独立公正地行使审判权和检察权；另一方面，要把党内监督、法律监督和群众监督结合起来，发挥舆论监督的作用。

司法公正不仅要求最终的诉讼结果公正，即认定事实准确，适用法律正确，实体处理恰当，而且要求司法过程公正，诉讼程序民主，即严格遵照正当法律程序进行诉讼，尊重和保障当事人和其他诉讼参与人的合法权益。西方有句古老的法律格言：正义不仅应当得到实现，而且应当以人们能够看得见的方式得到实现。这不仅是审判公开的法理根源，也是媒体监督司法的理论基础。从某种意义上讲，公开是司法民主本身的要求之一，同时也是实现司法公正的有力保障，而媒体的报道则大大增加了司法活动的公开性和透明度。

根据我国国情，当前媒体对司法活动的报道，除了那些公众关注的大案要案外，大都集中于以下几种类型的案件：司法、执法机关对于应当追究的案件而不追究，被害人告状无门，冤屈难伸的；或者司法、执法机关知法违法，执法犯法，判决结果或诉讼程序显失公正的；或者地方保护主义严重，行政干预司法的；或者办案人员非法取证，刑讯逼供，造成冤假错案的，等等。这些案件通常在媒体的披露报道下，可能在全国或本地区产生强烈反响，对司法机关造成舆论压力，或者引起上级领导甚至高层领导重视，下达批示，最终对被告人依法追究，绳之以法，或者对案件重新秉公处理，纠正错案。例如，1995 年发生在山西省临汾地区被委托人家属伙同他人殴打残害代理律师的案件。犯罪人在光天化日之下，公然在律师事务所行凶，殴打残害临汾市律师事务所主任马海旺律师。案发一个月后，凶手依然逍遥法外。此案经中央和地方各级新闻媒体连续报道后，在全国激起强烈反响，最终惊动中央高层领导多次批示，才将犯罪人起诉审判。媒体监督与舆论压力对司法公正的促进作用，是有目共睹、不可抹杀的。

与此同时，媒体监督对司法公正可能产生的消极影响也是一个不容忽略的问题。例如，对某地一起交通肇事逃逸案的处理便是一个很典型的案例。该案中，被告人因行为恶劣，后果严重，民愤极大，最终被处极刑。然而不可否认，在此案中媒体所起的煽情作用和舆论导向，对案件的处理显然不无影响。可以说，在舆论穷追猛打、百姓一片喊杀声中，在法庭审判前实际已失去对被告人公正审理的程序保障。本案最终以数罪并罚处被告人死刑，在我国对交通肇事罪的处理中显属罕见，甚至可以说是绝无仅有。在这里，法律的天平严重倾斜。据报道，被告人在审理过程中，便曾强烈要求主审法官不要受新闻舆论的影响。而且，在此之前，同一地区发生过一起情节大体相同的案件，被告人最终仅以交通肇事罪判刑两年零六个月。这不能不引起我们对媒体舆论可能对司法造成的消极影响深刻地进行反思。

既要最大限度地发挥媒体监督对司法公正的促进作用，同时又要尽可能地消除媒体大量覆盖可能造成的消极影响，这就需要探索建立合理的媒体监督模式，需要将媒体监督纳入法制的轨道。建立合理的媒体监督模式，重要的是要寻求法律所保护的各种权益之间的平衡。审判公开是一项基本的诉讼原则，公众和媒体了解司法是宪法赋予的一项重要权利，与此同时，还要考虑被告人获得公正审判的权利，社会的安全，国家秘密，被害人、证人的权益，等等。从媒体的角度，要加强自律，报道司法活动要采取对法律负责的态度，遵守新闻工作的要求，做到实事求是，客观公正，文责自负。从司法执法机关的角度，要主动配合媒体报道，提供方便。要参考国外有关做法，在司法机关、执法机关建立发言人制度、记者招待会制度，由专门的机构或人员定期适时地发布司法活动的信息，以便使公众和媒体及时地了解事件的真相或诉讼的进展。要根据案件的不同情况和诉讼的不同阶段，确定可以公开或应予公开的内容。要形成一套制度和规则，以便媒体和司法执法机关共同遵守。在此方面，美国有一些经验和做法，值得我们参考和借鉴。

美国律师协会制定有一套关于职业行为的道德准则，分别对法官、检察官和辩护律师执业中应当遵守的职业道德规范作了详细规定，其中就有关于法官、检察官、警官处理与公众和媒体关系的专门规定，包括办案人员发布与案件有关信息应考虑的因素和注意事项。美国联邦司法部也有专门关于媒体关系的政策宣言即部颁规章，内容包括制定的目的；必须平衡的利益；保密的需要；新闻自由和审判公开的需要；一般责任；新闻发言人的指定和责任；在刑事案件或民事案件中可以公开的信息和不予透露的信息；协助新闻媒体等，非常广泛和具体，使全国的联邦检察系统和司法部其他下属部门在与新闻媒体打交道时，有章可循，职责明确。总的原则是要求检察官在透露与案件有关的信息时，要实现公众知情权、被告人获得公正审判权和政府能够有效执法和司法这三者间的平衡。这同样应是我们在正确处理媒体监督与司法公正关系时需要考虑的基本因素。

四　法庭录像与电视转播

自中央电视台现场直播对十大电影厂提起的电影版权侵权损害赔偿案和重庆綦江虹桥垮塌案的开庭审理后，一时之间电视转播法庭审理成为时尚，同时也引发了法学界对电视转播庭审利弊的讨论。

从传统上看，为维护法庭的神圣和权威，一般是禁止在庭审过程中录音录像的，更不用说是现场转播了。美国联邦法院系统，迄今为止不许录音录像设备进入法庭。美国最高法院的法庭审理公开进行，但不允许摄影和录像，而是专门有两名画师在庭上作速写，然后将速写画提供给各新闻媒体发表。法国刑事诉讼法也明确规定：自开庭时起，禁止使用任何录音和放音设备、电视或电影摄影机以及照相机，违者处以罚款。《德国法院组织法》第169条规定：在法庭上进行的程序，包括宣布判决和判令都是公开的。无线电和电视传递以及为后来传播其内容的录音和拍片，均不允许。

然而，法庭排斥摄影、录像的情况并不是一成不变的。2000年年初，纽约州法院法官约瑟夫特里希（Justice Joseph Teresi）便宣布，将允许电视台转播轰动一时的四名纽约警察枪杀黑人青年阿马德·迪阿罗（Amadou Diallo）案件的法庭审理过程，从而结束了48年来纽约州法禁止电视台进入法庭的历史。

1952年，纽约州通过了自己的民权法，其中第52条规定：禁止照相机以及摄影器材进入州法庭。1987年，《纽约州法院法》第218条规定，法庭可以有限制地对新闻媒体开放，试行期为0年。而今，特里希法官终于宣布纽约州法的有关禁令违背了美国宪法和纽约州宪法中的言论自由条款，从而将迪阿罗案的法庭审理置于电视的镁光灯下。

在对法庭电视（Court TV）的申请作出的裁决中，特里希法官认为：美国宪法第一修正案要求所有的刑事审判，除具有强制的和明显的不应公开的理由外，必须对媒体和公众开放。《纽约州宪法》第1条第8款也保障媒体和公众观察法庭审判的权利。

据报道，目前美国已有48个州允许新闻媒体在法庭审理过程中进行一定的录音录像报道，其中37个州准许电视台对法庭审理进行转播。美国最高法院对于州法院系统是否允许进行转播或录像态度不是很明朗，而且先后有过一些变化。在伊斯迪（Estes）一案中，最高法院认为广播电视媒体根据宪法第一修正案并不享有不受限制接近法庭的权利。多数法官甚至认为，仅凭摄像机在法庭出现便侵犯了被告由第六宪法修正案所保障的获得公正审判的权利。随后，在卡兰德勒（Chandler）一案中，最高法院摒弃了在伊斯迪案件中的立场，确认宪法并不禁止录音录像进入法庭。

对电视设备进入法庭持批评态度的人担心，这样做会危害被告人的利益。他们认为，证人可能在电视观众面前改变其证词；录像设备可能转移或分散法官、律师和其他法庭人员的注意力；电视的公开可能导致陪审团得出流行的裁决；案件的选择、镜头的角度和现场直播的其他方面可能会做迎合观众的处理。这些问题将影响到被告接受公正审判的权利。特别是电视对庭前程序的报道，将使得寻找公正的陪审员几乎成为不可能。

赞成电视报道庭审过程的人则指出：宪法第一修正案保障公众了解法庭审理情况的权利，宪法第六修正案保障被告人获得公开审判的权利，他们都要求录像镜头作为文字媒体的必要补充来报道司法制度，他们能够对法庭审理作最客观的展现。摄影录像设备进入法庭，可以对公众进行司法程序的教育，促进公众对大家关心的案件的处理增强信心。

当然，允许录音录像设备进入法庭，决不意味着法官在法庭上权威的削弱。相反，需要加强法官对庭审的主导和控制。首先，就具体个案而言，是否允许摄像机进入法庭，由主审法官根据案件具体情况加以确定。允许镜头进入法庭不是绝对的，并非所有的案件都适宜进行电视转播或录音录像。其次，在允许电视转播的案件审理中，为保障被告人获得公正审判的权利，法官要加强对法庭审理活动的主导和法庭秩序的维护，不能失去对法庭的有效控制。关于这一点，常常被作为反面典型而被引用的便是加州最高法院对辛普森案的审判。人们一致认为主审法官必须对失去对法庭的有效控制负责。在美国司法界，一项无可置疑的原则便是法官是法庭的主宰，必须对法庭中发生的一切负责。美国法院法规定：法庭和法庭中的一切受法庭的控制。刑法规定：法庭有权控制有关刑事审判的公开程度。在此方面，美国最高法院的经典案例便是发生在 1966 年的美国诉谢帕德（U.S.V.Sheppard）一案。在该案中，最高法院认为州主审法官在谋杀案的审理中未能保护被告人获得正当法律程序所要求的公正审判权利，未能保护被告人不受审前弥漫全社区的偏见和在法庭审理中因媒体报道而产生的不良影响的伤害。这一案件成为联邦法院系统不许录音录像进入法庭的重要判例。

综上所述，在我国实行司法改革的过程中审判对社会公众和新闻媒体的开放，产生了各种各样的问题。一方面，新闻媒体增强对司法活动的关注和报道是一种可喜的趋向，体现了大众传媒和公众舆论对司法的监督，并进而体现了公民对政府权力的监督和制约，可以起到促进司法改革、减少司法腐败、实现司法公正的积极作用。另一方面，大量的新闻报道、偏颇的公众舆论，可能对司法机关的工作产生负面的不良影响。舆论的导向和社会的压力可能影响办案人员独立地、根据事实和法律作出决定，社会舆论的过于关注可能引起党政部门因社会热点案件的处理对司法机关加以干涉，从而妨碍司法权的独立行使，动摇司法独立的宪法原则。因此，在新形势下，探索既能充分发挥大众传媒对司法的监督和促进作用，又能避免大众传媒对司法可能造成的负面影响；既能保护公民依法享有的言论自由和媒体享有的新闻自由，又能维护司法独立的原则和司法的权威的途径，是法学界和新闻界需要共同研究的重要课题。

（本文原载于《政法论坛》2000 年第 6 期）

检察改革评价与展望

宋英辉*

从2000年最高人民检察院以下（简称高检院）出台《检察改革三年实施意见》起算，检察改革已历经十余个年头，如果将一些地方检察机关自发开展的改革举措也考虑在内，则还要再向前推一段时间。总体上看，检察改革在强化检察机关的法律监督职能、完善自身监督、加强队伍建设、健全宽严相济刑事政策工作机制等方面取得了稳步进展。检察改革作为我国司法体制改革的组成部分，关乎整个国家司法体制的发展完善。2012年是最近一轮检察改革的收官之年，回顾、梳理以往检察改革成果，总结经验，有利于检察改革的扎实推进和未来发展。

一　通过检察改革，进一步完善了中国特色社会主义检察制度

检察改革提升了检察机关公正、文明、廉洁执法的水平，推动了检察工作和检察队伍的科学发展。

人民检察制度是中国特色社会主义司法制度的重要组成部分，具有80年的光辉历程。检察制度为捍卫人民民主专政的国家政权，维护法制的统一、尊严和权威，维护社会公平、正义和促进社会和谐稳定，促进反腐倡廉建设，服务人民群众，服务经济社会发展发挥了重要作用。根据中央的司法体制改革精神，高检院分别于2000年和2005年制定了两个检察改革的三年实施意见，中央19号文件下发后，高检院又制定下发了《关于深化检察改

---

* 宋英辉，北京师范大学刑事法律科学研究院教授。

革2009—2012年工作规则》。经过十余年改革，检察制度在体制和工作机制方面不断得以完善和发展，长期制约检察工作科学发展的一些体制性、机制性、保障性障碍得到不同程度的缓解。表现在：其一，强化了法律监督职能。通过一系列改革措施的出台，完善了检察机关的监督范围、监督手段、监督机制和监督效力。其二，强化了检察机关执法办案的内部监督制约机制。检察改革中推行了职务犯罪逮捕上提一级的程序改革；完善了侦查权与抗诉权相分离的内部分权制约机制；全面推行人民监督员制度；进一步深化了检务公开制度。其三，贯彻中央宽严相济的刑事政策，改革案件办理工作机制。通过检察改革健全办理未成年人犯罪案件工作机制，健全快速办理轻微刑事案件工作机制，探索对轻微刑事案件建立检调对接机制、刑事和解机制。这些改革举措提高了诉讼效率、节约了司法资源，及时化解了社会矛盾，实现了办案政治效果、法律效果和社会效果的有机统一。其四，通过改革，建立了刑事被害人救助制度；完善了检察机关国家赔偿工作机制。切实化解了社会矛盾，有力地维护了社会稳定。

二　历经十多年改革，制度化的检察改革模式正在形成

目前，检察改革已经摆脱了自身内部改革的模式，由最初零星的、自发式的改革过渡到整体性、规划性的改革。检察改革主体已经纳入国家司法改革的全局性部署之中。

2004年12月，中央提出了司法体制和工作机制改革的35项任务，全面启动司法体制机制改革。2007年10月，党的十七大在认真总结司法体制机制改革成功经验的基础上，审时度势，对深化司法体制机制改革作出新部署。2008年12月，中央转发《中央政法委员会关于深化司法体制和工作机制改革若干问题的意见》，从优化司法职权配置、落实宽严相济刑事政策、加强政法队伍建设、加强政法经费保障等方面，再次提出60项改革任务，将司法体制机制改革推向新阶段。为抓好中央19号文件的落实工作，2009年2月，高检院制定下发了《关于贯彻落实〈中央政法委员会关于深化司法体制和工作机制改革若干问题的意见〉的实施意见——关于深检察改革评价与展望深化检察改革2009—2012年工作规划》及工作方案。资料显示，中央19号文件确定的60项改革任务大部分已经完成，高检院牵头的7

项改革任务也基本完成，高检院协办的改革任务和《检察改革规划》确定的各项改革任务大部分已完成，一批改革文件相继出台，一些改革措施已初显成效。

将检察改革纳入司法改革的全局性部署，至少有三方面的益处：其一，实现了改革目标的协调一致。我国司法体制机制改革从人民群众的司法需求出发，解决司法中存在的体制性、机制性、保障性障碍，总体目标是建设公正、高效、权威的社会主义司法制度，为中国特色社会主义事业提供坚强可靠的司法保障和和谐稳定的社会环境。检察改革的目标和任务与司法改革的总体目标具有同质性，重点在于强化法律监督、自身监督，不断丰富、发展和完善中国特色社会主义检察制度。其二，有利于各机关、部门之间在司改中的协调配合。以中央司法改革总体方案为统领，打破了原来公、检、法各机关、部门之间各自为政，难以协调的局面。从近年检察改革中大量出现的会签文件看，整体性的协调机制正在形成。其三，整体化的方案部署有助于制度化检察改革方式的形成。检察改革以中央司改方案为框架，一方面，可以抑制突破现行法律改革的冲动；另一方面，可以避免由司法机关自身推动改革所产生的对部门利益的追逐。

三 检察改革的经验积累推动了法律的完善

检察改革与法律修改密切相关。中央司改意见经由检察改革加以细化和落实，并在立法、修法时得以反馈，一定程度避免了立法强行推进可能导致的实践中制度失灵的尴尬，促进了法律生长良性循环机制的形成。正在修订的刑事诉讼法、民事诉讼法在许多方面吸收了检察改革成果，检察改革对完善立法有积极的促进作用。

在近年来的检察改革中，为落实中央司改意见，特别是2009年《关于贯彻落实〈中央政法委员会关于深化司法体制和工作机制改革若干问题的意见〉的实施意见——关于深化检察改革2009—2012年工作规划》下发后，高检院单独制定和与有关机构会签了近60份规范性文件。其中，既包括落实中央司法改革意见中高检院牵头改革任务出台的文件，也包括落实中央司法改革意见中高检院协办改革任务出台的文件，以及一些配套性的改革方案。

这当中与诉讼法典修订较为密切的改革文件主要有三个方面：一是在强化法律监督职能的改革中，高检院制定了《关于进一步加强对诉讼活动法律监督工作的意见》，另外，会同公安部制定下发了《关于刑事立案监督有关问题的规定（试行）》，明确规定检察机关对公安机关违法立案应当进行监督，从而将违法动用刑事手段插手民事、经济纠纷等违法立案情形纳入了检察监督范围。明确了检察机关对侦查机关违法采取搜查、扣押、冻结等措施，侵害公民合法财产权益的，有权进行监督，从而完善了诉讼监督范围。二是在加强诉讼监督手段方面，高检院在检察改革中会同最高人民法院、公安部、国家安全部和司法部会签下发了《关于对司法工作人员在诉讼活动中的渎职行为加强法律监督的若干规定（试行）》，明确检察机关对司法工作人员在诉讼活动中的渎职行为可以采取调查核实、建议更换办案人等方式进行监督，调查核实可以询（讯）问当事人、知情人，查阅、复制、摘抄、调取有关材料等。三是在改革检察机关自身监督制约的机制中，检察机关有步骤地推行了逮捕职务犯罪嫌疑人报请上一级人民检察院审查决定的制度。这些改革措施的出台和贯彻实施，为诉讼法典的修订提供了重要的参考意见，为修法中考察制度实施的实际效果，以及听取各方反馈意见提供了可能。在已经公布的《中华人民共和国刑事诉讼法修正案（草案）》中，强化检察机关的法律监督职能是修法的一项重点内容，上述检察改革文件中相当多的做法已被吸收为法典的内容。如刑事诉讼法在修改中除了保留原法第76条检察机关对违法侦查行为进行监督的规定外，增加规定了以下几项内容：其一，辩护人、诉讼代理人认为公安机关、人民检察院、人民法院及其工作人员阻碍其依法履行职责的，有权向同级或者上一级人民检察院申诉。人民检察院对申诉应当及时进行审查，对情况属实的，依法予以纠正。其二，人民检察院接到报案、控告、举报或者发现侦查人员以非法方法收集证据。应当进行调查核实。对于确有以非法方法收集证据情形的，应当提出纠正意见，必要的时候，可以建议侦查机关更换办案人。对于以非法方法收集证据，构成犯罪的，依法追究刑事责任。其三，犯罪嫌疑人、被告人被逮捕后，人民检察院仍应当对羁押的必要性进行审查。对于不需要继续羁押的，应当建议予以释放或者变更强制措施。有关机关应当在十日内将处理情况通知人民检察院。

进入2000年，检察改革的步伐开始加快。2000年和2005年，最高人民检察院分别制定了两个检察改革的“三年实施意见”。中央19号文件下发之后，一个明显的标志是高检院及各省级院分别成立了改革领导小组，把检察改革工作摆上重要议事日程，各项改革措施或试点、或全面地渐次推进。各地检察机关在相关部门的大力支持和密切配合下，经过各级检察机关的共同努力，检察体制和工作机制改革呈现重点突破、整体推进、扎实有序、成效显著的良好局面。

2012年2月9日，全国检察改革推进会暨经验交流会在福州召开，高检院常务副检察长胡泽君在在讲话中指出：截至目前，中央确定的司法改革任务中，高检院牵头的7项改革任务已基本完成，高检院协办的改革任务和《检察改革规划》确定的各项改革任务大部分也已完成，一批改革文件相继出台，一些改革措施已初显成效，长期制约检察工作科学发展的一些体制性机制性保障性的障碍得到不同程度的缓解。社会主义将检察改革置于司法改革的背景下，身负监督职责的检察机关的改革必然对国家司法的进步有着强力的助推作用；将检察改革置于自身历史的进程中，则是检察职权不断完善和充实的探索过程。深受各种法律制度和思潮的冲击，要想走出一条具有中国特色的检察改革之路，必须兼具符合政治体制的坚守和契合司法理念的探索勇气。

展望检察改革的未来发展，首先，强调的是必须要坚持党的领导，在中央总体规划下，积极稳妥地分步推进。检察改革的任务和发展方向是从人民群众的司法需求出发，以维护人民利益为根本，以推动科学发展和促进社会和谐为主线，围绕强化法律监督、强化自身监督、强化高素质队伍建议的总要求，着眼于深入推进社会矛盾化解、社会管理创新、公正廉洁执法三项重点工作，着力破解制约检察工作科学发展的体制性、机制性、保障性障碍，不断丰富、发展和完善中国特色社会主义检察制度，建设公正高效权威的社会主义司法制度。其次，在这一过程中，检察改革的发展要处理好几个关系，检察改革各项措施的部署和实施要坚持从我国国情出发，统筹兼顾，处理好近期目标与长远目标、中央与地方、部门利益与全局利益之间的关系。最后，将检察改革推向深入需要加强的几项工作，一是要注重检察基础理论研究水平的提升，对检察权的性质、功能和构造在理论界还有一些模糊认识，这些问题将会在一定程度上制约检察改革的进一步深化。二是要注重实证研究方法在检察改革效果评估中的运用。对改革效果的评估是进一步深化检察改革的前提条件。三是要注意避免改革创新的盲目倾向，检察改革应当在服务大局、着眼于三项重点工作的前提下进行，当然，这并不意味要否定司法实务中的创新和探索。毋庸置疑，实践是检察改革的源泉所在，而目前将实践创新纳入制度化检察改革的程序机制尚需要进一步完善，这也是今后深化检察改革需要继续努力完成的课题。

（本文原载于《人民检察》2012 年第 5 期）

有关司法权威的几个问题

王敏远*

“司法权威”虽说是人们现在普遍谈论的话题，关于这个问题，人们也已有过广泛而深刻的研究。然而，鉴于以往的探讨往往基于关于司法权威的一些未经论证的似乎是当然的结论，或者实际是大有疑问的结论，因此，有必要对以往作为结论的内容重新审视；并且，现实表明，关于司法及其权威确实存在着诸多疑问，因此，继续讨论司法权威问题，仍然很有现实意义。在我看来，需要进一步讨论的问题包括：何为司法权威、司法是否应当具有权威、司法权威需具备怎样的基础、如何建立和维护司法权威。只有在对这些问题进行清醒思考之后，我们才能有意义地讨论诸如是否需要建立和维护司法权威、建立和维护什么样的司法权威、如何建立和维护司法权威等问题。不论是在理论研究中，还是在现实生活中，当司法权威仍然是个问题的时候，有效地讨论这些问题肯定是有意义的。

一　何谓司法权威

在讨论何为司法权威的问题之前，我们有必要先分析“权威”的字典含义。从字典的定义来看，权威的含义虽然简单——“使人信从的力量和威望”，但其成分却包含有两种并不相同的内容。其一，与外在的权力相关的力量；其二，与内在的信仰相关的威望。力量和威望虽是人世间常见的两种现象，但若不是因为“权威”这个词，两者并不是天然结合在一起的现象。

---

* 王敏远，中国社会科学院法学研究所研究员。

通俗地说，有权有势并不必然意味着有威望，反之亦然。从这个意义上还可以进一步说，司法与权威也不是必然相连的。虽说司法不论是作为有权的机关所进行的一种活动，还是作为有权的机关所作出的一种裁判，都必然需要并往往伴随着与外在的权力相关的力量，然而，却并不必然意味着具有“使人信从的威望”。因此，即使只是通过字面含义的分析，我们也可以看到，司法作为一种权力与其所具有的威望之间，尚需要其他因素，才能产生密切的联系。换句话说，从“司法权威”的字典含义来看，司法与权威的结合需要相应的黏合剂。

分析“司法权威”的字典含义并不是无意义的，而且，还应当看到，其意义也不仅限于使其字意清晰。从现实中来看，司法与权威的关系确实有不同的类型。有的国家的司法在有的时期是有权威的，有的则不然。例如，我国现在的司法就很难说具有当然的权威性。

作出这种评价或许过于武断，然而，根据人们以往对司法及司法权威的解释，只要略加延伸，我们就可以说，这样的判断是有道理的。如果我们简化以往人们对司法权威的各种不同类型的解释，并将过于法律专业的解释通俗化，那么，对司法权威我们可以这样解释：司法“说话”是算数的。显然，只有说话算数才可能是有权威的。当然，对司法权威的这种解释确实过于简单，还不足以说明问题，因此，有必要对此多说几句。

司法权威的所谓“说话算数”包含的基本含义是：其说话对任何人都始终算数。① 司法如果有时说话算数，有时说话又不算数，那显然就不能说是有权威。而司法“说话对任何人都始终算数”，则包括两个方面：一是对外的，二是对内的。先看司法的说话对外是否算数。根据目前的情况，至多只能说司法有时说话算数，有时说话又不算数。例如，在众多的司法裁判中，关于刑事的裁判（尤其是有罪的裁判）一般说来能得到执行，而关于民事、行政等案件的裁判，其执行情况却十分困难，以至于“执行难”在我国已经成为了难以治愈的痼疾。这还只是问题的一个方面。司法过程及裁判结果，有时由于受到压力以至于不能依法而行，那是不可能有权威的。

再看司法的说话对内是否算数。司法的说话对内算数，这主要是指司

① 当然，司法“说话算数”的事情是有范围限制的，即司法只能对交付于裁判的事情进行裁判。不仅如此，司法“说话算数”的根据和方式也是特定的。前一个问题因并非本文所论主题，故暂且不论，后一个问题因本文在下一部分即将予以讨论。

法机关自己对终审裁判不仅不得更改，而且必须予以尊重。这在目前也非现实。例如，从诉讼制度的设计来看，再审制度有利于司法实现“有错必纠”，以至于错误可以一改再改，却不利于尊重终审裁判。当然，这并不仅仅是诉讼制度层面的设计问题，而且也是现实中实际发生的问题。从现实中发生的大量再审案件来看，确实证明了终审裁判目前并未得到尊重，根本不具有稳定性。司法机关自己都不尊重终审裁判，以至于说话不算数，司法怎么可能是有权威的呢。从这个意义上可以说，我们如今的司法与权威之间不仅缺乏所需的黏合剂，却多了些间隔物。

二　司法是否应当具有权威

通过以上所述可以看到，司法并不当然具有权威，既是语意分析中的抽象问题，也是社会中的现实问题。因此，在讨论如何建立和维护司法权威的问题之前，必须先认识司法是否应当具有权威的问题。虽然对司法及其权威问题人们已经有很多谈论，但从某种意义上来看，这仍然是个未解的问题。

我们可以从社会需要的角度来探讨这个问题。我认为，只有在社会需要司法具有权威，并且人们对此有相应认识的时候，司法是否应当具有权威的问题才能得到有效解决。从这个意义上可以说，社会的需要是司法可能具有权威的前提。

从社会需要的角度研究司法是否应当具有权威的问题，与社会是否需要司法的问题，是两个不同的问题。社会需要司法，对此毋庸置疑，因为，自古以来司法就在社会生活中扮演着不可或缺的角色，这个事实已足以说明社会需要司法的问题。但社会是否需要有权威的司法，则是另一个问题。司法权威问题只是到了近现代才成为人们普遍关心并予以讨论的问题，这个事实对其多少可以有所说明。因此，问题应当明确为：只是在社会需要司法具有权威的时候，司法才有可能具有权威性。

那么，社会在怎样的情况下需要司法具有权威呢？这并不是个容易全面解释的问题，更是个难以充分说明的问题。虽然如此，这仍然是个可以从不同侧面予以探讨的问题。如果对司法的功能及其在社会生活中的重要程度的认识是司法具有权威的基础之一，那么，我们从社会对此的认识作为研究的基点，寻求某种意义的说明就不仅是可能的，并且具有相当的合理性。在我们所能见到的关于司法的功能的论述中，有一种人们耳熟能详的说法，即：司法是社会公正的最后一道防线。如果情况确实如此，那么，司法在社会生活中必将居于权威的地位。然而，现实表明，司法并非是社会公正的最后一道防线。在诉讼体制内，检察机关可以对生效裁判提出抗诉；而司法在其体制之外所面临的种种压力则表明，在其身后，另有层层叠叠的防线。别的暂且不说，单看地方各级权力机关对法院的监督，往往会演化成对具体案件应当如何办理的领导、指示，就可以得到这个结论：司法并非是社会公正的最后一道防线。既然如此，说“司法是社会公正的最后一道防线”，在目前就只是一种奢谈。甚至，从某种意义上可以说，人们并未意识到司法应当是社会公正的最后一道防线。因此，我国现实中的司法尚不具有如同“社会公正的最后一道防线”那样的权威性，就是个可以理解的现象，而司法应当具有权威性的条件，也确实并不完全具备。

三　如何建立司法权威

既然司法并非天然就是社会公正的最后一道防线，那么，其能够成为“社会公正的最后一道防线”所应具备的条件，就是我们讨论司法权威问题时必须关注的问题。虽然在简短的篇幅中要阐明如此复杂的问题是不可能的，但至少可以为这个问题多少理出一点头绪。

司法成为“社会公正的最后一道防线”，取决于多方面的因素，其中，司法自身的发展程度具有决定性意义。对司法的发展程度，因为考量因素及评价标准的不同而难以寻求完全统一的判断。虽然如此，我们对发展程度高下作出判断的基本依据，应是可以大致确定的，即：如果说司法意味着由特定的人（司法人员）就特定的事项（诉讼纠纷）所进行的特殊的裁判（审理和判决）活动，那么，判断司法发展程度的基本依据就应包括三方面的因素，其一，司法人员；其二，司法原则；其三，司法程序。这三方面的因素对司法的发展程度均具有重要影响。在此予以简要说明。

司法人员即掌握司法权的人，其素质状况对于司法发展程度的判断具有重要的影响。从某种意义上可以说，具有较高素质的司法人员不仅是司法发展程度较高的前提，而且是司法发展程度较高的标志。所谓“较高素质”，主要包括两方面的素质，一个是职业水平和能力方面的素质，另一个则是职业道德方面的素质。

关于司法人员的职业水平和能力问题，讨论已经很多，并且，这也是个易于理解的问题，因此，我在此只是就其中的一个问题对学界已有的讨论作简短的补充，即判断司法人员的职业水平和能力的标准。这个标准就是处理棘手案件的能力和水平。对司法实践中所要处理的案件，按照不同的标准，可以作不同的分类，其中的一种分类，是以案件处理的难易程度而予以划分。现实中的多数案件处理起来并不难；但有的案件，予以妥善处理却十分困难。我们判断司法人员的职业水平和能力如何，固然需要依据其是否能够妥善处理一般的、不难解决的案件（显然，如果普通的、并无疑难的案件都不能予以正确处理，司法人员是否具有基本的职业水平和能力，就将是个极大的疑问，但可以肯定的是，这样的司法人员决不是高素质的），但更需要依据其是否能够妥善处理难以处理的棘手案件。这就如同人们判断大夫的医术高明与否一样：不能医治普通疾病的当然不可能是医术高明的大夫，但只有那些具有医治疑难病症能力的大夫，才是医术高明的大夫。

关于司法人员的职业道德问题，人们讨论已经很多，我在此需要进一步说明的是有关司法人员的职业道德的评判依据问题。首先，应当看到，司法人员的职业道德不同于普通伦理学上的道德。普通伦理学把道德分为最低层次的道德和较高层次的道德。最低层次的道德，比如说不偷盗、不抢劫、不受贿、不辱骂等等，但这是最基本的道德，达到了这个层次的道德，人们并不会称其为有道德的人，而未达到这个层次的道德，社会却会将其归于不道德的行列；较高层次的道德，如同雷锋那样，大多数人达不到，但一旦能达到，那就会被称为有道德的人。对司法人员而言，最低层次的道德必须遵守，否则，不仅不是法官所应为，而且，这还意味着作为文明人所需具备的基本素质的欠缺。然而，即使遵守了最低层次的道德，也还不能因此称之为具有高素质的法官，对高素质的法官还应具有更高层次的道德要求。在此所说的“更高层次的道德要求”，并不是普通伦理所倡导的较高层次的道德。换句话说，普通伦理所倡导的较高层次的道德，不是司法人员的职业道德的评判依据。因此，虽然对任何人来说，行为如同雷锋那样无私奉献，或者如同抗洪救灾的英雄那样见义勇为，都是判断其道德高尚的依据，但却并不是判断司法人员职业道德的依据。判断司法人员职业道德的依据，应在于司法职业对其的特殊道德要求。例如，主持审判应有公正之心；裁判案件事实及争议应无偏袒之意；以服从法律为天职等等。当然，司法人员的职业道德虽然不同于普通伦理所倡导的道德，但却并不是难以理解的道德。

对司法的发展程度具有特别重要的意义的另两个因素是司法原则和司法程序。司法所实行的原则及程序是否符合文明、科学以及现代社会关于法律价值观念的要求，是判断司法发展程度的重要依据。例如，司法是否实行公开审判原则，是否建立了健全的旨在保障公平而公开的审判的程序，就是判断司法的发展程度的重要依据。又如，在刑事诉讼程序中，是否奉行无罪推定原则，是衡量刑事司法文明程度的基本依据。

我以为，司法只有实行了符合现代文明社会要求的各项原则，只有在司法程序的设计及运行中充分反映这些原则的要求，才可能具有较高的发展程度，而这恰恰是使其具有权威性的基本前提。

四　司法权威需要刻意维护

我们认为，司法权威不是当然的现象，而且是个需要刻意维护才能实现的法治社会的理想。司法权威之所以需要刻意维护，一方面，这是现实情况的需要。众所周知，司法中存在着大量“两可”的案件。例如，在刑事案件中，可以判处被告人的刑罚并不是绝对确定的，根据案件事实和法律规定，对大致相同的情况，往往出现并不完全相同的判决：或者在证据、事实的认定中并不同一，或者在量刑、赔偿额方面有差异。这种现象往往是不可避免的，也并不均是不合理的，[①] 是一种可以理解的现象。所谓“两可”的案件，就是对案件所适用的法律存在一定的幅度，只要在这个幅度内所作出的判决，即使有差异也可以并应当被肯定。然而，对这类现实中大量存在的“两可”案件，如果由一个没有权威的司法机关来判决，其结果就将是：人们认为有差异的裁判都是错误的。而如果由有权威的司法机关来判决，那将会怎么判都是可以理解的。在这个意义上可以说，司法权威是要刻意维护的。另一方面，由于司法是维护社会正义的一种高成本的方式，因此，其权威也需要刻意维护。司法本身的发展程度较高，即具有较高素质的司法人员及较完备的司法程序，原本就意味着高成本，但这虽然是司法权威的基本前提，但还不是充分条件。建立和维护司法权威的充分条件远不止于此，还需

---

① 事实之清楚与否，证据之确实或充分与否，往往是个在判断中有分歧的问题。

要更大程度上的关注。例如，现在我们国家对司法投入不足，这就使建立和维护司法权威的充分条件难以具备。显然，国家如果不能充分保证司法的各项必要费用，司法作出不符合司法特点的事情可能就难以避免。因此，国家在对司法的投入上要有充分的考虑，否则就十分不利于司法权威的建立和维护。

司法权威需要刻意维护的另一个重要原因，是因为我们诸多在现实中仍有强大生命力的传统观念，不利于司法权威的建立和维护，尚需要我们着力纠正。司法权威需要刻意维护，不仅需要司法机关、司法人员自身的努力，而且需要全社会的努力。

（本文原载于《中国司法》2005 年第 5 期）

未成年人司法改革的意义与方向

龙宗智*

目前，各地检察机关普遍开展未成年人检察工作改革，调整制度、机制，配备、充实人员，在检察工作中切实贯彻“教育为主、惩戒为辅”的未成年人司法工作方针，取得了一定成绩。本文结合改革实践，对未成年人司法制度改革的意义及未成年人检察相关问题略作探讨。

一　未成年人司法改革的意义

相当一段时间，学界对未成年人司法重视不够。这有两个原因：一是认为问题理论空间不大、问题深度不足，挑战性不够；二是认为中国司法有一些整体性的问题，大的方面解决了，未成年人司法问题随之迎刃解决。而中国需要解决的问题很多，未成年人司法不是关键的问题，而且整体问题不解决，少年司法这种具体问题也难以解决。如就宽严相济政策贯彻，整体的非监禁化、非犯罪化、非司法化问题没有解决，少年犯问题也难以解决。然而，近一段时间，笔者通过考察、调研、参加会议研讨，对这个问题有了一些新的思考，认为需要正确认识这项改革的意义：

第一，中国司法改革从技术到制度，由难到易可能是一种比较现实的做法。这就是司法改革的技术路线。中国的司法改革，这些年主要是在工作机制层面的改革，体制性改革难以推动。而由未成年人司法做起，比较容易。中国的刑事司法制度改革由最容易处、也是传统因素影响最薄弱的位置突

* 龙宗智，四川大学法学院教授。

破。这个问题上，不同主体的争议最小，社会支持面很大。因此容易取得突破，甚至可以成为改革的起始点。目前讨论的一些刑事诉讼制度的改革，有关方面的意见是，首先从未成年人司法做起。如附条件不起诉制度，拟先从未成年人司法开始推行，今后再考虑扩大。又如律师法律援助制度，目前比较一致的意见是，如果条件允许，首先从未成年人司法开始实行法定辩护制度，由国家和社会给予法律援助，今后有条件了，再普遍推开，实行全面覆盖式的法律援助。

第二，宽严相济政策的切实贯彻，从未成年人司法做起，也是一种比较现实的路径。宽严相济刑事政策是我国刑事政策的一个调整，充分反映了社会转型期对刑事司法的需求，对于建立和谐社会具有重要意义。但是执行起来实际上有一定难度，尤其是如何贯彻从轻的刑事政策，因为我国长期以来，在刑事思想方面存在重刑主义；在社会意识方面则存在重报应观念，即“约法三章”中所讲的：杀人者死、伤人及盗抵罪的报应原则；从刑事司法体制上看，则具有一种“打击体制”的特征，即司法体制一体化、协同配合打击犯罪特征较为明显。加上当前维稳的要求等，从严从重似乎顺理成章，从轻从宽，常常感到比较困难。比如对于最近的醉驾问题，最高人民法院相关领导主张醉驾应当适用刑法第 13 条的规定，情节显著轻微不构成犯罪。虽然某些说法可能有司法越权的嫌疑，但防止刑法过于严苛，注意贯彻宽严相济的要求是有合理性的。当前情况下，怎样贯彻宽严相济刑事政策？有一个突破点，就是从未成年人司法做起，因为未成年人司法切实贯彻宽严相济，容易受到社会的支持，阻力最小。从这里做起，再推广至其他方面，最后实现宽严相济政策的全面、切实贯彻。

第三，未成年人具有不同于成年人的心理与品格特征，同时未成年人代表国家的未来、社会的希望，为了教育挽救失足的未成年人，需要建立适合未成年人特点的司法制度。此处不再赘述。

第四，中国青少年教育存在严重缺陷，通过未成年人司法来促进青少年教育工作，具有重要的现实意义。少年司法是后续问题，关键在于教育。温家宝总理最近针对近年来相继发生“毒奶粉”“瘦肉精”“地沟油”“彩色馒头”等事件指出，“这些恶性的食品安全事件足以表明，诚信的缺失、道德的滑坡已经到了何等严重的地步”。笔者认为，在这种情况之下，少年教育是不成功的。药家鑫案件就是一个典型。建立未成年人司法制度，就是通过教育、感化、挽救，也通过必要的惩戒，让青少年受到一种后补的教育，同时也使少数越轨青少年有纠正罪错的机会，从而发挥对青少年的特殊教育功能，弥补青少年前期教育的不足。

二　未成年人司法的中国模式

我国的未成年人司法，借鉴了国外法治发达国家未成年人司法的一些成熟经验，同时，由于国情不同，政治与社会制度及司法制度的背景不同，具有突出的中国特色，形成了特有的未成年人司法模式。笔者将其概括为三点：

第一，在执政党领导下的具有一体化特点的工作模式。这种一体化的工作模式，表现在司法内外两个方面。内部而言，是指“少年司法一体化”，即参与未成年人司法的各个工作主体，协调配合，有效实现党和国家关于未成年司法的方针。对未成年人司法而言，控辩之间、侦诉审之间的关系，与一般司法不同，应当是协调大于对抗、配合胜于制约，因此显示出一种一体化司法的特点。就司法外部，是指“社会支持一体化”，即与未成年人司法和帮教相关的各单位，包括社区、单位、共青团组织、关工委、帮教组织、社区矫正机构等，同心协力，协调配合司法机关从事越轨未成年人的帮教挽救工作。这种一体化，与我国整体的司法体制相一致，也适应了未成年人司法的特殊要求。其意义在于能够充分调动各方面的资源，有效地推进未成年人教育保护体系的建立。而且能够较快地实现制度跨越，较为迅速地建立适合未成年人的司法制度。通过社会资源的充分调动与社会力量的有效支持，形成一种合理的、协调的工作机制。

第二，未成年人司法主要应对未成年人违法犯罪问题。欧美的未成年人司法，常常是一种“大司法”模式。既包括相当一部分在我国属于行政执法中的问题，如未成年人的戒毒、未成年人的轻罪处置（在我国大都属于治安管理处罚），也包括民商事案件处置中对未成年人利益特殊保护问题，如未成年人抚养等，大致上可以说是一种“少年利益最大化”的模式。而在我国，由于司法的功能比较有限，相当一部分在国外由法院处置的问题，在我国是由行政部门处理。我国的未成年人司法，基本属于刑事司法。因此，不是“少年利益最大化”模式，而是“少年越轨最小化”的制度模式。因此未成年人司法可以说是一个小司法而非大司法的模式。

第三，检察机构发挥重要的、特殊的职能作用。在一些法治发达国家，未成年人司法是以法院为中心的，检察机关的未成年人司法的功能较弱。甚至有些活动检察机关不参与，如未成年人戒毒项目，由法院主持，缓刑官、相关社会服务机关参与，检察机关一般不参与。而在我国，检察机关在未成年人司法中发挥重要的、特殊的职能作用。这是因为司法体制是分工负责，互相配合，互相制约，而不是实行法院中心、审判至上。法院对审前活动基本不参与，而检察机关在审前活动中发挥重要作用，同时在审判活动中也积极活跃。检察机关在未成年人司法中的重要作用，也与检察机关法律监督地位以及侦查、批捕权的享有及公诉权的独占相关。批捕权与公诉权的行使，对于未成年人刑事政策的贯彻，包括非罪化、非监禁化的实现，发挥着关键的作用。同时，检察机关的法律监督角色与权能，为拓展工作空间、争取各方面支持创造了有利条件。因此，检察机关在未成年人司法改革与司法政策贯彻中应当而且也能够发挥重要的功能作用。

三　未成年人司法改革的方向和相关程序制度问题

（一）应当注意刑事程序的普遍要求与未成年人司法特殊性的协调平衡

未成年人司法，应当建立适合未成年人特点的，有别于成年人司法的特殊的组织、制度、机制与程序，但是要注意特殊性也有限度。因为年龄不是一个绝对性的因素，不能因为少年、成年的一天之别就隔如鸿沟。因此，未成年人司法应当注意与普通司法制度协调起来。

美国是未成年人司法制度建立的先行者，在建立完善未成年人司法制度过程中，有两个平衡协调问题值得关注，汲取其经验，可以避免走弯路。

第一，“国家亲权”与正当程序的协调。美国早期的未成年人司法，主采“国家亲权”模式。就是将司法机关及相关机构看作“代行亲权”的类似未成年人父母的主体，强调关怀、管教，但有时忽略了未成年人司法也是一种司法形式，也应当遵循正当程序的基本要求，如未成年人诉讼权利的确认与保障，定罪程序中包括律师帮助、必要抗辩等正当性基本要求。后来对此作了调整。

第二，未成年犯刑事责任与成年犯刑事责任的平衡及程序协调。在美国普遍认为，未成年人司法不能完全独立于司法体系，未成年人刑事责任也要注意与成年犯刑事责任的平衡与相应的程序协调。成年生日前一天犯罪与后一天犯罪所负刑事责任不能过于悬殊，尤其是对于某些罪行十分恶劣，虽然年龄上未及成年，但心智成熟，恶性很大的，应当适用追究成年犯刑事责任的普通司法程序。

结合我国目前未成年人司法遇到的一个现实问题，即对有未成年人参与的共同犯罪，是否一律将未成年人与成年人分案处理。根据以上协调平衡的要求，应当实行相对分案，而不是绝对分案。因为分案的好处是可以体现区别对待，但分案可能损害诉讼效率，还可能导致同案不同判，损害司法公平。因此，在未成年人利益优先考虑的原则下，应当采取原则上要求分案、但例外可以不分案的方式处理案件分合问题。即一般情况下分案处理，但对于某些案件需要一并审理，以防止处置不平衡；对于某些罪行恶劣、恶性较深的未成年人参与作案的案件，可以考虑一并审理。

（二）未成年人司法组织的合理设置

未成年人案件需要专门从事这项工作的人员办理，这是未成年人司法的一项原则。正在酝酿的刑事诉讼法修改，必然会按照中央司法改革方案，建立专门的未成年人司法制度，因此，组织健全的问题将会是一个值得注意的关键。

第一，是否需要建立未成年人法院，或称少年法院（相配套的可能成立专门处理未成年人犯罪案件的检察院）。成立未成年人法院突破了我国的犯罪地加居住地管辖的管辖原则，而且如前所述，未成年人案件与成年人案件的区分具有相对性，加之我国未成年人司法属于小司法模式，因此，建立未成年人法院及相应的检察院没有必要，只需在普通法院和检察院内设置相应的工作组织或工作人员即可满足未成年人司法的要求。

第二，现有体制框架内的机构设置问题。对此，笔者认为要根据实际需要来处理。如有足够的案件量，可以成立专门的法庭和检察科、处，如果工作量不足，就设合议庭、工作小组或专门工作人员即可。据了解，上海各基层法院一度全部设立未成年人法庭，到现在，只剩下四个法院还保留有未成年人法庭，其他则只有合议庭。不过，刑事诉讼法修改后，未成年人案件的专门审理是否要加强，是否需要进一步强化相应的司法组织，可以根据实践需要予以处理。总体而言，司法组织的设置要和案件数量以及未成年人司法制度的发展相适应。

（三）创新工作模式，推动未成年人司法的社会化

目前我国未成年人司法制度改革，基本上还是在专业司法范围内做文章。前不久，我到美国考察未成年人司法，看到一种未成年人社会法庭的运作，耳目为之一新，很受启发。在北卡罗来纳州的夏洛特市，观摩了两个少年社会法庭的审判。这种法庭是在下午五点半以后，即学生放学、成年人下班后开庭。用当地法院的法庭开庭，但全部出庭人员，除主持审理的法官由一名有法律知识的成年人（可能是公司法律工作者或律师等）担任以外，均为未成年人。12 名陪审员、检察官、辩护律师都是未成年人，审判未成年人违法者。根据地方法律该法庭最高的处罚是判处 35 天的社区服务。当时旁听的案件，是一名中学生带枪（不是真枪，但他本人以为是真枪）进入学校。有短时间的调查辩论，被告也作辩解。检察官、辩护人稚气未脱，认真扮演着他们的角色。过后是陪审团离庭合议，回庭后宣布四项裁决：社区服务 25 天；写一篇不低于 600 字的心得体会；与辅导员谈话一次；担任少年法庭陪审员两次。据了解，这种少年社会法庭在全美普遍推行，已经实行多年，是未成年人自我管理、加强法治意识的有效方式。

多年前，广东省深圳市有的高级中学曾经短期试行学生法庭，笔者专门对此做过评论，肯定其意义。但由于社会条件欠缺及这种试验自身的不足，好像没有多久就停止了。我国应当创新少年司法模式，在检察院、法院的支持下，利用当前少年司法一体化制度模式的优势，做一点类似的试验，试行学生法庭及类似的制度，以推动青少年的自我教育。

（四）未成年人案件办理的证据规则应当有一些特殊性

对未成年人诉讼程序的特殊性，相关的研究已经不少，但是证据规则的制定与适用，是否也要体现未成年人司法的要求，即是否要设定一些特殊的证据规则，或者适用某些证据规则时，是否应当有特殊的适用要求等都需要进一步研究。

第一，品格证据的应用有一定的特殊性。一次做贼不等于一生是贼，因此，由过去行为所体现的品格证据在适用时要作严格限制，以避免先入为主，司法不公正。未成年人司法更应注意品格因素，社会调查制度的设置，就包括了这方面的要求。未成年人司法重在教育，而教育包括惩戒措施的采取，需要充分考虑被教育人的品格，包括一贯表现、有无恶习、性格特征等。因此，对未成年人案件中的品格证据，无论是定罪，还是量刑，都应当更加重视，这是与成年犯案件的一项区别。

第二，证明标准的把握更加严格。为了体现对未成年人的保护，对可能证据不足的案件，应当进一步贯彻无罪推定的要求，不能勉强定罪。因此，总的来看，在证明标准把握上应当更加严格。

第三，非法证据的排除有其特殊性。首先是严禁使用威胁、引诱、欺骗的取供取证方式。刑事诉讼法第四十三条规定严禁刑讯逼供和以威胁、引诱、欺骗等非法的方法收集证据，但威胁、引诱、欺骗的方法容易与侦讯活动中的政策攻心及侦讯谋略发生混淆，因此“两高三部”制定的“两个证据规定”，对被告人口供的排除，未再明确提及威胁、引诱、欺骗的方法；对证人、被害人陈述的排除，仅提到排除暴力、胁迫方法收集的证据。但我认为，根据未成年人司法政策，考虑未成年人身心发育不成熟，容易受外部影响的特点，应当禁止采用威胁、引诱和欺骗方法讯问（询问）未成年人。这除了真实性保障的考量外，也是考虑这些方法的使用，可能给未成年人带来不良的示范效应，影响未成年人品格的健全，同时也影响司法机关的形象。其次是更严格地贯彻非法证据排除规则。目前“非法证据排除规则”已经实施一年，但真正适用该规则排除非法证据的案例很少。笔者在一次现场调研时发现一起案例：四川某县检察院在对一起未成年人犯罪案件审查批捕时发现两个问题：一是讯问时没有未成年人的法定代理人、监护人或其他适当的成年人在场；二是讯问时仅由一名警官进行，违反了两人讯问的规定。如果按证据规则，这两种情况都不是证据排除的根据。但检察机关侦监部门秉持保护未成年人的司法指导思想，以取证违法为由，不批准逮捕。后来公安机关对该案未作犯罪处理。这个案例说明，对未成年人犯罪，在排除规则的适用上，应当而且可以更加严格，由此而有效贯彻未成年人司法政策。有关部门在修订证据规则包括制定普遍适用的刑事证据规则时，建议对此作出明确的规定。

（本文原载于《人民检察》2011 年第 12 期）

能动司法若干问题研究

顾培东*

一 引言：我对能动司法思考和研究的过程

叙述我对能动司法思考和研究的过程，是因为这一过程大致可以表明我对这一主题研究意义的认知。2008 年下半年，我明确地感受到法学界（事实上不仅限于法学界）弥漫着一种对我国法治前景的焦虑与担忧的情绪。这种情绪显然同那一时期最高法院出台并实施的一系列新政[①]相关。近几十年来，人们已经习惯了一种思维方式：中国法治看司法；中国司法看法院；中国法院则看最高法院。因此，当最高法院所出台和实施的这些新政多少有些悖离人们对中国司法的想象与期待，并与人们观念中理想的法治模式渐行渐远时，对中国法治前景的焦虑与担忧则成为难以避免的现象。这种状况激发了我探索潜隐在最高法院新政背后的心迹、梳理最高法院发展思路与脉络的愿望。为此，我在学生的协助下，对其时所能收集到的最高法院的各种文献（包括司法解释、司法意见、工作部署、领导讲话以及最高法院《公报》所公布的案例等）进行了较为系统的整理和分析，以此为基础，集中对一些问题进行了思考。这一过程留给我的强烈印象或结论是：中国司法所依循的是

---

* 顾培东，四川大学法学院教授，博士生导师。

① 这些“新政”包括：在司法中贯彻“三个至上”原则；确立“为大局服务、为人民司法”的司法理念；高度重视并突出调解的作用与地位；重提“马锡五审判方式”等等。王胜俊:《牢牢把握“三个至上”，开创法院工作新局面》（王胜俊在全国高级法院院长会议上的讲话），2008 年 6 月 22 日；参阅王胜俊:《坚持科学发展观，为大局服务为人民司法》（王胜俊在全国高级法院院长会议上的讲话），见新华网 http：//news.xinhuanet.com/newscenter/2008-12/19/content_10528885_1.htm，最后访问日期 2008 年 12 月 19 日。《南方周末》曾以《司法改革进入王胜俊时代》为题表达“新政”的影响，《南方周末》，2008 年 8 月 9 日。

一条能动主义的发展主线。虽然其时最高法院的各种文献中并未直接使用“司法能动”或“司法能动主义”这样的语词，但通过司法理念、司法政策、司法解释乃至司法判例等，最高法院已经向社会明确地昭示了其追求能动主义的愿望与情怀。以适应中国国情、因应时代变化、回应社会需求以及响应执政党政治倡导为主旨的司法取向，所体现的正是司法能动主义的一般性状与特质。为表达这种认识，我开始撰写相关论文。①

然而，我在论文写作即将过半之际却中辍了此项工作。促使中辍的原因在于，随着思考的深入，我产生了两方面顾虑：其一，司法能动主义（judicial activism）在西方是与分权理论和原则密切联系的概念，用能动主义解说或概括最高法院的新政思路，固然有助于把政治色彩很浓的话语还原到法治语境中加以讨论，从而体现出对“用法律的术语看待法”② 的合理思维方式的尊重，但这是否会落入我自己曾经批评过的“从西方理论资源中为本土创新性实践寻求正当性依据”的窠臼？其二，在法治甫成我国治国之道、人们对法治的认识尚局限于“有法可依、有法必依、执法必严、违法必究”这一民谣化句式的社会中，司法能动主义会在多大程度上能够为人们所接受？

不曾料及的是，2009 年 8 月，最高人民法院王胜俊院长明确提出了能动司法的主张要求，③ 由此，能动司法这一概念也正式进入我国司法主流话语，并被认知为我国司法的基本理念与基本方式。与此相应，能动司法则成为我国法学理论界与实务界共同关注的热门话题。尽管客观地看，直接参与这场讨论的学者队伍依然稀疏零落（这大概与部分学者并不赞同司法能动主义，或者不赞成在中国实行能动司法有关），但所有关注中国司法以及法治现实的学者，事实上都无法回避对这一主题的思考。于此境况下，先前的顾虑转化为我进一步研究的理由，我接续先前的思考，并广泛阅读在这场讨论中所形成的各种文献，藉他人的思维成果去深化自己既有的认识，从相互争辩的论理中形成自己对一些基本问题的判断，并延续两年前中辍的论文写作。

更为重要的是，我真切地认为，如同波斯纳把实用主义司法作为理解

---

① 原拟论文题目为《能动及其规限：当代中国司法的理性抉择与实践主题》，论文中的部分内容吸收于本文之中。

② ［美］欧文·费斯：《如法所能》，师帅译，中国政法大学出版社，2008 年，第 252 页。

③ 参阅王胜俊：《坚持能动司法、切实服务大局》，2009 年 8 月 28 日在江苏省高级人民法院调研座谈会上的讲话。

美国司法进路的一把钥匙[①]一样，能动司法也是正确认识和理解我国司法乃至法治的一个重要视角。因为能动司法关及到司法及法治的一系列基本问题，用沃尔夫的说法即是“可以把对司法机关现代角色的讨论归结为一个赞成或反对‘现代’司法权或者司法能动主义的问题”[②]。如果在能动司法问题上能够形成广泛的共识，对我国司法及法治的认识也将会趋于一致。因此，有关能动司法的讨论无疑有助于解开人们在司法及法治问题上的千千之结。而这一点，对于当下中国法学人或法律人来说，甚至对于我国法治的走向与进程来说，无疑具有重要意义。

二　能动司法与司法能动主义

当下对能动司法在学术层面上的讨论，无论是对能动司法持赞同，还是反对，抑或折中态度，无不呈现出两个特点：一是从西方司法能动主义追溯我国能动司法的源头，有关能动司法的故事，总是从“马伯里诉麦迪逊案”讲起；在语词上，也往往是将能动司法与司法能动主义混同使用。二是讨论者通常根据各自对西方司法能动主义的认识和理解来评价中国的能动司法，并且往往截取西方司法能动主义的某一或某些特性与内容，比附中国的能动司法，进而得出相应的结论。[③]

这种状况使得讨论中各自的实际指陈常常发生错位，不仅阻碍了彼此间真实的交流和沟通，更影响着对能动司法这一现象的认识和评价。为此，首先需要弄清中国语境中的能动司法与西方司法能动主义究竟有什么样的联系，进而揭明中国语境中的能动司法所指何物。

（一）司法能动主义的多义性

在法律问题的讨论中，卡多佐曾提示人们注意“一条古老的法学格言说，危险潜伏于定义之中”[④]。“司法能动主义”的定义不清或许正是对能动

① 参阅［美］波斯纳:《法官如何思考》，苏力译，法律出版社，2009年，第210～241页。

② ［美］克里斯托弗·沃尔夫:《司法能动主义》，黄金荣译，中国政法大学出版社，2003年，第15页。

③ 参阅吴英姿:《司法的限度：在司法能动与司法克制之间》，《法学研究》，2009年第5期；张志铭:《中国司法的功能形态：能动司法还是积极司法》，《中国人民大学学报》，2009年第6期；王建国:《司法能动与纠纷解决》，《法律适用》，2010年第2～3期。

④ ［美］本杰明·N.卡多佐:《演讲录·法律与文学》，董炯、彭冰译，中国法制出版社，2005年，第22页。

司法的理解发生偏误的危险渊薮。在西方语境中，司法能动主义是一个多义性的概念，从而也是一个使用较为混乱的概念。[①] 我根据西方文献中司法能动主义的不同语义和语用，将其大致归纳为三种：其一，违宪审查意义上的司法能动主义。这是指以“马伯里诉麦迪逊案”判决为实践标志、主张和坚持司法对于立法、行政等政治行为具有合宪性审查权力的司法意识形态。此种意义上的司法能动主义也是这一概念的最初版本。需要指出的是，尽管在此后的发展中，司法能动主义被充填了许多其他内容，但由于对司法违宪审查权的争议始终未曾停歇，或者因为违宪审查权极端化地体现着司法能动主义精神，因而直至今天，司法能动主义在许多场合下仍然被用于特指违宪审查的司法立场和态度；很多对司法能动主义的反对或批评所针对的也正是违宪审查这一具体事实。[②] 其二，实用主义或现实主义意义上的司法能动主义。这主要是指由霍姆斯、卡多佐、庞德，以及当代的波斯纳等人所倡导和主张的、以实用主义或现实主义为其哲学基础的司法能动主义。此种意义上的司法能动主义具有丰富的蕴含和多种实践形态（本文后面详述），但有四个较为明显的特征：（1）在司法的目的上，把社会目标的实现作为司法的根本追求，主张司法的一切活动都必须从属于社会目标的实现。（2）在司法的依据上，不把法条或先例当然地作为唯一的规范依据，而是充分考量案件所关涉的多种价值、规则及利益，在各种价值、规则及利益中寻求平衡和妥协。（3）在司法的方式上，不是机械地拘泥于某些形式，而是灵便地适用各种方式和方法。（4）在司法的姿态上，法官不是完全被动、消极地面对各项系争事务，而是从有效处理案件出发，自为地实施相关裁判行为。其三，混合意义上的司法能动主义。鉴于前述两方面内容都必须定义于司法能动主义的概念之下，并且都共性化地体现着司法积极主动的主观状态，因而西方法律辞典中司法能动主义的定义通常都是糅杂了违宪审查和实用主义两个层面的意蕴，形成兼容了两个方面的混合意义上的司法能动主义，但不同的版本

① 正如美国法官弗兰克所说：“每个人都批判司法能动主义，然而它却是个不确定的概念。” RandyEBarnett，Is Rehnquist Court An Activist？ U.Colo.L.Rev.2002，p.1275；转引自罗东川、丁广宇：《我国能动司法的理论与实践述评》，《法律适用》，2010 年第 2 ~ 3 期，“注 [11]”。

② 笔者注意到，西方对司法能动主义的批评，有时并不是针对这种司法理念或方式，而是针对违宪审查权所指向的具体政治主张或公共政策，这多少有些“恨屋及乌”“殃及池鱼”的意味。

中保持着对这两个方面内容的不同强调。《美国法律辞典》将司法能动主义定义为“对美国司法制度中审判行为的一种见解。司法能动主义者认为上诉法院发挥着实质性和积极的政策导向作用，司法能动主义倡导法官接受新的政策，即便是那些与既定的法律规范和先例不一致的政策。……最重要的是主张法院适用自己的政策优先于那些立法机关和行政机关的政策。这最明显地表现在法院宣告一项政府行为因违宪而无效。司法能动主义还可以把法律规范延伸到为政府行为确立特定的要件”[①]。这一定义蕴含着对违宪审查的偏重。《布莱克法律词典》对司法能动主义的定义则是：“司法能动主义是指司法机关在审理具体案件的过程中，不因循先例或不遵从成文法的字面含义进行司法解释的司法哲学及基于此哲学的行为，当司法机关发挥司法能动性时，它对法律解释的结果会更倾向于回应时下的社会现实和社会演进的发展趋势，而不是拘泥于现有成文法或先例以防止产生不合理的社会结果。因此司法能动主义意味着法院通过解释对法律进行创造和补充。”[②]显然，这一定义又突出了实用主义的司法精神。

从西方司法能动主义的多种语义和语用来看，当下中国语境中的能动司法主要与实用主义意义上的司法能动主义相重合；并且，由于司法制度上的差异，这两者之间的重合也是有一定限度的。因此，不注重这些区别，泛泛地把中国语境中的能动司法与西方司法能动主义相混同，势必不能真正把握能动司法的涵义。

（二）能动司法的对应：司法克制主义还是法条主义

对能动司法认知和理解的另一个维度或视角是：能动司法所对应的司法意识形态或理念，究竟是司法克制主义还是法条主义。

在西方文献中，通常都把司法克制（Judicial Restraint）视为司法能动主义的对应形态；反对司法能动主义的理论与主张一般被称之为司法克制或司法克制主义。基于前面提到的能动司法与司法能动主义被混同使用的原因，我国学者对能动司法的讨论（无论是赞同还是质疑或反对），也往往涉及对能动司法与司法克制主义的比较，有些甚至还鲜明地把能动司法与司法克制

---

① 参阅［美］彼得·G. 伦斯特洛姆编：《美国法律辞典》，贺卫方等译，中国政法大学出版社，1998 年，第 340 页。

② Black，Henry Campbell，Black Law Dictionary，8th ed. West Publish Co. 2004.p.862.

当做我国非此即彼的选择。①

事实上，如同司法能动主义具有多种语义和语用一样，司法克制主义在西方语境中的含义同样是很不确定的。本原意义上的司法克制主义当然主要指对司法的违宪审查权的否定或反对，但这种语义后来又被进一步引申为司法在社会事务，尤其是政治事务上应严格守持自己的疆界，尤其不主动关切或参与这些事务；在案件的处理中也无需关顾案件所涉及的社会及政治因素。《韦伯斯特法律辞典》（Webster's New World Law Dictionary）对司法克制所作的定义是："是指案件应当尽可能以最狭窄的依据来裁判，而无需解决不必要的问题，尤其是政治性或社会性争执的学说。"② 还有文献对司法克制作了更为狭窄的理解，如《奥兰法律辞典》[Oran's Dictionary of the Law（3rd Edition）] 的相关解释是："与司法能动主义相对立，排斥法官个人观点，严格依循适用先例的司法裁判以及作出裁判的过程" ③ 。国内学者一般都是根据自己的理解，甚至是根据论证和叙说自己观点与主张的需要而使用和界定司法克制或司法克制主义这一概念，但占主导地位的观点仍然是把法院或法官的"被动""消极""中立"表述为司法克制。④

不可否认，能动司法与司法克制在一定范围内或一定意义上存在着对应性关系，但两者之间并不完全对应。无论对司法克制作何种宽泛的解释，其内容也不能反向覆盖能动司法的丰富内涵。这主要是因为，能动司法所突出的是司法积极主动的主观状态，因而其实践形态既可以表现为积极的作为，

---

① 参阅陈金钊:《法官司法缘何要奉行克制主义》,《扬州大学学报（人文社会科学版）》, 2008 年第 1 期；陈喜贵:《克制抑或能动——我国当下应当奉行什么样的司法哲学》,《内蒙古社会科学（汉版）》, 2009 年第 2 期；杨建军:《"司法能动"在中国的展开》,《法律科学（西北政法大学学报）》, 2010 年第 1 期；李永成、余继田:《司法克制主义——中国语境下的司法意识形态探析》,《河北经贸大学学报（综合版）》, 2009 年第 4 期；吕明:《从"司法能动"到"司法克制"——略论近年来中国司法改革的方向之变》,《政治与法律》, 2009 年第 9 期。

② 该词条的原文为："Judicial restraint n. The doctrine that cases should be decided on the narrowest possible grounds, without resolving unnec-essary issues, especially political or social controversies." Webster's New World Law Dictionary, by Susan Ellis Wild, Legal Editor, Copyright 2006 by Wiley, Hoboken, NJ; Published simultaneously in Canada.

③ 该词条原文为："Judicial restraint A judge's decision and decision-making that excludes the judge's personal views and relies strictly onprecedent." Oran's Dictionary of the Law（3rd Edition）, Daniel Oran, J.D.Mark Tosti, J.D.Contributing Author, Africa, Copyright 2000.

④ 参阅张志铭:《中国司法的功能形态：能动司法还是积极司法》,《中国人民大学学报》2009 年第 6 期；陈金钊:《法官司法的克制主义姿态及其范围》，载陈金钊、谢晖编:《法律方法（第七卷）》，山东人民出版社，2008 年。

也可以表现为自主性的不作为，能动司法的方式在不同社会条件下具有很大的创造性空间；而司法克制所强调的是司法保守性的外部形式，其实践形态只能体现为刻意的不作为。基于司法活动本身的特性和要求，法院或法官在司法过程中除了针对某些特定事项外，没有进一步“克制”的可能。更值得注意的是，如果把法院或法官在司法过程中必要的被动（如民商事案件的不告不理）、中立（不偏袒于一方当事人）等特性表述为“司法克制”，并以此反衬能动司法，由此可能产生的效果是人为制造和扩大能动司法与司法客观规律之间的矛盾，使能动司法披染某些“原罪”色彩，这不仅不利于理解能动司法的积极意义，也容易对能动司法的实践产生错误的引导。因此，把司法克制或司法克制主义理解为能动司法的对应体，或者从司法克制角度反视能动司法，无助于对能动司法形成客观的认识。

在我看来，能动司法所主要对应的是法条主义理念；能动司法在技术层面的重要功能是克服法条主义的根本缺陷。法条主义认为，法律的社会价值和社会目标已经包含在既定的法条之中，法院或法官只要严格依照法条行事，就能保证法律的社会价值和社会目标的实现。因此，法条主义把法官恪守法条规定（包括严格遵循先例）以维护法律的确定性作为司法的重要追求和评价司法行为的主要依据；同时，把司法活动确定为封闭、自洽的逻辑推理过程“理想的法条主义决定是一个三段论的产品”[①]。与此相应，法条主义否定司法过程对社会现实关及的正当性，拒绝对法条（或先例）合理性的审视，也排斥司法活动中对特殊情境以及个别性、差异性的考虑。法条主义的这些认识与主张正是能动主义所着力反对或否定的思维取向，能动司法从目标追求到行为方式都是针对法条主义而确立的。在西方法哲学史上，崇尚能动主义的社会法学、现实主义及实用主义法学，与奉行法条主义的分析实证主义法学或规范法学构成了近现代以来法哲学领域内根本对立、无法融合的两大阵营。无论是卡多佐对遵循先例原则绝对性的否定，霍姆斯对法律经验基础的强调，抑或庞德对法律任务和功能的阐释与解读，都显示出对法条主义的明确挑战和反叛。用波斯纳的话说，在过去的几十年间，法条主义“饱受法律现实主义和实用主义、‘批派’（即批判法学的成员）、政治科学家、法律经济学家以及其他怀疑论者的摧残”，因而“法条主义的王国已经

① ［美］波斯纳：《法官如何思考》，苏力译，法律出版社，2009年，第38页。

衰落、苍老，今天，它主要限于常规案件，如今允许法官做的事很多”[①]。在我国，能动司法理念在最基础层面上所要解决的问题同样是克服法条主义思维所形成的影响和局限。所以，法条主义才是我们恰当理解司法能动的意义与内涵的反向参照。

（三）中国能动司法是否需要与西方司法能动主义相撇割

在能动司法的相关讨论中，我们还看到另一种见解：尽管不否认中国能动司法与西方司法能动主义之间的联系，但同时又认为两者之间具有“本质性区别”[②]。事实上，最高法院使用“能动司法”这一提法，而不是人们业已习惯的“司法能动”或“司法能动主义”，或许也包含着通过词序的颠倒或语词的变换来体现两者之间差异的意图。由此所引出的问题在于：中国能动司法是否需要刻意与西方司法能动主义撇清关系。对此，我的认识是：其一，基于西方司法能动主义语义的复杂性，我国能动司法与西方司法能动主义的重合只是在特定语义上成立，并且在范围上也有一定的区别。因此，简单地将中国能动司法与西方能动主义相混同，尤其是不加鉴别地用西方司法能动主义观照中国能动司法，这显然是不恰当的。其二，中国能动司法与西方司法能动主义作为解决相同社会问题的司法理念或方式，两者又会有许多相同或近似；就实用主义意义上的司法能动主义而言，我国能动司法与其并不存在“本质上的区别”，至少应当把两者看做是同质性的社会现象或社会行为。其三，无论最高法院主政者提出能动司法时是否受到西方司法能动主义的知识性启示，但我们都无法以虚无主义的态度漠视或割断这两者之间的联系。即便是主张两者间存在“本质性区别”的学者，也不得不把探源于美国作为相关论文的开篇。[③]这表明，中国能动司法与西方司法能动主义之间固然不存在制度上的传承，但也无法断然否定两者之间知识上的缘脉关系。其四，卡多佐、霍姆斯以及庞德等能动主义的倡导者对司法运作的规律

① ［美］波斯纳：《法官如何思考》，苏力译，法律出版社，2009年，第1页。

② 如罗东川、丁广宇认为：“……我国的能动司法与美国的司法能动主义具有某些相似性，但我们必须注意到，无论在内涵上，在社会价值的把握上，还是在适用的主体、适用的范围、方式以及基本特征上，我国的能动司法与美国的司法能动主义有根本区别。”参阅罗东川、丁广宇文：《我国能动司法的理论与实践述评》，《法律适用》，2010年第2～3期。公丕祥也认为：“中国能动司法具有不同于西方国家司法能动主义的独特品格。”公丕祥：《能动司法：当代中国司法的基本取向》，在2010年5月5日“人民法院能动司法论坛（盐城）”上的发言。

③ 参阅罗东川、丁广宇：《我国能动司法的理论与实践述评》，《法律适用》，2010年第2～3期。

和特性有着深刻的认识，他们的很多见解对于加深我们对能动司法的理解，以至对我国相关制度的建构都具有一定的启示作用。其五，更为重要的是，司法能动已是当代各国司法的普遍性实践和主导性发展趋势，我国对能动司法道路的选择，正是对人类司法发展规律以及司法发展趋势的正确领悟和把握。在对待我国法治实践与外部制度和理论的关系上，我们确实没有必要牵强地对外部世界作攀附，但也不应试图通过自我封闭而建立某种自尊。把我国能动司法放置在世界法治语境中，不仅不会贬损我国司法制度自我创新的意义，同时还会增强我们对中国法治的信心（因为我们毕竟还行进在人类法治的道路上，尽管我们有些特立独行）。因此，在总体上应当把中国能动司法看做是世界法治语境中的司法能动主义在中国的特殊形态。

三　实用主义意义上的司法能动的主要蕴含或实践形态[①]

如前所述，西方实用主义意义上司法能动更加接近或切合于我们对能动司法的想象，那么，这种司法能动的主要蕴含或实践形态又是什么？需要说明的是，这方面问题并没有完整而集中的答案，它散见于相关思想家在不同主题下的阐释，但通过对这些阐释的系统梳理和归纳，我们仍然可以清晰地看到现实主义和实用主义法学家们所描绘出的司法如何能动的图景。

第一，把司法活动及过程的目的直接设定于对外部社会目标的追求之上。司法能动主义否弃法条主义有关法条已经涵括了公平、正义等社会价值和目标的预设，从司法运作的真实状况出发，回复并尊重司法运作的实践逻辑，把追求外部社会目标作为司法第一性的因素；相应地，把法律适用视为从属于追求这些社会目标的手段或方式。在能动主义理念中，司法不只是一个把法律适用于具体事实的程式化活动，更是实现其社会功能、追求社会整体利益的具体实践。正如达玛什卡所说："能动主义司法的最终目的在于将国家政策贯彻到法官的审理的案件之中。"[②] 与政治或其他社会活动一样，司法始终承载着推动社会进步、实现社会主流价值的重要使命。[③] 与

---

① 本节的部分内容，曾应《法律适用》之约，在该刊 2010 年第 2 ~ 3 期刊发。考虑到论述的完整性，本文保留了这部分内容，但有所修正，特此说明。

② ［美］米尔伊安·R. 达玛什卡:《司法和国家权力的多种面孔》，郑戈译，中国政法大学出版社，2004 年，第 130 页。

③ 已为世人熟知的典型例子就是美国司法、尤其是美国联邦最高法院的司法对于美国历次社会进步运动的积极参与和有效推动。

此同时，司法过程中不仅需要法院及法官对法条和法律适用技术的熟稔把握，更需要对特定社会中社会目标的深刻领悟和感知。不仅如此，司法能动主义视野中的社会目标往往并不是“自由”“正义”这些抽象的政治价值，而是“社会福利”“公共善品”“有效”[①] 等具有很强的感验性、容易明确认知（在某些场合下甚至可量化[②]）的社会功利，或者是一些更为具体的社会任务或社会倡导。

第二，明确肯定司法（机构）立法的正当性和可能性。[③] 依据司法能动主义的理解，司法与立法的限界仅是一种技术性设置或安排，因而这种限界并不是绝对的。[④] 因为，其一，没有充足的理由可证明司法过程中创造的法律产品一定会逊于立法过程中形成的法条。正如考默萨所说：“要想明确法院以外的制度所制造的法律是否以及在何种程度上优于法院法，是一个非常难以判断的命题。”其二，在缺少法条资源供给的情况下，法院或法官不能以没有法条依据为理由而拒绝解决提交给司法机构的具体案件。立法者缺位的地方，正是司法者施展其创造才能的空间。“司法过程的最高境界并不是发现法律，而是创造法律。”其三，基于一般化的法条规则并不必然能为差异化的个案提供良好的解决方案这一现实，因而司法必须致力于在价值多元和利益多元的背景下对“一般”与“特殊”、“多数”与“少数”加以充分观照和审慎权衡，并通过司法立法固定处理特殊问题的方式。这不仅不是“不民主的”司法权僭越“民主的”立法权的“反多数难题”，而恰恰是克服“多数人暴政”的明智举措。[⑤]

---

① 比如，卡多佐认为：“法律的终极原因是社会福利。”[美]卡多佐：《司法过程的性质》，苏力译，商务印书馆，1999年，第39页。

② 人们通常习惯于“定性研究”的诸多主题，比如权利、救济甚至更一般化的制度，其实都不仅可以通过量化的方式和理路予以研究，而且还将因这种量化研究带来极有价值的发现。对此，新制度经济学、法律经济分析的研究文献已极为丰富。甚至，更一般地讲，“法律、规则和习惯是制度（在我看来是如此）参与的成本，如交易成本、诉讼成本和说服成本的函数。”[美]尼尔·K.考默萨：《法律的限度》，申卫星、王琦译，商务印书馆，2006年，第31页。

③ 关于“司法造法”问题的更深入讨论，[美]马丁·夏皮罗：《法院：比较法上和政治学上的分析》，张生、李彤译，中国政法大学出版社，2005年，第41～52页“作为造法者的法院”。

④ 而且，即便法官真诚地愿意弃绝扮演任何立法性的、政治性的角色，他们也做不到。参阅[美]波斯纳：《法官如何思考》，苏力译，法律出版社，2009年，第340页。

⑤ 关于司法（以及司法审查、法律解释）、立法与民主、自由间的复杂关系，可参考美国公法学家杰里·马肖的精彩论述。[美]杰里·马肖：《贪婪、混沌与治理——利用公共选择改良公法》，宋功德译，毕洪海校，商务印书馆，2009年，第164～166页。

当然，在不同的体制下，司法立法的主体不尽相同。在以判例法为主体的国家中，司法立法直接体现为法官造法；而在成文法国家中，司法立法的主体则主要是法院，并且往往特指最高层级的法院。① 从实际情况看，虽然，基于权力分立的理论与原理，司法立法在一些国家中仍然是触及政治戒规的敏感话题，司法立法在正统话语中往往不被承认，而相应的功能更多通过“法律解释”等语词加以表达。同时，即便在美国这样的判例法国家中，有关法官的功能应当是发现法律、宣告法律、解释法律还是创造法律的讨论，仍然吸引着法学家们的理论兴趣；各流派的固有立场使法学家们在此问题上无法达成共识，但司法立法在事实上已广泛存在于不同国家的实践之中，发挥着弥补法条资源供给缺失的作用。

第三，允许法院或法官在某些特定情况下不受既定法条或先例的约束。即使“有法可依”，但当依照既定法条或先例不能有效地达及或实现司法所希求的社会目标和社会功利时，司法能动主义亦允许法院或法官在裁判时不受其拘束。波斯纳认为：应把“依据先例（即人们所知的‘遵循先例’学说）当作一个政策，而不是当作一种义务”②。因此，法官必须调整法律，使之“适用于一个已改变了的社会环境和政治环境”③。能动主义者把这一主张的正当性建立在三个基点之上：其一，对法律的社会目标和社会功利的追求，其意义和价值重于对法条或先例的形式化固守；其二，法条或先例中存在着依据社会目标和社会功利判断而不尽敷用的缺陷，如果径行适用，将有损于法律的社会功能；其三，不受法条或先例的约束，并不意味着对法律权威性的忽视，而是对法律根本价值或内在本质的深入探寻，是法律精神在更高层次上的实现，因而也是对法律权威的真正尊重。由于司法能动主义的这一主张对传统法治观念最具有挑战性，④ 从而也是能动主义备受争议的焦

① 不过需注意的是，这并不绝对。因为，即便在德国这样的典型的大陆法系成文法国家中，“法官造法也并非异物”。[德]汉斯·普维庭:《德国司法领域中的法官造法》，汪振林译，载陈刚编:《比较民事诉讼法（2006年卷）》，中国法制出版社，2007年。

② [美]理查德·A.波斯纳:《超越法律》，苏力译，中国政法大学出版社，2001年，第5页。可资例证的是，自1810年至1997年中期的180余年间，美国最高法院共计413次地推翻了自己早先的判决。[美]亨利·J.亚伯拉罕:《司法的过程》（第七版），泮伟江等译，北京大学出版社，2009年，第391页。

③ [美]理查德·A.波斯纳:《超越法律》，苏力译，中国政法大学出版社，2001年，第461页。

④ “法条主义”全面体现了传统法治理论的一整套预设，其中之一即是所谓的“规则至上”。而肯定法院或法官在必要时不受既定条文或先例的拘束，正好与传统法治理论“规则至上”的教条针锋相对。

点，并由此成为司法能动主义最具识别性的特征。尽管如本文所显示，司法能动主义的蕴涵远非这一特征所能概括，但“不拘泥于法条或先例”或“超越法律”却往往成为司法能动主义留给人们最深刻的印象。

第四，重视司法的决策功能，主张司法在社会生活、尤其是在国家的政治生活中扮演更为重要的角色。能动主义者主张，一方面，应扩大和延伸司法对各种社会活动的影响层面，强化司法对各种社会行为的评价能力，加强司法对社会过程的深度干预；另一方面，通过司法活动实现国家的政治功能，特别是通过司法创新、型塑新的制度结构，促成社会的重大变革，推动社会整体的进步。美国宪法学者考克斯即宣称：“最高法院的宪法判决经常型塑着我们国家的历史进程。”① 然而，需要进一步说明的是，能动主义并不片面地强调司法活动的无限扩张，司法活动的增加“并不必然与更大程度上的能动主义相关”②。在特定情况下，能动主义还明智地主张将某些符合司法处置的法定要件、本应由司法解决的问题交由政治过程或市场来解决。“当市场能担当重任时，法院就把决策权（成本—收益分析）交给市场；当市场失灵时，法院就自己来判决资源配置的效率是否实现。”③ 有些著述把司法对自己权力范围内事务的某种让渡认定为与司法能动主义相对应的“司法克制”“司法谦抑”“司法消极”，这实际上是对能动主义的一种片面理解。④ 因为，此种意义上的“克制”“谦抑”“消极”，主要产生于司法对自身能力和容量的一种考量和权衡，以及司法在与其他社会力量互动过程中进退自如、有所为亦有所不为的积极把握。因此，对司法能动主义的测度，不在于司法实际涉足范围的大小，而在于司法可能作为的空间及成效，在于司法自身的主体性、主动性以及自决性是否以及能否得到充分的体现。

第五，强调司法必须与社会发展变化保持同步，以对社会的高度关切，并以各种可能运用的司法手段，回应社会在不断发展变化中形成的需要。司法能动主义虽然不否定法律确定性的价值，但并不过度看重这种确定性。

---

① ［美］阿奇博尔德·考克斯:《法院与宪法》，田雷译，北京大学出版社，2006 年，第 1 页。

② ［美］尼尔·K. 考默萨:《法律的限度》，申卫星、王琦译，商务印书馆,2006 年，第 170 页。

③ ［美］尼尔·K. 考默萨:《法律的限度》，申卫星、王琦译，商务印书馆，2006 年，第 14 页。

④ 因为，能动主义司法既有“进取型”的也有“温和型”的进路，而“拒绝牺牲政府其他部门来抬高”自己的所谓“节制”或“自制”仍然是能动主义的司法而非法条主义的司法。［美］波斯纳:《法官如何思考》，苏力译，法律出版社，2009 年，第 261 ~ 262 页。

“确定性只是相对的、暂时的，只是沙滩上易被一浪高过一浪的潮汐抹去的痕迹”[①]，因而不应因守持法律的确定性而影响司法对社会情境的适应。在解决法律与外部社会变化这一矛盾（亦即法律确定性与适用性的矛盾）方面，无论是出于对立法过程复杂性、时滞性的理解，还是基于对司法责任的认知，抑或对司法自身能力的自信，能动主义者都不把希望完全寄托于立法，而是主张通过司法过程直接克服这种矛盾，“通过司法过程的固有力量，来恢复平衡”[②]，用在司法中形成的“活的法律”去应对鲜活灵动的外部世界。卡多佐曾颇富感情地表达自己的相关理念：“我将尽自己的绵薄之力，把那些悸动着、喧嚣着渴望得到表达的社会和经济力量引入法律。”[③] 为此，卡多佐赞同这样一种方式：“解释成文法时，涉及当代的社会、经济关系时，必须依据其术语在当代的涵义。”并且主张，在具体的司法活动中，将“某个法律关系的社会与经济目标作为讨论的起点”，同时认为，“对法官而言，正确评价当事人之间的法律关系的经济与社会目标，这一职责要比某部法律所宣告的特定规则更具确切的指导意义。”[④] 正是通过在司法中赋予法律条文以时代涵义，以及把具体的司法活动同社会及经济目标相联系，司法能动主义力图在法律与变幻不定的社会事实中搭建起一架不离不弃的浮桥，从而使法律与外部社会保持着动态性适应。

第六，主张在司法活动中超越单一的法律维度，综合、统筹、全面地分析和考量对象所关涉的各种因素，合理平衡各种诉求和利益关系，恰当解决各种规则及价值的冲突。司法能动主义认为，单一的法律维度难以对复杂的事实或现象作出合理和恰当的评价；鉴别是非或者权衡利弊也不能仅仅依凭于法条或先例所确定的标准。同时，司法的功能不在于简单地找寻和发现案件事实与法条或者先例的对应和相符之处，更在于追求和实现司法所承载的社会及经济目标。因此，在法律维度以外，政治规则、道德伦理、民间

① ［美］本杰明·N.卡多佐:《演讲录·法律与文学》，董炯、彭冰译，中国法制出版社，2005年，第14页。

② ［美］本杰明·N.卡多佐:《演讲录·法律与文学》，董炯、彭冰译，中国法制出版社，2005年，第93页。

③ ［美］本杰明·N.卡多佐:《演讲录·法律与文学》，董炯、彭冰译，中国法制出版社，2005年，第54页。

④ ［美］本杰明·N.卡多佐:《演讲录·法律与文学》，董炯、彭冰译，中国法制出版社，2005年，第49页。

规戒、风俗习惯等都应作为司法决定的参考因素；① 同时，政治影响、经济利益、公众情感等各个方面也都应纳入司法考量的范围。司法过程“意味着评估和权衡，它也意味着考虑选择的实际的道德和结果；它还意味着不仅运用抽象逻辑的论证，而且运用经济学、政治学、伦理学、社会学及心理学论证”②。卡多佐认为：“法院犯的有些错误起源于对某个判决的经济和社会效果，或者对该判决所回应的经济和社会需求欠缺足够的知识。”③ 他主张法官应当像布兰代斯那样，使自己的判决“充满了反映时代影响、社会、商业以及政治当前的状况”④。庞德则进一步强调：“在任何时候在所有涉及法律秩序的妥协、调整与和解中，”都应当“尽可能多地实现社会整体的利益……通过一个反复试错的过程来达到妥协与调整，以最少的牺牲换取最大程度的社会利益保障”⑤。总之，在能动主义的观念中，法条或先例不是司法审判的唯一依据，正确的司法决定也不可能产生于“法律、事实、结论”这样三段式逻辑推演的机械性过程。⑥

第七，主张赋予法院或法官在司法过程中更强的主导地位，尤其是赋予法官在实体及程序方面更大的自由裁量空间，突出法院或法官对于案件最终

---

① 对法律维度之外其他值得司法过程考量的因素，学者也常在法律的“非正式渊源”范畴下展开讨论。比如博登海默将法律的“非正式渊源”区分为“正义标准、推理和思考事物本质的原则、衡平法、公共政策、道德信念、社会倾向和习惯法”。参阅［美］E. 博登海默：《法理学、法律哲学与法律方法》，邓正来译，中国政法大学出版社，2004 年，第 430 页、第 457 ~ 500 页。

② Pekelis，“The Case for A Jurisprudence of Welfare”，Law and Social Action：Selected Essays of Alexander H.Pekelis 1，8-15（M.R.Konvitz ed.1950）. 转引自［意］莫诺·卡佩莱蒂：《比较法视野的司法程序》，徐昕、王奕译，清华大学出版社，2005 年，第 13 页。

③ ［美］本杰明·N. 卡多佐：《法律的成长》，董炯、彭冰译，中国法制出版社，2002 年，第 65 页。

④ ［美］本杰明·N. 卡多佐：《法律的成长》，董炯、彭冰译，中国法制出版社，2002 年，第 66 页。

⑤ Pound，“Jurisprudence”，the History and Prospects of the Social Sciences，by Harry Elmer Barnes and others，p.472.［美］本杰明·N. 卡多佐：《法律的成长》，董炯、彭冰译，中国法制出版社，2002 年，第 124 ~ 125 页。

⑥ 对此，美国法学家伯顿曾有过精当的批评。他说：“有一种关于法治的见解常常被称之为‘法律形式主义’，它坚持认为，法律推理应该仅仅依据客观事实、明确的规则以及逻辑去决定一切为法律所要求的具体行为。假如法律能如此运作，那么无论谁做判决，法律推理都会导向同样的结论。审判就不会因为人的个性的怪异而变化。法律和法律推理将足以使律师有信心去预测政府官员的行为。法官就可以无需判断力而去裁决案件。评论者就可以有信心地说，司法判决是依法作出的。”“对许多法律判决的细致分析表明，它们是基于不确定的事实、模糊的法律规则或者不充分的逻辑作出的。因此，‘真正的’判决根据并不清楚。对不同官员在类似情况下所作出的判决的比较可以发现，官员的个性、政治因素或各种偏见对判决的影响比法律要大。”［美］史蒂文·J. 伯顿：《法律和法律推理导论》，张志铭、解兴权译，中国政法大学出版社，1999 年，第 3 ~ 4 页。

解决的决定或影响作用。司法能动主义认为，既然司法是实现社会目标和社会功利的一种活动或手段，那么，法院或法官就应当导引案件的最终解决朝着符合于这种目标或功利的方向发展；进而在司法活动中，法院或法官应当具有足够的主导能力，把握司法活动的进程及其效果。在能动主义看来，无论是职权主义还是当事人主义、审问模式还是抗辩模式，都应从属和决定于法院或法官对司法活动的实际控制；① 法院或法官的中立性或在某些场合下的消极性只有在符合司法目的前提下才具有意义，这种“中立”或“消极”毋宁是法院或法官“能动的另一种表现形式”（如上文述及）。马丁·夏皮罗指出：“描述司法行为的著作已经相当令人信服地表明许多法官不是完全处于‘中立’地位的第三方，而是将值得注意的公共政策支持的利益加入到三方结构中，他们寻求通过判决来达到这一目的。”② “虽然继续在三方结构中的争议解决者的这一伪装下履行职责，但是法院在运行的过程中很明显地将外部利益强加给当事人。” ③ 美国学者摩西·拉斯基在描述美国司法运作实际状况时也承认：“理性的阐述和中立的原则的概念仅仅是理论，同司法判决的现实没有关系。” ④

除了前述诸方面外，司法能动主义的意蕴在事实上还有进一步扩充的可能。其原因或理由主要在于，对社会目标和社会功利的追求，客观上要求司法具有多方面的作为，并具有多样化的表现形态，要求司法者主动而灵活地运用卡多佐所说的“法律武库中的十八般兵器”；而在另一方面，这样的追求也为司法超越一定的限界去实现自己的抱负提供了相应的正当性，增加了外部社会力量对司法相关行为的接受抑或宽容的可能。因此，对司法能动主义的蕴含或实践形态，尚有更大的空间留予人们作进一步想象和揣度。这也表明，对司法能动主义的理解不应当局限于某一方面内容或某种形态，尤其

---

① 尽管一般来说，职权主义、审问模式往往更契合于政治国家的能动取向，而当事人模式、抗辩模式往往更契合于政治国家的协调取向，但实用主义者认为，这两者并不是界分能动主义或者法条主义的依据。相关讨论参阅前引 23，第 4 ~ 9 页、第 19 ~ 22 页、第 103 ~ 105 页、第 137 ~ 140 页。

② ［美］马丁·夏皮罗：《法院：比较法上和政治学上的分析》，张生、李彤译，中国政法大学出版社，2005 年，第 42 页。

③ ［美］马丁·夏皮罗：《法院：比较法上和政治学上的分析》，张生、李彤译，中国政法大学出版社，2005 年，第 53 页。

④ 转引自［美］斯蒂芬·M. 菲尔德曼：《从前代主义到后现代主义的美国法律思想》，李国庆译，中国政法大学出版社，2005 年，第 237 页。

不应从司法能动的某一内容和形态去解读司法能动主义的基本特性，进而据此作出认同抑或反对司法能动主义的结论。

四　司法能动主义在西方兴起与践行的原因

长期浸淫于传统法治文明的西方社会，为什么会提出司法能动的问题？换句话说，在法条主义理念已深入人心的社会环境中，司法能动何以被推崇和践行？弄清这些，有助于我们理解“司法为什么要能动”这样一个基本性问题。对于这样的问题，在有关司法能动的大量文献中，尤其是在现实主义和实用主义法学家的著述中已经作出了充分的解说，因此，对此问题的回答，严格地说已不完全是出自我的思考；但我奢望用我自己浅俗的理解为对能动司法尚存疑虑的人们提供某种认识上的导引。

（一）技术层面的原因：克服法律固有属性或特性所附随的缺失和局限

司法需要能动的理由和原因首先同法律固有属性或特性所引致的缺失和局限相关。规范性、普遍性以及稳定性是法律的固有属性或特性，是法律得以成为社会规范并发挥其功能的基本要素，是法律之治相对于其他社会治理手段的优势所在。然而，这些特性或者属性在形成法律优势的同时，也为法律之治预设了天然的缺失与局限。法律的规范性为人们提供了一种明确但却始终有限的社会规则，而有限的法律规则永远无法涵盖千姿百态的社会生活，从而使法律不可能完全恰当地对应它所意欲规制和评判的社会现象与社会事实；法律的普遍性在创造一种形式上的公正与平等的同时，却无法照顾到个别性主体、特殊情境，以及差异化的事实等场域下的公平正义诉求；法律的稳定性有助于为人们的社会行为建立确定的预期，但在另一方面却往往难以避免法律的内容滞后于社会的发展和变化。博登海默深刻地指出：“法律的这些缺陷，部分源于它所具有的守成取向。部分源于其形式结构所固有的刚性因素，还有一部分则源于其控制功能相关的限度。”① 因此，流行中“法律不是最好之治，而不过是最不坏之治”的判断，也正是建诸于对法律固有属性或特性所附随的缺失与局限的认知。②

---

① ［美］米尔伊安·R. 达玛什卡：《司法和国家权力的多种面孔》，郑戈译，中国政法大学出版社，2004 年，第 419 页。

② 有关法律局限性的认识，可参考［美］E. 博登海默：《法理学、法律哲学与法律方法》，邓正来译，中国政法大学出版社，2004 年 1 月修订版，第 418 ~ 424 页。

法律固有属性或特性所附随的上述缺失与局限在法律实际运作中进一步展开并现实化，形成了司法实践常常遭遇的一系列窘境：其一，受传达法律规则的语言媒介所限，法律规定往往难免语义含混、歧义，容易引致司法中对规则的理解分歧；其二，法律规定之间呈现相互矛盾和冲突，适用时则难以作出恰切的选择；其三，法律规定不能覆盖和对应司法所面临的社会事实，而法院又不能以此为由而拒绝对案件的审理和裁判；其四，法律规定与其他社会规则，包括伦理道德规范、政治原则、普遍性较强的风俗习惯存在一定的冲突时，单一化地遵循法律规定将（可能）损害法律的社会认同基础或者引发更多的社会问题；其五，法律规定落后于社会发展，以至于依照法律规定裁判将会对积极的社会行为产生不恰当的限制和制约，或者放任消极的社会行为危害社会的发展和进步；其六，法律规定所依据（或预设）的事实背景与现实中个案事实存在较大差异，如果武断地将个案事实“涵摄”于预设事实之下，难免产生不可欲的裁判结论；其七，法律规定的适用，有赖于对案件中具体事实的认定，而在一些案件中，受证据有无、证据完备与否以及证明的能力和条件等因素限制，难以对个案事实作出明确的认定，从而难以兑现“以事实为根据”的裁判承诺；① 其八，立法所限定的处置方式极为有限，有限的处置方案难以对应于个案中的实际问题，从而难以针对性解决纠纷；其九，在案件涉及多个主体，各主体的利益诉求都有一定合理性或者合法性但各种诉求又不能兼容的情况下，法律往往不能提供确定且恰当的解决方式。②

在直接和质朴的意义上，司法能动或者能动主义正是因应着从技术或方法上解决这些矛盾和问题的要求而形成的。能动主义建立于这样几个相互关联的认识与判断：其一，作为司法依据的法律资源——尤其是法条所能供给

① 但是，“法官必须消除纷争，尽管它不能消除（事实）怀疑”。（恩吉施语）于是，司法借助“证明责任”这一装置来回避法条主义对“事实”真相的绝对依赖。[德] 卡尔·恩吉施:《法律思维导论》，郑永流译，法律出版社，2004 年；[德] 罗森贝克:《证明责任理论》，庄敬华译，中国法制出版，2002 年。

② 因为，标识传统法院模型的四个命题之一正是“‘赢者通吃’的判决”，而这一预设显然无法为两造都“部分有理”而非“一方全对另一方全错”的情形提供恰当的处遇方案。详细讨论参阅 [美] 马丁·夏皮罗《法院：比较法上和政治学上的分析》，张生、李彤译，中国政法大学出版社，2005 年，第 2 页、第 17 ~ 18 页。

的法律资源永远是短缺或不完备的。[①] 其二，人类不应宿命化地对待法律的局限或者片面化地仰仗立法过程来克服这些局限；相反，人类应当并且能够通过司法过程的能动运作来补救这些缺失。其三，司法的目的和功能不是显示现有法律规则的约束力，而是追求法律所要实现的生活目标，而司法在这种追求中能够超越法律形式的局限，把社会目标直接导入到具体案件的处理之中，并激活除法律规则之外的多种规范资源，从而消解法律缺失的影响。其四，司法过程并非"自动售货机"那样简单，法条主义对司法行为的程式化想象[②] 并不符合司法的真实状态，司法实际上是充满创造性的高度智慧化的活动，因此，司法过程的这种特性也决定了法院或法官不可能面对法律的缺失而无所作为——即便法院或法官真诚地愿意遵循法条主义的教诲。其五，即使司法面临着前述诸多的矛盾和问题，但就总体而言，这些矛盾和问题并不是司法中的常态，[③] 需要司法以特殊的思维和方式处理的仍然是个别性的现象。作为一种司法理念的"能动"是恒久和确定的，但体现在具体的司法方式上，能动并不是适用于所有案件的技术和方案，因此，能动主义并不构成对法律基本属性的实质性损害。毫无疑问，能动主义的这些认识符合人类社会实践中的进取本性和思维取向，同时更体现出人类在法治进程与发展中所作出的努力。

---

① 即便是在典型的法典化国家比如德国、法国，人们也早已认识到"法典在实践中的作用远没有它们在理论中所具有的包容性"。Tunc，"It Is Wise not to Take the Civil Code too Seriously"，pp.71—85，Essays in Memory of Professor F H.Lawson，(Wallington and Mer-kin ed. 1986). "一部完美、全面而包容一切的法典理想越来越被大陆法律人视为一个不可能实现的乌托邦之梦。" Csaba Csaba Var-ga，"Utpias of Rationality in the Development of the Idea of Codification，" Law and the Future of Society，(Hutley et al.Ed.A R.S.P.，1977)，pp.27—41. 转引自：[英] P.S. 阿蒂亚：《英国法中的实用主义与理论》，刘承韪、刘毅译，清华大学出版社，2008 年，第 2 页。

② 法条主义对司法运作的程式化想象，突出地表现在对于法律推理的形式主义的理解；尽管没有一个现代法条主义者认为"法律推理，哪怕是'最好的'法律推理，具有像几何学那样的公理演绎结构"，但是，他们却认为，"绝大多数法律问题，哪怕是非常困难、非常有争议的问题，都可以依据权威文本——无论是立法性法令（包括宪法）还是司法决定——通过推理得出明显正确的答案（而且，一定要发现这些答案），而不是有道理或合符情理答案；因此，也无须求助于社会科学的理论、数据、洞见或经验经验研究方法，无须求助于个人的或政治的价值：换言之，无须直面那必定是混乱如麻的事实世界和感觉世界"。[美] 理查德 · A. 波斯纳：《超越法律》，苏力译，中国政法大学出版社，2001 年，第 24 页。

③ 参阅 [美] 理查德 · A. 波斯纳：《法理学问题》，苏力译，中国政法大学出版社，2002 年，第 42 页、第 47 页。

（二）社会层面的原因：司法与政治的融合

在传统法治的理论建构中，司法是与政治相隔绝的封闭性活动。一方面，基于“三权分立”的原则，司法与立法、行政相互独立，因而司法无涉于立法及行政活动；另一方面，基于公正中立的要求，司法与政治又必须保持一定的隔绝。然而，司法的这种封闭性实际上只是出自于一种理想性的假设，并不符合、从而也不能适应于社会运行的实际，更不符合政治生活的逻辑。

从司法能动主义的发源地美国的实践看，19 世纪初违宪审查权的出现，并不能简单地用最高法院扩张自身权力的愿望来解释，从根本上说仍然缘自于美国政治生活的实际需要，而这一权力的出现，明确地标示着司法与政治之间的间隔被打破，两者趋向于相互融合。20 世纪 30 年代，这种融合在罗斯福新政的推动下获得了新的意义，并呈现出更加紧密的形态。面对日益复杂的工商业关系以及日益增加并激化的社会矛盾，特别是面对自由放任资本主义形成后最大的经济危机和大萧条，罗斯福在强烈的国家主义意识下积极推行福利国家政策，由此触及了最高法院保守派的神经，进而保守派利用违宪审查权撤销了一些作为新政重要举措的反萧条法令。然而，保守派阻止新政的企图并未得逞，罗斯福在获得连任后即提出意欲改组最高法院的“法院填塞计划（Court-packing Plan）”。这一计划虽然并未实施，但足以促使最高法院重新审视自己的司法立场。此后的最高法院迅速改弦易辙，从对抗新政转向密切配合和支持新政法令的颁布与实施，并对新政发挥了重要的积极作用。二战后，美国司法能动主义在沃伦时期被发展到极致，而促进和推动这种发展的仍然是司法对种族歧视、言论自由、立法机关议席分配以及被告人宪法权利保护等政治生活的关注和干预。沃伦法院的成功也得缘于其准确地把握了美国政治发展的趋势，司法政策具有广泛的政治基础。① 后沃伦时代② 的美国，通常被认为是温和的司法能动主义时代，因为这一时期最高法院已较少运用违宪审查权力，但实际情况则是能动主义采取了更为成熟的策略和方式：法院以及法官们将自己所认同的政治理念贯彻到司法过程

---

① 有关沃伦法院通过司法能动主义运作推动美国社会发展的更多细节，可参考［美］莫顿·J. 霍维茨:《沃伦法院对正义的追求》，信春鹰、张志铭译，中国政法大学出版社，第 2003 年。

② 后沃伦法院的美国联邦法院大法官的代表人物先后主要是伯格（W.E.Burger）、伦奎斯特（William Hubbs Rehenquist）、奥康纳（O'Connor）、肯尼迪（Anthony Kennedy）等。

之中——他们在具体的个案裁判中不动声色地体现自己的政治主张和政治立场，并以此去影响社会政治生活。[①]

在美国司法能动主义的实践史中我们还可看到这样一种现象：当需要型塑（包括改革）某些重要社会制度建构，或确立某种新的社会理念时，司法能动主义主要体现为违宪审查权的运用。如前所述，罗斯福时代以及沃伦时代的能动司法既是美国社会变革的重要时期，也是违宪审查权被充分运用的时期；而当社会处于平稳发展阶段时，司法能动主义则更多地体现出它的实用主义精神，司法的政治性通常潜隐在具体的审判技术之中，通过法院或法官对具体审判技术的运用，把主流意识形态和主导政治力量的要求带入到司法过程之中，并以“随风潜入夜，润物细无声”的方式在司法领域中得到实现。如果前者显示着司法与政治之间融合的“栈道”，那么，后者则是司法与政治相互沟通的“陈仓”，两者的实际作用都是维护美国的核心政治价值。故沃尔夫说：“司法审查的历史就是法院面对那个时代的中心政治问题，并且总结出自己对宪法、先例和某些自己的政治观点之间关系看法的历史。”[②]

事实上，司法与政治之间的融合以及由此而引起的司法能动主义的兴起，只是反映出司法向其政治本质的复归。现代各国的实践都越来越清楚地表明，司法始终只是一个政治装置，是实现政治目标的一个工具；法院始终是国家政治权力结构的组成部分，是民族—政治国家的权力网格中的一个关键节点；司法固然有独立的行为标准与活动方式，但并没有独立于统治之外的利益。正如美国政治学家波齐所说：“国家的每一个部分不仅仅作为一个独立的权力中心，而且也是国家的有机组成部分，使国家另一个整体在实现自己的目的方面具有更高的权能。”批判法学派则更为极端地认为：“司法判决并非一个中立的过程，而是彻头彻尾的政治，法律不但是政治性的，而且它还是具有偏向性的政治。”在此方面，一位美国法学家的表述也许更切合实际状况：“对于司法制度而言，法治的观念并不意味着法官作出判决不受政治的影响，也不意味着判决不具有政治意义或不对政治制度发生作用；不

① 关于美国最高法院的详细介绍，可参考［美］伯纳德·施瓦茨:《美国最高法院史》，毕洪海译，中国政法大学出版社，2005年;［美］库特勒:《最高法院与宪法——美国宪法史上重要判例选读》，朱曾汶、林铮译，商务印书馆，2006年。

② ［美］克里斯托弗·沃尔夫:《司法能动主义》，黄金荣译，中国政法大学出版社，2003年，第26页。

意味着法官超脱于价值体系和思想观念；也不意味着其判决是以盲目、机械的方式作出的。法官和公务员不是机器，他们是人，具有人的情感和思想；他们也有自己的好恶，有政见，有价值观。”① 司法与政治的关系决定了司法活动以及司法过程必须从属和适应于社会政治统治的总体要求，在这种从属与适应中，司法必然是能动的。能动，既是司法与政治关系的重要稳定器，也是司法与政治关系保持恰当平衡的必要方式。美国的实践只不过更具说服力地向人们展示出：即便是在分权原则和理论构筑的壁垒之下，司法与政治之间仍然明通款曲或暗诉衷肠，而司法能动则是两者相融相通的桥梁或实现这种融通的基本方式。

（三）法哲学层面的原因：对传统法治理论认识的深化

传统法治理论产生于以启蒙思想家为主导的理性自然法学对于法治社会的规划和勾勒。启蒙思想家们用自由、平等、公平、正义等核心价值，法律面前人人平等的原则，“三权分立”的政治建构，司法独立，以及忠实于法律信仰的职业化法官等元素为人们勾画出一幅法治的理想图景。

传统法治理论类似于一种宗教，它启导人们对法治的向往，反映人们对世俗社会的普遍性愿望，并且也能够为法治实践提供方向性引导，但这种理论不是产生于经验性总结，更不包含对实践过程具体情境与条件的考虑，它不仅未能反映人类在此前的社会历史经验，更不能反映 20 世纪以来极为复杂、变化巨大的社会现实。因此，自传统法治理论提出后就不乏相应的反思与质疑。尤其是 19 世纪末以来，伴随着由马克斯·韦伯所开启的西方思想界对人类社会及其建制的“祛魅化”② 过程，法学理论形态的一个重要发展趋势就是对传统法治理论的审慎反思，在此过程中显示出四个重要变化：一是由对法律的概念化信仰转向对法律具体功能和作用的思考，如庞德对“法律的任务”③ 的解读；二是从对国家法治宏观建构的关注转向对法律实施过程，尤其是司法过程的实证分析，如卡多佐对司法过程的性质的思考；④ 三是从孤立、封闭地看待法律的运作转向把法律放置到社会整体运行之中，考

---

① ［美］劳伦斯·M. 弗里德曼：《法治、现代化和司法制度》，载宋冰编：《程序、正义与现代化》，中国政法大学出版社，1998 年，第 124 页。

② ［德］马克斯·韦伯：《宗教的经济伦理·儒教与道教》，王容芬译，广西师范大学出版社，2008 年，尤其是“世界宗教的经济伦理——比较宗教社会学初探（导论）”部分。

③ ［美］罗斯科·庞德：《法律的任务》，沈宗灵、董世忠译，商务印书馆，1984 年。

④ 参阅［美］卡多佐：《司法过程的性质》，苏力译，商务印书馆，1999 年，第 39 页。

量其作为一种社会现象的真实状态；四是从力图为人们提供评判社会现实的武器转向为社会提供建构性指导。总体而言，这种反思虽然未能导致批判法学派所断言的传统法治理论体系的颠覆和崩溃，① 但确实启导了人们对传统法治理论保持应有的审慎。

在前述反思传统法治理论的过程中，三个不同的法哲学主张获得了不同的命运。首先是法条主义被扬弃。法条主义（也有些西方文献中表达为法律形式主义或法律程序理论）集中概括了传统法治理论对法治形态的描述，法条主义通常被认为是法治的外部形式，而法条主义赖以支撑的口号也是法治。② 因此，当传统法治理论不再被盲目信仰时，法条主义也随之被扬弃，即便是依然保持着对传统法治理论的敬重，主张“回归法律自身”，将法官“与政治隔离开来”，以追求法律的公共理性的学者，也不得不顾虑法条主义的缺陷，把司法的作用定位于“测度立法权威所确立的价值和现实生活之间的差距，从而找到弥补两者罅隙的方法”③ 。真实地说，传统法治理论在近世所受到的质疑和挑战，并不是这一理论所倡导和守持的正义、公平等价值，而恰恰正是法条主义所显示出的机械刻板的法律思维和司法方式。其次是批判法学派虽然使传统法治理论遭受重创，但并未得到普遍的认同。以昂格尔为代表的批判法学从揭示传统法治在社会现实中的矛盾与困境以及动摇传统法治的基石入手，从根本上否定了传统法治在后自由主义社会中存在的意义与现实性，并宣称传统法治在现代社会中业已解体或没落。④ 应该说，批判法学派的深刻分析无情地揭下了传统法治理论的神圣光环，为人们提供了对法治的一种新的认知，但由于“批派”并未系统地完成自己的理论建构，昂格尔的理论缺少必要的建设性，他为人们所描述的“潜在的、活的法律”，多少有些虚无缥缈，因而“批派”在西方法哲学中固然有其不可忽略的地位，但并未能得到广泛的认同。再次是实用主义、现实主义（在更大范围中还包括经验主义和功利主义）成为司法领域中具有主导地位的意识形态。形成这种结果的原因，一方面在于实用主义、现实主义更能够因应社会

① 有关批判法学对传统法治理论的批判，详细讨论可参考［美］安德鲁·奥尔特曼:《批判法学——一个自由主义的批评》，信春鹰、杨晓锋译，中国政法大学出版社，2009 年。

② 参阅［美］波斯纳:《法官如何思考》，苏力译，法律出版社，2009 年，第 39 页。

③ ［美］欧文·费斯:《如法所能》，师帅译，中国政法大学出版社，2008 年，序言第 1 页。

④ 参阅［美］昂格尔:《现代社会中的法律》，吴玉章、周汉华译，中国政法大学出版社，1994 年，第 180 ~ 225 页。

发展和变化的要求，同时也更能反映司法实践的具体要求，也贴切于司法这一极为具体的社会活动的基本品性；另一方面，实用主义、现实主义的倡导者霍姆斯、卡多佐、庞德等人直接掌握着司法权力或者在司法实务界具有重要地位和影响。近几十年来，虽然西方法哲学领域中仍然可以听到维护传统法治理论的呼声，但这大致可以理解为保持法治意识形态所必要的张力的具体努力，同时，也是学者们面对日益恶化的社会现实而对法治理想的一种追念或憧憬。就司法领域的实际状况而言，实用主义和现实主义以及体现这种哲学意识的能动主义已牢牢地扎根于司法实践之中。这也是能动主义司法成为当代司法发展主导性潮流和趋势的重要原因。

五　中国实行能动司法的现实理由及约束性因素

从克服法律固有属性所附随的缺失与局限来看，中国或许是最需要实行能动司法的国家。这是因为，法的固有属性所附随的缺失与局限以及体现于司法过程中的矛盾，在我国特殊的社会背景和社会条件下，都一一被放大了。首先，我国地域广阔而发展极不平衡，法律适用的对象、情境的差异甚大，法律的普遍性和统一性始终面临着各种差异性要求的挑战。[①] 其次，近几十年以至今后较长一段时间中，我国都处于社会转型以及社会快速发展时期，法律所对应的社会背景不断发生新的变化，从而使法律的实际生命周期显得十分短促，法律很难保持其应有的稳定。这两个因素在很大程度上加大了对能动司法的需求。而在另一方面，相对而言，我国的立法资源更为短缺。这不仅是因为在复杂的社会环境和条件下我国立法工作的难度较大，同时客观上也存在着立法技术与经验不足，立法能力不强，立法决策机制不够健全等问题，这难免会导致立法空缺、立法粗疏、立法不尽适用等现象。而立法中的所有这些问题与缺陷，又都需要在司法层面中通过能动司法加以消化。然而，仅仅是前述这些因素，仍然不足以充分解说我国实行能动司法的现实理由与原因。我认为，能动司法理念在当下的提出和施行，主要与下述几个方面密切相关：

第一，能动司法的提出是对我国司法发展方向的适度调校。过去几十年

---

① 不能忽略的是，中国是世界上法域最大的国家。各国解决法域过大问题的基本方式是实行双重立法体制，亦即联邦及联邦成员均具有立法权，而我国则没有这样的可能。有关美国双重立法体制可参阅宋冰编《读本：美国与德国的司法制度及司法程序》，中国政法大学出版社，1998 年，第 96 ~ 120 页。

中，我国法治是依沿着一条追仿型进路而行进的，在此过程中，我们依照传统法治理论所描绘的法治图景，并根据我们自身对西方法治社会的理解与想象，在我国各种现实条件的制约下，推进着法治的具体实践。这种法治进路体现在司法层面上则是对西方司法一些制度及形式的仿效，并由此成为我国司法的主导性发展方向。[①] 上世纪 90 年代中期以后，在司法现代化和司法改革这两个主题下，这种状况变得更为突出，司法朝着这一方向发展的进程也进一步加快。在“还权于合议庭”表象后对司法独立性的强调，[②] 抗辩式诉讼制度的引入，严格的证据规则的确立，对司法裁判的重视而对诉讼调解的相对弱化，为塑造司法权威而突出司法在社会纠纷解决中的核心地位，法袍和法槌这些仪式化、象征化器具的运用，以及胎死腹中的法官精英化路线等等，系统地体现着这样一种发展方向或思路。

客观地说，我国司法发展的这段经历是值得敬重的，因为它推动了我国司法基本架构的形成，完成了一个现代国家司法制度及其运行所必备的基本要素的设置。我们至少可以把这段经历看做是我国司法发展所难以逾越的过程和阶段。然而，以追仿西方司法模式为主导的发展方向或思路在中国特定的社会条件又不可避免衍生出一系列问题。首先，“还权于合议庭”的真实意图在于为法院与外部社会之间建立起一道“防火墙”，以排除外部社会影响对司法审判的不当干扰，通过合议庭独立行使裁判权以实现审判（法院）在我国政治条件限制下的相对独立，但问题是，“还权于合议庭”的结果并未能排除外部社会力量对审判过程的不当影响，当合议庭处于裁判决断者地位时，同样面临着各种外部社会势力的包围。更重要的是，割断司法与社会联系的思路未必是对审判独立的正确理解，因为这一思路同时也会损伤司法对社会功能的承载。其次，抗辩式诉讼制度的引入以及严格证据规则的确立固然在很大程度上体现了诉讼活动的特性，也为审判行为提供了一定的规范，但在我国当事人诉讼能力（包括购买律师法律服务的能力）普遍较弱，且主体间差异甚大的情况下，抗辩式诉讼制度和严格证据规则所产生的实际效果在许多情况下背离了制度设计的初衷，形式上的公平所带来的是实际上的更不公平。再次，强化裁判而弱化调解，以及突出司法作用而相对淡化其

---

① 参阅顾培东:《中国法治的自主型进路》,《法学研究》，2010 年第 1 期。

② 根据《人民法院五年改革纲要》的要求，除合议庭主动提交院长提请审判委员会讨论的重大、疑难案件外，其余案件的裁判一律由合议庭决定和作出。

他纠纷解决手段的取向，同样在一定程度上脱离了我国社会现实，与解决社会矛盾纠纷的实际要求不尽相符。这种状况恰如美国学者达玛什卡对中国读者所提示的那样："……到本土经验以外寻找新的启迪的过程中，承担着改革重任的各国法律家们总是很容易为一些他国的制度设计所吸引，因为这些制度可能体现着较为健全的原则或者表现出良好的意图。但是，匆忙将这些制度纳入到本国法律体系之中的做法可能容易导致不尽如人意的结果。""改革的成败主要取决于新规则与某一特定国家的司法管理模式所根植于其中的文化和制度背景的兼容性。"① 能动司法正是在这样的背景下，针对这样一些问题而提出的。能动司法的提出，虽然并不意味着否定先前的具体实践，更不否定业已形成的基本制度，但的确是正视了这种实践所存在的偏失，尤其是警惕于这种实践在进一步发展中走向极端，防止司法在更大程度上脱离中国的社会现实。因此，能动司法的提出，实际上体现着对前些年我国司法发展方向的适度调校。

第二，能动司法的提出是对强化国家核心控制力的积极配合。进入 21 世纪后，我国政治发展的一个重要态势就是国家核心控制力趋于强化。国内社会发展不平衡所形成的阶层间、群体间社会矛盾和冲突的日益增多并不断激化，重大自然灾害频繁发生以及重大传染病疫不断出现，国际环境错综复杂并日趋紧张，尤其是近年来所发生的全球性金融危机等各种因素，都从不同方面促使国家核心控制力的进一步加强，通过提升国家对全社会成员和社会组织的动员能力，提升国家对社会发展和社会运行的把控能力，应对国内外这种复杂的局面。

与罗斯福新政时期所体现的实践逻辑相同，国家核心控制力强化的趋向相应产生出司法能动的需求。能动司法与国家核心控制力强化之间的因应关系 ② 体现在两个主要方面：一方面，国家核心控制力的强化在很大程度上体现于主导政治力量对司法影响力的增强。尽管受制于司法的具体特性，主导政治力量对司法的影响方式与其他领域有所不同，但就实质而言，国家的核心控制力的增强无疑包含着主导政治力量对司法实际驾驭能力的提高。与

---

① ［美］米尔伊安·R. 达玛什卡:《司法和国家权力的多种面孔》，郑戈译，中国政法大学出版社，2004 年，第 2 页。

② 达玛什卡对国家权力与司法能动的关系有具体分析，可参阅［美］米尔伊安·R. 达玛什卡:《司法和国家的多种面孔》，郑戈译，中国政法大学出版社，2004 年，第五章，第 219 ~ 269 页。

此相联的另一方面，国家的核心控制力的强化又在很大程度上通过司法的作用加以体现，通过具体的司法行为把主导政治力量的要求贯彻在实际社会生活之中。所谓“为大局服务”，也正是集中体现着最高法院以能动的司法方式积极配合国家核心控制力强化的政治情怀与姿态。

第三，能动司法的提出也是对主流意识形态社会倡导的具体和应。近10年来，我国主流意识形态日益趋近于人民大众的普遍性社会理想和诉求，并且更加切合于社会公众的生存和生活感验。“构建和谐社会”“以人为本”“科学发展”等反映人与社会关系、人与自然关系理想的话语，成为主流意识形态的主要社会倡导。能动司法的提出也与这种变化密切相关，并且体现着对这些社会倡导的具体和应。

司法的表象是处理社会矛盾和纠纷，制裁违法犯罪，但实质上是调整和调节人与社会以及人与自然的关系，尤其是在人与社会、人与自然的关系中建立起恰当的规则。当调整和调节这些关系以及在建立相应规则过程中需要体现“和谐”“人本”以及“科学发展”等理念时，司法的目标和方式便不能不产生一定的变化。具体表现在：司法的作用从对案件是非作出评判延伸至使当事人之间的冲突和矛盾的真正消除（以达至和谐）；司法的重心从对个案案件事实的重视进一步深入对所涉当事人以及由此而影响的其他社会成员的生存和生活状态的关注（以体现人文关怀）；司法的依据从单一法律维度的考量扩展至对多重规则、多种价值的综合性权衡（以切合科学发展）。这些变化反映在具体司法活动中便是调解方式的广泛适用、恢复性司法的提出、宽严相济原则的明确实施以及对司法行为社会效果的充分强调。而所有这些，都可以概括在能动司法这一主题之中，都是能动司法的实践形态。能动司法正是“构建和谐社会”“以人为本”以及“科学发展观”等社会倡导在司法过程中的具体展示。

第四，能动司法的提出是缓解我国社会基础性社会矛盾、应对我国社会纠纷的必要措施。当下我国司法所面临的社会纠纷具有一个重要特性，这就是社会纠纷中往往蕴含着基础性社会矛盾。所谓“基础性社会矛盾”[①]，是指反映我国阶层及群体间主要对抗，对我国社会发展和社会稳定具有深层

① 我国过去对社会矛盾的分类主要为“人民内部矛盾和敌我矛盾”，但我认为，在“敌、我”两大显性阵营已经消失，并且在法治背景下解决矛盾的方式趋于同一的情况下，这种分类的意义不再突出，而更有意义的分类则是“基础性社会矛盾和非基础性社会矛盾”。

次影响的社会矛盾，如城乡矛盾、贫富矛盾、干群矛盾、民族矛盾等等。这些矛盾的形成主要与我国社会转型期间发展失衡、公共政策失当、特别是利益分配不均衡等问题具有重要联系。现实中，提交给司法的案件，相当一部分是基础性社会矛盾所衍生出的社会纠纷。与其他社会纠纷不同，这些纠纷具有这样几个特点：一是纠纷（或案件）虽然直接发生于个别主体或存在于个别主体之间，但纠纷中潜含着某个或某些群体及阶层间的对抗，处理不当很容易引发群体性的社会冲突；二是纠纷虽然直接指向的是某个具体的当事人，但往往暗含着对社会管理者的不满；三是纠纷的诉求虽然多数不涉及政治内容，但或多或少带有一定的政治色彩，尤其是在进一步激化后，最终往往会体现出很强的政治属性；四是这些纠纷与其他衍生于基础性社会矛盾的纠纷具有同源性，因而很容易借助于某一具体纠纷而叠加和聚合。

毫无疑问，以常规性思维和方式很难恰当地应对和处理前述这类纠纷，尤其是机械地适用法条、简单化对案件作出评判，不仅不能消除具体的纠纷，而且还可能引致更大、更严重的社会冲突，进一步扩大和激化基础性社会矛盾。能动司法的提出也是希望为这些“非常规性纠纷”的妥善、有效解决提供一种理念和思路。在这种理念和思路引导下，司法中既需要加强对纠纷的深度识别，从纠纷的表象背后探求蕴含于其中的对抗的实质，把握纠纷诉求之后潜隐的各种利益冲突，在兼顾和平衡各种因素后形成解决纠纷的具体方式。在此意义上说，能动司法是因应我国社会纠纷的特点，有效解决我国现实社会纠纷的必由之路。

第五，能动司法的提出也是对各种社会批评与非议的恰当回应。毋庸讳言，这些年我国司法一直面临着来自社会各方面的批评与非议。这些批评和非议除了集中于司法腐败这一常规话题外，主要涉及两个不同方面：一是与前些年我国司法发展方向相关，仿效西方司法模式的发展思路造成了司法与我国社会现实在一定程度上的失调与脱节；二是如本文引言中所述，近几年来最高法院推行的一些新政也受到了主要来自于学者们的质疑和非议，人们担心这些政治色彩很浓的新政有可能损害司法的独立性、权威性和严肃性，损伤司法固有的规律和特性，并进而导致我国法治事业的停滞甚而倒退。无论这些批评和非议基于什么样的理由和原因，也无论这些理由和原因在多大程度上成立，能动司法的提出，都是对这两方面的批评与非议一种积极和恰当的回应。首先，前已述及，能动司法提出的一个重要背景就是对前些年我国司法方向的适度调校，能动司法的提出，不仅从理念和指导思想上把司法与中国社会发展的现实要求，尤其是有效解决社会矛盾纠纷的要求密切联系起来，而且在具体司法方式、司法措施上也更切贴近于社会现实，贴近社会公众的要求，一定程度上改善了人民群众的司法生态。而这些努力自然会在很大程度上能够平息相关批评与非议。其次，能动司法也是最高法院用法治语言对近年来所施行的新政所作出的准确概括。因此，能动司法的提出，即便不能算作最高法院就其施行的新政而对社会，尤其是向法学界作出的合理解释，但客观上能够消除一部分人对司法乃至法治的忧虑，至少使实务界与学术界找到了对话的共同主题，从而把政治色彩浓烈的司法路线、司法方针和司法主张还原到法治语境中加以讨论和评说。当然，在是否应当实行能动司法的问题上，仍然会有各种不同的主张，因而相应的非议也不可能由此而消失，但这已是司法能动抑或司法能动主义在各国实践中的普遍性遭际，可以看成是法治文化的一种常态现象。

前述分析大体可以表明，能动司法在中国的提出，具有很强的现实理由和依据。然而，这些理由与依据的存在并不能避免和消除在中国社会条件下奉行能动司法所可能面临的特殊困难，尤其是难以避免能动司法实施中可能出现的偏差。或许可以这样认为，如果说中国是最需要实行能动司法的社会，那么，中国同样也是最难以实行能动司法，或者在能动司法中最容易出现偏失的国度。客观地看，能动司法理念在我国的实施面临着这样几个约束性因素：

第一，对传统法治理念的守持排拒着对能动司法的接受。上世纪70年代末我国开启法治进程以来，我国基本上是在西方传统法治理念的导引下行进的，传统法治理念所勾画的法治图景成为人们理想中的法治模式，而法条主义所形成的相关原则构成人们对法治的基本、概略性的认知。作为我国法治基本纲领和口号的“有法可依、有法必依、执法必严、违法必究”，正体现着人们从法条主义角度对法治内涵和形态的理解。因此，当以否定和扬弃法条主义为主旨的能动司法被确立为我国司法的基本理念与方式时，难免会对人们的法治理想，对司法的期待形成较大的冲击。换句话说，人们对传统法治理念的守持，在一定程度上排拒着对能动司法的接受；而要消除这种认识上的障碍，不仅需要全社会对现代法治发展的规律和特性的认识进一步深化，更有待于能动司法以其积极且稳定的实践成效向社会作出广泛的证明。

第二，规则意识的普遍淡薄可能会扭曲能动司法的应有轨迹。尽管人们依照传统法治理论保持着对法治理想状态的想象，但我国事实上并未经历过传统法治文化的长期熏染，法治亦未成为社会公众的普遍、深刻的社会信仰；同时，尽管人们把法条主义视为法治的主要内容，但信守法条的规则意识却普遍淡薄。这些看起来是一个难以解释的悖论，但却是我们置身于其中的社会真实。在规则意识普遍淡薄，不拿规则当规则，或者规则可以不当规则、“一切皆有可能”的社会环境中，如果没有恰当的把控，特别是如果不建立起相应的制约和保障机制，能动司法的运行轨迹很容易出现偏差。从小的方面说，可能影响司法审判的质量；从大的方面说，则可能进一步滋长全社会对规则的漠视，进而引发人治因素局部或阶段性的复萌。这意味着在我国能动司法的相关制度设计中，必须采取更为审慎的态度，特别是司法过程中所释放的信息，应有助于人们对规则约束力和强制性的认识。

第三，司法队伍素质在一定程度上制约着能动司法的效能。能动司法的具体实施依赖于法院或法官主观作用的充分、正确发挥，无论是对司法社会目标的理解，还是对具体司法方式的选择，都在很大程度上取决于法院或法官的主观状态。因此，能动司法无疑意味着法院或法官在司法中自由斟酌空间的加大。在西方法治社会中，能动司法所需要的这种自由斟酌权的加大，是建立在高素质法官队伍的形成以及维系法官队伍良好素质的系统化制度体系较为健全这一前提之上的。相比之下，我国司法队伍的素质尚不够理想；维系和保障司法队伍素质的制度与体系也尚待完善，这对能动司法效能的有效、正确发挥将会形成一定程度的制约。在实践层面上，一方面，法官对政治目标以及社会发展的总体趋向要求往往缺少宏观上的把握能力，不仅如此，对社会生活的实际理解和感受也较为肤浅，尤其是对具体审判所涉及的相关社会实践常常缺乏基本的了解；另一方面，对法律原则、法律理念以及法律知识的系统掌握和娴熟运用也难以达至能动司法所需求的基本水准。更为重要的是，随着司法对社会生活影响的逐步增强，各种社会势力利用各种手段，争夺司法资源，谋求利己裁判的情况也日趋突出。强大的外部诱惑与司法内在激励的严重不足，形成了司法职业生态的巨大的反差，使得法官职业成为多种意义上的“高危职业”。在此情况下，很难给予法官过大的自由斟酌空间，这也决定了对法官层面上的能动必须设定必要的限制，否则，能动司法很容易为司法权的滥用提供口实。

第四，我国司法与政治的密切联系加大了能动司法中对社会目标识别的难度。从我国制度建构以及社会运行的实际状况来看，我国司法与政治之间的关系十分紧密，司法机构与其他政治组织之间始终保持着密切的联系。这种状况对能动司法中对社会目标的识别也会形成一定的影响。如前所述，能动司法的核心在于通过司法过程实现社会目标，或者说围绕社会目标的实现而实施司法活动。在我国，社会目标通常只是一些抽象的社会倡导，而操作过程中往往体现为由各级党政组织所提出的具体要求，因此，在司法与政治关系十分紧密，并且司法机构具有明显依从性的情况下，如何在各级党政组织（特别是由党政组织负责人）提出的要求之中识别出哪些是司法应当追求的社会目标，则成为能动司法的实践难题。① 更直接地说，在“为大局服务、为人民司法”的主题下，如何确定哪些是司法应当服务的“大局”，同时又怎样判别哪些是司法所应当追求的“人民”的利益，这对于具体的司法机构以及具体的司法活动来说，都是无法回避、必须直面却又难以把握的问题。在这些基本问题上，如果没有明确且恰当的认识，既容易因司法自身的偏误而不能很好体现能动司法的效果，更可能因外部不当影响而使司法行为失范，从而背离能动司法的初衷。客观地揭示能动司法在我国现实条件下的诸多约束性因素，丝毫不意味着对能动司法意义的否定。这也就是说，这种约束性因素的存在不应遏止我国奉行能动司法的步伐。正如卡佩莱蒂在分析司法独立与司法的政治责任的关系时所说：“真正的问题并非内在矛盾的存在抑或不存在。此种矛盾当然存在。但真正而非想象的问题，再一次仍然是在现实世界中尽可能调和相互冲突的原则。因为现实世界并不纯粹，也不是绝对的‘非此即彼’。它是冲突与对立的共存”，“理性的分析不可能包纳一种谴责现存矛盾的徒劳尝试”，“将矛盾淹没于预期不确定的某种虚幻景象之中。相反，它应当包括将现实理解为不可避免地相互矛盾，由那些冲突和斗争所构成，并实际上在其中享受生活。” ② 各方面情况表明，在传统法治理论已显示出明显局限的情况下，中国不可能再屈从于传统法治理论所确立的

---

① 达玛什卡指出，在能动型国家中，始终存在着政党组织的“一般性指示与具体指示之间的区别——一种在理论上容易作出而在实践中很难把握的区别”。参阅［美］米尔伊安·R. 达玛什卡：《司法和国家的多种面孔》，郑戈译，中国政法大学出版社，2004 年，第 257 ~ 258 页。

② ［意］莫诺·卡佩莱蒂：《比较法视野的司法程序》，徐昕、王奕译，清华大学出版社，2005 年，第 15 ~ 16 页。

法条主义戒规；在社会发展日益复杂化的今天，中国也不可能再等待全社会规则化训练完结后再施行能动性司法；同时，我们也无由把能动司法的进程依托于司法队伍素质在短期内迅速提升；自然，更不应因社会目标识别的困难而放弃在能动司法问题上的努力。所有的一切留给我们的结论应当是：以积极同时却又审慎的态度去思考和对待中国特定社会条件下的能动司法。

六　中国能动司法的主要内容及保障机制

中国能动司法的具体内容及表现形态究竟应当是什么？提供给我们认知这一问题的主要参照来自三个方面：一是最高法院的相关论述，最集中的是王胜俊院长提出的能动司法的“三个显著特征”；二是各地和各级法院根据自己对能动司法的理解而形成的制度以及相关的实践，最具代表性的是江苏省高院的“六个机制”[①] 的制度建构；三是学者们对于能动司法应然及实然状态的描述。事实上，能动司法的应有内容及表现形态无法通过一个具体的文件或者某一项甚至某几项具体的制度加以表达和规定。最高法院出题、各级法院探索性实践、学者们提供解说和评价，依然是解答这一问题所不可超越的方式。但值得强调的是，在此方面需要摆脱两种不恰当的偏向：一是把西方司法能动主义的理论及实践当做中国能动司法的应然状态或无需证明的示范；二是把基于质朴的政治愿望和亲民热情而超越常规，甚至违反基本司法规则和规律的做法视为能动司法的具体举措。

结合前一部分提到的能动司法提出的背景与原因以及有关约束因素，我认为，中国能动司法的内容主要体现为这样四个方面：

（一）把追求社会目标的实现作为司法的基本导向

这是能动司法最根本、也是最富有实质性的内容。能动司法的功能，一方面旨在从宏观上调校司法在中国政治结构中的定位，把司法活动自觉地融入到社会全局的运行之中，通过司法所特有的功能和作用的发挥，推动社会的发展与进步；另一方面，在实际运作层面上，引导和启示法院及司法人员超越单一的法律思维以及对案件简单化认知的视野局限，关注社会总体目标

---

① 亦即政策考量机制、利益平衡机制、司法技术运用机制、多元纠纷解决机制、诉讼指导机制、便民诉讼机制。江苏省高级法院司法改革办公室:《能动司法制度构建初探》，载《法律适用》，2010 年第 2 ~ 3 期。

的要求，关注社会发展与变化的趋势，关注我国社会现实矛盾和纠纷的复杂性，关注民生、民情和民意的总体状态，特别是注重司法行为的社会影响和社会效果，把个别化的司法行为与司法活动放置到社会目标的实现以及社会发展的大背景下予以认识和考虑，亦即在司法过程中确立并践行所谓的“大局观”。从根本上说，能动司法所体现的乃是这样一种明确的意识、这样一种思维方式以及这样一种理性自觉。相形之下，体现司法能动性的具体技术性的方式和方法倒显得并不重要，因为在这样的意识和理念的支配下，能够促成并保证法院或法官对具体方式和方法做出正确选择。相反，如果没有这样一种根本性的理念和导向，司法过程中即便运用了某些或某种通常被认为体现了能动司法的技术、方式或方法，也不一定能够真正体现出能动司法的实际精神。这也表明，能动司法不应被理解为一种特殊情境下的司法权宜之计或者处理特殊案件的个别性方法；更不应把能动司法的适用范围限定于“没有重大政治、经济、制度和公共政策寓意的案件中”①（在我看来，这恰恰是最需要体现能动司法的场合）。作为一种司法理念，能动司法应贯穿并贯彻于各种司法行为和司法活动的全部过程。唯有如此，才能体现能动司法的真正意义。

（二）以多元社会规则、多重社会价值作为司法的考量依据

我国能动司法并不要求法官创造法律或超越法条的规定，但同时亦不主张把法律作为唯一的司法依据，而是强调以多元社会规则、多重社会价值作为司法的考量依据。我理解，“三个至上”所欲表达的也是这层意思。

能动司法的这一意蕴依据于我国两个基本社会现实：一是我国社会规则体系的复杂性。虽然，法律已成为我国当下的主要社会规范，依法治国也被明确为我国的治国方略，但在事实上，与法律规范同时对社会运行产生重要影响的还有强大的政治力量以及广泛的民间势力。我国社会规则体系也是由法律规范、政治规则以及民间伦理和习俗这三个主要支干共同构成的。不仅如此，就某些特殊的社会活动和社会行为来说，法律未必是最有实际影响力、甚至未必是最恰当的规范。在社会生活实际受制于这样复杂的规则体系的状况下，司法无法唯法是尊而罔顾其他，因为司法终究是社会生活的延续，社会生活所依据的逻辑和规则也必定应成为司法中所应当考量的因素。

① 苏力:《关于能动司法》,《法律适用》，2010 年第 2 ~ 3 期。

这也就是说，社会规则体系的复杂性要求司法过程必须包含对多种规则的考量。二是我国社会矛盾的复杂性。如前所述，基于我国社会转型以及转型中的政策失当、利益失衡等因素，我国社会矛盾呈现出高度复杂的状态。这种复杂性往往还不在于对抗与冲突的尖锐，更主要还在于，在许多场合下，对抗与冲突的各方都能从不同的角度、依据不同的理由找到自己诉求的正当化理据，从而形成蕴含于诉求背后的法律、政治、道德、民俗等不同价值或规则之间的冲突。这种状况又进一步凸显了司法对多种规则、多重价值权衡与考量的必要性。这些年，充斥于最高法院各种司法文件中的“既要……又要……”这样的平衡化句式，实际上正是体现了这样一种精神。虽然，对于需要作出具体决定的司法行为来说，“鱼我所欲，熊掌亦我所欲”的“双赢”结局往往难以形成，但即便如此，能动司法的这种倡导和提示仍然是具有实际意义的，至少可以避免法院或法官“一根筋”地片面和偏颇地去处理这些复杂的社会矛盾和纠纷。

（三）把调解作为处理社会纠纷的常规性司法方式

司法能动主义在中国的实践形态最富有特色之处就是调解手段的广泛运用。换个角度说，中国的法院调解制度和实践丰富了司法能动主义的内涵。有关调解的作用与意义，已有大量的论证与解说，无须赘述。在此，我想特别强调的是，无论从现今还是从长远看，必须把法院调解理解为一种常规性的司法制度和司法方式。作出这种强调的背景在于，在不少人的认知中，调解仍然是一种不入司法正统的“旁门左道”或者中国式的“奇技淫巧”。这种认知产生于两种偏误：其一，法条主义的思维塑造了对司法程式的想象：“纠纷 = 案件；案件处理 = 司法手段；司法手段 = 裁判；裁判 = 纠纷解决”。几乎所有的经典法学理论，尤其是司法理论也都是以这种固定的程式为叙述前提，并在这样的程式中展开的。依照这一程式，自然找不到调解在司法中的位置，调解的司法属性也必然得不到承认。毫无疑问，这样的程式一旦放置到具体社会实践中，每一个环节都经不起实践的检验，每一个“等于”都无法成立，而司法功能的实际发挥无法脱离对调解的运用。其二，调解就是“不依法”，或者调解可以“不依法”。据我所知，在公开的文献中，明确提出这一观点的是苏力教授。苏力教授提出：“在可以调解了结纠纷的条件下，如果还强调依法，其实就是不想让调解成功”，“要想促进调解的发展，就必须适度摆脱法条的约束，放松对调解的‘依法’要求”。[①] 从苏力的文义中可以理解出，调解之所以可以不依法是因为：在实体上，调解意味着“周瑜打黄盖”（苏力用语），法官若依法行事则不能允许“周瑜打黄盖”；在程序上，调解又存在着法官“涉嫌违反不得私下接触当事人的规则”[②] 以及“超出审限”等问题。我认为，这些认识完全出自苏力教授对“依法”的片面理解。首先，当事人处分是民事诉讼中的重要原则，这种处分，既包括实体上的处分也包括程序上的处分。依照这种法定原则，法官不仅可以允许并努力促成“周瑜打黄盖”的结果，甚至不能干预“周瑜打黄盖”这种现象；同时，当事人也可以在包括审判期限在内的程序问题上有一定的决定权。[③] 其次，苏力曲解了调解中法官基于策略和技巧的需要而分别（并非“私下”）对当事人施以劝说这一方式，将其混同于违反公正廉洁规则而“私下接触当事人”的行为。更需要指出的是，如果认同调解“可以不依法”这一判断，不仅容易引起实践中的混乱，[④] 同时也会进一步加大社会各方面对调解认识的偏见。而这与苏力所一贯支持和倡导调解的立场势必南辕北辙。此外，强调把调解理解为一种常规性的司法方式的理由还在于，本文前面提到的立法的固有缺陷以及司法实践中普遍存在的矛盾都可以通过调解方式在很大程度上得到解决。如果把调解放置到人类法治进步，尤其是司法制度演进的过程中来认识，调解或许是“把法律的刚性与灵活性完美结合于一起”的一个有效途径与方式，从而也是人类司法制度完善的必由之路。

（四）把便民、利民作为司法运行中应当考虑的重要因素

能动司法的另一项主要内容便是在司法运行中对便民、利民因素的重视。尽管体现着便民、利民精神的简化诉讼程序、降低诉讼成本、提高司法效率已成为当代各国司法发展的总体趋势，但中国能动司法主题下的便民、利民有着更深层次、也更为现实的意义。首先，司法中的便民、利民承载着体现党和政府亲民、恤民、为民形象的功能。基于我国政审合一的历史传统，也基于当代司法与政治的密切关系，社会公众习惯于把司法机构与党和

① 苏力:《关于能动司法与大调解》,《中国法学》，2010 年第 1 期。

② 苏力:《关于能动司法与大调解》,《中国法学》，2010 年第 1 期。

③ 其实，在苏力教授《关于能动司法与大调解》一文中，已经注意到调解与契约自由和意思自治的联系，但不能理解的是，苏力教授为什么仍然会得出调解可以不依法、依法则不能有效调解的结论。

④ 不可否认，实践中确实存在着不依法调解的问题，但这恰恰是需要着力解决的偏失。

政府视为同一体，司法行为往往被当做党和政府行为的组成部分。在此境况下，“党代表着人民的根本利益”“人民政府爱人民、人民政府为人民”等原则或理念不能不体现为司法中对便民、利民的重视和强调。相反，“板着脸孔”或“高高在上”的司法则会有损于党和政府的形象。尽管这种状况多少缘自于人们对司法与政治关系的误读，但政治意识形态对于司法便民、利民的影响确实是无法忽视的真实。其次，就普遍情况而言，迄至今日，我国社会公众对于司法以及诉讼活动的了解依然较为肤浅，司法过程中很多程式和技术仍然是绝大多数人所陌生的知识或不曾有过的经验。因此，要保证社会公众在涉诉时对诉讼活动有恰当的参与，司法过程中也必须具备一些行之有效的便民、利民措施。再次，与我国经济欠发达，尤其是低收入阶层占绝大多数的实际情况相适应，司法也不应成为昂贵的消费。因此，司法便民、利民的另一层意义也在于降低司法门槛，包括通过降低司法的技术性而减少公众对律师法律服务的实际需求，以便在更大程度上保证公众对司法这一“公共产品”的有效使用。

毫无疑问，能动司法主旨下的便民、利民会在一定程度上淡化或消解司法的程式化，同时对诸如法院或法官“消极”“中立”“法不容情”之类的观念也会形成一定的冲击。但这绝不意味着对司法活动的程序价值的颠覆。一方面，便民、利民措施本身即应当通过特定的司法规则加以确定，以使得这些措施获得程序性意义和制度性保障，减少施行中的随意性；另一方面，便民、利民精神应尽可能在既有的制度空间中通过灵活使用司法技术手段加以体现，如强化法官释明权的行使，增加法院或法官职权行为的适用，审慎地处理当事人程序性失权的情形，给予当事人必要的指导和引导等。总之，能动司法中的便民、利民应当显现出对司法规律和特性的应有尊重。

从前述我国能动司法的主要内容看，与西方司法能动主义相比，我国能动司法既有一定的创新性（如强调调解的常规化运用以及便民、利民），也有较大的保留（如不承认法官造法，也不倡导超越法律规定）。这不仅是考虑了不同法系及司法制度之间的差异，更是对中国具体国情的尊重。

然而，即便如此，由于“能动”在概念上给了司法行为无限可能的空间，因而能动司法理念的具体贯彻仍然需要相应的保障机制。不能否认的是，西方司法能动主义的正确实施是以司法独立性较强、全社会规则意识较为明确、法官职业化制度十分成熟为基本条件的。而无论是当下还是长远，中国社会都未必能满足这样的条件。目前学术界或者实务界对能动司法持不赞成态度的主张，多数并不否认能动司法的积极意义，只是认为中国不具备西方这些条件从而不能保证“能动”不被衍化为“盲动”或“乱动”。① 我们固然无法认同这些认识以及由此推出的结论，但能动司法的贯彻需要建立相应的保障机制，这却是不应回避的问题。对于这种保障机制的建立，我认为应着眼于以下三个层次。

第一，宏观上，建立良性而有序的司法与政治的互动机制

基于本文前面的分析，我认为，中国能动司法所要解决的核心问题仍然是司法与政治的关系问题，其主旨在于使司法更紧密地贴近于政治全局的要求，更深入地融入到我国政治实践中，努力实现主导政治力量所确定的社会目标。因此，在司法对政治现实保持着丰沛的热情和激情的情况下，应当把握好一些基本性原则，以防止可能出现的偏失。一是正确理解司法所服务的“大局”，树立正确的大局观。更直白地说，不能把地方党政组织基于地方保护的愿望而提出的要求，理解为司法所必须服务甚至是服从的“大局”，更不能把地方党政领导人追求个人利益而提出的要求也与“大局”相联系。二是规范党政组织与司法联系的渠道和方式。司法对社会目标的追求与落实，更主要应依靠司法机构自身对政治路线、方针和政策的领悟，而不是借助或依赖于党政组织领导的“批示”和“指示”。党政组织与司法机构的联系，应当在制度框架中依照相应的程序进行；制度及程序缺失的，应当逐步完善。两者之间的交往必须有明确的规则。三是即便对于某些影响到地方社会发展或稳定与安定的司法问题，也应由司法机构在法律规定的范围内、通过法律技术的灵活使用加以解决，而不能明显违反基本的法律原则。实践中，很多此类情况的处理，问题并不在于法律上没有解决之道，而在于某些地方党政组织缺少应有的法律意识，司法机构也未能正确地理解并恰当地运用相关法律。总体上说，在司法与政治之间，应逐步建立起良性而有序的互动机制；这一机制的建立，也是能动司法正确施行的首要保障。

第二，中观上，建立恰当而有效的最高司法机构的指导机制

我国能动司法实施的效果，很大程度上将决定于最高法院对下级法院的

---

① 关于美国司法能动成功的经验以及中国因为守法传统尚未形成、法律职业化尚未建立故而不能施行能动司法的论述，可参阅杨建军：《“司法能动”在中国的展开》，《法律科学（西北政法大学学报）》，2010 年第 1 期。

指导机制能否有效和恰当建立。这首先是因为，最高法院更贴近中央，因而对主导政治力量的要求、对社会发展的大局有更为恰切的理解。通过最高法院传导主导政治力量的要求，可以增强地方法院对“大局”的识别能力，尤其是可以减少地方法院在这种识别中的偏误。其次，我国司法体制与联邦制国家有着显著的区别，我国最高法院的司法政策及司法意见等可以穿透法院的层级限制而直接辐射到基层法院，最高法院对于全国各级法院的司法活动都保持着重要的影响力。在此格局下，一方面，最高法院自身的“能动”即在很大程度上体现我国能动司法的总体状况和水准；另一方面，最高法院也有条件为地方各级法院的“能动”提供指导和提出要求。再次，我国不承认法官造法，因而对立法缺失的弥补主要依赖于最高法院的司法解释，甚至在某些情况下需要最高法院部分地承担立法性解释的责任。这表明，最高法院司法解释功能的发挥对于我国能动司法也具有重要的影响。

目前，在最高法院指导机制方面主要存在这样几个问题：一是主体混乱。最高法院内部各主体（包括个人或内部机构）都以各种不同的方式表达其相关的司法意见和主张，而基于最高法院的权威以及体制上的现实，这些意见和主张都会受到下级法院的重视，从而都会对地方司法产生影响。二是形式多种且效力关系不明。与主体混乱相应的问题是，最高法院对下级法院指导的形式既多亦杂，且效力关系不清。从领导讲话、批示到其他成员在不同场合下公开发表意见；从最高法院正式文件到法官个人发表的文章；从司法解释、司法意见到公布的案例，其间不仅常常出现矛盾和差异，同时也存在着效力关系不明的问题，这种状况往往使得地方法院无所适从。三是司法解释或批复等对实体或程序有重要影响的文件，其质量差强人意，不仅内容上往往失之片面，对可能关及的问题缺少足够的考虑（更致命的是，司法解释通常还溯及既往），而且在文字上往往语义不清，以至于对司法解释仍需作进一步的解释。

鉴于这些问题的存在，我认为，最高法院应当认真而系统地审视司法指导方面所涉及的相关问题，理顺关系、明确效力，建立必要的程序和制度，尽快形成恰当而有效的对下级法院司法活动的指导机制。①

① 有学者对最高法院拟建立的案例指导制度提出批评，而主张通过立法解释建议、立法型司法解释、重视“批复”型司法解释以及对于少数特殊类型的案件实行案例指导等方式，体现最高法院的指导作用。李仕春:《案例指导制度的另一条思路》,《法学》，2009 年第 6 期。

第三，微观上，建立科学和合理的法院内部审判运行机制

如前所述，我国能动司法是在法官职业化条件不具备的情况下施行的，这就需要从法院整体功能有效发挥的角度，借助制度和机制的作用弥补司法人员个体素质的缺失，提升能动的水平。由此必然涉及我国法院内部审判运行机制的建构问题。

我国法院内部审判运行失序和紊乱是长期以来未能得到有效解决的问题。这一问题缘于我国法院定案机制的复杂性。与其他国家司法制度不同，我国法院实行的“多主体、层级化、复合式”的定案机制。在同一审级中，法院多主体、各层级都可能对案件的实体裁判产生影响；同一案件往往受制于同一法院内的多重评价。而问题在于，法院内部各主体、各层级对于裁判决定的权力不清、职责不明，各主体参与裁判过程的方式不定，动机亦很复杂。这种状况必然带来审判运行的失序和紊乱。反映在权力关系上，便是审判权与审判管理权之间的关系没有厘清：要么是审判权被审判管理权替代和侵蚀；要么则是审判权完全不受制于审判管理权，后者相应地被边缘化。

近十年来，我国司法改革虽然不同程度地触及这一现象，但由于其涉及如何理解我国司法独立以及我国司法权的行使方式等等深层次问题，因而对此不仅认识上分歧较大，同时在实践上也几经反复。可以说，我国司法活动中出现的诸种弊端，很大程度上都与这一现象相关。为此，在能动司法的背景下，必须在系统总结我国法院及审判运行经验、恰当把握审判运行规律的前提下，理顺审判权与审判管理权之间的关系，建立起既顺畅运行又有监督制约，既便于发挥法院集体智慧又能提高审判效率的科学、合理的审判运行机制，[①] 从微观层面上解决司法主体的特性问题，使之与能动司法的要求相匹配。

（本文原载于《中国法学》2010 年第 4 期）

① 对此方面，成都中院已进行了为期三年的改革探索，形成了较为系统的经验，最高法院拟在近期总结推广。我对成都中院的实践进行了较长时间的跟踪调研，有关认识另文表达。

行政审判体制重构与司法体制改革

马怀德*

现行司法体制严重影响司法公正和独立，但对于不同类型的案件、在不同的审判领域，由于相关变量的制约，这种影响不尽相同。为更深入、具体地认识不同司法领域对体制的实际要求和相关制约因素，需要对不同审判领域对司法体制的要求进行类型化的讨论。这种类型化分析的具体结论，或许有助于我们在一般了解司法体制的基础上认识其表现形式的复杂性，摆脱在改革思路及方案设计上泛泛而谈的误区，从而为全面推进司法体制改革提供一个适当而可能的突破口。以下就行政审判对司法公正与独立的特殊要求出发，分析建构行政法院型的行政审判体制对于司法体制改革的意义以及关于行政法院的一些具体构想。

一　行政审判对司法体制的一般要求

（一）司法独立是行政诉讼有效运行的基本条件

行政诉讼是司法机关以诉讼方式解决行政争议的法律制度，它将行政争议蕴含的公民权利与国家权力之间的矛盾纳入和平的司法程序理性解决，化解和宣泄了公民等因行政权不法行使而产生的怨恨和不满，有效维护、回复了正常的社会、法律秩序，既是对公民权益的救济手段，又是国家权力对其合法性的自我回复机制。行政诉讼的发达程度是衡量一国法治发达程度与社会文明程度的重要标尺。出于公正解决行政纠纷这一基本目的考虑，司法独

---

* 马怀德，中国政法大学教授。

立是行政诉讼作为一种诉讼制度的基本要求。

行政诉讼的基础是立法权和司法权尤其是后者对行政权的制约，权力分立或分工和司法独立构成其制度基石。因为只有在立法和行政分离后，才可能以国家的立法来制约国家的行政，才可能由独立的司法机关以国家法律为依据来审查行政活动的合法性。在专制集权统治下，不仅在观念上任何符合国家利益这一目的性的活动也必然符合法律，而且在实践中，专制统治者作为行政首脑在偏离法律时，以立法主体的身份随时可以为此而更改法律，使得不可能作为行政行为的行为倒作为立法行为而具有效力。① 司法机关的审查更是无从谈起。就运行机制而言，司法独立状况制约着行政诉讼的运行，独立而有权威的司法机关是行政诉讼正常运行的必要条件。

从实证角度分析，各国行政诉讼的形成与发展，因所处历史背景及社会政治基础不同呈现不同的形态，早期深受“行政制度”的影响，晚近则为法治主义及人权保障左右。② 在这一制度变迁过程中，司法权对行政权的制约或监督始终是其运行的基础，司法权与行政权在国家政治、社会生活中地位的消长对比直接制约着行政诉讼制度的运行模式及价值取向。③

（二）司法体制类型的选择受到行政争议特殊性的影响

独立而有权威的司法机关是行政诉讼制度功能据以实现的基础条件。假定这一宏观条件已经得到满足，在行政争议所涉具体问题的情境中，司法权和行政权的关系表现为另外一种景象：犹如行政不能干预司法一样，司法也不能干预行政的自主性，行政审判对行政行为的审查与监督必须适度，这个“度”构成行政诉讼中司法权与行政权的另一重关系。不同国家在特定历史条件下对该关系的不同认识和实践，形成了行政审判体制的不同类型。

行政审判的特殊性主要表现为：行政争议所蕴含的问题有时具有专业性与技术性，且往往涉及行政裁量权的行使，其性质并非纯粹的法律争议；而行政审判就其运行机制而言是司法权对行政权的制约，这种制约不可避免地在一定程度上要影响行政的效率，并可能影响行政权运行的自主性。实践

---

① 参阅［德］拉德布鲁赫：《法学导论》，米健、朱林译，中国大百科全书出版社，1997年，第131 ~ 132页

② 参阅翁岳生：《行政法》，（台湾）芦翰图书出版公司，2000年，第1120页。

③ 参阅法国行政诉讼制度的发展史可资说明。王名扬：《法国行政法》，中国政法大学出版社，1988年，第553 ~ 556页。

中，这两方面往往交织在一起。如果法院不具备对行政争议专业性问题的审查能力，审查不仅是不必要的，而且会阻碍行政的效率与自主运行；即使法院具备对行政争议的审查能力，也往往需要注意所审查问题的性质与审查的强度，否则同样会对行政的运行有不利影响。不过后一问题在前一问题解决后更多地表现为司法的自我克制，通过一系列具体制度加以保证，如事实问题与法律问题的区分、合法性审查与合理性审查等等。

西方国家的行政审判体制主要有行政法院型与普通法院型，分别以法、德和英、美为代表。[①] 在法国，设立行政法院的特殊历史原因时过境迁，但行政法院却基于其崇高的历史声誉和行政审判的专业性继续存在；[②] 行政审判的专业性与对分权学说的理解，也是德国行政法院设立的最初缘由，[③] 其目的均在兼顾增进行政效率与解决行政合法性问题。英美两国强调司法权不应割裂，不设立专门的行政法院审理行政争议，其司法审查依循着一条完全不同于法国、德国行政诉讼的道路发展，并形成了另外一种模式：在行政裁判机构基础上的普通法院型行政审判体制，行政裁判机构主要负责解决行政争议中的技术性问题，普通法院主要负责合法性审查。

从功能比较的角度看，法德行政法院体制与英美普通法院体制并不代表他们有多大的实质区别，在行政裁判基础上的普通法院体制可能是行政法院的功能性替代物或对应物；二者的区别可能仅仅在于，各国根据本国现实的政制、法律、社会需要以及法律文化传统，以不同的手段和方式弥合了现存制度与客观需要之间的差距与裂痕，即出于对解决行政争议客观要求的考虑，在本国既有制度的基础上建立适合国情的科学协调的行政争端解决体系。

从司法体制的角度分析，行政审判体制固然是一国司法体制的组成部分，但从行政争议的解决看，则又是行政救济或监督体系中最为重要的部

① 日本的行政审判体制较为例外。在美国的强制性改造下，日本废除了战前的行政法院，同时设立了较多的行政委员会作为行政裁判机构，司法制度采取英美法系的单轨制；但同时又针对行政诉讼程序制定行政事件诉讼法，其行政审判可以说是糅合德制的行政法理与诉讼思想，而凭借英美的普通法院系统来进行的。这是一种“新瓶装旧酒”式的改制。陈新民：《中国行政法学原理》，中国政法大学出版社，2002 年，第 310 页。

② 参阅王名扬：《法国行政法》，中国政法大学出版社，1988 年，第 556 ~ 557 页。

③ 参阅［德］拉德布鲁赫：《法学导论》，米健、朱林译，中国大百科全书出版社，1997 年，第 134 页。

分，正是后者所具有的特别意义使得不同国家的司法体制在原初状况的基础上发生了或大或小的变化。无论法德的行政法院体制还是英美在行政裁判基础上的普通法院体制，都是行政审判的特殊性在各国既定历史条件下对司法体制发生影响的结果。

二 我国建立行政法院、改革行政审判体制的必要性分析

（一）建立行政法院是解决现行行政审判体制专业性不足的要求

我国目前是在普通法院内部设行政审判庭专门审理行政案件的体制。从整体看，与英美国家体制仿佛，与日本最为类似，但没有专门的行政裁判机构适用准司法程序做出行政决定或者裁决行政争议的程序，行政复议更多体现的是一种行政性的层级监督，行政争议在形式上得不到较有效而公正地解决。从行政庭的设置上分析，似乎是借鉴法德的行政法院体制以专门法庭的组织形式解决行政争议，但由于没有特别规定行政法官的知识构成，且在现行法官管理体制下不同专业审判庭法官之间的流动非常容易，专业性并不凸显，在制度上似乎也无意加以保障，不尽适应行政审判的专业性需要。

假定以上行政法院体制和在行政裁判基础上的普通法院体制穷尽了解决行政争议的基本模式，改进我国行政审判体制的功能可有以下选择：或者在坚持由普通法院行政审判庭审理行政案件的基础上，设立类似于英美的行政裁判机构或专门性法院作为初审机构解决行政争议中的专业性问题、裁量权的运用及行政政策的统一，对其裁决不服可向普通法院行政庭上诉；或者在普通法院之外设立行政法院系统，并对其法官的知识构成提出特别要求，从而能够胜任行政争议专门性问题的解决。

选择前一方案，首先需要对行政复议体制进行根本性的变革，更多地设立类似商标评审委员会、专利复审委员会的行政裁判机构，并进一步完善其人员组成与裁判程序；同时，在行政程序法的目标模式选择上，应当更多地注重权利保护，加强审判式听证程序在一般行政程序中的应用，减轻法院审查行政行为的难度与压力。这一方案除需要设置行政裁判机构、增加大量裁判人员而增加巨大成本外，可能导致的更严重的弊端是在行政权本来就相当强大的我国，行政部门的权力更加膨胀。从长远看并结合历史经验分析，行政权过分强大并不是法治国家的福音，更不利于法治国家的建设。

如果行政审判由另行设置的行政法院负责，在技术上可以突出行政审判的特殊性，对行政法官提出明确的专业标准，更有效地实现对行政法官的选任和管理，以适应解决行政争议的专业性需要，这是设立行政法院的最大优点。

在法国，行政法院比较重视行政审判的专业性需要，对法官提出行政经验和法律知识的双重要求并通过一系列人事、组织方面的制度安排得以实现。最高行政法院高级成员主要来自高级文官，极少数来自外界。在判决做出方面，一个案件在经过几次调查研究后结合法律专家和行政专家的意见才做出判决，其质量往往有保证，且符合实际行政的需要。①

在德国，在行政法院的初创阶段，一些具有高级行政职务资格的公务员能够被任命为行政法官，尽管现在具有行政管理经验、从事过行政工作不再是被任命为行政法官的前提条件，但人们也一致认为，行政管理经验对于行政法官来说具有重大意义。在各级法院中很多在行政机关或部门中有长期工作经历的人被任命为法官。另外年轻的行政法官在其 3 年试用期内均有在行政机关实习几个月的机会。有些地方甚至规定，不经过一段这样的实习期，不可能被任命为终身法官。② 可见，行政争议的专业性对法官的知识构成有重大影响。

在比较法的意义上，法国和德国行政法院法官的来源与英美普通法院法官的来源极为相似，且发挥了类似的制度功能。英美国家普通法院法官来源于执业在一定年限以上的律师，这保证了法官对法律的熟悉和对实务中的问题较深刻的理解，而且也使得法官与律师作为职业共同体对法律有共同的理解与体验。法国和德国行政法院法官具有行政经验，了解行政活动中的实际问题，有助于其判决符合实际行政需要。二者共同体现了对不同问题专业性的合理考虑和满足。法德对行政审判的这种认识和制度安排在英美国家以不同的形式表现出来，行政裁判机构的行政法官承担审查技术性问题，普通法院法官负责审查法律问题。

针对我国行政审判专业性的缺失，通过特别的行政法院体制实现对行政法官法律专业知识和实际行政经验的要求和培养，有利于造就高素质的行

---

① 参阅王名扬:《法国行政法》，中国政法大学出版社，1988 年，第 608 页、第 641 页。

② 参阅［德］韩内持:《德国的行政司法》，宋冰:《程序、正义与现代化——外国法学家在华讲演录》，中国政法大学出版社，1998 年，第 61 页。

政审判人员，促进行政诉讼的发展。行政法官除必须通过国家统一司法考试具有从事司法职业的一般资格外，还应有一定的专门行政知识或实际行政经验。应当在法官遴选、培训时着重突出后一要求。

这样的要求在现行行政审判体制下也是迫切而合理的，问题是现行体制无法达成这样的目的。

（二）设立行政法院更是克服行政诉讼遭遇的体制障碍的需要

独立而有权威的司法机关是行政诉讼得以有效运行的必要条件，然而，我国因种种因素的制约这一条件是不甚充分的。

政府“法外行政”的传统意识深刻影响它对法治的接受能力、限度、速度，新中国建立的行政主导型的国家、社会体制强化了政府的权力，司法因诸多政治、历史因素的制约并没有取得和形成在现代国家所应有的独立性和尊荣地位，反而被融入行政体系之中，导致其依附性，更逞论权威性。

在行政诉讼实践中，行政机关作为行政争议的当事人，因切身利益所在较之其他诉讼对法院的干预有更强的驱动力，而由于行政部门在地方党政权力机构中的强势地位，司法体制的地方化实际上主要表现为地方政府部门对法院人事、财政的控制以及由此而来的对法院独立审判的实际干涉。[①] 司法机关无论在物质供给还是在人事安排等方面都没有足够的自主权，无法排拒来自行政的干预，宪法、法院组织法、行政诉讼法关于法院依法独立审判的规定因无具体制度的保障难以落实。另一方面，行政审判庭作为法院的一个内设机构，受制于法院自身对之的重视程度。一些法院为获得人事安排、财政拨款等方面的某些利益，往往在行政审判方面加以让步。法院在行政诉讼中受理难、审理难、判决后执行难，充分体现了司法权面对行政权横加干预的无奈。就公民等原告方而言，行政诉讼极高的撤诉率则反映出他们对法院权威的不信任和被告行政机关对原告对之合法反对的不容忍。

弱小的司法权在没作必要准备的情况下，应建设法治国家之需被推向前台，勉为其难地担负起监督强大的行政权依法而“治”的使命，可谓“任重道远”。而在现行体制下，司法的独立性遭到严重伤害，难以承担这一使命。

---

① 基于党管干部的原则，在法院组成人员由人大选举或任命前，需由本级党委讨论同意，上述人员的免职亦由本级党委或组织部门向人大提出。而由于政府领导人员通常在同级党委中占多数，地方政府实际上严重影响着司法人员的任免。在地方各级法院的财政倚赖同级政府供给时，地方政府控制了地方法院的生活，也就在很大程度上控制了其意志。

除非通过体制改革加强并维护司法权的独立性，行政诉讼将无出路。

作者认为，借鉴大陆法系国家的经验设置独立的行政法院审理行政案件，至少有以下优点：

行政法院独立设置，监督政府行政行为的合法性，这种地位与性质使其依法独立审判的要求与实际上屡遭干涉的矛盾在实践中不可避免地凸显出来。独立性要求的彰显，一方面会使立法机关加强对行政法院履行职务的保障，从而使行政法院在制度上确有能力排拒行政非法干预；另一方面也会引起社会对行政审判的重视，社会舆论对行政审判的监督与评价，有利于防止司法腐败，客观上也遏制着行政机关干预审判的冲动，有利于行政法院借助于公众的力量与行政机关的干涉抗衡；最后，行政法院作为独立主体会增强审判人员的自身凝聚力，从而在整体上加强排拒行政干预维护独立审判的意识。①

当然，为确保行政法院能够独立行使审判权，还必须从法院的设置、产生、经费来源等方面保障其在制度上能够排除行政机关的干涉，以及对行政法官予以职务、薪金等方面的保障，同时建立科学合理的司法责任追究制度，保证法官既能安心从事审判工作，又不致违法乱纪，损害行政法院的声誉。如此，可以逐渐建立起司法权有效监督行政权依法而治的机制，并最终培养行政法院的权威。

三　设立行政法院对于推进司法体制改革的意义

（一）设置行政法院是推进司法体制改革的必要选择

行政法院的设置不仅是行政审判体制改革的具体内容，还关系到司法体制整体改革的内容、步骤与方向的选择。就此而言，设置行政法院是否必要，是尤其需要特别回答的问题。

我国司法改革应当是全面的改革，但由于诸多制约因素，欲使改革确有成效，必须在改革的步骤、方向和具体领域等方面确定适当而可能的突破口。就改革的具体进路而言，主要是两种形态：

第一，是将某一或某些措施在全国范围内全面推行，通过具体制度的不

---

① 参阅高树德：《设立行政法院应该是最佳选择》，中国法学会行政法学研究会 1999 年年会提交论文；张步洪：《中国行政法学前沿问题报告》，中国法制出版社，1999 年，第 278 ~ 280 页。

断变革一点一滴地实现改革目标。这一渐进式的变革收功于无形，自然极有成效，问题是面对司法领域的严重问题不免有远水不解近渴之虞，再则不区分不同司法领域的实际要求与具体矛盾，改革措施若过于一般化则有隔靴搔痒之嫌。

第二，是通过分析不同司法领域的实际要求与现实矛盾，类型化地讨论各自的问题与对策，而后确定合适的领域，纵深突进，以局部变革推进整体改革。这一思路在目前是较为科学和可行的。

行政诉讼是我国目前唯一以权制权的诉讼形态，对司法权的独立性与权威性的要求相对最高。基于此，现行行政审判所处的窘境是司法体制的缺陷最集中、最深刻的显现，是影响司法独立的最主要矛盾所在，从而是司法体制改革最需要突破的领域。

所以，以行政审判体制为改革方向是可行的，建立行政法院型的行政审判体制是必要的。①

（二）设置行政法院对于司法改革的其他意义

行政法院独立设置，无疑会大大加强其依法独立审判的能力。在行政审判中司法权地位的提升除有利于实现行政审判自身目的外，这种权力博弈还将会在整体上逐步改变司法权和行政权在国家政治法律生活中的地位对比，提高法院在国家中的实际地位，为司法权整体真正实现独立审判提供范例、奠定基础。

对于司法来说，其最深厚的根基在于民众的拥护，其权威来自于公众的信赖。英美普通法院被坚信为公民权利的庇护人，这是其确立普通法院型行政审判体制的重要原因；法国最高行政法院经过长期的发展，成为保护公民权利的坚强堡垒，这是行政法院得以继续存在的社会基础。在目前人民法院的声誉因司法腐败和不公屡屡蒙尘之际，行政法院以其卓尔不群的姿态与行政机关抗衡，忠实保障公民等的合法权益，监督行政权依法而治，有助于确立法院是人民权利庇护人的形象，树立司法权威。

行政法院是审判体制类型化的表现，这说明不同的问题解决方案不尽相同。在司法体制改革过程中，我们应当对不同审判领域的问题进行类型化的

① 要指出，英法美等国选择不同的行政审判体制主要是为合理解决行政争议，因历史传统的原因，在这些国家司法独立不成其问题，通过建立行政法院促进行政审判机关的独立性，实在是出于其想象力。

研究，以避免陷入泛泛而谈的误区。如此，可确保改革目标早日实现。行政法院在具体设置中所遇到的问题及对之的解决，也会为以后法院整体的设置改革方案提供有益经验。

四　我国建立行政法院的可行性及具体设想

（一）建立行政法院的可能性分析

宪法和法院组织法中没有关于行政法院的规定，尽管可以通过解释"专门法院"为行政法院的设置提供合宪性基础，但行政诉讼法第3条第2款"人民法院设行政审判庭，审理行政案件"毕竟是对设置行政法院的直接约束。这可以借修改行政诉讼法的契机消除原来限制设置行政法院的法律约束，并在行政诉讼法中确立行政法院的性质、地位、职权、组织等事项。

10余年的行政审判实践造就了大批行政审判实务人员，行政法学20年来的发展也培养出相当数量的理论研究人员，行政法院所需的专业审判人员在来源方面不存在多大困难。考虑到在现行体制下法院内部普遍设立行政审判庭，而行政法院将根据实际需要设置，从而会减少很大一部分行政审判机构和人员，设置行政法院所实际支出的成本相对数值不会很大。

行政诉讼案件只占我国法院审判案件的极小部分。有统计资料表明，行政诉讼法施行以来，全国平均每个法院受理的行政案件不到20件（2001年为平均33件），有的法院全年没有一件行政案件。① 率先设立独立的行政法院制度，对现行司法体制的冲击不会过于强烈，因此这一尝试在短期内可以实现。

我国自清末以来主要向德日学习，在法律机构设置和法学理论上基本上属于大陆法系；新中国在成立后学习前苏联，但前苏联本身就受到大陆法系的深刻影响。确立大陆法系的行政法院体制在法律制度方面有容纳的可能，在文化方面有接纳的基础，不致发生因制度移植而导致错位与断裂。

（二）行政法院的设置设想

在现行宪法下设置的行政法院应属于专门法院，这决定不可能有与最高人民法院平行的最高行政法院，最高行政法院最多只能是最高人民法院的内

① 参阅应松年：《修改行政诉讼法势在必行》，《法制日报》，2002年3月3日；刘飞：《建立独立的行政法院可为司法独立之首要步骤仁》，《行政法学研究》，2003年第25期。

设性法院。不过二者的具体关系可以灵活处理，如最高行政法院可以在实际上是行政案件的最高审级，最高人民法院对其判决予以尊重不予过问。

政法院系统可以考虑由最高行政法院、高级行政法院、行政法院组成，采二审终审制。最高行政法院属于最高人民法院的内设性法院，其他行政法院在组织上独立，与其所在行政区域的普通法院系统无关。高级行政法院和行政法院通过划分司法区设置。在某些地域辽阔、交通不便、行政案件少的地区可以根据实际需要设立行政法庭管辖一审行政案件，对其判决不服的，可以直接向高级行政法院上诉。

最高行政法院和高等行政法院可均由全国人大常委会产生。行政法院和行政法庭通过全国人大常委会授权最高行政法院和（或）司法部任命组成人员。全国人大常委会、最高行政法院和（或）司法部任命的法官必须出自于国家法官遴选委员会确定的名单。各级行政法院的经费都来源于中央财政，由最高行政法院汇总各级行政法院的初步预算方案通过最高人民法院向全国人大提出，具体内容如预算的确定、经费的管理、拨付等可暂由行政诉讼法加以规定。

考虑到司法区的划分非常复杂，需要综合论证，这一方案暂时不具有可行性。目前可行的是在目前省级行政区域内打破司法辖区与行政区划的重叠设置专门法院性质的行政法院。

具体方案是：在最高人民法院设置具有相对独立性的高等行政法院，作为行政案件的最高审级；在各省、自治区、直辖市设置一个上诉行政法院和若干行政法院，行政法院的设置首先要打破目前司法辖区附属于行政区划的现状，其次考虑不同地区的人口分布、经济发展、交通条件、行政案件数量等实际需要。为方便当事人诉讼，高等行政法院、上诉行政法院和行政法院可以根据地域、人口分布等情况设立若干巡回法庭。巡回法庭由所属行政法院法官组成，主要组成人员实行定期轮换。巡回法庭作出的判决、裁定是所属行政法院作出的判决、裁定。

各级行政法院由院长一人和法官若干人组成。高等行政法院院长和法官由最高人民法院院长提名，全国人民代表大会常务委员会任命；上诉行政法院、行政法院的院长、法官由高等行政法院院长提名，全国人民代表大会常务委员会任命。拟任命的法官人选需出自国家法官遴选委员会确定的名单。为符合行政审判的专业性需要，在行政法院组建之初，高等行政法院和上诉行政法院的部分法官可以考虑从具有高级职称的行政法学研究人员、局级以上公务员中考录选任。

存在两个法院系统的情况下，行政案件由行政法院管辖，其他案件由普通法院管辖，所出现的问题首先是不同法院系统的审判权限冲突；其次是行政法院和普通法院在审理案件时因审判权限不同而产生的审判前提问题；最后还有不同系统法院判决的冲突及某一系统法院的判决在另一系统法院的效力问题。这些问题在我国现行司法体制下也不同程度的存在，因只有一套法院系统这些问题显得不是那么突出。这些问题需要另作研究，在此提出以引起学界的关注。

（本文原载于《国家行政学院学报》2004 年第 1 期）

政法委的历史与演变

周永坤*

现行党委政法委员会（以下简称“政法委”）是公、检、法三家的“党内领导机构”，它已经存在了半个多世纪，现在应当将它放到社会主义法治建设的大背景下重新检视，以寻求新的历史定位。

一　政法委的历史沿革

（一）政法委的历史渊源

政法委制度的源头，是1946年6月，中共中央书记处批准，在“边区宪法研究会”的基础上成立“中央法律问题研究委员会”，这是一个“智库”性质的机构。1948年12月12日，中共中央书记处决定建立“中央法律委员会”，其主要任务是为未来的新政权起草法律，属于秘书班子一类的机构。1949年新政权成立，“中央法律委员会”随之撤销，代之而起的是设在集权的中央人民政府委员会内的政府的政法委员会，它不同于党委的政法委员会。① 1954年宪法生效后，政权结构由集权的中央人民政府委员会制变成了宪政分权的人民代表大会制，在人民代表大会制度下，政务院变成了国务院，法院、检察院不再是中央人民政府的分支，而是独立的司法部门。这一

---

*　周永坤，苏州大学王健法学院教授。

①　有研究者望文生义将这一在《共同纲领》体制下政府设立的政法委员会作为党委政法委员会历史的一部分是不妥的，例如，林中梁先生将从1949年10月到1956年7月设在政府内的“政法委员会”作为政法委员会历史的第一阶段，将1956年7月至1980年1月为政法委员会历史第二阶段。林中梁编著:《各级党委政法委的职能及宏观政法工作》，中国长安出版社，2004年，第64页以下。此说为大部分研究者所承袭。

宪政分权的制度与此前的公检法集权的政法委员会制度格格不入，因此政府的政法委员会制度一度消失。①

（二）秘书性质的中共中央法律委员会

现行的党委政法委员会制度直接发端于1956年的“中共中央法律委员会”。1956年7月6日，中共中央政治局决定召开了第一次法律委员会会议，宣布正式成立中共中央法律委员会，其任务是中共中央交办的工作，主要是关于法律工作方针政策和各部门的分工等问题，并不主管有关部门的具体案件。当时公检法各部门都设立党组，各有关机构的党组直接向中央负责，向中央请示报告工作，并不向中共中央法律委员会报告工作。② 可见当时的中共中央法律委员会只是一个秘书性质的机构，而且只设在中央一级。

（三）“政法小组”的突进与“文化大革命”中的毁灭

1958年6月10日，根据《中共中央关于成立财经、政法、外事、科学、文教各小组的通知》决定成立政法小组，“这些小组是党中央的，直隶中央政治局和书记处，向它们直接做报告。大政方针在政治局，具体部署在书记处。只有一个‘政治设计院’，没有两个‘政治设计院’。大政方针和具体部署，都是一元化，党政不分。具体执行和细节决策属政府机构及其党组。对大政方针和具体部署，政府机构及其党组有建议之权，但决定权在党中央。政府机构及其党组和党中央一同有检查之权。”这个通知其实是逐字逐句照抄了时任中国共产党主席的毛泽东的相关批语。③ 从此，中国开始形成了至今难以改变的党政不分的、人治的一元化体制。④ 特别严重的是，从1958年开始，县以上各级党委都成立了政法小组，政法小组不仅“协调”公、检、法

---

① 第一届全国人民代表大会第一次会议（1954年9月21日）通过的《中华人民共和国地方各级人民代表大会和地方各级人民委员会组织法》中，关于“地方各级人民委员会（第三章）”的规定中已经没有政治法律委员会这一建置。

② 参阅林中梁编著：《各级党委政法委的职能及宏观政法工作》，中国长安出版社，2004年，第68页以下。

③ 参阅毛泽东：《建国以来毛泽东文稿》（第七册），中央文献出版社，1992年，第268～269页。

④ 这个体制的集权与党政不分可以从周恩来总理戏剧性地辞职一事中得到证明。就在毛泽东作出前述批示的第二天，周恩来向政治局提出辞呈，要求辞去总理一职。又过了一天，中共中央发出前述《通知》，这个通知其实实现了政府权力向党的权力转移，实现了公检法三家分工的权力向一个集权机关的转移，政府不仅在立法上、而且在具体事务上成为贯彻党的领导人意志的工具。这或许是周恩来辞职的根本原因。关于周恩来辞职请见阎志峰：《1958年，周恩来为什么提出辞职？》，《领导文萃》，2012年第3期。

的关系，而且逐渐形成了重大案件要由党委审批的习惯。[①] 这个体制不仅在立法上，特别是在司法上强化了人治体制，形成了从上到下的党委第一把手专权的制度，党的领导成为书记的领导，而不是党的方针政策的领导。这使1954宪法确立的宪政体系悬置，也使八大确立的党"必须严格地遵守法制"的方针失去了制度依托。从此一步步造就了"文化大革命"的社会条件。

这个政法小组的作用在于迎合当时党的领导人的人治偏好，毁坏了正在起步的中国法治建设。例如，1958年，中央政法小组在《关于人民公社化后政法工作一些问题向主席、中央的报告》中指出，"刑法、民法、诉讼法根据我国实际情况看，已经没有必要制定了"。这个报告直接导致全国立法工作陷于停顿。特别严重的是，它在"大跃进"的时代氛围中引发了"公安大跃进"，这《炎黄春秋》2012年第9期导致全局性的社会大灾难。[②] 中央政法小组还向中共中央提交了"关于中央政法机关精简机构和改变管理体制"的报告，结果形成了完全违背宪法（1954）体制的"公检法三家合一，公安为头"的极端人治体制。1960年11月，中共中央在对"报告"的批复中决定，最高人民法院、最高人民检察院和公安部合署办公，并由公安部统一领导，[③] 法院检察院都成了公安的下属单位。警察领导法院，这在任何正常体制下都是难以想象的。这两个措施无疑与八年后的"文化大革命"存在因果关系。1966年开始的"文化大革命"期间，党委被踢开，政法机关被砸，中央政法小组自身也难免其祸。中央政法小组在名存实亡了数年后，自1972年3月中央政法小组组长谢富治病故后，它就连形式都不存在了。

（四）智库性质政法机构的重建

"文化大革命"结束后，为适应改革开放的时代要求，1978年6月20日，

---

① 参阅刘建化：《党的执法监督实践探索》，中国长安出版社，2006年，第50页。

② 1958年公安"大跃进"时，政法部门提出一个口号作为公、检、法三家的行动准则"一长代三长（公安局长、检察长、法院院长），一员顶三员（侦查员、检察员、审判员）；下去一把抓，回来再分家"。在这个口号指导下，公、检、法三机关等于一个机关，没有任何制约和监督。党、政领导，三家干警，带上空白逮捕证，走到哪里捕到哪里，想逮捕谁，就逮捕谁；所谓回来再分家，也根本不分家。1958年人口402700人的安徽凤阳县，在公安"大跃进"中公安机关逮捕、拘留3154人，管制1400多人，批斗2000多人，打击所谓反革命366人。该县还将"人相食"定性为"反革命政治事件"，书记命令"一律逮捕，关死为算，严格保密，不得外传"。结果公安局秘密逮捕食人案件当事人63人，关死在监狱里的33人。尹曙生：《安徽特殊案件的原始记录》，《炎黄春秋》，2009年第10期。作者为事件亲历者，时任安徽省公安厅常务副厅长。

③ 参阅刘勇：《政法委制度的历史沿革》，见中国知网中国优秀硕士学位论文全文数据库。

中共中央批准成立中央政法小组，协助中央处理最高人民法院、最高人民检察院、公安部、民政部四个部门的一些政策方针问题。特别值得注意的是，中央文件规定新成立的政法小组的主要任务是“研究工作中带有方针、政策性的重要问题”，它与最高人民法院、最高人民检察院、公安部、民政部的关系由“领导”变成“协助”，① 可见中共中央已经决定摆脱“文化大革命”前政法小组一元化的老路，这个新的政法小组是上述政治机构的“智库”或助手，这是对1956年体制的回归，而不是对1958年那个导致党政不分的体制的回归。这体现了改革开放以来我党放弃“文化大革命”及其以前的极端人治的阶级斗争体制的意向。

一年后，这个思想更加坚决地体现在“64号文件”中。② 1980年1月24日，中共中央发出《关于成立中央政法委员会的通知》(后简称《通知》)，决定设立中央政法委员会。《通知》规定的中央政法委员会的五项职能中，主要是法律中的政治方向的把握，并不干预具体的司法工作。③ 其作用在于领导新时期繁重的立法工作。不过在此同时，各地也建立了政法委员会，政法委员会的领导班子、机构普遍建立。虽然中共中央并没有明确党委政法委员会是党委的职能部门、领导政法工作，但是它实际上“已经在发挥党委职能部门的作用，已经在宏观上统一组织领导政法各部门的工作”。④ 这一向“文化大革命”前的党政不分体制的“自然”回归引起了全党的重视。

1987年，中国共产党十三大召开，十三大将实现党政分开作为政治体制改革的首要目标与突破口，报告指出，“长期形成的党政不分、以党代政问题还没有从根本上解决。这个问题不解决，党的领导无法真正加强，其他改革措施也难以顺利实施。因此，政治体制改革的关键首先是党政分开。党政分开即党政职能分开”⑤ 。作为贯彻十三大报告的重要一步，1988年5月

---

① 俞敏声主编:《中国法制化的历史进程》，贵州人民出版社，1997年，第232页。

② 参阅崔敏:《64号文件：官大还是法大》，《炎黄春秋》，2009年第12期。

③ 《通知》规定中央政法委员会在中央领导下，研究处理全国政法工作中的重大问题，向中共中央提出建议；协助中共中央处理各地有关政法工作的请示报告；协调政法各部门的工作，对政法各部门共同的有关全局的问题，根据中央的方针、政策、指示，统一认识，统一部署，统一行动；调查研究贯彻执行中央方针政策和国家法律法令的情况；调查研究政法队伍的组织情况和思想情况；办理中共中央交办的其他工作。

④ 参阅林中梁编著:《各级党委政法委的职能及宏观政法工作》，中国长安出版社，2004年，第72页以下。

⑤ 《沿着有中国特色的社会主义道路前进赵紫阳在中国共产党第十三次全国代表大会上的报告（一九八七年十月二十五日）》，见人民网中国共产党历次全国代表大会数据库。

19日中共中央发出《关于成立中央政法领导小组的通知》，这个通知要求撤销中央政法委员会，成立中央政法领导小组。政法小组的职能较政法委员会大大削弱，它一般不开政法工作会议，不发文件，体现了依法办事、党政分开的精神。这是中国走向法治的重要一步。不过，大多数省级以下党委政法委员会并没有来得及撤销。①

（五）维稳与政法委的违规扩权

由于众所周知的原因，1990年3月6日，中共中央决定恢复中央政法委员会，不过当时中央还是坚持了党政分开的原则。中央要求，"政法委员会恢复以后，仍然要贯彻党政职能分开的原则"。八届全国人大常委会委员长乔石在谈及恢复政法委员会时特别强调"宏观指导"，坚持党政分开，反对干预个案。他说，"对一件件案子总会有不同看法，处理上也未必件件都绝对准确。党委如果直接过问一些案件的具体处理，法院就不好下决心了。"他还说，"不论哪一级政法委都要管得虚一点，着重抓宏观指导和协调，当好党委的参谋和助手，其办事机构主要做调查研究工作，不要过于具体地干预部门的业务，以保证法院、检察院依法独立行使审判权和检察权，充分发挥政法各部门的职能作用。"② 从中央文件所列举的政法委五项任务来看，也是"宏观指导"性质的。随后，政法委又两次扩权。1994年，政法委的职权扩大到七项。③ 1995年又扩大至十项。与此同时，各级政法委的编制也不断扩展，权力不断强化。与此相应，实践中政法委，尤其是基层政法委干预司法的情况日趋严重。由于政法委的活动缺乏法律和程序依据，它的活动主要由书记说了算，因此，它的第一把手由谁担任就特别值得注意。在实践中，政法委书记通常由两种人担任。一是公安局长。在这一体制下，实际上使法院、检察院成为公安的下属机构，是向1961年规定的公、检、法"三

---

① 参阅林中梁编著:《各级党委政法委的职能及宏观政法工作》，中国长安出版社，2004年，第68页以下。

② 乔石:《乔石谈民主与法制》，转引自《乔石新书披露政法委撤销与恢复部分细节》，财新网，2012年6月21日报道。

③ 这次扩权中有三项特别值得注意:"研究和讨论有争议的重大疑难案件"，"组织推动社会治安综合治理工作"和"研究、指导政法队伍建设和政法各部门领导班子建设"。前项直接干预司法，中项将公检法统率于"社会治安综合治理工作"，最后一项实际上掌握了政法部门的人事权，这使政法委成为公检法的真正上级。见中共中央办公厅关于印发《中共中央政法委员会机关职能配置、内设机构和人员编制方案》的通知（厅字〔1994〕9号），转引自林中梁编著:《各级党委政法委的职能及宏观政法工作》，中国长安出版社，2004年，第76页。

家合一”制度的回归，司法公正受到严重威胁。二是政府的副职，这使法院、检察院成为政府的下属机构。由于缺乏法律与程序规制，政法委制度的实际效果是很糟糕的，只是由于担心“否定党的领导”的指责，大家讳言而已。事实上，几乎所有的重大冤案后面，都有政法委的影子。在全国引起恶劣影响的佘祥林案、赵作海案是其典型。① 随着政法委的不断扩权，特别是当它掌握了“综合治理”的权力的时候，它事实上成为政府以上的政府，法院以上的法院。这个体制加上党的集体领导难以实现的体制性缺陷，各地在维稳的旗号下埋下了社会稳定的隐患。

二　政法委不适合党的领导

党对政法工作的领导是党对国家领导的一个方面，它是更为广泛的党政关系的一部分。在党政关系上，我们历来在两种思路中徘徊：一是一元化，二是党政分开。虽然在抗日战争中我党就提出了党政分开的要求，但在战争环境下这一目标难以实现。新中国成立以后，党政不分的体制事实上延续下来，并得到发展。1953 年 3 月 10 日，中共中央作出《关于加强中央人民政府系统各部门向中央请求报告制度及加强中央对于政府工作领导的决定》，这是我党形成以党代政、党政不分体制的开端，不过这一体制受到 1956 年八大精神的扼制。1958 年起逐渐形成了从上到下的“党做决定，政府执行”政权行为模式，党的各口和职能部门既管各口的干部也管业务，党组织可以用行政化手段直接部署政府工作。到 20 世纪 60 年代初，党委“大权独揽，小权包办，事事点头，样样都管”，已经成为普遍现象。② “文化大革命”中，这一体制达到登峰造极的地步，可以说，“文化大革命”正是党政不分体制合乎逻辑的结果。改革开放以来，虽然我党一再提出解决这一问题，但是由于复杂的历史与现实原因，虽然我们取得了一些成绩，不过在政法领域

① 当湖北省高院于 1995 年 1 月 6 日对佘祥林案以“事实不清，证据不足”发回荆州地区中级人民法院重审，并且在出现“良心证据”的情况下，荆门市政法委出面“协调”，协调的结果决定对佘祥林故意杀人案降格处理，由京山县检察院向京山县法院提起公诉，对佘祥林判处有期徒刑。这不仅违法，而且“协调会”使审判徒有其名。南方网 http：//www.southcn.com/news/community/shzt/ssl/trial/200504140031.htm。无独有偶，赵作海一案检察机关多次因证据不足退回。到 2002 年八、九月份，政法委组织一个专题研究会，会议之后，商丘市检察院受理了这个案子，而政法委指令下的“受理”，其实这就已经定案。中华网论坛 http：//club.china.com/data/thread/1011/2712/73/37/6_1.html。

② 参阅马国钧：《中国共产党现代化建设论要》，中央党校出版社，2007 年，第 305 页。

它始终没有退出。而这一切是在加强党的领导的旗号下进行的。因此，要解决党政不分的问题，必须研究什么是党对司法工作的领导。

早在1942年，中共中央政治局就通过了《关于统一抗日根据地党的领导及调整各组织间关系的决定》，决定指出，“党委包办政权系统工作、党政不分现象……都必须纠正……党对政权系统的领导，应该是原则的、政策的、大政方针的领导，而不是事事干涉，代替包办”。当时的中央领导反复强调，党的领导不是“党委高于一切”，也不是“以党治国”的一党专政，党的领导是政治领导。① 早在新中国成立前，邓小平就指出：“党的领导责任是放在政治原则上，而不是包办，不是遇事干涉，不是党权高于一切，这是与‘以党治国’完全相反的政策。”②

新中国成立以后，这个问题每隔一段时间就会有党内的有识之士提出来，但是始终未能解决。在新中国成立之初，彭真就说：“党、政府、群众组织要分开。过去实行‘一揽子’‘一元化’，现在不行了。”③ 1951年董必武强调：“党领导着国家政权但这决不是说党直接管理国家事务，决不是说可以把党和国家政权看做一个东西。”“党无论在什么情况下，不应把党的机关的职能和国家机关的职能混同起来。党不能因为领导政权机关就包办代替政权机关的工作”④。1953年，周恩来作为中央人民政府内党的最高领导机构的负责人，主张政府工作必须坚持党政分开。他在政务院党组干事会成立时就强调：党组工作不要在形式上管得那么多，行政上的事还是经行政机构去办。⑤ 针对党委包揽司法工作的具体事务，司法机关不能依法独立行使审判权、检察权的错误倾向，1961年4月28日，最高人民法院院长谢觉哉、公安部部长谢富治向刘少奇汇报。刘少奇说：“检察院、法院要独立办事，党委不要干涉具体事务，党委什么都干涉不好。以后下面公检法向上面写报告要直接报，不要经党委批准，经过党委批准是错误的。要有对立面，唱对台戏，三机关互相制约也是对立面，也是唱对台戏。什么事情一个渠道是不

① 参阅马国钧：《中国共产党现代化建设论要》，中央党校出版社，2007年，第303页。

② 《邓小平文选》（第一卷），人民出版社，1994年，第12页。

③ 彭真：《做好统一战线工作》（1949年12月24日于华北公安会议上的讲话），载《彭真文选》，人民出版社，1991年，第192页。

④ 董必武：《论加强人民代表会议的工作》（1951年9月23日在华北第一次县长会议上的讲话），《董必武年谱》，中央文献出版社，1991年，第395页。

⑤ 参阅李格：《1953年反“分散主义”问题初探》，《史学集刊》，2001年第4期。

行的，老百姓都能反映情况嘛。这几年犯的‘左’的错误是在党委的绝对领导下犯的，这是一条重要的经验。”① 但是这些党的领导人的努力并没有能改变强劲的党政一元化趋向，最后形成了党政不分的所谓“一元化”体制，谁要是坚持党政分开，谁就有“反对党的领导”的罪名。

改革开放以后，法律工作中的党政不分体制受到普遍的质疑。邓小平率先将党的领导与党政分开统一起来，而不是对立起来，他多次提出改善党的领导，要实现党政分开，党法分开。他说，“要通过改革，处理好法治与人治的关系，处理好党和政府的关系。党的领导是不能动摇的，但党要善于领导，党政需要分开。”② 前述中共中央64号文件（1979年9月9日）就是确立党领导政法的新体制——党政分开体制——的努力的重要一步，它从法治的高度将“党政分开”作为党领导政法工作必须遵循的原则，文件指出，“加强党对司法工作的领导，最重要的一条，就是切实保证法律的实施，充分发挥司法机关的作用，切实保证人民检察院独立行使检察权，人民法院独立行使审判权……党委和司法机关各有专责，不能互相代替，不应互相混淆……党对司法工作的领导，主要是方针、政策的领导。各级党委要坚决改变过去那种以党代政、以言代法，不按法律规定办事，包揽司法行政事务的习惯和作法。”③ 1986年6月28日，在中央政治局常委会议上，邓小平再次强调指出：“纠正不正之风、打击犯罪活动中属于法律范围的问题，要用法制来解决，由党直接管不合适……党干预太多，不利于在全体人民中树立法制观念。”④ 十多天后（7月10日），《中共中央关于全党须坚决维护社会主义法制的通知》发布，通知规定，“党对司法工作的领导，主要是保证司法机关严格按照宪法和法律，依法独立行使职权。各级党组织和广大党员，特别是党政军领导机关和领导干部要坚决支持司法机关坚持原则，秉公执法。”⑤

明确提出要解决“长期形成的党政不分、以党代政问题”的是党的十三大报告。十三大报告（1987年）指出，不解决“党政不分、以党代政问题”的问题，“党的领导无法真正加强，其他改革措施也难以顺利实施。因此，

① 萧冬连：《文革前十年史》，中共党史出版社，2011年，第634页。

② 《邓小平文选》（第三卷），人民出版社，1993年，第177页。

③ 崔敏：《64号文件：官大还是法大》，《炎黄春秋》，2009年第12期。

④ 《邓小平文选》（第三卷），人民出版社，1993年，第163页。

⑤ 《中共中央关于全党必须坚决维护社会主义法制的通知》，中共中央文献研究室编：《十二大以来重要文献选编》，人民出版社，1988年，第1061页以下。

政治体制改革的关键首先是党政分开……党的领导是政治领导，即政治原则、政治方向、重大决策的领导和向国家政权机关推荐重要干部。党对国家事务实行政治领导的主要方式是：使党的主张经过法定程序变成国家意志，通过党组织的活动和党员的模范作用带动广大人民群众，实现党的路线、方针、政策。党和国家政权机关的性质不同，职能不同，组织形式和工作方式不同。应当改革党的领导制度，划清党组织和国家政权的职能，理顺党组织与人民代表大会、政府、司法机关、群众团体、企事业单位和其他各种社会组织之间的关系，做到各司其职，并且逐步走向制度化”。十三大报告特别规定：“今后，各级党委不再设立不在政府任职但又分管政府工作的专职书记、常委。”① 请注意，这里其实明确指出了撤销政法委员会是此后工作的方向。

无论在理论上还是在实践上，党委政法委员会体制都不是加强，而是弱化了党对政法工作的领导，理由有：

第一，政法委员会违背了党领导的基本原则：政治领导。政治领导是党的领导的原则，但是政法委的存在违背了这个原则，这个体制使党成为实际的“行动者”，无法行使“领导职责”。

第二，政法委员会体制有违党的集体领导原则。党的领导是党的集体领导，这个集体就是党委，是党代会。政法委员会在党委、党代会外形成一个权力中心，这必然会影响集体领导，尤其是当政法委的权力极度扩充以后。如果政法工作要有一个“政法委员会”，经济工作就要有一个“经济委员会”，文化工作就要有一个“文化委员会”……以此类推，各行各业都要有一个主管的“×× 委员会”，党委、党代会岂不架空？正是这个原因，设在党内的种种“委员会”先后消失，政法委员会是仅存的一个党委外的“权力中心”②。

第三，政法委员会使党的领导“不能”。所谓党的领导（在政法问题上）是党领导人民形成意志——法律，而后领导人民落实实施法律，依法办

---

① 有的同志或许对十三大报告的权威性报告提出疑问，这可以用邓小平的话来回答。针对否定十三大报告的思潮，邓小平出来表态：“十三大报告一个字也不能改。”周瑞金：《如何看待改革的第三次大争论？》，《经济研究信息》，2006 年第 6 期。作者为“皇甫平”系列评论创作群体主创人、前人民日报副总编。

② 依据 1958 年 6 月 10 日《中共中央关于成立财经、政法、外事、科学、文教各小组的通知》的要求，各地一度都建立了种种“小组”（委员会），改革开放以后，除政法委员会以外的其他权力中心都已经不存在，其权力回归政府，唯独政法委员会的权力没有回归公检法。

事。完成这一领导过程离不开一定的制度依托，这就是宪法、组织法规定的、党领导人民建立的人民代表大会制度，特别是公、检、法三家分工制约的制度。政法委员会制度、特别是地方的政法委员会制度恰恰是建立在否定这一制度安排之上的，它使党的领导因失去制度依托而成为“不能”，是一种“自毁长城”的制度。

三　政法委与法治不合

党的领导并不必然具有正当性，应当遵守一定的原则，在法治国家，这就是法治原则。这一原则的正当性有两方面的规范依据：一是党章依据，二是宪法依据。十七大通过的《中国共产党章程》总纲部分规定：“党必须在宪法和法律的范围内活动。党必须保证国家的立法、司法、行政机关，经济、文化组织和人民团体积极主动地、独立负责地、协调一致地工作……党必须适应形势的发展和情况的变化，完善领导体制，改进领导方式，增强执政能力。”宪法中的规定则见之于宪法序言和宪法第五条。

但是政法委制度明显违反这一原则，它与法治原则的冲突表现在：

第一，政法委的设置与公、检、法三家分工负责的宪法框架相冲突。仅仅从形式上看，这一点也是不证自明的。有一个台前的公、检、法，又有一个幕后的政法委，而这两个制度的行为规范与工作目标其实不一致，两者的冲突不可避免。①

第二，实践中政法委扩权现象严重，使宪法规定的权力分配体制受到极大侵蚀。政法委的扩权冲动源于单一维稳思维下的政绩冲动，近年来一直处于高位的信访与群体性事件刺激并强化了政法委的扩权。这个扩权表现在三个方面：立法权、行政权和司法权。近年来，各地政法委制定种种规范，这些规范常常与现行法律相冲突，造成法律的紊乱。例如，2003 年，北京市委政法委出台了《关于处理轻伤害案件的会议纪要》，规定对于因民间纠纷引起的轻伤害案件，如果嫌疑人有认罪、悔罪表现，积极赔偿损失，被害人要求不追究其刑事责任，可以对其作出撤案、不起诉或免予刑事处分的处

① 表面上看这两者是一致的，其实不然。公检法的目标是实现法律，它的目的是规范性的；政法委员会的目标是功利性的，例如稳定、严打，甚至维持地方政府的招商、拆迁等等。这就是当前我国司法发生严重变形的重要制度原因。

理。[①] 2003年，中共河北省委政法委作出《关于政法机关为完善社会主义市场经济体制创造良好环境的决定》，内中有多项违背国家法律。[②] 在实践中，许多不为当事人与律师知晓的政法委以各种名目制定的规则，事实上成为直接适用的法律，它的效率甚至在法律之上，它可以直接作为改变合法判决的依据。[③]

近年来，一些地方政法委掌握了信访权与综合治理权，在"综合治理"的口号下，有的政法委不仅控制了公安、法院、检察院，甚至包括了国安、武装警察系统，能随时调动中国外交、教育、司法、行政、军队、卫生等资源，成为政权以外的一个权力中心。例如，河南义马市的信访体制"改革"，撤销信访局，成立群工局（部），后又挂回信访局牌子，两部门合署办公。这个群工部（信访局）权力有：直接交办督办权、重大决策评估权、社会建设指导权、考核奖惩建议权，等等。[④] 在地方上，通过涉诉信访的管辖权，政法委已经成为事实上的"超级法院"。更为严重的是，有的地方政法委干脆设立宪法规定的体制以外的"法院"，而这个"法院"听命于政法委，且很少受法律程序约束。[⑤] 这一切，使政法委成为不仅集公、检、法于一身，而且集立法、行政与司法权于一身的超级机构。

第三，政法委的工作方式、导向与公、检、法不一致。政法委的工作方式是协调。协调案件大致的程序是："公检法向政法委提交有分歧的案件，主要是证据不足或认识上（可逮与不逮）有分歧的案件；政法委通过调查案件，召开协调会，提出初步意见，并形成会议纪要下发各部门……这种结果

---

① 参阅窦玉梅：《刑事和解，是耶非耶？》，《人民法院报》，2006年8月15日。

② 例如，《决定》规定对"贡献突出的企业经营者，以及正在进行重大项目洽谈、重大经营活动和科技攻关项目带头人"涉及经济犯罪的给予特别保护（第6条），对"民营企业经营者创业初期的犯罪行为"作出了与法律不一致的规定。中国法律法规资讯网 http：//www.86148.com/onews.asp？ id=15727&Page=1。

③ 吉林省松原市中级人民法院2002年1月22日对一起"蓖麻油案"作出裁决，裁决被告濮源公司给付原告四强公司蓖麻油等并赔偿损失37.8万元。当事各方并未上诉。在执行过程中，法院依法扣押了被告的蓖麻油和蓖麻饼，但是植物油厂阻止原告提取上述物品。针对这一问题，松源市中级人民法院多次召开有市政法委参加的听证会，结果是，法院于2003年2月5日发出一份民事裁定书中止判决的执行。裁定书的依据竟是中共松源市委政法委的"会议纪要精神"。赵继生、程刚：《"政法委会议精神"成了裁定书依据？》，《中国青年报》，2004年5月28日。

④ 参阅钱昊平：《信访扩权的义马试验》，《新京报》，2010年11月27日。

⑤ 参阅钱昊平：《信访扩权的义马试验》，《新京报》，2010年11月27日。

往往不是基于对事实的认定的一致，而是由于政治权威的运作。”[①] 这种工作方式与公、检、法三家分工制约的宪法模式明显不一致：政法委的工作方式是集权的方式，而宪法规定的体制运作方式是公安侦查、检察院起诉、法院裁判。就导向来看，政法委制度也与宪法规定的制度不一致的。政法委“整个案件协调的过程是以政治化为导向，按照政治制度逻辑运作而不是司法制度逻辑运作的模式进行的”[②]，而所谓“政治导向”在绝大多数情况下是“政府导向”，甚至是“政绩导向”，而宪法体制下的公、检、法三家运行的导向是权利导向的，规则导向的，这两者的冲突是不言而喻的。这就是目前我国暴力强拆、暴力截访、刑讯逼供、超期羁押等违法行为屡禁不止的制度原因。

第四，干预司法成为政法委工作的常态。我国的宪法、组织法、诉讼程序法规定了法院、检察院独立行使职权的种种规则，但是政法委的工作方式却是合三家为一家，虽然也说政法委尊重公、检、法独立行使职权，但是在政法委掌握财权、人事权的情况下，通过政法委制度的统合，政法委书记成为法院和检察院事实上的政治上级。在此制度环境下，虽然在理论上政法委的结论对公、检、法机关只是“建议”，并没有强制约束力，但事实上很少有人敢于否定政法委的结论。这就使政法委干预司法成为常态。

第五，政法委使许多审判沦为作秀。法官不是真正的裁判者是中国司法长久存在的根本性问题，尽管在不同的时代其严重性程度不同，但它始终存在。“文化大革命”前长期实行的党委审批案件的制度是“审判秀”的典型，中共中央 64 号文件从形式上结束了党委审批案件的制度，使审判成为“真实”的，而非“作秀”，这是一个历史进步。但是随着政法委权力的崛起，政法委的协调事实上成为实质性的“审判”，在重大案件上，通过政法委的“协调”使审判再次成为作秀。一个还在侦查阶段、或者在起诉阶段的案子，或者在审判中产生分歧的案子，进入政法委“协调”程序后，政法委就成为实质性的审判者，而法院只是贯彻政法委的指令而已，这使法官沦为尴尬的“作秀者”。“审判秀”对法官良心、法官责任，对司法权威、对法治的影响

---

① 侯猛：《司法改革背景下的政法治理方式——基层政法委员会制度个案研究》，《华东政法学院学报》，2003 年第 5 期。

② 侯猛：《司法改革背景下的政法治理方式——基层政法委员会制度个案研究》，《华东政法学院学报》，2003 年第 5 期。

是根子上的，这也是这几年发展起来的“法官与律师辩论”、律师被逐出法庭的制度根由。①

四 法治国家建设与政治体制改革的攻坚之战

1999年，法治入宪，这意味着法治国家成为中国的目标，法治成为举国遵守的最高原则，制度设计应当围绕这一目标进行并接受它的检视。由于政法委制度存在明显的不合逻辑现象，与宪法确立的法治原则明显冲突，在实践中存在严重的干预司法的倾向，因此，取消政法委制度的主张其实无论在法学界还是在法律实务界均为主流。

早在法治入宪的第二年（2000年），崔敏教授就从司法权配置的角度对政法委的设置提出了批评，认为它与司法独立的要求相抵触。② 2008年，崔敏教授进一步指出：“没有必要在各级司法机关之上再设个‘婆婆’去发号施令。”③ 2001年有学者将撤销地方政法委作为提高司法权威的必要条件之一。④ 2003年有学者通过对政法委个案研究后得出的结论是：“由于政法委员会在人事上实际采取行政首长负责制，因此，第一把手往往会越过政法委员会制度设计的界限，从而导致干预司法的产生。”⑤ 时隔八年，这位学者再次指出：“越来越多的地方由公安首长担任地方党委常委或政法委书记，这有可能使得案件的公正性难以保证。法院和检察院更有可能只是配合公安

---

① 2012年1月9日，在贵阳小河区法院审理黎庆洪涉黑案时，法庭内剑拔弩张：律师屡屡抗议，审判长频频敲响法槌，对辩护律师提出口头警告、训诫多达十余人次，并当场将3名辩护律师逐出法庭。1月12日，开庭第4天，全国人大代表、女律师迟夙生成为第四个被逐出法庭的律师。刘长：《小法院卷进打黑风暴》，《南方周末》博客 http：//nfzmfz.fyfz.cn/art/1048308.htm。这种表象的后面是法官的尴尬：法官为了贯彻“长官意志”不得不走上前台，担当与律师辩论的角色，他其实已经失去了法官的职责与立场。这种角色错位的后面是政法委员会制度。

② 崔敏教授说：“政法委员会协调办案的制度，与‘司法独立’的要求相抵触……对于法院和检察院来说，政法委是名正言顺的领导机关，而且是最直接、最实际的领导。法院和检察院都必须贯彻政法委的‘协调’意见。在这种体制下，不可能真正‘独立’地行使职权。”崔敏：《论司法权力的合理配置》，《公安学刊》，2000年第3期。

③ 崔敏：《优化司法职权配置的三点建言》，《刑事司法论坛》（第一辑），中国人民大学出版社，2008年，第31页。

④ 他们提出：“保留中央政法委员会，取消地方各级政法委员会。由中央政法委负责党对政法工作的统一领导，从全局上部署党对政法工作的要求，把握政法工作的方向。地方各级政法委则无存在的必要。”汪建成、孙远：《论司法的权威与权威的司法》，《法学评论》，2001年第4期。

⑤ 侯猛：《司法改革背景下的政法治理方式——基层政法委员会制度个案研究》，《华东政法学院学报》，2003年第5期。

机关而很难发挥制约功能。”[①] 2010年，陈光中教授在接受《南方都市报》采访时表示，应当取消地方政法委对案件的拍板权。因为这种权力不仅违反了基本的诉讼原则及直接言词原则，属于“判而不审”，而且一旦发生错案，也难以追究相关人员的责任。[②] 于建嵘则明确表示：“中国应该废除政法委制度。中国最需要重树司法的权威……赵作海案已经表明，政法委制度已经严重干扰了司法，必须尽快废黜。”[③]

在历史上，党政不分现象同样存在于财经、政法、外事、科学、文教等领域，其他领域的问题在经济体制改革过程中都比较容易地解决了，政法委是“文化大革命”式一元化体制的唯一遗存。因此，从不同工作领域的横向比较来看，政法领域的党政不分体制已经严重落后于其他领域，造成中国改革开放的“跛足现象”，拖了改革开放的后腿。因此，对政法委的改革当确立为一步政治体改革的首要目标。作为过渡，可以考虑先撤销地方政法委员会，保留中央的政法委员会，其职权借鉴当年的政法小组的规定，当为党内的政法智库。

（本文原载于《炎黄春秋》2012年第9期）

① 侯猛：《政法传统中的民主集中制》，《法商研究》，2011年第1期。

② 参阅《学部召集人陈光中教授建议取消地方政法委拍板权》，载教育部社会科学委员会法学学部网 http：//fxxb.legal-theory.org/？ mod=info&act=view&id=207。

③ 和讯微博 http：//t.hexun.com/13827783/2086011_d.html。

第三部分

历史与当下的司法改革

人民法院审判案件只服从法律 *

江　华**

（一九八〇年一月十日）

人民法院是国家的审判机关，实施刑法、刑事诉讼法是法院的职责。审判权是国家权力的一个重要组成部分，只能由特定的国家机关即人民法院行使。人民法院独立进行审判，严格办事，是行使好审判权的前提。人民法院审判案件必须以事实为根据，以法律为准绳。离开犯罪事实来定罪量刑就会造成错案。背离法律规定任意判决是不允许的。人民法院审判案件只服从法律，除法律之外，任何个人意志都不是判决的依据。犯罪分子的出身、成分、职务等等，都不是定罪量刑的根据。在法律面前人人平等是社会主义法制的一个重要原则。我们必须排除各种干扰，坚持这个原则。

人民法院要行使好审判权，关键在于加强中国共产党对司法工作的领导。刑法、刑事诉讼法是在中共中央的领导下，经过国家的立法机关和立法程序制定的。它们反映了全国人民的意志，代表了人民的利益，体现了党的政策，并且由国家的司法机关负责统一实施。因此，人民法院独立进行审判，只服从法律，就是服从党的领导的具体体现。没有党的领导和支持，人民法院要实行独立审判是不可能的。中国共产党对司法工作的领导，主要是方针政策的领导和监督，切实保证与支持人民法院依法独立进行审判，行使好国家的审判权。

人民法院的审判权是人民赋予的。人民群众对审判工作的批评和建议，

* 本文是向新华社发表的广播讲话。

** 江华，1975 年 1 月至 1983 年 6 月任最高人民法院院长。

与干涉人民法院独立进行审判是有原则区别的。人民法院应当认真听取人民群众的意见，接受人民群众的监督；人民群众也应当积极支持人民法院独立进行审判，行使好审判权。每一个审判员都应当牢牢记住，我们是人民的公仆，要忠实于法律，忠实于人民的利益，为加强社会主义法制，保障社会主义现代化建设而努力工作。

（本文原载于人民法院出版社 1989 年出版的《江华司法文集》）

谈谈依法办事问题 *

江　华

（一九八〇年六月十四日）

我们这次来到湖北，经过七八天的座谈之后，初步了解到一些情况。省委召集管政法的地委、市委负责同志和中级人民法院院长的会议，重新学习中共中央保证实施刑法、刑诉法的指示，检查贯彻执行这个文件的情况，这样做很好，我完全赞成。省委的同志和法院的同志要我在会上讲话，我只能讲一些老话，和尚念经，天天都是阿弥陀佛。

湖北省各级人民法院在省委和各级党委的领导下，与兄弟部门密切合作，工作成绩是显著的，特别是对"文化大革命"期间判处的各类案件普遍进行了复查，纠正了大量的冤假错案，这是一项很大的成绩。在整顿城市社会治安、打击现行犯等方面也做了大量工作。希望同志们再接再厉，为促进安定团结和社会主义现代化建设做出更多的贡献。

我今天要谈的主题是：依法办事。

我国宪法和法律，是以马列主义、毛泽东思想为指针，结合我国人民民主专政和社会主义建设的具体经验制定的，是我们治国的法宝，举国上下必须一体遵行。要依法办事，首先在思想上必须解决对加强社会主义法制的认识问题，增强法制观念。粉碎"江青反革命集团"后特别是中国共产党十一届三中全会以来，党和国家为加强社会主义民主和法制已经做了大量工

---

* 一九八〇年六月，江华到湖北检查人民法院贯彻执行中央关于保证实施刑法、刑诉法指示的情况，十四日中共湖北省委召开了一次干部大会，有湖北各地、市委管政法的负责同志、中级人民法院领导同志，以及湖北省武汉市公检法部门的部分干部参加，省委书记黄知真同志主持大会，并讲了话。本文是江华应邀在这次会上的讲话。

作：五届人大一次会议修改了《中华人民共和国宪法》；五届全国人大二次会议做出了修正宪法若干规定的决议，通过并颁布了刑法、刑事诉讼法等七个重要法律；全国人大常委会还制定和重新颁布了其他一些法律、条例，等等。这就使我国的社会主义法制建设进入了一个新的阶段。各级党委和有关部门进行了广泛的法制宣传教育工作，使党员和人民群众的法制观念有所提高。特别是中共中央 1979 年发了保证“两法”实施的指示，这个文件很重要，对增强党员干部包括负责同志的法制观念，克服对社会主义法制的各种错误看法和做法，对保证刑法。刑事诉讼法的实施，对加强公安司法机关的建设，都是十分必要的。轻视法制、否定法律、以党代制、以言代法、有法不依的严重现象开始有所改变。但是，问题并没有根本解决，也不可能在短期内解决。在思想认识上和司法实践中都还存在很多问题，需要一个相当长的时间，通过不懈的努力才能解决。

中共中央关于保证“两法”实施的指示，我认为是新中国成立以来甚至建党以来关于政法工作的第一个最重要的最深刻的最好的文件，是我国社会主义法制建设新阶段的重要标志，具有重大的现实意义和深远的历史意义。这个文件是在粉碎林彪、“江青反革命集团”反革命集团之后的历史条件之下产生的，是我国社会主义建设进入新的历史时期的必然产物。粉碎“江青反革命集团”人心思治，人心思法。三中全会确定全党工作的着重点转移到社会主义现代化建设上来，重申了实事求是的思想路线，确定了全国各民族人民同心同德进行社会主义现代化建设的政治路线。没有这样的历史条件就不可能产生这个文件。文件深刻地尖锐地指出了中国共产党内存在的对社会主义法制的错误观点，澄清和纠正了一些不确定的看法和做法，明确规定了如何加强和改善党对司法工作的领导，充分阐述了加强社会主义法制、实施“两法”的重要性。文件还对加强和健全司法机构，建设坚强的司法队伍，开展法制宣传教育，作了明确规定，强调所有共产党员特别是党的各级领导干部都要学法、懂法，带头守法，有法必依，执法必严，违法必究。学习和贯彻执行这个文件，首先要解决思想认识问题。思想上对加强社会主义法制的重要意义理解不深刻，懵懵懂懂，对这个文件就不可能贯彻执行得好，严格依法办事就不可能做到，别的地方有的同志学了这个文件，只记住党委不批案件这一句话，别的他都不感兴趣，这怎么能贯彻好文件精神，怎么能领导好和做好司法工作呢？

法制观念淡薄，在党内党外、在国家干部和人民群众中，包括我们司法干部在内，是普遍存在的。新中国成立以来，在法制工作上我们有一些好的经验，也有许多教训。党的八大确定要健全社会主义法制，是一项完全正确的治国决策。可是后来没有那样做，反而不顾当时革命和建设的需要，脱离实际地开展一个又一个的政治运动，把群众运动同法制对立起来，有了法律可以不遵守，违法可以不追究。宪法上写的人民法院独立进行审判，公民在法律面前一律平等的原则，不但不实行，还被当做资产阶级法律观点进行批判。有法不依，以言代法，党委包揽司法业务成为习惯。到了“文化大革命”时期，林彪、“江青反革命集团”为了篡党夺权，钻了我们法律不健全的空子，叫嚷和实行“砸烂公检法”，把社会主义法制破坏殆尽，利用手中的权力残酷镇压和迫害干部、群众，制造了大量冤假错案。这是严重的教训。可以说，在社会主义法制问题上，我们付出了相当大的代价，教训是极为深刻和沉痛的。历史的教训使我们许多同志清醒地认识到，轻视法制是误国之道，健全法制才是治国之道，但是仍然有一部分同志至今认识不到这个道理。要建设一个现代化的文明的社会主义国家，没有健全的法制是不行的；要贯彻执行全国各族人民同心同德搞四化的政治路线，就必须加强社会主义法制。我们人民法院坚决地贯彻执行这个文件，就是实行三中全会的政治路线的具体表现。

增强全国人民的法制观念，使我们的人民自觉地在健全的法制下有秩序地生产和生活，使我们的青少年懂得怎样在国家法律的保护和约束下健康成长，这不是一朝一夕所能做到的事情。我国社会主义社会是直接从半封建半殖民地社会脱胎而来的，几千年封建主义遗留下来的思想意识的残余将会长期存在。法制观念是一个民族的文明程度的重要标志之一，与科学文化发展水平有密切的关系。人们的法制观念淡薄，与我国的科学文化落后有密切的关系。我这样说，丝毫不意味着对增强人民群众的法制观念可以持悲观的态度。恰恰相反，说明这一点，正是为了使同志们懂得我们的责任重大，我们必须通过长期不懈的宣传教育和审判实践，来逐步提高干部和群众遵守法制的自觉性。共产党员干部和司法干部必须以身作则，彻底扭转一切轻视法制的观点，坚决纠正同国家法制相违背的习惯做法，时时事事都要依法办事，维护法律的尊严和信誉。

要做到依法办事，最重要的是加强党对人民法院工作的领导。各级人民法院要主动向同级党委汇报请示工作，凡属方针、政策问题必须请示党委，对党委和负责同志关于审判业务方面的一些意见应当尊重，符合法律的一定要听；对审判活动中遇到的困难，如缺乏必需的物质条件和来自某些行政机关、团体和个人对审判工作的干扰，要如实地报告党委，请求给以支持和解决。

人民法院必须服从党的领导，又必须严格依法办案。服从党的领导和依法办案是一致的。国家的法律是在党的领导下制定的，人民法院是在党的领导下建立的国家审判机关，它的职责就是通过审判活动实施法律。所以，人民法院严格依法办案，就是服从党的领导的具体表现。有的同志认为，只有党委审批案件才体现党委领导，党委不批案件就无法体现党委领导，这种看法是不对的。中央这个文件规定，党对人民法院工作的领导主要是方针政策的领导，并决定取消各级党委审批案件的制度。这是30年来人民法院工作的一项重大的改革，是加强和改善党对人民法院工作领导的重要措施。有的同志担心，这样削弱党的领导的做法，实际上混淆了党委和司法机关的性质和职责，把党组织混同为司法机关，把党的领导变为包办代替，把党的领导作用降低为处理具体司法业务，其结果必然削弱和贬低了党的领导。长期以来我们就是那样做的，改变了它很不容易啊！有少数同志至今还习惯于那种做法，甚至还认为那样做是应该的正确的。有的同志要人民法院审理案件非得照他的意见办不可，什么法律，什么独立审判，都不算数，他的话就是法律，甚至说什么“你独立审判不听我的话，我调你的工作！”你看，他有多么大的权力啊！在别的地方，我也遇到过这类藐视国家法律的行为。中央这个文件指出，各级党政领导人，不论职务高低、权力大小，都不得以言代法，把个人意见当做法律，强令别人执行。如果发生这种情况，任何人都有权予以抵制、揭发和控告检举。我希望党员干部特别是负责同志和政法部门的同志都能够自觉地按照中央的规定办事，坚决克服有法不依，以言代法的现象。要表彰那些不屈从权势，不徇私情，坚持原则，严肃执法的司法干部。对于顺应权势、徇情枉法的司法人员，必须严肃处理。这是党委加强对人民法院党员干部管理教育的一个重要方面。也有个别司法人员在取消党委审批案件制度之后，处理具体案件还非要报党委审批不可，自己没有勇气行使法律赋予的职责，这样做表面上好像是依靠党的领导，实质上是对加强党的领导的误解，是不对的。

中央这个文件中要求各级党委切实保证人民检察院独立行使检察权，人民法院独立行使审判权，并明确指出，任何人不尊重法律和司法机关的职权，这首先就是损害党的领导和党的威信。人民法院要真正做到独立行使审判权，必须有两个基本条件：第一是由党委保证，不仅自己不以言代法，而且使人民法院不受其他行政机关、团体和个人的干涉。党对人民法院实行领导，最重要的是监督它贯彻执行党的路线、方针、政策，保证它独立行使宪法所赋予的审判权，树立司法人员是专业人员的观念和改善对司法人员的管理方法，以充分发挥人民法院的职能作用，保证法律的严格实施。审判权是国家权力的一部分，只能由人民法院行使。这是国家职能的合理分工。如同人民法院无权干涉其他国家机关正确行使法律规定的权力一样，其他的国家机关也无权干涉人民法院正确行使宪法赋予的职权，群众团体和个人更无权干涉人民法院的审判活动。我希望各级党委的同志要教育干部，按照法律的规定，尊重法律和人民法院的职权。这是人民法院行使好审判权的一个重要保证。第二是人民法院的领导干部和审判人员必须认真贯彻执行党的思想路线和政治路线，努力学习政策、法律和法学理论，不断提高专业知识和业务工作能力，严格依法办事，承担起国家赋予人民法院的职权。人民有权对人民法院的审判活动实行监督。人民法院要认真听取来自各方面的批评意见，凡是符合国家法律的规定的意见，不论是来自机关、团体，还是来自领导干部和群众，都要接受。判错了案件，要按照法律程序认真纠正。不允许借口独立审判拒绝正确的批评意见。人民法院每年都要审理大量的各类案件，个别案件处理不当或发生错判是难以完全避免的。人民法院的领导同志和审判人员要经常检查自己的工作，一经发现案子办错了，就要主动地及时地纠正。我们要求审判人员不要办错案子，万一办错了，要有勇气自己出来纠正，并且总结教训。不要因为个别案子没有办好或者持有不同的意见，就调动他的工作。对敢于坚持原则的审判人员，给“小鞋”穿，打击报复，是绝对不允许的。

中央这个文件中指出，各级司法机关处理违法犯罪问题，都必须以事实为根据，以法律为准绳。这个原则完全符合党的实事求是的思想路线，是辩证唯物主义在审判工作中的体现。无论是处理现行犯罪案件，还是复查“文化大革命”中判处的冤假错案，都必须坚持这个正确的原则。在弄清事实的基础上，依照国家法律衡量是否构成犯罪，犯什么罪，应该给以什么处罚。

凡是没有构成犯罪的，属于犯错误的，一律不能判刑，要宣告无罪，如果判了罪就是错案。现在判了，总有一天是要给人家纠正。据说有一个案子，过去已经处理了，前不久又把人抓起来，判了二年徒刑，人家上诉，又改判为六个月拘役。明知可以不判，还是判了，为什么这样干呢？怕得罪人。说什么判了得罪被告人一家，不判得罪五家。这不是司法工作者应有的严格依法办事的态度。我们要对人民负责，对国家的法律负责，决不能为了照顾什么“关系”，违心地干违背法律的事。

人民法院处理与公安、检察机关的关系，共同的标准是什么？我认为公、检、法三家共同遵守的标准就是依法办事。具体地说：一要实事求是，没有事实，你说话就没有依据。二要依法，法律是统一的标准。三要互相尊重，你提意见我要考虑，我提意见你也要考虑。如果大家都依法办事，我看政法部门内部之间的矛盾都可以很好地解决。特别是人民法院的同志要尊重兄弟部门的意见，向兄弟部门的同志们学习，严于律己，宽以待人。在工作中要坚持原则，修正错误。当有不同意见的时候，就要从实际出发，以法律作标准。谁的意见符合事实、符合法律，谁就是对的，就按他的意见办。不管什么人，也不管哪个部门，都要依法办事。谁依法办事了，真理就在谁的手里。人民法院审理刑事案件，依法办事就是依照实体法和程序法办事。刑法、刑事诉讼法规定之外的一些习惯做法都不要再用了。

要严格依法办事必须坚持辩证法，反对形而上学。林彪、“江青反革命集团”横行时，唯心主义猖獗，形而上学横行，流毒很深。比如说，政策和法律的关系本来是一致的，不是相对立的，既有区别，又有联系。中央关于保证“两法”实施的文件中指出，执行法律和贯彻执行党的路线、方针、政策是一致的。今后，各级党组织的决议和指示，都必须有利于法律的执行，而不能与法律有抵触。如果某些法律的某些内容确已不适应形势发展的需要，应通过法定程序加以修改。在过去相当长的时间内，我们有些同志曾经认为政策就是法律，有了政策可以不要法律，政策高于法律，或把政策和法律看成对立的东西，这些看法是不对的。有的同志认为，当前强调打击现行刑事犯，执行从重从快惩处同执行法律是矛盾的。有的同志一说从快，就认为越快越好，今天抓人明天就判。我说，从快是在刑事诉讼法规定的时限之内抓紧结案。从快要合法，要符合刑法的规定。有的同志一说从重，就认为越重越好。我说，从重是在刑法规定的量刑幅度内的从重。从重要合法，要符合刑法的规定，该重者重，该轻者轻。在量刑幅度之外任意加重，或者为了从重而更改犯罪的性质和罪名，或者为了从重把过去判处基本正确的案件拿出来重新处理，都是不对的。从这些问题可以看出，在我们一部分审判人员的头脑中形而上学是不少的。思想常常陷入主观片面，从一个极端走向另一个极端。有的同志把适应形势同依法办案对立起来。一谈适应形势就以为不要依法办案了。我们所说的适应形势，是要求我们善于结合形势，正确执行方针、政策和法律，打击敌人，惩罚犯罪。适应形势首先不能离开以事实为依据、以法律为准绳的基本原则，只有根据事实，依照法律，适应考虑形势，把案件处理正确，才能真正适应形势的需要。

湖北省各级党委对人民法院工作是重视的，在不长的时间内为人民法院调进了大批干部，对人民法院依照法律独立行使审判权给予了支持和监督。当前人民法院工作中还有不少实际困难，特别是绝大多数人民法院没有公开审判的法庭，请省、地、市党委同志们积极帮助解决。我相信这个问题在省委的领导下会很快解决，而且会解决得很好。

我今天谈的是重新学习中央关于保证实施刑法、刑诉法指示的一些体会，讲得不对的地方，请在座的省委负责同志和其他同志批评指正。

（本文原载于人民法院出版社 1989 年出版的《江华司法文集》）

谈谈人民法院依法独立进行审判的问题*

江　华

（一九八〇年八月四日）

北京市高级人民法院召开刑事审判工作会议，我在会议期间听了你们的汇报，今天讲一些个人意见。

北京市人民法院的工作是有进步有成绩的。在打击现行刑事犯罪活动、整顿城市治安工作中，你们发挥了审判机关应有的作用；对法院的组织建设抓得比较紧，司法干警的学习热情很高，干劲很大。希望同志们把北京市法院工作做得更好。北京是全国人民的首都，在各方面都应该起表率作用，法院工作也要成为全国法院系统的模范。因此，对北京市法院工作的要求应该更高更严。更高更严的要求表现在什么地方？重要的一点就是严格依法办事。严格依法办事，就刑事审判工作来说，就是依照刑法、刑事诉讼法、人民法院组织法等法律独立行使审判权，按照刑法定罪量刑，按照刑事诉讼法进行审判活动。我们现在是不是做到了呢？我看还没有完全做到。不仅仅是北京市，其他地方同样没有完全做到。

五届全国人大二次会议通过了刑法、刑事诉讼法等 7 个重要的法律，得到了全国各族人民的拥护。现在有了刑法、刑事诉讼法，能不能够做到有法可依、有法必依、严格执行呢？许多人担心，我也是担心的。这种担心是有来由的。因为 30 年来社会主义法制不受重视，否定法律，轻视法制，以党

* 一九八〇年八月，北京市高级人民法院召开刑事审判工作会议，有当时的北京市高级人民法院院长张旭主持。中共北京市委副书记贾庭三出席了会议。本文是江华应邀在会议上的讲话。

代政，以言代法，有法不依，已经形成习惯。司法工作者依言不依法，习以为常。一方面是法制不健全、不完备，另一方面是否定法律，有法不依。说我们30年没有法律，那是不对的，不是完全没有法律，只是不完备。过去我们有宪法这个根本法，有人民法院组织法、人民检察院组织法，还有称执法革命条例、惩治贪污条例，等等。新中国成立30年，我国共制定1100多个法律、法令、条例，并不是完全无法可依，问题是有法不依。现在刑法、刑事诉讼法等7个重要法律颁布了，刑事审判工作无法可依的问题基本解决了，有法必依、执法必严的问题摆在我们面前了。在1979年12月中央召开的整顿城市治安会议上，我从法院工作角度讲了两个考验：一个是考验我们思想路线对不对，一个是考验我们是不是严格执法，有法必依是对人民法院和每一个审判人员的考验。

中央对加强社会主义法制十分重视。为了保证刑法、刑事诉讼法切实实施，1979年专门发了指示。这个文件是新中国成立以来甚至是建党以来关于司法工作的重要文件，对充分发扬社会主义民主和加强社会主义法制，发展安定团结的政治局面，促进现代化建设，具有重大意义。它有鲜明的针对性。针对什么？就是文件中指出的：至今严重存在的旧社会遗留下来的封建主义、官僚主义、特权思想、家长制作风，长期以来认为法律可有可无和以党代政。以言代法、有法不依等错误思想和做法，以及林彪、“江青反革命集团”推行极“左”路线，疯狂破坏法治的流毒。如果我们不下决心解决这些问题，国家制定的法律就难以执行，就会失信于民。中央这个文件下达快一年了，各地贯彻执行的情况不一样。有一些地方重视不够，没有认真传达学习，更谈不上贯彻执行了。凡是对这个文件贯彻执行比较坚决的地方，实施“两法”的情况就比较好，人民法院的工作就有较大的起色，办案质量也比较好。相反，凡是对这个文件不重视的地方，不依法办事的现象就比较严重，甚至出现新的冤错案件，干部思想僵化、半僵化状态改变不大，工作上还是老一套，甚至把错误的东西当成正确的经验加以宣扬。所以说，坚决贯彻执行中共中央这个文件，对实施“两法”具有决定性意义。

要贯彻好中央这个文件，切实实施“两法”，首先要解决思想认识问题，中国共产党十一届三中全会决定加强社会主义法制，得到全国各族人民的拥护。但是，现在总的情况是，干部、群众，上上下下的法制观念都很薄弱。几千年来封建社会的历史传统，科学技术落后，文化程度不高，这是我们干部和群众法制观念薄弱的社会历史根源；再加上新中国成立以来对法制建设长期不重视，特别是林彪，“江青反革命集团”对社会主义法制的破坏，使法律虚无主义更加严重。我们要改变这种状况，不断增强全国人民的法制观念，这不是一朝一夕能够办到的，要有一个发展过程，不要急于求成。急于求成，会产生强迫命令。几十年的工作经验，给了我们很大的教育。无论搞什么工作，凡是不顾客观情况，一急，主观主义就来了，一急，强迫命令就来了。当前，负有领导责任的同志和司法干部应当严格的要求自己，努力学习，重视法制，带头守法，用自己的实际行动保证国家法律的实施。有法必依，是一个政治问题，上面说的中央这个文件的指出：刑法、刑事诉讼法同全国人民每天的切身利害有密切关系，它们能否严格执行，是衡量我国是否实行社会主义法制的重要标志，因此也更为广大群众所密切注意。各级党委、党的各级领导干部和全体党员都要充分认识，这是一个直接关系到党和国家信誉的大问题。中央从这样的高度提出了问题，值得同志们好好地领会。“两法”每日每时都与人民的生产、生活、工作有密切关系，是直接关系到党和国家信誉的重大问题。你们看是不是政治问题？我看是政治问题。中央这个文件还指出：只有真正做到有法可依，有法必依，执法必严，违法必究，才能维护人民正常的工作、生产、生活秩序，巩固和发展安定团结、生动活泼的政治局面；才能有效地发挥我国社会主义制度的优越性，进一步巩固无产阶级专政；才能最大限度地调动一切积极因素，集中亿万群众的智慧和力量，顺利地进行社会主义现代化建设。我认为，进一步加强社会主义法制，是党的十一届三中全会确定的同心同德进行社会主义现代化建设的政治路线的组成部分。要建设一个高度文明的现代化的社会主义国家，没有健全的社会主义法制是不行的，现代化建设和法制建设是分不开的。法律不仅是我们同犯罪分子作斗争的武器，而且在社会生活各个领域起着重要作用，调整人们之间政治、经济、文化、行政等各方面的关系。随着历史的发展，法律在人们生活中的作用越来越广泛。重视和加强法制是社会进步的一种表现；否定和破坏法制则是社会落后和倒退的一种表现。林彪、“江青反革命集团”只讲专政，而且要“全面专政”，破坏民主和法制，实际上是搞封建法西斯专政，是历史的倒退。真正的马克思主义者，是肯定法律在人类历史发展中的作用的，是重视社会主义法制建设的。有些同志思想僵化、半僵化，对中央这样重视法制建设很不理解，对中央这个文件的重要意义很不理解。不知道北京是不是这样？我希望在座的同志们认真学习好中央这个文件，提高对加强社会主义法制的认识。

中央这个文件对党委如何领导司法工作作了明确的规定，同时决定取消党委审批案件的制度。这是关于党委领导司法工作方面的一项重大改革，改变了党委包揽司法业务的习惯作法，有利于克服以党代政、以言代法的弊病，从领导关系上保证了人民法院依法独立进行审判。1979 年许多法院来问，党委不批案子了，怎么办呀？过去在人民军队和革命根据地里，捕人、杀人都是党委审批的，已经形成制度。在战争时期和新中国成立初期，这样做是必要的。1954 年宪法和人民法院组织法发布以后，人民法院依法独立进行审判的原则已经确立，就应该有步骤地改变这个制度。但是，由于种种原因没有做到这一点。现在是社会主义建设的新时期，经济建设是党和国家的工作重点，社会主义法制要服务于这个重点，经济建设的发展要健全的法制为它服务。随着社会主义经济建设的不断发展和社会主义法制建设的不断完善，在现在的历史条件下，党委审批案件的制度已经没有必要了，必须取消。实现这样一项改革是不容易的。30 年来一直是党委审批案件，实际上是党委某书记或主管政法的书记一个人说了算，不是集体讨论决定的。有些党委领导同志和司法干部都认为这就是党委领导，否则，如果不同意这种做法，就被认为是脱离党的领导，甚至是反对党的领导。这种情况应当成为过去了。30 年来人民法院独立进行审判没有真正实行过，社会主义法制的真实性和优越性没有充分体现出来，法制的权威没有树立起来，这反映了我们国家在一些具体制度上存在着严重的缺陷。现在中央决定加强和改善对司法工作的领导，不改善领导就谈不上加强领导。改善党的领导，首先表现在取消党委审批案件的制度上，不取消这个制度，党委就陷入司法工作的事务中去。对中央这个决定，多数同志是赞成的，也有少数同志不赞成，有的同志公开指责人民法院独立进行审判是脱离党的领导；有的同志利用自己的职权，强令人民法院对案件定什么罪、判什么刑；有的同志竟然以个人意见否定人民法院作出的正确判决；有的同志甚至敢于对坚持依法办事的司法干部进行打击报复，司法干部由于坚持原则而被调离人民法院的事屡有发生。这些错误做法若不坚决纠正，人民法院依法独立进行审判就实行不了，“两法”就不能切实实施。中央关于保证“两法”实施的文件指出，不允许以各种理由，指令公安、检察机关违反刑法规定的法律界限和刑事诉讼法规定的司法程序，滥行捕人抓人；或者背离法律规定，任意判定、加重或减免刑罚。文件还指出，各级党政领导人，不论职务高低、权力大小，都不得以言代法，把个人意见当做法律，强令别人执行。我认为，中央的这些规定都是根据实际存在的问题提出来的，这些现象不是个别的，是比较严重的，而且至今还存在。比如，人民代表大会选举的法院院长，由于对某个案件的处理同党委负责同志持不同意见，就被调走了。还有个别党委负责同志竟然把人民法院的判决书撕掉。中央的规定，国家的法律，他都不顾，把个人的权力凌驾于中央的规定和国家的法律之上，人民法院还怎么能够独立的审判！各级党委的领导责任，不仅表现在领导人民法院坚决贯彻党的路线、方针、政策上，而且还表现在监督和支持法院依法办事，保证人民法院依法独立进行审判上。党委对人民法院工作的领导，中央这个文件里说得很具体，主要是三个方面：一是经常了解、研究司法工作情况，指导司法机关分析一定时期的敌情、社情及其他有关情况，确定工作重点，解决实际困难。二是检查、监督司法机关贯彻执行中央的方针政策和国家的法律情况，帮助他们总结经验，改进作风，发扬成绩，纠正错误，坚决同违法犯罪行为作斗争。三是认真挑选、配备司法干部，加强对司法机关中党员干部的管理教育，不断提高他们的思想、政策、业务水平。希望党委领导同志切实执行中央的决定，并且教育一切国家机关、团体的党员干部，都要尊重和维护人民法院依法行使审判权，尊重和维护人民法院依法作出正确的判决。对人民法院的审判工作，任何人都可以提出批评、建议和意见，人民法院的同志要虚心接受人民群众的监督，虚心听取来自各方面的意见，认真改正工作中的缺点和错误。但是对案件的判决和改判都必须依照法律，不能依从哪个人的违背法律的意见。在依法办事这个问题上，司法干部应该严格要求，表彰那些忠实于事实和法律、敢于同藐视法律的行为作斗争的司法干部，批评教育那些看“风”办事，依言不依法，屈从权势的司法干部。是不是敢于和善于依法办事，是考察司法干部的一个重要标准。

加强社会主义法制，全面实施“两法”，要求司法干部牢固地树立依法办事的观念，敢于坚持原则，不怕非难和打击。有些同志对我说：院长同志，你说得容易，做起来就难了。确实是这样啊，这是真话。有个县的审判员要纠正一个错案，案件原来是他办的，他自己主动提出纠正，副院长不同意，公安局长不同意，县委管政法的领导人不同意，要调动他的工作。我们支持这个审判员，反映到地委，地委通知县里不准调动他的工作。后来，县法院副院长还要给他穿小鞋，就调走了那个副院长，不让他做法院工作。人民把国家的审判权交给了人民法院，我们能不能承担起这个责任？我们现在的干部队伍，在政治素质上和思想作风上符合不符合要求？我看多多少少是存在一些问题的。我个人的看法是，有些司法干部尤其是法院的领导干部缺少坚持实事求是、严格依法办事的勇气，不敢承担人民法院依法独立审判案件的责任。中央决定党委不批案件以后，有的人还非要把案件送审不可，党委不批，他就不敢判，还美其名为“争取党委领导”。这哪有一点对党对人民负责的责任心呢？有些人对于来自外界的、不合法律的指责和意见，不敢坚持原则，依法独立审判的腰杆子不硬；有的人自己的法制观念就淡薄，认为法律束手束脚，不愿意按照法律程序办案。所以说，加强思想路线教育和法制教育，仍然是我们司法干部队伍思想建设的一个重要问题。希望同志们认真地学好中央为了保证切实实施刑法、刑事诉讼法而发的这个文件。

当前，司法干部怕右不怕“左”的思想是实施“两法”的一个思想障碍。长期以来，只反右，不反“左”，没有右也反右，本来已经“左”了还要反右，使许多司法干部由于被指责为“右倾”而挨整。值得注意的是，极“左”的思想影响存在，随便指责人民法院右倾的现象时有发生。这种错误的做法造成了很深的后遗症，使不少司法干部怕右不怕“左”，怕犯右的错误，而不怕违法。对这些同志，要加强教育，通过学习和实践，不断端正思想路线。同时，从领导上说，不要因为审判工作出现个别差错或者有不同意见，就指责人民法院右了。“左”和右是党内路线斗争和思想倾向问题。在审判工作上不要乱套“左”和右。我们法院干部，不管什么地方吹来什么“风”，都要坚持原则，这个原则就是依法办事。在审判案件上，无论是处理上下级之间的关系，还是处理与兄弟部门之间的关系，我们都要坚持依法办事的原则。

中央这个文件指出，一切违背刑法、刑事诉讼法的错误思想和做法，都要坚决改变和纠正。我们要改变过去法制不完备的情况下形成的一些习惯做法。我们批判林彪、“江青反革命集团”，拨乱反正，绝不意味着“文化大革命”前的一切做法都是正确的，统统都要恢复。“文化大革命”前司法工作的某些习惯做法，就是在当时法制不健全的情况下也是不妥当的。可是有些地方直到现在对那些做法还恋恋不舍，甚至当做成功的经验。例如，有些同志热衷于用过去搞运动的办法成批地、集中地审判案件，判一批、杀一批。

实践证明，这种突击式的做法干扰了正常的审判工作秩序，很容易出错。再如，平时审理的案子不宣判，“库存”起来，等到逢年过节拿出来集中宣判一批。不少地方还在搞那种把不同案件的被告人集中在一起由一个人宣判的“公判大会”，你看合法吗？不合法。有的报纸还宣传这种错误做法，用心是好的，是为了进行法制宣传，结果却帮了倒忙，群众反映法院不依法办事。刑事诉讼法规定，人民法院审判案件，一律要公开宣判，这是必经的法律程序。但是公开宣判必须是在按照法律组成的法庭上进行，由法庭的组成人员宣判，不能由法庭组成人员之外的什么人宣判。把不同案件的被告人拉到一起，有的还挂牌子，实际上是集体示众，侮辱人格，带有封建色彩。我提醒同志们注意，要肃清我们执行法律中“左”的思想影响和纠正司法工作中的一些带有封建色彩的做法，对过去那些陋习和错误做法不能恋恋不舍。我为什么提醒同志们注意呢？因为你们这里有类似的情况。我劝同志们好好的深思，法律怎么执行才能保持它的严肃性？

还有一个问题叫做审判工作“紧跟阶级斗争形势”的问题。过去，政治运动一个接一个，审判工作经常处于为运动服务的状态，“形势需要”竟成了定罪量刑的一个主要根据，只强调紧跟形势，不强调依法办案，事实证明，运动中办的案子冤案错案多，这个教训至今还没有引起一些同志的重视。人民法院办案的基本原则是以事实为根据，以法律为准绳。我们不能为了“形势需要”而做出违背事实和法律的判决；更不能借口“形势需要”而任意改变案件的性质和罪名。我们审理的每一个案件都要经得起历史的检验。总之，我们要认真总结30年来司法工作的经验教训，分清哪些是对的，哪些是不对的，哪些符合“两法”还可以继续采用，哪些与“两法”相抵触而必须废止。

实施“两法”还不到一年，实践中出点差错是难免的。我们应该看到，实施“两法”的过程是一个斗争的过程，要不断克服各种各样的错误认识，纠正长期以来形成的陋习和错误做法。这就要求我们司法干部要认真学习党的方针政策和国家的法律，使自己在政治上和法律上站得稳。审判工作是专业工作，审判人员是专业干部，我们要通过努力学习和审判实践，使自己成为真正的内行、专家。新调来的同志要从头学起，老的审判人员过去的实践经验和法律知识已经远远不够了，也要重新学习。我自己就是“半桶水”，愿意和同志们一道好好学习。

（本文原载于人民法院出版社1989年出版的《江华司法文集》）

司法改革何为

肖　扬*

司法改革是一个历史跨度很长的老题目，也是一个时代感很强的新题目，还是一个风险度很高的难题目。最高法院制定并颁行的两个五年改革纲要，明确提出了人民法院司法改革不同阶段的目标、原则和任务，所进行的改革有 89 项之多。“一五”改革主要涉及审判方式、审判组织、工作机制等方面的改革，“二五”改革主要涉及完善诉讼程序、完善执行程序等体制性的改革。

概括地讲，“二五”改革主要包括三方面：

第一，改革和完善死刑核准制度，通过立法形式取消了把死刑复核权下放高级法院行使的规定，由最高法院统一行使死刑核准权。规定所有死刑案件二审必须开庭，核准死刑应当提讯被告人，要严把事实关、证据关、程序关和适用法律关，制定了二审开庭程序和死刑复核程序，确保死刑案件的审判质量。这一改革对于法治文明，特别是对于被告人这一特殊群体的生命权有十分重要的意义。

第二，改革和完善了公开审判制度、再审制度、执行制度、人民陪审员制度、审判委员会制度、案件管辖制度、未成年人审判制度、司法管理制度、人民法庭工作机制等，建立和完善了案例指导制度，通过一系列的制度改革，建立更符合审判规律的组织形式，科学设置人民法院内部机构。2001 年建立了立案和审判分立、审判和监督分立、审判与执行分立的“三分立”机制。

---

* 肖扬，1998 年至 2008 年任最高人民法院院长。

第三，推动最高法院向全国人大常委会提出修改法官法的议案，通过修改法律，确立了全国统一司法考试制度。提出以严格职业准入、强化职业意识、培养职业道德、提高职业技能、重视职业礼仪、树立职业形象、加强职业保障、完善职业监督为主要内容的法官职业化建设的长远思路，为实行法官、审判辅助人员以及其他司法行政人员分类管理制度打下了良好基础。十年来法院所进行的改革，对于解决影响司法公正的体制性障碍、机制性束缚、保障性困扰等问题尽了很大努力，起到了积极作用。

（本文原载于《南方都市报》2012 年 7 月 10 日）

“64号文件”对党法关系彻底拨乱反正

崔　敏*

1979年，中共中央发布了“64号文件”。这是一个拨乱反正的指导性文件，对于社会主义法制建设具有深远的意义。遗憾的是，如此重要的一个文件后来竟被人们淡忘了，现在许多同志都不知道曾经有过这样一个文件。

一　向法律虚无主义宣战

新中国成立初期，当新生的人民政权已经巩固、国民经济初步恢复之后，我国第一部宪法在1954年诞生了。彼时，毛泽东强调：“一个团体要有一个章程，一个国家也要有一个章程，宪法就是一个总章程，是根本大法。”他还指出：“（宪法）通过以后，全国人民每一个人都要实行，特别是国家机关工作人员要带头实行。不实行就是违反宪法。”

1956年在党的第八次代表大会上，董必武提出“依法办事是加强人民民主法制的中心环节”，要求做到“有法可依，有法必依。”法制建设在此后的一段时间内得到重视，这被后人称之为“法制建设的第一个黄金期”。

然而，时过不久，法律虚无主义确立，法制建设陷于停滞甚至遭到破坏。1957年春夏之交开展的反右派斗争是一个转折点，标志着“左”的指导思想占据了统治地位。在此后的“大跃进”运动中，各地都吹起一阵浮夸风。

---

* 崔敏，中国人民公安大学博士研究生导师。

1962年1月，中央召开7000人大会，刘少奇对“大跃进”的失误作出“三分天灾，七分人祸”的中肯评价。同年5月，刘少奇又主持对1958年以来的政法工作进行总结，明确指出:“总的经验教训是混淆两类不同性质的矛盾，主要是误我为敌，打击面过宽。”他还指出:“法院独立审判是对的，是宪法规定了的，党委和政府不应干涉他们判案子……不要提政法机关绝对服从各级党委的领导。它违法，就不能服从。”

可惜，上述意见并未在党内达成共识，“左”的做法愈演愈烈。直至1966年发动“文化大革命”，中国陷入了持续十年的内乱。“文化大革命”的口号是“造反有理”，公然宣称“和尚打伞，无法无天”，致使人民身受冤假错案之害。

1976年10月，以华国锋、叶剑英为首的党内健康力量，顺应党心、民心，果断地一举粉碎“江青反革命集团”，挽救了国家，挽救了党。随后于1978年底召开的十一届三中全会，开创了改革开放的新时期。这是新中国历史上的伟大转折点。

人们痛定思痛，回想“大跃进”和“文化大革命”期间无法无天的惨景，痛切地认识到“无法必然乱国，治国必须依法”。十一届三中全会反映民意的要求，顺应时代的呼唤提出:“发展社会主义民主，健全社会主义法制”的方针，要求做到“有法可依，有法必依，执法必严，违法必究”。

随后，1979年7月召开的五届人大第二次会议，制定了刑法和刑事诉讼法，标志着社会主义法制建设重新起步。但鉴于多年来法律虚无主义盛行，党内外存在严重的思想混乱。许多错误的思想和做法如不彻底改变，已经制定的法律将不可能顺利实施。为此，中共中央于1979年9月9日发布了《关于坚决保证刑法、刑事诉讼法切实实施的指示》。这就是著名的“64号文件”发布的历史背景。

二　厉行法治的纲领性文件

“64号文件”是拨乱反正的伟大成果。它直接针对的是保证刑法、刑事诉讼法的切实实施，但它的内容却远远超出了这个范围，是对全党全民进行法制教育，准备厉行法治的一个纲领性文件。

文件首先指出:“刑法、刑事诉讼法同全国人民每天的切实利益有密切关系，它们能否严格执行，是衡量我国是否实施社会主义法治的重要标志……这是一个直接关系到党和国家信誉的大问题。”

文件接着指出：“我们党内，由于新中国成立以来对建立和健全社会主义法制长期没有重视，否定法律，轻视法制，以党代政，以言代法，有法不依，在很多同志身上已经成为习惯；认为法律可有可无，法律束手束脚，政策就是法律，有了政策可以不要法律等思想，在党员干部中相当流行……如果我们不下决心解决这些问题，国家制定的法律就难以贯彻执行，我们党就会失信于民。”

基于上述认识，中央对刑法和刑事诉讼法的实施作出了五项指示：一是严格按照刑法和刑事诉讼法办事，坚决改变和纠正一切违反刑法、刑事诉讼法的错误思想和做法；二是加强党对司法工作的领导，切实保证司法机关行使宪法和法律规定的职权；三是迅速健全各级司法机构，努力建设一支坚强的司法工作队伍；四是广泛、深入地宣传法律，为正式实施刑法和刑事诉讼法做好准备；五是党的各级组织、领导干部和全体党员，都要带头遵守法律。

上述五项指示，条理清晰，内容全面，论述深刻，要求明确而具体，特别是正式宣布“中央决定取消各级党委审批案件的制度”，更是汲取无数血的教训的慎重决策。经历过“文化大革命”内乱的许多同志，看了这份文件，激动得热泪盈眶。他们认为，这份文件是新中国成立以来甚至是建党以来，关于政法工作的第一个最重要、最深刻、最好的文件，是我国社会主义法制建设进入新阶段的重要标志。

三　摆正党政和党法关系

“64 号文件”是我党决心使中国迈向法治社会的宣言书。作为执政党的正式文件，第一次使用了“法治”一词，文件一开始就强调：刑法、刑事诉讼法能否严格执行，“是衡量我国是否实施社会主义法治的重要标志”；又说“这是一个直接关系到党和国家信誉的大问题”；如果不能贯彻执行，“我们党就会失信于民”。这些提法和用语，在我党历史上都是破天荒的。

“64 号文件”的核心内容，是要从根本上理顺党法关系，使我国迈上健全法制、依法治国的康庄大道，它为后来十五大正式将“依法治国，建设社会主义法治国家”确立为治国方略奠定了基础。因此，不仅对于保证“两法”切实实施具有重要意义，而且对于国家的长治久安具有深远的历史意义。

中国共产党作为一个社会主义大国的执政党，对如何治理好国家承担着重大的责任。国家能否健康、稳定、持续发展，关键在于执政党对政权机构和司法机关能否实行正确有效的领导。如果领导方式不正确，或者不善于领导，那就可能造成难以预料的后果，甚至会带来灾难。

长期以来，在我们党内，对于如何处理党政关系和党法关系，始终有两种不同的认识和做法。特别是在新中国成立后，在处理党政关系和党法关系上的第一种主张（也是占据主导地位的认识与做法），是把党的领导解释为“党权高于一切”，乃至形成“以党治国”的观念。

早在 1941 年，邓小平就曾著文对这种主张提出过尖锐的批评，指出：“某些同志‘以党治国’的观念，就是国民党恶劣传统反映到我们党内的具体表现。”他又说：“‘以党治国’的国民党遗毒，是麻痹党、腐化党、破坏党、使党脱离群众的最有效的办法。”但是，邓小平这种语重心长的提醒，并未引起足够的重视。

与上述认识和做法相反的另一种主张，是以邓小平为代表，强调“党的领导责任是放在政治原则上，而不是包办，不是遇事干涉，不是党权高于一切，这是与‘以党治国’完全相反的政策”。在这个问题上，董必武的态度与邓小平一致。新中国成立初期，董老作过许多精辟的论述，中心的意思是摆正党政关系和党法关系。

四　丰富民主法制建设理论

1950 年 8 月，董老向中央提出调整党政关系的建议。他说：“调整工作关系的关键是改进党政关系，党应集中注意全面工作的照顾，注意原则的领导，注意中心工作的推动和组织力量的配合，应避免具体工作上代替。”

1956 年 9 月 19 日，董必武在中国共产党第八次全国代表大会的发言，更为系统地阐明：“党是国家的领导核心。但是，我们党从来是把党组织和国家机关严格划分清楚的，党是通过自己的党员和党组织领导国家机关，而不是包办代替国家机关的工作，这是我们一贯坚持的原则。”至于党法关系，董老则讲得更明白，他指出：“党的领导不是每个具体案件都要党委管，如果这样，那还设法院这些机构干什么。”

董老关于执政党如何领导政权机关与司法机关的论述，极大地丰富了关于人民政权建设和民主法制建设的理论，是我党在新中国成立初期的重要历史文献。可惜，自从 1958 年第四次全国司法工作会议不点名地对董老的法学思想进行批判后，他的许多正确观点被束之高阁，“以党治国”论畅行无阻，董老也只能保持沉默。

“党委和司法机关各有专责，不能互相代替，不应互相混淆”，“党对司法工作的领导，主要是方针、政策的领导。各级党委要坚决改变过去那种以党代政、以言代法，不按法律规定办事，包揽司法行政事务的习惯和做法”。“64 号文件”中的这些提法，前所未见，真可谓振聋发聩，使人有耳目一新之感。遗憾的是，如此重要的一个文件后来渐渐被人们淡忘了。

中发〔1979〕64 号文件的出台，是在党法关系上的一次彻底的拨乱反正。中央决定取消各级党委审批案件的制度，就是调整党法关系的关键之举。这对于今日司法审判改革和法院制度建设都有启示意义。

（本文原载于《民主与法制时报》2011 年 7 月 25 日）

司法改革的反思与前瞻

——以董必武的司法改革思想为指导

俞荣根　曾绍东*

近年来，涉法上访居高不下。数据显示，来信中的34%、来访中的75%属于涉诉案件。① 这个数据还没包括大量具有可诉性但没有通过法律渠道而直接上访的案件，否则比例将会更大。如此汹汹大众走向非司法程序的上访之路，为司法改革者们始料未及。司法远未真正起到应有的“定纷止争”的终极性作用。在新中国法制建设已走过了60年历程，20世纪80年代以来以程序中心主义为主导的司法改革已走过二十多年历程的今天，面对司法改革的理想与现实、司法的面相与公众的心理期待的矛盾和冲突，对二十多年的司法改革进行反思和路径抉择已势在必行。当一个社会的发展面临挑战与抉择时，都会回过头来从其源头上寻找发展路向与动力之源。新中国的奠基者之一，也是中国共产党的创始人之一的马克思主义法学家董必武以既要有程序，又要便民为核心的司法改革思想，在理解和尊重中国司法文化传统的基础上，回答了“中体”与“西源”、程序与便民、形式与形式主义、程序正义与实质正义等核心命题，不但对新中国的司法进行了历史性重构，

---

* 俞荣根，西南政法大学教授；曾绍东，西南政法大学博士研究生，江西师范大学政法学院副教授。

① 据2003年11月13日《南方周末》的一篇报道，全国人大信访局每年受理的信访案件达到10万件，最高人民法院每年处理的来信来访案件超过15万（人）次，至于全国各级信访部门每年受理的信访案件总量，最保守的估计也不会少于1000万件，且这种上升现象已持续了十年，而在这近乎天文数字的信访案件中，大部分都属于涉法上访案件。据全国人大信访工作经验交流会透露，从全国人大信访内容来看，来信中约34%，来访中约75%属涉法问题。转引自张超：《涉法上访案件处理长效机制探究》，《北京人民警察学院学报》，2007年第2期。

具开拓与奠基作用，而且对于我国当下司法改革的反思和路径的选择，具有重要的理论价值和实践意义。本文从董老的司法改革思想出发，对中西方司法文化的差异性进行辨析，揭示中国司法文化传统的内核，以期找到中国司法改革的源头活水，并就教于各界同仁。

一　既要有程序又要便民——董必武的司法改革思想

新中国成立初期，在全国范围内开展了一场以反对旧司法观点、改革整个司法机关和建立人民司法为主要内容的司法改革运动。具有法学家品格，理论与实践兼具主管政法工作的董必武是这次改革运动的策动者、领导者、理论阐述者和具体实施者，并留下了丰富的司法改革思想。董必武针对当时残存的旧司法观点的倾向——借口程序、孤立办案、手续繁琐、刁难群众等衙门作风，提出了以“既要程序，又要便民”的司法改革思想。

一方面，董老深谙司法程序对保证司法公正的价值意义。他强调：“审判程序的规定旨在调节审判过程中的各项活动，以保证判决正确而同时又尽可能地迅速”[①]，“工厂有操作规程，我们办案子也有操作规程，那就是诉讼程序。按照程序办事，可以使工作进行得更好、更合理、更科学，保证案件办得正确、合理、及时，否则就费事，甚至出差错”[②]。另一方面，董老并没有单纯就程序而论程序，而是从中国司法文化传统出发，以实质正义统领程序正义，提出了司法的便民原则，强调，要“尽可能采取最便利于人民的方法解决人民所要求我们解决的问题”[③]。把满足人民群众的诉讼需求，实现实质正义放在重要位置，这是董必武司法改革思想的一个典型特色。

自20世纪80年代以来，随着改革开放和社会主义市场经济的不断深入，以“司法形式化、程序至上理念为核心的司法改革”[④]一直如火如荼地进行，“在司法人员的职业化、司法程序的制度化等方面取得了突出的成

---

① 董必武：《正确区分两类矛盾，做好审判工作》，《董必武政治法律文集》，法律出版社，1986年，第540页。

② 董必武：《实事求是地总结经验，把政法工作做得更好》，《董必武政治法律文集》，法律出版社，1986年，第548～549页。

③ 董必武：《论加强人民司法工作》，《董必武政治法律文集》，法律出版社，1986年，第275页。

④ 姚志坚：《当前我国司法便民改革的法律分析》，《金陵法律评论》，2008年秋季卷。

就”[①]。但由于过于偏重程序中心主义的西方经验，忽视本土司法文化传统以及对中国现实关注不够，其副作用也不可避免地显露出来。其一，诉讼程序及环节的复杂化、导致社会诉讼成本高昂，不能实现民众自由、平等地接近司法，所谓“打不起官司”就说明了这一点；其二，程序的纷繁复杂，民众对司法更为陌生，诉讼便利的缺失，导致民众对整个司法的疏离感，其正当性受到怀疑；其三，对程序正义的过分强调而对实质正义的忽略，往往导致司法审判结果与民众心理预期公正的分离与冲突，导致民众对司法公正的质疑；其四，以庭审为中心的审判模式的建立，以调解为核心的传统的多元纠纷解决机制的边缘化，加上市场经济条件下诉讼案件迅猛增加，纠纷解决机制的单一和有限的司法资源，使得大量案件拖延和大量积案的产生，“迟来的正义是非正义”，导致司法的公信危机。这些问题制约了司法定纷止争、维护社会正义的终极性作用的实现。在这样的司法环境下，民众寻求法外救济方式，涉法上访居高不下也就在情理之中了。

诚然，涉法涉诉上访人群的出现不能完全归咎于程序中心主义司法改革，更不能说是因司法改革而生。这里有复杂的社会背景和社会原因，也不能说跟司法腐败没有关系。追求和强调程序价值的司法改革本身并没有错，程序正义永远是实现司法公正的必由之路。面对 30 年前在司法实践中存在的不讲正当程序、缺乏程序规则、忽视甚至鄙视司法程序的司法审判，进行一场提升程序价值和严明程序规则的司法改革是完全必要的，即便在一些方面出现矫枉过正也不难理解。但也不可否认，程序中心主义的司法改革确实带来了一些弊端，产生这些弊端的原因之一，便是没有辨别中西方司法文化的差异性，忽视中国司法文化传统，盲目照搬西方司法模式，过分强调程序正义的结果[②]。因此，如今回头来讨论程序问题，决不是否定程序的正义价值，而是进一步理性地确认程序正义的地位和作用，进而探寻这一源于西方的程序主义与中国传统司法文化的契合点。正是基于这一目标，重新认识董必武在理解和尊重中国传统司法文化的基础上提出的既要有程序又要便民的司法改革思想，对于我国正在推进的司法改革路径的选择，具有十分重要的理论价值和实践指导意义。

---

① 左卫民：《十字路口的中国司法改革：反思与前瞻》，《现代法学》，2008 年第 6 期。

② 司法改革问题的原因分析可参阅姚志坚：《当前我国司法便民改革的法律分析》，《金陵法律评论》，2008 年秋季卷；左卫民：《十字路口的中国司法改革：反思与前瞻》，《现代法学》，2008 年第 6 期。当然，笔者与他们的观点也不尽相同。

二　辛普森案与许霆案——中西司法文化的差异

任何制度都生长在一定的文化环境里，都有其特定的文化基因，司法制度也不例外。按照遗传学原理，遗传基因不同，其嫁接过程中就会出现生物学上的排异现象。由于中西方司法文化的异质性，将西方司法制度嫁接到中国司法文化的基因上，难免出现排异现象，这就是二十多年来以引进西方经验为主导的司法改革出现困境的症结之所在。因此，对当下司法改革的反思和路径选择，前提是要理解中西方司法文化的差异性和中国司法文化的特殊性，只有在此基础上承继中国司法文化的血脉，才能避免出现“在南为桔，在北为枳”的水土不服现象，中国的司法改革才有成功的可能。为了说明上的方便起见，我们不妨从已经发生案例说起。

发生在美国的辛普森案①和中国的许霆案②都轰动一对，成为时人关注的焦点。中美两国民众对许霆案和辛普森案审判结果的不同反应典型地体现了中西方司法文化的差异性。因此，可从辛普森案与许霆案两个个案入手，采用解剖麻雀的方法，对中西司法文化的差异性进行比较分析，揭示中国司法文化传统的特质，并说明董必武司法改革思想的正确性正在于他深谙中国司法文化传统，从而恰当处理好了“中体”与“西源”、程序与便民、形式与形式主义、程序正义与实质正义等的辩证关系。

辛普森案发生在美国。辛普森被宣判无罪而释放，“美国公众接受调查，对是否认为辛普森有罪，回答是 yes；对是否认为辛普森受到了公正的审判，回答也是 yes”。③显然，在这两个“yes”的回答里，前一个“yes”

---

① 辛普森案：1994 年 6 月 12 日深夜，美国著名橄榄球运动员辛普森的前妻妮科尔与其男友罗纳德·戈尔德曼被发现死于洛杉矶南邦大街 875 号。从作案动机、作案时间和证据表明辛普森具有重大嫌疑，辛普森遂因涉嫌谋杀前妻及其男友而被检方起诉。辛普森聘请了被人称为“梦幻队”的辩护律师团。经过一年多的被媒体称为“世纪”审判，在控方“铁证如山”的情况下，只因为警方取证时程序上的一些瑕疵和证人的种族歧视嫌疑等问题，涉嫌杀死前妻的辛普森最终被无罪释放。

② 许霆案：2006 年 4 月 21 日晚至 22 日凌晨，许霆利用自动取款机的故障，超额刷卡取走了 17.5 万元。2007 年 11 月 20 日，广州市中院认定许霆盗窃金融机构罪成立，判处许霆无期徒刑，剥夺政治权利终身，并处没收个人全部财产。许霆一案在互联网上得以广泛传播，其定性和判决引发了社会各界包括众多法学界人士的激烈争论。后广东省高院以“事实不清证据不足”为由裁定发回重审。2008 年 3 月 31 日，广州市中院重审判决，以盗窃罪判处许霆有期徒刑 5 年，并处罚金、追缴违法所得。广东省高级人民法院终审维持了一审判决。

③ 杨新亮：《再论程序正义和实质正义——由刘涌案和辛普森案引发的思考》，《中南民族大学学报（人文社会科学版）》，2005 年第 5 期。

表明，美国民众认为辛普森在实质上是有罪的。后一个“yes”表明，美国民众对审判过程和结果是认可的，是公正的。辛普森案展示了一个程序公正与实质正义相背离的现象，更值得关注的是这样一个相背离的结果美国民众却接受了。在美国民众眼里，一个案件只要法院按照正当程序进行审判，不管结果如何都是公正的，可接受的，尽管明知审判结果与实质正义不符，也会说“yes”。这是一种典型的西方程序中心主义的司法文化，也就是罗尔斯所说的“在纯粹程序正义中，不存在对当下结果的独立标准，而是存在一种正确或公平的程序，这种程序若被人们恰当的遵守，其结果也会是正确的或公平的，无论它们可能会是一些什么样的结果”。① 程序正义即正当程序理论，是西方法学理论的基石，是西方法学一条奔腾不息的河流，它体现了西方法的独特历史传统与西方法律文化的鲜明特色，因此，韦伯将西方法概括为“形式理性”。

在我国，轰动一对的许霆案虽尘埃落定，但至今还是法律学人据以学理论证和司法反思的不二题材，有学者认为“它（许霆案）提供了一种难办案件的制度模式，对当下中国司法制度的完善具有重要的实践意义和理论意义”② 。实际上，许霆案对于揭示中国司法文化传统具有极强的标本意义，而这一点却被学界所忽视。

对于广州中院一审判决许霆无期徒刑所具有的程序上的正当性，当时的社会舆论并没有提出质疑。在法学界，“没有人指出有可能影响这一判决的程序错误或非法行为” ③ 。一审判决符合实体法关于盗窃金融机构罪的构成要件，这在重审判决书和二审裁定书中也是以该罪定罪就是明证。但法学人士却对判决结果提出了高度一致的批评，④ 都一致认为判重了。广大民众更是一片哗然。他们凭借常识和经验，凭着自己对公平正义的理解，一致认为量刑太重而不能接受，无论法院的审判在法律形式逻辑上怎样合乎于盗窃金融机构犯罪的基本构成要件和审判程序上如何正当，都不是他们关心的重点。一般民众由于法律知识的有限性而不太关注程序，大多凭其内心对正义的体认和所谓的良心直觉，来判断判决结果的非正义性，正所谓的公道自在人心，这倒并不难以理解。有趣的是，一向强调程序正义的法律人也同样认

---

① ［美］罗尔斯：《正义论》，何怀宏等译，中国社会科学出版社，1988 年，第 86 页。

② 朱苏力：《法条主义、民意与难办案件》，《中外法学》，2009 年第一期。

③ 朱苏力：《法条主义、民意与难办案件》，《中外法学》，2009 年第一期。

④ 这类批评很多，可参阅陈瑞华《许霆案的法治标本意义》，《南方周末》，2008 年 1 月 17 日。

为审判有违公正而不能接受。

这就很能说明中国人——普通百姓到受过专门法律训练的法律人，当程序正义与实质正义矛盾冲突的时候，中国的法律人与中国的普通民众一样，更关注实质正义。原因无他，这是中国的法律人和普通民众生活在共同的司法文化环境里，受共同的司法文化熏陶的结果，法律知识并不能改变文化基因。这是一种偏重实质正义的司法文化，与西方程序中心主义的司法文化形成强烈的反差，黄宗智先生将之定义为一种“实体理性”。① 这种“实体理性”“可以刻画清代司法程序对事实真相的强调，而不是满足于用形式主义的程序在法庭中建立起来的真实的近似。例如面部表情都可以被县官用来作为他判案的根据”。

问题并不到此而止，而是须进一步讨论中国司法文化对程序的态度，澄清对中国司法文化传统的一个印象。到目前为止，中西方学者大多把中国司法文化的重实质与轻程序等同起来，认为重实质就必然轻程序，这是一种想当然的误解。以实质正义为取向，并不必然导致程序的违反和恣意的裁判。

中国司法文化缺乏程序正义的传统似乎是大多数西方学者的共识。韦伯把“西方近代等同于‘理性’的‘形式主义’法制，中国等同于非理性的‘实体性’‘卡地’② 法”。③ 这是西方学者的代表性观点。西方学者站在西方文化的立场，以西方的概念和逻辑，对中国文化的理解和描述总有隔靴搔痒，不能得其精妙之感。事实果真是如此吗？黄宗智先生在对清代巴县、宝坻县和淡水—新竹县的诉讼档案进行研究后，认为清代法律制度的表达与实践存在着矛盾和背离的一面，司法表达并不能反映司法的真实，在实践中，“清代县官堂讯办案，一般都依法断案，是非分明。他们极少像官方一般的表达那样，以情来调解。”④ 他引用著名的浙江师爷汪辉祖在《学治臆说》

---

① ［美］黄宗智：《清代的法律、社会与文化：民法的表达与实践》，上海书店出版社，2007年，第181页。

② “卡地”是回教国家的法官，特别负责有关宗教案件的审判。韦伯将重视实质的公道、平等和某些功利主义的目的，而无视于法律与行政的形式合理性的审判，称为“卡地裁判”。详细的论述可参阅张伟仁：《中国传统的司法和法学》，《现代法学》，2006年第5期；高鸿钧：《无话可说与有话可说之间——评张伟仁先生的〈中国传统的司法和法学〉》，《政法论坛》，2006年第5期。

③ ［美］黄宗智：《清代的法律、社会与文化：民法的表达与实践》，上海书店出版社，2007年。

④ ［美］黄宗智：《清代的法律、社会与文化：民法的表达与实践》，上海书店出版社，2007年。

中记载的“听断以法，调处以情”予以佐证。由此，黄先生得出结论，清代法律不是韦伯式的“形式理性”，但也不是“卡地法”，而是法律“也力图做到实践和工具理性意义上的合理化”。① 黄先生的研究是用诉讼档案和当时的经历者的记载说话的，应该说更具说服力。另一位学贯中西的台湾学者张伟仁先生通过对中西文化深入研究后也持同样的观点，他说：“中国传统的司法者在处理案件时，遇到法有明文规定的事件都依法办理，许多地方档案及地方官的审判记录都可证实此点。”②

因此，中国传统司法重实体并不必然导致轻程序，重实体和遵程序并不矛盾。中国传统司法也具备一定的程序理性，而不是专横武断、反复无常和非理性、不确定的。

许霆案是对中国司法文化的一个至当解释。许霆案一审判处无期虽具程序正当性，但由于违背实质正义而遭到众口一词的严厉批评。二审判处 5 年徒刑符合实质正义而得到认可。当然，二审的程序正当性也无可挑剔。在这里，重实质，但也没有轻程序，得到了实质正义，但也没有违反程序正义，而是具有中国司法特色的以实质正义统领程序正义，调动一切合法的程序，选择最佳程序的过程。这就是许霆案在体认中国司法文化，彰显程序正义与实质正义的辩证关系的价值意义之所在，也是其对当下司法改革的理论与实践意义之所在。

通过对许霆案和辛普森案的分析，揭示出中西方司法文化的重大差异性之一，是实现正义的方式不同。西方司法文化是程序中心主义，程序既是手段又是目的，只要严格遵守逻辑理性的程序就是公正的；中国司法文化是实质中心主义，以实质正义统领程序正义，实质正义是目的，程序正义是手段。追根溯源，这种差异性是逻辑理性的西方文化和人文伦理的中国文化特质和差异性使然。

由此反观董老的司法改革思想也是与此理念相契合的，体现了董老对中国司法文化的理解和对程序法治价值的重视。一方面，重视程序价值。董必武针对过去不注意严格履行法律手续，诸如错捕、错押，刑讯逼供，重口供、轻证据，在审理案件时先入为主，主观臆断，草率结案，不让被告人辩护等现象，指出人民法院的司法审判活动，必须建立在严格的法制基

① ［美］黄宗智：《清代的法律、社会与文化：民法的表达与实践》，上海书店出版社，2007 年。
② 张伟仁：《中国传统的司法和法学》，《现代法学》，2006 年第 5 期。

础之上，要实行实体法与程序法并重，不仅“包括依实体法，也要依程序法”，① 这是“法院依法审判的意义”之所在。正是基于对程序重要性的认识，在董老的倡导和努力下，新中国建立了合议制、陪审制、辩护制、公开审判、上诉制、审判委员会制、禁止刑讯逼供等必要的程序制度，有力地保证了司法的公正性、权威性和公信力。

另一方面，董老本着对中国司法文化的尊重和理解，强调追求实质正义的便民原则。董必武认为，人民司法与旧司法的一个重要区别，在于人民司法注重方便人民群众诉讼，而旧司法则繁文缛节，手续复杂，不利于人民群众的诉讼，指出我们的人民司法本着司法为民的宗旨，应反对“孤立办案，手续繁琐，刁难群众等衙门作风”。基于此，董必武主张简化审判手续，区别农村与城市。他说：“审判机关还是应该从便利于人民着想，尽量使手续简化，在农村和大城市不要强求一样。在农村地区，司法机构大多还不完备，有些民事案件可以调解；大城市人口集中，在北京试验成立区法院很有必要。” ② 为此，董必武倡导建立便于人民的审判制度。他指出：“在司法改革运动中证实了过去我们主张的陪审制、巡回审判制以及在法院设问事处、接待室（好像医院的门诊部）等，都是人民所欢迎的。关于调解委员会，这也不是一个新问题，这次司法改革运动中间，在许多地方试行有效。” ③ 新中国诸如人民陪审制、巡回审判制、调解委员会、法院问事处、接待室等制度，就是在董老的倡导下设立的，这是符合中国文化特色和我国实际的，在实践中赢得了人民的信任，是新中国司法审判制度的特色和优点。

三　程序与实质——司法法治的价值

董老的以既要程序又要便民为核心的司法改革思想，承继了中国司法文化传统重实质而不轻程序的理念，重视现代程序法治价值。承继和发展中国司法文化传统，进一步深化对董老司法改革思想的认识和对当下司法改革的指导意义，还需加深对程序正义价值、程序正义与实质正义关系的认识。那

---

① 董必武：《关于收集整理十四个大中城市法院审理民、刑案件的资料问题》，《董必武政治法律文集》，法律出版社，1986 年，第 378 页。

② 董必武：《对参加全国司法会议的党员干部的讲话》，《董必武政治法律文集》，法律出版社，1986 年，第 121 页。

③ 董必武：《论加强人民司法工作》，《董必武政治法律文集》，法律出版社，1986 年，第 278 页。

就是，既要认真学习、移植西方程序正义的理论和规则，建立严格的司法程序制度，又要避免陷入唯程序论中。一方面，应该认识到，那种以为做到程序正义就实现了司法公正的想法，显然是片面的；尤其是那种以貌似周全的程序运作来掩饰、甚至扭曲实质正义的做法，那是错误的。另一方面，必须坚持和完善司法程序正义制度，要防止司法改革走向重实质、轻程序的老路，那是与现代法治相悖的。

司法程序是相对于实体法而言的，是保证实体权利义务实现的措施和手段，是一种保证公正目的和结果的工具和形式，是“一种带有独特的形式主义色彩的活动过程”①。

在人类早期，由于生产力的低下，人们对生老病死和自然界的各种变化等感到神秘莫测和无能为力，感到冥冥之中有一种外在的力量在主宰着一切，这种力量就是“神灵”或“天”。在强大无比的“神灵”或“天”面前，人们只能顶礼膜拜，不能有丝毫违抗，以祈求保护。为了体现自己的虔诚，人们创造了一些威严庄重的仪式，如祭天、敬天之礼，表示对“神灵”或“天”的尊敬。由于人们认为违反仪式的行为会触怒“神灵”，招致“神灵”的报复，从而祸害人类，因此对违反仪式的行为进行严厉的惩罚，体现了礼仪的权威性和不可违抗性。久而久之，主持和执行礼仪的行为慢慢集中到少数人手中，并衍生到对社会生活的各个领域，产生了神权法，这就是神权法时代。神权法时代的神判，有一套严格的程序，如宣誓等。可见，法从产生之日起就天然地与仪式和程序相联。古罗马的法律行为“在最古老的时期均同一种严格的形式主义相符合”②，并发展成大陆法系。英国法的普通法就是一些诉讼程序的规定，不同的程序产生和保护不同的权益，并发展为强调“程序优先”的英美法系。中国三代之法就是礼，礼在外在表现上就是礼仪，“法在礼中‘礼外无法’”③，并发展为中华法系。

不但程序与法的产生和发展密不可分，“而且是衡量法制是否成为现代形态的重要尺度”④。程序正义是法治的标志，法治首先体现为程序正义，程序正义是对实质正义的有力保障，离开程序正义来论法治是不可思议的。这是因为，司法活动是主观的，只有依靠严谨的程序才能最大限度地确保司

① 葛洪义：《法理学导论》，法律出版社，1996年，第330页。
② [意]朱塞佩.格罗索：《罗马法史》，中国政法大学出版社，1994年，第116页。
③ 俞荣根：《儒家法思想通论》，广西人民出版社，1992年，第107页。
④ 公丕祥：《法制现代化的理论逻辑》，中国政法大学出版社，1999年，第95页。

法活动主体不因自身的主观因素影响到对诉讼纠纷的认定和归责。另外，程序正义才能使民众得到“看得见的公正”，才能确立司法的权威性和公信力。因此，“是否以形式合理性或程序化的制度安排作为法律运作的原则，这确乎构成了法治与恣意的人治之间的基本区别。追求程序正义，乃是法治原则的题中应有之义，在某种程度上是确证与实现法治的前提性条件。”①

真理再向前迈半步，就成了谬误。如果对程序正义过分强调而忽略实质正义的终极追求，往往导致法律思维与社会现实的分离与冲突，司法机构日益僵化。西方国家在经历数十年乃至上百年司法程序的严谨构造与层叠复加之后，业已充分暴露出过度司法程序主义和普遍主义的痼疾所在，其根源是没有处理好程序正义与实质正义的关系，孤立地强调程序正义的结果。因此，我们应该对它们之间的关系进行辩证的分析。

程序正义与实质正义不能割裂开来，而是一对范畴，是形式与内容，手段与目的的关系。董老就没有将程序与便民、形式与实质割裂开来，而是对其进行了辩证的分析，作出了精辟的论述。他说：“过去好多事情不讲手续，正规化起来，手续很要紧。有人说这是形式，不讲形式，光讲良心和记忆，会把事情办坏的。当然我们不是形式主义者，我们不要过去反动政府那样繁琐的公文手续，”② 又说，“我们在工作中要学习一定的程序和格式，没有好的形式，本质就不易表现出来，要注意保存文卷档案，办事要讲求一定手续和程式。但形式主义、官僚主义也应加以警惕，要学习为人民的简便方法，因为我们政权的基本性质是为人民服务的。”③ 根据唯物辩证法，内容决定形式，形式反映内容，二者相辅相成，缺一不可，内容要通过形式来表现，形式也必然反映一定的内容，“无法律的程序”和“无程序的法律”本身就是一个伪命题。程序正义只是人们在法治社会追求实质正义内容的形式，“法的内容不是一些技术性的细则，而是一套具有价值导向的规范”④。

程序与实质亦可视为手段与目的的关系。程序正义是手段，实质正义是目的，“法的目的不是一些简单的胜负，而是极为高妙远大的人际的公平正

---

① 公丕祥：《法制现代化的理论逻辑》，中国政法大学出版社，1999 年，第 79 页。

② 董必武：《建设华北，支援解放战争》，《董必武政治法律文集》，法律出版社，1986 年，第 30 页。

③ 董必武：《努力做好政府工作》，《董必武政治法律文集》，法律出版社，1986 年，第 52 页。

④ 张伟仁：《中国传统的司法和法学》，《现代法学》，2006 年第 5 期。

义和社会的和谐繁荣”[①]。

程序正义只是实现实质正义的手段或工具，是以实质正义为出发点和归宿。“正当程序的设计实际上是根据公平、效率等价值观，通过对程序的构建以期达到满足公平结果需要的目标”[②]。董老在论述民主形式与实质时指出：“我们在民主政权建设方面，曾经批评了那种只注意民主形式，不注意民主实质，把民主实质与民主形式的关系加以颠倒的观点，和着重繁文缛节而不愿意使人民代表会议便利于劳动人民表现和实现其意志的观点。”[③]

衡量程序正义性的唯一标准就是实质正义的实现程度，不存在着独立于实质正义之外的单纯的程序正义，离开了实质正义，程序正义也就失去了存在的依据。董老对形式主义进行了阐述，并强调形式与形式主义的区别，并指出了形式主义的危害，他说：“在依法办事的时候，还要注意防止形式主义。司法活动要具备一定的形式。世界上任何实质的东西，没有不以一定的形式表现出来的。形式主义与形式是两回事。所谓形式主义，就是不问实质，只讲形式，不管条件如何，硬要来搬弄一套形式。官僚主义者也会把依法办事当成挡箭牌，借口说这也不合法，那也不合法，不给老百姓真正解决问题。依法办事有许多好处，但是如果思想不对头，做得不得法，也可能犯形式主义、官僚主义的错误”[④]。程序的独立性并不意味着程序正义可以脱离实体正义的内在要求，而与实体正义不存在必然联系，而是指为了保证实质的正义的实现而有其自己的逻辑理论体系，有其自己的科学设置。因此可以说，实质正义是衡量程序正义的唯一标准和价值准则。

当然，实质正义要通过程序正义来实现。如果说完善的程序不一定导致结果正义的话，那么不公正的程序就必然导致结果的不公正。所以，实质正义的实现要以程序正义为基础，缺乏程序正义要件的司法必然与现代法治精神相悖。问题的关键是如何来设计正当程序，是以实现实质正义为目的来设计程序，还是以正当程序为目的，即搞形式化的程序设计，这是司法改革路径选择的分水岭。

---

① 张伟仁：《中国传统的司法和法学》，《现代法学》，2006年第5期。

② 郑成良、杨云彪：《关于正当程序的合法性与合理性思考—兼及中国宪政制度的反思》，《法制与社会发展》，1999年第3期。

③ 董必武：《进一步加强经济建设时期的政法工作》，《董必武政治法律文集》，法律出版社，1986年，第301页。

④ 董必武：《在军事检察院检察长、军事法院院长会议上的讲话》，《董必武政治法律文集》，法律出版社，1986年，第521 ~ 522页。

四 传统与现代——从董老的司法改革思想出发

将司法看做是一套从某些前提出发，循着严密的逻辑规则演绎出的原理和准则，强调程序优先和独立的法学理论。实践已证明其有着一定的局限性。

第一，程序正义有时不能准确地反映实质正义。无论立法规定如何详尽，也无论司法经验如何丰富，都难以对应社会生活的复杂性和社会事实的多样性。如我国处在由计划经济向市场经济的转型期，实质正义的内容在不断地变化，而法律设计由于其稳定性而滞后，已经不能反映客观实际。典型的就是我国铁路法院和铁路公安，市场经济改革导致铁路的企业性质，而企业具有执法权和司法权显然没有合法性，但却仍然存在。

第二，完善的程序正义只是一种理想，是不可能完全实现的，充其量只能是尽可能地完善，但再完善的程序也不能保证公平正义。任何一种设计本身必然是一种有待检验的理想模式，它反映了设计者所处的文化背景和时代需要，因此不可能普遍适用，更不可能永久适用。其实，讲究程序优先的英国早悟此理，设计了衡平法来弥补普通法在这方面的不足。“衡平法注重实质而不注重形式”，英国衡平法是在法律没有对某种情况作出规定的情况下，依据自然正义和合理准则进行判决，或是对虽有规定但显然不合理或不公正，而又不得不适用法律规则的普通法的修正，在这种情况下，衡平法优于普通法。在大陆法系，则是通过法律规则的弹性化和法官自由裁量权的运用来进行弥补。

第三，实质正义可能因其抽象性、一般性和呆板、僵硬的特点，从而可能导致具体案件中的实质不正义。美国的辛普森杀妻案就是典型例子。该案仅因警察取证手段的可能瑕疵而无视其他客观事实就宣告辛普森无罪，显然有悖实质正义。若干年后辛普森在其自传中坦承杀妻，这无疑暴露了死守正当程序的荒谬，也是对美国司法公正的挑衅。这种背离实质正义的所谓程序正义，实质上是一种程序的异化。

第四，过分严格的正当程序冗长、繁琐，以当事人负担诉讼制度所花高额费用和冗长的时间为条件，在实践中会导致与实质正义的背离。一方面，当参与诉讼而支出的成本大于申请保护的财产权益时，高昂的诉讼费用可能导致受保护者的收益负增长，就会使权利申请人自动放弃正当程序保护，所谓“打不起官司”就说明了这一点，这在欠发展国家表现得尤为明显。另一方面，它在一些情况下会出现诉讼迟延或“积案”，即为了程序正义而降低了审判效率，从而阻碍了实质正义的实现，也就是英国谚语的“迟来的正义是非正义”。“无论审判能够怎样完美地实现正义，如果付出的代价过于昂贵，则人们往往只能放弃通过审判来实现正义的希望”，“面对着现代社会中的权利救济大众化的要求的趋势，缺少成本意识的司法制度更容易产生功能不全的问题”。①

其五，在这种环境下，要求有高素质的法官队伍和律师队伍，国民要有极强的正当程序意识。“倘若裁决者不以寻求公平正义为目的，任何的规则都可能被他滥用”。没有高素质的法官队伍，繁杂的诉讼程序得不到很好的遵守，司法审判的公正性无法保证；没有高素质的律师队伍，人们由于程序的复杂而找不到路径，或因为违反僵硬的程序而导致败诉，使得人们对法律敬而远之，法律将成为社会奢侈的装饰品和“曲高和寡”的室内乐，这与法律是社会减压阀作用的宗旨相悖；国民没有极强的正当程序意识，对于因固守程序却与实质相背离的司法审判无法接受，从而降低司法的公信力和权威。

西方国家在经历数十年乃至上百年司法程序中心主义后，面对纷繁复杂的社会现实，其局限性业已充分暴露。为此，“20 世纪后半叶以来，世界各国都在积极进行司法改革，把简易、便利、快捷、低廉作为改革民事诉讼程序的基本目标”②。以实质正义为核心的司法便民和服务化的理念正成为世界司法改革的热点。具有悠久正当程序传统的西方国家都不约而同地进行着司法的革命性变革，从程序中心主义到关注实质正义；从纷繁复杂的程序主义到便民司法的转变。而关注实质正义和便民司法正是我国司法文化传统和董老司法改革思想的精髓。

传统无需摆脱，也不能摆脱，司法文化传统已植根于我们民族的血脉，并仍在深深地影响着我们，任何制度设计和改革都不能无视这一客观现实。我国当下司法改革的困境就是忽略司法文化传统的结果。传统并不意味着落后，而是与现代司法理念相契合，历史与经验告诉我们，中国当下的司法改革应当回到尊重中国司法文化传统的轨道上来，回到董老的司法改革思想，从董老的司法改革思想出发。

---

① ［日］棚濑孝雄：《纠纷的解决与审判制度》，王亚新译，中国政法大学出版社，1994 年，第 260 页。

② 范愉：《小额诉讼程序研究》，《中国社会科学》，2001 年第 3 期。

循着董老的司法改革思想的轨迹，笔者认为我国当下的司法改革应遵循以下原则：

第一，规范诉讼程序，保证司法公正。公正、合理的程序设计是保证实质正义的前提条件，是法治的保障，同时，程序的设计要以保证司法公正，实现实质正义为目的，围绕实现实质正义来展开，处理好程序正义与实质正义的关系，这是董老司法改革思想的题中应有之义。新中国成立之初，董老针对当时不太注重程序建设和遵守程序，从而影响到司法公正，强调了程序立法和遵守程序，具有深远的历史意义。针对我国当下程序观念还不是很强，行政权力过大等情势，我国当下的司法改革应秉承这一理念，继续重视程序建构，但要反对形式主义。为此，应以保障司法正义为中心，进一步规范诉讼程序设计。在进一步规范诸如合议制、陪审制、辩护制、公开审判、上诉制等一系列制度和机制，保证程序的公开、公正的基础上，应进一步构建尊重诉讼主体的主体地位，特别是行政诉讼中行政相对人与行政机关的平等地位的机制，让民众体会到法院是很好的“说理”和“讨说法”的地方，增强民众对法院的亲近感。应设置严格的再审程序，维护裁判的既判力和终极性，体现法院是维护社会正义的最后一道防线的作用，增强法院的权威性。应设置严格而又具可操作性的执行程序，这是目前我国司法程序中的薄弱环节，根本上解决执行难问题，维护司法的权威和公信力。

第二，简化司法手续，构建便民司法。便民司法是我国司法文化传统的重要内容，也是董老司法改革思想的核心价值，是实现实质正义的手段和方法。中国虽然有着便民化的司法传统，但在以法律形式主义为主导的改革，由于其形式主义的倾向，便民化传统被列为改革对象，“打官司”复杂、麻烦是人们远离司法的一个重要症结。加强程序的正规化与规范化建设并不意味着可以放弃继承历史上的便民化传统，建立在程序之上的司法便民化并不排斥公正价值，因为它仍以程序保障为前提。在现代社会，司法应当最大限度地满足民众的需求，“促进公民最大限度地接近正义”，民众诉求是司法改革的最终归宿，也是我国司法制度人民性本质特征的体现。因此，在当下的司法改革中，应继续秉承这一理念，在坚持原有强化程序性的同时，直面人民群众的现实司法需求，重新审视人民司法的便民化传统，吸取西方国家过度司法形式主义的经验教训，顺应世界司法改革潮流，简化司法手续，构建便民司法，及时修正矫枉过正的司法形式主义改革之路。为此，董老的简化司法手续，区别农村与城市，设置为民、便民、利民的司法制度和措施，如基层法院派出法庭、巡回法庭、人民接待室等，为我们提供了重要的思路。基于此，在当下的司法改革中，应大力倡导简易、快捷、易于大众理解、便于大众利用的程序运作，如董老于新中国之初创设的基层法院派出法庭、巡回法庭、人民接待室等可进一步恢复和完善，主要是在制度和程序上下功夫，保障既便民又公正；需进一步降低立案门槛，简化立案手续，拉近民众与司法的距离；应进一步实行普通程序与简易程序的分离，进一步规范简易程序的运作等，让法院易于亲近，确保民众实效性地接近正义。

值得一提的是，对最近初定的农村小额民事司法适用简易程序，应持谨慎态度。农村小额民事司法适用简易程序直接来源于西方的小额诉讼程序，是由于我国当下诉讼案件数量猛增，司法不堪重负而追求诉讼效率的结果，是对程序建设为核心的司法改革理路的一种矫正。但制度的选择应受制于社会历史、司法制度和文化，由于小额诉讼程序程序上的非确定性和法官的随意性等原因，即使在法官素质和司法公正性受到充分信赖的西方国家，在实践中并不尽如人意，在法官素质和司法的公正性、权威性还未充分建立的中国现实条件下，其公正性难于保证，可行性不容乐观，而且与简易程序又有重叠之感。这种做法有矫枉过正之嫌，有可能会导致一种从过去不注重程序而进行程序构建，又因追求效率而虚化程序的司法改革的循环往复。简易、便民决不能以牺牲必要的程序保证为代价，我们还是要回到董老的既要程序，又要便民的司法改革思想中来。

第三，降低诉讼成本，提高诉讼效率。对诉讼的低效率，董老早有精辟的论述，他说："即使我们的立场站得稳，但工作方法不好，不注意方便群众，造成案件拖拉积压，人民就已经不耐烦了，还会说：'在国民党当政时打官司要钱多，在共产党掌权时打官司要寿长'。"① 诉讼的高成本、低效率是人们远离司法的又一重要原因，特别是对广大经济落后的农村地区更是如此。民众是追求自身利益最大化者，当有成本更小的纠纷解决机制时，就不会选择司法渠道了。

在这方面，应降低诉讼费，扩大司法援助的范围，可考虑在广大的农村地区设立法律援助站，无偿地为民众提供法律服务。应严格规定诉讼各个环

① 董必武：《论加强人民司法工作》，《董必武政治法律文集》，法律出版社，1986年，第277页。

节的期限，并设置严格的责任追究机制，及时判决，杜绝积案。在二审程序上，在查明事实真相后应直接判决，而不是动不动就发回重审，导致司法踢皮球现象。简单的纠纷应该以简易程序进行，能实行简易程序的应尽量实行简易程序，以缩短审限。

第四，承继司法传统，构筑多元化纠纷解决机制。一方面，对当事人主义审判方式下出现的案件拖延、诉讼成本提高等弊端，应承继我国以实质正义统领程序正义，充分发挥法官积极性的司法文化传统，在遵守程序的前提下，法官以揭示事实真相，追求实质正义为目的，运用职权深入地参与案件的审理。在这方面，董老有精辟的论述。他说："法只是办事的准绳，只有从实际出发，对事务的本身和它相关联的各方面，加以周密的分析，才能达到妥善办事的目的。"① 董老要求"司法工作者要守法，也一定要养成灵活性，根据各个地区不同时期的不同情况，当宽当严要善于掌握分寸"。基于此，在司法审判上，在考虑法律因素的前提下，民意、风俗、情理也不能忽略，以实现实质正义，达到法律效果与社会效果的统一。

另一方面，针对目前片面强调以司法审判为主的比较单一的纠纷解决机制，导致法院不堪重负的局面，应继承我国司法传统中，构建诉讼与非诉讼相结合的多元化纠纷解决机制。以调解制度为例。调解是中国传统司法文化的特点和优点，在基层特别是面对熟人和礼俗为特征的乡村社会，将"民间细故"交于非讼调解，更能显示其互谅、和谐，将纠纷消解于无形的优势。然而，这个曾被誉为"东方经验"的制度在改革中并未得到合理的重视。诉讼中"非黑即白"的判定从效果上不能说是一种永恒代表现代司法文明的解纷方式，而增加调解和互谅的方法，一定程度上是适应现代司法改革潮流的。"被称为好讼国家的美国实际上只有不到3%的案件是通过判决结案的，其余绝大多数案件是通过ADR② 和诉讼中和解处理的。"③

（本文原载于《董必武法学思想研究文集》
发表时间：2009年10月20日）

---

① 董必武：《进一步加强人民民主法制，保障社会主义建设事业》，《董必武政治法律文集》，法律出版社，1986年，第488～489页。

② ADR，即各种非诉讼纠纷解决方式（包括协商、调解、仲裁等）的统称，又译为代替性纠纷解决方式等。

③ 董必武：《进一步加强人民民主法制，保障社会主义建设事业》，《董必武政治法律文集》，法律出版社，1986年。

历史与启示：
我国建国初期的司法改革运动

李龙　朱兵强[*]

新中国成立后，我国于1952年6月至1953年2月进行了一场轰轰烈烈的司法改革运动，对于这次司法改革运动的历史地位与作用，学界的认识尚不统一，甚至出现截然相反的立场与观点。有论者对新中国成立初期司法改革运动的性质与作用产生了质疑，特别是对废除“六法全书”提出了批评意见。实际上，这种见解并非建立在完全的、客观的历史事实之上，未能全面、深刻、历史地理解那场司法改革运动。本文试图从新中国成立初期司法改革运动的历史背景、原则以及具体的司法改革举措方面对其进行重新的回顾，以正视听并期望对当下我国的司法改革实践有所助益。

一　新中国成立初期我国司法改革的背景

我国于1952年6月至1953年2月推行的司法改革运动是在新中国成立初期的特殊年代进行的，其背景比较复杂：从政治方面看，新生的、中国共产党领导的新民主主义国家政权刚刚建立，需要大力开展革命后新政权的建设，其中当然包括必须推进的司法制度的改革与建设。从当时司法人员的现实情况看，在“三反”运动的过程中，旧司法人员的一些问题被陆续暴露，这成为司法改革运动的直接导火索。在当时的司法队伍里，旧司法人员确实不在少数，大约占到22%，有部分人员思想反动、作风败坏，

* 李龙，武汉大学人文社科资深教授；朱兵强，武汉大学法学院博士研究生。

甚至贪赃枉法、杀人越货，进行反革命活动。这些因素均构成促使当时司法改革展开的背景与成因。

然而，如果回到法学的内部视角来考察此次司法改革的背景，也即从法律意识形态方面看，我们会发现，1952 年开始的司法改革运动实际上是两种本质对立的法律与司法意识形态矛盾运行的必然结果。新中国的各项建设以马列主义、毛泽东思想为指导，在法制与司法工作方面也不例外，马克思主义将法律视作统治阶级的工具，法律具有鲜明的阶级性，因此，对旧的司法人员及其思想、作风乃至司法制度、机构进行改造势在必行。既然旧的资产阶级的伪法统不可能为新生的人民政权所接受，那么作为伪法统代表的“六法全书”的废除则成为必然，而废除“六法全书”不仅将过去司法审判的依据——旧法律清除了，更在整体上对当时的司法体制与人员的合法性提出了严峻的挑战，因此，“六法全书”的废除成为司法改革不得不行的重要原因与背景。

“六法全书”是国民党政府的宪法、民法、商法、刑法、民事诉讼法、刑事诉讼法六种法规的汇编，具体内容涉及宪法及关系法规、民法及关系法规、刑法及关系法规、民事诉讼法及关系法规、刑事诉讼法及关系法规以及行政法及关系法规。① “六法全书”的编撰可追溯至清末沈家本的变法修律，因清王朝的覆灭而一度中断，在北京国民政府期间得以续编，直至南京国民政府时期终告完结。六法中作为根本法的所谓“宪法”为 1946 年 11 月召开的“伪国大”所指定，其中包括臭名昭著的《戡乱动员令》《紧急治罪法》等单行法规。1949 年元旦，蒋介石在求和之时不忘提出保存其伪宪法和伪法统的所谓“五项和谈条件”，其中第 3 条即“神圣的宪法不由我而违反，民主宪法不因此而破坏，中华民国的国体能够确保，中华民国的法统不致中断”，妄图延续其反共反人民的专制独裁国体、宪法与法统。对此，毛泽东予以了坚决地拒绝，他在《关于时局的声明》中针锋相对地提出和平谈判的“八项条件”，其中第 2 条和第 3 条即明确要求废除伪宪法和伪法统。这为此后中央正式作出废除国民党“六法全书”的政策奠定了基础。

1949 年 2 月 22 日，中央发布《关于废除国民党〈六法全书〉与确定解放区司法原则的指示》指出：“国民党全部法律只能是保护地主与买办资

① 参阅《中国大百科全书·法学卷》，中国大百科全书出版社，2006 年，第 333 页。

产阶级反动统治的工具，是镇压和束缚广大人民群众的武器……国民党《六法全书》应该废除，人民的司法工作不能以国民党的《六法全书》为依据。”可见，新中国将废除旧的伪法统作为司法改革运动的第一步或者前提，其第二步则是进行全国范围内司法系统旧有司法人员的思想改造和人员清换，这是更为关键的内容。

中共中央关于废除“六法全书”的指示发布后，董必武领导的华北人民政府率先响应，《废除国民党的六法全书及其一切反动法律》的训令于1949年3月31日由华北人民政府主席董必武等签署颁布。训令指出：“国民党统治阶级的法律，是广大劳动人民的枷锁。现在我们已经把这个枷锁打碎了，枷锁的持有者——国民党的反动统治政权也即将完全打垮了，难道我们又要从地上拾起已毁的枷锁，来套在自己的颈上吗？反动的法律和人民的法律，没有什么‘蝉联交待’可言，而是要彻底地全部废除国民党反动的法律。”① 在董必武看来，废除六法全书是革命的必然要求和新民主主义革命必须完成的任务。他指出：“我们如果承认国家是阶级矛盾不可调和的产物，是一个阶级统治另一个阶级的工具，我们就不能承认六法全书是统治者少数人压迫被统治者多数人的法律，也就是我们革命的对象。”② 他进而主张：“现在国家的本质已经变了……所以六法全书是一定要取消的。”

二 新中国成立初期我国司法改革的原则

（一）坚持司法的群众路线

在司法改革过程中，董必武曾一再强调要坚决反对文牍主义的司法作风，彻底扭转司法中脱离群众及高高在上、坐堂问案的审判方式，要简化繁杂的司法手续，可见，董必武对于司法的群众路线是十分重视的。

司法的群众路线首先要求司法依靠群众。董必武关于司法依靠人民的观点在改造、清除旧司法人员后如何补充新的司法人员问题上得到了充分的反映。董必武认为开辟新的司法干部来源，要面向群众并依靠群众。他在1952年2月24日召开的全国司法干部训练会议上提出的新司法干部来源的6个渠道中所含括的人员绝大多数是革命的群众。比如“五反”运动中的工

① 董必武等：《废除国民党的“六法全书”及其一切反动法律》，《董必武法学文集》，法律出版社，2001年，第15页。

② 董必武：《旧司法人员的改造问题》，《董必武法学文集》，法律出版社，2001年，第29页。

人、店员积极分子和群众运动中涌现并经过一些锻炼的群众积极分子等。董必武曾明确指出:“只要我们面向群众，依靠群众，那么我们不仅不会感觉到司法干部来源枯竭，相反倒会使我们获得丰富的干部源泉，并更加纯化我们的司法机关。”①

司法的群众路线还要求司法服务人民。董必武曾指出:“人民司法工作者必须站稳人民的立场，全心全意地运用人民司法这个武器；尽可能采取最便利于人民的方法解决人民所要求我们解决的问题。”② 他进而认为:“一切这样办了，人民就拥护我们，不然人民就反对我们。”董必武关于司法为民的思想时至今日仍然具有重要的价值。周永康在中央司法体制改革领导小组第二次全体会议上也指出:“实践证明，中央关于深化司法体制改革的决策部署是完全正确的。虽然改革难度大……（但）只要着眼于解决人民群众最关心、最直接、最现实的利益问题，就能够得到人民群众的认可。”可见，人民群众的满意与认可是司法的重要条件和司法体制改革的重要目标。

（二）坚持以人为本的司法

新中国建立了人民民主的政权，新中国成立初期司法改革中的一系列制度和措施中，无论是旧司法人员的改造、肃清旧法思想也好，反对文牍主义也罢，其目的之一都是为了在最大程度上实现司法公正、保障人民权利，均包含了一定的以人为本的思想和理念。全心全意为人民服务是党的根本宗旨，也是人民司法的宗旨。早在 1950 年 7 月召开的第一次全国司法工作会议上，董必武即提出了司法应为人民服务的思想，他指出:“一切为人民服务，这是一个真理；我们应该坚持，司法工作也是为人民服务”③。

以人为本的司法，首先要求站稳人民的立场，而不是站在人民的对立面。董必武强调:“人民司法工作者必须站稳人民的立场，全心全意地来运用人民司法这个武器，这一点应当肯定下来。如果不站稳人民的立场而站到了另外的立场上去那就要犯严重的错误。”④ 在司法改革前，我国新生政权下司法机构中即混入了诸多立场反动的旧司法人员，这些立场反共

① 董必武:《关于改革司法机关及政法干部补充、训练诸问题》,《董必武法学文集》，法律出版社，2001 年，第 123 页。

② 董必武:《论加强人民司法工作》,《董必武法学文集》，法律出版社，2001 年，第 155 页。

③ 董必武:《要重视司法工作》,《董必武法学文集》，法律出版社，2001 年，第 43 页。

④ 董必武:《论加强人民司法工作》,《董必武法学文集》，法律出版社，2001 年，第 153 ~ 154。

反人民的人员给我国的新政权建设和人民的生命财产利益带来了极大的损害。

以人为本的司法，其次要求维护广大人民的利益。董必武强调："实践以什么为标准？就是一切以广大人民的利益为标准，也就是一切以广大人民的利益为最高的利益。"① 董必武认为，在司法工作中不能过分讲个人利益的满足，个人利益与集体和人民利益根本上是一致的；虽然司法原则要求我们一切以人民利益为最高利益，但这并不意味着一定会损害个人利益，相反，一味讲究个人利益为先则不仅不能保障个人利益，反而往往损害集体和人民利益。② 总之，董必武将人民司法服务和实现广大人民的利益作为立场问题和根本标准提出来对于当时推进司法改革、加强司法队伍建设和提高司法水平均有重大的指导意义。

（三）立足司法程序的公正高效

从司法程序的视角看，司法在实现其社会效果时往往离不开法律程序的规制。公正高效的司法程序有助于社会正义的实现，相反，过于繁琐、形式化的程序则可能阻碍司法公正的实现。

董必武在新中国成立初期的司法改革中对旧司法体制下文牍主义的批判与改革是从审判方式与司法作风的角度入手对司法的繁琐程序进行的一次改革，其核心是革新不科学的司法裁判方式，建立便民、利民的司法程序与司法机构。在 1952 年发动的司法改革运动中，董必武等人主张和推动的致力于从制度和机构上所进行的司法程序革新，取得了不小的成就。改革中设立了便民的巡回法庭制度；设立了人民问事处；健全了人民调解委员会制度等。这些新制度的建立与新机构的设置，均从某种程度上简化了诉讼程序，降低了诉讼成本，改变了过去旧司法人员坐堂问案所带来的程序繁琐、诉讼成本高昂的弊病，建立了相对公正、高效的新的司法体制。1953 年 2 月底，历时 9 个月的司法改革运动在全国范围内基本结束。在第二届全国司法会议上，董必武对司法改革经验作了总结，他认为，全国解放三年来，国家六千人的司法队伍审理了案件六百万件，这"不是件小事"，"我们司法工作者

---

① 董必武等：《废除国民党的"六法全书"及其一切反动法律》，《董必武法学文集》，法律出版社，2001 年，第 33 页。

② 参阅董必武等：《废除国民党的"六法全书"及其一切反动法律》，《董必武法学文集》，法律出版社，2001 年，第 33 页。

给国家、人民做了很大的一件事情”。[①] 对于这一成就的取得，董必武认为这是司法尽可能采取最便利于人民的方法解决人民所要求我们解决的问题的结果。[②] 正是基于这样的经验，在考虑如何解决当时司法所面临的严重问题——积案时，董必武提出了两方面的对策，其中第一条即是简化诉讼程序，立足司法的社会效果，建立简易司法程序和便民的司法机构。他指出：“法院应该简化自己的办事手续，打破陈规，改变作风。”[③] 为此，董必武强调要设立接待处，完善调解委员会制度和巡回审判制度等，以此达到减少积案的目的。[④]

三　新中国成立初期我国司法改革的内容

（一）肃清旧法思想，改造旧司法人员

对于旧司法人员思想的反动性，董必武明确指出：“这些人过去一直是为反动统治阶级服务，给反动派专门充当镇压革命和压迫、敲诈劳动人民的直接工具，他们思想上充满了反革命反人民的法律观念，政治上受反动影响很深”[⑤]。董必武深刻地认识到，由于旧司法人员长期受到反动司法和法学教育，长期从事反动的司法实务工作，对旧司法人员的改造将是一个艰巨而不得不彻底进行的工作。对此，他作了原则性的指示：一是未经彻底的思想改造和严格的思想考验，旧的推事、检察人员不得从事审判工作；二是对于司法机关中的坏分子，应当坚决地予以清除；对于三反运动中发现的包括因思想败坏而犯罪者，应当立即法办；三是对于历次运动中没有发现思想和工作存在较大问题者，应当加以训练和改造，转为从事法院中的技术性工作或调到其他部门中工作，总之不能使其掌握审判大权；四是对于在解放后思想、工作都表现较好的、进步的旧推事、检察人员，原则上可以留用，但应

---

① 董必武：《论加强人民司法工作》,《董必武法学文集》，法律出版社，2001年，第151～153页。

② 参阅董必武：《论加强人民司法工作》,《董必武法学文集》，法律出版社，2001年，第154～156页。

③ 董必武：《论加强人民司法工作》,《董必武法学文集》，法律出版社，2001年，第161页。

④ 参阅董必武：《论加强人民司法工作》,《董必武法学文集》，法律出版社，2001年，第161页。

⑤ 董必武：《关于改革司法机关及政法干部补充、训练诸问题》,《董必武法学文集》，法律出版社，2001年，第121页。

当调离原工作地点。①

旧司法人员过多地集中于新中国的司法机关甚至担任主要职务并占据骨干位置的原因颇多，从历史角度看，中共历来注重通过党的政策来进行社会治理，而司法的地位与作用一直未被合理提升，这导致中共取得全国政权后司法人员紧缺，有时不得不借助并倚重旧的司法人员。从现实角度看，主要在于当时基层领导对旧司法人员的反革命本质认识得不够透彻。

新中国成立初期的司法改革运动中，不少旧司法人员因为思想政治觉悟问题而被清除出司法队伍，但是这些旧人员被清除的根本原因还是由于自身的违法犯罪。有的旧司法人员自身作奸犯科，甚至犯了严重罪行，比如有法院院长身负 20 多条人命；有的旧司法人员包庇纵容犯罪分子，比如有法院副院长放走了十几个反革命；甚至有的旧司法人员完全目无法纪、无法无天、无恶不作，比如温县的王高升、杨文志等。②

在大规模的司法改革运动中，大规模的法制与司法重建也在积极进行。在旧司法人员的改造方面，董必武除了积极考虑新的司法人员的补充问题外，对于新的司法人员的教育与培训工作也作了安排，大到教育培训机构的设立，小到师资力量的组织与配置及教材的选用，董必武都作了部署。对于旧司法人员清除后司法机关如何补充及训练新的司法人员以保障国家法律和社会秩序的问题，董必武非常重视并从多个方面作了详细探讨与指示。按照董必武的观点，解决的途径是选拔新的司法干部和加大培养已有的和新的司法干部相结合，这些人员大致包括 1945 年以前即参加工作的老干部以及“土改”“镇反”“三反五反”运动中的积极分子。③ 董必武认为，可替代被清除的旧司法人员的司法干部来源主要有：选派一批较老的同志担任法院的骨干分子；吸收一批青年知识分子；积极参加“五反”运动的店员；土改工作队和农民中的积极分子；专业的革命军人；各人民法庭的干部及工会、农会等人民团体中的积极分子等。④

---

① 参阅董必武：《论加强人民司法工作》,《董必武法学文集》，法律出版社，2001 年，第 122 页。

② 参阅董必武：《论加强人民司法工作》,《董必武法学文集》，法律出版社，2001 年，第 155 ~ 156 页。

③ 参阅董必武等：《废除国民党的“六法全书”及其一切反动法律》,《董必武法学文集》，法律出版社，2001 年，第 117 页。

④ 参阅董必武：《关于改革司法机关及政法干部补充、训练诸问题》,《董必武法学文集》，法律出版社，2001 年，第 123 页。

（二）反对文牍主义

旧司法人员的一些思想作风和违法乱纪问题在“镇反”和“三反”运动当中陆续地暴露出来，在这些问题当中，文牍主义被认为是旧司法人员的一种不良作风和司法裁判方式。文牍主义导致司法工作脱离群众，漠视党和国家的政策与法律。这些问题被董必武发觉并明确地指出，他认为，未经改造的旧司法人员存在严重的旧司法思想和旧司法作风，对人民法院起着严重的侵蚀作用。即便有的旧司法人员经过改造有所进步，其比例也比较小。[①] 在董必武看来，文牍主义的典型特征就是坐堂问案，其后果则表现为对人民群众的严重脱离。文牍主义所带来的冗长陈腐的判决书将司法与人民群众间的关系疏离得越来越远了。[②] 总之，在董必武看来，文牍主义的司法作风带来了严重的消极影响。在司法实际过程中出现了法院因为当事人不会写诉状而拒绝受理的情形、审理案件不做调查取证的情形、办理案子需要多达30多道手续的情形，甚至出现了因为案件中地主一方当事人比农民多即粗暴地按少数服从多数的原则判决农民败诉的情形。[③] 文牍主义所带来的这一系列问题导致人民群众十分不满，董必武认为到了“必须解决这个问题”的时候了。[④]

解决文牍主义、坐堂审案的不良司法作风问题的主要方法即是大力提倡解放区行之有效的群众路线，要求司法人员以人为本，贴近群众，坚持司法依靠人民和司法服务人民。司法的群众路线不仅直接改变了以往坐堂审案、高高在上的工作作风，而且使得人民法官与人民群众之间的联系更加紧密。为了贯彻司法的群众路线，在司法改革中作了制度和机构上的一系列有力的变革，比如设立了便民的巡回法庭制度；实行陪审制度，由群众选举陪审员参与审判；设立人民问事处；健全调解委员会制度等。这些重要的机构和制度变革不仅在当时产生了极为重要的影响，时至今日，这些制度设计仍然具有十分重要的价值。

---

① 参阅董必武：《关于改革司法机关及政法干部补充、训练诸问题》，《董必武法学文集》，法律出版社，2001年，第120页。

② 参阅董必武：《关于改革司法机关及政法干部补充、训练诸问题》，《董必武法学文集》，法律出版社，2001年，第120页。

③ 参阅公丕祥主编：《当代中国的法律革命》，法律出版社，1999年，第120页。

④ 参阅董必武：《关于改革司法机关及政法干部补充、训练诸问题》，《董必武法学文集》，法律出版社，2001年，第121页。

四　新中国成立初期我国司法改革的成就与启示

新中国成立初期的司法改革运动与改革开放后我国所推动的历次司法改革的性质存在一定的差异。前者是在革命运动此起彼伏的年代所推行的，目的和过程都是“大破大立”，对国民党旧的司法制度和模式进行了革命性的彻底的改革。而后者是在改革开放的总体规划下所进行的，其性质仍然属于社会主义制度下司法制度的自我完善与发展。然而，即便如此，新中国成立初期司法改革在理论与制度上取得的巨大成就，包括司法改革的大胆创新、群众路线，司法改革中完善的调解制度、陪审制度以及司法改革中确立的专门法院制度等等，对于改革开放后我国推行的司法改革都具有先启性的作用，对今后我国将继续推进的司法改革也具有重要的借鉴意义，这些意义与作用至少包括以下几个方面：

（一）司法改革应当大胆创新

新中国成立初期的司法改革既是旧司法的“大破”也是新司法的“大立”。“大破”自不必说，前文已有交代。关于“大立”董必武也有深刻认识，早在第一届全国司法工作会议上，他便强调要将法律制定和完善作为人民司法工作的三大问题之一来认识并解决。他主张在政协共同纲领及政府组织法之外，加快制定刑法、民法、刑事诉讼法和民事诉讼法等重要的法律。[①] 一系列崭新的符合中国国情的新的司法制度与机构在董必武的主导下得以构建与设置。除了过去的陪审制、巡回审判制以及法院问事处、接待室得以完善并在全国实施外，新的专门法庭开始在一些特殊的行业或地区试点设立，比如铁路法律处、工矿专门法庭、军事法庭等，这些机构的设立为当代中国特色社会主义的司法体系，特别是法院组织体系奠定了基础。

（二）司法改革要为经济建设服务

董必武曾明确指出，司法改革、建立新的专门性法庭应配合大规模的经济建设，通过专门法庭与破坏经济建设的犯罪分子做斗争。[②] 对于有人主

---

① 参阅董必武：《要重视司法工作》，《董必武法学文集》，法律出版社，2001年，第40～41页。

② 参阅董必武：《关于改革司法机关及政法干部补充、训练诸问题》，《董必武法学文集》，法律出版社，2001年，第158页。

张大规模社会改革运动已经基本结束，政法工作的作用将减弱，从而可以放松政法工作的观点，董必武予以了否定，他指出："经济建设已经成为全国的中心任务，这并不意味着要削弱政法工作，相反地，而是要更加加强政法工作"[①]。为了保障经济建设的健康有序进行，董必武强调应当大力推进立法、公安和检察等方面的工作。董必武关于司法必须为经济建设服务的思想在当今社会主义市场经济条件下依然具有重要价值。

（三）以人民是否满意作为司法改革的标准与目标

中国特色社会主义司法制度的改革与完善必须坚持人民的面向，改革是为了更好地服务人民。正如董必武所指出的那样："一切为人民服务，这是一个真理；我们应该坚持，司法工作也是为人民服务。"[②] 因此，司法改革必须以人民群众是否满意作为改革的标准与目标之一，以此确定改革的方向，衡量改革的成败。胡锦涛在《在省部级主要领导干部提高构建社会主义和谐社会能力专题研讨班上的讲话》中要求"要落实司法为民的要求，以解决制约司法公正和人民群众反映强烈的问题为重点推进司法体制改革，充分发挥司法机关维护社会公平和正义的作用，促进在全社会实现公平和正义"。可见，在司法体制改革问题上，人民群众的利益与要求是否得到满足，人民群众是否满意是司法改革的重要标准与目标之一。

（四）必须坚持依法办事，贯彻"有法可依，有法必依，执法必严，违法必究"的"十六字"方针

早在1948年，董必武在华北人民政府召开的人民政权研究会上就曾指出："建立新的政权，自然要创建法律、法令、规章、制度。我们把旧的打碎了，一定要建立新的，否则就是无政府主义。"[③] 1952年开始的司法改革运动中，董必武又将"要有法律"作为司法改革的三大问题之一加以高度重视。1956年9月，在中共八大会议上，董必武将其法治思想高度凝练为"有法可依"和"有法必依"，即依法办事。董必武认为，依法办事有两方面的意义，一是必须有法可依，这要求国家尽快将重要的法律完备起来；二是要

---

① 董必武：《进一步加强经济建设时期的政法工作》，《董必武法学文集》，法律出版社，2001年，第171页。

② 董必武：《要重视司法工作》，《董必武法学文集》，法律出版社，2001年，第43页。

③ 董必武：《进一步加强经济建设时期的政法工作》，《董必武政治法律文集》，法律出版社，1986年，第41页。

有法必依，即要求按照规定办事，司法机关严格遵守并适用法律。[①] 董老的依法办事思想为邓小平所提出的“有法可依，有法必依，执法必严，违法必究”的“十六字”方针所承继与发展，为新时期社会主义民主和法治建设提出了总原则和总要求。[②] 这也成为此后乃至今后我国司法改革与建设的重要指导思想。

（本文原载于《法学杂志》2012 年第 12 期）

① 参阅董必武：《进一步加强经济建设时期的政法工作》，《董必武政治法律文集》，法律出版社，1986 年，第 487 ~ 488 页。

② 参阅任建新：《在浙江省杭州市举行的董必武法学思想研究会年会上的讲话》，载孙琬钟、应勇：《董必武法学思想研究文集（第七辑）》，人民法院出版社，2008 年，第 2 页。

司法的政治力学*

——民众、媒体、为政者、当事人与司法官的关系分析

孙笑侠**

民意法庭是封闭的，而真正的法庭是开放的。

——理查·马屈[①]

尽管法律家往往与人民联合起来打击行政权，但法律家与行政权之间的自然亲和力，却远远大于法律家与人民之间的这种亲和力。[②]

——托克维尔

大多数案件的审判都属于典型的正常司法活动，但某些少数案件的审判，却是非典型的，因为它轰动全国、影响全社会。就案件的社会影响力而言，这类少数案件的影响力甚至比多数案件影响力的总和还要大。这类少数案件原本是很平常的案件，但由于某种特殊因素起作用，在社会上可以迅速演变成公共话题，引起媒体和民众的热烈评判，于是个案就成为公众议论的

---

* 本文获得教育部新世纪优秀人才支持计划、国家211第三期建设项目“转型期法治的理论、制度和实践”、浙江省钱江人才计划项目“司法与民意和谐的程序机制”以及2010年中国法学会部级法学研究课题立项重大课题“言论自由与网络舆论法律问题研究”（CLS—A1003）的经费资助，是四个项目的阶段性成果之一。本文写作过程中得到了浙江省高级人民法院叶向阳、陈裕昆、周德军以及浙江大学光华法学院谢小瑶、李迎春、吴习域、宋小海、刘金晶、陈睿、赵冬、孙权等同学的帮助，在此致以谢忱。

** 孙笑侠，复旦大学法学院教授。

① 美国联邦地区法院法官。引自Marjorie Cohen & David Dow：《法庭上的照相机》，曾文亮、高忠义译，（台湾）商周出版社，2002年，第134页。

② ［法］托克维尔：《论美国的民主》（上卷），董果良译，商务印书馆，1997年，第305页。

焦点和热点，我把它称为“公案”[①]。舆论对此给出了民意上的裁判，人们习惯于把这种情况称为“民意裁判”或“民意法庭”。本文所研究的司法的政治力学现象，着重考察（但不限于）演变为公案的那类案件。因为从法院角度来看，多数受干扰的案件是引起公众和舆论关注和议论的“焦点案件”和“热点案件”。而正是这类案件，恰恰折射出民主与法治的可喜进步和堪忧困境的双重形势。这就出现了连锁现象：涉及公案的司法过程中，出现了多个角力主体的介入，都基于政治的而非法律的理由参与到司法之中，导致了司法的“政治力学”现象。

一　四个角力的“审判者”

在西方所谓“高度曝光案件”（highly publicized cases）中，除案件当事人之外，通常存在着三个主体在发生影响作用，他们都可能单独地或联合地对公案进行“审判”，即民众、媒体和司法官。但是在中国，还有第四个角力的主体，它就是为政者。为了把问题分析得清楚一些，我只把对案件当事人产生影响的角力主体进行分析，这四个角力主体分别是民众、新闻传媒、为政者、司法官。虽然还有一个主体是法律专家[②]，但考虑到本文分析的需要，我把这个主体合并入民众之内。民众、新闻传媒和为政者为什么掺和或参与到个案司法中来呢？这就要从个案演变成公案的过程说起。

究竟是先有公案，还是先有民意裁判，令人迷惑。但是我们可以很清楚地说，个案之所以引起热议和评判，成为公案，绝不是空穴来风，是因为它具有某种“主题元素”[③]，比如贫富关系、权贵身份、道德底线等等。如果没有个案中所包含的这种“主题元素”，那么，个案是绝不会引起公众和媒体热议的，因而也成为不了公案。这个“主题元素”吸引了公众、媒体、为政者参与到个案的司法中来。正是这个“主题元素”，才成为公众、媒体和为政者不同程度地干预司法的合乎“目的正当”的理由。

自从进入互联网时代，互联网成为“舆情监视器”，网上投射着转型时

---

① 孙笑侠：《公案及其背景——司法过程中民意的法社会学透视》，《浙江社会科学》，2010年第2期；孙笑侠：《公案的民意、主题与信息对称》，《中国法学》，2010年第3期。

② 何海波博士已对法律专家意见与公众意见的关系作了很好的分析，本文不再讨论这个问题。何海波：《公众意见与司法判决——对过去十余年若干轰动性案件的考察》，载《实质法治：寻求行政判决的合法性》，法律出版社，2009年。

③ ［法］托克维尔：《论美国的民主》（上卷），董果良译，商务印书馆，1997年。

代的冲突、困顿、无奈和焦虑，有人说，顺着网线可以触摸时代的脉搏与心跳。可以肯定的是，网络目前已经成为民众通向政治的无形的、非正式的重要通道。在这样的新条件下，个案很容易演变成“公案”，民意法庭和民意公审也就在此出现了。民众、媒体等舆论构成了对个案进行审判的架势，这就是所谓的“民意法庭”，又称“舆论法庭”（The court of public opinion），它通过舆论和民意来进行审判，有意或无意地影响司法裁判。民意法庭一般有两个裁判者，即民众和媒体。从应然的理论上讲，民意法庭会对陪审团产生影响，但很难对没有陪审团制度的司法活动起影响作用，因为司法机关是独立行使职权的，并且法官的职业习惯往往对民意和舆论抱排斥态度。民意和舆论即使有影响，也是在法院不知不觉状态下产生的。但是如果通过为政者，则毋庸置疑可以直接干预司法。

他们四方面力量构成的角力关系，都不是法律意义上的，而是政治意义上的。可以说这是一种“政治力学”问题。这里的政治力学并不是指通常的政治斗争，而是它们都利用法律或法律的弱点强调自己的意志，对司法施加压力，对案件当事人产生影响。其中，既存在多种主体角色本位的天然固有的力学关系——静态物体关系，比如固有的职业主义与民主主义的较量；同时，它们又与社会发展和法制改革相联系而产生连锁反应——这种力学关系又是动态的，这种力量强弱可能是阶段性的，因而是可以根据社会发展变化而权衡的。它们四方面有各自的正当性理由来支持，所以我们一时难以辨别谁对谁错。

眼下民意与司法这两者之间的正常关系出现了严重的扭曲，民众、媒体、为政者和司法官四方面的认识也缺乏规范性和统一性，他们是公案这个混沌问题中的四个主角，究竟谁是这些公案的真正裁判官？ 司法、民众、媒体、为政者四方之间存在着相当复杂的关系。其中对司法判决起决定作用的并非法官，而是“匿名者”。是不是存在“匿名审判”，有没有“双簧审判”？ 如果说西方国家的陪审团对司法判决产生外行人的重要影响的话，那他们是能看得见的决定者，可是我们的决定者是无形的、匿名的。美国人也会批评陪审团式的民主，我们却找不到这样的匿名者，更谈不上当他们判断失误时去追究他们的法律责任①。

① “陪审团民主，它实在是伪民主的，因为它邀请或者至少是允许一个未经选举的匿名小组，它藐视立法机关通过的法律。每当发生这种情况，陪审团就成为一个无法无天的机构，而这些陪审员渲染判决却永远不会被追究责任”。引自 Jeffrey Abramson：We，the jury，The Jury System and the Ideal of Democracy，Harvard Press，2001. p.4。

让我们先简要地梳理以下六对角力关系及其隐藏着的政治力学。

第一，民众与司法官。从民众角度来看，民众关注权利、关注司法、关注法律、关注法治，是好现象，这种现象显然说明民众有了解审判、参与审判的欲望和需求。但是，民意对司法的强烈关注和反应的同时，又包含有对司法不信任，甚至仇官、仇权（权力）和仇法的心理。再者，民意的聚集可以影响和左右司法。有学者认为“实际上民意并不构成对司法独立性的损害”[①]。孤立地看这句话是对的，可是民意不影响司法不等于民意表达方式不会影响司法独立性。我国现行宪法第126条规定的“人民法院依照法律规定独立行使审判权，不受行政机关、社会团体和个人的干涉。”[②] 那么民众舆论和新闻媒体是否可以干涉司法呢？这个问题在宪法上还没有解决。从司法官角度来看，一方面，司法职业化和专业化的发展，使得民众与司法官形成专业性间隔。另一方面，目前司法机关或司法官又有三种不良表现：“害怕”民意、讨好民意、无视民意。害怕民意就是担心得罪民意，因为我们历来有“民意不可违”的观念，否则会引起“司法民主问题”“为人民司法还是为谁司法”问题。讨好民意就是迁就民众的不符合法律的要求，宁愿作和事佬，为尽量满足民众的法外要求而不惜扭曲法律甚至违背法律。但在有的场合，司法官顾不上民意，高高在上，脸难看，门难进，甚至民众告状难，诉讼权利得不到保护，陪审员形同虚设，等等。

第二，媒体与司法官。司法官俨然以司法独立（我国司法官常用的理由）或公平审判（美英等国）为由，本能地排斥媒体；而媒体则以新闻自由或言论自由为由介入司法事务的报道。那么，在媒体与司法的优先次序关系上，孰先孰后？这在我们国家是个未决的、缺乏理论的问题。现在的困境主要集中于五个方面的问题：一是倾向性舆论是否对审判构成危害性？二是在判决前程序中，是否可对公众的知情权作适当限制，以及选择何种报道方式（是否允许现场直播），这也是目前没有得到解决的。三是媒体对审理后的判决加以评论是否妨害司法权威？过去，我们总是认为法院判决需要

① 韩蕾：《社会转型中的司法与民意》，《理论观察》，2009年第3期。

② 我国1954年宪法第78条规定的是“人民法院独立审判，只服从法律”。现在看来，现行宪法的规定还不如五四宪法那么直截了当、简洁明了。依其字面可知，法院独立审判，不受法律之外的所有因素的影响，包括媒体和民众。依我的理解，司法权的独立性确实包括了这一层意思：司法权独立于民众和媒体。但是，司法权独立于民众和媒体的理由，不同于司法权独立于政府、团体和个人的理由。

大家去维护，正像维护党和国家的权威一样。可是媒体并不以为然，有的认为只要不煽动对抗法律的执行就行。四是由谁作出规定对媒体施以约束？我国目前尚无新闻法、传媒法等，记者职业道德规范也很不健全。这是导致混沌局面的另一原因。五是以何种方式来协调新闻自由和公平审判的关系？既保障新闻自由，又保障公平审判？

第三，民众与媒体。某种意义上说，“新闻媒体的监督，实质上是民众的监督”① 这话不假。民意的载体或形式有哪些？ 来信来访、互联网（BBS、转贴、博客、电子邮件等等）、大（小）字报、匿名信、手机短信、标语（包括横幅或对联）、报纸、电视、电台、广播……其中最有效的载体是上访和互联网两种手段。前者有数千年历史，后者是最现代的方式，但对于引起为政者重视、影响司法判断来说，两者都很有效。民众交替结合地利用上访和媒体来传达民意，同时，媒体又刺激和煽动民意。在公众与媒体关系上，大多表现为一种“联姻”状态，无论是媒体正当的社会批判还是新闻商品的制造，客观上都追求迎合大众的效果，所以他们两者必然是有意无意地合奏或交响。特别是互联网媒体，它对于民众来说是一个最自由的区域，网络被称为“三个进不去”，即基层党组织“进不去”，思想政治工作“进不去”，公安、武警等国家强制力“进不去”，说明“网上群体性事件”的处置手段极为缺乏。②

第四，为政者与媒体。为政者对媒体的态度是一直把它作为党和政府的“耳目喉舌”③，出现互联网等新媒体以后，情况就发生了很大变化。目前还没有制定新闻传播法，因此只能依靠党内宣传部门加上政府的行政手段来管理传媒。管理和控制网络媒体是一件伤脑筋的事，于是想出了网络安全管制甚至“网络实名制”等办法。有时，媒体与为政者的关系是互相合作并交叉影响；有时，为政者可以控制并利用媒体，而媒体则挑拨并刺激为政者。最后

① 《群体性事件网上“一呼百万应”，基层干部不适应》，《瞭望》新闻周刊，2009 年 6 月，代群、郭奔胜、季明、黄豁。

② 参阅《群体性事件网上“一呼百万应”，基层干部不适应》，《瞭望》新闻周刊，2009 年 6 月，代群、郭奔胜、季明、黄豁。

③ 1849 年 2 月，马克思在驳斥反动势力对《新莱茵报》的控告时指出：“报刊按其使命来说，是社会的捍卫者，是针对当权者的孜孜不倦的揭露者，是无处不在的耳目，是热情维护自己自由的人民精神的千呼万应的喉舌。”同年 12 月 15 日，在《〈新莱茵报·政治经济评论〉出版启事》中，马克思、恩格斯又指出：“报纸最大的好处，就是它每日都能干预运动，能够成为运动的喉舌，能够反映出当前的整个局势，能够使人民和人民的日刊发生不断的、生动活泼的联系。”

都是通过为政者手中的权力来实现他们的默契合作的意图。至于为政者对于媒体是否影响司法的问题，还没有被提到议事日程，因为媒体压根就没有被司法引起重视。在美国，民意与司法的角力关系中，民意的实际力量来自媒体；而在中国，民意的实际力量来自为政者。这就是我们所面对的问题的国情差别。

第五，民众与为政者。古人把他们比作水与舟的关系（“水能载舟，亦能覆舟”），当代有名言曰“天下为公”“执政为民”。当下为政者有两大要务，一曰改革发展，一曰稳定和谐。然而后者是前者的前提。因为“稳定压倒一切”，所以要确保安定团结与社会稳定问题是地方各级为政者的铁的纪律和任务。稳定问题成了某些地方为政者的心病和软肋。民众针对某些地方为政者的“软肋”，通过影响当政者来影响司法，找敏感时间和地点去上访、申诉、上网发帖、在电子布告栏发布信息（BBS）等等，甚至发动“舆论性群体事件”。某些地方当局或领导会挟民意来命令甚至以各种方式强压司法机关。通常是领导很重视涉法涉诉的民意，它涉及政治影响和社会稳定，所以通过政治组织的程序压下来，一直压到检察院和法院。

第六，为政者与司法官。目前的一些地方为政者出于社会稳定和谐的目的，基于执政为民和司法为民立场，利用民意和媒体舆论，对司法施加了影响。当下这种“影响”并不是以往的那种“干预”方式，而是十分巧妙和隐蔽的。这种影响力主体在司法文书中看不到记载，因此被称为司法的“匿名者”。① 有学者专门列举了夹江打假案、张金柱案、綦江彩虹桥垮塌案、孙志刚案、“宝马撞人案”、许霆案、彭宇案、三鹿奶粉案等公案中的“领导”批示或发话的情节。② 民意和舆论并不会自动起作用，是被拿来用的。“实际上，在缺乏表达自由和新闻自由的情况下，舆论还远远没有强大到足以杀人的程度。决定这些热点案件结果的，不是该案件的法官，也不是关注该案件的民众，而是那些拥有权力的匿名者。地方当政者通过民意挟持了司法。”③ 人民民主、执政为民、言论与新闻自由、司法独立，这四条原则在同一个问题上汇合了，这也或多或少构成了我们的宪政格局，也只有在宪政的框架内才能得以协调统一。司法与民意关系失衡，是因为除司法之外的其他三方（民众、媒体和为政者）在民主、民本或民主主义这一点上是一致

① 转引自滕彪：《镜城突围：司法与民意》，《同舟共进》，2008 年第 7 期。

② 参阅何海波：《公众意见与司法判决——对过去十余年若干轰动性案件的考察》，《实质法治：寻求行政判决的合法性》，法律出版社，2009 年。

③ 转引自滕彪：《镜城突围：司法与民意》，《同舟共进》，2008 年第 7 期。

的，是合力关系，他们是基于自然理性而形成了共同意志和共同话语的，正常情况下，他们的自然理性与司法的技术理性构成了角力关系。然而，目前司法官与律师没有形成职业共同体，其技术理性也没有确立并统一起来，势单力薄，所以不足以与民众、为政者及媒体的作用力相匹配。

图 1 所表现的司法领域受到民众、媒体和为政者三种力量的干预和影响，其中最大的力量是为政者。现有司法体制和司法机制无法阻隔外部的三种力量。图 2 所表现的司法领域受到民众和媒体两种力量的干预和影响，而为政者在通常情况下不对司法领域产生影响力，司法部门建立起独立的司法体制和机制，成为一个阻隔外力干预的屏障。

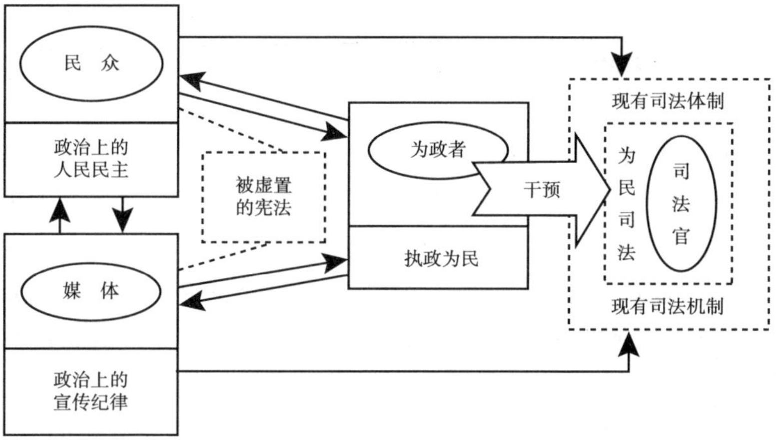

图 1　我国民意影响司法的政治力学示意图

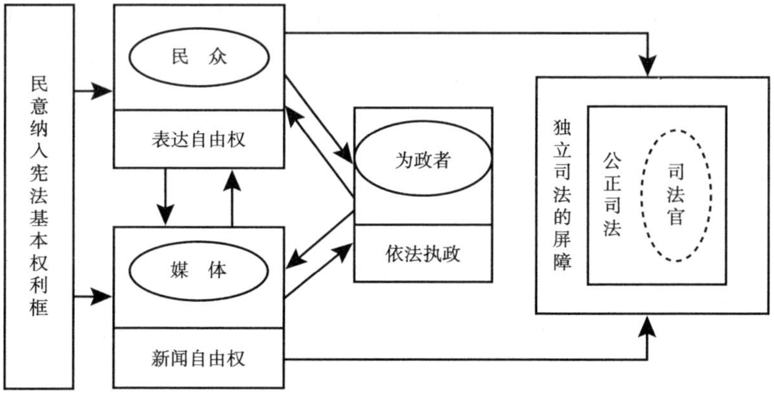

图 2　民意与司法关系法治化的政治力学示意图

二 民意影响司法产生哪些效应

从理论上笼统地说，司法机关是能够正确对待法律与民意的。换言之，审判权都掌控在法院法官手里，怎么可能会受民意支配和影响呢？但在实践中，司法机关在审理这种“公案”性质的案件时，民意伴随和掺和（Intermingle，之所以用这个词，是因为民众大都发表有公共主题元素的善意议论，而并非无故恶意起哄干涉司法）在司法的全过程，应当承认，这不是民意的错。我们要承认，没有错误的民意，只有被理解错误的民意，以及被以错误方式运用的民意。常常出现的是司法容易受民意的干预（此处“干预”一词没有贬义，更应该把它作中性的理解，正如心理学上的干预）。因为一旦陷入公案，检察院和法院因种种原因，对民意的抗干扰能力也就降弱了。

这个问题确实是一片混沌状态，不管怎么样，我们得先行考察当下公案中民意影响司法的各种效应。根据民意对司法有无影响及其影响大小，我把它们大致分为八种情形，我所使用的案例大多数是已审结的公案。

第一，民意无法从道德情感上接受法律的逻辑而干扰司法。例如“严禁刑讯逼供”“刑讯逼供取得的证据无效”这样的证据规则和观念是被法律人广泛接受的职业逻辑。可是在“刘涌案”[①] 中，民众面对刘涌这样犯有重罪的所谓“黑老大”，一对难以理解或难以接受“刑讯逼供取得的证据无效”这种法律规则。更准确地说，并非不能接受这种法律规则，而是不能接受这种规则首先用在一个黑社会头子身上。[②]

第二，民意迫使司法判决体现民众的道德情感。比如四川泸州继承案受民意的搅扰导致法官不采纳遗嘱、不适用继承法的法律规则，而适用了民法的基本原则。此案的民意几乎一边倒，支持发妻的继承权，而反对二奶的继承权。这是民众的一种朴素的道德情感。法官判决最受法律专家批评指责

① 2002 年 4 月，刘涌被辽宁省铁岭市中级人民法院以组织、领导黑社会性质组织罪等多项罪名一审判处死刑。民众拍手称快。但 2003 年 8 月，刘涌被辽宁省高级人民法院改判死刑，缓期两年执行，引起了舆论的一片哗然。民众群情激昂，强烈要求改判刘涌死刑立即执行，引起最高人民法院的高度重视。于是，在刘涌被改判死缓的两个月之后，最高人民法院于 2003 年 12 月 22 日在辽宁省锦州市中级人民法院对刘涌组织、领导黑社会性质组织一案经再审后作出死刑判决。宣判后，辽宁省铁岭市中级人民法院遵照最高人民法院下达的执行死刑命令，当日对刘涌执行了死刑。

② 转引自滕彪：《镜城突围：司法与民意》，《同舟共进》，2008 年第 7 期。

的地方在于：有法律规则的情况下适用了法律原则，这是存在方法论上的误区的。再比如“张金柱案”中汹涌的民意强烈要求法院严惩酒后驾车过失致人死亡的公安局副局长张金柱，张金柱身为公安干部，还酒后驾车，驾车还撞了人，撞了还逃逸，勾住被害人还拖了数里地，逃逸中还拖死了人，拖死的还是个教师，这教师还是个女教师……这都是根据朴素的道德情感来评论的，于是民意一口咬定“不杀不足以平民愤”，最后导致犯交通肇事罪的张金柱最终被法院按照间接故意杀人罪判处死刑。

第三，民意不理解专业问题而仍然干预了司法的专业准确性。有的案件因法律问题的高度专业化而使民众无法深入理解。比如许霆案（恶意取款原审被判无期徒刑后改判为五年），在自动取款机上秘密取走不属于自己的钱，是否构成犯罪？ 构成什么罪？ 如果是盗窃罪的话，是否构成盗窃金融机构罪？ 这是一个涉及法律解释的问题，涉及刑法条文在立法上是否合理的问题。因此，如此高度专业化的问题是民众难以讨论的，即使民众有兴趣讨论，也只是在立法范畴内的，而不是在司法范畴内的。可是，民意对此案的高潮迭起的呼声，使本案刑罚陡然从一审的无期徒刑降为二审的5年有期徒刑。

第四，强烈的民意影响了司法程序。如刘涌案是因为民意的作用，导致二审结束后由最高人民法院提审；有的案件因民意的作用导致法院不敢判决，而多采取调解方式结案，比如南京的彭宇案。彭宇在公交车站扶起倒地的大妈并送其到医院就诊，大妈及其家人要求彭宇赔偿。彭宇是否推倒大妈的事实难以认定，但如果法院让彭宇赔偿则民意不答应。于是法院采取调解的办法了结此案，并以涉及当事人秘密为由而不公开调解结果的内容。这么复杂的案件，甚至可以说是个“疑难案件”，我们为法官捏了把汗，但在民意对司法的影响下，以调解结案，我们还算是为法官庆幸的。

第五，民意有很强烈的压力，但司法仍然很独立地判断。“司法活动正确与否从来不取决于它是否得到公众的欢迎或是否符合大多数人的想法与做法。”① 这种情形在中国法院也不乏其例。强烈的民意对司法确有压力，但由于司法机关坚持独立司法原则，因此民意并不对判决结果产生影响。比如杭州“胡斌五一七飙车案”的审理过程中，公众舆论喧嚣，但杭州西湖区法院仍然坚持不受影响，以事实为根据依现行刑法作了判决。尽管后来不少法

---

① ［美］沃塞曼：《美国政治基础》，陆震纶译，中国社会科学出版，1994年，第149 ~ 151页。

律业内外人士认为现行刑法相关条款是不合理的，是需要修改的。但是也有这样的情形，在民意强烈的压力下，司法仍然很独立地判断，却导致不够合理的判决，比如被告崔英杰、宋金宁抢劫轮奸案。两被告对安顺市一名出身寒微的高中女生进行两次抢劫、两次轮奸，并以沉水和乱石捶砸两种方式残暴地杀死被害人，随后抛弃遗体于水库之中。该案的终审判决却是，崔英杰因坦白认罪态度较好而被课以死刑缓期执行。据报道，在让崔英杰免死的判决公布后，当地社会舆论和网民仍产生了强烈的反响和抗议。[①]

第六，民意影响了判决，导致良好的效果。比如，在另一个“崔英杰案”（街头小贩杀死城管队长不判死刑而判死缓）中，民意对以摆地摊为生的崔英杰抱有很深的同情心，并对野蛮执法的城管队长期抱有成见，因此希望法院从轻发落不判处极刑。律师的意见反映了民意并有事实为根据，办案的法官在搜查被告人住所时发现的一份能证明其极度贫穷的财产清单，与律师的意见形成印证，最后法官采纳了律师的观点——正反映了民意。[②] 最后法院认为他不是非杀不可的，所以判死缓保住了崔英杰的头。这个结果的确更符合立法精神，也更体现法律的人本精神，更人性化。因此，在一定意义上说，这个案件不仅仅是民意的胜利，也是司法的胜利。该案所谓合理的方式就是律师的辩护和法院的证据材料，以及司法方法（法律解释与论证方法），推而广之，合理的方式应当是正当程序与法律方法。可见，通过正当程序和法律方法，合理的民意是可以被吸纳的。

第七，民意促使个案中引发更深层问题的理论思考。比如陈凯歌诉胡戈“馒头血案”的诉讼，不仅在网络虚拟世界，还在现实世界都产生反响，此公案不仅限于著作权法上讨论的侵权是否构成的问题，还涉及更多深层次的关于文化、艺术、网络与社会的法律问题的思考，季卫东教授对此作过发人深省的阐述。[③] 另外，还有像“机场女工梁丽案”。在强大的民意之下，梁丽被检察院认定为“侵占罪”，因而，其法律责任追究问题就取决于被害人是否自诉。但不管本案结局如何，不少专家认为“检察机关的处理结果存在一定的道德风险。梁丽的行为的确暴露出其法律意识的淡薄和道德的缺失。因此，有必要对社会的认知标准进行引导，让公众清醒地认识到法律上的免予公诉并非意味着

---

① 参阅 http://www.lawtime.cn/info/anli/mfjicheng/2008120953564.html。

② 参阅夏霖律师对崔英杰案一审的辩护词，http://xialinblog.blog.sohu.com/128965007.html。

③ 参阅季卫东：《“馒头血案”引发的法治困境》，《财经》，总第154期。

道德上的‘豁免’，否则，法律的‘温情’将演变为对不当行为的纵容，进而混淆对行为认知和道德判断的标准，造成全社会难以承受的风险”[①]。

第八，民意通过个案司法促进了制度的完善。比如“孙志刚案”中的民意促成了其公正办理，还推动了流浪乞讨人员管理与保障制度的完善。民意的参与，体现了法律上的监督的民主性、正当程序等价值，促进了司法的公开透明和公正性。2009 年多起抗拆迁自杀案引起普遍的民意关注和呼吁，导致北大 5 位教授上书国务院，敦促修改《城市房屋拆迁管理条例》，这是另一例成功改变制度的典型案例。民意对于司法和立法的影响，应当有所区分。民意对立法的影响是应该大力提倡的。立法本身是一场以民主价值为本位的活动，不民主的立法是失败的立法。但司法领域则不同，民意与司法的协调机制的设计，需要很认真地对待。陪审团制度是司法职业主义和司法平民主义的重要桥梁之一，不是唯一的办法，也未必是无可挑剔的。“相对于依照法律和证据，陪审团更多的是根据情感、偏见和同情心来决定案件，他们把审判转化成马戏团，在那里审判是由被告的衣着、种族或族裔来决定的。”[②]

此处所概括的八种情形，还只是表面现象。看起来是民意对司法的干预并产生了效应，为什么民意能够对司法产生影响呢？民意干预司法的背后都有些什么人参与？他们都有什么样的角力关系呢？这是我们要进一步分析的。

三　司法独立、慎待媒体，基于何种理由？

司法慎待媒体，基于何种理由？这是司法权在政治力学中的一个主要着力点，它关乎司法权能否独立运行。这个着力点的力量来自哪里，关系到司法权是否能够消解和匹敌对方力量。从世界各国实践来看，“司法独立”在根本上是与“言论自由”存在紧张关系或曰冲突关系的，这也就是说，司法机关的独立审判权与媒体的新闻自由权之间，具有天然的政治角力关系。我国法律界或法学界，在遇到民意关注司法或干扰司法时，常常误用“司法独立”为由来拒绝民众与媒体言论。司法警惕舆论是对的，但用“司法独立”这样的理由是否正当呢？我认为这不是正当的理由。为了说明这一

① 《深圳机场女工梁丽“捡”黄金案余波未了》，记者吴俊，http：//news. xinhuanet. com/legal / 2009-09/29/content-12125448. htm。

② Jeffrey Abramson：We，the jury，The Jury System and the Ideal of Democracy，Harvard Press，2001. p4.

点，让我们先从“司法独立”本身的理由说起。司法独立原则的提出已超过 300 年[①]，为什么要司法独立呢？我们可以找到对理由的三种不同表述。

第一，权力关系的物理式机械构架，在国家若干种主要权力之间进行分配、分离、平衡、制约等等。比如德国人讲权力平衡（博林·布鲁克的权力平衡理论[②]）和公民权利保障（奥托·迈耶认为司法权的任务即在保障人民权利，所以必须司法独立[③]），法国人讲权力分立（孟德斯鸠的三权分立钳制理论[④]），美国人讲权力强弱对比（汉密尔顿的司法弱势论[⑤]）。他们虽各自表述，但殊途同归，都是从国家权力结构的机械构造上来论述的，具有政治力学的显著特征。但是这种解释的理论触角没有延伸到司法独立与言论自由的关系问题。因为这种政治力学的理由只是针对国家权力而不是针对公民权利，也不针对社会权力。

第二，从受审判者的权利保障来论证司法独立，这也是物理力学意义上的。这主要表现在当代国际法上相关的司法独立原则的具体规定。比如 1948 年联合国大会通过的《世界人权宣言》第 10 条规定：“人人完全平等地有权由一个独立而无偏倚的法庭进行公正的和公开的审讯，以确定他的权利和义务并判定对他的任何刑事指控。”联合国大会 1966 年 12 月 16 日通过的《公民权利和政治权利国际公约》第 14 条也明确规定：“在判定时对任何人提出的任何刑事指控或确定他在一件诉讼案中的权利和义务时，人人有资格由依法设立的合格的、独立的和无偏倚的法庭进行公正的和公开的审讯。”还有

---

① 1701 年的《王位继承法》是最早确立“国王不得干预法律（法院）”的一部法律，正是从这里开始，确立了行政不得干涉司法的原则。在其后的 300 多年里，司法独立原则得到丰富和发展。从司法独立于国王，扩大到独立于一切行政机关、团体和个人。

② ［德］卡尔·斯密特：《宪法学说》，刘枫译，（台湾）联经出版事业公司，2004 年，第 245 页。

③ 奥托·迈耶认为，司法权之中心点是确保人民权利，这是司法权的首要目的，所以要权力分立，司法独立。所以司法权必须完全由行政权脱离出来，并保持独立，任何国家权力不能干涉司法权的运行。陈新民：《德国公法学基础理论》，山东人民出版社，2001 年，第 77 页。

④ 孟德斯鸠划分国家活动的不同分支领域的目的是要用一种权力钳制另一种权力。［德］卡尔·斯密特：《宪法学说》，刘枫译，（台湾）联经出版事业公司，2004 年，第 247 页。

⑤ 美国政治家汉密尔顿于 1788 年美国宪法起草中，根据国家权力的结构关系以及各自不同的强弱程度，认为“司法机关是分立的三权中最弱的一个”，所以需要让司法权独立。［美］汉密尔顿等：《联邦党人文集》，程逢如等译，商务印书馆，1980 年，第 391 ~ 392 页。

其他国际性文件也都作了相似的规定①。

第三，从人的认识活动规律和特点入手。这种理由表述是非物理的，而是心理学意义上的。这是深入到司法权的思维特征中来揭示司法独立的理由的，最经典的表述是德国法学家拉德布鲁赫。他认为作为“认识”和“判断”的司法活动，“不容许在是非真假上用命令插手干预。‘学术自由’被用于实际的法律科学时，即成为‘法官的独立性’”②。“对法官而言法律规范则是目的本身，而且，在法官那里降临尘世的法律还不能受到异物的侵入：为使法官绝对服从法律，法律将法官从所有国家权力影响中解脱出来。‘只在仅仅服从法律的法院中，才能实现司法权的独立’。”③ 拉德布鲁赫揭示了司法权的思维特征，把它与学术自由作类比，认为它是认识活动，是判断活动，这是千真万确的。虽然拉德布鲁赫这两段表述仍然只是说明司法要排除权力、命令的插手和干预，并没有讲到司法权为什么要排除民众和媒体的干预，但是“思维容易受干扰”这条理由，可以用来解释这样的问题：司法为什么会与公民和媒体的言论自由相矛盾？

对司法独立的理由作心理学式的解释是有明显优点的。要不然，当我们碰到公民言论权与国家司法权交汇的时候，就可能陷入误区，可能分别会有两个完全不同的不妥当的判断：其一是“司法代表国家公权力，是公共事务，言论自由是公民权利的范畴，所以司法公权当然比公民私权更重要”。其二是我们可能会毫无顾忌地回答说：“因为言论自由是人民的基本权力要求，而司法独立代表国家的权力要求，因此，言论自由当然高于司法独立。”这样两种结论分别受两种截然对立的法意识形态的主导，其结论都太机械了，它们根本没有正视问题。

在此把我关于司法与媒体关系的观点整理为以下三点：

第一，司法慎待媒体原则的双重理由。当司法与言论自由之间出现紧张

---

① 例如，1982 年国际律师协会第 19 届年会上通过的《司法独立最低标准》；1983 年在加拿大蒙特利尔举行的世界司法独立第一次会议一致通过了《司法独立世界宣言》；1985 年在意大利米兰召开的第 7 届联合国预防犯罪和罪犯待遇大会通过了《关于司法机关独立的基本原则》，后经联大 1985 年 11 月 29 日第 40/32 号决议及 1985 年 2 月 13 日第 40/146 号决议核可，成为一份国际性的法律文件。联合国经济及社会理事会 1989 年 5 月 24 日第 1989/60 号决议又通过了《〈关于司法机关独立的基本原则〉的有效执行程序》。1995 年在北京召开的第 6 届亚太地区首席大法官会议特别重视司法独立问题，大会通过了《司法机关独立基本原则的声明》（又称“北京声明”）。

② ［德］拉德布鲁赫：《法学导论》，米健等译，中国大百科全书出版社，1997 年，第 101 页。

③ ［德］拉德布鲁赫：《法学导论》，米健等译，中国大百科全书出版社，1997 年，第 100 页。

关系时哪个优先？ 司法优先。理由是：其一司法慎待媒体原则的适用应当充分考虑当事人的公平受审的权利。正是因为当事人有公正受审的权利，法院要保障这项权利才拒绝受干扰。其二正是因为司法的思维特点容易受干扰才拒绝受干扰。法院应当从这两个问题来考量，来谨慎对待新闻媒体，并限制其对审判的言论监督。

第二，司法慎待媒体原则不等于法院可一概拒绝媒体报道。新闻媒体对司法的监督，不能只取决于法院的态度。法院说不行，新闻媒体就不能监督司法了吗？ 言论与新闻自由的宪法性权利完全受制于法院的态度，显然也是不合理的。司法独立并不意味着媒体不能对司法进行报道。司法独立于政府、团体和个人，但不应当独立于媒体，至少“司法独立原则”在“言论和新闻自由原则”面前没有优越性 ① 。

第三，司法慎待媒体原则中应有之义是：要宽容甚至保护无恶意的错误言论。舆论对司法进行批评或评论时，难免出现非恶意的过激言词，所以司法机关应当对此抱着宽容的态度。“恰恰是在发生‘无恶意’的言论失实的时候，才更需要法律的保护，也是法律保护的价值所在。” ② 无恶意的言论表达是需要法律保障的，无恶意的言论在失实的时候更加需要法律保护。这一基本判断是基于对言论自由意义的认识——言论自由不仅施惠于我们大家这样的后果，而且还因为它是一个正义的政治社会基本的和构造上的特征。在这样的政治社会中，政府将它的成年公民看成是富有责任心的道德主体。③

当代西方司法界对于媒体进入法庭的态度日益趋于宽容，多数法官赞成媒体进入法庭。中国的问题背景却完全不同。关于司法与媒体的关系问题，中国法院经历过“无问题”“小问题”到“出问题”再到“简化问题”的四

---

① 1994 年在国际法学家协会的司法与律师独立中心的召集之下，40 名来自世界各地的法学家和媒体代表，在西班牙的马德里相聚，签署了《关于媒体与司法独立关系的马德里准则》，该文件系统规范了表达自由与司法独立关系的规则。

② 陈志武：《媒体言论的法律困境：关于新闻侵权诉讼的实证研究》，载怀效锋：《法院与媒体》，法律出版社，2006 年，第 66 页。

③ 这一要求具有两个层次：“第一，具有道德责任心的人们强调按照他们自由的意志对生活中或政治中的善恶作出判断，或者对公正或信仰的真伪作出判断。当政府颁布命令，声明它不能放任它的公民听众危险而大逆不道的蛊惑之言时，那么政府是在侮辱公民，并否认他们的道德责任。我们只有坚持——没有一个人——不管是政府还是大多数人——有权利认为我们不适合聆听和考虑某一观点从而取消我们的观点，从而维护我们作为独立个人的尊严。”德沃金：《自由的法》，刘丽君译，上海人民出版社，2001 年，第 282 页。

个阶段。“无问题”阶段就是20世纪50年代至80年代初，新闻媒体很少进法庭采访，如果需要则需经得法院同意，这种规定在数十年的司法实践中基本没出什么问题。“小问题”阶段是在20世纪80年代后期至90年代中期，司法与媒体的关系只是有点非冲突性的“小问题”而已，中央虽颁布了若干原则性意见，但都不是基于冲突而下达的，而是为了统一协调。[①] 20世纪90年代后期，是我国新闻媒体事业得到最快速发展的时期。民众对媒体监督司法的要求在日益增长。公众对司法的信任度产生了问题，同时公众认为媒体代表民主、透明，代表民众参政。可是，如果新闻工作者的新闻职业道德不能满足要求的话，则不仅严重影响公平审判，而且严重威胁法庭的威严——这涉及法律权威和正义信仰。“许多记者在寻找情绪化的东西。可怕的在于法官挖鼻孔也会成为当天的新闻”[②]——这种情况在中国日趋严重。

那么，什么样的情况下可允许新闻媒体进入法庭？媒体对司法的监督到何种程度是合适的？等等，新问题和新争议不断涌现。于是有了肖扬院长时代的大力欢迎传媒监督司法的新举措——甚至连法庭现场直播也出现了[③]。媒体与司法这个原本就很复杂的关系，在我们的国情条件下变得异常复杂了。最高人民法院的态度也变得有些隐约的内在矛盾。一方面对媒体过于热情欢迎，以我国最高人民法院2009年12月8日的《关于人民法院接受新闻媒体舆论监督的若干规定》为例，法院表现得非常民主和开放，开篇第1条规定“人民法院应当主动接受新闻媒体的舆论监督”；第2条规定“对于社会关注的案件，……人民法院应当通过新闻发布会、记者招待会、新闻通稿、法院公报、互联网站等形式向新闻媒体及时发布相关信息”；第3条规定“审判

① 1985年3月27日，中央宣传部、中央政法委《关于当前报刊在法制宣传方面应注意的几个问题的通知》，1996年中央宣传部、全国人大常委办公厅、司法部和新闻出版总署下达的《关于新闻法制的意见》等。

② 《对法庭绘图艺术家自由的限制》，载怀效锋：《法院与媒体》，法律出版社，2006年，第208页。

③ 1998年4月15日，当时新上任的最高人民法院院长肖扬在全国法院系统教育整顿工作会议上提出：“公开审理案件，除允许公众自由参加旁听外，逐步实现电视和广播对审判活动的现场直播，允许新闻机构以对法律自负其责的态度如实报道。”这在当时被社会各界视为人民法院落实公开审判原则，增强司法透明度的标志性转折。2003年1月27日肖扬在此间与新闻传媒负责人座谈时表示，人民法院将坚决依法惩罚那些侵害新闻机构和新闻记者的人身权利、民主权利和合法权益的违法犯罪行为，通过法律手段保护新闻单位和新闻记者的采访权和舆论监督权。2006年9月12日，在全国法院新闻宣传工作会议上，这位首席大法官再次全面系统阐述了他对公开审判原则、司法与媒体关系的理念和认识。

场所座席不足的，应当优先保证媒体和当事人近亲属的需要”，还规定了“旁听席中设立媒体席”；第5条规定“新闻媒体因报道案件审理情况或者法院其他工作需要申请人民法院提供相关资料的，人民法院可以提供裁判文书复印件、庭审笔录、庭审录音录像、规范性文件、指导意见等。如有必要，也可以为媒体提供其他可以公开的背景资料和情况说明”。2010年10月最高人民法院还颁布《司法公开示范法院标准》，其中第5条规定“审判法庭设立媒体席，并设立同步庭审视频室”。这被广大基层法院和法官认为是不切实际。

另一方面对媒体过于严厉。比如最高法院2009年的《关于人民法院接受新闻媒体舆论监督的若干规定》(以下简称《若干规定》)，其中宣布对媒体违反规定的行为要追究法律责任。于是遭到媒体人的批评，认为“法院与媒体本来是被监督与监督的关系，而今最高法却对于监督者提出了种种情形声言要追究法律责任，这里明显有一种阻吓新闻媒体监督的意愿在其中”[①]。不少人质疑最高人民法院此举不妥，还有人认为最高法院越俎代庖，作为被监督者无权对监督者的权限作出限制性规定。法院这一次又是在角力，但是不是妥当呢?

在我展开第四部分论述的时候，先阐明两点：一是法院用什么理由来对新闻言论自由说话? 新闻自由的宪法性基础是言论自由。新闻媒体舆论监督是民主的具体形式，所以各国司法机关不敢对媒体有所怠慢。我国司法机关曾经一度对媒体十分排斥，学界也支持法院的这种态度，采取的理由是“司法独立”，即用司法独立原则来对抗言论自由（新闻监督）——这并不是一个正当的理由。二是这个《若干规定》的弱点在哪里?《若干规定》只看到审判权与媒体权的关系，而缺少了一个重要的主体及其权利——即几乎看不到诉讼当事人权利的影子。好像除法院与新闻媒体的权力互动之外，当事人好像根本不存在。在司法与媒体的关系中必须考虑另一个主体，即案件当事人。而当事人的公平受审权，显然被忽略了。

四 “政治角力”法律化

司法与民意及媒体的关系中呈现出来的都是政治现象和政治关系，属于

---

① 张震文:《最高法院如此规定有限制舆论监督之嫌》，载“红网”http://hlj.rednet.cn/c/2009/12/24/1878149.htm。

“政治力学”，显得十分复杂。考察这种复杂关系的深层，其本质是权利冲突。诸如公民基本权利、原被告权利、媒体监督权等权利围绕着司法权而产生冲突演变成政治角力关系。我们可以通过权利配置，把前面那些复杂的政治角力关系还原为法律角力关系——法律上的权利关系。

在这个问题中，出现了四项权利间的冲突问题：媒体的言论权、公民的监督权、法院的独立审判权以及被告人被公正审判的权利。在张金柱案、刘涌案、邓贵大案、胡斌案等等公案的审判过程中，表面上充斥着媒体与民众的声讨和法院的无奈，但这背后实际上存在着四方面权利的冲突，如果不从权利冲突中获得解决冲突的原则和规则，那么，我们绝没有理由说公案中的强大舆论不会对法院造成压力和影响。

事实上，在西方国家，“高度曝光的案件”或“公案”的司法中也存在政治角力关系，只不过随着制度的健全，西方国家把这种政治角力关系法律化、规范化了。自从20世纪初法庭照相机出现以来，是否允许照相机进入法庭，在美国已经角力了将近一个世纪。在美国人看来，言论自由是非常重要的原则，所以在司法与媒体的关系问题上不会存在“媒体可否报道和评论司法”的疑问，而是媒体以何种方式报道和评论司法的问题。1917年伊利诺伊州最高法院开创了禁止法庭照相机的先例，法院单方面限制宪法赋予的“新闻自由”和“言论自由”的权利，如果用今天的观点来看，这样是否妥当？当然这个问题在当时和后来都是有争议的。1925年的Dayton镇的“猴戏审判”，居然采用了广播电台的法庭现场直播，1935年的“林白案”法庭中媒体的长驱直入，导致了法律家的反思和反对，于是ABA于1937年制定了全面禁止法庭照相机及收音机转播；到1952年这条禁令被修正为禁止电视摄影[①]。但是随着社会民主化和科技化的进程，媒体与司法的政治角力在变迁中继续，1965年加州法院司法委员会通过980号准则，禁止媒体在法院开庭或休庭时进行拍照、录音和广播，到1997年又规定由法官自己决定是否允许拍照。近一个世纪以来，两者关系的规则也在发生变化，问题的焦点也日益突出——媒体舆论是否影响被告的受公平审判的权利？

要解释清楚这个问题，我先举一个美国的案例来说明四方权利的冲突关系。美国关于新闻自由与公正审判（Free Press V. Fair Trial）的著名案例就是

① 参阅 Marjorie Cohen & David Dow：《法庭上的照相机》，曾文亮、高忠义译，（台湾）商周出版社，2002年，第22页。

1979 年的 Gannett v. DePasquale 判例：美国最高法院以五比四判决宪法第六修正案规定审判公开的权利[①]，并不属于大众或新闻界，而是属于被告。[②]大法官斯图尔特说，公开审判这一宪法权利是为被告而设置的，而不是为公众设置的权利，允许公众接触刑事案件审判，也是为了让公众目睹对被告的公正审判。该案被告要求预审时不让新闻界旁听，而公众与媒体要求参与审判和旁听是没有宪法依据的。因为美国刑事案件审判和控辩中的陪审团制度就已保障了公众参与审判的公共利益。

斯图尔特大法官在这里申明了一项重要的规则值得我们借鉴，这就是：当诉讼当事人要求不公开审判，以保护当事人公正审判权，联邦宪法本身没有给予媒体获得信息的权利。当我们遇到权利冲突时，能否交由当事人来决定呢？ 这也是诉讼当事人主义处分原则的体现，是他的权利就应该由他自己来处分。另外，鲍威尔法官认为，新闻界有宪法第一修正案所保护的旁听的权利，是因为新闻界是公众寻求信息的代理人。但新闻界的这一权利受到被告享有公正审判的宪法权利的限制。因此法院对竞争的两项宪法权利进行权衡：一是不受限制行使第一修正案的旁听权，是否严重威胁对被告人的公正审判；二是当被告要求法院不准公众旁听时，法院考虑是否有其他选择，在保障公正审判的同时，不严重干扰公众获得信息的权利。本案正是通过强

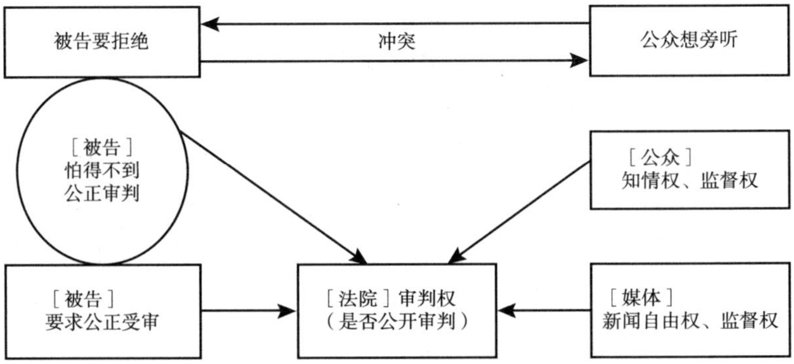

图 3　四方权利冲突的法律关系图

① 美国宪法第六修正案规定“在所有刑事诉讼中，被告应享有获得及时与公开审判之权利”。

② Gannett Co v. DePasquale，443 U. S.(1979). 转引自 Marjorie Cohen & David Dow：《法庭上的照相机》，曾文亮、高忠义译，(台湾)商周出版社，2002 年，第 66 页。

调第六修正案的公开审判原则保障被告的人身权利，才据此禁止公众和媒体获得法庭审理信息的权利。[①]

通过这样的处理，其实就是以权利（权力）与义务（责任）的关系来处理，这里的效果不仅有了更好的法律效果，还有更好的社会效果。可见美国人也讲究法律效果和社会效果，只是美国人通过制度把两种效果有机统一在一起了。可见，在这个问题上其实存在着多方力量的对抗和角逐的“力学”关系。现在的问题很清楚地集中在这样的问题上——言论（新闻）自由与公平受审权利，两者之间孰先孰后？ 让我们看看美国亚利桑那大学哲学教授J·范伯格所讲的一个道理：请设想有这样一个早期的未成熟阶段的简单法律体系，它包含着一个法律规则，允许每个人有权在空中随意按任何方向和以任何速度挥动他的胳膊，并且它也包含这样的规则，允许每个人都有权不让鼻子受到拳击。假如，尼普打了塔克的鼻子，却在法院诉说他完全是在自己的权利范围内行事；与此同时，塔克则根据他的权利信念宣称，他的权利受到侵犯。这时法院应当翻阅和寻找立法者的立法原意，或者开始冷静地“造法”。这时，必然求诸权益平衡程序，也就是常常指导立法者考虑问题的程序。人们会发现：被告挥动胳膊的权利是基于增进个人健康的目的，而受害者的个人权利却是个人面部避免痛苦和免遭损伤。这两种权利哪一项更要优先保护呢？ 可以证明，绝大多数人会把面部免受打击的权利看得重于运动四肢的权利。法院也当然地会发现，保护面部的权利比促使手臂强壮运动的权利更为重要——这一条款就是解决权利冲突中产生的规则，是权利规则的例外条款。[②]

美英等国在“备受关注案件”的审判中偏向于保护被告的权利。[③] 但是英国与美国在实现这一目标的措施上存在不同：英国法院有抵制媒体舆论的倾向，而美国法院则有尊崇新闻自由的态度。这是两国间最大的前提性的差异。于是导致两国措施上的不同特点：英国以藐视法庭（制度）来控制倾向性舆论，严格限制媒体报道刑事司法的能力；英国法院认为，无限制的舆论报道对司法带来潜在的威胁。而美国并不直接控制舆论，而是通过控制陪

① 简海燕：《美国司法报道的法律限制》，知识产权出版社，2008 年，第 100 ~ 101 页。

② 范伯格：《自由、权利和社会正义——现代社会哲学》，贵州人民出版社，1998 年，第 105 页。

③ 布兰德伍德：《公正审判与新闻自由》，载怀效锋：《法院与媒体》，法律出版社，2006 年，第 108 页。

审团来控制倾向性舆论，比如采取“对陪审团的广泛预先审核，完全隔离陪审团”等措施[①]。在美国人看来，英国的藐视法庭制度很不妥当地限制了媒体的新闻自由。当然，正如布兰德伍德所分析的，两国的措施都有各自的缺陷：美国无限制地公开报道使刑事被告无法得到公平审判，而英国在大力保护被告的同时践踏了言论自由，实际上却无法确保审判权得到妥当的保护，所以他建议美英两国都作些修正。包括：有目标地控制陪审团，当陪审员接触过不被法庭接受的证据，都被认定为存在偏见；法院发布限制法庭参与者（如律师）言论的禁令[②]。

其实从美国司法惯例来看，法院面对民意与司法的冲突关系、面对新闻自由与公平受审的冲突关系，除了有目标地控制陪审团、发布言论限制令之外，可选择的措施还有：隔离陪审团、移送管辖、延期诉讼、不公开审理，甚至对已作的判决予以撤销。[③] 这都是用法律角力来代替政治角力的具体措施。然而，我国诉讼法里面没有“公平受审权”，备受关注的公案审判中，我们的法官和大众一样似乎很不在意被告人公平受审的权利，更没有什么措施来保护公平受审的权利，这不能不说是一大制度缺陷。

四 余 论

司法的政治力学现象是不可避免的，但是司法的政治角力应当加以规制和克俭，有的关系是完全可以回归到法律关系上来的，设计成司法体制和机制，并且以权利（权力）与义务（责任）的关系来处理，不仅会有更好的法律效果，还会有更好的社会效果和政治效果。

为政者关心、尊重和爱护民意，是民主政治的进步，也是法治社会的进步。我们也能够理解，在制度不健全不合理的情况下，为政者出面角力或矫正都是具有迫不得已的合理性。但是对司法中的民意的关心、尊重和爱护是有特殊方式的。本文虽然讨论政治力学问题，却把最典型、最有力的政治角力主体——为政者有意识地放在一边。其实，并不是不关注它，而是在制度

① 布兰德伍德：《公正审判与新闻自由》，载怀效锋：《法院与媒体》，法律出版社，2006年，第118页。

② 参阅布兰德伍德：《公正审判与新闻自由》，载怀效锋：《法院与媒体》，法律出版社，2006年，第134～139页。

③ 参阅 Marjorie Cohen & David Dow：《法庭上的照相机》，曾文亮、高忠义译，（台湾）商周出版社，2002年，第230～232页。

和规则不健全的情况下，无法对为政者干预司法的行为作出肯定或否定的意见。如果我们的司法制度，已经对各种政治角力关系作了合理的制度安排的话，那么为政者对司法的角力或矫正作用也就可以忽略甚至消除了。

如果没有为政者的批示，则民意与司法的关系通过言论自由与公平审判的角力，他们基本上是能够平衡的。媒体的新闻自由与公平审判之间通过相互的角力，也是可以自动趋于平衡的。因此，在没有为政者的力量介入的情况下，司法官考虑民意是有正当性的，并且是不违背公平审判原则的，是能够保障当事人公正受审的权益的。关键在于民意不应当是在为政者“批示”之下作用于司法官，这样的民意已经不是民意了，而是命令了。

这个话题不得不再次牵扯出法官素质问题。中国的法官总是很自信地认为自己不会受媒体舆论影响和左右，“最后的决定权在我手里”，无独有偶，美国法官也总是认为审判前的倾向性舆论并不会影响审判。① 但是中美法官相似的态度背后，一定会有不同的依据。中国法官总是自信不受舆论影响，这或许是跟法官的职业经验、职业偏见或职业病有关，其实法官们根本就没有意识到自己实际上已经被舆论左右了。原因在于，我国缺乏“公平受审的权利”这一制度设计。这说明，如果在没有制度保障的前提下，也不能因为法官天然排斥媒体和舆论而轻信法官的自信。这也正说明了：法官的司法权是需要克制的，但这种克制不是通过形形色色的人盯人的政治性的监督，而是通过权利对权力、程序对权力、权力对权力的法律意义上的制约。

① 参阅布兰德伍德：《公正审判与新闻自由》，载怀效锋：《法院与媒体》，法律出版社，2006年，第112页。

论司法腐败的制度性防治

徐显明　齐延平*

一　司法腐败根源于制度不健全

（一）司法腐败表象的背后是司法权行使的行政化、官僚化、工具化与功利化，现代司法制度区别于传统司法制度的特征之一是运作的非行政化。而我国目前的司法体制，包括审判机构的设置、审判机构与人大的关系、法官的进出、审判机构内部组成单元之间的关系、审判程序的启动、运行与终结等环节，基本上是以行政命令一以贯之的，或者说就是行政模式的翻版。与司法权行使的行政化伴生的是司法权的官僚化。官僚化作为一个中性概念，是指根据进入官僚体制中每个人法定的权力、责任和义务排定职务高低顺序，从而建立起层层命令与服从关系进行权力运作的一种方式，是当代行政权的典型特征之一。它感染司法体制的最明显后果就是法官的等级化。其表现有二：一是形成了由普通法官到庭长到副院长到院长的裁判等级体系；二是建立了根据部级、局级、处级、科级、股级等不同级别确定法官政治待遇和裁判水平与裁判力高低的法官位阶体制。司法权的工具化主要是指司法权对法律之外的权力与权威的依附性。司法权是自足性权力，它的权力来自于法律。如果司法权接受来自法律之外的权力与权威的命令而行动，就变成了其他权力的奴隶、其他权力的工具了。司法权的工具化还表现在司法的不务正业，如走出法院扫街植树、理发修车、维护交通之类。司法权的功利化是司法权在经济体制转轨过程中呈现的新趋势。司法权功利化的典型形式是凭借司法权从事创收活动。受案不受案，以有无利益可图为标准；案子如何

* 徐显明，山东大学校长；齐延平，山东大学法学院教授。

判，以当事人表示的多少为标准；判案快与慢，以关系远近为标准。司法权运行一旦走上了以利益为驱动的轨道，就注定要走向腐败。

（二）我国宪法中对司法权进行他律性控约的制度有二：一是立法机关的监督；二是法律监督机关——检察院的监督。

我国宪法明确规定，全国人大常委会有权监督最高人民法院的工作，县级以上地方人大常委会有权监督本级人民法院的工作。并且列举了监督的途径和方式：一是法律监督，国家立法机关通过制定法律、法规，确定司法机关的行为和法律责任，从而控约司法机关。二是通过代表视察和人大开会期间对法院工作报告的审议，对司法机关的工作成效进行监督。三是通过对法官的任免，实现对司法工作的监督。四是依照法定程序提出质询案，对司法工作进行监督。五是成立调查委员会，通过对司法领域特定问题的调查，对司法工作进行监督。应该说，宪法的规定是比较全面的。然而由于众所周知的原因，特别是由于这些宪法的规定未制度细则化，导致了权力机关对司法机关监督的悬置。

我国宪法还规定了人民检察院——这一特设的国家专门法律监督机关对人民法院的监督制度。一是通过对刑事案件提起公诉、支持公诉制约审判机关；二是通过对人民法院刑事、民事、经济、行政审判活动进行合法性监督制约审判机关。检察机关自设立至今，对打击违法犯罪、保障公民权利、维护国家权力均发挥了巨大的作用。然而，当我们把这种权力置于法治国家的权力框架中进行分析时，我们就会发现这一权力实处在错位状态。在国家权力中将法、检并立非常具有中国特色，在西方国家的宪法中可以说是绝无仅有的。[①] 我们在理论研究和实践上往往在使用着一个包含法、检的非常宽泛的“司法”概念。而就检察权的性质而言，它与司法权有着根本对立。与司法权被动性不同，检察权是主动性权力，检察机关如果不主动地行使检察权去侦查、控诉违法犯罪行为就是失职；与司法权的中立性不同，检察机关行使权力是以国家的名义出现的，也就说它是站在国家的立场上行使权力

① 在西方，大陆法系国家一般不独立设置检察机关，而是将其附设于法院系统内或司法行政部门内。如法国，承担公诉职能的检察官就隶属于法院；而德国的检察机关则归属司法部领导。英美法系国家的检察机构一般具有相对的独立性。美国的检察机关与司法行政机构重合，联邦总检察长即为司法部部长。日本在 1947 年前检察机关与法院是不分的，但根据 1947 年宪法，检察机关从法院中分离出来，检察官不再是司法官，而改为行政官吏。罗豪才、吴撷英：《资本主义国家的宪法和政治制度》，北京大学出版社，1993 年，第 309 页以下。

的；与司法权的判断性不同，检察权具有命令执行性，上下级检察机关之间、检察机关与其组成人员之间均是命令与服从关系；与司法权的终极性不同，检察权属一般性权力，应接受司法权的裁判。可见就检察权的性质而言，它实际上是行政权的一部分。将法、检这两种性质截然不同的权力混杂在一起是违背法治社会国家权力的设置与运作模式的。让司法权时时接受时时要受自己审查裁判的检察权的监督不仅是不可能的，而且是十分可笑的。

（三）在我国的宪法中缺乏行政对司法的控约制度，这也是一个导致司法腐败的制度性原因。在现代法治国家中，任何两种独立的权力之间必须能够互施制约，否则就不可能避免一种权力凌驾于另一种权力之上的危险。我们主张行政不干涉司法，司法方能独立，并不意味着司法也不要行政的制约。虽然在我们这样一个司法附属于行政传统悠久的国家，首要的问题是如何防止行政对司法的侵涉，但是我们也不能矫枉过正，不能在制度设计时就为将来形成司法暴政、司法侵涉行政留下制度空档。联邦党人曾指出“防止把某些权力逐渐集中于同一部门的最可靠办法，就是给予各部门的主管人抵制其他部门侵犯的必要法定手段和个人的主动。在这方面，如同其他各方面一样，防御规定必须与攻击的危险相称”[①]。在美国政制中，行政对司法控约的主要制度是总统对联邦法院法官的提名制度。在我们的制度设计中存在行政权不能控约司法权的制度性缺陷，并不意味着现实中的行政权不能对司法权施加影响。恰恰相反，由于我国法院的人、财、物供给均有赖于行政，因而行政权在实际上对司法有着巨大的影响，只不过这些影响中权力的合理性制约较少、较多扯皮和掣肘罢了。这种体制性怪胎不仅不能使行政权起到控约司法权、遏制腐败的作用，相反在很多时候却成了行政权迫使司法权在司法实践中就范于自己的恣意和任性的砝码。这在很大程度上等于是在迫使司法走向腐败。

（四）新闻舆论对司法权的监督零散而不成系统、随意而未成制度，使新闻舆论遏制司法腐败的效能远未充分发挥出来。在宪政体制中，新闻舆论的力量是作为一种独特而独立的力量被对待的。新闻舆论通过报刊、广播、电视及电子读物等大众传媒工具，以它反应迅速、洞察深入、传播广泛等特点，及时将司法运程介绍给大众，将司法机关的行为及整个司法运程置于广

---

① ［美］汉密尔顿、杰伊、麦迪逊：《联邦党人文集》，程逢如、在汉、舒逊译，商务印书馆，1995年，第264页。

大民众的监督之下。美国杰出的民主斗士托马斯·杰弗逊曾指出："我深信预防此类对人民不正当的干预办法，就是通过公共报刊的渠道向人民提供关于他们自己事务的全部情况，并且力争做到使这些报刊深入到全体人民群众之中。"① 在遏制司法腐败的过程中，新闻舆论的独特作用已为人们逐渐认识，这就为新闻舆论对司法权监督的制度化提供了可能。

二　司法腐败的制度性防治

（一）司法腐败清除不力、几近失控的原因是多方面的，然而从法治的角度看，上述诸种缺陷皆可归为制度性缺陷。制度是法治社会的神经网络，任何一种社会性公害滋生的原因都可通过制度欠缺、制度低质、制度紊乱获得最终的说明。反过来，任何一种社会公害的惩治也都可以通过制度的变革、制度的创新、制度的完善获得最终的根治。因而对司法腐败的制度性防治就成为遏制、清除这一公害的首要途径。

（二）司法腐败在本质上是悖逆司法权性质的行为和现象，因而对之进行防治的制度设计必须以恢复司法权的应有性质为基本原则。司法权的被动性、程序性、独立性、中立性、审查性、终极性只有获得制度的承载才能真正熔铸到司法权中，成为遏制司法腐败的恒定基因。

除此以外，遏制司法腐败的制度设计还应遵循公平性、公开性、效率性和他律性原则。公平是司法制度的生命。制度的些许倾斜必然会产出低劣、坏败的司法产品。因此，司法制度的设计必须遵循其性质和力学的基本规律，在制度各构件的配置上保持适当的均衡。公开是司法接受制约与监督的前提，司法的"黑箱"操作与司法专制相联系，通过"黑箱"输出的必然是满含冤情与酷情的司法产品。司法制度的设计必须遵循司法公开和程序透明的基本要求，确保司法运程在制度的规范下向社会开放，接受社会的全面监督。司法制度设计的公开性不能损减司法制度的效率。司法制度的效率是一个标志司法制度成本与司法产品产量与质量间关系的概念。没有效率的司法制度运作出的同样是司法的腐败。司法制度设计的他律性就是要求我们在进行制度设计时对自律性制度予以充分关注的同时，重点要放在他律性制度上，就是要根据以权力制约权力、以权利制约权力、以责任制约权力这三个

---

① 转引自蔡定剑：《国家监督制度》，中国法制出版社，1991 年，第 30 页以下。

权力制约原理进行制度的创设与配置。

（三）司法制度的设置应当包括司法权在政体中的位置、司法自身体制及司法运作三个层次。这三个层次的制度是彼此关联、休戚与共的，任何一个微小制度与整个系统的不兼容都可能导致整个系统的瘫痪和失效。在三个层次中，政体层次最为根本，因为它决定了司法权的权源和权能。司法权在政体层次中如果定位不科学，检讨后两个层次就毫无意义了。在三个层次中，司法体制是关键，因为它是司法权向社会输送的通道。司法体制如果设计的不科学，司法权就会在运行中陷入无序、阻滞和低效之中。在三个层次中，司法运作是司法权的“物化”环节，它决定着司法权运作的实效。如果没有一个完整的制度体系作其支撑，司法权就不能公正、完整地物化到司法产品中去。

（四）司法权在政体中的定位失当主要表现在三个方面：一是司法权与立法权的关系；二是司法权与行政权的关系；三是司法权与检察权的关系。对这三种关系可以根据不同理论需要，从不同的切入点入手，从不同的角度进行分析。在这里，我们仅从法治国家中如何实现对司法权的控约、从制度上遏制司法腐败的角度作出说明。

在前面，我们已经述及全国人大及其常委会对司法权的监督，主要是通过立法、代表视察、对最高人民法院院长的选举与罢免、对法院其他领导和法官的任免、对司法的质询、对特定问题的专门调查等方式进行的。应该说，这些规定是比较全面的，与西方宪政国家的规定并无多少差异，甚至在有的方面还胜过西方。但是，为什么这么强有力的权力机关对处于劣势的司法机关的监督反而处于虚软状态呢？ 这里，除了宪章规范未制度细则化的原因以外，更为根本的原因是什么呢？

我们认为其根本原因是司法权中司法审查权的缺位。司法权对立法不法的审查监督的制度空缺涉及的是司法权对立法权的控约问题，难道这一问题与立法权对司法权的控约有某种关联吗？ 事实上，二者之间是一种对立统一的并存关系。在力学中，张力是发生在两个相邻的垂直界面的力，如果只有一个界面，就不可能形成张力。同样，在权力领域任何两个独立的权力之间要形成一种权力监督关系，也必须保持必要的张力。而权力间张力形成的前提是两种权力的均衡。如果一种权力握有对另一种权力随意干涉的权力，而另一种权力却无对抗这种干涉的权力，这两种权力间就不可能形成监督与被监督的关系，而只能是一种行政式的命令与服从关系。而两个独立的权力一旦进入命令与服从的关系中就合为一种权力了，那就无须再谈什么监督了。

我国宪法规定了权力机关对司法机关的单向监督关系，也就是说立法机关有权监督司法机关，而司法机关却不能反监立法机关。这一制度设计的本来目的是通过立法机关对司法机关的控约来防止司法的不公和司法的腐败，然而却由于司法权对立法权监督的缺位导致了立法权对司法权监督的虚软。由司法权的审查性所决定司法权有权判断立法机关的合法性。因此，必须借鉴西方宪政建设的经验，建立司法权对立法权的司法审查制度。只有启动司法审查制度，才能引动立法权对司法权的监督制度。二者通过制度下的对立才能形成制度上的并存。

（五）司法权与行政权关系的定位失当主要表现在两个方面：一是司法权缺乏来自行政权的制度性控约；二是司法权随着来自行政权的非法掣肘。第一个问题的缺陷与司法与立法权的关系一样，都是缺乏制度张力。要解决这一问题，就必须将法官的提名权赋予行政首脑。我国现行宪法规定最高人民法院的副院长、审判员、审判委员会委员及军事法院院长均由最高人民法院院长提名。这种提名制度不仅难以将最优秀的人选入司法体制中，相反却极有可能造成法官群体内部的官官相护，腐败劣迹的隐瞒，出现更多的司法腐败产生源和增长点。将此提名权赋予行政首脑后，就可以形成行政权对司法权的实质性监督机制，从而也引动司法权对行政不法的实质性审查。

要阻却行政权对司法权的非法掣肘就必须改革法院的人、财、物供给制度。变横向供给制为纵向供给制，并且要在国家财政中单列。

（六）司法权与检察权关系的失当前面已述及。必须按照宪政权力关系原理和法治理论要求对之进行彻底改革。宪法第 129 条规定的“中华人民共和国人民检察院是国家的法律监督机关”本身就是多余的，是宪法的一处硬伤。首先，这一规定理应不是排他性的条款，因为宪法同样明确赋予全国人大及其常委会法律监督权，并且包括立法监督和法律实施的监督两大内容。其次，这一条款如果不是排它的，就是指通过行使检察权即通过检察、侦查、控诉违法犯罪行为来实现其法律监督职能，那么它与人民法院通过行使审判权即经过对国家机关、社会组织和公民行为的裁断来实现其法律监督职能又有什么本质的区别呢？ 进而，它与一般执行机关通过自己特定的方式实现其职能同时也尽到法律监督之责又有多少区别呢？ 所以，我们认为这一规定不仅毫无单列的必要，单列反而会徒增制度上的混乱。因而有必要对宪法第129条进行修改，使检察权回到行政权序列中。这样不仅不影响检察权对司法权继续实施监督，反而有利于检察权的充分实现。因为在权力体系中权力角色的错位必然会导致权力的无谓摩擦和无谓能耗。

（七）当我们对司法权在政体中的制度性安排失当可能导致司法腐败的方面，提出了初步的修正设想后，接下来我们将就司法权自身的体制性弊端进行必要的分析并提出初步的改革建议。所谓司法体制，是指司法机构的设置、领导隶属和司法权限划分等方面的体系与制度。司法体制是司法权运行的通道，司法权的良性运行有赖于司法体制的科学配置。

（八）我国现行的司法体制对市场经济的发展和民主政治建设的桎梏性已随着经济体制和政治体制改革的深化而日益凸显出来，对之进行改革的呼声已是此起彼伏，并且这种呼声既有来自官方的也有来自民间的，既有来自上层的也有来自下层的，既有来自司法系统外的也有来自系统内的，既有来自理论界的也有来自实践界的。

（九）我国现行的司法体制是计划经济体制的产物，其在法院设置方面、司法权划分方面、司法单位之间的关系方面明显带有计划的色彩。其主要表现就是在法院的设置方面较少考虑司法权自身的运行规律、较少进行司法制度的成本分析，考虑较多的则是如何建立一套自下而上、层次分明的与行政体制一一对应的司法体系。这种体制还是追求高度集权的结果，强调司法单一专政职能的结果。从司法权的性质上看，“专政”并非司法的唯一职能，甚至不是第一位的职能。根据宪法规定，司法的第一位职能是审判，即通过公正的中立判断维护社会正义。因此只有“如何才能确保司法的中立与公正”才是配置司法体制的价值基准。

（十）司法体制的核心是司法权的划分与配置，而司法权的划分与配置是通过司法管辖体制体现出来的。司法管辖体制的主要构成是级别管辖与地域管辖。在这两个方面我们的法院设置是与行政机关设置机构相吻合的，案件的受理体制也完全是比照行政体制设置的。这就为司法地方保护主义的滋生、猖獗提供了制度性土壤资源。我国现行的司法体制有深厚的文化传统和强大的制度惯性作支持，对之进行改革是一项系统性工程，这已非本文所能承担。这里仅围绕如何遏制司法腐败提出几点设想。一是借鉴已经完成并已初显成效的地税分离措施及银行系统已经启动的打破条块体系筹建大区银行的改革思想，根据专家建议，明确划分地方法院与中央法院两大体系，组建可以超越地方利益的中央法院大区法院。二是对我国现行的地域管辖体制进行改造。我国现行的一般地域管辖原则是“原告就被告”，这一原则带有浓重的传统法制色彩，是厌讼的产物。为什么原告要就被告呢？其根据有三：一是据“好人不告状”推定被告在道义上优于原告；二是据伦理原则，原告起诉，却要被告跑来应答似乎于理不通；三是根据社会常态，一旦被起诉，被告在维权方面的不利因素就会甚于原告。而通过原告就被告原则就可以在心理适应、诉讼便捷等方面给被告以补助，这样就可以获得一种均衡。然而，在现代社会，这一原则却经受了挑战和戏弄。在越来越多的民事、经济纠纷案件中，原告并不意味着强大，被告并不意味着弱小。相反，更多的是原告对被告低三下四，被告对原告盛气凌人。权利受损者有苦难诉，而损人权利者却能在很多时候凭借本地司法力量仗势欺人。那么将这一原则反过来变成“被告就原告”是否就可以防止司法不公了呢？ 回答是否定的。司法权中立性的基本要求是法官不应该是自己利益的裁判者。一外地企业 B 将企业 A 诉到企业 A 所在地法院，在我国现行法院与行政设置合一的体制下，该法院就成了自己利益（法院的维持费是由企业以税金形式提供的）的裁判者，这同样是不公正的。因而应建立法院辖区的纠纷由上位法院管辖的制度。

（十一）通过对司法权在权力体系中位置的修正及对司法权自身体制性弊端的改革，司法权当能获得品格、回归自我。然而，这里的司法权仍是静止的、抽象的，它要由静变动、由抽象变具体要通过司法运作环节。因而，在这一环节上设置防治司法腐败的制度就更具现实性、更具技术性。在这一环节上遏制司法腐败的制度比较成熟的有法官独任审判制度、法官任职回避制度、陪审制度、法官任职特殊保障制度等。这里，我们将举其要者作一分析并作必要的补充。

（十二）改革合议制与审委会制，建立法官独任审判制。我国现行法律规定，除简单的案件实行法官独任制以外，我国庭审实行合议与审委会制。这两个制度曾被作为民主集中制在司法中最有力体现而为我们所称道。然而，如果我们以法治的理性眼光察之，就会发现这两个制度是逆悖司法权性质的。少数服从多数是民意表达机关权力运作的首要原则；民主集中制是行政性权力运作的原则。而司法权是中立裁判性权力，裁判性权力区别于行政性权力的特征是意思表达自由，司法者根据自己的法律良知作出主观的判断是司法权运作的首要原则。大家对合议制与审委会制产出的结果共同负责是这两个制度的必然要求，而对结局共同负责往往可以直接置换为谁都不负责。在这两种制度中，大家集体理案，个人被集体掩盖，法官的独立思考能力就会退化，法官公正司法的积极性就会被挫伤。从司法实践看，审委会和合议庭不仅难以发挥其遏制个别人主观恣意与任性、防止司法腐败的功能，在很多时候反倒成了个别人干涉司法、对司法发号施令的“合法化”装置。如果说这两个制度是建立在新中国成立之初法官奇缺、法官素质低下基础上的权宜制度的话，那么随着我国法学教育的发展，法官素质与质量逐步提高，这一制度的历史使命已经完成了。建立法官独任审判制，增强法官个人对司法的情感、荣誉感和责任感，是减少司法腐败的基础性制度。

（十三）法官与当事人隔离制是预防司法腐败成效最直接的制度。司法权中立性要求法官不应有支持或反对某一方的偏见。[①] 因为偏见必然导致不公。而要杜绝偏见的发生，就要在法官与当事人间进行适度的隔离。这一隔离制度包括时间上的隔离，空间上的隔离和特定条件下的隔离三种。时间上的隔离制是指在司法运程的特定环节上，禁止或限制法官接触当事人。比如立审分离制，其目的就是在司法程序启动前将法官与当事人隔离，以免法官先入为主而生偏见。空间上的隔离制是对法官会见当事人的地点提出的禁止或限制性要求。随着庭审方式的改革，法官从亲自外出调查证据的辛劳中解脱出来，司法权由积极转归被动后，法官的主要活动场所就剩下了法官办公室和法庭。法官会见当事人就可以限制在这两个场所，而无须再到当事人包下的套房、当事人的办公室去办公了。其他条件下的隔离比如禁止法官一人单独会见当事人、禁止法官在另一方当事人不在的情况下会见一方当事人。[②]

（十四）改革现行陪审制，建立专家陪审制。陪审制在英美法系国家的司法制度中占有重要地位。由当事人从符合法定条件的公民中选出的 12 名陪审员组成陪审团，在法庭上冷静旁听，最后独立于法官作出有罪或无罪判决，然后由法官负责量刑。由与当事人地位平等的公民作出裁决，当事人就会获得极强的公正感。这种制度被认为是对人类自由的保障，“没有什么制

---

① 参阅［美］戈尔丁：《法律哲学》，齐海滨译，生活・读书・新知三联书店，1987 年，第 240 页。

② 海南省高级人民法院就已建立了主审法官不单独会见一方当事人的制度。见 1994 年 4 月 11 日《人民法院报》。

度能比陪审制提供更大的对生命、自由和财产的保障了”① 。我国法律规定：“人民法院审理第一审案件，由审判员组成合议庭或者由审制员和人民陪审员组成合议庭进行。”这一弹性规定由于没有陪审员法作保障，再加之陪审员的素质不高等因素的影响，已经名存实亡了。我们认为陪审制度实质上是法庭内的分权，陪审团的权力是对法官独立权力的一种必要抗衡与制约。陪审团的参与可以有效地防止独立法官恣意与任性的可能。但是考虑到我国公民的文化水平和法律知识不高的现实，建议先实行一个过渡性制度——专家陪审制。这里的专家是一个广义的概念，泛指一切文化程度较高、掌握了法律基本知识的人，比如说机关干部、拥有大中专以上学历的人、法学院师生、法学与法律研究人员等。通过这种方式，使陪审制度名实相符起来，使之遏制司法腐败的功能发挥出来。

（十五）建立判例制。判例制即所谓的“遵循先例制”，是指人民法院和法官在审判活动中应受既成判例的约束，一切法院和法官的裁判都应与上级法院或本法院就同类案件所作的裁判相符合。② 程序是过去与未来之间的纽带，程序具有作茧自缚性。程序启动后，经过程序处理的信息、言行、证据、材料就成为拟定的具有既定力的“客观事实”，程序参加者必须受自己过去的言行和判断的约束。季卫东先生曾指出：“过程方面作出的决策被赋予既定力，只有通过高级审级的程序才能被修改。而且，遵循先例机制迫使决策机关在今后的活动中保持立场的一贯性，碰到同类问题必须按同样方式解决，造成同样结果。”判例制是通过自律性与他律性的统一实现其对法官恣意与任性的抑制功能的。当我们把法院系统看成一个整体，判例制就是这个系统内部的一种自律机制；而当我们把法院与法官分开来看时，判例制就成了法院与法院之间、法官与法官之间的一种他律制度。

（十六）建立裁判、执行分离制度。司法权是一种裁判性权力，它只对纠纷做出公正裁断而不应由自己去执行自己的判决。我国目前的法院不仅担负着裁判职能，而且肩负着对案件判决结果的执行职能，即民、经、行政案件的执行（刑事案件判决的执行由司法行政部门负责）。法院承担裁判与执行这双重职能既不符合权力的配置原理，也不符合司法权的性质。法院由其

① ［法］勒内·逻迪埃：《比较法导论》，徐百康译，上海译文出版社，1989 年，第 58 页。转引自《法学研究》，1998 年第 2 期 。

② 参阅季卫东：《比较程序论》，《比较法研究》，1993 年第 1 期。

性质决定了其执行能力、执行手段、执行设备的局限性和有限性。“执行难”的问题已经成为困扰法院的一大难题，“执而不行”还势必使法院的公正权威受到怀疑与嘲弄。因此我们建议将民、经、行政案件判决的执行从司法机关分离出来，交由公安或司法行政部门去负责为当。

三　结语：司法通过法治化走向清廉

（一）司法是正义的守护神，行使司法权的过程就是昭示正义的过程。司法一旦与腐败结缘，社会就会陷入重重冤情、烈烈酷情与不公、不义、不平之中。目前的中国正处在社会转型期，这是一个权力重构、利益重组、社会再生的过程，是一个理性与冲动、美好与邪恶、风险与希望、传统与现代并起交争的过程。时代的挑战赋予了司法制度特别的使命——清廉为要，正义为本，守好社会的最后一道正义防线。

（二）有司法，就有司法腐败。这就注定遏制司法腐败就是一个连续的持久过程。意欲通过几项措施或几次突击一劳永逸地清除司法腐败是不现实的。要从根本上遏制司法腐败、永保司法清廉，就必须在司法权的各个环节上植入遏制腐败的制度基因，使之成为清除司法腐败的非人为化装置，使之在司法权的运行过程中遇有逆司法权性质的信号时会自动启动以抗之。

（三）防治司法腐败的制度有多个层次。宏观上，要通过制度确保司法权力体系中位置的适当与稳定；中观上，要建立起确保司法权良性运行的司法体制；微观上，要通过建立科学的庭审制度确保司法的公正。而这几个层次，概言之，也就是要求司法法治化。通过司法法治化实现司法清廉当是法治国家建设的应有之义。

（本文原载于《法学》1998年第8期）

法院“依照法律”规定行使审判权释论*

——以我国法院与宪法之关系为重点的考察

童之伟**

我国宪法第126条规定:“人民法院依照法律规定独立行使审判权，不受行政机关、社会团体和个人的干涉。”从字面上看，宪法这一条只涉及人民法院与法律的关系和法院与行政机关、社会团体、个人的关系，但实际上它涉及的范围比表面上看起来的要广泛得多、复杂得多。因为，宪法这一条还涉及执政党的执政方式、最高国家权力机关的地位和职权范围，以及法院与宪法的关系等许多深层次内容。根据宪法文本结合当今中国实际，从学理上合理解释宪法第126条，事关我国宪法能否准确、充分地实施的大局，是当今宪法学界亟须完成好的最重要课题之一。完成这个课题需要突破的理论难点至少有两个，一个是全面准确地阐释其中“依照法律规定”行使审判权的内容，另一个是全面准确地阐释其中的“独立行使审判权”的含义。本文以适应建设社会主义法治国家的当前需要，本着先易后难的推进顺序，试解答其中的第一个理论难点。现以人民法院（以下一般简称法院）与宪法的关系为重心，对宪法第126条中法院“依照法律规定”行使审判权内容做些解释和论证。

本文的论述也基本适用于对宪法第131条中关于人民检察院“依照法

* 本文是上海市教委重点科研课题“违宪审查模式与政权组织形式之协调配合”（MXB10056）的阶段性成果。

** 童之伟，华东政法大学教授。

律”规定行使检察权的学理解释。①

一 对宪法第126条中“依照法律”的认知差异

全面准确解释宪法第126条中法院“依照法律”规定行使审判权的规定，关键在于能否实事求是地确认宪法第126条中“依照法律”规定这个词组的具体内容，尤其是其中“法律”的内容构成。

几乎在所有严格地实行成文宪法制度的国家历史上，都有过制宪者写入宪法文本的词语当初在含义上没有疑问、未予严格界定，而许多年后出现争议，从而不得不对宪法有关条文进行解释甚至修改的情况。从1980年8月30日中共中央向五届全国人大提出修宪建议，到1982年12月4日宪法修改草案获得通过，在1982年宪法形成的两年多时间里，宪法修改委员会成员和参与工作的宪法专家中似乎都没有人认为后来表述在宪法第126条中的“依照法律”的含义会成为一个有争议的问题，因而似乎也就没有人具体讨论和解说“依照法律”的具体内容。②

另外，笔者遍查了1982年以来我国出版的受到较大程度关注的中国宪法教材、解说中国宪法的著作和辞书③和涉及对宪法第126条中“依照法律”规定进行解释的论文，发现法学界对“依照法律”这个短语虽下过一些研究功夫，但意见颇不统一，而且迄今远没有达成共识。要正确把握宪法第

---

① 电脑统计表明，我国现行宪法全文有29处出现“依照法律”的字样，但本文在讨论范围上仅以宪法第126条中的相应词语为限。

② 从已经公开发表的修宪资料和参与秘书处工作的宪法专家的解说和记述看，说1982年修宪时修宪者们没有讨论和确定“依照法律”的具体含义应该是比较有根据的。此处所说的已经发表的修宪资料，主要指当年宪法修改委员会副主任委员彭真代表主任委员叶剑英向五届全国人大常委会所做的关于宪法修改草案的说明、向五届全国人大所做的修改宪法的报告，以及他的其他一些相关的讲话、报告。于友民、乔晓阳主编：《中华人民共和国现行法律和立法文件》（上册），中国民主法制出版社，2002年，第19～34页；彭真：《论新时期的社会主义民主与法制建设》中收录的相关文章，中央文献出版社，1989年。至于参与秘书处工作的宪法专家的解说和记述，则主要是指《张友渔文选》（下册），法律出版社，1997年，第232～276页；许崇德：《中华人民共和国宪法史》，福建人民出版社，2003年，第17～19章，第22章第8节；肖蔚云：《我国现行宪法的诞生》，北京大学出版社，1986年版相关章节。考虑到宪法修改委员会对1982年宪法历次修改草案的讨论记录尚未公开，无法做彻底查证，故此处为慎重起见用了“似乎”这一有所保留的用语。

③ 这里所谓“受到较大程度关注的”宪法学作品，主要指法律出版社、中国政法大学出版社、中国民主法制出版社、人民法院出版社、中国检察出版社和设有研究生院的大学的出版社出版的宪法学作品。

126条中“依照法律”规定的内容构成，主要是要弄清楚其中的“法律”是否包括宪法，至于“法律”是否包括其他法规范性文件等问题，均是次要问题。考察过“法律”是否包括宪法的论著是有一些的，现将这方面有代表性的不同论点做简要归纳和评说。

（一）对“法律”做较广义解释有不少难以合理说明的问题

早在20世纪90年代中期，就有具官方背景的机构和学者对“法律”做出了包括宪法在内的广义解释。这种解释明确认定宪法第126条中的“法律就是宪法、法院组织法、刑事诉讼法、民事诉讼法、行政诉讼法等”①。

在2001年齐玉苓案出现和最高人民法院（以下简称最高法）做出相应的批复②后，倾向于认定“依照法律”规定中的“法律”包括宪法的论文和著作有所增多。其中比较有代表性的说法是：“从审判权来源看，只有宪法和法律才能赋予法院审判权，而审判权的首要来源是宪法，审判活动本身是宪法和法律实施过程的一个环节。由于宪法赋予人民法院审判权，‘依照法律’自然包含着人民法院要遵循宪法约束的原则。”③

但是，将“法律”当做包括宪法的较广义的解释有很多地方说不通。若对宪法这一条中的“法律”做包括宪法的较广义解释，在逻辑上就意味着解释者主张我国各级法院皆有权援引和直接根据宪法条款裁判具体案件，并势必由此引出下面这样一些在我国现行宪法架构下几乎是不可能给予合理解答的难题。

第一，法院根据宪法裁判案件的职权从来是与解释宪法的职权和监督宪法实施（违宪审查）的职权联系在一起的，世界上从来没有过不享有违宪审查权、宪法解释权而能够根据宪法规定裁判案件的法院，也没有这类判例或事例。在最高国家权力机关专有解释宪法和监督宪法实施的职权的我国宪法体制下，且不说法院没有获得根据宪法规定裁判案件的宪法授权，即使法院获得了这样的授权，若没有其他必要职权的配套，也不可能真正行使这项职权。

第二，由本级人大产生、受本级人大监督、对本级人大负责的我国法

---

① 全国人大常委会办公厅研究室政治组编著、蔡定剑主编：《中国宪法精释》，中国民主法制出版社，1996年，第278～279页。

② 指《最高人民法院关于以侵犯姓名权的手段侵犯宪法保护的公民受教育的基本权利是否应承担民事责任的批复》（法释〔2001〕25号）。

③ 韩大元：《以宪法第126条为基础寻求宪法适用的共识》，《法学》，2009年第3期。

院，其宪法地位与权力分立、制约平衡体制下的法院有根本的不同。[①] 在本级或上级人大制定的法规范性文件与宪法不一致的情况下，法院没有任何法理和宪理根据否定本级或上级人大制定的法规范性文件的效力。依照现行实在法，法院连依照法律审查行政法规、地方性法规等下位法的合法性并予以公布的职权都没有。既然如此，在我国宪法体制下，法院怎么可能排除对违宪的法规范性文件的适用而直接根据宪法规定裁判案件？

第三，人们往往倾向于认为，宪法的最高法律效力一定要通过法院根据宪法规定裁判案件才能体现出来，按这种看法，既然我国宪法规定了自身的最高法律效力，法院行使审判权所依据的“法律”中就一定得包括宪法。这种看法没有说服力。宪法当然是有最高的法律效力的，但宪法实现其最高法律效力的方式在不同的宪法体制下是不一样的。没有证据能表明在我国宪法架构下宪法的最高法律效力要通过法院直接根据宪法裁判案件的方式实现。世界上许多法治国家，如法国、意大利、德国等，其宪法的最高法律效力也不是由普通法院的裁判体现的，既然如此，为什么说在我国的人大制度下，宪法的最高法律效力非得通过法院根据宪法规定裁判案件来体现呢？

第四，从 1954 年宪法起草至今，制宪、修宪和释宪机关从来没有表达过任何一点法院适用的“法律”中包括宪法的意思。在我国最有资格确认宪法本意的，应属当年的制宪机关和后继的修宪和释宪机关即全国人大或其常委会。但当年的宪法起草机构及随后的全国人大及其常委会的规范性、非规范性法文件也好，它们的主要领导人的修宪说明、工作报告和专门机构、工作机构发布的文件也好，自 1953 年 1 月中央人民政府委员会第二十次会议决定成立宪法起草委员会起，数十年来从来没有表达过法院应该根据宪法规定裁判案件的意思，相反倒是一直在做与此完全相反的制度安排[②]——难道这一切都是因为他们一直没能正确理解他们自己制定和修改的宪法第 126 条里“法律”的含义？这样推测明显不近情理、说不通。

迄今为止的宪法学作品都还不能合理回答上述难题，因此，有些意欲解决好这个问题的宪法学者不得不在解释“依照法律”规定的含义方面另辟蹊径。

---

① 有学者对此做过很精辟的论述，黄正东：《宪法司法化是脱离中国国情的空谈》，《法学》，2009 年第 4 期。

② 这种安排集中表现在全国人大制宪和修宪时并未赋予人民法院任何形式的宪法监督权和宪法解释权，以及立法法甚至也没有授予人民法院对行政法规、自治条例、单行条例和地方性法规的合法性审查权。

（二）对"法律"做狭义解释亦有其难以回答的疑问

对宪法第126条中的"法律"做排除宪法的狭义解释的尝试是从2001年讨论齐玉苓案和最高人民法院的相关批复（即法释〔2001〕25号）开始的。当时，针对所谓"宪法司法第一案"的说法，为了克服对宪法第126条"依照法律"中的"法律"二字做较广义解释造成的理论困境和在实践环节背离宪法规定和精神的问题，笔者试图将"依照法律"中的"法律"二字做狭义的解释，认定这里的"法律"不包括宪法在内。在这个过程中，笔者提出和论证了这样的基本命题：根据宪法的规定和精神，我国法院无权适用宪法，无权依照宪法规定裁判案件；法院适用宪法严重违反人民代表大会制度的基本原理和原则。①

近年来，笔者又在讨论我国宪法适用路径的文章中对上述观点做了进一步申论，明确提出宪法第126条里"'依照法律规定'6字中，'法律'二字是狭义的，不包括宪法在内"；"现行宪法全文，都是在严格区分宪法与法律两个概念的基础上做出各项规定的。作为我国的根本法，我国宪法没有、也绝对不可能使用即使在民间和人们口头上也很少使用的所谓广义法律概念"②。既然如此，"依照法律"中的"法律"自然不会包括宪法。

不过，宪法学界很快有学者对上述论说表达了异议，认为"宪法是法律渊源中的首要渊源，在'依照法律'的解释上不可能完全排斥宪法"；"根据宪法序言的规定，宪法是人民法院审判活动的根本准则；法院负有维护宪法尊严、保证宪法实施的职责，如果'依照法律'时只讲形式的法律，认为若根本法的条款没有通过法律被具体化，就不可以约束人民法院。那么根本法的最高法律效力又如何体现？人民法院如何维护宪法尊严、保证宪法实施呢？"③ 这种异议是有一定根据的。

的确，按照法学界对我国宪法现在的解释模式，将宪法排斥在法院行使审判权应该依照的"法律"之外，有很多地方说不通。如果将"依照法律"中的"法律"二字做排除宪法的狭义解释，似乎难免有否定宪法的最高法律效力及于法院、否认法院必须以宪法为根本的活动准则、否认法院必须维护宪法尊严、保证宪法实施等诸多嫌疑。

---

① 参阅童之伟：《宪法司法适用研究中的几个问题》，《法学》，2001年第11期。

② 童之伟：《宪法适用应依循宪法本身的路径》，《中国法学》，2008年第6期。

③ 韩大元：《以宪法第126条为基础寻求宪法适用的共识》，《法学》，2009年第3期。

同样，如果认定法院行使审判权应依照的“法律”不包括宪法，似乎也会得出法院可以不必遵守宪法的一些十分具体的规定的错误结论。例如，宪法第 134 条规定：“各民族公民都有用本民族语言文字进行诉讼的权利。人民法院和人民检察院对于不通晓当地通用的语言文字的诉讼参与人，应当为他们翻译”；“在少数民族聚居或者多民族共同居住的地区，应当用当地通用的语言进行审理；起诉书、判决书、布告和其他文书应当根据实际需要使用当地通用的一种或者几种文字。”显然，即使没有具体法律对这些条款做细化的规定，我国法院也是绝对必须遵守宪法中的这类规定的。但是，如果将“依照法律”中的“法律”做狭义的解释，就很容易导致法院可以但不是必须遵守宪法的这类规定的错误认识。其他可能有的诸如此类的担心也是可以理解的。

（三）人们对“依照”的本意是“实施”“适用”还是“遵守”没有共识

法院是要实施法律的，但实施法律的方式通常分为法律的遵守、法律的执行和法律的适用。一般认为，在实施法律的以上三种方式中，法律的遵守是所有法律关系主体共同的事情，法律的执行指国家行政性机关依据法律规定的权限和程序具体运用法律来组织、管理、处理行政性公共事务的专门活动，而法律的适用则是指法院等司法机关根据法律规定的权限和程序具体运用法律审理或裁判案件的专门活动。但也有学者注意到，法律的执行和法律的适用有许多共同点，因此他们有时也将法律的执行和法律的适用统称为法律适用。① 还有的学者认为“法的适用的主体是国家专门机关，包括国家权力机关、行政机关和司法机关”②，也就是说，按这种理解，法律适用包括立法适用③、行政适用和司法适用。本文为了尽量使讨论单纯化，对法律实施采用了两分法，即仅仅将其区分为法律遵守和法律适用。基于同样的理由和思路，本文也将宪法实施区分为宪法遵守和宪法适用两种方式。

国家机关遵守法律的活动与适用法律的活动是有重大差别的，这种差别同样存在于宪法遵守与宪法适用之间。法律适用要以遵守法律为前提，但遵守法律的活动不一定同时是法律适用活动。国家机关适用法律的活动有其

① 参阅沈宗灵主编：《法学基础理论》，北京大学出版社，1994 年，第 365 页。

② 孙国华主编：《法学基础理论》，中国人民大学出版社，1987 年，第 393 页。

③ 有立法权的国家机关有时也需要适用法律，如全国人大常委会适用全国人大制定的法律。有自治条例、单行条例或地方性法规制定权的地方国家权力机关在制定这些法规范性文件的过程中适用法律，等等。

与遵守法律的活动区分开来的重要特征。法理学者的下面这几段论述对我们理解遵守法律与适用法律两种活动的差别有重要意义:“国家机关依法行使职权，正常执行法律要求的活动不是法的适用活动，而是一般的实施法的活动、一般的守法活动”;“适用法的活动是专门机关依法把法律的一般规定用来处理具体案件做出判决、裁定或决定的活动”;“法的适用就其活动方式来讲是国家机关将法律规范用到具体事或具体人的活动，是个别性地运用国家权力的法律活动。”① 这些法理论述比较精辟、比较真实地反映了法律遵守与法律适用的区别，同时也足以说明宪法遵守与宪法适用的差别。

如果宪法学者讨论关乎宪法实施的问题不希望过于空洞抽象而欲稍微深入具体一点，他们就不能不接受较为精细的分析套路，其中首先要做的一件工作是将宪法实施分解为宪法遵守和宪法适用两种方式。② 要准确解释宪法第 126 条“依照法律”规定中的“依照”一词并进而说明其与法院、宪法的关系，我们必须先在法律实施、法律遵守、法律适用的框架内给予它一个合理的定位，然后再在宪法实施、宪法遵守、宪法适用的框架内给它一个更具体的定位。

如何确定宪法第 126 条“依照法律规定”中“依照”的本意，直接关系到人们对法院与宪法关系的理解；如果人们对“依照”本意理解不同，他们对法院与宪法关系的理解就必然有差异。如果人们认定“依照”的本意是“遵守”，那么“依照法律”在内容上就等同于“遵守法律”，在这种语境下，即使人们把“法律”理解为包括宪法在内的广义的法律也无关紧要，因为这不会导致法院有权根据宪法规定裁判案件的宪法解释和相应的制度安排。但是，如果人们认定“依照”的本意是“适用”或包括适用的“实施”，那么，“依照法律”就变成“适用法律”或“实施法律”了，此时人们如果继续认定法院应“依照”的“法律”是包括宪法的广义的法律，那就必然形成法院有权根据宪法规定裁判案件的宪法解释和制度安排。

可见，宪法第 126 条“依照法律”规定中的“依照”一词，也是一个宪法学界早就应该从学理上给予其具体定位而又一直没能给予其足够关注的宪

---

① 孙国华主编 :《法理学教程》，中国人民大学出版社，1994 年，第 418 页、第 419 页。

② 为了在对分析要素做尽可能简约的基础上较深入、细致地讨论宪法实施问题，笔者在 20 世纪末就将宪法实施中与宪法遵守相对应的另一部分活动都概括为宪法适用，因而宪法实施被约定性地区分为宪法遵守和宪法适用两种形式。童之伟 :《论宪法学新体系的范畴架构》,《法学研究》, 1997 年第 5 期。

法用语。现在该是宪法学者对这种疏忽有所弥补的时候了。

（四）对“依照法律”的认知不确定致使法院处理与宪法的关系进退失据

早在 1955 年 7 月 30 日，最高人民法院曾经公布了给新疆高级人民法院的一个《关于在刑事判决中不宜援引宪法作为论罪科刑依据的复函》（研字第 11298 号），认定“在刑事判决中，宪法不宜引为论罪科刑的依据”。但是，在刑事判决中法院可不可以援引宪法作为解决论罪科刑以外的问题（如涉及原告或被告程序性权利的问题）的根据呢？另外，在审理民事案件和后来纳入受案范围的行政诉讼案件时，法院是否可以援引宪法作为裁判根据呢？有关国家机关并没有提供这些方面的答案。

应该说，现行宪法与 1954 年宪法是有很大差别的，1954 年宪法架构下法院不能做的事，在现行宪法架构下法院不一定不能做。但有一点却似乎是数十年来都没有什么不同的，那就是法院在行使审判权的过程中对于是否能够援引宪法，或什么情况下可以援引宪法，什么情况下不可以援引宪法，援引宪法可用于说理论证还是可作为裁判案件的根据等等问题，皆处于无公开明确的规则可循的状态。最高人民法院 1986 年 10 月 28 日做出的《关于人民法院制作法律文书如何引用法律规范性文件的批复》原本可以在这些方面做些规范，但实际上它也完全回避了援引宪法的问题。

由于法学界对宪法第 126 条中“法律”的认知不确定，现在法律从业人员和法学院系师生心中较普遍存在的疑惑是：其一，若说我国宪法不能援引，数十年来法院援引了宪法的情况并不少，其中还不乏援引宪法作为裁判根据的案例，① 但最高国家权力机关或最高法自己为什么没有对过去的做法进行一番清理、拿出一套可供各级司法机关遵循的规则呢？人们注意到，最高法 2008 年 12 月 18 日发布公告，公布了《关于废止 2007 年底以前发布的有关司法解释（第七批）的决定》，其中包括以“已停止适用”为理由，废止了最高法 2001 年《关于以侵犯姓名权的手段侵犯宪法保护的公民受教育的基本权利是否应承担民事责任的批复》，但为什么这个批复被“停止适用”进而遭废止？其中包括了什么样的处理最高法与宪法之间关系的能反复适用的原则或规则？其二，若说法院有权“依照”宪法规定行使

---

① 如王禹编：《中国宪法司法化：案例评析》，北京大学出版社，2005 年，就收集了我国法院援引宪法的 33 个案例，其中援引宪法作为裁判依据案例有 3 个，包括对齐玉苓案做出终审的山东高级人民法院〔1999〕鲁民终字第 258 号判决书。

审判权，那么，这就会是我国司法体制改革乃至政治体制建设中的惊天大事，最高国家权力机关势必对此做完整的学理论述并相应修改宪法和法律，怎么可能从最高国家权力机关到最高国家审判机关，对此都没有一点制度化安排或法理论说呢？

以上情况和人们可以直观地感受到的事实[①]表明，我国各级法院对于如何处理法院与宪法的关系进退失据的情形是比较明显的。只有全面准确解释宪法第126条中的“依照法律”这个词组的含义，我们才能逐步改变这种状况。

二　法院“依照法律”规定行使审判权的主要内容

我国法学界、法律界对宪法第126条中法院“依照法律”规定行使审判权的内容做不恰当解释的情况是比较普遍的，其中一个根本性的错误，是试图以宪法这一条为主要依据解说法院与宪法的关系，并强行将宪法解释为“法律”的一部分甚至是其中的首要部分。但是，这种解释是行不通的，因为它超越了现行宪法的文本，违背了现行宪法的基本精神，误解了宪法授权法院“依照法律”规定行使审判权的内容。为什么这样说呢？让我们由表及里，以现行宪法本身的规定和基本宪理为依据，看看宪法第126条中法院“依照法律”规定行使审判权的要点。

（一）“法律”特指普通法律

正如前文所述，笔者自2001年起，一直试图将宪法第126条“依照法律”规定中的“法律”做排除宪法的狭义的解释，目的是将其中的“法律”解释为与根本法相对称的普通法律。现在看来，这种努力的方向虽然是正确的，但论证还远远不够充分、全面，这里再做补充论证。

有学者提出：“宪法首先是法律，具有法律的一切特征和属性，然后才是更上位的法律规范。”[②]这句话在宪法与法律不加区分的情形下，在一般意义上使用法律概念的时候是正确的。但是，若认为宪法第126条中法院

---

① 笔者在上海的调研发现，在被问及“近年来法院裁判案件为什么从不援引宪法”这个问题时，几乎所有法官都众口一词地说“上边”不让援引，至于为什么不让援引宪法以及不让援引的法文件依据是什么，被问及的法官的回答又几乎都是“不知道”。这给人的感觉是，法院在这个问题上没有可以对世人明言的定见，也没有透明化的制度安排。

② 王振民：《中国违宪审查制度》，中国政法大学出版社，2004年，第1页。

“依照法律”规定行使审判权的规定中的特定“法律”也包括宪法，那就值得商榷了。因为，根据我国宪法文本的上下文，其第126条中的“法律”不是泛指而是特指，指的是普通的法律，即不包括宪法在内的狭义的法律（至于它的内容结构，将在后文的恰当部分做具体辨析）。

我国现行宪法文本几乎都是在与根本法相对称的普通法律的意义上，即在狭义上使用“法律”一词的，基本不存在或者说仅在极小的程度上存在狭义的和广义的法律概念并用的例外情形，而宪法第126条中“法律”并不在那极少数例外之列。统计表明，我国宪法使用法律一词总共有82次，从上下文看，其中有79次是在狭义上使用的，只有3次例外，是在广义上使用的。在例外的3次中，两次用在宪法序言的最后一个自然段，且都不是用于列举法规范性文件，而是用来修饰其他名词（原文为“法律的形式”“法律效力”）的形容词，另外一次使用广义的法律概念也不是用来列举法规范性文件，而是为了照顾表达习惯和与历史文件（《人权宣言》）接轨，而且使用之后马上又用具体化的规定明确了其内容构成，不会引起误解。[①] 其实，现行宪法文本在规定国家机关职权的所有条款中，任何一次需要列举宪法的时候都是单独列出的。宪法第5条、第33条、第53条、第67条、第89条，先后9次以“宪法和法律”的形式将两者区分开来分别列举，宪法第67条、第99条、第100条先后4次以“宪法、法律”的形式将两者区分开来分别列举。宪法运用这些术语的情况证明宪法第126条中“依照法律规定”中的“法律”是普通法律，不能被超文本、超逻辑地解释为“宪法和法律”。

反过来看，宪法自身也表明了它的确是将宪法排除在其第126条规定的法律之外的。我国法院的职权来源于宪法，因此，如果宪法有赋予法院依照宪法规定行使审判权的本意，其授予法院审判权的相应部分就必然直接表述为“依照宪法和法律规定”独立行使审判权。但实际的情况是，宪法不仅在这一条款中没有赋予法院“依照宪法”规定裁判案件的职权，而且宪法的其他所有相关条款也都显现出它无意让法院根据宪法规定裁判案件的意向，其中最明显的莫过于宪法本身将根据宪法裁判案件所必不可少的监督宪法实施和解释宪法这两项法院适用宪法所必不可少的职权都授予

---

① 我国宪法第33条规定，“公民在法律面前一律平等”，其中“法律”显然是广义的，但该条中这一项规定的随后规定立即明确了它的具体内容：“任何公民享有宪法和法律规定的权利，同时必须履行宪法和法律规定的义务。”

了最高国家权力机关。

另外，如果人们强行将宪法第126条“依照法律”规定中的“法律”做包括宪法在内的广义解释，那就无异于将宪法“依照法律”规定修改为“依照宪法和法律”的规定。从理论上说，任何人都可以提出这样解释宪法的设想或主张，但由于对宪法做这样的解释事关国家权力配置格局的全面深刻调整，事实上只能通过全国人大修宪才有可能完成将“法律”改变为“宪法和法律”的制度性安排。看来现在没有这样做的必要性和可能性。

所以，离开宪法第126条中“法律”这个词语所处的特定宪法文本和特定上下文，将其泛化为同“法”的外延相当的或在不同场合可以对其外延的范围做不同界定的广义的法律一词，既不符合宪法原意，也不恰当。

（二）宪法第126条仅授权法院依照普通法律的规定行使审判权

宪法第126条“依照法律”规定行使审判权的含义应该是适用法律，或者更简明地说，其中“依照”的含义是“适用”。“依照法律”规定行使审判权的含义不仅仅是遵守法律，这应该说是不言而喻的，因为遵守行为相对而言是比较消极的，行使审判权裁判案件是比较积极的行为。那么，可不可以将“依照法律规定”行使审判权理解为实施法律呢？这样解释虽然不能说有明显错误，但却不够准确、不太符合逻辑。原因主要是，宪法第126条是一个授权性条款，着重在授予法院一项职权、赋予它一种功能，着眼点在于让法院有权适用法律裁判案件，而不是着眼于课予它一项义务，尽管从职责的角度看职权也是义务，但授予职权与课予义务毕竟是有区别的。另外，或许更能说明问题的是，宪法第5条已经规定了一切国家机关都必须遵守法律，一切违反宪法和法律的行为必须予以追究，任何组织都不得有超越法律的特权，其中所说的一切国家机关当然包括法院。因此，宪法没有必要在第126条中重申法院须遵守法律。

所以，综合地看，宪法该条中的“依照法律”，其含义与法学论著中所说的“适用法律”是相同的，因此，“法院依照法律规定行使审判权”与“法院适用普通法律裁判案件”完全是同义的法学词组。

根据“法院依照法律规定行使审判权”=“法院适用普通法律裁判案件”的道理，我们能够很自然地得出以下两个结论：其一，只有充分认同宪法实施不仅可以而且应该区分为宪法遵守和宪法适用的道理，人们才能真正理解何以法院“依照法律”规定行使审判权只与法律适用有直接关联；其二，“法院依照宪法规定行使审判权”=“法院援引宪法并根据所援引的宪法条文裁判案件”=“法院（或司法、审判）适用宪法”。

由此观之，从实际内容看，宪法第126条规定法院“依照法律规定”行使审判权，只不过单纯授予法院适用普通法律裁判案件的职权，不仅不直接涉及法院遵守宪法或适用宪法，甚至连法院遵守普通法律的问题也没有直接涉及。

（三）法院必须遵守宪法，但谈不上“依照”宪法规定行使审判权

我国宪法学者讨论法院与宪法的关系太过于执着追求从与这个问题并无直接联系的宪法第126条的“依照法律”这个词组中找答案，太不重视直接规范宪法与法院关系的宪法其他相关条款。实际上，法院与宪法的关系是由宪法第126条之外的条款规范的，直接地看，其所规范的内容可以概括为法院必须遵守宪法，遵守宪法的方式包括遵从宪法的最高法律效力、以宪法为根本的活动准则、维护宪法尊严、保证宪法实施等等。宪法序言最后一个自然段规定，本宪法“是国家的根本法，具有最高的法律效力。全国各族人民、一切国家机关和武装力量、各政党和各社会团体、各企业事业组织，都必须以宪法为根本的活动准则，并且负有维护宪法尊严、保证宪法实施的职责”；宪法第5条规定，“一切国家机关和武装力量、各政党和各社会团体、各企业事业组织都必须遵守宪法和法律”；且任何组织都不得有超越宪法的特权。

按照上述道理，在我国现行宪法体制下，法院行使审判权时只有宪法规定可供其遵守，根本没有宪法的规定可供其“依照”。或许，这个论点是我国很多法律工作者和法学者难以接受的，但依据我国现行宪法的文本和法治社会公认的法理，笔者只能服从理性，做这样的与绝大多数人意见相左的解释，别无其他解释。认定我国无宪法规定可供法院“依照”的主要根据如下：

第一，在我国宪法文本中原本就没有什么“规定”可供法院行使审判权时“依照”。前文已经证明，法院遵守宪法与法院适用宪法是性质不同的两码事，而且，“法院依照宪法规定行使审判权”=“法院援引宪法并根据所援引的宪法条款裁判案件”。所以，按我国宪法的文本，法院谈不上“依照”宪法规定行使审判权，因为，对于法院而言，在宪法没有设置条款可供其行使审判权“依照”的情况下，如果有谁强行让其“依照”宪法的规定行使审判权，那就无异于逼“巧妇”做无米之炊。

第二，宪法没有授权法院“依照”宪法行使审判权，就是不允许法院享有和行使这种职权。公民有权做宪法、法律不禁止的任何事情，但国家机关只能根据宪法、法律规定的权限和程序行使职权，法院的活动超越宪法的授权就是违宪。有学者提出：“现行的 1982 年宪法没有任何一个条款明示或暗示它本身不得进入诉讼。”① 的确如此，但这里的问题在于，对于国家机关来说，宪法没有明文禁止法院行使的职权，并非就是法院可以行使的职权，相反倒是应该理解为宪法不允许法院行使的职权。

第三，人大制度和民主集中制原则不允许法院“依照”宪法行使审判权。宪法第 2 条和第 3 条分别规定：我国的“一切权力属于人民。人民行使国家权力的机关是全国人民代表大会和地方各级人民代表大会”。“国家行政机关、审判机关、检察机关都由人民代表大会产生，对它负责，受它监督。”我国的宪法体制和法院的宪法地位与欧美和日本那些实行权力分立、制约平衡体制的国家有根本不同。在我国的宪法体制下，法院是由本级人大产生的，须对产生它的人大负责、受产生它的人大监督，因而无权对本级和上级人大制定的法规范性文件进行合宪性审查和宣告其中违宪的部分无效。因此，既然法院不能自主行使审判权使得在它看来违宪的法规范性文件无效，也无权拒绝适用在它看来违反宪法的法律，它也就不可能真正地依照宪法规定裁判案件。当然，下级法院可以通过最高法提请全国人大常委会有关机构对法律的有关条款的合宪性进行裁决，但那终究不是它自己行使这项宪法监督适用的职权。

曾有学者提出过法院将宪法“运用于处理诉讼案件的活动”但又不行使违宪审查权的设想。② 对此，笔者以为，这种设想涉及的安排可否行得通、是否合宪，要看法院具体“运用”宪法的行为的性质，要根据法院具体“运用”宪法的实际情况甚至活动细节做具体分析：其一，法院将宪法“运用于处理诉讼案件的活动”如果具体地看来是属于遵守宪法的活动，包括遵从宪法的最高法律效力、以宪法为根本活动准则、维护宪法尊严、保证宪法实施的活动，那应该是没有任何问题的，也正是宪法所要求的，如法院根据宪法保障公民基本权利的条文原则性地确认公民享有某项权利，③ 按照宪法关于

---

① 王振民：《中国违宪审查制度》，中国政法大学出版社，2004 年，第 1 页、第 169 页。

② 参阅肖蔚云：《论宪法》，北京大学出版社，2004 年，第 963 页。

③ 例如，2008 年有一件因媒体炒作而颇受关注的案件的判决书写道：“我国宪法赋予公民享有极其广泛的权利和自由。人身自由、居住自由是公民享有的人格权利。……回家休息，料理家务和个人生活，合乎常理，是公民人身自由的一项重要内容，也是公民生活中最起码的一项权利，应予以尊重。”见广州黄埔区人民法院〔2008〕黄发行初第二号判决书。这份判决书援引宪法展开论证的文字不够准确精准，但从大处看援引宪法还是必要而适当的。

公开审判、让被告人有权获得辩护的规定和在少数民族聚居或者多民族共同居住的地区用当地通用的语言审理案件的规定审理案件等等，就都属于遵守宪法性质的活动。在这种情况下，当“必须引用宪法原则和规定时，就应当加以引用，这是维护宪法的尊严和权威，使宪法落到实处”①。其二，如果法院将宪法“运用于处理诉讼案件的活动”具体地看来是根据宪法的规定来裁判诉讼案件，其性质就属于适用宪法而非遵守宪法，那是法院超越宪定职权的活动，即使它援引了宪法亦属不当援引。②对法院以依照宪法规定裁判案件为目的援引宪法的行为，有关国家权力机关应根据宪法和相关法律的规定予以防范和监督。

第四，不少宪法学作品倾向于认为，如果不允许法院“依照”宪法行使审判权，就是不让法院遵守宪法，包括不让法院遵从宪法的最高法律效力、不以宪法为根本活动准则、不维护宪法尊严、不保证宪法实施。这类观点大错特错。遵守宪法，包括遵从宪法的最高法律效力、以宪法为根本活动准则、维护宪法尊严、保证宪法实施，在法理上是与法院“依照”宪法行使审判权性质不同的两种活动，前者是遵守宪法，后者是适用宪法。遵守宪法并不以适用宪法为前提和基础，倒是适用宪法要以遵守宪法为前提和基础，因此，法院不能“依照”宪法规定行使审判权对法院遵守宪法毫无妨碍。

（四）法院以遵从宪法最高法律效力、奉宪法为根本活动准则、维护宪法尊严、保证宪法实施等多种方式遵守宪法

从将宪法实施区分为宪法遵守与宪法适用两种形式后，我们较容易看清这样一个道理：遵从宪法最高的法律效力、以宪法为根本活动准则、维护宪法尊严、保证宪法实施不仅不是与法院遵守宪法相对立的东西，相反倒是法

① 肖蔚云：《论宪法》，北京大学出版社，2004年，第964页。

② 实际上，由于我国宪法架构与法院依照宪法裁判案件的活动从根本上不能相容，所以，即使法院真要援引宪法，也一定不伦不类，失却体统。例如，山东省高级人民法院对齐玉苓案下的〔1999〕鲁民终字第258号判决书援引宪法就反映出这种情况。在这个判决中，山东省高院试图依照宪法规定判决这个案件，宣称依照宪法第46条，教育法第9条、第81条，民法通则第120条、第134条，民事诉讼法第152条、第153条、第158条，最高院〔2001〕法释25号批复的规定，判决如下，等等。这样援引宪法难免让人觉得不合常规、无足够宪法知识，因为世界上任何有权依照宪法裁判案件的审判机关，如果要依照宪法裁判案件或其中的某一个争点，裁判根据一定是单一的宪法，原因是：一是法院裁判案件若有普通法律可以依照，它就无权依照宪法，而要依照宪法就一定是没有普通法律可供依照或可供依照的普通法律因违宪而不能依照。二是任何国家的法院，要适用宪法，所裁判的争议一定是原则性的、几乎都是针对法律或行政行为的合宪性，所以宪法的下位法文件包括法律都不可能在裁判文书中与宪法摆在一起作为法院适用宪法的根据。

院遵守宪法的几种主要的方式。所以，本文讨论的遵守宪法，既包括了遵从宪法最高的法律效力、以宪法为根本的活动准则、维护宪法尊严、保证宪法实施等我国宪法本身列举了的方式，也包括尊重宪法、认同宪法等我国宪法未列举的方式。

按照本文遵守宪法的定义，宪法的所有规范性条款和非规范性文字都在法院遵守的范围内。不同的宪法关系主体（从守宪角度看是守宪主体）遵守宪法的方式是不同的，公民等个体与国家机关等公共组织遵守宪法的方式不一样，地位和功能不同的国家机关遵守宪法的方式也有显著差别。另外，同一个宪法关系主体相对于宪法的不同条款或内容来说，遵守的方式亦会相互区别开来。对于我国法院来说，其遵守它赖以产生和获得职权的宪法的方式，大体包括如下可相对区分开来的几种：

第一，法院认同、尊重和维护宪法的非规范性内容。我国宪法的非规范性内容，主要存在于宪法序言之中，宪法第 4 章和第 2、第 3 章的有些条款也可以算非规范性内容。宪法有的非规范性内容陈述、确认现行宪法的规范性内容得以确立的历史背景、历史正当性、社会基础和政治条件，有的认定或固定某些重要的选择。法院遵守宪法的非规范性内容，主要表现为认同、尊重和维护这些内容，不仅自己在行使职权的活动中不否认不挑战它们，也不鼓励、不支持、不允许案件当事人否认和挑战它们。

第二，法院遵从和服膺宪法的纲领性、原则性规定，将宪法规定的相关方面的纲领和原则作为自己组织、活动或具体行使审判权时的价值指引和方向性导引。宪法一部分内容和第 1 章《总纲》中的各个条款，基本上都属于法院行使审判权时起价值指引和方向导引作用的纲领或原则。法院依照法律规定行使审判权时，应该以宪法的纲领性、原则性规定为自己参照的活动准则，但这种参照是遵守宪法而不是适用宪法的活动和过程，它可以表现在合议庭或审判委员会的讨论过程中，也可以经由法官的内心活动来默默完成，但无论如何，法院和法官所参照的宪法条款和参照时的讨论、思考过程，不必反映在裁判文书中。

第三，法院承认并尊重宪法确认和保护的公民基本权利，不因宪法虽确认了某项基本权利但立法机关尚未制定具体法律落实其保障方式、保障程序而否定公民平等享有该项基本权利。宪法确认的公民基本权利通常是有法律具体落实其保障方式和保障程序的，在这种情况下法院依照法律行使审判权就是遵守宪法。真正的问题在于如何对待尚没有法律具体落实的基本权利和虽有法律保障但内容规定得不周全的那些基本权利。有学者认为："在宪法的规定没有被具体化的时候，人民法院要受到基本权利的直接拘束，可以援引宪法，但不能对宪法问题作出直接的司法判断。"① 这种看法是符合世界各法治国家处理同类问题的惯例的。不过，笔者更愿意用法院承认而不否认有关的基本权利的正当性并有义务尽可能运用既有方式和程序保障相关基本权利来代替受相关的基本权利"直接约束"这种表达方法。

显然，这里讨论的主要是我国法院如何遵守宪法第2章《公民的基本权利和义务》中的各个条款的问题。

第四，法院尊重和服从宪法配置国家机关职权并规范其运用行为的各项规定，一方面在宪法规定的权限范围内行使好审判权，另一方面尊重宪法授予其他国家机关的职权，谨守分际，不侵犯其他国家机关的职权。我国宪法对不同级别、不同性质的国家机关的权限是做了尽可能明确的划分的。所以，在中央与地方之间，上级与下级国家机关之间，同一级国家机构的不同机关之间，每一级每一种国家机关都有摆正位置、谨守分际、正确行使属于自身的宪定职权和尊重属于其他国家机关的宪定职权的守宪义务。具体到一级法院来说，相对于其他国家机关，法院遵守宪法的方式就是尊重和服从宪法授予职权的条款，按宪法规定的条件和方式正确行使属于自己的职权，不侵害宪法授予其他国家机关的职权。严格地说，法院尊重和服从宪法关于其他国家机关的职权的规定的方式，是因其他国家机关的地位、性质而各不相同的。例如，相对于本级人大及其常委会，法院应尊重和服从的是宪法关于法院受其监督，对其负责的规定；相对于上级法院或下级法院，本级法院应该尊重和服从的是宪法关于法院独立行使审判权和上级法院监督下级法院的工作的规定，等等。还有法院相对于上级国家权力机关、本级行政机关和检察机关的关系等等，法院要尊重和服从的宪法条款较多，难以一一详述，但基本道理完全是一样的。

第五，法院以宪法为根本的活动准则，保证宪法实施。法院行使审判权所依照的法律的制定根据是宪法，从这个意义上说，依照法律规定行使审判权就是以宪法为根本的活动准则的一种方式。另外，法院遵守宪法的性质，属于直接实施宪法，因此，法院所有的遵守宪法的活动，都具有以宪法为根

① 韩大元：《以宪法第126条为基础寻求宪法适用的共识》，《法学》，2009年第3期。

本的活动准则、保证宪法实施的性质。

或许，最高法按立法法第 90 条、第 91 条的规定提请全国人大常委会审查有关法规范性文件的合宪性，是法院以宪法为根本的活动准则、保证宪法实施的最直接表现。立法法规定，最高法认为行政法规、地方性法规、自治条例和单行条例同宪法或者法律相抵触的，可以向全国人大常委会书面提出进行审查的要求，由常委会工作机构分送有关的专门委员会进行审查、提出意见，经必要程序后，最终可由委员长会议决定是否提请常务委员会会议审议决定。下级法院以这种方式遵守宪法的功能可经由最高法来实现。遗憾的是，最高法迄今还没有进行过以这种遵守宪法的方式保证宪法实施的尝试。

不过，这里需要特别予以说明的一个问题是，立法法第 90 条、第 91 条所规定的下述内容也属于法院遵守宪法而非法院适用宪法。立法法的这两个条文规定：最高法如果认为行政法规、地方性法规等法规范性文件同宪法相抵触，可以向全国人大常委会书面提出进行审查的要求，这种要求最终可能导致全国人大常委会会议对有关的法规范性文件是否与宪法抵触进行审议并作出决定。德国等国家和地区也有法院在审判案件时如认为所应适用的法律违宪，可以暂停诉讼程序，把违宪嫌疑提交宪法法院裁决的制度。有的学者倾向于认为这是法院适用宪法的例子，① 但笔者认为这正是法院遵守宪法而非适用宪法的例证——正因为有关法院无权适用宪法，才将争议提请享有宪法监督适用职权的机关去审查。

（五）不越权适用宪法裁判案件是法院的宪法义务

前文已经证明，我国宪法没有授予法院依照宪法规定审判案件的职权，而且这一情况按宪理应解释为我国宪法本身不允许法院越权适用宪法裁判案件。所以，不适用宪法是法院应履行的守宪义务。

如果法院违反宪法义务越权适用宪法，刻意做依照宪法裁判案件的尝试，其结果只能是两个，非此即彼：要么空耗宝贵人力物力和司法资源，到头来一事无成，像最高法关于齐玉苓案的"批复"那样其兴也勃、其亡也忽；要么个别法院逞了一时之快但却破坏了法治秩序或正常宪法秩序——幸好迄今还很少出现这样不良的事例。

人们要充分理解法院履行不越权适用宪法的义务的必要性，需对以下

---

① 参阅陈弘毅：《齐案"批复"的废止与"宪法司法化"和法院援引宪法问题》，《法学》，2009 年第 3 期。

情况有所认识：(1)法院不适用宪法裁判案件与法院以宪法为根本的活动准则在内容上是相互补充的和完全一致的。因为，法院不越权适用宪法裁判案件本身就是我国宪法包含的一项准则。(2)法院只依照普通法律行使审判权而不适用宪法，与法院履行遵从宪法的最高法律效力、以宪法为根本活动准则、维护宪法尊严、保证宪法实施的义务是协调一致的，两者并无内在冲突。原因是，这两种行为不过是体现了实施宪法的两种方式(遵守宪法与适用宪法)间的分工和协调配合关系。

(六)法院应有权对其所适用的法律规范性文件做合宪法律理解

有些国家的法官在适用法律过程中，遇到所适用的法律的合宪性有疑问而又无法进一步求证时，往往采用对法律做"合宪推定"的方式解决之。在美国，"当法官对特定措施的合宪性有怀疑时，经常用这种方法解释法律以避免宪法争议。然而，在有些时期，法院或许对这种推定不以为然，看起来似乎又将某些法律按不合宪推定做了解释。例如，在强调经济正当程序的年代，一些经济立法就因此而招致失败。"① 实际上，"合宪推定"或"违宪推定"都是解释法律的方法，其中违宪推定在防止立法侵犯公民基本权利方面的作用比合宪推定似乎更有积极意义。我国有些法学作品对合宪推定的理解有片面性，好像合宪推定就是凡出现法律的合宪性有疑问时，一概推定其合宪，这不妥当。

笔者注意到，我国已有不少学者对这个问题进行过研究，其中引人注目的论述来自韩大元教授的论文②、陈弘毅教授的论文③和张翔博士的演讲④，他们分别用"合宪性推定""合宪法律解释""法律合宪性解释"三个不同的词组来表达这样一个大体相同的意思：在法律或其中有关条款的合宪

① Jethro K.Lieberman，A Practical Companion to the Constitution–How the Supreme Court Has Ruled on Issues from Abortion to Zoning，University of California Press，Ltd.，1999，p.370.

② 韩大元教授写道，宪性推定基本的含义是："任何一个违宪审查机关的权力都是相对的，当特定机关行使违宪审查权或进行宪法解释时应考虑审查对象涉及的各种因素，需要在合理的范围内有节制地行使违宪审查权，以减少因违宪判决可能引起的社会矛盾与社会震动。"他还把德国的相应提法翻译为"合宪的法律解释"或"法律的宪法一致解释"，把日本的相应提法翻译为"合宪的限定解释"或"合宪的限制解释"。韩大元：《论合宪性推定原则》，《山西大学学报》，2004年第3期。

③ 陈弘毅教授写道："'合宪法律解释'就是指法院在进行这种用以理解或解析法律规范的思考推理活动时，在有必要时考虑宪法的有关条文，把宪法观点应用到理解或解析法律规范的工作，从而把有关法律规范理解或解析为符合宪法有关条文的、有助于实现宪法有关条文的宗旨的规范。"陈弘毅：《齐案"批复"的废止与"宪法司法化"和法院援引宪法问题》，《法学》，2009年第3期。

④ 参阅张翔、高全喜、王锴、翟小波等：《从法律的合宪性解释看宪法对司法的可能影响》，中国选举与治理网 http：//www.chinaelections.org/newsinfo.asp？newsid=128392，最后访问日期2009年11月11日。

性有疑问时，对法律或其中有关条款做合宪的认定。

为了讨论问题的方便，笔者本着与上述讨论接轨的精神，比照上述中外学界相近的提法，结合我国实际，将我国法院（通过法官）在“依照法律”规定行使审判权的活动中参照宪法的原则、规定和精神体悟“法律”的规定之本意的心理活动和推理活动过程，称为“合宪法律理解”。为什么将其称为理解而不称之为推定或解释？理由主要有三点：其一，就准确反映阐释法律这个行为的特征而言，由于法院的有关活动本身是一种法律解释方法，所以，核心词用“推定”不如直接用“解释”来得贴切。而与“理解”相比，解释又不如“理解”准确、不如“理解”符合中国情况。这里不能忘记的是，同样是阐释法律的意思，对于欧美国家来说用“解释”一词描叙述很准确，但对中国法学者来说用“理解”一词更符合法制环境。因为，按我国宪法，法院，即使是最高法，也没有法律解释权，只有法院组织法授予了最高法“在审判过程中”就“如何具体应用法律”的问题解释法律的职权。[①] 其二，按我国现行法律，受到严格法律限制的法院解释法律的职权，在我国境内所有法院中也仅仅是最高法一家有权行使，其他法院均无权行使。所以，用“合宪法律解释”和“法律合宪性解释”来描述我国法院的有关活动，不仅不准确，还有间接置法院尤其是最高法之外的法院于不义（越权）的嫌疑。其三，“合宪性推定”也好，“合宪法律解释”“法律合宪性解释”也好，都是法院根据自己对宪法的理解来阐释法律的含义，所以，它们极可能引起误解，触动人们担心、警惕法院解释宪法的那根敏感的神经。

理解宪法、法律与解释宪法、法律有联系更有区别，其中，理解是解释的认识基础，解释是对理解的一种运用方式。在那些各级法院都有权解释法律甚至解释宪法的国家，对法官和法学者阐释宪法、法律的活动可以不做理解与解释的区分，因为解释宪法、法律已经包含了对宪法、法律的理解。但在中国，人们却必须对理解宪法、法律与解释宪法、法律加以严格区分，原因是，理解并不必然导致解释，法院、法官说出或写出自己对宪法、法律的理解也并不意味着他们在解释宪法、法律。在我国的具体制度环境下，法院、法官都必须努力理解宪法、法律，但他们没有解释宪法的职权，也没有欧美法官那种意义上的解释法律的职权。因此，我国学者必须十分小心地将理解宪法、法律与解释宪法、法律区分开来，否则人们将不仅得不到讨

① 《中华人民共和国人民法院组织法》第 33 条。

论法院、法官解释宪法的空间，也将得不到讨论法院理解宪法的空间。①

本文之所以主张法院对其所适用的法规范性文件应有权做合宪法律理解，首先是因为合宪法律理解所涉及的对宪法的理解在性质上属于法院遵守宪法的活动而不是法院适用宪法的活动。法院的合宪法律理解，实际上只能表现为法院（通过法官，下同）在“依照法律”规定行使审判权的过程中本着遵从宪法最高法律效力、奉宪法为根本活动准则、维护宪法尊严、保证宪法实施等要求认识、体悟自己选择适用的法规范性文件的一种心理活动过程及其结果，这种结果反映在对法院所“依照”的“法律”有关条款的理解中，这种理解并不直接构成法院裁判案件的依据，甚至在绝大多数情况下根本不用语言文字表达、根本不反映在法院的裁判文书中。其次，合宪法律理解是宪法的根本法地位在我国法院及其审判活动中得以体现的最重要管道。在法院享有违宪审查权和宪法解释权的国家，宪法的根本法地位在司法领域主要是通过法院在审理案件过程中根据宪法对所适用的法律条款的合宪性进行审查并对审查结果做出宣告等形式实现的。在我国，宪法在审判领域缺少通过这种形式体现自己根本法地位的管道，而合宪法律理解就成了我国宪法在法院审判活动中直接体现自己根本法地位的几乎唯一管道。所以，合宪法律理解的过程，应该是法院本着相关的宪法原则、宪法规则和宪法精神认识、体悟行将适用的法规范性文件的条款，并将这些经过自己头脑理解过的法律条款具体应用到案件裁判活动中去的过程。在这个过程中，法院将宪法的纲领性、原则性规定作为阐释它所适用的法律的价值指引和方向性导引，尊重宪法确认和保护的公民基本权利，不因宪法未制定具体法律落实其保障程序而否定这些基本权利，尊重宪法授予其他国家机关的职权，谨守分际不予侵犯，等等。只有在宪法的指引下理解并应用法律，法院对具体的法律条款的适用才不会走向极端或破坏法律体系的和谐。

法院、法官的合宪法律理解一般不必见诸裁判文书，但必要时可以也应该写进裁判文书，它被写进裁判文书后通常表现为援引宪法进行说理论证的文字，这些文字不会，也不可能演变成法院裁判案件的直接法规范根据。必要时将法院、法官的合宪法律理解写进裁判文书是充分实施我国宪法所必需的措施。这点应该引起法学界、法律界人士的高度重视。

---

① 笔者谨慎地区分理解宪法、法律与解释宪法、法律，最直接的想法，就是为了获得讨论法院理解宪法的学术环境和条件。

三　法院行使审判权所依照的"法律"的范围

前文只是证明了宪法第 126 条中法院"依照法律"规定行使审判权中的"法律"不包括宪法，但没有具体讨论"法律"的内容构成。显然，如果本文不能合理说明宪法的这一条中所说的"法律"是什么，以及与之相对应的现实的法律和可能的法律等等，那么本文就没有完成对于法院"依照法律"规定行使审判权的解说。

一般宪法学教材通常都会指出，根据宪法规定，我国法院行使审判权所能依照的法规范性文件是法律或只能是法律。这样说当然不能算错误，但它却只不过简单化地重复了宪法第 126 条的相关规定，此外没有向人们提供更多的东西。而真正的问题又恰恰在于，宪法这一条所指的"法律"到底是什么，具体由哪些法规范性文件构成。

（一）宪法第 126 条"法律"一词的六种可能的含义

为了较具体地回答上述问题，我们不妨先根据概念外延的不同对宪法第 126 条"法律"一词的多种可能的含义做一番梳理。基于本国实际情况，根据法律概念的内容构成或外延的大小顺序，可以依次将"法律"一词所能够包含的内容概括为以下六种：

第一，最广义的法律（"法律甲"）包括宪法，全国人大制定的基本法律、全国人大常委会制定的基本法律之外的法律、全国人大及其常委会通过的有关法律问题的决定、全国人大常务委员会公布的法律解释（这四种法规范性文件以下统称全国人大及其常委会制定的法规范性文件），行政法规、地方性法规、自治条例、单行条例[①]、部门规章、地方政府规章[②]，以及司

① 行政诉讼法第 52 条规定："人民法院审理行政案件，以法律和行政法规、地方性法规为依据。地方性法规适用于本行政区域内发生的行政案件。人民法院审理民族自治地方的行政案件，并以该民族自治地方的自治条例和单行条例为依据。"按照该法的规定，行政法规、地方性法规、自治条例和单行条例，都可以作为法院审理案件的"依据"。如果作为人民法院审理案件的"依据"的法律与人民法院行使审判权所"依照"的法律属于同一个概念，那么很明显，行政诉讼法是全国人大通过的，按全国人大在这部法律中的规定，行政法规、地方性法规、自治条例、单行条例都是人民法院行使审判权所必须"依照"的"法律"的组成部分。

② 立法法是将规章与地方性法规、自治条例和单行条例放在同一位阶相提并论的，显然是将规章作为法的表现形式（或法源）看待的。这点从该法第 4 章的章标题"地方性法规、自治条例和单行条例、规章"和其中第 2 节的节标题"规章"都可以看出来。

法解释[①]、军事法规和军事规章[②]。

第二，广义的法律（“法律乙”），包括宪法，全国人大及其常委会制定的规范性法律文件，国务院根据宪法和法律制定的行政法规，中央军委根据宪法和法律制定的军事法规。

第三，较广义的法律（“法律丙”），不包括宪法，只包括全国人大及其常委会制定的法规范性文件、国务院根据宪法和法律制定的行政法规[③]、中央军委根据宪法和法律制定的军事法规。

第四，狭义的法律（“法律丁”），也不包括宪法，只包括全国人大及其常委会制定的法规范性文件，国务院根据宪法制定的那部分行政法规，中央军委根据宪法制定的那部分军事法规。

第五，更狭义的法律（“法律戊”），指全国人大及其常委会制定的规范性法律文件。

第六，最狭义的法律（“法律己”），仅仅指全国人大制定的“基本法律”、全国人大常委会制定的除基本法律“以外的其他法律”。

（二）根据宪法文本所能确定的“法律”的范围较狭窄

所谓“法律”的宪法文本含义，就是指单纯就我国现行宪法文本来看，其中第126条“依照法律”规定中“法律”一词包含的真正内容。探寻“法律”的宪法文本含义，必须全盘考虑宪法对“法律”的定位，包括宪法中影响“法律”含义的所有规定，不论直接的规定还是间接的规定。

如果严格按我国宪法的字面含义来理解，“依照法律”规定中的“法律”只包括两种：全国人大根据宪法第62条制定的“基本法律”，全国人大常委会根据宪法第67条由制定的除基本法律“以外的其他法律”。如果严格在纸面上理解，“法律”就只能做最狭义的解释，即解释为前面所说的“法律己”。

---

① 《最高人民法院关于司法解释工作的若干规定》（法发〔1997〕15号）第4条规定：“最高人民法院制定并发布的司法解释，具有法律效力。”姑且不论最高人民法院自行做这样的规定是否合宪合法，我国各级人民法院在行使审判权时似乎都将最高法的司法解释像法律一样加以“依照”，的确是很鲜活的事实。不过，这并不意味着司法解释已经成为“法律”的组成部分。判断司法解释是否是“法律”的构成分子还要参照其他因素。

② 立法法第93条规定：“中央军事委员会根据宪法和法律，制定军事法规。中央军事委员会各总部、军兵种、军区，可以根据法律和中央军事委员会的军事法规、决定、命令，在其权限范围内，制定军事规章。”

③ 根据宪法第89条的，国务院既有权根据宪法制定行政法规，也有权根据法律制定行政法规。按立法法第52条的规定，就其所规定的内容而言，行政法规分成“为执行法律的规定需要制定”的行政法规和为落实“宪法第89条规定的国务院行政管理职权”需要制定的行政法规等两种。

对"法律"的范围做这样严格的解释是很难行得通的。全国人大及其常委会历年通过了许多有关法律问题的决定，这类法规范性文件的名称都不是"法"而是"决定"，但其制定主体、通过程序都是与"基本法律"及除其"以外的其他法律"一样的，处于同一位阶、具有同等效力，从将宪法作为一个整体的角度看，它们不可能不被纳入"法律"的范围。还有法律解释，也面对着与有关法律问题的决定同样的尴尬，所以也应该被纳入"法律"范围，这点是有法律根据的。① 由此看来，"法律"应该包括全国人大及其常委会制定的所有法规范性文件，因此，"法律"只好被理解为更狭义的法律，即"法律戊"。

另外，按照现行宪法的间接规定，法院行使审判权所必须依照的法律中至少还应该包括国务院根据宪法制定的那部分行政法规和宪法未做规定而后来立法法做了规定的由中央军委根据宪法制定的那部分军事法规。因为，宪法第 62 条和第 67 条将监督宪法实施和解释宪法的职权授予了全国人大或其常委会，所以，即使对宪法规定的法院的职权做广义的解释，法院也无权对根据宪法制定的法规范性文件做违宪与否的审查，只能将其作为其行使审判权时的"依照"对象。

我们还应该看到，现行宪法本身对"法律"的范围并没有严格的界定，试图单纯根据宪法文本确认"法律"的范围是徒劳的，即使仅仅在字面上确定也是做不到的。宪法是根本法，而且仅仅只是根本法，所以，人们完全有理由推断：制宪和修宪者当年的本意，或许就是将"法律"的实际范围，留待立法机关根据具体情况确定。

真实的情况是，我国众多的法规范性文件，包括根据法律而非根据宪法制定的那部分行政法规，根据法律而非根据宪法制定的那部分军事法规，以及地方性法规、自治条例、单行条例、部门规章、地方政府规章、军事规章、司法解释等等，是否应该被纳入"法律"的范围，主要是由全国人大及其常委会在立法过程中决定的。

（三）全国人大及其常委会对"法律"范围的能动影响及其可能区间

宪法第 126 条中"法律"的范围或构成要素，在很大程度上是由全国人大及其常委会的立法决定的。对"法律"的内容构成影响最大的，是全国人大及其常委会对宪法和人大制度的理解，尤其是其对法院性质及法院与其他

① 立法法第 47 条规定：全国人民代表大会常务委员会的法律解释同法律具有同等效力。

国家机关关系的理解。

迄今为止，从立法上看，全国人大及其常委会对法院与其他国家机关的关系的理解似乎过多地受到了传统的行政位阶本位制的影响，同时还有对法院作为行使裁判权的专门机关的性质和功能认识显得不很充分的问题。人们较难理解的是，不少可以由法院尤其是最高法依照狭义的法律（“法律丁”）在合宪的前提下进行审理的案件的管辖权，都通过立法交给了全国人大及其常委会或其下级的地方国家权力机关。笔者以为，立法法和《各级人民代表大会常务委员会监督法》（以下简称“监督法”）中一部分条款规定的内容，完全可以按照涉及法律抽象审查和解释的职权由有关国家权力机关行使，涉及法律具体审查和具体解释的职权由相关国家机关的上级行政区域的法院或最高法结合自己所审理的案件进行附随性审查的方式处理。以下是可以按照这种原则对有关法律分配国家机关职权的模式进行微调，从而减少宪法第126条中“法律”的构成要素而又符合宪法的几个实例。

例一，立法法第86条规定的部分内容。该法第66条规定：地方性法规、规章之间不一致时，由有关机关依照下列规定的权限作出裁决；同一机关制定的新的一般规定与旧的特别规定不一致时，由制定机关裁决；地方性法规与部门规章之间对同一事项的规定不一致，不能确定如何适用时，由国务院提出意见，国务院认为应当适用部门规章的，应当提请全国人大常委会裁决；部门规章之间、部门规章与地方政府规章之间对同一事项的规定不一致时，由国务院裁决；根据授权制定的法规与法律规定不一致，不能确定如何适用时，由全国人大常委会裁决。

以上所说的“裁决”涉及的争议，如果是在法院适用法律裁判案件的过程中发生的，完全可以甚至应该由最高法裁决，这种裁决涉及的法律解释是具体解释，它并不代替更没有侵犯全国人大常委会对法律进行抽象解释的职权。

例二，立法法第90条规定的部分内容。该法第99条规定：国务院、中央军委、最高法、最高检和各省、自治区、直辖市的人大常委会以外的其他国家机关和社会团体、企业事业组织以及公民认为行政法规、地方性法规、自治条例和单行条例同法律相抵触的，可以向全国人大常委会书面提出进行审查的建议，由常委会工作机构进行研究，必要时，送有关的专门委员会进行审查、提出意见。

这里，对根据法律而非根据宪法制定的那部分行政法规，以及地方性法规、自治条例和单行条例有关条款的合法性进行的审查，如果是在法院适用法律裁判案件的过程中发生的，也完全可以由最高法结合具体案件的审理以附随性审查的方式进行，道理同上例。

例三，监督法第30条规定的部分内容。该法的这一条规定：县级以上地方各级人大常委会对下一级人大及其常委会作出的决议、决定和本级人民政府发布的决定、命令，经审查，认为有下列不适当的情形之一的，有权予以撤销：超越法定权限，限制或者剥夺公民、法人和其他组织的合法权利，或者增加公民、法人和其他组织的义务的；同法律、法规规定相抵触的。

这里，相应的争议如果是在法院适用法律裁判案件的过程中发生的，按照与上例相同的道理，有关地方国家机关的上一级行政区域的法院或最高法，应该也是可以行使附随性审查和撤销权的，不必劳动工作任务十分繁重的全国人大常委会。

例四，监督法第32条规定的部分内容。该法的这一条规定：国务院、中央军委和省、自治区、直辖市的人大常委会以外的其他国家机关和社会团体、企业事业组织以及公民认为最高检作出的具体应用法律的解释同法律规定相抵触的，可以向全国人大常委会书面提出进行审查的建议，由常委会工作机构进行研究，必要时，送有关专门委员会进行审查、提出意见，等等。

按照与以上诸例相同的道理，如果相应的争议发生在法院适用法律裁判案件的过程中，最高法也应该有权进行附随性审查和解释，不必让工作任务本来已十分繁重的全国人大常委会劳神费力。

为什么有关立法将一些完全可以由法院行使的职权不加区分地完全授予了国家权力机关或行政机关呢？人们最方便的理解就是：立法者对法院作为专门裁判机关的性质和地位的重视程度还不够，以至不甚恰当地认为最高法或其他法院即使对下一级甚至更下一级的其他国家机关通过的法规范性文件，也不可以行使合法性审查权和相应的宣告权；立法者比较多地受到了行政级别本位主义观念的影响，习惯于将县级法院看成普通的副处级单位，将省、自治区、直辖市高院看成普通副省级单位，余类推。因此，立法机关难免认为法院在任何情况下不应审查和裁决“级别”高于或相同于本法院的其他国家机关通过的法规范性文件的合法性。到底是不是这样，还有其他什么原因，法律界法学界应该进行检讨和探讨。

现在该到直接回答全国人大及其常委会立法何以会对宪法第126条中“法律”的范围或构成要素产生重大能动性影响的时候了。可以说，凡是具有以下特征的法规范性文件，就都是法院行使审判权时事实上不能不“依照”的“法律”：最高法及其下级法院不能不适用而又无权对之进行合法性审查、无权根据自主的判断拒绝适用其中不合法条款的法规范性文件，最高法及其下级法院不能不适用而又无权对其援引与否进行自主性选择的法规范性文件。按照这个标准，全国人大及其常委会的立法不允许最高法依狭义的法律（“法律丁”）对之进行合法性审查和拒绝适用的法规范性文件越多，宪法第126条中“法律”的范围就越广大，反之则“法律”的范围越狭小。

（四）在现行法律体系中法院实际依照的“法律”的范围

从广义上看，我国的法规范性文件种类较多，包括宪法、全国人大及其常委会制定的法规范性文件、行政法规、地方性法规、自治条例、单行条例、规章、军事法规、军事规章、司法解释。

宪法第126条中的“法律”到底包括哪些法规范性文件，宪法本身固然做了一些硬性的规定，但总体看来仍然是难以把握的问题。可以被认为是我国宪法的硬性规定的内容是：宪法第126条中的“法律”不包括宪法，[①] 只包括全国人大及其常委会制定的法律、有关法律问题的决定和法律解释。因为，不言而喻，全国人大及其常委会制定的法律是宪法第126条中的“法律”的主干部分，而有关法律问题的决定和法律解释同法律一样，都是最高国家权力机关制定的，具有同等的法律效力，显然也同样属于法律的范围。

但是，行政法规、地方性法规、自治条例、单行条例、规章这些宪法有规定的法规范性文件和军事法规、军事规章、司法解释这些宪法没有规定的法规范性文件，在不在宪法第126条特指的“法律”的范围内？或者其中哪些在“法律”的范围内、哪些不在“法律”的范围内？判断某种法规范性文件是否在“法律”范围内的标准是什么？现行宪法本身并没有直接回答这些问题。

按照现行宪法的规定辨明这些问题，搞清楚在全国人大及其常委会制定的法规范性文件之下的那些法规范性文件中，哪些属于法院行使审判权须依照的法律的范围，哪些不在这个范围内，对于我国理顺法院与宪法、法院与

① 对这一点，前文已用了很大篇幅予以证明，此处恕不赘述。

其他国家机关之间的职权关系，形成和谐的宪法秩序极为重要，法学者不能不为回答这些问题下一番功夫。

判断某种法规范性文件是否属于宪法第126条特指的“法律”的范围，人们可以确立三项标准并综合地运用这三项标准来作出判断。这三项标准是：

第一，判断最高国家权力机关创制的法规范性文件是否属于“法律”构成部分的宪法标准（标准一）。某种法规范性文件是否法院裁判案件所必须依照的法律，首先要看宪法是否对此有规定。被宪法称为“法律”的法规范性文件皆属于宪法第126条所指的“法律”的构成部分，未被宪法称为“法律”的法规范性文件则不在这“法律”的范围内。但是，人们根据宪法文本确定“法律”的构成要素，不仅要看宪法是否直接将某种法规范性文件称为“法律”，还要根据宪法的原理和原则来确定一些同类但相对次要的法规范性文件的归属。

第二，判断最高国家权力机关之外的主体创制的法规范性文件是否属于“法律”的审判标准（标准二）。最高国家权力机关之外的主体创设的法规范性文件包括行政法规、地方性法规、自治条例、单行条例、规章，以及司法解释、军事法规和军事规章等数种。某种法规范性文件的援引及其作为裁判案件根据之运用是否可以由最高法发布规范性文件进行限制，是判断该种法规范性文件是否属于法律范围的另一重要指标。“法律”体现的意志是高于审判机关意愿的，因此，某种法规范性文件的地位和作用如果可被最高法发布文件加以限制，说明该种法规范性文件并没有进入“法律”的范围。反之，最高法如果对某种法规范性文件只能予以适用，又不能自主地对它的适用附加限制条件，那就表明该种法规范性文件在法院行使职权的过程中已经进入了“法律”的范围，成了法院行使审判权时无条件“依照”的对象。同时，如果最高法可以按自己的理解方式自主处置某种法规范性文件已经行之有年或最高法按相关法律的规定完成了报备等接受监督的程序，而最高国家权力机关又没有对最高法的相应处置表示不同意见，则表明法院处置该种法规范性文件的方式的合宪性和合法性已获认可。

第三，判断最高国家权力机关之外的主体创设的法规范性文件是否属于“法律”的事实标准（标准三）。某种法规范性文件是否事实上可被最高法以其违反法律为由拒不适用其中的相关条款，是人们可据以判断其是否具有"法律"地位的又一重要指标。如果最高法有权对该项法规进行合法性审查并以违反法律为由拒不适用相关条款，该规范性文件就不属于"法律"的范围，反之则属于"法律"的范围。因为，如果一种法规范性文件在法院取得了与全国人大及其常委会制定的规范性法文件同样的效力（尽管仅仅在法院面前是这样），那么这两者在法院层面就当然是具有质的同一性的东西。

宪法第 126 条虽然规定法院"依照法律"规定行使审判权，但到底什么是法律或法律包括哪些内容，并不是一个常数，而是一个在很大程度上取决于最高国家权力机关如何具体立法和如何具体解释法律的变数。这里先看看我国实际依照的"法律"的范围。采用前述三条判断标准，反观我国运作中的现行法律体制，"法律"的实际范围可根据以下几个方面的衡量结果综合认定。

按照上述"标准一"，我们可得出三点结论：其一，宪法文本所说的宪法就是宪法，宪法文本所说的法律就是法律，没有理由也没有根据将宪法第 126 条中"依照法律规定"中的"法律"解说为"法律+宪法"其二，宪法本身要求法院遵守宪法，但并没有给法院"依照"宪法规定行使裁判案件的授权，因此，宪法本身不是"法律"的组成部分，不属于宪法第 126 条中"法律"的范围。其三，宪法第 126 条规定法院依照"法律"规定行使审判权，但在我国宪法列举过的全部法规范性文件中，只有按宪法第 62 条由全国人大制定的"基本法律"和按宪法第 67 条由全国人大常委会制定的除"基本法律""以外的其他法律"直接被称之为"法律"，因此，这两种法规范性文件必然构成宪法第 126 条所说的"法律"的主干或主体。同时，由于最高国家权力机关做出的有关法律问题的决定本身是法律的一种表现形式，而它所做的法律解释也"同法律具有等效力"（立法法第 47 条），因此，有关法律问题的决定和法律解释必然是"法律"不可分割的组成部分。

按照上述"标准二"，在最高国家权力机关之外的主体创制的各种法规范性文件中，部门规章、地方政府规章、军事规章和司法解释，都不属于"法律"的范围。我国各级法院十多年来一直贯彻着最高法这样的规定："国务院各部委发布的命令、指示和规章，各县、市人民代表大会通过和发布的决定、决议，地方各级人民政府发布的决定、命令和规章，凡与宪法、法律、行政法规不相抵触的，可在办案时参照执行，但不要引用。最高人民法院提出的贯彻执行各种法律的意见以及批复等，应该贯彻执行，但也不宜直接引用。”[①] 这里没有提及军事规章，但无疑军事规章的法律地位应该与部门规章相当，宜等同视之。既然包括部门规章、地方政府规章在内的这些法规范性文件都不是法院“依照”的对象，只是“可在办案时参照执行”，且被附加不要引用、不宜引用等限制条件，显然在法院里它们都不属于其行使审判权时所必须依照的“法律”。最高法的这些制度化安排已经二十多年了，全国人大常委会及其相关机构对之十分了解，从未表示过异议，应该可以理解为已予认可。

第四，按照“标准三”，行政法规、地方性法规、自治条例、单行条例和军事法规实际上都是“法律”的组成部分。与最高国家权力机关创制的法规范性文件相比，行政法规、地方性法规、自治条例、单行条例和军事法规虽然法律位阶较低，其法律效力在归根结底的意义上[②] 也低一档，但它们在法院面前的法律效力与前者却是同等的。因为，按立法法第 90 条的规定，即使最高人民法院认为行政法规、地方性法规、自治条例和单行条例同法律相抵触，也只能向全国人大常委会书面提出进行审查的要求，不能自行对其进行合法性审查和做不合法宣告。

立法法第 90 条的规定表明，行政法规、地方性法规、自治条例、单行条例和军事法规不论合法与否，法院都不能不在行使审判权的过程中适用这些法规范性文件，在法院行使审判权的过程中它们的地位和效力与最高国家权力机关创制的法规范性文件几乎没有任何区别。这样的制度安排造成的一个直接后果是，行政法规、地方性法规、自治条例、单行条例和军事法规等虽然只是狭义的法律（“法律丁”）的下位法文件，但它们不仅与狭义的法律一样，事实上成了宪法第 126 条特指的“法律”的组成部分，而且还在法律生活中得以优先于狭义的法律获得司法适用的机会。这是因为，“当上下位法发生冲突时，在缺乏规范审查权的制度环境中，法官自然倾向于下位法，理论上也只能选择下位法”。[③] 当然，在有些时候或地方，当行政法规、地方性法规等下位法规范性文件的规定与最高国家权力机关创制的法规范性文

---

① 《最高人民法院于关于人民法院制作法律文书如何引用法律规范性文件的批复》，1986 年 10 月 28 日。

② 即这些法规范性文件只有在其被全国人大常委会做合法性审查的时候，它们的效力低于最高国家权力机关创设的法规范性文件的情况才能显示出来。

③ 尽管“这必然使法律位阶制度失灵，并对法治构成严重冲击”。周永坤：《论规范效力冲突与法律选择》，《法商研究》，2001 年第 4 期。

件的规定发生冲突时，法院避开前者直接适用后者的情况各地都是有一些的，但严格地说，法院这样做没有宪法的和法律的根据，只能藏藏掖掖地进行，且只能寄望于国务院和省、自治区、直辖市等地的地方国家权力机关能予以容忍，因而不能算是制度性安排，况且也并不是总能行得通。①

概括地说，在我国目前的法律体制中，宪法第126条特指的“法律”实际上包含了以下三个层次的法规范性文件：法律、有关法律问题的决定、法律解释；行政法规、军事法规；地方性法规、自治条例、单行条例。

在宪法第126条的意义上说，这些法规范性文件就是我国目前事实上的法律。

（五）应通过在宪法架构内的改革来确认“法律”的最优范围

在坚持人大制度和民主集中制的前提下探讨法院行使审判权所依照的“法律”的范围的最优化，可以预设一个很大的课题，需要论及现行宪法的修改，也可以定一个较小的课题，只在不超越现行宪法的各项规定的框架内进行。限于篇幅和主题，本文对此仅在现行宪法的框架内表达一点看法。

如何确定“法律”的范围，直接关乎人大制度下各级各类国家机关之间职权的分配或再分配。“法律”的范围越大，包含的法规范性文件的种类越多，法院无权对之进行合法性审查的法规范性文件就会越多，法院行使职权受到的限制也会越大，反之亦然。另外，从相对静止的观点看，一国国家机构的职权总量是一个常数，因此，其中任何一个国家机关职权的扩展，都必然相应压缩其他国家机关的职权范围。实现“法律”范围的最优化，不是简单地扩充法院职权或压缩法院职权的问题，而是如何实现国家权力在整个国家机构体系内均衡分配的问题。

宪法第126条中“法律”的最优范围，应该是狭义的法律即前文所说的“法律丁”，它只包括全国人大及其常委会通过和公布的法规范性文件，国务院根据宪法制定的那部分行政法规和中央军委根据宪法制定的那部分军事法规（不包括国务院根据法律制定的那些行政法规和中央军委根据法律制定的那些军事法规）。这样认定“法律”范围的主要理由或优点是：

① 以省人大常委会的地方性法规为例，当其某项规定与最高国家权力机关制定的法律的规定相抵触时，如果法院撇开地方性法规直接依照法律的规定裁判有关案件，其行为的合法性显然会受到败诉一方相当有根据的质疑：法院为什么不按立法法第90条的规定，通过最高法书面提请全国人大常委会进行审查和裁决？法院凭什么自行裁决？这样做是不是越权？如果这样做损害地方利益，有关的地方国家权力机关对本级和下级法院可以施加的压力之大，更是不难想象。

第一，这样安排较准确反映了现行宪法关于"法律"的范围的本意。从宪法文本看，只有全国人大制定的"基本法律"、全国人大常委会制定的基本法律"之外的法律"，才是现行宪法直接规定的，与其第126条中"法律"完全等值的法规范性文件。全国人大及其常委会通过的有关法律问题的决定、全国人大常务委员会公布的法律解释在制定主体、法律效力方面与被宪法称为"法律"的法规范性文件完全相同，纳入"法律"的范围顺理成章。

第二，"法律"以全国人大及其常委会制定的法规范性文件为中心，范围仅做了最必要的扩展。"法律"这个词语，在汉语中有其相对稳定的含义，按各国解释宪法的惯例，不宜对之做过于扩大的解释。此处对法律范围的确定，仅仅将法院行使审判权时无权审查其是否违背制定根据因而绝对无权不"依照"的那部分行政法规和军事法规归于了"法律"范围，符合宪法的间接规定，符合建设法治国家的实际需要，有助于改变那种在立法上将"法律"概念的外延做违背宪法理论的过度延伸的做法。①

这里需要说明的是，对于最高法院而言，国务院根据宪法制定的行政法规与根据法律制定的行政法规是有重大区别的。因为，不论是现行宪法文本、宪理，还是民主集中制原则，都并不必然像立法法等某些现行法律那样排斥最高法院对国务院根据法律制定的行政法规进行合法性审查；但是，基于同样的宪法文本、宪理和原则，最高法院绝对无权对国务院根据宪法制定的那部分行政法规进行合宪性审查，因为，最高法院没有监督宪法实施的职权，不能对根据宪法制定的行政法规进行违宪审查。最高法院与中央军委依据宪法制定的那部分军事法规的关系，与此相同。

第三，适应了在市场经济条件下建设法治国家的现实需要。现行宪法是在实行计划经济体制和尚未确立法治原则的历史条件下形成的，不可避免地带有时代的局限性。这种局限性在国家机关职权配置方面的表现，就是行政权力过于强大和很少受制约，而审判权则受制约过多，审判权的地位和作用被放置偏低。缩减法院行使审判权必须依照的法规范性文件的范围，使法院得以结合具体案件的审理，对根据法律制定的行政法规及其以下位阶的法规范性文件的合法性进行附随性审查，有助于改善审判权的地位和作用在我国法律体制下被放置偏低的格局。

---

① 这种做法的常见表现，是有过多位阶低于行政法规的法规范性文件法院只能适用，无权对其做合法性审查、无权因其不合法而拒不适用，或无权对其适用条件进行自主限制。

如果这样确定“法律”范围的努力能得到法律界和法学界广泛的认同，那么，通过缩减法院行使审判权必须依照的法规范性文件的范围来改善审判机关和审判权的法律地位，就应该是值得今后参与法律制定和修改的人们充分注意的一种价值指向。

四　结语：学术上应充分讨论制度上宜有所遵循

如何理解宪法第126条关于法院“依照法律规定”行使审判权的规定，处置好法院与宪法的关系，已经成为我国宪法的实施领域最前沿的课题。这个课题法学界事实上讨论很久了，只不过此前主要是在所谓宪法的司法适用的架构下展开的。但是，迄今法学界在这个方面显然还没有取得明显的共识，需要进行更充分更自由的讨论乃至争鸣。这种讨论对我国宪法实施有百利而无一害，任何机构和个人都没必要对其可能涉及的方面过分担心。任何制度性安排都需要坚实的学理基础，但坚实的学理基础只有通过充分、自由的讨论才能形成。

我国法院在依照法律规定行使审判权的过程中虽谈不上“依照”宪法行使审判权，但却必须遵守宪法，必要时援引宪法是法院严格遵守宪法进而充分实施宪法所必不可少的作为。法院在行使审判权的过程中要完全回避援引宪法的问题是不现实、不可能的。所以，宪法监督机关和最高法在这个问题上迟早得做出相应的制度化安排，以便各级法院和法官在一旦面对这样的案件时可以有所遵循。就宪法监督机关和最高法来说，放任各级法院和法官任意援引宪法固然肯定是不行的，但不做必要学理论述就“一刀切”不准法院和法官援引宪法，则不仅显得主事者无能，也不利于宪法的充分实施。

从根本上说，处置好法院与宪法的关系，包括根据现行宪法的文本和精神处置好宪法的遵守性援引问题，有赖于培养大批既懂部门法又真正懂宪法的高素质法官。往深层次考虑，理顺法院与宪法的关系，还需要继续探寻实现“法律”范围最优化的国家机关职权配置格局，这方面的工作只能通过进一步推进政治体制改革和修改立法法等法律的方式来完成。

（本文原载于《中国法学》2009年第6期）

十字路口的中国司法改革：反思与前瞻

左卫民*

迄今为止，中国的改革开放已有 30 年。在这一时刻，有必要回顾与反思中国的司法改革，前瞻其未来。

一

（一）中国司法改革的既往成就

如果说当代中国法治肇始于 20 世纪 70 年代末的话，那么中国司法改革的真正起步则可以追溯于 20 世纪 90 年代。回顾十多年的改革历程，不难发现中国的司法改革已取得突出成就，这尤其表现在司法人员的职业化、司法程序的制度化、司法功能的扩大、司法独立的增强等方面。

第一，司法人员的职业化。改革之初，司法人员的法律素养与司法能力一直为学界所诟病。在司法改革的推动下，司法人员的职业化成为了司法制度建设的中心之一，尤其是法官法、检察官法的修订与统一司法考试制度的建立，大大地提高了法官与检察官的职业准入标准。经过多年努力，中国司法人员的职业化取得了较为显著的成就，法官与检察官的专业素养有了明显

* 左卫民，四川大学法学院教授。

的提高。①

第二，司法程序的制度化。一方面，通过大规模立法，一些具有现代性的司法程序得以制度化。以刑事司法程序为例，1996年的刑事诉讼法就在诸多方面顺应刑事诉讼制度发展的世界性趋势，而且根据其实施中存在的问题，再次修改《刑事诉讼法》的事宜已经列入人大议事日程。另一方面，最高人民法院、最高人民检察院和公安部相继发布了一系列的司法解释和规章制度以规范司法程序的运作，如制定《民事诉讼证据规则》与《行政诉讼证据规则》。

第三，司法功能的扩大。其一，司法机关在中国纠纷解决系统中的地位与功能有所提高。这主要表现为司法机关的受案范围逐渐扩大，一些过去法院不受理的纠纷逐渐纳入了法院的受理范围，特别是随着社会与经济发展而出现的一些新型纠纷也常被受理。② 与此相关，司法机关解决纠纷的数量也呈上升趋势。③ 其二，司法机关的延伸性功能，尤其是权力制衡功能逐

---

① 1983年6月，时任最高人民法院院长的江华描述四川的法官队伍情况是，“法院干部中，党团员占84%……政法院系的大专毕业生仅498人，占4.6%，而小学以下程度占15%，其中还有相当数量是文盲和半文盲。”江华：《江华司法文集》，人民法院出版社，1989年，第307页。有资料表明，截至20世纪90年代中期，在全国范围内，没有达到法律大专程度的法官仍然大约有近一半。周敦和：《从“重视教育、重视人才”谈法官教育、培训问题》，《人民法院报》，1994年5月12日。进入21世纪以后，法官与检察官的学历提高的幅度更大，2004年全国法官的学历水平大专以上的已有90%。2005年，全国法官中具有大学本科以上学历的，从1万余人增至9万余人，占法官总数的比例从6. 9%提高到51. 6%。全国检察官中具有大学本科以上学历的，从12724人增加到77686人；具有硕士研究生以上学历的，从216人增加到4690人。吴兢：《我国法官检察官整体素质不断提高》，《人民日报》，2005年7月17日。还有资料显示，2005年，法官、检察官中具有大学本科以上学历的比例分别达到60.8%和63.2%，比法官法和检察官法实施以前提高了53个百分点和46个百分点。

② 实务部门的调研报告显示，当前法院除了受理一些传统的财产与人身民事纠纷之外，以下的一些纠纷也常常被诉至法院：劳动、人事争议案件、村委会委员与村委会的报酬纠纷、农村集体收益的分配纠纷、拆迁纠纷、返还特定财产的纠纷、体育比赛中的伤害纠纷、业主委员会的诉讼地位、“三学”（学籍、学历、学位）行政案件、教育与培训合同纠纷、“性福权”赔偿之诉、关于性骚扰之诉、执行程序转化为破产程序时执行与立案的协之诉、交通事故人身损害之诉前保全及担审查、执行程序中的司法鉴定评估赔偿之诉、信访之诉、公证赔偿之诉、关联主体之诉、确认执行和解协议效力之诉。刘天运、王建设：《新型疑难案件受理若干问题的调研报告》，载 www. zwmscp. com / list. asp ？ unid=6794。

③ 以民事案件为例，2005年的5中国统计年鉴6显示，自1993年以来，我国人民法院审理的民事案件逐年上升，具体如下：1993年为2089257件、1994年为2383764件、1995年为2718533件、1996年为3093995件、1997年为3277572件、1998年为3375069件、1999年为3519244件、2000年为3412259件、2001年为3459025件、2002年为4420123件、2003年为4410236件、2004年为4332727件。2006年《最高人民法院的工作报告》显示，2005年全国地方各级人民法院审理的民事案件为4360184件，2007年《最高人民法院的工作报告》披露，2006年全国人民法院审理的民事案件为4382407件。

步扩大，这集中体现在行政诉讼的发展上。有资料表明，法院行政诉讼案件的受案数量逐年增多[①]，作为当事人的行政机关的败诉率也逐渐升高，这显示了司法机关权力制衡功能的增强。[②]

第四，司法独立性的增强。一方面，在司法机关内部权力结构方面，法官与检察官的独立性较以前有所增强。以法院为例，合议庭的案件审理与决断功能得到了强化，审判委员会的职能与工作机制不断调整，一种更符合司法规律的法院内部权力结构正在成长。另一方面，在司法机关其他国家权力机关的外部关系上，经过多年努力，法院与检察院在某种程度上摆脱了作为其附属的尴尬地位，独立性与改革之前不可同日而语。[③]

（二）中国司法改革的主要推动力

纵观中国司法改革的风雨历程，可以说，司法改革所取得的成就与学术界、实务界以及决策层的积极参与和推动密切相关，三者的活动构成了中国司法改革的主要推动力。

第一，学术界的倡导。早在20世纪80年代末90年代初，学界的一些有识之士就已开始倡导司法改革，[④] 这一时期论者的主要议题是经济审判方

① 据统计，行政诉讼法自1990年10月1日实施以来，人民法院审理的行政案件平均每年保持两位数的增长。1992年受案不足3万件，至1999年全国共受理行政案件57.5万件，2001年达到102620件，突破10万。案件的种类由原来主要只有公安、土地、林业等几种，增加到50多个种类，几乎覆盖所有行政管理领域。《“民告官”突围》，《中国改革·农村版》，2004第12期最高人民法院2004年至2007年的工作报告显示，2003年至2006年全国人民法院年审结的行政诉讼案件均在95000件左右，具体如下：2003年为114896件、2004年为92192件、2005年为95707件、2006年为95052件。

② 据统计，2003年，全国各地法院审结行政诉讼案件114896件，胜诉率为30%。到2004年，我国共受理“民告官”案9113万件，平均每年6.8万件，胜诉率为31.28%。在行政诉讼案件大幅度增长的情况下，政府部门败诉率高是一个普遍特点。通常有30%～40%的败诉率。而在一些基层法院，政府部门的败诉率甚至高达50%以上。南方网，《寻求司法独立：中国“民告官”胜诉率解读》，www.southcn.com/law/flpl/200404190051.html。

③ 例如，法院与检察院不再参加政府部门的行风评议活动；司法机关在与人大的关系上，沸腾一时的个案监督在实践中最终被基本否定。

④ 相关文献可参阅黄明利：《司法改革问题之我见》，《政法论坛》，1985第1期；孙谷源：《经济审判方式改革初议》，《人民司法》，1989第8期；柴发邦：《体制改革与完善诉讼制度》，中国人民公安大学出版社，1991年，等等。

式改革、对抗式制度的引进以及刑事诉讼法的修改等。① 到90年代中后期，直至20世纪初，随着审判方式改革的深入、1996年刑事诉讼法的修改以及党的十五大报告明确提出司法改革，进一步深化包括审判方式改革在内的司法改革的呼声达到高潮。倡导司法改革学者的学术研究背景也日趋多样化，先是法理学与诉讼法学的学者，② 逐渐地刑法、民商法等其他部门法的学者也相继投入其中，③ 甚至一些政治学的学者也开始讨论司法改革的问题。④ 在此期间，一些学术机构通过出版学术著作与组织学术讨论会的形式，对司法理论与司法改革理论也做出了贡献。⑤

学界的诸多讨论对司法改革的展开起到了推动作用，如学界针对1979年刑事诉讼法的反思与检讨，就对1996年修改刑事诉讼法起到了重要的理论指引作用；关于"复员军人进法院"的论争，引起人们对中国法官素质与司法职业化的思考，间接促成了2002年开始的统一司法考试；⑥ 关于"审判

① 如围绕民事与经济审判方式改革的讨论有辜汉福：《市场经济与经济审判方式改革》，《法学》，1993年第10期；王亚新：《论民事、经济审判方式的改革》，《中国社会科学》，1994第1期；王怀安：《论审判方式的改革》，《人民司法》，1994年第10期，等等；围绕对抗式制度的讨论有贺卫方：《对抗制与中国法官》，《法学研究》，1995年第4期；苏力：《关于对抗制的几点法理学和社会学思考》，《法学研究》，1995年第4期；龙宗智：《"抗辩式"诉讼利弊谈》，《人民检察》，1995年第10期，等等；围绕刑诉法修改的讨论有陈光中：《市场经济与刑事诉讼法学的展望》，《中国法学》，1993年第5期；樊崇义：《刑事审判程序的修改和完善》，《政法政坛》，1994年第4期；李文健：《我国刑事诉讼法的修改与审判方式的改革》，《法律科学》，1994年第6期；左卫民：《价值与结构——刑事程序的双重分析》，四川大学出版社，1994年，等等。

② 法理学的文献如贺卫方：《中国司法管理制度的两个问题》，《中国社会科学》，1997年第6期；苏力：《论法院的审判职能与行政管理》，《中外法学》，1999年第5期；信春鹰、李林：《依法治国与司法改革》，中国法制出版社，1999年，等等；诉讼法学界的讨论如景汉朝、卢子娟：《经济审判方式改革若干问题研究》，《法学研究》，1997年第5期；范愉：《世界司法改革的潮流、趋势与中国的民事审判方式改革》，《法学家》，1998年第2期；谭世贵：《我国司法改革研究》，《现代法学》，1998年第5期；江平、陈桂明：《民事审判方式改革与发展》，中国法制出版社，1998年；陈光中：《刑事司法国际准则与中国刑事司法改革》，载陈光中、江伟：《诉讼法论丛》(第3卷)，法律出版社，1999年；张卫平：《论我国法院体制的非行政化——法院体制改革的一种基本思路》，《法商研究》，2000年第3期，等等。

③ 刑法学界的如赵秉志：《略谈刑事司法改革的意义和原则》，《法学家》，1998年第2期；陈兴良：《诉讼结构的重塑与司法体制的改革》，《人民检察》，1999年第1期，等等；民法学界的如王利明：《司法改革研究》，法律出版社，2000年；梁慧星：《关于司法改革的十三项建议》，《法律科学》，2003年第5期，等等。

④ 如程竹汝：《司法改革：建构中国政治发展的张力结构》，《政治与法律》，2000年第3期，等等。

⑤ 比如，北京大学法学院司法研究中心组织出版了一套名为《司法文丛》的系列学术丛书；中南财经政法大学法学院组织召开了"法官培训与法官职业国际研讨会"；《法学研究》编辑部组织了"民事审判制度改革研讨会"，等等。

⑥ 如贺卫方：《复转军人进法院》，《南方周末》，1998年1月2日，等等。

委员会的利弊”的争论，引发了关于法院内部权力结构的思考与改革；[①] 诸如此类，不一而足。2003 年以来，由于党的十六大明确提出了司法改革的目标与任务，学界的改革热情进一步高涨。一方面，学界似乎已不满足于司法制度点与面的“零碎性改革”，改革的话语诉求直指司法制度的一些根本的问题，如司法权力结构配置性、司法体制与政治体制的关系等。另一方面，学界关于司法改革的话语策略也发生了转变，一改以往理论评说的“被动方式”，而是采取直接向权力决策部门提出司法改革建议的形式来推动改革。[②]

值得注意的是，在学界对司法改革的倡导与呼唤逐渐升温的过程中，一些学者的司法改革主张也逐渐变得多样，思考也更为细致。如有学者关注法锤、法袍等一些关于司法制度权威与象征的问题。[③]

第二，实务界的努力。与学界的“主动出击”不同，实务界的动作更多属于一种“被动式应对”。在中国司法改革中有着重要影响的民事审判方式改革就是对此的最佳阐释。在民事审判方式改革之前，由于法院的案件数量较少，法官可以积极地运用职权深入地参与案件的审理；而且在传统实事求是的诉讼理念之下，法官的职权调查也被肯定与提倡，认为是“人民司法”的优良传统的体现。但是，随着市场交易活动的频繁与公众权利意识的勃兴，法院受案数量大幅增长，而法官数量却又没有相应地增加。这样，一种为了缓解法院案件负担的策略顺势而出——由当事人举证，法官听审。这被认为是民事审判方式改革的最初肇始。[④]

此种由当事人举证，法官听审的方式带来了新的问题，即法官如何把握由当事人提出的证据。于是，进一步地又提出了庭审方式的改革：由双方当事人互相质证，法官根据质证的情况进行判决。此种改革又引出了这样的思考：既然法官要根据当事人的质证情况当庭认证，那么法官就应该当庭宣判。这就直接触及中国审判制度中法官与合议庭权力分配的核心问题，由此

---

① 如贺卫方：《关于审判委员会的几点评论》，载《北大法律评论》（第 1 卷第 2 辑），法律出版社，1999 年；陈瑞华：《正义的误区——评法院审判委员会制度》，载《北大法律评论》（第 1 卷第 2 辑），法律出版社，1999 年，等等。

② 如四川大学中国司法改革研究中心起草了“中国司法改革学者意见书”，并呈交最高司法机关。赵凌：《司法酝酿重大变革》，《南方周末》，2003 年 8 月 14 日。

③ 相关文献可参阅张志铭：《司法改革中的形变与神变》，《人民法院报》，2002 年 6 月 28 日；强世功：《司法的仪式与法官的尊严》，《法制日报》，2000 年 3 月 23 日；刘俊武：《通过仪式彰显正义》，《中国青年报》，2001 年 12 月 19 日。

④ 景汉朝、卢子娟：《经济审判方式改革若干问题研究》，《法学研究》，1997 年第 5 期。

先前的庭审方式的改革过渡到了更为深层的审判方式改革，即法院内部权力结构的调整问题。显而易见，庭审方式的改革并不足以解决此间的权力配置问题，而审判方式改革要进行下去，就必须对原有的一系列基本原则与制度进行调整。由此可见，这一系列改革的展开是实务界需求的一种被动性递序反应。景汉朝与卢子娟将此进程归纳为“强调当事人举证责任——庭审方式改革——审判方式改革——审判制度改革——诉讼制度改革——司法制度改革”[①]。

在审判方式改革的推动下，实务部门的改革努力逐步从一些技术性的修改发展到更为宏观与更为关键的问题上，甚至如何塑造新时期司法理念与司法权威的问题也被提上了议事日程。[②] 进而，在学界的影响与自身需求的刺激下，实务部门的改革范围更进一步地扩展，即从局部扩展到全局——从法院系统的最先改革，扩展到检察院乃至公安系统的改革。[③]

第三，官方（中央）的决策。在中国司法改革的进程中，官方的决策不仅是推动改革的重要动力，也是关系改革方向与具体效果的决定性力量。1997年，党的十五大报告指出：“推进司法改革，从制度上保证司法机关依法独立公正地行使审判权和检察权，建立冤案、错案责任追究制度。加强执法和司法队伍建设。”这是官方首次明确提出司法改革的主张。2002年，党的十六大报告进一步明确要“推进司法体制改革”。2003年5月，中央政治局常委召开会议专门讨论司法改革问题。5月中旬，中央政法委组织专家进行讨论，并宣布成立由罗干担任组长的中央司法体制改革领导小组，指导全国司法体制的改革。这标志着主导中国司法改革进程的核心机构的诞生，也意味着一种全新的、自上而下的司法改革模式的确立。[④] 2003年6月，罗干在对全国法院开展的司法大检查中作出批示：要从司法大检查中研究如何推进司法改革。此后，中央司法体制改革领导小组，先后听取了高检、高法、公安部和司法部等部门的意见，同时也听取了专家学者的意见，各相关

---

① 何兵：《纠纷解决机制之重构》，http://article.chinalawinfo.com/article/user/article_display_spid.asp？ArticleID=2206。

② 2000年1月1日，在《人民法院报》“人民法院肖扬院长在新世纪的献辞”中，将“公正与效率”确定为21世纪人民法院工作的主题。

③ 如2000年2月，最高人民检察院公布了《检察改革三年实施意见》，确定了业务工作机制、检察官办案机制等6项改革任务。

④ 参阅吴小亮：《新一轮司法改革全面启动》，《财经》，2004年第1期。

部门也从全国各地调集精兵强将组成了各自的司法改革领导小组。

然而，随着改革的逐渐深入，各部门制订的方案难免有冲突，一对难以调和。在此情形之下，关于司法改革的调子变低，改革的步伐也放缓。

（三）中国司法改革的基本特征

透视上述进程，不难发现，中国司法改革基本上呈现出学术话语鼓动与牵引、实务界跟进与展开、中央决策指导与把关的基本面相。

第一，学界的话语鼓动对改革有着一种牵动作用，奠定了司法改革的理论基础。福柯指出，话语不仅仅是一种“思想”和静止的结构，而是应当把它当成一种实践来看待——话语实践与非话语实践（生产活动、经济活动、政治活动和社会活动等）相互依赖。① 正基于此，有关研究指出，中国司法改革领域中学术界的话语主张，尽管在技术上不一定全都能够适应具体情况，全都能够付诸实践，但并不能因此就认为它的实践意义有限。② 正如前文的辨识，司法改革的很多成功举措都与学术界的话语鼓动有关，学界对域外司法理念与制度的引介与研究、对新型司法观念的塑造、理想司法模式的型构以及司法改革方向的导引，都为司法改革注入了崭新的理论资源。

第二，实务部门的现实需要与改革热情，推动了改革的实际展开。在中国司法改革的进程中，司法实务界的现实需求在很大程度上就是司法改革得以展开的直接动力，这种动力将很多学界的理论建言付诸了实践。两者的配合，或者说实务界选择性地吸收学界的主张成了中国司法改革的一道独特景象。以法院改革为例，如实务部门对普通程序简易审的改革热情即来自于案件压力陡增的窘境；而为了提升法院形象与塑造法院权威，法庭的物质性建设得到强化，法袍、法槌投入使用，司法仪式也得到强调。而上述几个方面的改革都无一例外与学界的话语鼓动有着直接关联。

第三，官方权威部门确定的改革指导思想，决定了改革的基本目标、路径和效果。官方权威的指导思想，为改革提供了政治上的正当性与合法性。中央权威部门的关注点决定着司法改革的目标与走向。以执行程序的改革为例，由于执行难问题已经严重影响了社会安定与经济活动的有序性，中央十

① 参阅刘北成：《福柯思想肖像》，上海人民出版社，2001 年，第 189 ~ 209 页。

② 参阅左卫民：《在权利话语与权力技术之间——中国司法的新思考》，法律出版社，2002 年，第 80 页。

分关注，这才会连续下文要求切实解决执行难问题，使得执行程序的改革成为司法改革中的一个重要方面。也正因如此，也必然会使得中央决策与实务部门的改革取向、学界的改革理念存在一定差异。如司法实务部门旨在加强自身权威与独立性的举措，虽得到一定程度的认可，但改革效果有限。①

总之，中国司法改革乃是各方合力的结果。学者为改革的启动提供了思想资源，也为后期的改革评估提供了可资借鉴的反思性资源；司法部门的实际需要与自身利益，才是现实的改革驱动力；中央的宏观决策决定了改革的方向与可能的效果。但必须指出，三者之间的关系并非完全融洽，努力目标也绝非完全一致。学界多理想化，常以域外制度为参照，主张全面、大幅、即刻地改革。这与实务界从自身利益与需要出发的改革取向不尽一致，因此，其在改革的全面性、彻底性方面与学界有悖，但在改革的即刻性方面常有相似。至于中央决策部门由于更多考虑司法改革的稳妥性、社会与政治秩序的稳定性，因而更倾向于渐进性的缓慢改革。在某种程度上，正是因为三者价值取向上的非一致性，才使得中国的司法改革呈现出复杂乃至一定程度抵牾的面相。

二

中国司法改革的历程虽说曲折，但所取得的进展仍引人注目。然而，诸多的事实也昭示，中国的司法改革还存在诸多的现实难题，一些问题还需要正视与进一步反思。

（一）中国司法改革的现实难题

1. 司法公正有待提升。

一直以来，中国司法改革就致力于提升司法公正（包括实体公正与程序公正），并也取得了巨大的成绩，但诸如较高的上诉率与申诉率、② 涉讼上访以及司法腐败的现象也表明中国的司法公正仍不容乐观，至少说通过司法公正树立司法公信力依然任重道远。

第一，公民启动程序内救济的频率较高，且有上升趋势。2000 年—

① 比如，在法官属性的定位上，尽管法院系统并不是很愿意，但新的公务员法仍将法官纳入了公务员序列。

② 尽管上诉率与申诉率不能精确地反应一审法院的审判质量，但如果这两个指标过高的话，则还是在一定程度上表明当事人对司法裁判存在不满，审判质量有待提高。

2005年全国一审案件的上诉率均在9%左右，且有明显的上升趋势。[①] 2008年最高人民法院的工作报告也显示，2003年—2007年全国一审后当事人服判息诉的占90.01%。一份更为精确的资料则表明，行政上诉案件1997年—1999年分别按11.35%、12.36%、25.92%比率递增，民事上诉案件则按14.34%、13.36%、18.85%递增。[②] 再审的情况也不容乐观。有资料表明，2002年—2006年全国法院审理各类再审的案件总数不仅逐年升高，而且再审中改判和发回重审的比率也有上升的趋势。[③] 这些情况均在不同程度上说明审判质量存在一定的缺陷，司法公正尚待提升。

第二，公民寻求诉讼外救济的行为较为频繁。由于绝大部分申诉案件无法进入再审程序，或者是申请再审者感到通过再审方式纠正判决结果的希望渺茫，当事人往往会寻找其他救济途径，这其中上访就经常被采用。近年来，涉诉上访的情况非常频繁，甚至越级上访、集体上访和暴力性上访也时有发生。《中国法律年鉴》所提供的数据表明，2002年—2005年全国法院处理的来信来访数量不断上升。[④] 尽管2007年《最高人民法院工作报告》显示，2006年最高人民法院全年办理的涉诉信访案件同比下降4.71%，地方各级人民法院办理的涉诉信访案件同比下降11.18%，但总体仍不容乐观。[⑤]

第三，司法腐败亟须治理。近年来，我国司法腐败现象有所蔓延，有的地方甚至有恶化的趋势，极大地损害了司法的公正性。根据近年的媒体披露，司法腐败呈现出规模增大、层级变高的现象。这首先体现在法院的“集

① 笔者以全国法院受理的各类二审案件总数除以全国法院一审受理的各类案件总数，来计算一审案件的上诉率。2000年—2005年全国一审案件的上诉率分别为8.71%、9.01%、9.34%、9.63%、9.89%、10.1%。统计的原始数据分别来源于2000年—2005年的《中国法律年鉴》。

② 《中央重拳治贪腐深圳司法腐败触目惊心》，《文摘周报》，2006年11月13日。

③ 2002年—2005年《中国法律年鉴》与2007年《最高人民法院工作报告》所披露的数据可以说明这一点。2002年全国法院再审收案54159件、结案55408件（其中发回重审2989件、改判17176件），2003年全国法院再审收案51617件、结案52998件（其中发回重审3056件、改判16938件），2004年全国法院再审收案50500件、结案49394件（其中发回重审3563件、改判16967件），2005年全国法院再审收案47902件、结案46468件（其中发回重审3467件、改判15867件）。2007年《最高人民法院工作报告》显示，2006年全国法院审理各类再审案件48286件，结案47270件，其中改判15568件。

④ 2002年—2005年全国法院的情况依次为3656102件（人）、3973357件（人）、4220222件（人）、4355471件（人）。以上数据来源于2002年—2005年的《中国法律年鉴》。

⑤ 2008年最高人民法院的工作报告称，“五年来，全国法院涉诉信访总量呈下降趋势，其中，最高人民法院办理涉诉信访案件71.9万件，同比上升11.69%，地方各级人民法院办理涉诉信访案件1876万件，同比下降55.58%。”这一事实除了表明当前涉诉上访的情况仍然比较严重之外，也说明了当前涉诉上访有越级上访的势头。

体性腐败”上。比如2002年武汉中院“腐败窝案”就涉及13名法官和44名律师，其中不仅有当时的武汉中院常务副院长柯昌信和副院长胡昌尤，还包括副庭长3名、审判员7名、书记员1名。① 再如，在2005年—2006年期间，安徽省阜阳市中级人民法院在爆发“腐败窝案”之后，又发生了三任院长“前‘腐’后继”的丑闻；② 2006年6～10月，深圳中级人民法院先后5名法官被中纪委、最高检“双规”或逮捕，其中包括1名副院长、3名庭长、1名已退休老法官。③ 近年来，高级人民法院院长与省级人民检察院检察长因腐败被查处的情况也是司法腐败恶化的又一表现，如原辽宁省高级人民法院院长田凤岐、原广东省高级人民法院院长麦崇楷、原湖南省高级人民法院院长吴振汉、原黑龙江省高级人民法院院长徐衍东、原云南省高级法院院长孙小虹、原江西省人民检察院检察长丁鑫发、原黑龙江省人民检察院检察长徐发等。④

2. 司法效益有待提高。

第一，诉讼拖延现象较为严重。西谚有云：“迟来的正义非正义。”这说明高效率的诉讼对于整个司法制度的重要价值。我国的三大诉讼法也都基于司法效率的考虑设定了各种诉讼行为的期限，尤其是对审判期限做了严格规定，但实践中还是存在诉讼拖延的现象。这不仅发生在民事诉讼中，在刑事诉讼中也有体现。就民事诉讼而言，尽管经过法院系统自上而下的努力，以往超审限的情况已大为好转，⑤ 但在法定期限内迟滞案件处理的现象却比较普遍。有论者将此种现象称为“审限内的拖延”，还概括了其具体的表现，

---

① 值得注意的是，这次“窝案”过后，继任院长周文轩也于2006年9月因涉嫌严重违纪被立案调查。叶铁桥等：《武汉中院两院长前腐后继继任者边反腐边违纪》，《中国青年报》，2006年10月13日。

② 参阅张显义：《阜阳中级法院三任院长“前腐后继”》，《文摘报》，2006年11月2日。

③ 参阅《中央重拳治贪腐深圳司法腐败触目惊心》，《文摘周报》，2006年11月13日。

④ 以上例证的相关报道分别可参阅廖诚文《尚未披露的前大法官受贿内幕》，《法律与生活》，2004年第17期；简一、李为民：《首席法官的罪行》，《法律与生活》，2004（15）；肖扬：《最高人民法院工作报告》，《全国人民代表大会常务委员会公报》，2000第2期；裴智勇：《江西省检察院原检察长丁鑫发违纪违法被开除党籍》，《人民日报》，2004年12月8日。

⑤ 2008年的最高人民法院工作报告显示，在民事审判工作中，全部案件审限内结案率达到96.06%。一份针对2003年广州市中级人民法院四个民事审判庭的调查表明，在审限内结案的比例只有61%，由此可见前些年超审限问题的严重程度。孙海龙、邓娟闰：《论超审限之客观成因及其应对》，http：/ /www. ch inalawedu. com /news/2005/9/li7789419561039500242 56. html。

并认为这种情况在实践中已经比较严重。[①] 在刑事诉讼方面，问题同样存在。除了有超审限这种明显违背刑事诉讼制度的现象之外，在其他诉讼环节违反法定诉讼期间的现象也有存在。[②] 类似民事诉讼中“审限内的拖延”的情况也存在于刑事诉讼的各个环节。有论者将此现象概括为“办案期限的最大化倾向”[③]，还有论者结合刑事诉讼中羁押情况比较普遍的事实，将此种情况导致的羁押称为“隐蔽型超期羁押”[④]。

第二，生效裁判的执行效率影响了诉讼的实际收益。官方的统计表明，民事裁判的执行率基本在 80% 左右，执结标的金额占申请执行标的金额比例也基本在63% ~ 72% 区间徘徊。但事实上，在我国司法实践中，所谓“执行率”，并非指判决得到切实执行的比率，而是指执行结案的比率，又称“执结率”。一般而言，执行结案大致包括三部分——执行终结、执行中止和实际执行各占 1/3。就是说，实际能按判决金额执行到位的只占 1/3，执行终结、执行中止的通常拿不到钱，或者只能执行一小部分金额。[⑤] 这样在实践中就经常出现“赢得了官司，赢不了钱”的尴尬情况，甚至前些年还出现令法律威严扫地、司法权威蒙羞的“叫卖判决书”的极端现象。[⑥] 由此可见，我国民事案件的执行效率仍有待进一步提高，否则，当事人寻求司法救济将变得毫无实际收益。值得注意的是，刑事附带民事判决执行率的状况更是令人揪心。有统计表明，刑事附带民事判决执行率不足 10%，每年我国至少有 2 万个被害人家庭因为得不到被告人的赔偿而身陷绝境。[⑦]

3. 诉讼成本有待降低。

第一，当事人的诉讼费用负担不合理，甚至在某些案件中仍然较重。与

---

① 参阅仇慎齐、黄文清：《关于“审限内诉讼拖延”现象的分析》，http：//www. china court. org/html/ article/200707/03/254869. shtm.l。

② 有报道披露，仅 2003 年 5 月 ~ 12 月，全国法院系统共清理超期羁押 7454 人，公安机关清理 14270 人，检察机关则清理了 530 人。杨新顺：《清理超期羁押，搬掉司法公正的绊脚石》，《法制日报》，2003 年 12 月 31 日。

③ 蓝向东：《对刑事办案期限最大化倾向及其例外的思考》，《人民检察》，1999 年第 4 期。

④ 陈瑞华：《未决羁押制度的实证研究》，北京大学出版社，2004 年，第 295 页。

⑤ 参阅徐昕：《论私力救济》，中国政法大学出版社，2005 年，第 140 ~ 141 页。

⑥ 典型事例可参阅郑良：《福州一债权人当街拍卖法院判决书引发争议》，http：//news. xinhuanet. com / legal /2006-08/13/content_4956063. htm；《6 人拍卖判决书只引来看众，却无人响应》，http：//msn.yne.t com /image. jsp？ oid=22156971；《他想“拍卖”判决书》，http：//www. gansudaily. com. cn/20040713/ 703/2004729A00477005. htm；《佛山：网上拍卖判决书》，《中山商报》，2006 年 9 月 13 日。

⑦ 参阅周崇华：《法院“空判”需国家救济制度“埋单”》，《法制日报》，2007 年 6 月 14 日。

以前的《人民法院诉讼收费办法》相比，2006年国务院颁布的《诉讼费用交纳办法》尽管降低了诉讼费用，方便了民众对民事诉讼的利用①，但《诉讼费用交纳办法》仍然存在不合理之处，尤其是还对标的额大的经济案件提高了收费标准。对此，国务院法制办的工作人员将其形象地概括为“收费标准两头没动，中间鼓了一个大肚子”②。考虑到当前中低收入阶层在中国占绝大多数的事实，如果要使更多的民众可以充分地利用司法这一公共产品，享受到司法救济的公共福利，我国诉讼费用还有必要进一步降低。另外，在《诉讼费用交纳办法》的诉讼调控功能削弱的情况下，一旦出现诉权滥用的情况，还会给对方当事人带来包括诉讼费用承担在内的诉讼负担。可以认为，从“促进公民最大限度地接近正义”的标准而言，即使是现行的《诉讼费用交纳办法》也并不能完全实现民众自由、平等地接近司法。

第二，律师费用收取制度的缺陷使得当事人承担了一些不合理的律师费用，从而增加了诉讼成本。2006年4月13日国家发改委、司法部针对我国律师收费制度混乱的状况，联合发布了《律师服务收费管理办法》。与以前一系列律师收费标准的规范相比，该办法对我国律师收费制度有所修改与完善，③ 但从实现当事人实质性的裁判请求权与接近正义的角度来看，很难认为当下的律师费用收取制度能有效地促进民众对司法制度无障碍地利用。其中原因之一就是现行律师费用收取制度的不合理。比如，缺乏律师费用协商机制的单一化收费方式，就为律师利用自己在法律服务上的信息优势获取高额律师费用打开了方便之门。这不仅容易导致当事人承担高额的律师费用，更易制约民众对司法制度的利用。再比如，域外较为流行的律师费转付制度的缺失，会使得当事人因支付律师费用而遭遇“赢了官司输了钱”的局面，而由此产生的律师费用显然是加大了当事人的诉讼成本。而对收入较低的民众来说，往往也会因为可能的律师费用而对司法救济望而却步。

总之，这些现实的问题已经影响了中国司法的公众形象。一方面，这些

---

① 有论者以2005年全国法院受理的各类收费案件数为基准，按照新旧的诉讼费用收取办法计算后得出，新标准下法院所收取的费用将减少74.4678亿元，下降58.58%。高绍安：《〈诉讼费用交纳办法〉实施后的问题与对策》，《中国审判》，2007年第5期。

② 高绍安：《〈诉讼费用交纳办法〉实施后的问题与对策》，《中国审判》，2007年第5期。

③ 诉讼费用制度一方面具有惩罚违法者的功能；另一方面它能够调节诉讼案件的数量，合理影响当事人的诉讼动机和目的，具有控制司法成本、防止当事人滥用诉权的功能。参阅廖永安：《〈诉讼费用交纳办法〉之检讨》，《法商研究》，2008年第2期。

问题制约了司法社会秩序形成方面功能的实现。近年来出现在媒体中的“暴力抗法”现象与涉法信访大潮，很难说与司法机关的公信力不足以及司法机关本身的权威性有限的状况没有关系。① 另一方面，这也导致公众对司法的满意度有所保留，这集中体现在人大对人民法院工作报告的审议投票率上。近年来，全国人大对最高人民法院的工作报告审议投票通过率一直在 75% 左右，基本没超过 80%，② 甚至还出现了某些中基层法院的工作报告未通过审议的情况。③

（二）中国司法改革的问题反思

客观而言，导致中国司法改革不尽如人意的原因是多方面的。但从宏观层面来反思，可以将其中的原因归纳为“应然改革主体的缺席”“改革理想的偏失”“改革条件的匮乏”等三个方面。

1. 应然改革主体的缺席。

第一，作为改革对象的“司法”自身成为了推动改革的中坚主体，即主导与推动司法改革的主体是司法权力机关自己，民众不能发挥充分的影响力。由被改革的对象来推动司法改革本身就是主体的错位，容易诱发司法机关各种功利主义与策略主义的行为。多年的司法改革实践表明，司法机关已经将自身的部门利益渗透在了司法改革的进程之中，对于一些改革动议常常从自己利益的角度来理解与展开：在有利于自己的利益时，往往极具改革热情，而在有损自身利益时，则更多是浅尝辄止，甚至使改革动议直接流产。尤其值得注意的是，各种正当与不正当的利益结合在一起时，容易形成所谓

① 《瞭望》记者对当事人宁愿选择信访而不诉讼的追踪调查表明，这其中的原因大致有三种，一是诉讼成本高，诉讼风险和诉讼收益之间差距太大；二是即使法院有判决，但也难以得到执行；三是“打关系”“打金钱”破坏了百姓对法院和法律的信任。包永辉、吕国庆：《他们为何信“访”不信“法”——苏冀等省部分群众越级信访事件调查》，《瞭望》，2004 年第 14 期。

② 参阅左卫民等：《最高法院研究》，法律出版社，2004 年，第 238 页。另外，笔者在网络上检索到了 2007 年与 2008 年最高人民法院工作报告的得票通过率情况，2007 年为 83.13%（赞成票 2395 张，反对票 359 张，弃权票 127 张）、2008 年为 78.11%（赞成票 2287 张，反对票 521 张，弃权票 120 张）。《可怜的两高，工作报告通过率再创新低》，http ://cache. tianya. cn/publicforum /conten t/law/1/92869. shtm.l。

③ 2001 年 2 月 14 日，沈阳市第十二届人民代表大会第四次会议对《沈阳市中级人民法院工作报告》进行了审议，经表决未获通过。王尧：《沈阳市人大不通过案：吹皱一池春水》，《中国青年报》，2001 年 2 月 16 日。2000 年 4 月份，青海省共和县十一届人大三次会议上作出了不予通过法院工作报告并授权常委会继续审议的决议。程刚：《沈阳中院事件引发深层法律问题》，《中国青年报》，2001 年 8 月 11 日。2001 年 12 月 5 日，陕西省澄县人民法院的工作报告在人大评议中因大多数代表不满意而未获通过。参阅牛晓波：《人大监督的新指向：法院要不要报告工作》，《21 世纪经济报道》，2004 年 9 月 22 日。

的“部门利益”，这不仅增加了改革的成本，而且这些部门还可能会以正当利益掩盖不正当利益的策略来阻碍改革的进行。

第二，应为改革主体的“民众”，却在改革中明显缺席。本应主导改革的社会民众明显缺位，导致了司法机关对社会民众的司法诉求与利益体察不够，其结果是民众既不能根据自己的实际需要和切身利益，从能够解决自己的实际问题出发来主导改革，也不能参与到改革方案的具体讨论与设计之中。尤其是在我国的司法制度本身就没有形成常规有效的民意吸收与交流机制的情况下，这还会导致民众对整个司法改革的疏离感。由此，当前的司法改革基本上是权力本位的，以权力运作为主旋律，改革的出发点往往在于便利国家权力的行使。相应地，整个改革过程缺乏对权力的制约，包括来自国家机关之间的制衡与来自民众的监督都缺乏。

2. 改革理想的偏失。

改革理想决定着司法改革的预期与未来，也直接影响司法改革的可行性。然而，检视已有的改革进程与具体的改革主张，不难发现我们的改革理想有着相当的偏失。

第一，过于偏重域外经验，忽视本土资源。任何司法制度都是语境式的，中国司法也不例外。但我国的司法改革并未充分注意到本土的特殊性，相反却迷失在了域外的制度丛林之中。以调解制度为例，这个曾被誉为“东方经验”的制度在改革中并未得到合理的重视，一直受域外话语的影响。在改革之初，受域外司法中心主义的影响，调解制度备受冷落；而在域外法治国家兴起了 ADR 机制之后，调解制度又由冷变热。毫无疑问，中国的司法改革需要借鉴域外的经验，但在法律多元的背景下，本土资源也值得珍视。

第二，过于偏重英美法系法系经验，忽视大陆法系法系经验。从司法改革的序幕拉开之始，理论界就对英美法系的制度与经验情有独钟，似乎英美式的司法制度就是现代性司法制度的主要模式，而对与我国亲缘性较近的大陆法系的一些制度经验则有所忽视。以 1996 年刑诉法修改为例，当时学界的主流观点都认为英美的对抗制比大陆法的审问制更能保障人权、更能彰显当事人的主体性，由此一些体现对抗制的制度被大量地引入。但事实却表明，修订后刑诉法所确立的一些相关规则在实践中几乎成为“死条款”。此种局面的形成显然与改革目标的偏差相关。

第三，过于“民主”本位，而非“民生”本位。值得注意的是，现行的诸多改革设想与举措所体现的均是司法的民主性，如对司法独立性、权威性与权力制衡性的强调，而非司法的民生性。但在现代社会，司法应当最大限度地满足民众的需求，应以民众更好地接近正义为归宿。这就要在司法形象的亲和力、司法方式的便民性、司法服务的可接近性等方面做出努力。然而，多年的改革似乎在这些方面并没有取得多大的突破。

第四，过于学者本位，而非民众本位。长期以来，学界一直都是中国司法改革的主要推进者，学者们在担当学术批判与反思责任的同时，对中国的司法改革做出了巨大的贡献。正如前文所述，学界不仅对实务部门与中央决策部门产生着潜移默化的影响，甚至还直接影响着实际改革举措的出台。也许我们不得不承认，已有的司法改革表现出了一种学者本位的特征。但这种学者本位的改革特征也并不是不需要反思，也不是没有局限。审视学界的诸多改革举措，不难发现，包括笔者在内的大多数学者的改革建言均流露出一定的域外中心主义色彩，而对中国民众的改革诉求与真正需要却关注不够。

3. 改革条件的匮乏。司法改革离不开具体条件的支撑，毕竟司法改革不能凭空进行。中国的司法改革之所以无法全面性地展开，一个很重要的现实原因就在于受中国当前一些实际条件的制约。对于这些限制性的条件，笔者以为它们还将在一段时期内继续制约中国司法的改革的进程，因此我们必须予以客观面对。

第一，经济资源有限。对于任何国家而言，一个运转良好的现代司法制度均需要充沛的财政支持。然而，我国的实际情况却是国家整体的财力还显得不足，司法保障也并不充分。这也是我国很多法院长期依靠诉讼费用，甚至要依此来维持运转的重要原因。① 在很大程度上，这也说明了一些减轻司法机关负担，降低司法机关司法成本的改革举措何以可能顺利地展开，而一些导致司法成本上升的程序保障机制改革却难以启动或奏效的原因。我国刑事简易程序的改革就是这方面的典型例证。从刑事简易程序的改革实践可以看出，受司法资源，特别是财政资源的限制，尽管我国简易刑事程序制度正在逐渐完善被告人的权利保障体系，但仍然存在严重问题。② 可以预见，

① 在2006年国务院颁布了《诉讼费用交纳办法》之后，一些论者就审慎地指出法院可能会存在的经费保障的压力。代表性的讨论可参阅廖永安：《诉讼费用交纳办法》之检讨》，《法商研究》2008年第2期；高绍安：《〈诉讼费用交纳办法〉实施后的问题与对策》，《中国审判》，2007年第5期。

② 关于这方面的详细讨论可参阅左卫民：《中国简易刑事程序改革的初步考察与反思：以S省S县法院为主要样板》，《四川大学学报》（哲学社会科学版），2006年第4期。

在司法制度本身需要消耗大量经济资源的情况下，我国未来的司法改革与司法制度的完善，都将长期面临经济资源紧张的状况，除非是国家倾斜性地进行财政支持。而这也是我们在继续司法改革的过程中必须正视的。

第二，观念资源尚需积蓄。就当前司法改革的现状而言，一些体现现代法治理念的司法改革举措之所以不能推行与贯彻，除了与经济资源的匮乏有关之外，还与当下占据主流的司法观念有关，即决策层、实务界与民众的司法观念不能有效地支持与推动司法改革的展开。

更为具体地说，就是这三者对现代司法的感知与理念相对保守，无法与学界较为先进的改革理念形成共鸣，由此使得司法改革的力度与深度必然会存在一定的限度。以刑事司法改革为例，决策层基于社会秩序控制的考量，始终未在立法中赋予被追诉人以沉默权、律师在场权；实务界也因为案件处理的实际压力而反对“过分”地保护被追诉人；至于普通民众则因为各种原因而对被追诉人的程序保障改革持观望或反对态度。可以说，在我国，除学界之外，其他各界还尚未形成普遍化的、实效化的现代法治理念。由此我们也可以看出现行的精英式改革理念与大众的普世理解之间存在的非整合性，乃至冲突性。在此情形之下，出现多样化的改革声音与各种互相矛盾的改革举措，似乎难以避免，司法改革陷入困境也就不足为奇。这从反面告诉我们，未来中国的司法改革若想取得实质性的进展，可能还需要长期地积累关于现代性司法的观念，在整个政治与社会层面形成统一的现代司法认知。

三

对未来中国司法改革的继续推进，笔者以为以下几个问题需要重点把握：

（一）改革主体的理性归位

所谓“司法改革”，其本意应该是“改革司法”。换言之，司法改革的对象应该是司法机关、司法制度，而推动司法改革的主要动力应当是普通民众，而非司法机关本身。一如伯尔曼所言：“法律活动中更为广泛的公众参与乃是重新赋予法律以活力的重要途径。”尽管实务界与中央决策层在司法改革中的作用不可忽视，但由于司法制度的最终福祉面向的是民众，因此未来的司法改革在推动机制上应该做出适当的调整，应当让公民成为司法制度、司法程序的构建主体——司法制度的内容、司法程序的选择均由民众直接或间接决定，特别是应当由民众主导司法改革的方向和进程。这就要求改革方案的确定和实施应当最大限度地满足民众的现实司法需求，对司法改革的评价，也应当以满足公民需要的程度为标准。

具体说来，未来的司法改革可以通过以下三种形式来实现民众的参与：其一，通过有公众代表参加的国家权力机构（司法改革委员会）决定司法改革的宏观大计；其二，通过有普通公民参加的司法改革咨询机构积极为司法改革献言献策；其三，通过社会各界人士包括法学家、律师以及普通公民参加的司法改革听证会、讨论会等形式检讨司法改革的利弊得失。

当然，要使上面三种形式落到实处，更需要作为主体的民众积极与主动地参与，及时反映自己的愿望和要求，形成司法与民众之间的良性互动。

（二）改革理想的合理定位

第一，重视域外经验，更重视本土语境。一种优秀的司法文明必定是博览各家所长的司法文明。中国的司法改革也必须持开放的立场，借鉴与博览众家所长；但更为重要的是，司法改革应当建立在关照本土司法传统与语境的前提下，结合我国具体的国情来设计。可以说，这也是尊重人类整体制度文明，尊重各国人民智慧，尊重我国自身传统的表现。只有在立足于我国具体语境的基础上，选择性地吸收域外制度经验，才能建构起一套符合中国国情的先进司法制度。

第二，重视英美法经验，更重视大陆法经验。无论是英美法经验，还是大陆法经验，均是在各自内在制度逻辑一致的基础上体现着现代型司法制度的共通趋势[①]，没有绝对的优劣之分，只有语境意义上的合理性问题，因此，针对我国司法改革“重英美法经验，轻大陆法经验”的倾向，未来的司法改革不应再仅仅局限于借鉴英美法，还应扩展到对大陆法经验的吸收。特别要指出的是，考虑到我国在司法传统等方面与大陆法国家的亲缘性和近似性，似乎更应该去关注与借鉴大陆法国家的司法制度。

第三，重视学者对策，更重视民众诉求。学者对策是专业思考或精英意识的理性结果，民众诉求则是司法改革的最终归宿。如果学者对策符合广大民众的诉求，则学者的改革建言就能够得到民众的充分回应，最终成行的可能性也较大，反之亦然。鉴于已有的司法改革存在着“重学者对策，轻民众诉求”的现象，未来的司法改革应该在吸收学者建言的基础上，最大限度地体现合理的民众诉求。

---

① 参阅左卫民：《司法改革的十大理念》，《中国律师》，2003 年第 11 期。

第四，重视司法的民主性，更重视司法的民生性。民主司法很重要，民生司法也重要，两者是一种辩证的关系。要充分地实现司法民主，必然要求司法具有相当的民生性，两者有机地统一于“司法为民”。所谓司法为民，是指司法的原则、制度以及程序的设计都应符合公民及当事人的根本利益，满足其愿望。司法制度的设计与改革也应当从民本立场出发，便利公民开展诉讼，体现司法的人文关怀。因此，未来的司法改革应该从立场、方式和态度三个方面来塑造司法制度的亲和性，并围绕司法方式的通俗性、司法救济的可接近性与司法程序的便利性来推进具体的制度改革[①]。

（三）改革进路的本土意识

受中国特有的改革条件与具体环境的制约，未来的司法改革可能要秉持一种本土取向，由此未来的改革进路应该在一种本土意识下来进行选择。在此意识之下，未来的司法改革，应该在本土特质与语境的基础上，采取建构与试错相结合的进路。

第一，认知与改造相结合。必须承认，未来的司法改革可能在很长的一段时间之内都无法超越内生于中国现实的制约性条件，这既有物质性的因素，也有观念性的因素，还有司法本身的一些制度性的因素。有鉴于此，未来的司法改革可能要在一种认知与改造的进路下来推行。首先我们要清晰地认知中国现行的司法条件与本土资源，准确地定位当前司法制度的具体运作，由此来确定科学与合理的改革目标与可行性的改革方案。这就需要我们踏踏实实地对中国的司法制度进行实证研究，通过实证研究来把握中国司法的实际情况、基本特征以及支撑性因素，来了解问题的真正所在与民众的基本诉求。在笔者的思路中，切实地实证研究只是进一步司法改革的基础与前提，它在整体上服务于笔者所主张的“渐进的改造主义”改革策略。这一改革策略来自一种现实主义的态度。在某些现实条件还暂时无法克服的情势下，未来的司法改革与其依照理想主义的司法模式来进行剧烈的改革，还不如针对实证研究所明确的具体问题，按照问题的轻重缓急与条件是否具备的原则，进行点滴制度积累式的改造。事实上，只有渐进地改造才能固定基层的制度创新、贯彻决策层的政策意图、实现民众的司法诉求。

第二，建构与试错相结合。无论是基于改革的成本意识，还是考虑改革的实际可行性，未来中国的司法改革还需要坚持建构与试错相结合的改革

---

① 参阅左卫民：《司法改革的十大理念》，《中国律师》，2003 年第 11 期。

进路。对人类社会秩序的形成的问题，基于对人类理性的认识不同，学理上有建构性与演进性两种观点。建构论的唯理主义者认为，理性具有至上的地位，人凭藉理性足以知道并能根据社会成员的偏好而考虑到型构社会制度所必需的境况的所有细节。① 而演进论则认为，文明乃是经由不断试错，日益积累而艰难获致的结果，人类社会现有的各种制度是自然演进的产物，不是人为设计的产物。② 如何推进中国司法制度的改革也存在建构论与演进论两种主张，一些论者怀着“毕其功于一役”的心态，主张我国应该建构性地推行司法改革。作为后发型的现代国家，我们确实应该考虑如何利用“后发优势”，建构性地推动司法制度的转型。然而，正如演进论者所指出的，人的理性，就像人本身一样，有着极大局限性，理性的力量很大程度在于它与人自身的历史、经验和传统的联系，理性作用的发挥最重要的前提是充分尊重这种理性自身的局限性。③ 这意味着即使按照建构理性来推动司法改革，也需要以承认建构理性的局限性为前提，同样也需要演进理性施以援手。

在我国的司法改革实践中，突出的问题乃是立法理性与司法理性过于脱节，两者之间缺乏有效的对话和沟通。一方面，现在的司法改革崇拜理性建构却又缺乏真正的建构理性，对改革的目标、司法运作机制缺乏清晰、准确的整体把握。另一方面，现在的司法改革往往又忽视演进理性的功用，轻视通过司法实践进行制度改革的点滴积累效果。为此，未来的中国司法改革，一方面应当科学地、理性地运用建构理性。比如，对于域外相关制度的借鉴，首先就需要对制度本身进行全方位、近距离、深层次地研究，同时还要深入地把握中国司法运作的实际条件，在此基础上再透彻地分析其弊端，谋划如何有效地借鉴。同时应当允许与鼓励各司法机关在不妨害基本法律原则的前提下进行改革之试点，以便发现改进方案、最佳的改革进路以及成功的可能条件。特别要指出的是，局部性与区域性的试点性改革有不可忽视的价值，全盘性的改革适宜在此基础上来推行。

（本文原载于《现代法学》2008 年 11 月第 30 卷第 6 期）

---

① 参阅［英］哈耶克：《致命的自负》，刘戟锋等译，东方出版社，1991 年，第 71 页。
② 参阅邓正来：《自由与秩序：哈耶克社会理论研究》，江西教育出版社，1998 年，第 275 页。
③ 参阅刘军宁：《保守主义》，中国社会科学出版社，1998 年，第 47 页。

激进与保守的和谐

——中国司法改革的中庸之道

杨立新*

到今年为止，提出司法改革的口号已经七八年了。在这段时间里，中国的司法改革风起云涌，大刀阔斧，无疑是取得了很大的进展。不过，从法制的精神上看，这样的司法改革总还是存在很多问题，并没有真正“依法”进行。我们今天讨论的“先例判决制度”，大概就是其中一种典型的表现。今天借助讨论先例判决制度问题，索性就将司法改革的问题一起说说我的看法。

一　中国的司法改革要不要依法进行

提出这个命题，好像很奇怪，其实一点也不奇怪，我说的是现实的实际问题。中国的司法改革是不是要依法进行，是从提出司法改革的口号之时就没有解决好的问题，到现在也一直没有解决好。我认为，我国的司法改革一直也没有真正做到依法进行。

其实，作为一个法治国家，凡事必须依法进行。在任何一个国家，司法制度并不一定都是完全健全的，即使原来制定的时候是健全的，但是随着社会的进步和发展，司法制度落后于现实需要，也就会出现不健全的问题，因此司法改革也是必须进行的。这一结论是完全正确的，是不可怀疑的。中国的法律制度需要进行司法改革，也是千真万确的，不可怀疑的。

中国是一个法治国家，司法改革必须依法进行。这样说，任何人都是同

* 杨立新，中国人民大学法学院教授。

意的，都是赞成的。可是，在已经实行了的七八年的司法改革中，究竟做没做到依法进行，需要进行检讨，通过深刻检讨，才能够得出恰当的结论。

可以说出一个事实千真万确的事实，这就是，中国的立法机关至今为止，并没有通过任何一个关于司法改革的法律，但是，司法机关的司法改革却是在如火如荼地进行着。在现有的司法制度中，有一些或者很多已经不再和法律上写的制度完全一致，有了很大的变化了，新的司法制度已经在产生并且在实践中进行着。这样的事实说明，很多的司法改革措施并没有依法进行，而是司法机关各行其是，各自为战，“自主进行司法改革”。因此，就有一个很有意思的比喻，在电影《地道战》中，民兵连长向坚守在地道中的民兵喊口号：“你们要各自为战！不许放空枪！开火！”现在的司法改革形势就像这个游击战一样，最高领导下的口令就是“各自为战”，然后一声“开火”，司法改革就开始了。

就在司法改革刚刚开始不久，那时候我还在司法机关工作。我到日本早稻田大学访问，借机考察日本的司法改革形势和措施。日本学者介绍了日本的司法改革动因、主要思想和立法机关关于司法改革的立法情况，说明立法机关已经通过立法，设立司法改革委员会，限期两年，做出司法改革方案，并须经过立法机关的审议。通过者，进行改革，未通过者，解散司法改革委员会，一切照旧。我也介绍了我国的司法改革形势以及各司法机关的改革措施。日本学者听后感慨地说：“中国的司法工作者真是幸福啊！”我问为什么幸福，他说，不用经过立法程序，司法机关就可以自己进行改革，在日本是想也不敢想的事情。我听了这句话以后，感到真的很难受。这实际上是对中国法制的中肯批评啊！

事实上，我国的司法改革确实是在各自为战！细数各司法机关所进行的司法改革，涉及司法制度的方方面面，各种招数层出不穷，可是没有几个司法改革措施是经过立法机关审议通过的。差不多都是最高司法机关一个文件，就通过了司法改革措施，就成了全国的司法制度。

例如，全国法院已经实行多年的“审判长负责制”就是其中一个。在人民法院组织法和三部诉讼法中，都规定了审判长制度，但是审判长就是审判一个案件组织起来的合议庭的负责人，案件审理结束，合议庭也就解散了，审判长也就不存在了。可是经过司法改革的审判长制度，审判长已经成了一个正式的审判职务，成为了一个官衔，它的职责就是负责领导合议庭的审判工作。同时，合议庭也成了法院的一个正式的审判组织，隶属于审判庭之下，成了法院的常设机构。

还例如，全国检察机关依照法律规定，是检察长负责制，各级检察员对本级检察长负责。但是经过司法改革，各级检察机关都设立了主诉检察官，有的还有了“主办检察官”“主侦检察官”，五花八门。同时赋予主诉检察官各种职责，使其成为一个正式的检察职务。可是，这些在人民检察院组织法和三部诉讼法中，都是没有规定的。

仅举两例，就已经能够看出我提出这个命题的必要性了。如果司法改革仍然这样进行，国家的法制将会如何，不得而知。说这样的话并不是耸人听闻，因为不依法进行的司法改革，最终的后果就是使法治受到破坏。

二　究竟哪一级司法机关有司法改革的权力

我说的这个题目好像有一点挑衅性，似乎是说只有有权的司法机关才有权进行司法改革。其实也不是这个意思。我说的是究竟哪些或者哪一级司法机关才有权进行司法改革。

司法机关的概念大概有三种解释，第一种认为只有法院才是司法机关，第二种认为法院和检察院都是司法机关，第三种认为凡是涉及司法工作的机关都是司法机关，例如公安机关、司法行政机关等等。这些解释都是有根据的，但是从司法改革的角度而言，应当采取第三种意见，这些涉及司法工作的机关，都应当认为是司法机关，都应当进行司法改革。

那么究竟是哪一级司法机关才有权进行司法改革呢？按照现在的司法实践和号召，各级人民法院、检察院、公安机关、司法行政机关等等，都负有司法改革的重任，都要进行司法改革。尤其是基层司法机关，更要进行司法改革，因为基层司法机关是司法工作的基础，基层的司法改革搞好了，司法改革才会真正有坚实的基础。所以，司法改革的任务层层加码，基层司法机关的领导是不是称职，司法改革是否有成果是衡量其政绩的主要标准。就是我们现在所讨论的“先例判决制度”，也是基层法院搞起来的，是基层司法改革的成果。

可是，一个值得严重注意的问题就是，如果一个基层法院搞一种司法改革，例如就是“先例判决制度”，那么全国共有三千多个基层法院，就要搞出来三千多个类似的新“制度”，这样一来，中国还有统一的审判制度吗？

中国还是一个统一的法治国家吗？这样的后果可以说很可怕。

其实，这种情况已经出现了。在司法改革初期，各地法院都在制定自己的诉讼证据规则，据说全国已经有三百多个法院制定完成了诉讼证据规则。很多律师诉苦，三百多个诉讼证据规则。在每一个法院来说，都是自己操作的规则；但是，对律师和当事人而言，在不同的法院诉讼，就要掌握不同法院的诉讼证据规则，这是极为艰难的。因此，很多人提出，与其让全国三千多个法院或者三百多个法院在诉讼证据规则上违法，还不如让最高人民法院自己违法，毕竟最高人民法院“违法”的做法还能够统一全国法院的规则，而不至于搞成全国法院诉讼证据制度的混乱状态！最终，最高人民法院自己搞出了民事诉讼证据规则和行政诉讼证据规则，总算结束了各地三百多个“诸侯”的证据规则的“分封”！

可见，各个基层法院或者各个基层司法机关都进行“司法改革”的话，这样的司法改革绝不是法治统一条件下的司法改革。国家不需要这样的司法改革！

接下来的问题就是，最高司法机关是不是就有权力进行司法改革呢？现在的现状是，司法改革的总体进行就是在最高司法机关掌控之中，在最高司法机关的指挥下进行。

我们既然说到了诉讼证据规则的问题，那就还以其为例。诉讼证据制度是国家的基本诉讼制度的内容，规定和制定诉讼证据规则，应当是国家法的职责，是诉讼法应当规定的内容。这些制度的基本问题应当是由法律规定的，而不是司法机关规定的。司法机关应当在诉讼法律规定的基本诉讼证据规则的大框架下，对于具体的操作方法作出规定。但是，证据种类、证据效力、证据认定、证明责任等等重要问题，司法机关无权规定。

可是，我们看看最高人民法院关于民事诉讼证据规则的解释和关于行政诉讼证据规则的解释，有多少是超过了自己的司法解释的权力，作出的是立法才可以规定的内容呢？例如，关于当事人举证时限，就是当事人在诉讼当中到什么时候为止不能再提出证据的规定，三部诉讼法都没有做出限制性规定，那就是在整个诉讼阶段都可以提出证据，只要是判决没有最终发生法律效力。这样的规定不是很好，但它也是法律规定，在没有修改之前，任何人和任何单位都不能改变它。可是，关于民事诉讼证据规则的司法解释就是规定了举证时限，超过时限所举出的证据一律不采信！司法解释改变法律的规定，当事人如果较真儿，提出一个司法解释违法的诉讼，那么应当由谁管辖、由谁进行裁决呢?

因此，我的结论是:

第一，涉及国家根本的诉讼法律制度和司法制度的改革，任何人和任何司法机关都无权擅自进行改革，必须通过立法机关，通过立法程序修改立法，才能够进行改革。任何擅自改变现行立法的“司法改革”，都应当以破坏法制论处。

第二，不涉及国家诉讼制度和司法制度的工作制度，需要改革的，可以进行改革，但是需要全国统一进行，必须有国家最高司法机关，包括最高人民法院、最高人民检察院、公安部、司法部等，作出统一的改革规定，从上至下的进行，不得各行其是，造成司法机关工作制度的混乱。

第三，涉及各个司法机关相互协调的工作制度问题，如果需要进行改革，应当进行协商，提出妥善的方案，不得各自为政、各行其是。

第四，各级司法机关对于各自的工作制度进行改革，如果不涉及其他上下级司法机关和横向司法机关的协调和协作，可以自行进行，但是应当经过上级的批准。涉及横向关系的改革，必须进行协调，不能各自为战、各行其是。

三 “先例判决制度”是不是符合法律规定的审判制度

说到现在，才开始说到所要讨论的问题上来。中原区法院进行司法改革，创造了“先例判决制度”，实施以来，效果良好，受到各界的重视。对于这样的一个新生事物、一个充分体现了首创精神的司法制度，究竟应当采取什么样的态度，似乎也是一个问题。

按照道理，对于新生事物，对于群众的首创精神，是应当尊重的，而不是指责这也不行、那也不行!可是，司法制度和诉讼制度是法律规定的制度，是国家的基本制度，如果仅仅是为了考虑尊重新生事物、尊重群众的首创精神，是不能解决问题的。如果在司法改革中，在诉讼制度上，人人都可以创造新生事物，人人都可以有首创精神，那么司法制度和诉讼制度就不再严肃，就不再权威，就不再是铁的制度了。那么，体现革命精神的改革，不就是破坏法制吗?

未经分析就得出对“先例判决制度”否定的结论，是不正确地。我们还是要先研究“先例判决制度”的含义。按照中原区法院的说法，“所谓‘先例判决制度’，是指经过某种程序被确认的‘先例判决’对今后处理同类案件具有一定的拘束力，其他合议庭或独任审判人员，在处理同类案件，若无其他特殊情况出现时，应当参照。”其目的，就是“建立该制度旨在强化审判委员会的指导作用，规范法官自由裁量权，帮助法官正确适用法律，实现‘公正与效率’。”

依照我的理解，先例判决制度就是在典型案例指导的基础上，向判例法的过渡，或者说是典型案例指导和判例法之间的中间状态。它否定典型案例指导制度，但是又不能实行判例法，不得已而采取的一个变种的方法。它的关键词在于：拘束力；制度。

在我国法院长期以来实行的典型案例指导的方法，是行之有效的指导法律适用的方法。各级法院每年都要总结典型案例，推广典型案例，用典型案例统一法官对法律的认识，统一对法律的理解。要明确的是，典型案例指导不是一个制度，典型案例也不具有拘束力，而仅仅是对法律适用的指导或者参考。法官所要极力理解的，还是法律本身。

现在提出的先例判决制度，首先的一个关键词是“制度”。对先例判决制度既然称之为一种制度，那就应当确定究竟是什么制度，是司法制度、诉讼制度还是工作制度。由于这种制度已经涉及对具体案件的适用法律问题，当然就不是工作制度，也不是一般的司法制度，而是诉讼制度。那么，既然是一个司法制度，是不是基层法院就可以创设呢？是不是就可以绕开法律自己做出规定呢？我想是不可以的。

其次，第二个关键词，是先例判决制度规定先前的判决对后来的判决具有的“拘束力”。既然说到先例判决的拘束力，那就是判例法。拘束，就是受限制；拘束力，就是照办的力量。后续判决必须接受先例判决的拘束力，就是说后续判决必须受到先例判决的限制，就是依照先例判决照办，否则就是违反法律。既然先例判决对于后续判决具有拘束力，那么，后续判决就可以直接依照先例判决做出，而不必依照法律进行。可问题是，其一，在成文法国家，法院作出判决应当依照的是法律，并不承认先例判决的拘束力，并不需要受到先例判决的拘束；其二，先例判决如果对法律理解不对，那么后续判决是不是一定要受到拘束呢，如果受拘束，则为违法，如果不受拘束，那还有拘束力吗；其三，在后续判决中，究竟是引用法律条文，还是引用先例判决呢？最后，如果一个法院有一个先例判决制度，那么这些先例判决集中起来，就是当地的法律，就是对法律理解的地方“方言”，那么法治如何统一？

现在我们顺着“制度”和“拘束力”这两个关键词继续思索下去，不难得出结论，将来在实行先例判决的这个法院，就将独立于国家的统一法制体系，形成自己的“判例法”。

如此说来，所谓的“先例判决制度”，无论从哪个角度上说，都应该“休矣”！

四　激进与保守的协调——关键是依法进行司法改革

其实我还是很赞叹“先例判决制度”的创始人的！这确实是一个大胆的创意。

可能有人会提出疑问，作者既然对“先例判决制度”提出了如此尖锐的批评，怎么转而又进行夸赞了呢？这恰好就是我对司法改革的一贯思想，也是这篇研究司法改革的文章的主题。

一方面，我主张司法改革应当激进，各种改革的思想应当百花齐放、百家争鸣，形成司法改革的思想前导和司法改革的思想共识。没有理论的前导，没有理论上的碰撞和准备，就没有司法改革的高质量。因此，我说的司法改革的激进，是理论研究的激进，是思想解放的激进，是改革思路的激进。只有深刻的理论分析和激进的思想，才能够引导中国的司法改革，创设崭新的司法制度和诉讼制度。比如说，在理论上提出先例判决制度，当然就是一个创意。不仅这个可以说，就是确立判例法的意见也是可以提出来的，论证它的实用性，论证它的价值观，比较它与成文法的区别和意义及存在的价值。至于是不是就要采纳判例法，那还是要看讨论的结果。如果真的认为判例法适合中国国情，当然也可以抛弃成文法和转向判例法。这样的讨论是有意义的。

另一方面，激进的司法改革主张只能停留在理论层面，而不是在司法实践中想起一个主意就要落实它，就要变成具体的司法制度或者行为。具体的司法操作一定要保守。这个保守的含义，就是严格执行现行法律，不能擅自改变现有的司法制度和诉讼制度。司法的保守，实际上就是依法办事，就是依法办案，而不是独出心裁，各自为战。保守的实质，就是尊重法律、尊重法治、尊重国家法制的统一。国家的法治必须统一，不能分裂，不能人为地割裂统一的法制。中国是一个大国，是十几亿人、三十多个省、三千多个（县）市的国家，建立统一的法制是不容易的。司法保守所保的、所守的，就是统一的法制。它经受不起群雄并起的“改革”，也经受不起诸侯割据的“分割”。任何别出心裁的新生事物和首创精神如果直接应用于司法实践，作为司法改革的措施变为司法的现实，都会使统一的法治受到损害，甚至会从根本上改变它。这一点绝不是危言耸听。

因此，我提出中国司法改革的“中庸之道”：

第一，必须坚定司法改革的信心。中国的司法制度和诉讼制度经历了几十年的实践检验，其基本的内容是好的，但确实存在需要改革的问题，这些问题不仅是一般的局部问题，而且是很大范围的问题、很重要的问题需要进行改革。不改革就没有出路，就没有进步，是完全正确的结论。任何阻碍司法改革的言论和行动，都是不可取的。

第二，司法改革必须依法进行，必须遵循法治的轨道。司法改革关乎国家的基本司法制度和诉讼制度，不是可以任意所为的工作改革或者工作改进，没有法律依据就进行的改革必须明令禁止。我建议，国家应当成立司法改革委员会，专门研究司法改革的方针和方案，广泛吸纳各界的司法改革意见和办法，最后形成《司法改革法》草案，提交立法机关通过，最终实现根本性的司法改革。除此之外，任何人不得将司法改革的意见和方案诉诸司法实践。

第三，进行广泛、深入、毫无拘束的司法改革讨论。社会各界，包括法学理论界、司法实务界，方方面面，各个阶层，凡是关心司法改革的人，都可以提出司法改革的建议和意见，进行评论和修正，真正做到解放思想，开拓进取，不拘一格，形成司法改革讨论的热潮，提出不同的主张和创意，推动司法改革的进程。

第四，司法实务界应当遵守法制，不得擅自改变司法制度和诉讼制度。应当区分司法工作改革和司法制度和诉讼制度的改革。对于司法工作的改革，凡是在司法机关职权范围内的改革内容，只要符合程序规定，符合上级司法机关的要求，都可以自主进行。但是，凡是涉及司法制度和诉讼制度的问题，任何单位和个人都不得擅自进行。上级司法机关也不能对下级司法机关层层落实司法改革任务，强制进行司法改革，并把是不是进行司法改革作为考核领导政绩来对待。各级司法机关应当把忠实于司法制度和诉讼制度作为自己的职责，维护它，保护它，不能让它受到任何损害。在国家的司法改革方案没有通过法律程序立法之前，都必须遵守现行法律。只有在国家正式通过司法改革的立法后，才可以并且必须坚定不移地按照新的法律办。

（本文原载于《河南社会科学》2004 年第 12 卷第 5 期）

对中国司法改革理论的反思

陈金钊　张其山*

从20世纪90年代开始，中国就开始进行司法改革。从改革的动因看，中国与其他国家的司法改革不同。其他国家的司法改革，如英国、美国、德国等，主要是解决战后各种案件的迅速增长所带来的诉讼迟延，即所谓“迟来的正义”的问题。因此，他们的司法改革多围绕着如何加快诉讼进程以及如何使程序更好地为当事人所利用来进行。而中国的司法改革则主要是为了解决司法不公、司法腐败等问题。多年来，学者们就程序正义、诉讼模式、诉讼原则等宏观性问题进行了广泛的讨论；实务界（主要是法院系统和检察院系统）也根据自己的工作需要提出了具体的改革方案，如统一司法资格考试、主诉检察官制度等。许多学者认为司法公正的最主要的体制保障在于司法独立。围绕着这一理解，学者们提出了许多方案。本文试图对其中的观点进行分析。

一　共识论及其反思

有学者认为，中国的司法改革虽然提了好多年，但是我们对于为什么要改革，改革的基本方向、基本目标是什么等问题，可以说在当初就没有形成共识，以至于面对当前的改革大家都有点无所适从的感觉。没有形成共识的改革只能为改革而改革，各自为政的改革结果是大家都改不下去，并造成了社会的混乱。改革首先要达成共识，否则改革就没有太多实质意义上的进步

* 陈金钊，山东大学教授；张其山，山东大学法学院博士生、威海分校法律系讲师。

可言。[①] 这种观点可以在许多文章中看到。这就给人形成一种印象，似乎司法改革的条件之一是人们应该在一些根本问题上达成共识，否则改革难以进行。

但这里的问题在于，在司法改革问题上有没有共识？如果有的话，是什么意义的共识？是什么程度上的共识？如何才能达成共识？这恐怕是一个难以回答的问题。因为，人具有多重角色，还有不同的利益。如果站在管理者的角度看问题，就可能与被管理者有不同的看法。如，管理者角度的法治观追求的是秩序，而一般公民则可能更重视公平。不同利益的享受者在具体问题上不可能达成共识。当然，从哲学的角度看，在不同的利益阶层间也可能达成共识，即求同存异的意义上达成共识。但这种共识可能是包含着各种利益冲突或者含有不同价值追求的共识，比如前述各阶层人士都追求法治，但对法治的理解却差别很大。在司法改革的所有问题上，尤其是在根本问题上达成共识，这近乎于天方夜谭。但是，我们也清楚，追求共识是人类思维的天性，虽然我们难以追寻到绝对意义上的共识，但人们并不愿放弃追求共识的努力。并且人们相信只有追求到最低程度的共识，才可能使改革真正的开展起来，否则就会各行其是，使改革陷入混乱。为了做到这一点，许多国家在进行司法改革时，都成立了统一的协调改革指导思想、收集改革方案、制定改革措施的机构，如日本的第三次司法制度改革就专门设置了司法改革机构，吸收了教育界、法律界、企业界的许多专家参与，负责收集、整理各界对司法改革的意见，组织有关人员对司法改革进行探讨，提出改革方案。一些学者认为，正是由于有了这样一个机构，才使得日本司法改革能形成一个统一的目标，达到最低限度意义上的共识。俄罗斯、韩国、英国的司法改革也都有统一的改革机构。[②] 许多学者认为，这些机构的设置，虽然不能形成理论上的共识，但可以综合各个方面的意见，消减改革过程中的不协调以及尖锐的矛盾。以此反观我国的司法改革，人们发现的则是各自为战，法院、检察院各有自己的改革方案，在许多问题又互不协调，从而形成司法改革不能统一进行的局面。

但我们应该注意到，统一的司法改革机构，既不能保证所形成的意见是共识，也不能保证这些共识都符合国家的实际情况，不能证明这种“统一”

---

① 参阅王申：《“千年之交司法改革”国际学术研讨会综述》，《法学》，2002 年第 2 期。

② 参阅杨亚非：《俄罗斯司法改革述评》，《法制与社会发展》，1999 年第 2 期。

的认识是正确的。俄罗斯司法制度改革就证明了这一问题，在俄罗斯法学家以及西方法学家的共同努力下，1991 年俄罗斯最高苏维埃通过了《俄联邦司法改革构想》，对司法改革的价值取向、总体目标进行了系统的规定。几年过去了，“在司法改革的推进中，俄罗斯人民取得了一定成绩，也付出了较大的代价，付出与收获，反差很大，人们普遍感到深深地失望。”① 司法改革演变成了一种令人难以容忍的永恒的立法活动。这种悲剧在我国也程度不同地存在，主要反映在我们的立法活动和学者的论著中。比如，我国许多的重要法律都冠以试行，这实际上等于说法律刚立好，就提前做好了不断重立的准备。还有那些不冠以试行字样的许多法规实际上也是不断地修订、补充甚至重立。很多学者的论著、结论也都以完善立法为出发点和归宿。这说明我们的法律思维方式是以立法为中心的，似乎司法改革都是关于立法的改革。从这一点看，中国的司法改革在准备阶段是不充分的。因为，如果我们仅从制度和规范存在缺陷而进行改革的话，那么，司法过程无时无刻不处在改革之中。规范性的法律始终和个案之间存在着需要弥合的“裂缝”。我们的研究究竟是指出制度性法律的毛病，还是根据法律方法解决问题，就成了必须作出的选择。我们认为，必须在一定程度上放弃立法中心主义立场，法律思维的最基本方式不是要求我们在任何情况下都去思考怎么去改革制度和规范，而是要求应根据现有法律，用法律方法去探寻解决问题的具体方案。但遗憾的是，关于司法中心主义的法律思维还没形成，法律方法在大部分法律人心目中还是模糊的东西。历史的经验中有许多值得肯定的东西，俄罗斯司法改革的教训就值得我们认真总结。在俄罗斯，由于改革变动激剧再加上其他一些原因，有相当一部分的法院，严重地违犯程序法，未经法定程序就草率地做出了判决，而这在过去是不可思议的事情。所以，杨亚非的研究得出了一个值得深思的结论。他认为，“改革不应被设计成破坏性的，瞬间崩塌型的。”② 我们认为，司法改革确实涉及制度与规范，但绝不仅仅是制度与规范，甚至主要不是制度与规范的问题。比如，现在反映比较多的司法腐败和司法不公正问题，主要不是由制度和规范造成的，虽然制度和规范不完善，在一定程度上助长了司法不公或为司法腐败提供了某些方面的便利。但是可以说，司法腐败和司法不公都是人为的，是由法官等法律应用主体的价值观、

---

① 潘剑峰：《从日本第三次司法改革看我国司法改革存在的问题》，《法学》，2000 年第 8 期。

② 方立新：《司法改革的动因及其制度设计》，《浙江大学学报》，2001 年第 6 期。

法律观的扭曲所促成的。世界上原本就不存在绝对完善的制度与规范，所谓完善的制度也只是相对完善。所以，我们不能对制度与规范轻言改革。在法治社会，乃至于在建设中的法治社会，都应认真地对待制度与规则。

现在很多人都把司法腐败的原因归结为体制，归结为司法不能独立等等，但在我们看来，这仅仅是一种托词。体制固然是一方面的原因，但实际上任何国家的体制都存在这样、那样的问题。在体制问题上也许是真的没有最好的体制，只有不同的体制。任何国家的体制也都存在一个改良的过程。不能指望体制一改革，司法腐败就挥之而去。可以说，我们目前在司法改革问题上已经达成了一个起码的共识，即现行司法必须进行改革，至于怎么改、朝什么方向改以及改哪些东西，尚缺乏统一的认识，也不可能形成统一的认识。我们现在需要做的工作，一是应该在大体上明确司法改革的目标，比如说达到司法公正，提高司法效率，扼制司法腐败。二是在这一目标下，设置一个统一的工作机构，对那些存在重大积弊的制度和规范进行改革，而对多数的制度和规范，则应充分利用其积极的一面，在法律方法支配下，以积极的态度，尊重现有法律的权威，探寻解决问题的具体方案。这样才能使法律呈现出稳定性，最终使法治得以实现。如果我们的改革不尊重法律的稳定性，甚至任意破坏法律的权威性，那是十分危险的。方立新认为："当我们试图将司法独立作为法治的一项基本原则应用于实际，用来指导我国司法改革的实践时，应当抱着非常慎重的态度，对适应该原则可能出现的各种结果以及由此产生的负面影响，要有足够清醒的认识和充分的思想准备。"[①]把体制改革作为达到司法公正的良方，只是坚持立法中心主义的规范法学者的方案，在中国很可能没有其土壤或基础。因为，从根本上说，体制并不是产生腐败的根源。另外，即使是相对较好的国外司法制度，也都有"其自身的文化土壤，我们可以借鉴、移植他们的司法制度，却无法在短期内借鉴、移植他们的文化并使之本土化"[②]。可以说，"我国司法制度在制度、立法层面上已涉入现代司法阶段，但是，在司法实践中，这些先进的司法原则和制度并没有得到真正的实现。"[③]就充分证明了体制改革并不能解决所有的难题。值得注意的是，司法改革的共识论，在实际运作中可能存在着很大的危

① 方立新：《司法改革的动因及其制度设计》，《浙江大学学报》，2001年第6期。

② 谭世贵、周丽娜：《司法改革的文化思考》，《海南大学学报（人文社科报）》，2002年第4期。

③ 方立新：《司法改革的动因及其制度设计》，《浙江大学学报》，2001年第6期。

险。因为，在具体问题上的共识是根本无法达成的，所谓共识也仅仅是一种姿态。如果共识论者非要坚持司法改革问题上的共识论，那就意味着他可能是强制推行自己的观点而以共识作为掩饰，把自己的观点强加于人。这种说法当然不是为各自为政改革模式进行的辩护，各自为政的改革只会带来混乱的状态。我们现在只想说明，司法改革是一个过程，具有渐进性特征，而不是一场革命。司法改革的根本问题是法律人的素质问题，这里的素质主要是指公正的司法理念与维护法治的法律思维方法的形成。

二　革命、改革与改良

经过十多年的努力，司法改革取得了不小的成就，至少在观念上使程序正义和诉讼权利逐步为人们所重视，中国共产党也在其十五大和十六大报告中将司法改革作为其新时期的主要任务之一。为了减轻法官的工作量，也是为了保证双方当事人的实质对抗，我国试图引进当事人举证制度，但与之相关的问题接踵而来，当事人的举证能力问题，证据规则问题，证据的质证、认证问题，律师制度以及法律援助制度问题，等等。我国确立了无罪推定原则，但对其中的沉默权却迟迟争执不下。有学者认为，迄今为止，我们所能看到的较为成功的司法改革措施并不多见，我们所看到的改革还不能算是真正意义上的司法改革，大多数举措是对法院内部工作机制的变革。对这种现象，有人将之归结为缺乏一个整体、宏观、全局的思路。陈卫东认为："既然改革的实质就是要将现存的不合理因素驱除，那么我们就必须对现行制度从整体上予以考察，找出一切不合理的东西，然后再根据各方面条件，找出适应我国实践的制度。否则就不能从根本上解决问题。"① 徐昕说："实际上，我国面临的却是整个司法体制本身存在的问题。""一些改革措施过于零碎，无法相互协调，甚至与现行法相抵触。"② 因而主张改革只能是彻底的和整体性的。但问题是，如果整个体制都存在问题，那么就不是改革而是需要革命的问题，改革只能是部分地进行，全面地改革就是彻底的革命。但是在中国的现实情况下，为了经济的发展，社会的稳定，以革命的方式进行改革显然是不可取的。革命式的改革的代价是目前中国无法承受的。新中国成立后

---

① 陈卫东：《中国司法改革十年检讨》，《中国律师》，2002 年第 11 期。

② 徐昕：《英国民事司法改革之借鉴》，《法学》，2001 年第 5 期。

的不断革命论，已给我们提供了不少血的教训。

我国许多学者都习惯于从宏观角度去分析解决问题，都是从大处着眼，抓大放小，总是希望能从总体上、全局上一下子把握司法改革的基本方向和进路。注重宏观的理论研究而忽视具体的制度分析是中国学者研究司法改革的一个特点。

众所周知，法律制度从来不是孤立地存在的，它总是作为法律文化的一部分，与意识形态、法律观念联系在一起的。它需要一个法律共同体，大家应有大体相同的思维方式。因此，我们不能把司法改革视为技巧性的东西，它需要按照事物的发展规律循序渐进，司法及其制度不可能像从丘比特的脑袋里钻出的一样，一下子达致完美，只有在实践过程中不断地完善。因此各种有关司法改革的理论探讨还会持续很长一段时间。司法改革理论不同于一般的理论争论，它是一种实践性很强的理论。虽然理论上存有争议，但现实生活中并不因为理论上存在争议与不足就没有相关纠纷的发生。有纠纷就需要“定纷止争”，就需要有相关的制度和程序规则赖以遵循。这就要求中国学者要进行更多的具体制度的分析研究而不是动辄就进行整体性的改革。

有学者认为，我国司法制度几十年一贯制，在改革方面一直是小打小闹，没有根本性的突破。① 对这种评价我们应认真反思。因为，如果改革得到了根本性的突破，那我们就该问革命与改革有什么区别？长期以来，我们习惯于革命思维，什么事情都往革命上扯，甚至人与人之间的关系都成了革命同志的关系。革命是什么呢？传统的观念是：革命是暴力，是对传统制度与规范的彻底否定。在革命思维指导下，改良和改革都被当成保守甚至反动来加以批判。近些年来，由于党和政府一直倡导改革，革命一词虽由改革替代，但革命的深刻内涵在许多人心目中并没有被彻底放弃，所以，当谈及司法改革时，革命思维还不时泛起。严格起来说，法治与革命是格格不入的，要革命就得摧毁法治，而要法治就不允许革命（这是从革命一词的本源意义上讲的）。无产阶级在闹革命的时候，首先得冲破旧法治的束缚，如果我们的思维停留在革命阶段，建设新法治就无从谈起。现在我们已经看到，许多地方的司法改革都是在违法的前提下进行的尝试，这不能说不是传统革命思想的影响。在革命思维影响下，法治被丢到了一边，这样的改革即使是像有些人所讲的符合社会的“发展”与“进步”，但也不符合法治精神。我们的

① 参阅谭世贵：《我国司法改革研究》，《现代法学》，1998 年第 5 期。

制度需要改革，但要通过立法形式来进行，否则法治就会荡然无存，立法者及其法律文本的权威性就会丧失。我们赞成改革，但我们更要维护法治，这是法律人的起码姿态。在司法改革问题上，有一个传统的提法叫做“改良”，这种称谓可能更加符合法治的要求。改良一词既包括对现有法治的尊重，又有剔除法治弊端的意义。

改革似乎与新近兴起的法治有些不协调。其主要表现就是现行有效的法律受到司法改革的冲击，法官等似乎忘记了他最基本的职业道德应表现出对法律的忠诚。况且，改革也不是草率的事情，任何一项改革的提出都需要较长时间的论证与检验。对于改革事业，从古至今总有不少人基于“取法乎上，仅得其中；取法乎中，仅得其下”的考虑，甘冒被众人指责的风险，仍要提出激进观点。这很可能是革命思维在人们意识中的积淀，是在思考司法改革问题的一种不自觉的流露。我们非常赞成孟勤国的一个观点，①他说：“既然中国过去没能跑步进入共产主义，那么今天也同样不能跨越历史与国情的限制而制定中国版的瑞士民法典或英美司法制度。”②从国外的司法改革来看，其制度和规范无论进行了多大的变动，都是在宪法许可的范围内进行的，也就是所谓的合宪性控制。据此，有学者提出，应加强对司法改革的合法性控制。但对如何加强合法性控制，则鲜有人举出方案。另外，对于司法改革过程中出现的一些问题，有学者主张不能单从制度、体制上找原因，还应该注意到文化背景。然而对于中国有着什么样的文化背景，在这样的文化背景下应该进行怎么的司法改革却不能提出详细的思路。龙宗智教授认为，目前中国的法治不在于法律制度本身而在于支撑制度的法制条件未具备。因而，我们的结论是，司法改革在目前应称为司法改良。其虽然应有整体规划，但这种筹划仅仅具有指导意义，真正的改革应从小处着眼，点滴做起。改良或称为改革应伴随中国法治化的整个进程。

三　司法改革与法治

司法改革的过程是一个循序渐进的过程，但还是有些学者急功近利，试

① 参阅孟勤国、荣晓阳、刘慧玲：《削弱司法自由裁量权与提高成文法地位》，《法学》，2000年第10期。

② 孟勤国、荣晓阳、刘慧玲：《削弱司法自由裁量权与提高成文法地位》，《法学》，2000年第10期。

图打破一切，推倒重来。从历史来看，改革主要有两种：一种是温和的渐进型的，另一种是突变型的。从人的本性来看，渐进型的改革仅仅是对传统的改良，因此对传统的触动很小。但它又在不断地向既定目标前进，因此容易被各阶层所接受，易于成功，而突变型的改革则包含大量的新观念、理念，不易为人所接受。它所涉及的不仅是制度、程序的变革，而最主要的是社会观念问题。有些学者总是希望把中国的司法改革快速推进。这种出发点是好的，力求尽快改变中国的司法现状。然而，现实往往偏离热情的期待，仅仅是社会观念问题就是中国的司法突变改革所不能逾越的鸿沟。学者们早就注意到这个巨大的制约因素，但一直没有认真对待它。他们总认为自己是站在民众的角度上思考问题，所以他们的思考就是民众的思考。但实际上，学者的想法，其实就是学者的想法，他们永远不可能成为大众的想法。所谓的现代司法观念，基本上还是法学精英构建起来的法学理念，真正调整当事人生活和思想的还是较为混沌的诉讼观。因此，采取突变型的司法改革，不但不能解决实际问题，而且可能使司法改革陷入混乱。中国的改革进路应是温和渐进的。从维护法治的角度上考虑，司法改革应该是保守的，除非有十分充足的理由改变某一制度或规则。法官等对个别正义的违背可以通过法律解释、法律监督等加以调整，而不能动辄就修改规则。正因为如此，各国的司法改革都显得有些保守。突变型的司法改革显然与之不相适应。

在学术研究中，一个普遍的现象就是对中国的司法实践中存在的问题和弊端进行直观地分析，分析的标准一般是前面所探讨的司法基础理论，然后考察国外的司法制度、诉讼规程，将其作为参照系，以此来构建中国的司法制度的改革蓝图。从这种改革思路中可以看出，中国有些学者对中国司法改革的论点是在西方语境下进行的。问题的提出一般是基于我国现实的司法弊端，问题的解决却是外国的“先进”司法经验，再加上一点学者理性的想象，没有回到中国的司法现状中来。不可否认，国外的某些先进经验和制度的确代表了司法现代化的发展方向，但国外的“先进”制度并不是独立地存在的，往往受相应的政治条件、历史条件、社会条件以及经济条件制约，而这些条件是我国目前难以一下子具备的。如果抛开中国的语境进行策划，不对中国的司法实践问题进行实证的分析，而只是凭一腔热血，就试图将中国的司法改革推进到现代化的程度。

比如，对司法独立是司法公正的重要保证的判断，如果单从学理的角度分析，司法独立应包括三个方面的内容：司法权独立、法官审判独立、法官人身独立，其中法官独立是司法独立的主要内容。因此，从制度上法官的独立应是现代审判的基本要求。国际通行的惯例也是这么做的。于是就有人认为，中国应该将司法独立到法官个人，而不是独立到法院，并据此构建一系列保证法官独立的制度。这种观念有没有错？没有。在将来，它可能就是中国的司法改革的具体措施。然而，从现实的角度看，它却不具有任何实用价值。法官独立需要有内部和外部保障。内部保障是法官本人必须具备较高的业务素质和道德情操。而从中国的现状来看，法官的整体素质公认的让人担忧。这里列出一组数字：1995 年的数据显示，中国法官达到大专层次的占 84.1%，本科层次仅占 5.6%，研究生层次只占 0.25%。近年来，随着司法资格统一考试的实施，法官的素质有所提高，但原来的法官仍然占据相当的比例。况且，学历本身也并不代表法官的素质。在我们的法学教育课程体系中，直接涉及法官素质的两个课题即司法伦理学、法律方法论，各大学几乎均未开设，至少没把其当成重要课程。在职法官虽然也通过各种方式提高了学历，但那些仅仅通过简单的几次授课就能拿到的学历，对提高法官素质到底能起多大的作用可想而知。更让人担心的是，业务素质的提高，并不能保证道德情操的升华。据统计，法院系统内部查处办案中的贪污受贿、徇私舞弊、枉法裁判等违法行为，1995 年共查处 962 人，其中受刑事处分的有 72 人；1996 年共查处 1051 人、受到刑事处分的有 59 人。从 1993 年到 1997 年的 5 年间，全国法院系统共有 376 人因严重司法腐败行为被追究刑事责任。实行错案追究制以来，仅黑龙江省在 1995 年到 1997 年，就已纠正错案 1386 件，被追究责任者达 1873 人。1999 年，广西有数名中级法院的院长被定罪判刑（当然，这些数据能否反映司法的现实状况，许多人都持怀疑态度，现实情况可能比数据反映的更糟）。我们难以想象，让这样的法官完全独立，会是什么样的结果。

理论界的这种革命意识也深深感染了实务部门。与理论界相比，实务界的很多做法虽然具有针对性，多少有些实践理性，但一定意义上是对理论界所探讨的理论性冲动的反应。为了防止法官先入为主造成先定后审，检察机关采取起诉状一本主义和一步到庭，结果法官在开庭时极不适应，不得不反复开庭来查明案情。错案追究制的实行是为了防止法官裁判不公，而在实施过程中却遇到了不少现实的难题，如什么是错案？以及纠正错案时多种人情关系等使得错案更难以纠正。辽宁省抚顺市顺城区人民检察院推出《主诉检察官零口供规则》，被媒体称为是中国司法制度引入了沉默权。然而，事隔不到半年，该检察院就改变了当初的做法，原来最抢眼的在审讯时“允许其保持沉默”字样已被删除，取而代之的是“在鼓励其如实陈述的同时，不强迫其做不利于本人的陈述。”

从实践中看，法院系统的改革总是会遭到学者们的当头棒喝，多数学者批评法院系统的改革缺乏理论的指导，以致产生与现代法治的背离。不可否认，法院系统相关的改革有时的确是属于“摸着石头过河”。从中国法官的整体素质看，大都不具有较深的理论功底，因此，对实践部门的司法改革的理论指导的任务就落到了学者的身上。实务界的具体改革措施能否真正符合现代法治的要求，关键在于中国学者能够为其提供切合实际的理论指导。制度出台后，学者们不是研究对其如何实施、如何改进，而是抨击它的缺陷与不足，导致一些从事实际工作的人士常常抱怨：你不做，学者们什么也不会说，你做点什么，他们总是议论纷纷。与此相反，倒是实务界针对实际问题进行了一些探索，虽有些弊端，但的确也收到很大的实效。中国有些学者仅仅看到这些举措不完美的一面就否认这些改革举措的价值，他们恰恰没有看到任何制度本身都不是完美无缺的。只要符合某一阶段的现实需要，并能解决相应的现实问题，那么它就是合理的。可以说，扎扎实实地解决一个实践问题与构建理想的理性模式同等重要。

司法改革就是改掉一些影响司法公正与效率的思维方法。所以，司法改革像其他改革一样，应当在法治框架内进行。突破现行法治的框架就应实行立法先行的原则，而不是置立法和法律文本的权威于不顾，各行其是地突破现有法律的规定，进行违法式的改革。但我国现实情况是，多数的改革都是冲破法律限制，进行所谓改革的试验。李小明认为，目前的司法改革理论是以立法、行政和司法三权分立为背景展开的，其所提出的方案不能解决人民代表大会制度下的“司法”公正问题。① 谢佑平也认识到，“在司法改革的大旗下，各地司法机关纷纷以司法改革为名，摆脱现行法律的‘束缚’，进行大量的‘制度创新’，这些所谓的‘制度创新’在很大程度上背离了现有立法的规定。这样以完善立法，实现法治为目的的司法改革，却反过来以一

① 参阅李小明：《论司法改革的理论基础及方向》，《法律科学》，2000年第5期。

种‘非法’的方式在运行。”[①] 在我国现行的基本政治体制框架内，要追求司法公正的价值目标，必须要充分发挥制度的效应。这种以违法形式所进行的改革带来了许多不良后果。首先，以违法形式进行改革，破坏了法律的稳定性与权威，而法律的稳定性与权威性正是法律的生命之所在。法律唯其稳定才有权威，而只有其拥有权威，才能在现实生活中贯彻下去。如果司法机关带头违法，法律还有什么权威可言，而法律没有权威，法治将不能实现，司法改革所追求的公正也就不可能实现。因为公正的司法主要是指形式意义上的公正，人们对实质公正的追求只是一种理想。其次，由于违法改革所造成的法律权威的丧失，所带来的后果就是刚刚萌动的法治观念被改革的“合法”形式所冲击，法治就纯粹成了口号，其直接的恶果是对机关的约束变得软弱无力，社会又回到了无法无天的局面。不同之处仅在于，这种对法治的破坏，打的是改革的旗帜。既然改革可以破坏法治，那么，其他政治口号是不是也可以破坏法治?

面对司法改革与法治原则的冲突，我们应该怎么办？龙宗智提出了相对合理主义的主张，他认为:“由于我国的法治缺乏这种社会结构的支撑条件，我们的法治战略必须通过一种特殊的方式予以推进，关于法律与司法改革也要用一种特殊的方式思考。这可以称为一种‘变形虫’式的思维方式，即在一定时段内以某种方式变通某些准则却不藐视它的公理权威，随着条件的具备再进一步实现该普适性要求。”[②] 但我们认为这种相对合理主义在一定程度上只是为现实的所谓改革唱的另一种形式的赞歌，虽然我们并不能排除其合理成分，但并没有真正解决司法改革与法治原则的冲突。

因此，司法改革的症结不在于制度如何，而是人的问题，如果我们仅把问题归结为制度，就是没有把握住司法改革关键。美国法学家庞德十分重视中国法制建设中的传统主义指向与过激的西化指向之间的冲突。他提醒中国的法律家不要无限度地追求立法层次上的合理化与西化，而必须发展法律的解释和应用技术，使新的法律制度适应社会现实，成为地道的属于中国的法律。[③] 中国的司法改革，可以从提高法官素质着手，素质在这里包括

① 谢佑平、万毅:《权威与司法创新:中国司法改革的合法性危机》,《法制与社会发展》，2003年第1期。

② 谢佑平、万毅:《权威与司法创新:中国司法改革的合法性危机》,《法制与社会发展》，2003年第1期。

③ 参阅龙宗智:《论司法改革中的相对合理主义》,《中国社会科学》，1999年第2期。

多个方面，道德素质、专业素质、法律思维水平等。我们认为，司法改革不是说不要理想的规划和制度，没有这些反映现代司法的理念和制度，我们将无所适从，但我们也反对学界现在急功近利的改革思路，要从法律人的素质抓起，从小处着眼，抓住一个一个的具体问题认真地贯彻下去。当然，我们的这种思想可能会被人看做是保守，但我们却可以在实践中贯彻执行。比如非法搜集证据，是现代法治所禁止的。我国刑事诉讼法也规定了：禁止以非法手段收集证据，《最高人民法院关于执行刑事诉讼法若干问题的解释》第61条规定："严禁以非法的方法收集证据。凡经查证确实属于采用刑讯逼供或者威胁、引诱、欺骗等非法的方法取得的证人证言、被害人陈述、被告人供述，不能作为定案的根据。"现实的司法活动虽然对此并没有很好地执行，但对于这类问题，我们不能仅从体制上找原因，而是克服各种阻力认真加以落实。也许，徐国栋的话对我们是有启发的，他说："任何最优方案都只能获得廉价的、理论意义上的喝彩而为现实所拒斥。次优的但现实的方案才具有真正的价值"①。

（本文原载于《山东社会科学》2003年第6期）

① 徐国栋：《民法基本原则解释——成文法局限性之克服》，中国政法大学出版社，1992年。

精英话语与民众诉求
——对中国司法改革理论和实践的反思

王新清　赵旭光*

引　言

司法改革是当今世界最为热门的话题之一，发展中国家在改革，发达国家也在改革。司法似乎变成了一个身患沉疴的病人，而对这个病人进行会诊就成了政界、学界乃至全社会共同关注的焦点。面对这个“病人”，各界人士开出了各式各样的药方，提出了令人眼花缭乱的“治疗方案”。在波涛汹涌的改革浪潮推动下，我国的司法界也大胆地推出了一个接一个的改革措施。客观地说，改革取得了一定的成就：理论界和实务界对司法改革的必要性和紧迫性取得了共识；已经取得的研究成果给改革提供了可以参考的方案；一些地方的司法机关在改革中改进了早应改善的工作制度和作风，也为改革积累了宝贵的经验和教训。然而，在这些成就的背后，我们也应该看到无论学术界、实务界还是社会公众，人们对司法改革的评价并不是那么高，我们本来寄予了厚望的司法改革并没能改变旧有的沉疴。老百姓告状难的问题没有解决，又出现了告状“贵”的新问题；刑讯逼供事件仍然屡见报端；刑事诉讼中律师的辩护意见仍然不能很好地发挥作用；各地的公捕、公拘大会也仍然在热火朝天地开着；法院还是背负着浓厚的行政色彩，司法仍旧无法摆脱不该有的干涉……面对这样的改革结果，我们不禁要发问：我们司法改革的方向是否正确？司法改革的方法是否得当？司法改革的条件是否成

* 王新清，中国人民大学法学院教授；赵旭光，中国人民大学法学院博士研究生。

熟？或者按某些学者的话说，我们是不是到了应当“改革‘司法改革’”的时候了？这些问题是所有的法律工作者都应该深刻反思的。面对当前林林总总的理论和改革措施，逐一分析其成败之处，恐非一篇文章所能承受。本着“大处着眼，小处入手”的思路，我们选取了司法改革路径的两端——精英话语与民众诉求作为突破口，反思改革理论和实践中存在的问题。

一 精英话语主导的司法改革应该反映民众诉求

我国此前进行的司法改革是一场精英主导型的自上而下的改革。所谓精英主导，是指所有的改革措施都建立在法律精英（包括作为知识精英的法学研究者和作为“权力精英”的法律工作者）建构的理论框架内，并且所有的改革措施都在法律精英的组织和策划下推行。所谓自上而下，是指所有的改革措施都是由立法、司法机关向司法的应用者和服务者——民众来推行。反观我国这么多年的司法改革就是遵循着这样一条自上而下的路线来进行的。这种模式的最典型表现就是，“决策者构造司法改革的框架，各地根据这个框架推进改革”[①]。而决策者作出决定以及构造框架的信息来源，则主要是作为法学研究者和法律实践者的法律精英。法律精英在现实的司法改革中扮演着重要的角色，主导着司法改革的设计和进行。这一点其实无须特别证明，我们只要翻阅一下铺天盖地的研究著作便会了然于心。这一客观事实是无可厚非的，因为“在任何复杂的社会中，精英作为掌权者的存在是一种普遍的现象，民主政治和其他一切政治都不能避免”[②]。法律精英的研究对象就是法律的运行规律，法律的运行一旦出现问题，需要进行体制和机制的变革时，当然也应该以他们的研究为基础来进行了。换个角度讲，司法体制与司法运作机制本身就是法律精英的设计与创造，产品出了问题制造者应该最晓得问题的所在。正是因为这些，在司法改革中，法律精英的话语当然不可或缺。然而，我们想要提出的问题是，仅仅有精英话语就足够了吗？

人类为什么需要司法？人类设计司法制度的初衷是什么？人类社会早

① 信春鹰、葛明珍：《不同语境 不同困境——关于司法改革的田野调查》，《改革司法——中国司法改革的回顾与前瞻》，社会科学文献出版社，2005 年，第 38 页。

② 刘军宁：《平等的理想，精英的现实》，《共和、民主、宪政——自由主义思想研究》，上海三联书店，1998 年。

期解决个人之间冲突的方式，是当事人各方诉诸武力的私人救济。后来，人们逐渐认识到这种方法的不可控制性及破坏性，于是，“一个凌驾于氏族部落各群体之上的公共权威——国家应运而生，垄断了武力，并以第三者的身份介入了冲突的解决过程”[①]，作为公共裁判权的司法权也应运而生了。个人冲突的解决方式也由纯自然法状态——每个人都是自然法的裁判者和执行者——过渡到了由国家制定一套规则予以规范，并由国家充当公正的第三人予以裁决的控告式诉讼。司法的出现意味着“公力救济”对“私力救济”的否定，而公民之所以愿意选择国家司法的途径来解决问题，是因为司法裁判更权威也更富有效率，更为重要的是由于司法过程的一系列特点，可以最大限度地保证结果的公正性。因此，司法存在的最原始的理由，应当是“为民所用”。换句话说，国家的司法制度及运行机制应当确保公民愿意、同时也有条件将自己的纠纷交给国家司法机构来裁决。

我们再回到上文我们提出的问题上，司法改革仅仅有精英话语就足够了吗？显然远远不够。司法制度的设计者是社会精英分子（包括法律精英和政治精英），然而其使用者却是普通公众。衡量司法的标准不仅仅是精英话语，更主要的是民众诉求。实际上，精英话语和民众诉求并不应该是对立的关系。“法学不是玄学，必须从实践中来，再回到实践中去。”[②] 精英话语应该反映民众诉求，应当将民众对司法的诉求传递给改革决策者，从而使得我们的司法改革更加贴近民众，使得司法能更好地为人民所用。那么就必然会产生了下面这个疑问，司法改革进行了这么多年，各地的改革措施此起彼伏，这些改革在多大程度上反映了民意呢？回答这个问题需要大量的社会调查。在目前缺乏全面、系统调查结果佐证的情况下，或许分析一下与之相关的几组数据，会对我们有所启发。

二　精英主导的司法改革没有很好反映民众诉求

司法应当为人民服务，应当为人民提供切实可用的纠纷解决机制。那么人民法院审理的民事案件数量的变化应该能够在一定程度上反映公众对司法的选择，也就能够反映民众对司法改革的态度。根据最高人民法院历年的工

---

① 左卫民、周长军：《刑事诉讼的理念》，法律出版社，1999 年，第 4 页。

② 朱伟一：《真正法学家的唯一标准是什么？——读〈黑白方圆〉》，《法人杂志》，2004 年第 1 期。

作报告，我们得到了1998年—2005年每年全国各级法院审结民事案件的数量如表1所示：

全国各级法院审结民事案件数量

表1 单位：万件

年份	1998年	1999年	2000年	2001年	2002年	2003年	2004年	2005年
案件数	491①	351	473	507	540②	483	430	436

注①：1999年《最高人民法院工作报告》中并没有给出1998年审结民事案件的数量，只有受理各类民事案件492.9万件。但报告中提到，全年共审结案件539万余件，其中刑事案件48万余件，两者的差为491万件，基本与受理民事案件数量相符，因此我们采用491万件

注②：2003年是最高人民法院的一个任期终结，当年的工作报告中主要是对过去五年情况的总结，并没有2002年审结民事案件数量的信息。但报告中提到“五年来，共审结一审民事案件2，362万件”，我们拿这个数字减去前4年的数字得到了540万件

通过这组数字，能够很清楚地看到，2003年之前，全国各级法院审结民事案件数量呈上升趋势。而2003年是一个明显的分水岭。自2003年开始，民事案件数量开始下降。让许多人感到费解的是，2003年以来我国遭遇了令人头疼的“信访洪峰”。根据中国社会科学院农村发展研究所研究员于建嵘关于信访问题的调查报告：2003年，国家信访局受理群众来信同比上升10.7%，接待群众上访的批次、人次同比分别上升20.6%、29.9%。2004年第一季度，国家信访局受理群众来信同比上升20.2%，接待群众上访批次、人次同比分别上升99.4%和94.9%。①

众所周知，“信访”在中国有着几千年的历史，它是中国一个独有的下层话语表达制度，是一种民情上达、申冤诉苦的特殊通道。信访的大量存在有着复杂的原因：它与深厚的社会历史文化背景有关；与中国公众普遍存在的“人治”思想有关；与中国行政主导型的治理传统有关；也与普通群众挥之不去的“青天情结”有关。② 出于本文的意旨我们不拟就此展开过多的讨论。

需要指出的是，信访作为一种独特的“首长式救济方法”，可以作为正常司法救济程序的补充。但是，也应当明白在法治社会里，司法救济应当

① 参阅于建嵘：《中国信访制度批判》，《中国改革》，2005年第2期。

② 参阅陈广胜：《将信访纳入法治的轨道——转型期信访制度改革的路径选择》，《浙江社会科学》，2005年第4期。

是最权威的纠纷解决方式，因为司法救济优于其他任何救济方式。如果司法能够给公众提供一个高效、快捷和公正的纠纷解决机制的话，信访作为一种救济渠道应该是逐渐趋于消亡的。然而，我们不仅看到了“信访洪峰”的出现，而且在信访大潮中，涉讼信访也占到了相当大的比重。于建嵘的课题组对 632 位进京上访的农民进行了问卷调查，有 401 位在上访之前曾经就上访的问题到法院起诉过，占总数的 63.4%，其中法院不予立案的有 172 位，占 42.9%；认为法院不依法办事而判决其败诉的有 220 位，占 54.9%；认为法院判决胜诉了而没有执行的 9 位，占 2.2%。① 我们无从知道具体都是什么样的原因导致法院不予立案，也不知道为什么他们会认为法院“不依法办事”。但我们从这一组数字中可以知道，人民对司法并不那么满意。2003 年是《人民法院五年改革纲要》（1999—2003）的结束之年，人民法院在次年发布了第二个五年改革纲要（2004—2008）。我们没有确切的证据证明民事案件数量的下降、群众上访数量的增长与司法改革的推行有什么必然的联系，但至少这个状况应该引起我们足够的重视与深入思考。

我国当前进行的司法改革，可以追溯到 20 世纪 90 年代初期，它是从探索民事审判方式改革开始的。主要围绕强化当事人举证责任、强化庭审功能、强化合议庭和独任审判员职能三个环节来进行。② 显然，民事审判方式改革借鉴了西方当事人主义的经验，强调当事人在诉讼中的主体地位。案件审理中，当事人需要举证、要进行辩论，审理的结果在很大程度上取决于当事人的举证能力和质证能力。③ 另外一个很明显之处是，这种借鉴完全出于法律精英的意愿，显然普通公众根本不会知晓“当事人主义”为何物，也不知道什么是举证和质证。当然，我们并不质疑这种借鉴的合理之处。当事人主义诉讼确实有其优点，如可以节省国家的司法资源，也有利于实现诉讼民主和控、辩双方的地位平等。英、美等奉行当事人主义诉讼的国家在这方面积累了很多可供借鉴的经验。但我们要问的是，这种“橘子”真的适合我国的土壤吗？当事人主义诉讼有几个基本的前提：一是要求公众有较高的文化素质和相应的法律知识，以应对诉讼的精细化和对当事人诉讼活动的高标准要求；二是要求国民有较高的收入水平，以应对高昂的律师费用，因为面

① 参阅于建嵘：《中国信访制度批判》，《中国改革》，2005 年第 2 期。

② 参阅谭世贵主编：《中国司法改革研究》，法律出版社，2000 年，第 215 页。

③ 参阅蔡彰：《司法体制改革及展望》，《法律适用》，2005 年第 7 期。

对专业的举证、质证活动不取得律师的帮助是很难胜诉的；三是要求有庞大的律师队伍，以保证当事人能够委托到专业的代理人（辩护人）；四是要求有高度专业化的法官队伍，以保证法庭在错综复杂的法律争斗中明辨是非。当今中国具备这样的前提吗？

根据 2001 年《第五次全国人口普查公报》，我国大陆总人口为 126583 万人，其中接受过大专以上教育的只有 4571 万人，占总人口的 3.61%；文盲人口（15 岁及 15 岁以上不识字或识字很少的人）为 8507 万人，占 6.72%；剩下的近 90% 的人口为小学到高中文化程度。面对这样的人口素质，我们的审判方式改革真的可以更好地为他们所用吗？姑且不用说高中以下文化程度的人，即便是大学毕业生，又有多少人具有法庭应对的技巧？当然，我们可以聘请律师啊？可是，我们有那么多律师吗？据司法部有关负责人介绍，尽管我国律师队伍发展迅速，但从总体上看，律师数量仍然不足，地区分布不均衡、不合理，中西部地区律师数量短缺严重。目前，全国还有 206 个县没有律师。截至目前，我国执业律师有 11.4 万多人，律师每年办理诉讼案件 150 多万件。[①] 这样的律师数量，这样的办案数量相对于现实的司法需求还差得远。2004 年，全国各级人民法院审结的刑事一审案件有 64 万多件，民事一审案件 430 余万件[②]，律师参与的案件还不到 1/3，那么另外 2/3 的案件当事人都是如何面对专业化的庭审的？他们对国家的司法服务满意吗？我们不得而知。即便是律师数量可以满足当前的需要，那普通群众的收入水平负担得起吗？

统计数字表明，2004 年我国城镇居民人均可支配收入为 9421.61 元，农村居民人均纯收入为 2936.40 元。而同期城镇居民平均每人消费性支出为 7182 元，农村居民平均每人生活消费支出为 2185 元。[③] 扣除消费性支出，城镇居民人均收入余额为 2239.61 元，农村居民人均收入余额为 751.4 元。也就是说城镇居民人均 2239.61 元、农村居民人均 751.4 元可用于诉讼支出（包括律师费用）。这是个平均的数字，每年中国还有 2200 多万城市低收入人口享受“低保”，有 7500 多万农村绝对贫困人口和低收入人口需要救

① 参阅《律师 11.4 万但分布不均衡　我国 206 个县无律师》，《人民日报》，2005 年 6 月 8 日。

② 参阅肖扬：《最高人民法院工作报告——2005 年 3 月 9 日在第十届全国人民代表大会第三次会议上》。

③ 参阅《中国经济年鉴（2005）》，中国经济年鉴社，2005 年。

助。[①] 而且这个低收入人口的计算标准是80%的恩格尔系数（食物需求比重），而国际标准为60%。世界银行按照联合国规定的每天人均生活费1美元的标准计算，估计出中国的贫困人口还有2.12亿。[②] 同时，标示贫富差距的基尼系数也达到了0.45，突破了国际公认的0.40的警戒线。[③] 这就让前面我们的人均收入及收入余额大打折扣。

诉讼从来都是一个“高支出”的活动，根据廖永安博士对湖南某贫困县法院诉讼费用收入的调查，该县案均诉讼费用1990年为71.5元，2003年飙升到1,588.9元，上涨了24.7倍。[④] 这仅仅是交纳给法院的诉讼费用，律师费还没有计算在内，更何况这还是一个贫困县。众所周知，诉讼费用与案件标的有着直接联系，那么发达地区的诉讼费用就应该远远高于这个数字。相对于城镇居民2,239.61元、农村居民751.4元的人均收入余额，我们不禁要问，中国有多少人打得起官司，又有多少人请得起律师呢？

即便是这些条件都已具备，还必然要面对另外一个重大的问题：法官准备好了吗？“沉默的法官，争斗的当事人”，这是当事人主义庭审的形象写照。表面上看，好像法官的压力小了，不需要像过去那样主动收集证据、调查案情了，似乎法官资质的高低不是很重要了。恰恰相反，当事人地位的均衡以及双方的激烈争斗对于作为裁判者的法官提出了更高的要求。“他不仅要对法律的有关规定、相关先例所阐述的原则烂熟于胸，更需要具有极为丰富的法律职业经验。”[⑤] “文化大革命”结束至今，我国法官的数量不断攀升，法官资质也在不断提高，然而却仍然与现实需要差距太大。[⑥] 为了提升法律职业人员的素质，2002年国家开始实施统一司法考试。这项“我国司法体制改革的一项创新举措”的考试制度，由于它考试资格的高门槛、参考者的庞大数量以及较低的通过率被戏称为“天下第一考”。统一司法考试设立的高门槛有利于提高法律职业的专业化水平，但同时也给现实的司法造成

---

① 参阅《全国私人捐赠不足10亿 期待慈善立法求解困局》，《人民日报》（海外版），2005年11月24日。

② 参阅司金：《贫与富的辩诘——透析中国的贫富差距》，《政府法制》，2006年第1期（上）。

③ 参阅伊凡：《基尼系数：和谐社会不容忽视的指标》，《三联生活周刊》，2005年10月27日。

④ 参阅廖永安等：《诉讼费用研究——以当事人诉权保护为分析视角》，中国政法大学出版社，2006年，第169页。

⑤ 贺卫方：《对抗制与中国法官》，《法学研究》，1995年第4期。

⑥ 关于法官的数量及资质，贺卫方教授早在上个世纪末就有过详尽的调查与论述。具体可参阅贺卫方：《司法的理念与制度》，中国政法大学出版社，1998年。

了一定的麻烦。司法考试难度高、通过率低，直接导致了西部及贫困地区的法官荒、检察官荒愈演愈烈，有些地方已经达到难以为继的地步。在湘西凤凰县，全县4个派出法庭各只有一个法官，一个书记员，连3个人的合议庭都组织不起来，正常的审判活动无法进行。而这样的情况在西部和贫困地区并不鲜见。[①] 所以，我国当前不具备当事人主义庭审的基础，我们也没有做好这方面的准备工作。

在上面的论述中，我们从司法改革所面临的客观现实出发，说明了审判方式改革由于脱离了中国的法律土壤，也缺少整体推进的思路，因而造成司法不为人民所用的困局。我们的目的在于证明我们已经和正在进行的司法改革并没有很好地考虑到人民的需要、公众的诉求。如果说上面的分析是从客观现实进行的推理论证的话，那么我们接下来要进行的分析将直面公众的现实态度。

程序正义与实体正义是纯粹的法学术语，恐怕很少有普通老百姓理解甚至听说过这样的概念。学术界论证起来总是言之凿凿、头头是道，然而广大群众究竟可以接受的又是什么呢？这不禁让我们回忆起了2003年那场几乎是“全体网民参与”的“刘涌案”大讨论。后来也有学者将该案与美国“辛普森”案件做过比较，两个案件都涉及“非法证据排除规则”，结果却大相径庭，辛普森被无罪释放了，刘涌被押上了刑场。而最令人深思的还是公众对案件的反应。“辛普森案”的判决在世界范围内掀起了轩然大波，美国的司法遭到了全世界的质疑和攻讦。然而美国的公众也显得出人意料的平静，美国新闻媒体以“你觉得辛普森是受到了公正的审判吗？”为题进行的一次民意测验表明，绝大多数的美国人不论他是黑人还是白人，不论他觉得辛普森是有罪还是没罪，都回答说，是的，我认为他受到了公正的审判。[②] 而当与“辛普森案”有着相似的证据瑕疵的“刘涌案”二审改判为死缓的时候，中国的社会舆论出现了一边倒的情形，群众的激愤直指辽宁省高院、刘涌的辩护人以及一批坚持“程序正义”的法学家。因为群众不理解，凭什么一个罪大恶极的“黑社会头子”，竟然可以因为侦查程序中的问题而使他免受本应受到的惩罚。这就是中国人的传统文化——追求实质合理性倾向。[③]

① 参阅《中央四部委首度直面法官检察官短缺现状》,《21世纪经济报道》,2006年3月21日。

② 参阅林达：《历史深处的忧虑》，生活·读书·新知三联书店，1997年，第269页。

③ 参阅孙笑侠等：《法律人之治——法律职业的中国思考》，中国政法大学出版社，2005年，第9页。

而中国传统文化的另一个特点就是“没有把法和伦理区分开来，两者处于直接结合的状态”[①]。这种文化的突出表现，就是道德高于规则。这样，“刘涌案”就很好理解了，因为一个坏人该不该杀是一个道德问题，而能不能杀才是一个法律问题。与此相反，西方人追求的是形式理性，或者叫规则理性、制度理性，而这正是现代西方法治文明的基石。产生这种思维方式的原因至今还没有定论，伯尔曼认为与宗教有关，而泰格和维利则认为是商品经济的作用。但无论是哪一种原因，都是当今中国所没有经历或者没有充分经历过的。我们所要设计和改造的司法必须面对这样的现实：目前，在中国社会的自然演进还没有形成形式理性思维的情况下，人民所要的是对实体正义的追求，而不是程序正义。

三　实现精英话语与民众诉求的融合必须要处理好的几个关系

或许我们的论证能够揭示这样一个问题，即在当前的司法改革理论和实践中，出现了精英话语与民众诉求的背离。法律精英们所设计和实施的改革措施，未必是群众想要的，其中很多方案缺乏雄厚的民意基础。由于法律精英操纵着整个司法改革的进程，他们几乎垄断了全部“话语权”，而公众由于缺乏有效的意见传输和表达机制，在这场关乎切身利益的司法改革浪潮中近乎“失语”。由此形成的精英话语与民众诉求的巨大鸿沟也随着司法改革的深入进行而日益突显，日益紧张。司法改革离不开法律精英，他们是理论的建立者和制度的设计者，但司法改革更离不开广大人民群众，群众是司法的最终服务对象，也是改革的“试金石”。实现精英话语与民众诉求的融合是我们当前必须要解决的问题，只有这样才能保证司法改革的顺利、稳定、有效推行。为此，我们认为当前的司法改革理论和实践必须处理好以下几个方面的关系：

（一）理论研究与实证调查

改革建立在理论研究的基础之上，理论研究为司法改革提供了合理性解释和可行性报告。但是任何理论都不是建立在“空中楼阁”上的虚无缥缈的东西，理论来自于实践，而且服务于实践。法学作为社会科学之一种，必须重视对法律的现实运行的实证调查。正如麦考密克说：“关于什么使一项

---

① ［日］川岛武宜：《现代化与法》，王志安等译，中国政法大学出版社，1994年，第21页。

论证变为有力论证的这种逻辑的研究，不是与社会学研究对立而是补充社会学研究的，实际上它们是互相补充的。二者都是在某种意义上对另一方的检验。”[①] 而“法律科学如果不考虑社会现实，那是不可思议的”[②] 。从我国司法改革理论研究的现状来看，为数不少的学者更注重的是“应然”，而忽视“实然”，习惯于从概念出发，用枯燥、深奥而又显得有学问的概念去剪裁活生生的社会现实。近年来，也有学者开始意识到实证调查的重要性，关于实证研究的课题也屡有成果面世。然而，不客气地讲，这些调研，哗众取宠的多，实实在在沉下去认真调查研究的少。而且我们观察到，绝大部分的调研，包括所谓的“田野调查”，针对的对象都是公、检、法三家（尽管是基层）。当然，我们并不质疑这种调研的合理性与必要性，基层法律实践部门的情况也在很大程度上反映了改革的问题和来自实践的呼声。但仅仅这些是远远不够的，我们还需要让决策者听到来自广大普通群众的声音，听到来自百姓的诉求。我们的法学精英们应该真正地走出书斋，走向田野去弥补与群众之间已经存在的较大鸿沟。

（二）整体规划与局部推进

当前我们所正在进行的司法改革中，群众诉求的缺位似乎是一个很难理解的理论难题。因为我国的政体是人民代表大会制，全国人民代表大会下的“一府两院制”是我国国家机构设置的基本特征。人民通过由他们选举产生的代表表达民意，通过人民代表组成的人民代表大会来实现对国家的领导。人民代表大会制是根据社会主义的原则确定的，充分体现了人民主权、人民当家做主的思想。人民代表大会是按照民主集中制的方式运作，不是由少数人，更不是由哪一个人说了算，而是通过投票的方式集中全体代表的意志来决定。司法体制是政体的一个组成部分，它永远不能独立于政体之外，更不能与之发生矛盾。既然如此，那么合理的逻辑就应当是，司法改革改什么，怎么改，就必须充分尊重人民的意愿，不能与人民的根本利益相违背。司法制度关系到每个公民的权利，采用什么样的司法制度，要由人民说了算，而不是由司法机关说了算，更不是由少数精英人物说了算。而改革的现实恰恰告诉我们，人民的诉求被忽视了。那么原因何在呢？当然人民代表大会制度

① ［英］麦考密克、［奥］魏因贝格尔：《制度法论》，周叶谦译，中国政法大学出版社，1994年，第127页。

② ［英］麦考密克、［奥］魏因贝格尔：《制度法论》，周叶谦译，中国政法大学出版社，1994年，第11页。

在运作过程中存在一定的问题，但我们认为这不是主要问题。问题的关键是，我们以前进行的和正在进行的司法改革是一种“局部推进”的改革，缺乏宏观上的整体布局。其特点是由理论界对我国计划经济时期实行的司法制度进行反思，根据社会转型和体制转轨的发展进程和趋势，零散而不是整体地提出诉讼制度、司法体制改革的一些建议，影响和推动法院、检察机关，促使其从司法工作的操作层面入手，一步一步一点一点地进行改革的实践。学术界提出的改革方案五花八门，令人眼花缭乱，在如何取舍的问题上往往陷入困境。在具体的改革措施方面，我们经常会看到各个“司法机构所拟定的改革措施仅仅局限于各自系统内部的问题，它们不仅没有涉及与相关外部权力主体（执政党、人大、政府）之间的关系，而且它们相互之间也缺乏统一的指导目标，在改革的实际内容和改革的着力点上都表现出明显的差异和非同步性”[①]。正是在这种精英推动下、部门主导下的“局部推进”把人民的意愿忽略掉了。

司法是一个上关国家政治制度，下关公民切身利益的重大系统，任何一项改革措施都关乎国家的治理和公民的权利；司法是一个由多个国家机关参加，公民、法人与其他社会组织参与的复杂体系，任何一个制度和程序的变革，都需要众多主体的配合和协同。因此，司法改革必须要有一个整体规划，由一个权威机关对我国司法改革的目标模式、发展趋势、改革内容及其步骤做一个总体的设计，然后按照既定的规划逐步推行。2003 年，中共中央决定成立司法改革领导小组。这个领导小组的成立受到了学者们的高度评价和热烈拥护、欢迎。被认为“对于中国司法改革的历史进程来讲，无疑具有里程碑意义，必将对中国司法改革进程产生深远影响”[②]。我们认为，除了中央司法改革小组的成立外，作为人民的代议机构，人民代表大会及其常委会的一些工作机构、专门委员会也应该积极参与进来，及早介入司法改革的整体规划工作。司法改革的方案和措施，必须在倾听群众意见，在全国人大或其常委会表决顺利通过之后才能实施。只有在这样的整体规划下，才能实现精英意识与公众诉求的有效沟通，改革也才能真正反映民意。

（三）国外经验与中国国情

“司法”本身就是一个“舶来”的法学术语。如果我们有兴趣询问任何

---

① 张卫平等：《司法改革：分析与展开》，法律出版社，2003 年，第 9 页。

② 万毅：《转折与展望：评中央成立司法改革领导小组》，《法学》，2003 年第 8 期。

一个没学过法律的人"什么是司法"，恐怕他（她）会告诉你一个跟学术界理解的司法完全不同的概念。这就是精英与大众在认识问题上的鸿沟，这也提出了另外一个问题，即域外经验与中国国情的到底应该是一个什么关系？引领司法改革的法律精英在进行司法改革研究和论证的过程中，翻译、研究、学习了大量尤其是西方所谓"法治发达"国家的法学论著、法律文件，很多人也亲自到国外考察当地司法现状，对国外立法、司法经验的借鉴达到了前所未有的程度。但是必须警惕的是，在借鉴国外经验的时候，我们必须注意到我国现在的法律土壤。"橘生淮南则为橘，生于淮北则为枳，叶徒相似，其实味不同。所以然者何？水土异也。"① 这是一个老生常谈的问题，然而我们却在实践中经常忘记，屡屡收获"枳"的酸涩，我们可以举出许多这样的例子。借鉴与引进必须充分考虑到中国的"水土"，考虑到中国的政治制度、经济制度以及经济、文化发展水平，考虑到"移植"所必须的条件是否具备、时机是否成熟，尤其要考虑到中国的文化传统、诉讼观念。"在人类社会进化的任何一个阶段，我们生而便面对的那些价值体系，不断地向我们提供着种种我们的理性必须为之服务的目的。价值框架（the value framework）的这种给定性意味着，尽管我们必须不断努力去改进我们的制度，但是我们却绝不能够从整体上对它们做彻底的重新建构，而且即使在我们努力改进这些制度的过程中，也还是必须把诸多我们并不理解的东西视为当然。这就意味着，我们必须始终在那个并非我们亲手建构的价值框架和制度框架内进行工作。"② 脱离了中国国情，违背了人类社会的渐进式发展的规律，再精巧的设计、再完美的规划都不会为人民所接受，最终只能归于失败。

（四）合法性与合理性

司法改革的终极目的是为了推进我国的法治建设，依法办事本就是司法的基本准则。在我国，宪法并没有赋予司法机关创设法律的权力，司法机关的任何规定、措施都必须在法律的既定框架内来进行，这当然包括司法改革。司法改革如果违法进行，那无异于监守自盗，真的要贻笑大方了。然而在已经进行的司法改革实践当中，"违法改革"的情况并不少见。由于缺乏

---

① 《晏子春秋·内篇杂下》。

② ［英］弗里德利希·冯·哈耶克：《自由秩序原理》（上），生活·读书·新知三联书店，1997年，第73页。

整体规划，很多改革措施是在没有立法先导的情况下，主要由法院、检察院（尤其是基层法院、检察院）自发进行的。而就在这些改革措施当中，就公然存在大量违背我国宪法、法律规定的基本原则和精神，与我国现行的司法制度发生严重冲突的"非法改革"。典型的如在刑事诉讼中引入的"零口供规则"①、"辩诉交易"②、"被告认罪普通程序"③、"先例判决制度"④。这些措施于法无据，无异于对刑事诉讼法这个国家基本法的修改。用非法的方式和手段进行司法改革，幻想有朝一日突然进入法治的殿堂，那是痴心妄想。非法改革动摇了法律的权威性和至上性，这样做好比挖墙脚的砖头来砌墙，看似加高了墙体，实际是动摇了墙基，法律的大厦会因此而崩溃。"如果作为执法者的国家机关本身都不遵守法律法规，将之视为可有可无的形式，那么又如何规训普通公民守法。在普通公民的眼中，既然作为执法者的司法机关都不遵守法律，说明这样的法律根本不值得尊重、遵从，那么法律还如何有效约束公民的行为？"⑤ 这样的改革只会毁掉司法权威和公信力，我们前文提到的信访大潮的出现，不正是群众对司法不信任的一种反映吗？

也许有人会问，改革就是要改变现行的制度，否则叫什么改革？司法改革当然可以突破现行法律，问题是由谁来突破，通过什么方式突破。突破现行法律制度的改革，属于创制法律的立法活动，这项工作根据我国现行宪法只能由国家权力机关来进行，只能通过法律的废、改、立的方式进行。由国家最高权力机关通过立法进行突破法律的司法改革，就是合法的改革，而司法机关随意突破现行的法律规定所进行的改革，就是"非法的改革"。

由国家最高权力机关主导、通过立法的方式进行司法改革，主要应当考虑合理性问题。"发动司法改革的前提条件，首先是要对现行的司法制度做出是否存在合理性的评价，然后才能得出'要不要改''改什么'以及'怎么改'的结论。这些问题都是司法改革带有方向性、基础性的问题。"⑥ 司

---

① 2000年8月，由辽宁省抚顺市顺城区人民检察院推出《主诉检察官办案零口供规则》。

② 2002年4月，由黑龙江省牡丹江市铁路运输法院在全国首次试用辩诉交易程序审结了一起故意伤害案件。

③ 2003年3月，由最高人民法院、最高人民检察院、司法部联合发布《关于适用普通程序审理"被告人认罪案件"的若干意见》（试行）。

④ 2004年8月，由河南省郑州市中原区人民法院推出并试行。

⑤ 谢佑平、万毅：《法律权威与司法创新：中国司法改革的合法性危机》，《法制与社会发展》，2003年第1期。

⑥ 石少侠：《论司法改革中的改革观》，《国家检察官学院学报》，2003年第4期。

法改革的合理性包括两方面的内容：一是现行司法制度的合理性评价；二是新设立制度的合理性衡量。判断合理性的标准主要有：是否符合人民群众的根本利益；是否有利于巩固社会主义根本的政治制度；是否符合司法工作的基本规律；是否符合中国的基本国情。人民群众的根本利益是衡量一项制度要不要改，改得合不合理的一项重要标准。要把“人民拥护不拥护、人民赞成不赞成、人民答应不答应”作为主要的政治标准。凡是符合人民利益要求的，就必须改，凡是不符合人民利益要求的就不能改。

（本文原载于《法学家》2006 年第 5 期）

“维稳”语境下的司法改革

葛洪义*

回顾2010年我国的司法改革，或许可以选择将“司法效果”或者“维稳”作为关键词。我们的司法机关更加强调大局意识、服务意识，把司法的社会效果、政治效果、法律效果的统一，作为审判工作的绝对重要的考量因素，尤其是社会效果和政治效果。其实，三种效果的统一这个提法的本身，已经暗含了不能完全、单纯地追求法律效果的深意。

在2010年“两会”工作报告中，最高人民法院院长王胜俊特别阐释了最高人民法院2010年工作的指导思想，即最高人民法院要围绕深入推进社会矛盾化解、社会管理创新、公正廉洁执法三项重点工作，要坚持为党和国家工作大局服务，在此思想指导下，实现法院工作的新发展。由此可自然推导出，是否能够切实化解社会矛盾，将成为衡量、评介审判工作乃至法院一切工作绩效的最为重要的、也最具有指标意义的标准。

一　2010年中国司法改革“路线图”

2011年“两会”期间，在最高人民法院的工作报告中，除了阐明2010年最高人民法院工作的指导思想，也已经透露出我国司法高层有关2010年司法改革的主要意图和路线，其基本内容是：

第一，与推进社会矛盾化解工作相衔接，明确提出要依法妥善审理与群众生产、生活密切相关的案件，诸如教育、医疗、住房、社会保障、征地拆迁、食品药品安全、劳动争议等。不仅显示出最高人民法院要求审判机构直

* 葛洪义，华南理工大学法学院院长。

接参与突出的社会矛盾的化解工作。而且，从要把民生问题作为2011年审判工作的重点中可以看出，最高人民法院领导层所强调的社会矛盾，专指群众中的矛盾，特别是群众与政府之间产生的可能引起群体性事件进而导致社会不稳定的社会矛盾，而不是泛指一切社会矛盾。这里“妥善审理”一词显示出，法院对审理此类案件所持的谨慎态度，也可以理解为希望审理工作不要加剧社会矛盾。

第二，与推进社会管理创新相衔接，强调要进一步落实“调解优先、调判结合”工作原则，完善诉讼与非诉讼相衔接的矛盾纠纷解决机制，以维护社会和谐稳定。近几年，法院系统尤其强调“案结事了”，因此，重新开始强调调解工作，将建立健全科学的调解工作考评机制作为重要工作任务，将调解案件的自动履行率、申诉信访率纳入考评体系，将案结事了作为重要考核标准。从“案结事了”出发，又延伸出推进司法公开、司法民主机制、审判管理机制、执行工作机制、涉诉信访工作机制建设问题，要求进一步发挥人民陪审员作用，加强民意沟通，做到审判工作透明公开、阳光司法。而矛盾纠纷解决机制、司法民主机制、审判管理机制、执行工作机制、涉诉信访工作机制这五项被最高人民法院所看重的机制建设问题，几乎都与人民满意不满意这个问题联系在一起。

第三，与推进社会管理创新相衔接，强调还要特别加强与有关部门、机构的合作，提出了“共同维护司法公正”的新观点。很明显，在强大的外部压力下，最高人民法院开始寻求与其他国家机关的合作，试图通过密切合作的方式，提高公众对审判工作的满意度，或者分解来自社会的压力，缓解民意机关和监督机构对法院工作的意见。

第四，与公正廉洁执法相衔接，着力于司法体制内部的改革与队伍、基层建设。在司法体制改革方面，明显加强了行政化的管理手段。例如要求完善审判管理机制，细化工作标准，规范司法行为，提高司法水平；要求加强和改进审判监督工作，切实纠正错误裁判，维护司法公正；要求落实全国人大常委会关于2009年民事执行工作专项报告的审议意见，完善执行工作机制，建立执行分权制约与责任追究等制度，落实信访责任，完善领导干部定期接访和上级法院带案下访、巡回接访等制度，切实解决群众信访中反映的问题。

在队伍建设方面，则强调要加强社会主义法治理念教育，深化“人民法官为人民”主题实践活动，重点抓好教育、监督、预防、查处等制度建设，严格落实“五个严禁”。深化司法作风和法院文化建设，树立人民法官公正、廉洁、为民的核心价值观。还特别提出要着力加强最高人民法院自身建设，为地方各级法院做表率。

在基层建设方面，则要加强最高人民法院对地方各级法院的监督指导。紧紧依靠党委领导、人大监督和政府支持，进一步解决好基层法院经费保障问题，改进人员招录办法，缓解一些地方案多人少的矛盾。继续改善边远地区基层法院的司法条件。加强信息技术在基层审判、执行等工作中的应用，提高司法水平。

二　司法改革的“纠结处”

2010年中国的司法改革，延续近几年的改革思路，一直强调解决人民群众的满意度问题，这个考虑当然是正确的。事实上，正是在这个背景下。司法改革才从法律人圈子转化为一个大众话题。

在我国的法治国家建设中，司法改革的重要性是逐渐凸现出来的。在相当长的一段时间里，人们寄希望于自上而下的立法推动型法治国家建设。尽管法学界早在20世纪的80年代就已经展开法律社会学研究，强调重视法律的实施问题；90年代以来最引人注目的研究领域就是司法改革；而且，最高人民法院甚至还曾经推动了带给人们无限期待的庭审方式、审执分离、法律职业化等重大改革，特别是国家司法考试的建立，实实在在地促进了司法工作的专业化发展。

但是，司法改革真正受到广大人民群众的关注，还是近年来的事情。人们从未如此近距离地感受到过司法与他们之间的密切关系。从根本上说，司法改革的重要性当然来自于社会发展的司法需要，但从直接原因看，还是应归功为以“司法为民”为主题的一系列改革尝试。如果说，改革的生命力来自于人民群众的现实需要，那么，群众是否关注，或许就是关系司法改革前途命运的重大问题了。不过，在密切群众与司法的关系、提升人民群众对司法的满意度的同时，2011年的改革也面临着新的问题，有些甚至是根本性的。

第一，司法改革是否可以把“司法效果”作为根本目标？结论显然是否定的。法律实施的效果问题，是个涉及面很广的综合性问题，判决可能引发当事人的不满，这是一个高概率的现象。如果片面强调这一点，要求法官必须承担维护稳定的重要任务，这是他力所不能及的。目前，有些地方实行法官“包案制”，即要求每位法官对自己所承办的案件中每一位上访、信访的当事人，务必做到使其书面承诺不再上访、信访。或许这将来会成为世界司法史上的一个笑柄。衡量司法工作，必须也只能依照法律。法官只要在自己的法定职权范围内，依法行使自己的权力。法官只能为司法过程负责。如果法官必须为自己判决的后果负责，他还能为法律负责吗？所以，改进司法效果是必要的，但过于强调这一点，也会导致严重后果。例如诱发更多的缠讼、上访事件，以及影响基层人民法院的权威等。

第二，司法改革是否可以把“案结事了”作为考核司法工作的根本标准？结论依然是不可以。所有法官或许都希望案结事了，但是，案结事不了，大部分原因不在法官身上。例如，一方当事人败诉后，故意隐匿财产，导致无法执行，另一当事人不满意，即所谓执行难。这个事情可以怪法官吗？似乎没有道理。执行难的原因很多，例如我们长期对恶意逃债者的法律惩罚措施不明确、不强硬，再如有关国家机关对司法机关的工作不配合，很难说是法院一家的事情，更不是法官个人的事情。如果我们一定要把“案结事了”作为衡量法院、法官工作的标准，势必催生出诸如调解等措施，把当事人拖死拖垮，迫使其同意调解。这种做法表面上缓解了矛盾，实际上并没有从根本上解决矛盾。当然，国外也存在着调解，但人家是自愿的，而我们多数情况下是由法院施加压力的结果。有的地方的法院甚至提出民事案件要100%调解，这就太过分了。正确的做法是当调则调，当判则判。可以创造条件让当事人调解结案，但千万不能下指标，强行完成调解任务。法院最美好的期望就是“案结事了”，提高法官的说理能力和业务水平，就是为了解决这个问题，但是过分强调，就会事与愿违。

三 司法改革是为了“让人民满意”？

第一，司法改革是否可以以“让人民满意”作为自己工作的出发点和归宿点？结论是要慎重。因为法律是由人民代表大会制定，从这个意义上说，司法改革最终一定要依据是否让人民满意作为判断标准。但是问题在于，能不能离开法律讲人民是否满意？或许有时候还不能这么说。我们应该继续坚持和完善人民代表大会制度，让人民通过国家的体制选举自己的代表，把自己的意见通过代表上升为法律，然后由司法机关忠实地执行。实践中，有的地方忌惮于网络“民意”，不敢忠实地执行法律；有的地方确实加强了与人民代表的联系，但是却变成了让人民代表满意；更有的地方，法院为了让人民代表满意，邀请人民代表参与处理案件，例如参与调解。这些做法，往往是为了争取人大代表给自己投支持票，提高法院工作报告的通过率，没有解决实际问题。同时，这种做法还有一个潜在的负面作用，就是使人大代表、政协委员都参与到案件处理中，从而无法履行公正监督的职责，使国家体制被破坏。

第二，司法改革是否可以采取加大行政管理措施的方式得以实现？结论或许是弊大于利。从一对一事来看，领导干部定期接访、上级法院带案下访、巡回接访等制度能够体现法院领导深入群众，抓好教育、监督、预防、查处等制度的建设，严格落实“五个严禁”，在一定程度上也可以使队伍焕然一新。但是从长远看，司法工作本质上是个专业工作，要求法官排除各种干扰，独立判断案情。法官的行政网络越是强大，越是不敢履行职责。目前，法官们普遍地感觉到自己的社会评价在降低，这应该引起有关方面的重视了。最近，有的地方法院正在推进审判长责任制，我觉得就其注重加强责任制建设的内容看，这项改革还是很鼓舞人的。一种职业之所以重要，就在于它的独立，如果任何人都能够从事审判，司法也就可有可无了，更遑论改革。

总之，2010 年我国自上而下推动的司法改革，的确抓住了许多当前的关键问题，但是，也面临着许多需要解决的新问题。对于最高人民法院推进的一些改革措施，如果不能认真分析，过度解释，也会导致一些危险后果。我们期待在新的一年里，中国的司法改革能够沿着正确的、符合国情的道路继续前进。

（本文原载于《南风窗·双周刊》2010 年第 26 期）

从历史的深处走来*

——转型时期的当代中国政治与司法改革

赵　明**

引　子

当代中国正处于一个全面变革的时代，无论是人们外在的行为方式，还是内在的心理结构，都在发生着或明或暗、或隐或显的深刻变化。涉及政治、经济、文化等各个领域的社会转型已经是正在发生的事实。其中，发端于20世纪80年代的司法改革，尽管一直以来都是以司法机关为主体而得以进行，相关理论研究也基本上都集中在法学领域，但不可否认的是，无论就其深度还是广度而言，它都是改革开放以来当代中国社会整体性转型的重要组成部分。中共十五大明确提出“推进司法改革，从制度上保证司法机构依法独立公正地行使审判权和检察权”，将司法问题正式纳入了国家政治话语系统之中。“司法”这个在人们的日常观念中一度仅仅被理解为处理案件、解决纠纷的概念，更加深入地从法律界和法学界扩展至普通百姓的日常意识和话语之中，乃至于关于司法改革的讨论几乎成为时下横跨法学、政治学和社会学各学科的一门显学，法学学科内部各部门更是对此问题给予了前所未有的普遍而具有深度的关注。

然而，就已有的研究成果而论，涉及司法改革过程中具体问题的研究较多，而对相关的基本理论问题的探讨则较少。尤其明显的是，对司法改革发生在当代中国社会转型时期这一特定时空背景下的事实，在很大程度

* 【基金项目】国家社会科学基金重点项目“和谐社会法制构建的精神前提研究”（05AFX002）。

** 赵明，法学博士，北京航空航天大学法学院教授。

上可以说重视不够，这意味着对当代中国司法改革特有的政治语境的疏忽。因此，时下不少学者开始从司法和政治的关系视角对司法改革问题所进行的反思和检讨，就具有不可小视的价值和意义。譬如，有学者指出，大多数关于司法改革的理论阐述是缺少宪法依据的，基本上撇开了全国人民代表大会制度所固有的特征来谈论司法改革，而且，主要是沿用西方的学术范式来描述和分析当代中国司法改革的理论背景和方向；① 也有其他相关学科如政治学的学者提出了这样的批评，即对自己所在学科固守政治过程的研究而很少涉及司法，或者即使涉及也仅仅作为简单的制度介绍而缺乏更深层次的理论分析，甚至认为司法是被中国当代政治学领域严重忽略了的一个问题，而关于司法改革的理论建构其实首先应该是政治学的，其次才是法学的。这种意见看似学科之争，而实际上恰恰说明了司法与政治的契合关系，并显露出在转型时期之特定政治语境下的当代中国司法改革内含的复杂性。所以，也有学者认为，就当代中国司法改革的性质而言，它无疑是中国政治体制改革的一个重要组成部分，是中国政治发展和社会变迁在现阶段的一个突出的结构性要求，因而也是中国市场经济与法治国家建构过程中不可逾越的、必须予以解决的一个重大的理论和实践问题。② 如果结合西方各国司法制度的发展历程，不难发现司法与政治社会存在着的千丝万缕的深刻关联，尤其是在西方近代国家确立权力分立制衡的政治体制之后，法院这一司法制度的标志性产物就逐渐从国家事务的后台走向了前台，通过司法程序来判断政治行为的合宪或者合法与否，并形成公共政策以影响社会发展的进程；三权分立制衡的政治体制本身就预设了司法权与立法权、行政权一道作为国家政治权力之重要组成部分，而在现实政

① 参阅李小明：《论司法改革的理论基础及方向》，《法律科学》，2000年第5期。

② 参阅程竹汝：《司法改革与政治发展：当代中国司法结构及其政治功能研究》，社会科学文献出版社，2001年，第3页。

治运行中的必定具有的重要作用。①

就当代中国的情形而言，这种政治与司法的关系在一定程度上更值得关注。因为，尽管法学界和实务界对于司法独立问题都投入了足够的热情，也出台了一系列改革措施，但我国的政治体制并不同于西方的三权分立制衡的体制，司法独立须服从于人民代表大会这一根本的政治制度，人民代表大会是理论上的国家最高权力机关，其他机关由其产生并对其负责，可以说是分权但不制衡；同时，司法是中国共产党领导下的人民司法，“坚持中国共产党的领导”已作为四项基本原则之一而载入宪法，体现在司法领域就是中国共产党对司法工作的领导。尽管宪法保证司法机构依法独立行使职权，司法改革也主要由司法机关自身主控；但司法改革又必须置身于当代中国特定的政治权力格局之中。一方面，政治改革必定涉及司法，政治改革的力度有多大，司法机制和相关原则的调整就有多大；另一方面，不断深化的司法改革一定程度上又超越了纯粹法律制度意义上的变革，并为政治改革提出了一些新的课题。应该说，所有这些问题都已经超出了单纯的法学范畴，只有将其与转型时期中国特定的政治语境联系在一起，才可能得到更为深刻的理解和准确的把握。

一　当代中国政治语境下的司法概念变迁

在当代中国，尽管“司法”一词已经成为人们日常生活用语，司法改革

---

① 参阅庞凌：《法院政治功能的学理梳理》，《法律科学》，2003 年第 4 期。该文作者还认为，尽管法院政治功能是在资产阶级分权政体确立后发展起来的，但在古代民主社会中，这种以控制国家权力服务于宪政民主目的的法院政治功能已初显端倪，亚里士多德在《政治学》中谈及希腊城邦的审判机构时就指出：受理有关政治性质案件的法庭则应特别重视，这些案件如果裁断失当，往往引起社会内讧和政治骚乱。可见，当时人们已经十分重视法庭承担的政治功能了。关于司法与政治之关系的一个哲学性表述，Jürgen Habermas：Faktiyitätund Geltung，中译文见《在事实与规范之间》，童世骏译，生活·读书·新知三联书店 2003 年，该书第四章讨论了法律与政治的构成性关系，在第六章中集中讨论了“宪法判决在自由主义的、共和主义的和程序主义的政治观中的作用”；尤其应该注意的是哈贝马斯在该书中所提出的“法治国”观念，这个观念意味着“法律和政治力量的同源构成和概念交叉要求进行一种范围更广的合法化，也就是说，要求国家的制裁权力、组织权力和行政权力本身必须通过法律的渠道”。JudithN.Shklar 在 Legalism–Law，Morals，and Political Trails 一书中对法与政治的关系的讨论为我们提供了一个审视司法与政治观念的良好通道，中译本见《守法主义》，彭亚楠译，中国政法大学出版社，2005 年。大陆法系国家的公法学家们也注意到了“近代宪法的政治要素”，CarlSchmitt：Verfassungslehre. 中译文见《宪法学说》，刘峰译，世纪出版集团、上海人民出版社，2005 年；尤其见该书关于“民主与司法”的相关讨论。

的进程和成效也为人们所普遍关注，但司法、司法机构、司法权等概念的涵义却仍然显得相当模糊，即使是学术界对这些概念的使用也存在相当大的分歧。这不仅仅是源于学者们各自理论构建的视角差异，而更值得人们注意的是，"司法"及其有关概念在基本内含上的变动不居，实际上暗合着半个多世纪以来中国社会、政治和意识形态的演变轨迹，明乎此有助于我们更为深切地认识和把握当代中国语境下的政治与司法之关系。①

中国共产党领导的新中国自1949年10月成立伊始，就颁行过不少重要的法律法规，"司法"概念也间或被使用，但在其所颁行的第一部宪法，即1954年宪法中没有"司法机关"和"司法权"之类的概念，而是将"司法机关"具体化为"公安机关""检察机关"和"审判机关"等语词，"司法权"一词即使在人民法院组织法中也没有出现。

"文化大革命"末期所颁行的1975年宪法之第25条规定，最高人民法院、地方各级人民法院和专门人民法院行使审判权；检察机关的职权由各级公安机关行使；检察和审理案件，都必须实行群众路线；对于重大的反革命刑事案件，要发动群众讨论和批判。该部宪法的该条款不仅没有"司法权"的明确提法，反而带有浓烈的阶级斗争色彩，虽然也规定了由各级人民法院行使审判权，但在砸烂公、检、法的政治浪潮之中，所谓的审判机关很大程度上已名存实亡，而作为行使国家法律监督职能的检察机关，其职权干脆直接由更能象征"专政"威权的公安机关行使，整个国家的政治、司法体制陷入混乱不堪的非常状态。

1978年宪法部分地纠正了1975年宪法"左"的色彩，在"国家结构"一章中设专节规定"人民检察院与人民法院"，法条数量也由原来的1条增加为3条，并明确规定"最高人民检察院对于国务院所属各部门、地方各级国家机关、国家机关工作人员和公民是否遵守宪法和法律，行使检察权。地方各级人民检察院和专门人民检察院，依照法律规定的范围行使检察权"，而不是由公安机关代为施行；但1978年宪法仍然规定人民法院审判案件，依照法律的规定实行群众代表陪审的制度，对于重大的反革命案件和刑事案件，要发动群众讨论和提出处理意见。这部宪法虽然规定了人民法院的审判权和人民检察院的监督权，但对于重大的反革命案件和刑事案件的审理，强

① 世界各国宪法对于"司法"的规定，参阅肖扬主编：《世界各国宪法关于司法体制的规定》，人民法院出版社，2003年。

调要发动群众讨论和提出处理意见，表明这一时期奉行的依然是“群众路线”式样的斗争哲学，而不是司法机关依法独立行使职权的现代司法理念。

1982 年制定颁行的现行宪法尽管在某种意义上被认为是 1954 宪法的回归，在确定国家政治体制中所起的作用是重大的。该宪法仍然设专节规定了“人民法院和人民检察院”，而且篇幅由 1978 年宪法的 3 条增加到 13 条，其中，第 123 条明确规定“中华人民共和国人民法院是国家的审判机关”；第 129 条则规定“中华人民共和国人民检察院是国家的法律监督机关”；第 135 条中规定，人民法院、人民检察院和公安机关办理刑事案件应当分工负责，互相配合，互相制约，以保证准确有效地执行法律。1982 年宪法以国家根本大法的方式确立了审判权和法律监督权的行使机关，但仍然没有“司法”或者“司法权”的明确提法。

正是基于对现行宪法文本中关于我国司法体制规定的不同理解，人们对于当下已经流行的司法概念产生了不同的认识和诠释。普通民众的一般理解是，司法机关除了行使审判权的人民法院、行使法律监督权的人民检察院之外，还包括公安机关、司法局，也就是我们通常所说的公、检、法、司四大机关，而四大机关的排名顺序似乎更值得思考，它不同于西方“法院是法律帝国的王国，法官是法律帝国的诸侯”的法谚，而是将更具暴力特征和威慑效果的公安局排在第一位。而立法实践在一定程度上也总是体现出这种“大司法机关”的思维定势，例如刑法第 94 条就明确规定，“本法所称司法工作人员，是指有侦查、检察、审判、监管职能的工作人员”，按照该条规定，司法机关除了指人民法院与人民检察院之外，还包括承担刑事案件侦查任务和治安管理任务的公安机关，以及承担狱政管理职能的司法行政机关，也就是司法局。

而依学者们通行的观点，司法就是指人民法院和人民检察院依照法定的职权与程序具体适用法律以处理诉讼案件的专门活动，包括人民法院对刑事案件、民事案件、行政案件的审判活动和人民检察院对公诉案件的审查、起诉活动以及对刑事裁判、民事裁判、行政裁判的抗诉活动；至于人民检察院对贪污贿赂案件和渎职案件的侦查活动，严格地讲，它与公安机关对刑事案件的侦查活动一样，乃是属于行政性质的活动。况且，人民检察院在侦查过程中并无实体性质的处理权，因此不应划入司法活动的范围。这种观点认为，我国宪法规定人民法院为国家审判机关、人民检察院为国家法律监督机关实际上已经说明，我国司法机关的范围即为人民法院和人民检察院，而公安机关、司法局均不属于司法机关的范畴。这种将审判权与检察权并列构成司法权的观点，也就是人们通常所谓的“两权说”，它在一定程度上与现行宪法中将“人民法院与人民检察院”的相关规定单独列出，并与全国人民代表大会、国务院、国家主席、中央军事委员会并列列举为国家机构的一部分的做法是一致的。因此，这种观点不仅成为法学界的通说，也获得了国家正式的政治文件和法律文件的认可，被纳入主流政治话语系统之中。①

但如前所述，现行宪法第135条对于刑事诉讼中各机关关系的规定，以及刑法、刑事诉讼法中的相关规定，乃至民众话语中“公、检、法、司”的说法，都表明人们对于司法、司法权等概念的认识和界定与当代中国特定的政治语境有着极大的关联，与西方话语有着明显的区别；这种对于相关概念的不同认识和界定恰恰说明了处于转型时期的中国社会的复杂性和变动性。

不过，到了20世纪90年代末，除了上述的两种观点外，还出现了一种新的学术观点，即将司法权仅仅界定为审判权；这种观点在一定程度上得到了人民法院这一司法改革最主要的参与主体的认可。譬如，有学者认为，“司法”之“司”乃动词，具有“掌管”“操纵”之意，与“司”相关的词大都具有此意，如司机、司仪、司令等，即指操纵机车者、掌管仪式者、发布命令者；那么，掌管或操纵法律者，当然指对事实和法律进行判断者，即司法者或曰法官。简而言之，司法就是裁判。② 也有学者指出，司法既是一个以审判为核心、结构明晰、内容确定、层次分明的开放性体系，又是一个处于不断发展中的概念；司法的开放性可以划分为两个最基本的层次：司法的核心部分是比较确定的，它是指以法院、法官为主体的对各种案件的审判活动；司法的外围部分则不那么确定，甚至是不确定的。③ 这两种观点虽有不同，但都认为司法的实质就在于审判活动；据此，人民检察院所进行的法律监督活动、公安机关所从事的刑事案件侦查活动和治安管理工作以及司法行政机关承担的狱政管理职能，就都被排除在司法活动之外了，这就与“法院是法律帝国的王国，法官是法律帝国的诸侯”之西方法谚所蕴涵的司法理

---

① 参阅张千帆：《宪法学》，法律出版社，2004年，第388页。

② 参阅孙笑侠：《司法权的性质是判断权》，《法学》，1998年第8期。

③ 参阅杨一平：《司法正义论》，法律出版社，1999年，第24～26页。

念相当一致了。这是否预示着当代中国社会转型的一个方向?

二　司法的政治功能

（一）司法的政治功能

与传统社会相比较，解决纠纷、惩罚犯罪虽然仍是现代社会司法活动的基本功能所在，但它同时承担了诸如经济、政治等大量的其他社会功能和职责；而且，随着权力分立制衡的政治体制在西方国家的确立，司法机关对于国家政治秩序的维护起着越来越重要的作用，甚至有着“国家的监护人”之声誉，它在维护公民权利、形成公共政策等涉及统治与服从之政治关系方面发挥了举足轻重的作用，政治功能的承担乃是现代司法机关之内在的重要规定性。有如法国政治哲学家托克维尔早在《论美国的民主》一书中指出的那样，“使一个外来者最难理解的，是美国的司法组织。在他看来，简直是没有一个政治事件不是求助于法官的权威的。因此，他自然会得出结论说，法官在美国是很强大的政治势力之一。当他继而考察法院的组织时，他一眼就可以看清司法的特点和程序。他可以看到，法官好像只是偶然干预公共事务，但这种偶然性却是天天出现”[①]。司法机构在现代西方国家无疑是政治舞台上的重要力量，[②] 而美国式的“政治问题法律化，法律问题技术化”的政治问题处理策略，也早已为世界上很多国家所效仿。

简而言之，司法的政治功能主要包括以下几个方面:（1）在权力分立的政治结构中制约其他权力，政府、政党等政治主体的活动均需在法律范围内进行，以达到政治权力结构整体上的平衡;（2）在现行政治秩序遭到破坏或者遇到危机的情况下承担起“监护人”的角色，依照宪法和法律解决政治危机，以恢复政治秩序;（3）当公权力在行使国家职能、制定公共政策等情况下出现损害公民权益的情况时，保证民主程序的实现，并有效维护公民的合法权益。

---

① ［法］托克维尔:《论美国的民主》（上卷），董果良译，商务印书馆，1991 年，第 109 页。

② 关于司法在政治体系中所扮演的角色，见 Rober G. Maccloskey，revised by Sanford Levinson : American supreme court. 中译文《美国最高法院》（第三版），任东来等译，中国政法大学出版社 2005 年。该书详细地分析了美国最高法院同美国政治之间的互动关系。关于这方面的一个更为具体的例子，见 MortonJ.Horwitz : Warren Court and The Pursuit of Justice，中译文《沃伦法院对正义的追求》，信春鹰等译，中国政法大学出版社，2003 年。

（二）司法的政治功能与司法政治化

在现代社会，司法已不仅仅像传统社会那样局限于处理案件或者解决争端，而是与政治有着密切关系并在国家政治权力结构中承担了重要的政治职能，但司法机关承担政治职能并不意味着司法政治化，在后一种情况下，司法实际上有可能沦为政治的附庸。

所谓司法政治化，是指司法仅为一种政治工具，其运行目的是如何实现统治者的意志，确保政治统治的运转。司法的政治功能，意味着司法机关成为政治主体参与政治活动，它将政治行为、政治问题置于司法程序之中加以评价和解决，前提是司法机关和司法活动独立于以管理、统制为目标的政治活动，司法裁判的依据不是君主意志或政党决策，而是遵守由人民或者其代表所制定的法律，政治意志和法律裁判在技术上是分离的。而司法政治化则不存在政治与司法在精神上和技术上的实质性区分，司法机关不论在组织机制还是具体裁判方面都受到政治力量的直接或间接的干预，甚至为其所左右，司法不过仅仅是一种实现政治目的的手段，司法活动受制于政治意志，法院不仅不能干预政治问题，而且许多进入司法过程的法律问题倒是通过政治渠道加以解决的，政治意志尤其是政治领袖的意志被置于法律之上，成为法院裁判事实上的最高依据。相比较而言，司法的政治功能并不意味着司法直接干预政治运作，而是将政治问题转化为法律问题，通过司法手段来判定政治行为的合法与否；宪法和法律是法院裁判的最终依据，宪法和法律本身规范着政治。①

在 20 世纪 80 年代以前，“政法部门是无产阶级专政的刀把子”或者类似的说法经常被用来描述司法部门的性质。“刀把子”不仅是流行于民间的日常话语，而且见诸中国共产党和国家的相关法律文本和政策文件之中，譬如，“政法部门是刀把子，这个刀把子必须掌握在忠于国家、忠于人民、忠于社会主义事业的人们手中”②。在这一时期，司法与政治的关系就在于前者完全隶属于后者，司法完全服务于政治；司法工作的实际状况也是很糟糕的，时任最高人民法院院长的江华在 1980 年所作的最高人民法院工作报告中提到，“文化大革命”期间“全国共判处刑事案件 120 余万件。到 1980 年 6 月底，各级法院已复查 113 万件（其中，反革命案件 27 万件，普通刑事案件 86 万多件）。改判纠正了冤假错案 25 万多件，涉及当事人约 26.7 万多人。

① 参阅庞凌：《法院政治功能的学理梳理》，《法律科学》，2003 年第 4 期。

② 《政法部门需要彻底的整顿》，《人民日报》，1957 年 12 月 20 日。

反革命案件中冤假错案比例约占64%，有些地区达70% ~ 80%”。[①] 这个总结报告表明，一方面，当时的司法工作无法脱离政治大环境的影响；另一方面，这种司法的政治化无论对于政治秩序的稳定还是对于司法工作的正常开展都是有百害而无一利的。

“文化大革命”结束后，我国的政治运行和司法活动重新走向正轨。1980年11月20日，最高人民法院特别法庭开庭公审林彪、江青两个反革命集团主犯；1981年1月25日，特别法庭开庭宣判，对江青等10名主犯作出了判决。尽管当时民众对这两个反革命集团在“文化大革命”时期犯下的罪行表达了极大的愤慨，有相当多的领导人（包括时任最高人民法院院长的江华本人）都受到过他们的迫害，但这些政治事件最终还是通过司法途径得以解决，他们的罪行通过司法判决得以定性和量刑，尤其是他们的辩护权在司法审理的过程中得到了保障。这就与“文化大革命”期间许多案件不经正常的司法程序，而是直接依照某项政策甚至个别领导的意志加以处理，形成了鲜明的对比。这至少说明，在经历了“文化大革命”之后，中国共产党和国家已经开始意识到正确处理政治与司法之关系的重要性，与政治领域的拨乱反正相伴随的正是社会主义法制秩序的重建。

1982年，现行宪法正式颁布施行，宪法设专节规定“人民法院和人民检察院”，正式确立了司法机关在我国政治体制中的地位和职能。

（三）当代中国司法机关承担的政治职能

1979年颁行、1983年修订的法院组织法规定，“人民法院的任务是审判刑事案件和民事案件，并且通过审判活动，惩办一切犯罪分子，解决民事纠纷，以保卫无产阶级专政制度，维护社会主义法制和社会秩序，保护社会主义的全民所有的财产、劳动群众集体所有的财产，保护公民私人所有的合法财产，保护公民的人身权利、民主权利和其他权利，保障国家的社会主义革命和社会主义建设事业的顺利进行。人民法院用它的全部活动教育公民忠于社会主义祖国，自觉地遵守宪法和法律”；检察院组织法则规定，“人民检察院通过行使检察权，镇压一切叛国的、分裂国家的和其他反革命活动，打击反革命分子和其他犯罪分子，维护国家的统一，维护无产阶级专政制度，维护社会主义法制，维护社会秩序、生产秩序、工作秩

① 参阅江华：《最高人民法院工作报告——1980年9月2日在第五届全国人民代表大会第三次会议上》，《人民司法》，1980年第10期。

序、教学科研秩序和人民群众生活秩序，保护社会主义的全民所有的财产和劳动群众集体所有的财产，保护公民私人所有的合法财产，保护公民的人身权利、民主权利和其他权利，保卫社会主义现代化建设的顺利进行。人民检察院通过检察活动，教育公民忠于社会主义祖国，自觉地遵守宪法和法律，积极同违法行为作斗争”。

这一时期的各种宪法学和政治学著作、教材无不依据这两条规定，将人民法院和人民检察院的任务作如上表述，以至于当有学者提出法院为专门的裁判机关应该去掉法院前面的“人民”一词时，最高人民法院的有关领导人很快就明确表示，宪法规定中国四级法院为人民法院，这不仅规定了中国法院的称谓，更重要的是规定了中国法院的基本性质。中国法院是中国共产党领导下的国家审判机关。中国法院行使审判权，是由体现人民意志的宪法和法律赋予的，为人民掌握好、用好审判权是人民法院的法定职责。由此可见，在我国，司法机关并不仅仅承担着纠纷解决和惩罚犯罪的职能，它同时也是包括国家统一、无产阶级专政制度等内容在内的政治秩序的捍卫者；人民法院、人民检察院前面的“人民”两字正好体现着我国人民民主专政的国家制度，因此与20世纪80年代之前的所谓“群众路线”和统治工具的“刀把子”的说法相区别。其依据在于现行宪法第2条，即“中华人民共和国的一切权力属于人民”，无论是立法权，还是管理国家事务的行政权，抑或司法权，都属于人民。换言之，人民法院、人民检察院前面的“人民”一词本身就具有重要的政治哲学意蕴。

所以，尽管在当代中国社会转型这一大的背景之下，无论是政治体制，还是经济体制，乃至司法体制都在经历着前所未有的巨大变革，但这并不意味着不顾中国国情而盲目地学习和模仿西方的司法体制。目前的司法改革之根本目的在于，在改变司法政治化的不良倾向的同时，提高司法机关在整个国家政治体制中的地位以求符合依法治国的大计方针，正确处理好政治与司法之关系，以使司法体制与政治体制处于一个良性互动的格局。也即是说，无论是理论探讨，还是实务改革，都必须是在当代中国转型时期这一特定政治语境内来把握有关问题。

三　当代中国政治权力体系中的司法机构

在现行宪法的相关规定中，将人民法院与人民检察院单独列出作为一节，并与全国人民代表大会、国务院、国家主席、中央军事委员会并列列举作为国家机构的一部分，并依照宪法相关规定制定了法院组织法和检察院组织法，详细规定了人民法院和人民检察院的性质、地位、职能。现行宪法中规定，中华人民共和国人民法院是国家的审判机关，人民法院依照法律规定独立行使审判权，不受行政机关、社会团体和个人的干涉；中华人民共和国人民检察院则是国家的法律监督机关。尽管人民法院是我国的法定审判机关，人民检察院是我国的法律监督机关，但在我国特定的政治系统中，它们还要受到其他政治权力的制约。人民代表大会制度是我国的根本政治制度，宪法第3条明确规定，“全国人民代表大会和地方各级人民代表大会都由民主选举产生，对人民负责，受人民监督。国家行政机关、审判机关、检察机关都由人民代表大会产生，对它负责，受它监督。”这就与西方国家立法权、行政权、司法权并列制衡，而司法机关可以对立法机关的立法案进行司法审查有着本质的不同。同时，在宪法“序言”中还明确规定，“各族人民将继续在中国共产党领导下，在马克思列宁主义、毛泽东思想、邓小平理论和‘三个代表’重要思想指引下，坚持人民民主专政，坚持社会主义道路”，这就是说，司法是中国共产党领导下的司法。在这样的政治权力体系中，一方面，司法机关行使的审判权和法律监督权等司法权力得到了国家根本大法的最高确认；另一方面，司法机关又必然处于当代中国特定政治语境之下，而与其他国家机关或者政治主体发生相当复杂的关系。①

（一）司法机关与人民代表大会的关系

根据现行宪法的有关规定，人民代表大会制度乃是我国的根本政治制度，最高人民法院、最高人民检察院对全国人民代表大会和全国人民代表大会常务委员会负责，地方各级人民法院对产生它的国家权力机关负责，地方

① 在政治或者权力体系下司法所面临的各个方面的冲击和挑战在波斯纳的笔下表现得淋漓尽致，RichardA.Posner：AnAFFAIROFSTATE–The Investigation impeachment and trial of presidentCLITON，中译文《国家事务》，彭安等译，法律出版社，2001年。布什诉戈尔一案，无疑是表现司法机制对于政治的影响，以及司法体制同政党和议会团体之间的关系的另一个显见例子，关于此案过程的一个比较详细的归纳，见王磊编著：《布什诉戈尔》，北京大学出版社，2002年。关于党派与法的运作过程之关系的著名法哲学讨论，可参阅 Gustav Radbruch：RECHTSPHI2LOSOPHIE，中文本见王朴译：《法哲学》，法律出版社，2005年；Radbruch 写道“如果一方面，法哲学被变色为政治的党派斗争，引入精神领域，那么另一方面，政治的党派斗争就同时表现为一场伟大的法哲学讨论。所有伟大的政治变化都是由法哲学来做准备工作的，并一直与其相伴。开始的时候是法哲学，结束的时候是革命”，该书第八章提供了一个党派对于法哲学之影响的“精神史”。

各级人民检察院对产生它的国家权力机关和上级人民检察院负责。因此，司法机关和人民代表大会的关系是一种由后者产生并对其负责、受其监督的不对等的关系。体现在具体的制度构建上，则主要有以下几方面的内容：

第一，人大对司法机关的人事任命权。根据宪法和人大组织法以及人民法院组织法相关规定，最高人民法院院长由全国人民代表大会选举产生，副院长、庭长、副庭长、审判员由全国人民代表大会常务委员会任免；地方各级人民法院院长由地方各级人民代表大会选举产生，副院长、庭长、副庭长和审判员由地方各级人民代表大会常务委员会任免；省内按地区设立的和在直辖市内设立的中级人民法院院长，由省、直辖市人民代表大会选举，副院长、庭长、副庭长和审判员由省、直辖市人民代表大会常务委员会任免；在民族自治地方设立的地方各级人民法院的院长，由民族自治地方各级人民代表大会选举，副院长、庭长、副庭长和审判员由民族自治地方各级人民代表大会常务委员会任免。人民检察院组织法中对检察长等检察院领导人员的任免权规定与人民法院组织法类似。

第二，审议工作报告。每年度的全国人民代表大会对最高人民法院和最高人民检察院的工作报告进行审议；县级以上地方人大的一项重要职权同样是每年度听取和审查本级人民法院和人民检察院的工作报告。这是司法机关对人大负责、受人大监督的一个重要体现。人大对司法机关的工作报告进行审议并有权通过投票表决是否通过，但对报告不通过的后续处理程序并未做相关规定。①

第三，其他监督权。1998年12月24日，最高人民法院颁布《最高人民法院关于人民法院接受人民代表大会及其常务委员会监督的若干意见》，指出人民法院接受人民代表大会及其常务委员会的监督，是宪法和法律确立的一项重要制度，是依法独立公正行使审判权的根本保证。各级人民法院应当深刻认识接受人大及其常委会监督的重要意义，采取多种形式，开辟多种渠道，自觉、主动地接受人大及常委会的法律监督和工作监督，严格依法办

---

① 2001年2月14日，沈阳市第十二届人民代表大会第四次会议中，沈阳市中级人民法院2000年工作报告因代表赞成票不到一半，未获通过。虽然法院工作报告没被通过与当时沈阳发生的一系列腐败案件涉及法院个别领导人有关，但这在我国各级人代会历史上还是第一次，因此有学者称这一否决案为“中国民主政治的标志性事件”。尽管沈阳中院的整改报告于6个月后在沈阳市第十二届人大五次会议上通过，但法院报告未被通过涉及宪法、地方组织法、选举法、代表法、法院组织法和法官法等一系列法律问题，值得人们深入思考。

事，维护司法公正，完成宪法和法律赋予人民法院的审判任务。根据这一规定，除了做好向人大及其常委会的报告工作，还包括认真执行人大及其常委会的决定、接受人大代表依法提出的质询；接受和邀请人大代表视察，积极办理人大代表提出的建议、批评和意见；接受人大及其常委会或者人大专门委员会的执法检查，认真复查人大及其常委会依照法定监督程序提出的案件，邀请人大代表、人大常委会委员旁听公开审理案件，做好人大及其常委会交办的信访工作，重视同人大代表和人大常委的联系制度，接受人大代表检查法院工作，接受人大常委会组织的对法院工作的评议，主动通报法院工作情况并征求人大代表对法院工作的意见等。但其中有些规定——如人大可以对法院裁决进行质询，法院也应当对该问题进行复查并向人大汇报等，在一些学者看来是侵犯了人民法院依法独立审判的权力，并引发了法学家关于“个案监督”的争论。①

（二）司法机关与中国共产党的关系

中国共产党领导我国的各项事业是我国政治制度的一大特色，我国宪法以国家根本大法的形式确认了这一领导地位的合法性。因此，党对司法工作的绝对领导不容置疑，无需争议。但是，党以什么样的方式领导司法工作？是不是党领导司法工作意味着党全面介入甚至代替司法工作？如何以一种更合理的方式在坚持和完善这种领导的同时又能保证司法机关职权的充分行使？这是司法改革和政治体制改革必须慎重对待的问题。

新中国成立以后，在相当长的时间内，中国共产党没有能够很好地解决执政方式的问题，以至于党的领导变成了党政不分或者以党代政。邓小平清楚地意识到了政治体制中的这一严重弊端，一再强调要着手解决党政不分、以党代政的问题。他把解决党政分开问题和党如何实现领导的问题看作政治体制改革的首要内容，明确指出，一方面，党的领导是不能动摇的；另一方面，党要善于领导，党政需要分开。这也同样适用于解决执政党和司法机关之间的关系问题。事实上，从 20 世纪 80 年代以来，执政党的领导和司法机关依法独立行使职权之间逐步形成了一个相对稳定而合理的关系，这种关系的实质是党对司法机关的领导主要是在思想和组织上的领导。

① 2004 年 11 月 18 日，刘山鹰在《南方周末》“视点版”发表《从宪法看“个案监督”》，从现行宪法有关条文出发，回应了一些以司法独立为名而反对个案监督的观点；11 月 25 日，贺卫方教授在《南方周末》“视点版”发表《异哉所谓个案监督问题者》，质疑刘的观点，引发了法学界关于人大对法院进行个案监督合法与否的讨论。

在具体制度的构建上，党对司法机关的领导主要表现为中国共产党的政法委员会的设置。1980 年 1 月 24 日，中共中央发出《关于成立中央政法委员会的通知》，中央政法委员会在中央领导下，研究处理全国政法工作中的重大问题；1999 年 4 月，中共中央又发出了《关于进一步加强政法干部队伍建设的决定》，明确指出："政法委员会是各级党委领导、管理政法工作的职能部门。"除了政法委，人民检察院和中国共产党的纪律检查委员会之间也有着密切联系，尤其是在处理一些国家机关工作人员的重大贪污、贿赂犯罪方面，中国共产党的纪律检查委员会发挥着重要作用。

不过，在实际的司法活动中，党和司法机关之间的关系还有一些尚待改进之处。譬如，尽管党委审批案件的做法已经消失，但在少数情况下，党委还会要求司法机关在做出司法决定之前先向党委汇报，司法工作有可能面临服从法律还是服从党委之两难选择的问题。① 但就总体趋势而言，自改革开放以来，这种状况逐步得以改善，尤其是在党的十五大报告中明确地提出，"推进司法改革，从制度上保证司法机关依法独立公正地行使审判权和检察权"，这表明在如何坚持中国共产党的领导和保证司法机关依法行使职权方面已经步入一个良性的轨道。

（三）司法机关与政府的关系

按照宪法规定，司法机关与政府机关一样都是由人民代表大会产生，并受其监督、对其负责，司法机关与政府机关处于平行的关系之中。但由于传统政治体制的影响，政府实际上掌握着对司法机关的人事管理权和财政管理权，所以在实际的政治权力运行体系中，政府对司法机关依然存在着一定的制约关系，这是影响司法独立和深化司法改革的一个重要因素。

目前，我国地方司法机关的财政由地方行政机关掌控，财政供给的多少并没有明确的法律规定，以致司法权不得不依附于行政权，行政权干预司法权的现象在一些地方明显存在，司法机关独立行使职权受到了一定程度的妨碍。所以，为了加强司法的独立性，就必须从根本上改变司法机关之人、财、物的管理体制，促使地方司法机关与同级政府脱钩，减少或消除司法的行政依附性。② 当然，自 20 世纪 90 年代末期始，在一定程度上改变了政府对司法机关经费的管理办法，先后颁布了《人民法院诉讼费管理办法》

① 参阅李建明：《论中国共产党领导下的司法独立》，《政治与法律》，2003 年第 2 期。
② 参阅王利明：《司法改革研究》，法律出版社，2000 年，第 121 页。

（1999）、《人民法院财务管理暂行办法》（2001），地方各级人民法院的诉讼费用改由省级财政账户专门管理使用。

同时，随着我国政治体制改革的深化，在传统政治体制中，相对于行政权力而处于弱势的司法机关的地位得到了一定程度的提高，并在整个国家政治权力体系的平衡和稳定中发挥了重要作用。尤其是行政法作为一个独立的法律部门的出现，使得司法机关在制约行政权力而保护公民权利方面的意义非常突出；1990 年 10 月 1 日行政诉讼法的实施，标志着行政诉讼制度在我国的正式确立，表明我国的司法制度在很大程度上摆脱了受制于行政权力的不利局面。

四　司法改革与政治发展

当代中国正处于一个全面变革的时代，司法改革乃是当代中国社会转型的一个重要组成部分。自 20 世纪 80 年代中期开始，司法机关尤其是法院系统的改革就已经开始酝酿，那时的法院改革大体上涉及推行公开开庭、改进合议庭工作、注重审判工作监督、加强案例指导等方面；20 世纪 90 年代以来，法院改革在更加广泛的背景下和更大的范围内得以展开，由此形成了法院改革的第一个阶段，在这一时期，法院改革主要集中在审判方式的改革上，最高人民法院制定了《关于审理刑事案件程序的具体规定》等规定，并于 1996 年召开了全国法院审判方式改革工作会议，进一步提出改革的目标、内容和基本要求。不过，这一时期的司法改革主要集中在刑事诉讼领域。

1997 年 10 月召开的中共十五大，正式提出了依法治国、建设社会主义法治国家的历史使命，并强调推进司法改革，从制度上保障司法机关依法独立行使审判权和检察权，"司法改革"从此被正式纳入国家政治话语系统之中。以此为据，1999 年 10 月，最高人民法院颁布了《人民法院五年改革纲要》，标志着当代中国的法院改革进入了第二个阶段，法院改革从其内部得以全方位展开。改革纲要第一次系统地阐述了法院改革的目标与原则，提出了 39 项具体的改革任务，涉及审判方式改革、审判组织改革、法院内设机构改革、法院人事管理制度改革、法院办公现代化建设、审判监督和社会监督机制、法院深层次改革之探索等 7 大领域，这无疑是指导法院改革的重要文献。[①] 它表明司法改革由原来的关注审判方式等技术层面的变革，向涉

① 参阅公丕详：《全球化背景中的中国司法改革》，《法律科学》，2004 年第 1 期。

及司法机关自身的机构、组织、管理制度等体制层面的变革方向发展。

2002年11月召开的中共十六大，从政治文明建设的高度更为全面地阐述了“推进司法体制改革的历史性任务”。这在一定程度上表明政治决策层试图在国家层面上强化司法改革的合理性，并主导司法改革的进程。这意味着当代中国司法改革步入了第三个阶段。十六大报告在谈到政治建设和政治体制改革时，把加强对权力的制约和监督专门作为一个问题加以强调，指出要建立“结构合理、配置科学、科学严密、制约有效的权力运行机制，从决策和执行等环节加强对权力的监督，保证把人民赋予的权力真正用来为人民谋利益”；同时，特别强调要加强对司法工作的监督，惩治司法领域中的腐败，以建设一支政治坚定、业务精通、作风优良、执法公正的司法队伍。很明显，司法改革已经不再仅仅被视为司法体制内的一种技术变革，而是从政治改革的高度来加以审视。2003年5月，中共中央成立以时任中央政法委书记的罗干为组长的中央司法体制改革领导小组，以指导全国司法体制改革工作的有序开展。

当代中国司法改革进程的三个阶段，表明司法改革与政治改革是息息相关的，要真正理解司法改革就必须结合当代中国特定的政治权力格局。应该说，政治改革必定涉及司法机关；政治改革的力度有多大，司法机制和相关原则的调整力度就有多大。司法改革虽然以司法机关为主体，但离不开党的领导，司法改革要真正得以深入，就必须坚持党的领导，必须将自身纳入到整个社会政治变革的格局之中。

（一）司法改革的“合法性危机”

司法独立是当前我国法学界的一大热门话题，实务部门尤其是法院系统也对此投入了高度热情，并出台了一系列改革措施。仅以2002年为例，一年间全国各级司法机关出台的司法改革措施便达100项之多，有学者形象地指出，“进入21世纪以来，我国的司法改革更呈现出一片百家争鸣的热闹场面，各地检、法机关纷纷出台一系列改革举措，一夜之间，一些原本只存在于学者笔端的新名词，如零口供制度、先例判决制度、辩诉交易制度、暂缓起诉制度等等，都先后在中国广袤的土地上破土萌芽”[①]。但在一定意义上，无论是理论探讨还是实务操作，都缺乏明确的法律依据，也与当代中国特定的政治语境不协调。不少学者认为这些举措属于司法造法，存在越位之嫌，

① 史立梅：《论司法改革的合法性》，《北京师范大学学报》，2005年第6期。

或者违背了宪法的基本原则，甚至认为目前我国的司法改革正面临着一场严重的“合法化危机”。[①]

譬如，2000年8月，辽宁省抚顺市顺城区人民检察院出台了《主诉检察官办案零口供规则》，其中第5条第3款规定：“讯问犯罪嫌疑人应允许其作无罪、罪轻的辩护，允许其保持沉默。”顺城区人民检察院认为，在这一规则之下，犯罪嫌疑人的有罪供述一开始即被视为不存在，即等同于零，因此，称其为“零口供规则”。从实践效果来看，零口供规则的确立或许真的有利于遏制中国司法实践中以公开或隐蔽形式较为普遍地存在的刑讯逼供现象。但是，从零口供规则的内容来分析，人们却有充分的理由质疑其合法性。因为，我国刑事诉讼法专门规定了证据的7种法定形式，其中，犯罪嫌疑人的供述或辩解被确认为一项合法的证据形式。对此，作为司法机关的检察院无权以本部门的内部性规定形式来加以规避。检察机关实际上是在违法司法，因为检察机关的这一纸规定实际上等于宣告刑事诉讼法关于口供的规定失效。

又譬如，有学者指出，在开发区尚不是一级行政区划的情况下，设立开发区法院的做法是与行政区划和人民代表大会制度的政权体制背道而驰的，“最高人民法院批复南通市经济技术开发区设立法院，是严重的违宪违法行为，人民法院自身搞改革是对宪法和法律权威的挑战和破坏”[②]。

正是由于“整个司法改革进程缺乏统一的规划与布局，在改革方案的出台以及改革走向的宏观把握上明显存在着理性不足的弱点，从而造成了司法改革进程中诸多悖论的频繁出现，在具体的改革行为与宏观的改革话语之间产生了一种内在的紧张关系，进而动摇到司法改革本身的合法性基础”[③]。当然，这一问题很快被中央政治决策者所认识，所以，在司法改革的第三个阶段，司法改革已不仅仅局限于司法机关内部的变革，也不再允

---

① 参阅李小明：《论司法改革的理论基础及其方向》，《法律科学》，2000年第5期；王超、周菁：《试论我国司法改革中的越位问题》，《南京师范大学学报（社会科学版）》，2002年第2期；谢佑平、万毅：《法律权威与司法创新：中国司法改革的合法性危机》，《法制与社会发展》，2003第1期。在美国，这种合法性危机必须在具体的历史事件中得到表述，面对突如其来的政治变革，联邦法院必须适时转向，以捍卫宪法和民主。Bruce Ackerman 在 WETHEP EOPLE：TRANS FORMATIONS 一书中对此提供了一个详尽的分析，尤其见该书第12章。该书中译文《我们人民：宪法变革的原动力》，孙文恺译，法律出版社，2003年。

② 刘松山：《开发区法院是违宪违法设立的审判机关》，《法学》，2005年第5期。

③ 万毅：《转折与展望：评中央成立司法改革领导小组》，《法学》，2003年第8期。

许不同司法机关之间不加协调、各自为政的局面继续存在，而是将司法改革纳入整个政治体制改革的大格局之中，使全国司法体制改革工作得以有序化推进。

（二）司法解释权

根据法院组织法第 33 条之规定，“最高人民法院对于在审判过程中如何具体应用法律、法令的问题，进行解释”；在实践中，最高人民检察院对检察过程中的法律应用问题也享有解释权。最高人民法院和最高人民检察院所拥有的这种对相关法律、法令的解释权，被称作司法解释权。所以，有学者干脆直接将“司法解释”概念界定为“国家最高审判机关和最高检察机关就个案审判和检察过程中应用法律问题所作的具有法律效力的说明”[①]。

一般而言，有关司法解释的问题之所以出现，是因为随着现代社会的发展，政治、经济、社会关系日益复杂而且变化迅速，再缜密的立法也不可能包容大量新出现的司法问题；制定法存在的不足、疏漏甚至空白，需要司法机关在司法实践中给予说明、补充和完善。不可否认的是，当代中国的司法解释工作对法治的发展、社会文明的进步以及改革开放和经济建设成就的取得，都起到了积极的促进作用，但司法解释工作也存在诸多问题。一方面，司法解释的主体多元有时导致不同机关针对同一问题做出截然不同的解释，从而导致人们在具体应用法律的过程中无所适从；另一方面，大量的司法解释应用在具体司法过程中，实际上使得司法解释在某种程度上具有了立法权的职能，而不是原来的说明、补充和完善，这种“越俎代庖”已经侵犯到了人大的立法权。

譬如，2003 年 1 月 23 日，最高人民法院发布了 2003 年 1 月 8 日最高人民法院审判委员会第 1262 次会议通过的题名为《关于行为人不明知是不满十四周岁的幼女，双方自愿发生性关系是否构成强奸罪问题的批复》，其中规定“行为人明知是不满十四周岁的幼女而与其发生性关系，不论幼女是

---

① 有关司法解释在法学方法论上的一些问题，KarlLarenz：METHODENL EHREDERREC HTS WISSENSCHAFT，中译文见《法学方法论》，陈爱娥译 2003 年。在关于宪法解释的部分，Larenz 写道：虽然在宪法诉愿的情况，经常也可以借例行一般的法解释手段来裁判。此处亦不乏比较性的事例。然而，假使裁判对社会未来将产生重大的影响的话，那么这些手段就不够用了。于此，宪法法院承担了维持法治国之秩序、功能的责任。它可不能依下述罗马法的法谚来裁判：实现正义，覆灭国家。在这一解释过程中可能产生的问题乃是“超越法律之法的续造的界限”，相关讨论，详见该书第五章（“法律的解释”）和第六章（“法官从事法的续造之方法”）。

否自愿，均应依照刑法第二百三十六条第二款的规定，以强奸罪定罪处罚；行为人确实不知对方是不满十四周岁的幼女，双方自愿发生性关系，未造成严重后果，情节显著轻微的，不认为是犯罪”。该司法解释一出台立即引起社会上的强烈反响，刑法学界认为该解释符合罪刑法定等基本刑法原则，因而是一种进步，可也有学者认为该解释实际上已经违背了该条款的立法原义，把刑法规定的严格责任解释为过错责任。[①] 由于各种意见争执不下，最高人民法院最后取消了这一解释。

2005年12月16日，第十届全国人大常委会第四十次委员长会议通过了《司法解释备案审查工作程序》，以进一步建立健全法规和司法解释备案审查制度，维护国家法制的统一。《司法解释备案审查工作程序》规定，最高人民法院、最高人民检察院制定的司法解释，应当自公布之日起30日内报送全国人大常委会备案；国务院等国家机关和社会团体、企业事业组织以及公民认为司法解释同宪法或者法律相抵触，均可向全国人大常委会书面提出审查要求或审查建议。此外《司法解释备案审查工作程序》还就有关司法解释的报送和接收、审查工作的分工负责、被动审查和主动审查、同宪法或者法律相抵触的司法解释的纠正程序等做出了具体规定。《司法解释备案审查工作程序》的出台，解决了当司法解释与现行法律相抵触或者司法解释互相矛盾的难题，也重申了人大作为国家权力机关所拥有的立法权与监督权。司法解释毕竟只是司法机关在司法实践中针对有关法律、法令给予的说明、补充和完善，它没有权力代替现行的法律、法令，我国立法权的行使者主要是人大而不是司法机关。

（三）司法审查

现代宪政国家的一个重要标志就是违宪审查制度的确立。[②] 什么是违宪审查呢？就一般意义上讲，它是指拥有司法权的国家机关依照法定的程序，审查和裁决一切法律、法规、命令和处分是否符合宪法，并对违宪行为

---

① 参阅苏力：《司法解释、公共政策和最高法院》，《法学》，2003年第8期。

② 关于违宪审查制度之基本理论和其历史发展，以及违宪审查制度的理论基础和主要模式方面的研究，林广华：《违宪审查制度比较研究》，社会科学出版社2004年，该书为我们从比较法学的角度展示了违宪审查制度在世界各大法系中的基本运作情况。对于司法审查制度比较透彻的分析，见Christopher Wolfe，Judicial Activism–Bulk wark of Freedomor Precarious Security，该书中译文见《司法能动主义——自由的保障还是安全的威胁》，黄金荣译，中国政法大学出版社，2004年，在某种意义上，该书无疑也是一部对美国司法与政治之相互关系进行详尽讨论的优秀著作。

予以制裁的制度。当违宪审查权由司法机关行使时，便叫做司法审查，最典型的例子即是美国。美国也因此被称为司法审查制度的母国。违宪审查并不同于司法审查，后者实际只是前者的一种具体行使方式。在实际的宪政实践中，违宪审查可以由不同的机关来进行，包括立法机关审查、普通法院审查和专设的宪法法院或宪法委员会审查。根据我国宪法的规定，由全国人民代表大会及其常务委员会行使监督宪法的职权，因此，我国宪法实施监督的法定体制是全国人大和全国人大常委会行使违宪审查权。

这里举一个案例以说明有关问题。齐玉苓和陈晓琪原同系山东省滕州市第八中学初中毕业生。1990 年齐玉苓通过了中专预选考试而取得了报考统招及委培的资格，而陈晓琪在中专预选考试中落选。同年，齐玉苓被山东省济宁市商业学校录取，但齐玉苓的“录取通知书”被陈晓琪领走，陈晓琪以齐玉苓的名义到济宁市商业学校报到就读。1993 年毕业后，陈晓琪继续以齐玉苓的名义被分配到中国银行滕州市支行工作。1999 年齐玉苓在得知陈晓琪冒用其姓名上学并就业这一情况后，以陈晓琪及有关学校和单位侵害其姓名权和受教育权为由诉至法院，要求被告停止侵害，并赔偿经济损失和精神损失。最高人民法院于 2001 年 8 月 13 日公布了法释〔2001〕25 号《关于以侵犯姓名权的手段侵犯宪法保护的公民受教育的基本权利是否应承担民事责任的批复》，指出：“陈晓琪等以侵犯姓名权的手段，侵犯了齐玉苓依据宪法规定所享有的受教育的基本权利，并造成了具体的损害后果，应承担相应的民事责任。”2001 年 8 月 23 日，本案二审判决尘埃落定。齐玉苓获赔因受教育的权利被侵犯而造成的经济损失 4 万 8 千余元以及精神损害赔偿 5 万元。齐玉苓案在社会上及法律界引起了强烈反响，被媒体称为“宪法司法化第一案”。时任最高人民法院民一庭庭长、审判委员会委员黄松有法官在就此案接受记者采访时表示，“1803 年美国联邦最高法院在审理治安法官马伯里诉麦迪逊一案时，首席大法官马歇尔在该案的判决中宣布：立法机关制定的与宪法相抵触的法律无效，由此开创了宪法司法化的先河”。但实际上，齐玉苓案仅仅是将宪法适用于司法审判领域；而美邦最高法院在审理马伯里诉麦迪逊一案时，则是宣布立法机关制定的与宪法相抵触的法律无效，确立的是违宪审查体制。

这种表面上矛盾的说法实际上隐含了司法精英阶层的另外一种努力。同样是针对齐玉苓案，有学者认为，“人们似乎无论怎样高估最高法院对齐玉苓案的批复都不为过。如果中国因此有幸尝试建立一种维护基本人权和宪法尊严的违宪审查制度，这个批复无疑就成了中国宪政史上的里程碑，即建立以司法为中心的违宪审查制度已经提上了日程”。甚至提出分三步走的计划：第一步是“攻城掠地”，即最高法院以对待齐玉苓案的方式，通过一个个令人激动的“批复”让宪法的阳光普照“枯叶飘零的幽谷”；第二步是建立“根据地”，即可考虑在最高法院内部建立一个违宪审查庭，在既定的宪法框架内专司部分重大的违宪诉讼案；第三步是在时机成熟的时候建立独立的宪法法院，从而建立起一个法治中国，以形成至高无上的“宪法帝国”。① 以法官和法学家为代表的法律精英们的这种努力，被一些学者称为“司法抢滩”。所谓“司法抢滩”，大体上指的是“司法机关尤其是最高司法机关以既有的职权为基础，不断抢占新的职权行使领域，在事实上改变宪定权力配置格局，并使之于己有利的行为或活动”②。这种做法虽然在某种意义上可以改变我国宪法部分条文虚置化、全国人民代表大会及其常务委员会所具有的违宪审查权行使不足的现状，但并不符合我国现行的宪法架构和政治格局。在我国现行宪法架构下，各级法院都由本级人民代表大会产生，对其负责、受其监督，任何一级法院都无权对本级人大及其常委会的活动说三道四，任何一级法院都不能也不可能过多抢占属于本级人大或其常委会的职权，如修宪、监督宪法实施、解释宪法、制定法律等职权，将我国的最高人民法院与美国联邦最高法院简单类比，无论是在理论上，还是在实践中，都是不够恰当的。

在 2005 年 12 月 16 日召开的第十届全国人大常委会第四十次委员长会议上，酝酿已久的《行政法规、地方性法规、自治条例和单行条例、经济特区法规备案审查工作程序》正式修订完成，修订后的《法规备案审查工作程序》规定：国务院、中央军委、最高人民法院、最高人民检察院和各省份的人大常委会认为法规同宪法或者法律相抵触，向全国人大常委会书面提出审查要求的，常委会办公厅有关部门接收登记后，报秘书长批转有关专门委员会会同法工委审查。上述机关以外的其他国家机关和社会团体、企业事业组织以及公民认为法规同宪法或者法律相抵触，向全国人大常委会书面提出审查建议的，由法工委负责接收、登记，并进行研究，必要时，报秘书长批

---

① 参阅包万超：《法官与宪法》，《法制日报》，2001 年 8 月 19 日。

② 童之伟：《宪法司法适用研究中的几个问题》，《法学》，2001 年第 11 期。

准后，送有关专门委员会进行审查。专门委员会认为备案的法规同宪法或者法律相抵触的，可以主动进行审查，会同法工委提出书面审查意见；法工委认为备案的法规同宪法或者法律相抵触，需要主动进行审查的，可以提出书面建议，报秘书长同意后，送有关专门委员会进行审查。关于同宪法或者法律相抵触的法规的纠正，修订后的《法规备案审查工作程序》规定了三个步骤：一是与制定机关进行沟通协商；二是通过有关专门委员会提出书面审查意见，要求制定机关纠正；三是经过上述工作，制定机关仍不纠正的，通过常委会审议决定，撤销同宪法或者法律相抵触的法规。① 而在《法规备案审查工作程序》修订完成的一年之前，全国人大常委会已经在法工委下成立法规审查备案室，作为专门机构处理违宪审查和违法审查。

全国人大常委会的这种做法，从技术层面讲，是出于对法律体系统一的考虑；从政治权力配置层面上说，则是对在我国现行宪法架构和政治体制下全国人大及其常委会所拥有的违宪审查权的强调。这再一次表明，人民代表大会制度是我国的根本政治制度，人民代表大会是我国的权力机关，其他机关包括司法机关都是由其产生、对其负责、受其监督的。

（本文原载于《政法论丛》2008 年 6 月）

---

① 参阅《中国进一步建立健全法规和司法解释备案审查制度》，http：//PPwww.chinanews.com.cn Pnews，最后访问日期 2005 年 12 月 19 日。

当代中国的司法改革：成就、问题与出路

——以人民法院为中心的分析

夏锦文*

自党的十一届三中全会做出改革开放重大决策以来的30多年，中国在全球化浪潮中展开了波澜壮阔的创新实践，经济建设、政治建设、文化建设和社会建设取得了举世瞩目的成就。在社会迅猛发展、快速转型的宏大背景下，人民法院及时回应社会发展需求，积极推行司法改革①，开启了当代中国司法现代化的崭新历程，有力推动了中国特色社会主义法治国家建设的发展步伐。如何梳理和总结当代中国司法改革30多年来的总体进程和成就，透视当下中国司法改革存在的突出问题，进而探寻在全球化时代和司法现代化进程中进一步深化司法体制改革的基本路径和方法，此乃当代中国法学界和司法界必须认真思考和深入研究的时代课题，也是当代中国法律人应该勇敢担当的历史使命。

一　司法改革的总体进程及其成就

从改革开放30年来司法改革的总体进程来看，人民法院的司法改革呈现出一条由司法规范重建——审判方式改革——司法体制改革的基本走向。在重建司法规范制度和恢复司法秩序的基础上，以民事审判方式改革为切入

* 夏锦文，南京师范大学法学院教授。

① 本文中的司法取狭义的概念；本文探讨的司法改革仅指人民法院及其相关制度的改革。

点，不断深化改革，逐步推进到审判组织、审判程序、机构设置、法官职业化、法官人事制度、管理制度等法院制度的各个层面。司法改革走过的 30 多年历程大致可以划分为三个阶段，即以恢复重建司法规范为主的阶段，以审判机制及方式改革为主的阶段和以司法体制改革为主的阶段。

1978 年改革开放到 20 世纪 90 年代初为司法改革的第一阶段，核心是重建司法规范制度和恢复司法秩序，致力于变革一般司法审判工作方法，规范审判行为和诉讼程序。在这一阶段中，人民法院积极消除“文化大革命”中法律虚无主义的影响，拨乱反正，复查纠正冤假错案，恢复法院建制，重建司法规范。1988 年 6 月召开的第十四次全国法院工作会议，根据党的十三大精神，提出要搞好法院自身的改革，加强和完善自身的机制。会议指出，要认真执行公开审判制度；要切实改进合议庭工作；要强调当事人的举证责任，提高办案效率；要改革法院干部教育培训管理体制，建立多层次、正规化的法院干部教育培训体系；要推进法院工作的规范化、标准化和现代化。很显然，这是在当时的历史条件下推进法院改革的第一个比较系统的设想与方案。① 在这样的思路下，人民法院自发地在法院内部进行着“摸着石头过河”式的改革，审判逐步由一般工作方法转向司法工作方法，强化了司法的程序性和规范性。但这一规范过程直到我国刑事、民事、行政三大诉讼法颁布实施才真正完成。

20 世纪 90 年代初我国提出建立社会主义市场经济体制，这一重大决策和历史事件是司法改革阶段区分的一个重要标志。从 1992 年党的十四大提出建立社会主义市场经济体制至 2002 年党的十六大召开的这十年间，我国各项立法逐步完备，群众法治观念、权利意识越来越强，法院在社会经济生活中的重要作用逐渐显现。法院受理案件持续保持大幅上升的势头，审判力量与任务之间的矛盾十分突出，原有的审判方式已不适应形势发展的要求。于是，法院改革开始在更加广泛的背景下和更大的范围内逐步展开，由此，司法改革步入第二阶段。在这一时期，法院改革的主要领域之一为全面推进审判方式改革。公正、效率、平等、独立、罪刑法定、程序正义、无罪推定、人权保障等价值理念，在程序完善、机制创新和审判方式变革中起到了重要的引导作用。不少法院自觉借鉴当事人主义诉讼模式，以强化当事人举证责任为切入点，庭审模式由以法官为主的“纠问式”向以当事人平等“对

① 参阅公丕祥：《全球化背景下的中国司法改革》，《法律科学》，2004 年第 1 期。

抗制”转变，要求当庭举证、质证、认证[①]，强调法官中立，当事人双方平等。这一阶段前期主要以民事审判方式改革为核心，围绕一条具有内在联系和逻辑发展关系的主线展开，即从强调举证责任到重视审判公开，再到重新认识调解与判决的关系。[②] 受民事审判方式改革成效的激励，刑事审判方式改革也逐步展开，到 1996 年修改形成新的刑事诉讼法时，已经基本确立了控辩式的刑事庭审方式。1996 年，最高法院召开全国法院审判方式改革工作会议，进一步提出了改革的目标、内容和基本要求。进入新世纪，公正与效率成为人民法院的工作主题。时任最高人民法院院长的肖扬指出：“一个时代需要一个主题，人民法院在 21 世纪的主题就是公正与效率。”[③] 为了更好地实现公正与效率，后期的司法改革向广度和深度延伸，扩展至整体法院制度。最高法院于 1999 年颁布的第一个《人民法院五年改革纲要》，就从深化审判方式改革、建立符合审判工作规律的审判组织形式、科学设置人民法院内部机构、深化法院人事管理制度改革，以及健全监督机制等方面，部署了 39 项改革任务。在最高法院的统一指导下，人民法院的司法改革由自下而上转变为自上而下，取得了多方面成效：其一，改革内部机构职能，实行立审分开、审执分离、审监分立；其二，改革审判权行使方式，推行审判长和独任审判员选任制度，还权于合议庭和法官，强调司法独立；其三，探索法官职业化建设，尝试推行法官员额和法院人员分类管理；其四，改革司法礼仪，脱下大盖帽，换上法官制服、穿上法袍、敲响法槌，强化法官职业特点等等。

司法改革第三阶段的启动标志是中央司法体制改革领导小组的成立，司法改革的主要指向是宏观司法体制安排。继党的十五大提出要“推进司法改革，从制度上保障司法机关依法独立行使审判权和检察权”之后，2002 年 11 月，党的十六大更加明确地提出要“推进司法体制改革，按照公正司法和严格执法的要求，完善司法机关的机构设置、职权划分和管理制度”。2003 年 5 月，中央宣布成立由罗干担任组长的中央司法体制改革领导小组，指导全国司法体制改革工作的进行。该领导小组的设立实际上标志着主导中国司

---

① 学者也把改革庭审方式，强化庭审功能，作为当时司法制度改革的重要改进对策之一。马骏驹、聂德宗：《当前我国司法制度中存在的问题与改进对策》，载张卫平主编：《司法改革论评（第一辑）》，中国法制出版社，2001，第 29 ~ 30 页。

② 参阅王亚新：《社会变革中的民事诉讼》，中国法制出版社，2001 年，第 8 页。

③ 肖扬：《公正与效率：新世纪人民法院的主题》，《人民法院报》，2001 年 1 月 1 日。

法改革进程的核心机构的出现，以及一种全新的、自上而下的改革策略和模式的最终确立。司法体制改革领导小组于 2004 年推出了《中央司法体制改革领导小组关于司法体制和工作机制改革的初步意见》，表明我国宏观司法体制改革正在积极推进。① 为积极稳妥地推进司法改革，最高法院又于 2005 年颁布了第二个《人民法院五年改革纲要》，在改革和完善诉讼程序、法律统一适用机制、执行体制与工作机制、审判组织与审判机构、司法审判管理与司法政务管理、司法人事管理、内外部监督制约机制，以及探索法院体制改革等 8 个方面，部署了 50 项改革任务。2007 年，党的十七大报告进一步提出要“深化司法体制改革，优化司法职权配置，规范司法行为，建设公正高效权威的社会主义司法制度。”司法改革指向宏观体制层面的信号越来越强，在强化司法统一、合理和优化配置审判检察等司法职权，推进司法职业化，健全法官职业保障机制等方面的改革值得期待。

从司法改革的不同发展阶段来看，司法改革确实是透视中国改革开放 30 年来法治建设和司法发展状况的一个窗口。司法改革客观推动了司法制度和法律制度的发展，审判队伍的素质普遍提高，司法程序更为完善，社会法律意识明显增强，中国法律制度体系基本形成。司法改革不仅开启了当代中国司法现代化的崭新历程，也有效推动了社会主义法治国家建设的发展步伐。

相对于宏观体制性司法改革而言，虽然法院前期“改革只是司法机关内部工作机构的改变、工作方式的转换，并非严格意义上的司法改革”②。但这并不表示前期司法改革不重要，因为在审判方式、工作机制和司法程序方面的改革均属于深层次司法改革的量变阶段，其对深层次司法改革的积极影响需要一个蓄势待发的过程。

虽然第三阶段的过程会很长、很缓慢，但法治是对顺应社会结构转变的治理方式重大变化的一种回应，当前司法调整不到位的内在紧张关系会使得司法改革不断完善。也就是说，司法能力难以应对社会纠纷是当前司法工作的主要矛盾，这一现实矛盾会不断作用于制度变革，促使宏观政治体制层面

---

① 当年《财经》杂志就司法改革问题采访了贺卫方、张卫平和陈卫东三位教授，刊登了题为《新一轮司法改革全面启动》的文章，指出“新一轮司法改革不再是司法体制内的一种技术改革，而是政治体制层面上的一场整体变革”。《财经》，2004 年第 1 期。

② 陈卫东：《对中国司法改革的一点思索》，载何家弘、胡锦光主编：《法律人才与司法改革——中日法学家的对话》，中国检察出版社，2003 年，第 74 页。

重新定位司法的功能与地位。当然，这一阶段改革难度很大，需要调整的利益关系重大而复杂，必须积极推动立法来实现。

二 当下中国司法改革的突出问题

司法改革是实现司法现代化的基本途径，其对于法治国家建设和个人权利的影响意义深远。司法改革本身具有的重要性要求我们必须高度重视司法改革的理论研究和具体实施，当前尤其要对30多年的司法改革进行多角度的反思，在全面总结30多年司法改革经验与得失的基础上展开问题分析，为下一步深化司法体制改革提供指引和借鉴。

客观地说，30多年来的司法改革实践活动有许多值得反思的地方。例如，司法改革主要集中在法院制度，改革措施局限在中观、微观和技术层面。又如，“这些措施大体上还是在现行司法制度和现行司法体制下进行的，没有触及制度和体制本身”。再如，司法改革的自发性、分散性、随意性较为明显，缺少必要的价值目标指引和整体规划设计，从宏观审视呈现出零打碎敲、杂乱无章的态势。这一系列问题归根结底是当下中国司法改革的全局性缺失问题。这种司法改革的全局性缺失，可以从以下三个方面进行具体分析。

（一）统一性问题

司法改革是一项宏大的系统工程，牵涉因素纷繁复杂，需要强有力的统一协调指挥。在司法改革初期，基层法院和中级法院是改革的主体，省、市法院协调指挥的作用十分有限，司法改革不协调、不平衡、不统一的问题十分突出。进入20世纪90年代后期，司法改革得到了最高法院的关注，以第一个法院五年改革纲要为标志，[①] 最高法院开始统一协调指挥全国法院的司法改革。但由于司法改革已经进入“深水区”，上升为国家整体政治体制改革的重要方面，所以，对统一协调指挥的要求大大增加，最高法院的力量明显不足，来自司法系统内外的重重阻力使得司法改革举步维艰。为贯彻落实

① 1996年7月和1997年4月，最高人民法院分别组织召开了“全国法院审判方式改革工作会议”和“全国法院民事、经济审判方式改革试点工作座谈会”，对全国各地所进行的审判方式改革进行了总结。1998年，最高人民法院出台《最高人民法院关于民事经济审判方式改革问题的若干规定》。1999年和2005年，最高人民法院分别出台了两个《人民法院五年改革纲要》，以统一安排全国法院司法改革的项目和步骤。2005年7月，时任最高人民法院院长的肖扬在全国全国高级人民法院院长座谈会上，就明确指出“人民法院司法改革统一性和规范性不够”的问题。

党的十六大提出的司法体制改革任务，中央于2003年成立了司法体制改革领导小组，承担统一指挥协调全国司法体制改革的职能。但是，由于专门机构的地位不高，协调相关部门的能力不强，司法改革依然无法打破僵局，在国家宏观层面上整体、统一推进司法制度改革的力量仍显不足。改革基本仍由司法机关在各自管辖范围内进行，使得改革缺乏整体设计乃至整个社会的广泛参与。司法统一是现代法治国家的基本司法原则，司法改革的思路和步调不统一，不但制约了司法改革的进展和深度，也加剧了全国各地司法尺度不统一的问题，进而可能损害司法公正。

（二）计划性问题

庞大繁杂的司法改革需要周密的计划安排，以保证司法改革的目的性、规范性和有序性。但从前期司法改革的实际过程分析，即使最高法院以下发《人民法院五年改革纲要》的形式，对各地法院推进司法改革提出了宏观要求，但其规定的内容多属粗线条，在缺乏相对成熟的司法理论做指导的情况下，容易导致一些改革措施被误读或曲解。近年来，尽管最高法院关注到这一问题，并以多种方式加大了对人民法院司法改革进行统一规范的力度，且取得了初步成效，但各级法院在改革中各自为战，做法不一的现象仍较为普遍，这也使司法改革的整体效果受到不同程度的影响，亦不利于维护司法权威和法治的统一。同时，由于缺乏统一规范和有力监督，缺乏严格的审批备案制度，致使各地在改革措施的推行上，随意性大，偶然性强，激情超越了理性。一方面，改革措施频频，如2002年全国各地就出台改革措施100多项，主要有证人宣誓、辩诉交易、法官后语、量刑答辩等等①。另一方面，有的法院改革措施没有论证和评估，就仓促出台，往往缺乏实效，甚至有可能起到负作用。如有的法院不能正确理解审判流程管理的制度价值，片面地从加强对法官的监督的角度出发，规定立案庭负责对案件进行调查取证，不利于承办案件法官对案件事实的全面、准确把握；有的法院推行“审调分离”制度，将调解人为地从审判过程中分离出去，并由专人负责，调解不成再由法官通过审判程序进行审理，既浪费了审判资源，也不利于案件的快捷有效解决。再者，由于法院改革“自上而下”的运行态势，有的基层法院在改革中取得的良好经验，欲在更广泛范围内进行推广，因缺乏总体协调，导致推广颇费周折且实效甚微。

---

① 参阅万毅：《转折与展望：评中央成立司法改革领导小组》，《法学》，2003年第8期。

（三）系统性问题

按照系统论的观点，政治体制、司法制度和审判工作均处于一定的系统中，受到系统内外相关因素的制约。司法改革的理性模式应是系统性的创新和完善。反观司法改革实践，多从法院自身出发、从某个具体问题出发，局限在一个狭小范围，对改革涉及的主体客体、上下层级、前后衔接、系统内外等密切相关的要素，缺少必要的逻辑分析和制度照应。改革措施不能对相关因素作出预先反应，就必然受到系统其他要素和条件的限制。在司法实践中突出表现为保障措施、配套制度跟不上，制度衔接和部门配合经常出问题，部门割据、地方割据现象严重，从而严重影响司法改革的效果。比如，1996年我国刑事诉讼法修改后最高人民法院与最高人民检察院各自出台了相关司法解释，其内容有不少地方相互冲突，几经协调也难以统一，最后不得不由全国人大常委会法工委牵头，联合最高院、最高检、公安部、国家安全部及司法部出台了《关于刑事诉讼法实施中若干问题的规定》这样一个既非立法解释也非司法解释的不伦不类的规范性文件。又比如在法院人事制度改革方面，一些地方的党政部门基于多方面的考虑，对法院法官职业化建设、法官助理制度、书记员单列等改革积极性不高，支持力度不大，致使这几项改革至今难以全面实行。同时，司法改革的合法性危机日益加剧。在司法改革初期，就刑事、民事审判机制的改革大多局限于法律制度框架内开展。这些改革措施主要是针对原来的审判方式或者审判习惯，而这些审判方式或审判习惯，实际上大部分都不符合法律规定。尽管有的审判方式或审判习惯已经被制度化，但这些制度化的审判方式或审判习惯与法律的既有规定是冲突的。因此，当时的改革措施实际上是回归法律规定的内容。随着改革的深入，在现行的法律框架内推进司法改革已没有太多的回旋空间，如何在大胆进行改革探索与遵循法律规定之间寻求适度的平衡，是司法改革的推进者需要深入思考的问题。在实践中，值得我们关注的是，有些改革措施已经无原则地突破了现有法律规定，因其涉嫌“越权违法搞改革”[①]，司法改革措施本身的合法性、合理性引发了广泛争议，也在社会大系统中受到了立法机关、行政机关、学者和社会大众的批评。当前，司法改革的系统性问题已经引起各方的高度关注。

---

① 有学者认为，在这方面比较典型的有：河南省郑州市中原区人民法院实行的“先例判决制度”；黑龙江省牡丹江铁路运输法院首次施行的“辩诉交易制度”；北京海淀区人民法院试行的“被告认罪普通程序”。万毅：《转折与展望：评中央成立司法改革领导小组》，《法学》，2003年第8期。

三 司法改革的目标取向

解决问题的出路何在？当代中国的司法改革走向何方？

改革开放30多年是我国社会不断加速转型的重要时期，“经济体制从计划经济向市场经济转轨，所有制结构由单一的公有制向以公有制为主体的多种所有制转变，治国方略从人治向法治转变，社会环境由封闭型逐步向开放型发展，以及国家社会高度统一的一元结构向国家和社会的二元结构过渡”①，社会转型对我国司法改革影响深刻，尤其表现在司法改革宏观目标的选择上。目标具有决定司法改革基本走向和制度选择的作用，当前，司法改革最关键的工作之一就是要明确司法改革的价值目标，确定深入推进司法改革的基本方向。我国宪法把“依法治国，建设社会主义法治国家”确定为治国方略和奋斗目标，而司法制度的现代化是实现法治国家的基本要求。因此，我国司法改革的目标应是建设公正高效权威的社会主义司法制度，实现司法制度的整体现代化。

近百年来，世界各国积极推行司法改革，其基本目标都指向了公正与效率。公正（justice）即公平正义，指“司法权运作过程中各种因素达到的理想状态，它包括与司法权运作有关的各种因素，从主体到客体，从内容到形式，从实体到程序，从静态到动态，均达到合理而有序的状态”②。公正是法律和司法制度的核心价值目标，在司法制度创新过程中应把能否保证最大限度地实现司法公正，作为司法改革制度选择和成效评估的首要标准。公正既包括实体公正，也包括程序公正，两者相辅相成，互为依托，应作为司法改革的整体价值取向。但传统司法观念和现有司法制度中，忽视了程序的独立价值及程序对保障实体的积极意义，重实体、轻程序的价值倾向时有表现，危害到社会公平正义的实现。西方有句格言：“正义不仅应当得到实现，而且应当以人们看得见的方式得到实现”，司法改革不仅要把结果公正当成目标，还应当保证当事人在规范、公开、平等的司法程序中实现公平正义。因此，深入推进司法改革，必须按照实体公正与程序公正并重的原则，积极对司法制度进行调整和创新，建设富有公正性的司法制度。

---

① 罗豪才：《社会转型中的我国行政法制》，《国家行政学院学报》，2003年第1期。

② 张德森、周佑勇：《论当前我国实现司法正义的条件和途径》，《法学评论》，1999年第1期。

效率（efficient）指“单位时间内完成的工作量”[①]，司法效率是指通过充分、合理运用司法资源，降低司法成本，以最小的司法成本获得最佳的司法效果。[②] 高效是对司法制度实现社会公平正义的及时性要求，尤其是在诉讼案件数量不断大幅增加[③] 的趋势中，更应通过改革创新不断提高司法效率。同时，“迟到的正义是非正义”，高效司法也是公正司法的内在要求。司法工作拖拉、延迟，不仅表明了司法程序本身不合理，也会直接损害结果公正和法院形象。因此，制度创新过程中应充分考虑制度的实际应用，保证最短时间、最少司法审判资源投入生产出最佳司法审判效果。在结果正义传统深厚的现实司法环境中，我们更应该充分意识到效率价值对于司法制度现代化的重大意义。诉讼效率低、周期长是世界司法活动普遍存在的问题，我们应把保证司法制度和司法活动的高效性作为司法改革的持久目标，通过创新简便、快捷、低成本的司法程序，实现富有效率的司法。

权威（authority）指“使人信服的力量和威望”，司法权威是指通过公正高效的司法活动和裁判终局性、强制性的保障，使司法具有力量和威望。权威与公正、高效具有相辅相成的关系。权威是公正、高效价值目标得以顺利实现的基本保证，而司法制度的权威依赖于制度本身设计的公平、公开和公正程度，也有赖于审判人员的整体素质和司法水平。树立司法权威是近年来由司法现实反压出来的一个突出而迫切的问题，这充分说明了前期司法改革对司法权威建设的缺位。因此，应当在推进司法改革的过程中特别重视权威目标的指向，在制度创新时注意司法权威的树立和体现，保证司法裁判的公正性、高效性和终局性，保证司法的独立性和法官的职业化，保证足够的国家强制力支持，实现富有权威的司法。

公正、高效、权威是现代司法制度的内在要求，是司法制度现代化的基本价值目标取向。司法改革的具体措施都应当以追求司法制度整体现代化为基本目标，充分考虑公正、高效、权威价值对制度具体设计的要求。积极稳妥地通过司法改革，不断完善审判制度及运行机制，逐步实现司法制度的现代化。

---

① 中国社会科学院语言研究所词典编辑室编：《现代汉语词典》，商务印书馆，2005 年，第 1504 页。

② 参阅任群先：《公正与效率的价值研究》，载曹建明主编：《公正与效率的法理研究》，人民法院出版社，2002 年，第 100 页。

③ 在人民法院 30 年的发展中，法院办理的案件从每年 50 万件发展到现在的 800 万件。王斗斗：《人民法院 30 年实现飞跃从每 50 万件发展到现在的 800 万件》，《法制日报》，2008 年 11 月 6 日。

四 司法改革的现代理念

理念是行为的先导，“司法现代化的第一步，是司法观念的现代化”[①]。正是基于这种认识，确立现代司法理念，是当前推动司法改革深入发展的重要突破口。现代司法理念是人们在认识司法活动客观规律过程中形成的一系列科学的基本观念，是支配人们在司法过程中的思维和行动的意识形态与精神指导。现代司法理念的内涵十分丰富，包括司法的独立、中立、民主、公正、公开、效率、廉洁、职业化、终局性以及程序正义、无罪推定、人权保障等诸多内容。可以说，没有现代司法理念的指引，就难以保证司法改革的公正性、正确性和目标性，也就无法继续推进和深化司法体制改革。马克思主义法律学说与中国社会主义法治建设实践相结合的社会主义法治理念，充分体现了科学发展观的基本要求，是建设社会主义法治国家，推进司法改革必须坚持的现代司法理念，是抉择改革措施、判断改革成效的基本标准。以现代司法理念指引我国的司法改革，在当前应迫切需要处理好以下三方面关系：

（一）党的领导与司法独立

司法体制改革，涉及司法职权配置、司法保障、司法官员管理体制等重大问题，只有在党的统一领导下，科学决策、民主决策、依法决策，才能形成“一盘棋”的格局，才能协调和凝聚各方面的资源和力量，积极稳妥地推进。坚持党的领导与司法独立并不矛盾。司法独立是现代法治国家的主要标志，是实现民主、平等、程序公正、依法行政、法律至上等现代法治原则的重要条件[②]。我国的司法独立并不等同于西方法治话语中的司法独立。党充分尊重司法独立原则，多次公开强调要依法保证审判机关独立行使审判权。[③] 我国法官法也规定了法官“依法审判案件不受行政机关、社会团体和个人的干涉”。党对司法工作的领导不是具体业务领导，而是政治领导、组

① 曾宪义：《司法公正与司法效率的保障机制研究》，载曹建明主编：《公正与效率的法理研究》，人民法院出版社，2002年，第162页。

② 参阅李步云、柳志伟：《司法独立的几个问题》，《法学研究》，2002年第3期。

③ 党的十五大报告提出要“推进司法改革，从制度上保证司法机关独立公正地行使审判权和检察权”。党的十七大报告提出要“深化司法体制改革，优化司法职权配置，规范司法行为，建设公正高效权威的社会主义司法制度，保证审判机关、检察机关依法独立公正地行使审判权、检察权”。

织领导和思想领导，党不参与司法过程，不干预审判权的独立行使。因此，“党的领导不否定、不妨碍司法独立”[①]，中国的司法独立“是一种党领导下的司法独立”，是在中国特色社会主义历史条件下合理选择的一种司法独立模式。

（二）国情与伪国情

充分考虑司法国情是司法改革的基本原则之一，但必须克服所有司法国情都要照顾的片面认识。强调司法国情，绝不能把落后的观念和做法冠之以司法国情，用伪国情来阻碍司法观念更新和司法制度创新。清末法制改革中，顽固派和保守势力就把中国传统文化中的糟粕强调为“国情”，其结果是阻碍了近代中国的法制现代化。因此，对司法国情的具体表现形式应当进行科学甄别，要用科学发展的眼光来审视，进行判断和选择。过分强调中国传统和现实条件，不是尊重国情的科学态度，而是典型的国粹主义倾向。司法国情应当具有实质的合理性，切合社会发展需求，能够在新的历史时期转换再生出现代精神，融入现代司法制度。其一，我国现在并且在相当长的时期内，仍处于社会主义初级阶段，人民群众日益增长的物质文化需求同落后的社会生产之间的矛盾仍然是社会主要矛盾，这是当代中国司法改革的事实前提。其二，我国经济、政治、文化发展不平衡，特别是地区发展不平衡是制约司法改革的重要因素。其三，传统文化、传统法律文化对社会大众乃至司法工作者的影响根深蒂固。其四，司法资源和司法能力难以应对司法需求和社会纠纷已是当前司法工作的主要矛盾。这些都是推进司法改革时必须着重考量的重要因素。

（三）现代化与西方化

如前所说，司法现代化是中国司法改革的宏伟目标和必由之路。但现代化不等于西方化，当代中国的司法改革和创新要注意克服法治/司法以西方国家为标准的片面认识。即使是西方国家，考察他们自己解决社会转型时期法治发展的思路，也要求“既呈现出鲜明的个性特色，又包含着基本的共性特征；既植根于各国的传统和国情，又遵循一般的法治规律”[②]。过分强调西方法律/司法制度的先进性，忽视不同国家社会条件的差异性和独特性，就会导致西方中心主义。当前，理论法学研究成

---

① 李建明：《党的领导与司法独立》，http://www.yfzs.gov.cn，最后访问时间2003年5月3日。

② 袁曙宏、韩春晖：《社会转型时期的法治发展规律研究》，《法学研究》，2006年第4期。

果基本表明了现代化的科学路径："中国法律法学的现代化乃至中国问题研究的整个哲学社会科学都开始向中国化主题集中，这种集中决非彻底拒绝西方现代性精神而向中国传统复活，也决非完全抛弃中国传统而完全主张中国法律/法学的西方化。"① 因此，在现代化进程和全球化时代，中国的司法改革应当确立"中国"这一主体意识，凸显"中国问题"这一问题意识，解决"中国发展"这一现代化诉求，构建"中国风格"这一民族特质；同时，中国的司法改革应对中西方司法制度和司法传统进行审慎判断和创造性继受，"会通中西"，取长补短，推动中国司法制度的整体现代化。

五　司法改革的基本路径和方法

当代中国推进司法改革的基本路径是走反思性司法改革的道路。为了保证我国司法改革在新的历史阶段取得突破性进展，就必须对改革开放 30 多年的司法改革实践进行客观回顾和全面检视，在改革的理念、主体、目标、体制、模式、方法等多向度上进行审慎判断和深刻反思。在现代司法理念的指导下，对照司法改革的价值目标，反思 30 多年司法改革的实践和做法，去伪存真，汰劣选优，按照统一性、计划性和系统性的要求，不断深化司法体制改革。

走反思性司法改革道路的关键是要反思司法改革的方法，不断增强运用科学方法的意识和能力。方法是解决问题的路径和程序，科学方法的正确运用能够保证司法改革的成效。当前，尤其要注重和强化司法改革的整体推进方法、综合研究方法和局部试点方法的运用。

第一，整体推进的方法。司法改革不能被动反应，不能满足于解决个别具体问题，而应立足司法制度系统整体合理性进行反思，强调对司法改革进程的统一协调指挥；强调体制、机制和方式方法的同步创新；强调改革步骤的有序安排。美国著名学者昂格尔在谈及中国司法改革问题时，亦提醒我们"改革应当有整体的大的规划，而不应当局部地调整、小修小补"②。可以断言，没有中央的统一领导和部署，没有立法机关、行政机关的配套改革和大

① 夏锦文：《中国法制现代化的方法论立场》，《政法论坛》，2006 年第 5 期。

② ［美］昂格尔、孙笑侠：《传统中国与现代法治》，载徐显明主编：《法治与社会公平》，山东人民出版社，2007 年，第 400 页。

力支持，仅靠司法机关或人民法院独撑大局，司法改革将难以取得预期的效果，已经获得的成果还有可能得而复失。

当前，司法改革已成为中央主导、各部门紧密配合、社会各界广泛参与的统一行动，中央、部门及地方应建立便于统一协调的指挥机构。宏观层面涉及改革定位，由中央司法体制改革领导小组统一改革规划以及明确改革步骤，出面协调法院、检察院等相关机关改革措施的制定①，然后整体推进与实施。微观层面是具体工作方式的创新，由地方在现有的法律框架内，根据自身实际进行；当地方改革经验较为成熟，并经一定程序评估、验证其可行性后，可以上升到制度层面，继而进行全面推广。中观层面是微观和宏观的交集，由中央和地方共同推动，中央应在调查研究的基础上制定统一的改革方案，并在一定阶段内完成在全国司法机关的推广落实。② 为保证整体推进的有效性，在司法改革宏观布局中，中央司法体制改革领导小组应发挥出应有的作用。司法体制改革领导小组的组成人员应当是多元化的，其地位也应提高，必须赋予其宏观规划和统筹全局、协调各方的能力。

第二，综合研究的方法。理论研究和实证研究在司法改革中具有很强的互补性，应注重这两种方法的相互结合和综合运用。理论研究有助于在价值目标、逻辑推演、制度衔接等方面提供论证，以保证司法改革措施的科学性和合理性。实证研究则能够通过小规模的试点检验改革措施的优点与不足，提供调整和优化建议，③ 从而保证改革措施的实际可行性。传统司法改革不仅理性思考不够，缺少理论支撑，也没有注意实证研究与分析，对司法改革过程中的问题准备不足，许多调研成果不能准确反映我国司法现状，也不能作为司法改革的可靠依据。当前，应当在中央司法体制改革领导小组的统筹安排下，由最高法、最高检会同有关部门，分步骤、分层次对我国的司法现状进行全面、深入地调查，为推进司法体制和机制改革提出更准确的依据。在此基础上，由中央司法体制改革领导小组召集相关

① 2008年12月，中央转发了《中央政法委关于深化司法体制和工作机制改革若干问题的意见》，从优化司法职权配置、落实宽严相济刑事政策、加强政法队伍建设、加强政法经费保障等4个方面，提出了29条60项改革措施。

② 《依法治国与深化司法体制改革理论研讨会综述》，《法学研究》，2008年第4期。

③ 参阅［美］吉姆·帕森斯、梅根·戈尔登等：《试点与改革：完善司法制度的实证研究方法》，北京大学出版社，2006年，第161页。

部门对改革措施进行分析、研究并提出方案。改革方案的制定还需经过理论界学者和实务界资深法官进行论证，再通过新闻媒体予以公布，征求社会各界对改革的意见和建议。这样不仅可以为改革后的司法制度的顺利实施消除某些潜在的思想障碍，而且可以在相当程度上提升公众对司法的期望和信心。

第三，局部试点的方法。我们在强调宏观上整体推进策略的同时，也不能抹杀局部探索的现实意义。一方面，司法是一种实践理性，司法本身需要在实践中不断摸索，才能发现问题并找出解决问题的出路，有些问题无法进行事先设计。另一方面，考虑到我国国情的多样性，有些改革措施明显带有鲜明的地域性，无法在全国范围内予以整体推广。在一定范围内保留改革试点的做法，可以减少大的变革对原有司法制度的冲击，也可避免不合理的改革措施有可能造成的损失。正如有学者指出的，推行司法改革的重要方式之一就是采取法院改革试点的形式，试点能够完善管理项目、执行改革所需要的各种方式和手段，也是一种低风险选择。① 事实上，司法改革局部试点的方法在一些法院已经得到了应有的重视。比如，为深入贯彻党的十七大关于深化司法体制改革的重要部署，江苏省高级人民法院在 2009 年 1 月 22 日下发通知，综合考虑地域分布、经济发展程度及司法改革工作开展情况等因素，确定 13 家单位为司法改革联系点，以点代面，积极稳妥地推进全省法院司法改革工作。司法改革联系点的主要任务是：率先落实和推进中央批准的由最高人民法院牵头的司法改革任务；结合工作实际，建立完整的调研体系；加强试点和试验工作，及时总结经验；建立对改革项目的评估体系，总结成绩、研究问题、推广经验；建立司法改革成果转化基地，固定和转化司法改革成果；深入基层，成为联系基层法院、人民陪审员和人民群众的平台。②

最后应当指出，“法律一开始就明显不仅仅是法律问题，而同时也是政

---

① 参阅孙谦、郑成良主编：《司法改革报告——有关国家司法改革的理念与经验》，法律出版社，2002 年，第 3 页、第 22 页。

② 根据江苏省高级人民法院的有关文件规定，这 13 家司法改革联系点是：常州市中级人民法院、扬州市中级人民法院、徐州市中级人民法院、南京市玄武区人民法院、张家港市人民法院、江阴市人民法院、姜堰市人民法院、通州市人民法院、东台市人民法院、赣榆县人民法院、淮安市清河区人民法院经济开发区人民法庭、扬中市人民法院新坝人民法庭、沭阳县人民法院庙头人民法庭。今后，省高级人民法院还将根据全省法院司法改革工作实际情况，对司法改革联系点进行适当增减。

治问题、社会问题、历史问题和文化问题。”[①] 因此，我们应充分认识司法改革的系统性、长期性和复杂性，不断进行总结和反思，始终把握中国司法改革的正确方向。只要我们坚持从中国国情和司法实践出发，在现代司法理念的指引下实行渐进式改革，并注重司法改革的策略、方法与步骤，就一定能够构建起公正高效权威的社会主义司法制度，就一定能够实现司法制度整体现代化的目标。

（本文原载于《中国法学》2010 年第 1 期）

① 梁治平：《法律的文化解释》，生活·读书·新知三联书店，1994 年，第 6 页。

中国刑事司法改革的考察：以刘涌案和佘祥林案为标本

陈兴良*

从20世纪80年代中期开始，中国进入了一个改革开放的时代。经济体制改革从农村到城镇，历经20多年的曲折发展，可以说取得了举世瞩目的成功。在经济体制改革的牵引下，中国的政治体制或多或少地发生着变革，尽管不像经济体制改革那样声势浩大。作为例外的是，中国的司法体制改革（也简称为司法改革）则从20世纪90年代中期以后一直受到官方的肯定，①甚至被某些学者视为是政治体制改革的前奏。本文试图从在中国曾经发生重大社会影响的刘涌案（2003年）和佘祥林案（2005年）切入，由此展示中国刑事司法的现状与揭示中国刑事司法改革的进路，对中国的刑事司法改革进行考察。

一　翻案：刘涌的从生到死与佘祥林的从死到生

司法体制是抽象的，而案件是具体的，从活生生的个案出发，可以真切地观察中国刑事司法的现状。中国几乎每年都要发生几起轰动全国的案件，成为各种媒体聚焦的题材。其中，发生在2003年的刘涌案和发生在2005年的佘祥林案，对于中国刑事司法来说，具有标本的意义。

被告人刘涌被指控组成具有黑社会性质的犯罪组织，非法持有枪支和管

---

* 陈兴良，北京大学法学院教授、教育部长江学者特聘教授。

① 作为中国司法体制改革启动的标志，1997年9月中国共产党十五大正式确立了依法治国的基本方略并首次在工作报告中提出“推进司法改革”。

制刀具，采取暴力手段聚敛钱财，引诱、收买国家工作人员参加黑社会性质组织或者为其提供非法保护，其作案31起，其中直接或者指使、授意他人实施故意伤害犯罪13起，致1人死亡，5人重伤并造成4人严重残疾，8人轻伤。在辽宁省铁岭市中级人民法院庭审过程中，刘涌等被告人当庭推翻其在侦查阶段向公安机关所作的有罪供述，并称在侦查过程中遭到侦查人员的刑讯逼供。刘涌等被告人的辩护律师也将侦查阶段存在刑讯逼供的问题作为重要的辩护理由，但铁岭市中级人民法院在一审判决书中指出："经公诉机关调查，认定公安机关具有刑讯逼供行为的证据不充分，对此辩护意见不予采纳。"据此，辽宁省铁岭市中级人民法院一审判决（2002年4月17日）以故意伤害（致人死亡）罪，判处刘涌死刑立即执行。一审宣判后，被告人刘涌以公安机关在侦查过程中存在刑讯逼供，口供取得方式违法为由，提出上诉。在二审过程中，辩护人提出被告人在侦查期间的口供不能作为证据使用，并提交了能够证实刑讯逼供的相关证据。辽宁省高级人民法院就刑讯逼供问题经复核后认为，不能从根本上排除公安机关在侦查过程中存在刑讯逼供情况。据此，辽宁省高级人民法院于2003年8月11日作出以下判决："上诉人刘涌论罪应当判处死刑，但鉴于其犯罪的事实、犯罪的性质、情节和对于社会的危害程度以及本案的具体情况，对其可不立即执行。"因而，二审改判死缓。2003年8月16日二审判决公布并经媒体披露以后，二审改判结果受到普遍质疑。因为在二审改判以前，刘涌案被称为是中国涉黑第一案，改判结果出乎公众预料。在该案一审宣判前，对于本案涉及的定性问题、刑讯逼供问题，笔者等13位专家曾经接受本案律师的咨询，因而在二审改判以后笔者认为这一判决结果反映了刑讯逼供非法获取的证据的一定程度的排除，体现了人权保障的法治理念，对此持肯定态度。笔者的这一观点见诸报端，骤然成为舆论集中攻击的焦点。在此后的三个月内，刘涌案成为媒体炒作的热点问题，网络上的评论更是数以十万条地增加。除个别学者以外，绝大部分民众均认为二审改判不当。在这种情况下，最高人民法院于2003年10月8日以"原二审判决对刘涌的判决不当"为由，依照审判监督程序提审该案。2003年12月20日最高人民法院对刘涌案作出终审判决，对刘涌的辩护人在庭审中出示的证明公安机关存在刑讯逼供的证人证言，以取证形式不符合有关法规，且证言之间相互矛盾，同一证人的证言前后矛盾为由，不予采取。据此，不能认定公安机关在侦查阶段存在刑讯逼供。因此，最高人民法院认为原二审判决对刘涌所犯故意伤害罪的量刑予以改判的理由不能成立，应予纠正，最终判处刘涌死刑，剥夺政治权利终身。在最高人民法院宣告判决之后，刘涌即在当天被立即执行了死刑。

刘涌被执行死刑以后，民意普遍认为正义得到了伸张。只有少数专家为司法被民意所左右，形式正义被实质正义所击倒，非法证据排除规则未能通过刘涌案获得确认而扼腕痛心。当时，远在德国波恩的中国人民大学法学院冯军教授冷眼旁观了整个刘涌案的事态演变，将围绕刘涌案的种种表现称为“法治乱象”。中国法院网 2003 年 12 月 23 日发布了《最高人民法院再审刘涌案刑事判决书》，冯军教授阅读之后，彻夜难眠，写了《评〈最高人民法院再审刘涌案刑事判决书〉》[①] 一文，以求与死人和活人对话。

如果说，刘涌案像一场闹剧；那么，发生在 2005 年的佘祥林案就是一出喜剧，然而这出喜剧是以佘祥林的一场长达 11 年的悲剧为前奏的。佘祥林是湖北省京山县的一个农民，在派出所当治安巡逻员。1994 年 1 月 20 日，佘祥林的妻子张在玉失踪，其亲属怀疑是被佘杀害。同年 4 月 11 日，在附近村庄的一口水塘发现一具女尸，经张的亲属辨认与张在玉的特征相符，公安机关立案侦查。1994 年 10 月，原荆州地区中级人民法院一审判处佘祥林死刑，佘提出上诉。湖北省高级人民法院经审理，认为本案被告人佘祥林的交代前后矛盾，时供时翻，间接证据无法形成证据链，不足以定案。尽管在二审期间，死者亲属上访并组织了 220 名群众签名上书要求对佘祥林从速处决，省高级人民法院仍然于 1995 年 1 月坚决撤销一审判决，以事实不清、证据不足为由发回重审。1996 年 12 月，由于行政区划变更（京山县由荆州市划归荆门市管辖），京山县政法委将此案报请荆门市政法委协调。经协调决定，此案由京山县人民检察院向京山县人民法院提起公诉；因为省高级人民法院提出的问题中至今有 3 个无法查清，对佘祥林判处有期徒刑。1998 年 6 月，京山县人民法院以故意杀人罪判处佘祥林有期徒刑 15 年。同年 9 月，荆门市中级人民法院裁定驳回上诉，维持原判。判决生效后，佘祥林被投入监狱关押。事情的转机发生在 2005 年 3 月 28 日，佘祥林的妻子张在玉突然归来，由此本案真相大白。3 月 30 日，荆门市中级人民法院紧急撤销一审判决和二审裁定，要求京山县人民法院重审此案。2005 年 4 月 13 日，京山

① 参阅冯军：《评〈最高人民法院再审刘涌案刑事判决书〉》，载陈兴良主编：《刑事法评论》第 14 卷，中国政法大学出版社，2004 年，第 130 页以下。

县人民法院重审此案，宣告佘祥林无罪。此时，佘祥林已经付出3995天囚禁的代价。佘祥林没有杀妻，为什么会在侦查期间供述中承认杀妻呢？冤狱昭雪后，佘祥林愤怒地说，这些供述是在警方的诱供和刑讯逼供下被迫做出的。在1998年的申诉材料中，佘祥林控诉道："我敢说那10天11夜的痛苦滋味并不是每个人都能理解的，鼻子多次被打破后，他们竟将我的头残忍地按到浴缸里，我几次因气力不足喝浴缸里的水呛得差点昏死。"但在张在玉"复活"之前，佘祥林的申诉材料根本无人理睬。直到佘祥林案平反之后，人们才获知刑讯逼供正是这起冤案形成原因之一。此后，曾经参与佘祥林案侦查的原京山县公安局巡警大队教导员潘余均因不堪重压于2005年5月25日自杀身亡，并写下血字："我冤枉"，成为这起案件中唯一的牺牲者。从佘祥林的妻子张在玉重现开始，媒体对佘案发展的全过程进行了追踪报道。佘祥林在全国人民的瞩目下获得平反，并获国家赔偿，以喜剧而收场。

发生在2003年的刘涌案与发生在2005年的佘祥林案，似乎是毫无关联的两个案件。在这两个案件的翻案过程中，媒体都是大赢家，民众也都认为正义获得了伸张。我曾经有过一个时空倒错的想法：如果佘祥林案发生在2003年，刘涌案发生在2005年，对刘涌案的看法还会那么一致地国人皆曰可杀么？在刘涌案的最高人民法院判决中被否定的非法证据排除规则，恰恰就是避免佘祥林的冤案重现的法律规则。

那么，刘涌案和佘祥林案对于我们反思中国的刑事司法又能提供何种答案呢？

二 刑讯：屡禁不止与排除不能

在刘涌案和佘祥林案的背后，我们都可以发现刑讯逼供的阴影。可以说，刑讯逼供已经成为我国刑事司法中的一大顽疾。尤其值得我们深思的是：对于刑讯逼供，法律上的严厉禁止与实践中的禁而不止形成鲜明对照。

刑事诉讼法第43条、刑法第247条、1998年《最高人民法院关于执行〈中华人民共和国刑事诉讼法〉若干问题的解释》第61条、1999年最高人民检察院《人民检察院刑事诉讼规则》第140条中关于严禁刑讯逼供的规定是十分明确的，在司法解释中对非法证据的排除规则作了一定程度的确认。但为什么在司法实践中刑讯逼供屡禁不止，或者难止？我想指出以下三个方面的原因。

（一）羁押体制

刑讯逼供的盛行，尤其是在公安机关侦查活动中的刑讯逼供的存在，还具有羁押体制上的原因。在中国现行的司法体制中，实行的是侦羁合一的制度，即侦查机关行使对犯罪嫌疑人、被告人的羁押权。中国专门负责审判前羁押的部门称为看守所，由于目前中国在侦查过程中实行的是以羁押为原则以保释为例外的做法，因而羁押任务十分繁重。看守所隶属于公安机关，是与刑事侦查部门平行的公安机关的内设职能部门。看守所与刑事侦查部门共同设置于同一级公安机关内部，并接受统一的指挥和领导，这就使得看守所的羁押工作不得不与刑事侦查活动发生联系，甚至直接服务于刑事侦查工作的需要。① 这种看守部门对于侦查部门的从属性，使看守部门在防范刑讯逼供方面的职能大为受限。而且由于侦查部门往往设置在看守所内，看守所恰恰成为刑讯逼供的场所。在个别情况下，甚至羁押地点的法定化问题也没有得到解决。侦查部门将犯罪嫌疑人羁押在看守所以外的非法定羁押场所，更使刑讯逼供公开化。因此，我们提出侦羁分离的建议，使侦查机关与羁押机关相对分离，由一个相对中立的机关对犯罪嫌疑人、被告人行使审判前的羁押权。目前较为理想的办法是将看守所从公安机关中分离出来，仿照监狱设置，隶属于司法行政机关管理。

（二）法律规则

刑讯逼供的法律规则本身同样是不健全的，主要是没有完善的非法证据排除规则。刑法虽然规定刑讯逼供构成犯罪，致人伤残、死亡的，甚至以故意伤害罪、故意杀人罪论处，最重可判处死刑，刑不可谓不重。为什么死刑也未能遏止刑讯逼供？主要还是由于以下两个原因造成的：

第一，非法证据排除规则的不彻底性。有关司法解释明确规定对刑讯逼供获取的言词证据应予排除，但对刑讯逼供获取的实物证据未作规定。实际上，实物证据往往是通过言词证据获取的，对犯罪嫌疑人进行刑讯逼供，其目的不在于逼使其认罪，而是逼使其提供获取实物证据的线索，由此证实犯罪。因此，刑讯逼供是自证其罪的手段。如果仅排除言词证据而不排除实物证据，则通过刑讯逼供认定一个人有罪的情况下，再对刑讯逼供者追究刑事责任几乎是不可能的。在中国，刑讯逼供者只有在致人伤残、死亡或者造成冤假错案并被揭露的情况下才有可能被追究刑事责任，而这种情形只占刑讯

---

① 参阅陈瑞华主编：《未决羁押制度的实证研究》，北京大学出版社，2004 年，第 24 页。

逼供的极小一部分。在大部分情况下，都是先通过刑讯逼供获取言词证据，然后通过刑讯获得的言词证据收集到能够证明犯罪嫌疑人有罪的实物证据，最终使犯罪人受到法律制裁。在这种情况下，刑讯者是打击犯罪的有功之臣，甚至立功受奖，怎么可能被追究刑事责任呢？因此，只有建立完善的非法证据排除规则，将刑讯的后果彻底予以排除，才能杜绝侦查活动中的投机心理，这种投机心理实际上是一种道德冒险，甚至是法律冒险：成则英雄，败则罪犯。

第二，刑讯逼供的举证规则的缺失性。司法解释虽然规定对刑讯逼供获取的言词证据应予排除，但刑讯逼供如何证明，这个问题并没有得到解决。目前通常的做法是在被告人提出刑讯逼供的检举以后，检察机关找被检举刑讯的侦查人员，由其出具"未刑讯逼供"的书面材料，以此否认刑讯逼供。除非被刑讯者伤残、死亡，辩方如欲证明刑讯逼供几乎不可能。在刘涌一案中，辩护人找到看管过刘涌的 8 名现役或退役的武警战士，以公证的形式出具了刑讯逼供的证人证言，被辽宁高院在二审判决书中予以确认，结论是："不能从根本上排除刑讯逼供"。正是这种客气但也暧昧的用语引发公众的猜测。在最高法院的再审判决书中，对此节写道："经查，庭审中公诉人出示的参与刘涌一案的预审、监管、看守人员的证言证明，公安人员未对刘涌及其同案被告人刑讯逼供；辽宁省人民政府依法指定的鉴定医院沈阳市公安医院 2000 年 8 月 5 日至 2001 年 7 月 9 日对刘涌及其同案被告人先后进行的 39 次体检病志载明，刘涌及其同案被告人皮肤粘膜均无出血点，双下肢无浮肿，四肢活动正常，均无伤情。刘涌的辩护人在庭审中出示的证明公安人员存在刑讯逼供的证人证言，取证形式不符合有关法规，且证言之间相互矛盾，同一证人的证言前后矛盾；不予采信。据此，不能认定公安机关在侦查阶段存在刑讯逼供，刘涌及其辩护人的辩解和辩护意见，本院不予采纳。"在上述判决词中，否定刑讯逼供的三个理由都十分牵强：参与预审、监管、看守人员出具的未刑讯逼供的证言，并无太大的可信性，因为这些人本身就是当事者或者责任者。至于没有伤情也不能成为否认刑讯逼供的根据。刑讯可以分为造成伤害的刑讯与未造成伤害的刑讯，难道未造成伤害就不可能存在刑讯吗？伤情鉴定机构的公开性、公正性同样也是值得置疑的。何况作为鉴定医院的公安医院实际上就是公安局的医院。对于辩护人提供的证明公安人员存在刑讯逼供的证人证言，仅以"取证形式不符合有关法规"而予以否认，至于证言矛盾也未做具体说明。像刘涌案这样，辩护人已经获取刑讯逼供的证据在判决中都不能采纳，那么，在其他案件中刑讯逼供的举证难度可想而知。在佘祥林案中，由于刑讯而落下残疾，但在所谓的被害人“复活”之前，刑讯逼供是不可能被认定的。因此，如何解决刑讯逼供的举证问题确是十分重要的。笔者认为，对刑讯逼供应当采用举证责任倒置的原则。侦查机关在不能证明自己没有进行刑讯逼供的情况下，就应当认定为其进行了刑讯逼供。为此，侦查机关应当引进讯问时律师在场和讯问过程全程录音、录像等制度，以防范刑讯逼供的发生。中国正在进行这方面的试点，其效果如何尚有待检验。

（三）司法能力

刑讯逼供应当禁止，这是没有异议的，关键是能不能禁止。在能不能禁止中，除了建构起禁止刑讯逼供的体制与规则以外，还存在一个司法能力的考量。中国目前的司法资源有限，破案率较低。中国公安部提出“命案必破”的要求，对各地公安机关的破案形成某种压力。此外，由于重大犯罪的发案率居高不下，治安状况难以令人满意，由此造成对侦查机关的挤压效应。侦查机关在尽早破案的巨大压力下，产生某种焦虑心理，这是可以理解的。令人担忧的是，公安机关会不会为完成破案任务而进行刑讯逼供，对刑讯形成一种依赖？公安部明确承诺，命案必破不会引发刑讯逼供。[①] 但如何采取有效的防范措施仍然是值得期待的。因此，从根本上来说，只有加大司法资源的投入，提高司法能力，才是杜绝刑讯逼供的必由之路。

三　司法权：依从与独立

无论是刘涌案还是佘祥林案，都反映出一些深层次的体制问题。以下按照警察权、检察权、审判权与辩护权这样一种顺序，对有关司法权的问题进行探讨。

（一）强势的警察权

中国的警察权，是由公安机关行使的，而中国警察权之大乃世所独有。中国在社会转型过程中，面临着巨大的犯罪压力，以有限的警力应对复杂的

① 参阅公安部：“强调命案必破不会引发刑讯逼供”，http：//news. sina. com.cn/c/1/2006-05-16/12419876496.shtml。

治安形势，这对中国的公安机关来说是一个严峻的考验。在这种情况下，赋予公安机关以较大的权力符合中国的国情。但这里存在一个警察权的悖论：一定限度内的警察权是为保障公民权所必需的，而超出这种限度的警察权，则有侵夺公民权之虞。因为，在任何社会里，警察权力与公民权利在一定条件下成反比例关系，即警察权的扩大意味着公民权的缩小，警察权的滥用则往往使公民权化为乌有。为此，公民就面临着一个两难的抉择：当犯罪对公民造成严重侵害时，公民就会倾向于赋予司法机关更大的惩治犯罪的权力，即使由此而牺牲一部分公民权利。当司法权滥用对公民造成严重侵害时，公民又会转而宁可忍受犯罪的侵害也要限制司法权。由于犯罪侵害更容易被社会公众所体认，而司法权滥用的侵害更为隐蔽且不易被社会公众所体验。因此，在犯罪高发的社会里，通过扩张司法权惩治犯罪的呼声更容易获得社会认同，在中国也是如此。

在中国社会转型过程中，黑社会性质组织危害一方，对社会治安与公民生命财产形成严重威胁。因此，打黑除暴成为中国公安机关在一个时期内的重要任务。当然，由于在刑法中对黑社会性质犯罪组织缺乏严密与规范的法律定义，因而司法机关之间对黑社会性质组织认定标准存在争议。基本上是公安机关更倾向于对黑社会性质组织作较为宽泛的认定，法院则倾向于对黑社会性质组织作较为严格的认定。其中争议之一是：黑社会性质组织的认定是否需要“保护伞”这一条件。这里的“保护伞”是一种形象的说法，即指国家工作人员为其提供保护。中国人大常委会对此作出立法解释，认为“保护伞”只是黑社会性质组织成立的或然性条件，没有“保护伞”同样可以构成黑社会性质组织。公安机关在打黑斗争中既巩固了自身权力，又获得公民的支持。刘涌，就是一个产生在中国东北地区沈阳市的黑社会组织。对于刘涌这样的黑社会组织不是要不要打击的问题，而是在打击中要不要遵循法治原则的问题。现在的问题是：如果在打黑过程中，法治原则遭到践踏，则中国的刑事法治将会倒退。因此，在司法改革中，如何对警察权加以限制是一个重大问题。对于警察权限制的基本思路是警察权的分解，即由一个机关垄断行使的警察权改变为由多个机关分散行使的警察权，并且个别权力实行非警察化。[①] 分权的措施包括：行政警察与司法警察的分立，由司法警察机关行使刑事侦查权，并受检察机关的

① 参阅陈兴良《限权与分权：刑事法治视野中的警察权》，《法律科学》，2002年第1期。

监督与引导。当然，警察权这种调整应当在治安形势较为稳定的社会条件下进行，否则会遇到来自各方面的阻力。

（二）尴尬的检察权

根据宪法的规定，检察机关是法律监督机关，分别对公安机关和审判机关实行法律监督，并且对贪污贿赂犯罪和侵权渎职犯罪案件行使侦查权。但在实际上，由于检察机关处于公安机关与审判机关之中，受到两者的挤压，法律监督权难以真正落实。在这个意义上说，中国的检察机关处于一种名义上的权力与现实上的权力相分离的尴尬境地。中国的刑事司法体制，是由公安、检察、法院（俗称公检法）形成的一条司法流水线。公安机关对一般犯罪案件行使侦查权，检察机关虽然具有侦查监督权，但这种权力只能在督促公安机关打击犯罪方面发挥作用，例如立案监督，对于公安机关应当立案而不立案的，检察机关有权要求公安机关立案。但在侦查的合法性等人权保障方面，由于检察机关本身所具有的控方角色，事实上是难以发挥作用的。这里存在一个角色冲突问题，这就是"既当运动员，又当裁判员"，这也是目前中国检察机关的法律监督权受到诟病的主要原因。

在刘涌案和佘祥林案中，我们都看不到检察机关从中发挥的作用。就刘涌案而言，对于辩护人提出的刑讯逼供辩解，检察机关根据最高检察院的司法解释，如果查证属实，对于这种通过刑讯逼供获取的被告人供述，不能作为指控犯罪的证据。但在刘涌案的辽宁高级人民法院二审判决中，检察院对刑讯逼供问题的态度作出如下表述："公诉机关经调查认为：此节（指刑讯逼供）不应影响本案的正常审理和判决。"从这句话可以看出：作为公诉机关的检察院对于刑讯逼供是认可的，只是认为不影响定罪而已。但对刘涌刑讯获取的是指使他人伤害致人死亡的供述，如果刑讯情节能够认定，这一供述就不能作为指控的根据。而刘涌被判处死刑，也主要就是根据这一犯罪事实。因此，公诉机关作出的"此节不应影响本案的正常审理和判决"的表态是于法无据的。至于在佘祥林案中，尽管该案疑点重重，但检察机关并未严格把关，将其起诉到法院。当该案真相大白以后，京山县法院再审该案，就使检察机关处于十分被动的状态。根据庭审纪实，在庭审中辩护人与公诉人有这样一个耐人寻味的对话：[①]

---

① 《当庭举证前妻在世，检方被指未尽职责》，《新京报》，2005年4月14日。

辩护人：检察机关今天派两名公诉人支持公诉，人民检察机关是公诉机关，应该指控犯罪，公诉人显然未尽职责。

公诉人：检察机关是法律监督机关，其职责不仅是指控当事人有罪，还可以监督法律活动是否合法，所以，公诉方可以提出有罪的证据，也可以提出无罪的证据，出庭是司法工作者应该履行的天职。

我们的刑事诉讼法还没有为这种专门宣告被告人无罪的案件设计庭审程序，因此以指控犯罪身份出庭的公诉人才被辩护人指责为未尽职责。至于公诉人回答检察机关作为法律监督机关可以监督法律活动是否合法，可以提出无罪的证据。但在佘祥林案中，却未对刑讯逼供进行监督，未发现无罪证据，失职应是在这个意义上而言的。因此，在中国的刑事司法改革中，对于检察机关而言，我认为应当强化其对于警察权的控制力度，检警一体化不失为一种可供选择的方案。由于在目前中国的刑事司法体制中，公安机关与检察机关是平行的部门，虽然检察机关具有侦查监督权，实则难以落实。为此，最高检察院与公安部的相关部门试图建立“检察引导侦查”的工作机制，这当然是值得肯定的。但引导的力度是有限的，如何推进检警一体才是根本出路。在检警一体的机制中，检察机关在一定程度上引导、指导甚至指挥公安机关的刑事侦查活动，尤其是对侦查活动的合法性进行监督，由此提高在侦查活动中人权保障的程度。

（三）弱势的审判权

审判权是一种裁判权，是狭义上的司法权。在中国目前的刑事司法体制中，审判权在很大程度上受到侦查权和检察权的牵制，处于一种明显的弱势。在刘涌案中，最高法院再审改判，从表面上来看是一种强势的表现，但实际上恰恰反映出法院在社会压力面前的虚弱。

审判权的弱势，究其原委是由于审判权缺乏应有的独立性。人民法院依照法律规定独立行使审判权，不受行政机关、社会团体和个人的干涉，这本来是宪法的规定，也是宪法赋予人民法院的神圣权力，是中国宪法中的司法独立条款。但由于体制上的原因，法院的独立性并没有实现。在佘祥林案中，政法委的协调成为造成冤案的一个重要原因。政法委是政法委员会的简称，是中国共产党的内设部门，在县以上党的机构中都设有政法委。政法委以党委的名义对同级的公安机关、检察机关和审判机关进行领导，在各个司法机关对某一具体案件存在争议的情况下，政法委往往出面进行个案协调，统一认识，使案件得以处理。例如在有关政法委职能的论述中，一般都涉及政法委对重大疑难案件的协调。在需要协调的重大疑难案件中，就包括政法部门之间有争议的案件，认为政法部门之间在罪与非罪、此罪与彼罪、事实和证据的认定、法律的适用、纠纷与犯罪等重要问题上有分歧，争执不下，难以处理下去的案件，如果某一个或者几个政法部门提出请求党委政法委员会给予协调，党委政法委员会就应当抓紧做好协调工作，妥善解决意见分歧，依法及时正确地审理好有争议的案件。[①] 其实，政法机关之间对某一案件存在争议是十分正常的，法院是案件争议的最终裁决者。对法院判决不服的，可以通过抗诉等方式提请上一级法院审理。总之，有争议的疑难案件应当在司法体制内通过程序加以解决，而不应当诉诸司法程序以外的权力。实际上，政法委对个案的协调，在很大程度上侵夺了法院的审判权。因此，经过政法委协调的案件，判决虽然是由法院作出的，实质上法院并无决定权。在佘祥林案中，我们可以清晰地看到政法委协调的作用。根据报导，1996 年 12 月，在湖北省高院发回重审以后，京山县政法委将此案报请荆门市政法委协调。1997 年 10 月，荆门市政法委召开了由荆门市法院和检察院、京山县政法委和有关单位负责人参加的协调会议。会议决定：此案由京山县检察院向京山县法院提起公诉，因为省高级法院提出的问题中至今有 3 个无法查清，对佘祥林判处有期徒刑。在冤案揭露以后，荆门市中级法院在一份总结材料谈到：此案的一个教训是，要排除一切干扰，依法独立行使审判权。佘祥林案件的处理结果是经过市、县两级政法委组织有关办案单位、办案人员协调，并有明确处理意见后，由两级法院作出的判决。这种近似于“先定后审”的做法，违背了刑事诉讼法的有关规定，是导致冤案发生的重要原因。审判机关应严格依法办案，即使有关部门组织协调，法院也必须依法独立审判。[②] 因此，如何加强审判权的独立性，是刑事司法改革中亟待解决的问题。在此，存在一个党的领导与司法独立的关系如何处理的问题。党的领导是中国宪法规定的原则，党对司法工作的领导也是不可否定的。关键问题在

① 参阅林中梁：《各级党委政法委的职能及宏观政法工作》，中国长安出版社，2004 年，第 584 页。

② 参阅《冤案是怎样造成的？——湖北佘祥林“杀妻”案追踪》，《检察日报》，2005 年 4 月 8 日。

于：党对司法工作的领导如何开展？我认为党对司法工作的领导不能违反司法活动的规律，不能违反人民法院依法独立行使审判权的宪法规定。党对司法工作的领导主要体现在刑事政策的确立以及政治、思想和组织的领导，至于个案协调不能归入政法委职责范围。事实上，法院服从法律，依法办案就是最大的服从党的领导。虽然党对司法工作的领导是中国政治体制的语境下所特有的问题，但理顺党与司法的关系是中国刑事司法改革的应有之义。

（四）软弱的辩护权

在中国现行的刑事司法中，辩护权是最为弱小的。在佘祥林案中，尽管律师为其作了无罪辩护，但并没有发生任何作用。这种“你辩你的，我判我的”现象，对于刑辩律师的职责是一种藐视。我发现，在中国的刑辩中无罪辩护率很高，与此同时无罪辩护的采纳率却很低。在刑辩律师与法官之间，对同一个案件的见解存在巨大的差异。尽管刑辩律师有滥用无罪辩护之嫌，但据我的观察主要还是由于法律价值观念的差别造成的。刑辩律师是从刑事法治之应然进行辩护的，而法官则根据中国刑事法治的实然作出判决。只有等到冤狱揭露以后，才回过头想起律师的无罪辩护意见。因此，11 年前为佘祥林作无罪辩护的何大林律师尽管辩护意见未被采纳，在佘祥林案平反后，被法律媒体选入中国律师风云榜（2005）①。至于刘涌案，由于被告人刘涌本身所拥有的资源，其家属聘请的是强大的律师团队，领衔者是中国律师协会刑事辩护委员会主任田文昌律师。因此，辩护律师在刘涌案的审理中尽其所能地履行了职责，尤其是对刑讯逼供的取证，在中国目前的司法体制下几乎是不可能完成的任务，但他们却奇迹般地完成了，并且对辽宁高院的二审改判发挥了重要作用。尽管因最高法院的再审改判，刘涌由死而生之后又由生而死，律师的努力化为灰烬。但是，在最高法院再审改判以后，田文昌律师仅因为刘涌辩护而受到指责，被称为“黑律师”。田文昌律师在长期律师执业生涯，尤其是刑事辩护中一点一点积累起来的声誉与光环几乎毁于一案。当然，刘涌案只是个别例子，但刑事辩护权之不彰是不争的事实。

中国刑事辩护律师的权利在法律上少得可怜，即使法律规定的权利也受到种种限制难以兑现。例如侦查阶段的律师会见权，1996 年修改的刑事诉讼法第 96 条第 1 款明确规定：“受委托的律师有权向侦查机关了解犯罪嫌疑人涉嫌的罪名，可以会见在押的犯罪嫌疑人，向犯罪嫌疑人了解有关案件情

① 《中国律师》，2006 年第 5 期。

况。”由于刑事诉讼法未规定如何安排会见，公安机关往往以各种理由搪塞不予安排，为此甚至有律师将看守所告上法院的。在这种情况下，1998 年最高人民法院、最高人民检察院、公安部、国家安全部、司法部、全国人大常委会法制工作委员会作出《关于刑事诉讼法实施中若干问题的规定》，其中第 11 条明确规定："律师提出会见犯罪嫌疑人的，应当在四十八小时内安排会见，对于组织、领导、参加黑社会性质组织犯罪、组织、领导、参加恐怖活动组织罪或者走私犯罪、毒品犯罪、贪污贿赂犯罪等重大复杂的两人以上的共同犯罪案件，律师提出会见犯罪嫌疑人的，应当在五日内安排会见。”即便有如此明确的规定，仍然存在侦查阶段律师会见难的问题。

律师不仅在辩护职责的行使上困难重重，而且还存在执业风险，这一风险来自于刑法第 306 条，该条规定的罪名被称为律师伪证罪。根据刑法第 306 条第 1 款规定，律师伪证罪是指在刑事诉讼中，辩护人、诉讼代理人毁灭、伪造证据，帮助当事人毁灭、伪造证据，威胁、引诱证人违背事实改变证言或者作伪证的行为。在上述三种行为中，最为要命的是引诱证人违背事实改变证言。这里的“引诱”以及“违背事实”都难以作出客观的判断，许多律师因此被追究刑事责任，律师将这一现象称为职业报复。因此，每年的全国律师大会上，取消刑法第 306 条的呼声不断。

在中国刑事司法改革中，加强律师的刑事辩护权，是一个重要问题。由于律师辩护权弱小，因而在刑事诉讼中，律师一般只作形式辩护与消极辩护，很难真正开展实质辩护与积极辩护。为此，我认为应当取消刑法第 306 条，在刑事诉讼法中赋予律师调查取证等实质性权利，从而形成积极的控辩平衡。

四　冲突：在民意与法意之间

刑事司法体制改革是社会变革的一部分，与社会息息相关，应当获得社会公众的认同。但正是在这一点上，民意纷扰，尤其是随着媒体，包括网络媒体的介入，呈现出种种乱象。在此，存在一个如何正确处理民意与法意的关系问题。

（一）司法对民意的吸纳与排拒

民意，顾名思义，是指民众意志或者意见，它本来是一个政治学上的概念。例如卢梭就曾经提出过公意的概念，并将其与众意加以区分，认为公意是以公共利益为依归的，而众意则着眼于私人利益，是个别意志的总和。[①]民意与卢梭所说的公意和众意具有一定的相似性，又不能完全等同。我国学者指出：民意是社会上大多数成员对与其相关的公共事物或现象所持有的大体相近的意见、情感和行为倾向的总称。[②] 在一个民主社会，司法应当获得社会认同。因此，司法必然受到民意的影响。当然，司法与民意的关系是十分复杂的，这主要是由司法的精英性和民意的大众性之间的矛盾所决定的。

在刑事司法活动中，对司法发生影响的民意，主要表现为民愤与民情：前者是不利于被告人的民意，后者是有利于被告人的民意。司法机关如何正确面对这种民意，就成为一个重要的问题。在佘祥林案中，“死者”的亲属上访并组织了220名群众签名上书要求对“杀人犯”佘祥林从速处决。这种民意想影响司法机关对案件的处理结果，当然也都没有完全实现。因为司法是专门性的工作，作为非专业人员的公众是难以对专业问题作出判断的。在这个意义上说，司法对于民意不能盲目附和，而应与之存在一定程度的间隔。220名群众签名要求对佘祥林从速处决，是以佘祥林是杀人犯这一事实为前提的，而这一事实恰恰是司法机关应当通过司法活动予以判定的。在杀人罪不能成立的条件下，对于从速处决的民意是决不能听从的。因为一旦出现冤案，责任者是司法机关而非民众，民众的意见只是一种参考。

中国的司法宣称是人民司法，因此法院是人民法院，检察院是人民检察院。在这种情况下，民意如何在司法活动中得以体现，确实是值得研究的。在司法改革中，中国的法院在重建人民陪审员制度，中国的检察院在试行人民监督员制度。通过这种制度，吸纳民意的合理成分，使审判与检察获得某种正当性，不失为一种有益的做法。

（二）作为民意载体的媒体

在现代媒体发达的社会，民意得以更为广泛、更为迅速，并且以一种难以控制的方式聚合，从而爆发出巨大的精神能量。由此而引发出一个媒体与司法的关系问题，成为法治建设中面临的两难问题。由于司法腐败的一定程度的存在，对司法活动进行社会监督成为必要。媒体就是社会监督的一种重要方式，由此而获得了正当性。但我们也必须看到媒体在商业化的背景下，

---

① 参阅［法］卢梭：《社会契约论》，何兆武译，商务印书馆，2003年，第35页。

② 参阅喻国明：《解构民意：一个舆论学者的实证研究》，华夏出版社，2001年，第9页。

不再是一个中立者，而有其特殊利益之所在，对发行量与点击率的追求，都使媒体可能成为一种炒作工具。而媒体的恶意炒作，可能对司法造成某种不正当的外在压力。

在刘涌案中，媒体深深地介入其中。我国学者曾经对刘涌案的司法进程中媒体报道的情况作过梳理，并对刘涌案的舆论生成以及这种社会舆论对刘涌案的影响进行了考量。[①] 可以说，刘涌案的司法进程在一定程度上受到了媒体的左右，尤其是最高法院的再审改判。当然，如果说刘涌案的最终司法结局就是媒体以及社会舆论导致的结果，则并不尽然。媒体并不能最终决定结果，决定判决结果的是某种权力。正如我国学者所指出的那样：最高法院提审刘涌案并最终判处刘涌死刑，媒体的所谓舆论监督可能仅仅是一个表面的东西。与其说最高法院的提审和改判是媒体报道和舆论促使的结果，毋宁说是政治势力之间较量的结果。在关于刘涌案的媒体炒作中，笔者所关心的是社会舆论是如何生成的。对刘涌案的媒体报道，并非始于辽宁法院二审改判以后，而是在铁岭中院一审判处之前。大量的媒体报道了沈阳公安机关及检察机关对刘涌案在侦查、起诉等各个阶段和环节的情况，以及公安机关披露的刘涌犯罪集团的种种犯罪事实。换言之，对刘涌案媒体报道的基本素材来自控方的披露。正是这些未经庭审的所谓犯罪事实塑造了公众对刘涌等的基本印象，以后大众对辽宁高院二审改判的不满也主要是建立在对刘涌案的媒体报道基础之上的。

通过刘涌案应当对媒体与司法的关系进行反思。媒体既要表达民意，行使对司法机关的舆论监督权，又要尊重司法活动的规律，这确实是一个难题。当然，我们不要轻易地指摘媒体，毕竟公众是通过媒体而获得知情权的满足的。我们更不能简单地指责媒体干涉司法独立，或者媒体审判。问题还是在于司法机关本身：对于未经审理的案件材料控方能否披露给媒体大肆报道？使判决附和媒体是媒体之过还是裁判者之过？这些问题都值得深思。更为重要的是，应当建立起规范媒体与司法关系的法律规则，使两者之间形成良性互动，这才是人民之幸。

（三）专家意见如何面对民意

在目前中国的刑事法治进程中，法律专家发挥了一定作用，无论是立法

---

① 参阅周泽：《司法审判与媒体报道和舆论之关系新探——兼刘涌案法理解读》，载陈兴良主编：《刑事法评论》第15卷，中国政法大学出版社，2004年，第80页以下。

还是司法解释的制定，或者是重大案件的处理，都有法律专家参与其中。然而，法律专家的意见无论是在理念层面还是在规范层面，抑或在个案层面，都与民众认知之间存在较大差距。就理念层面而言，人权保障、程序正义、形式公正这些法治理念很难被民众真正接受，即使是媒体记者，就法律专业而言仍然是民众的代言人，经常提出对超过追诉时效的杀人犯不追诉是否放纵犯罪，对外逃贪官引渡回国承诺不判死刑是否鼓励贪官外逃，对奸淫幼女罪要求对幼女年龄的“明知”是否不利于保护幼女等，在法律专业人士看来似乎是十分幼稚的问题。就规范层面而言，严打、死刑、黑社会性质组织犯罪，也许是专家与民众之间意见分歧最大的三个法律问题。倡导限制死刑，尤其是倡导对经济犯罪废除死刑的学者几乎遭到民意的激烈抨击。就个案而言，刘涌案是一个例子，除个别法律专家，大多数的法律专家对辽宁高院的二审改判都是持肯定与认同立场的。当然，这里特别需要提出讨论的是对刘涌案的专家论证意见问题。

就某一正在审理或者已经结案的案件，经一方当事人请求进行专家论证，并出具专家论证意见书，这是中国当前一种较为通行的做法。当然司法机关，包括最高法院与最高检察院也会对个案的处理征求专家意见，但由于司法机关是有权机关，专家意见是否采纳以及如何采纳可以直接体现在处理决定中，因而并不需要专家出具书面的论证意见。但一般案件当事人通过律师邀请专家论证，除解决法律问题以外，期望专家的意见能够影响司法机关，因此需要出具书面的专家论证意见。专家提供对案件的咨询意见当然不是无偿的，而是由律师在收取的代理费用中支出。专家论证意见有些可能被司法机关采纳，也有些并不为司法机关所采纳。关键是律师提供的案件材料是否全面，是否充分，专家意见是建立在律师提供的案件材料基础之上的，它只是诉讼一方当事人的意见。在刘涌案中，在一审判决之前，刘涌的辩护律师田文昌也曾经邀请国内几名刑法、刑诉的法律专家就案件进行论证，其中一个重要问题就是刑讯逼供，专家对刑讯逼供问题的意见为：“各被告人提到的刑讯逼供问题可信度较高，预审笔录是刑讯逼供所致的嫌疑极大。如果情况属实，其刑讯逼供的普遍性和严重程度确实具有典型性，值得引起高度重视。”这一专家意见对铁岭中院的一审判决并没有发生作用，对辽宁高院的二审改判是否发生作用，难以判断。在辽宁高院对刘涌等二审改判以后，引起民意哗然，专家论证意见被认为是辽宁法院二审改判的重要根据，因而备受责难。这里涉及一个问题，就是专家意见会不会干预司法独立？这是人们所关心的。其实，专家意见只是诉讼当事人的一种咨询意见，它对司法机关处理案件只具有参考作用。是否采纳完全在于司法机关。因此，专家意见干预司法独立的理由是难以成立的。至于专家意见是有偿服务，是否会影响专家意见的公正性，这也是为人们所关注的一个问题。就这一问题而言，与其要求专家意见的公正性不如要求专家意见的客观性。因为只有裁判才有公正性问题，公正性在于不偏不倚取其中。控辩双方的意见都是预设立场的，或者是不利于被告人的指控意见，或者是有利于被告人的辩护意见，对其不能要求公正性，而只能要求客观性。专家意见只是指控意见或者辩护意见的一种延伸，只要具有客观性就可采信。当然，由于受到律师提供案件材料的局限，专家只能在此基础上发表意见，因而客观性也是难以完全保证的。正因为如此，专家论证意见只是司法机关处理案件的一种参考材料，关键是司法机关本身如何正确对待专家意见。

（本文原载于《浙江社会科学》2006 年第 6 期）

论司法公正的保障机制及其改革

汤维建*

一 绪 论

司法改革已经成为我们时代的主旋律。司法改革是在审判改革的基础上发展而来的，是审判改革自身运动规律的深化和延伸。一般认为，审判改革是在1991年新民事诉讼法实行后才提出的一个司法领域内的改革运动。这场改革运动的萌发，与法院审判案件的负担不断加重有关系。新民事诉讼法对1982年旧民事诉讼法作出了较大的改变，其显著的变化就是加重了对当事人在诉讼过程中的责任或负担，当事人举证责任受到了前所未有的强调。这对过去长期奉行的所谓“超职权主义”的诉讼模式是一个挑战和超越。但是，司法是有惯性的，司法运作模式不会因为立法的改变而立即发生变化，因此，需要对这种新的司法模式实施人为的推动，这就表现为所谓审判改革。

审判改革就其实质而言乃是当事人和法院之间审判关系的调整，其目的是对当事人提出诉讼中的责任要求，要求当事人负起推进诉讼、控制诉讼的责任。以当事人举证责任为中心的诉讼责任机制逐步得到建立并予以强化，诉讼模式开始由职权控制型向当事人控制型转变，法院的审判职能受到弱化并开始调整。这样一种转变，衍生出了另一种要求：法院行使审判权的机制应当随之而改变。因此，审判改革又推出了一系列相关举措，比如合议庭职能的强化、审判公开的强调、审判程序的独立价值以及审判程序对纠纷化解的决定性作用等等。可以说，审判改革从加强当事人的诉

* 汤维建，中国人民大学法学院教授。

讼意识和诉讼责任入手，提出了审判权运作机制的改革问题，而这就揭开了司法改革的序幕。

司法改革是审判改革的自然延伸，司法改革包含了审判改革，但又超越了审判改革。司法改革包括司法程序的改革、司法机制的改革以及司法体制和司法观念的改革。司法改革的核心是司法体制的改革，司法体制的改革是司法改革体系中具有决定性意义的因素。若司法体制改革未真正展开，则司法改革便只能停留在表层，而不具有实质性意义。司法改革的最终归属是司法体制改革。

司法改革的目标是司法公正和司法效率。司法公正是一个具有时代特征的情景概念，不同的历史时期和不同的国度、地区，司法公正的内涵不尽一致，各种法学流派之所以形成，与司法公正概念的解释和含义有密切关系。我国是一个发展中国家，但又被迫被抛进了现代化的整体环境之中或世界之流中。因此，司法公正的概念要先后完成两个步骤：司法公正概念的近代化和司法公正概念的现代化。近代化的司法公正形成了近代意义上的裁判机能观，现代化的司法公正形成了现代意义上的裁判机能观。近代的裁判机能观强调审判只是逻辑工具，其目的在于实现实体正义，所以恶法亦法，审判只是逻辑的结果，弘扬法律至上。表现在诉讼目的上面，就是要实现实体法所确定的权利义务关系。这种近代意义上的裁判观发展到现代，已经发生了很大的变化，形成了现代意义上的裁判机能观：裁判机关不仅仅以实现实体法的内容为行使审判权的目的，还以形成正义的社会秩序为追求，以形成适合现实发展的社会政策为目标，以改善实体法律体系合法的秩序为自己的使命，强调司法能动主义，强调恶法非法，强调司法优越论。在这样的司法机关下面，程序模式、司法制度以及人民对司法的评价机制都发生了相当大的变化，或者说是根本性的变化。对现阶段的我国来说，我们既处于近代时期，又处于现代时期，是近现代交会时期，我们正处于一种转型的社会，处于一种信息化和全球化、国际化的社会。因此，我国既受近代意义的裁判机能观的残余影响，又受现代意义上的裁判机能观的深刻影响。我们要实现的司法公正比发达国家的司法公正任务更艰巨，所要超越的层次更多。

诉讼效率主要是指解决纠纷所投入的成本与产出之比。成本低，则效率高；产出越少，效率越低。一个法官、一个合议庭、一个法院在单位时间内能产生出多少合格的司法产品？这就是司法效率所要回答的问题。因此，在单位时间内所产生的正义的裁判，这种从数量上所进行的考察就是效率的指标。司法效率不是一种外在于司法公正的概念，而是司法公正的组成部分，是在司法公正下所要追求的一个目标，是在司法公正前提下的一个递进式目标，而不是凌驾于司法公正之上的一个目标。司法公正永远是第一位的目标，司法效率是第二位的目标。现在有的法院提出“普通程序出精品、简易程序要出效率”的改革口号。这种提法本身就违反了公正与效率的关系。在司法领域，公正是生命力的永恒所在。

当然，在公正与效率的关系上，有“对立统一论”和“分离统一论”。我赞同分离统一论。公正与效率是相对分离的，但是它们具有更高的统一性。如果从更高的目标去考察它们的关系时，公正高于效率。只有在符合了公正以后，才能去考虑是否有效率。这种关系就是我国进行司法改革所应具有的特殊内涵。

可见，在我国，司法公正是一个含义极其丰富的概念，我国的司法改革就是要实现这样一个含义极其丰富的司法公正，这就为我国司法改革带来了诸多的特殊性和困难性。目前世界各国都在进行司法改革，但各国的司法改革在价值取向和追求的目标上是不一致的，有的国家之间甚至呈现出根本性的区别。比如，我国和美国的司法改革之间就属于这种情形。美国的司法改革经常在司法节制主义和司法能动主义之间摇摆，我国的司法改革则主要以司法权的扩大为取向；美国的司法改革需要扩大法官对司法过程的干预权和管理权，我国的司法改革则要在一定程度上弱化法官的职权，并对传统法官的职能作出适当调整，从而实现司法权的职能转变；美国的司法改革以司法效率为主要的追求，我国的司法改革则以司法公正为直接的依归。除此以外，我国的司法改革还要在更高的层次进行，比如说司法观念的转变、司法体制的创新、司法机制的改造等等。可见，我国司法改革承担着更加复杂的任务，我们要从多个方面和视角探索司法改革的路径，我们面临着司法近代化和司法现代化的双重变革使命。

司法改革目标的多层次性，需要在其保障手段上体现出来。司法公正的保障机制就其实质而言就是我国司法改革所要完成的具体任务，也是通向司法公正的具体途径。本文拟就我国司法公正的实现机制作出探讨。

二 实现司法观念的转变

观念是一个抽象的概念，是文化的一个重要组成部分。观念也是一个导向，是一个精神力量。观念的重要性是无与伦比的，是最重要的。目前，我国处于比任何国家更复杂的情况，在还没有完全实现近代化的条件下就要面临现代化的挑战，甚至是后现代化的挑战。新旧观念处于激烈碰撞、磨合的阶段。现阶段，我们提倡司法为民，要弘扬司法权威，实现司法公正与效率，那么，我们就要抛弃两个观念，并且建立两个观念。

我们要抛弃的第一个观念是法律虚无主义观念或司法工具主义观念。我们法院审理案件往往不以法律为准绳，而追求所谓法律外的效果。在审判案件的过程中，法院往往忘记了法律规定，而是按照政策来审判。在法律与政策发生碰撞的时候，法律要让位于政策，把法律当成推行政策的工具。政策与法律相比，一个很大的特点就是可变性。而法律是可预见的、稳定的。如果审判完全以政策为依据，这种司法就沦为政治的附庸，司法的独立性就难以体现出来，所谓依法治国就是一句空话。在司法过程中首先要考虑的是法律，而不是法律以外的东西。我们不是不要政策，政策是间接的，它必须通过法律而对司法者产生作用。法院只能服从法律，马克思说过，法官的唯一上司就是法律。我国的“五四宪法”也规定，法院审判案件，只服从法律。我国现行宪法和人民法院组织法以及三大诉讼法均规定，法院审判案件，必须以事实为根据、以法律为准绳，这就否定了法外因素对司法过程和司法结果的渗入。法院在审判案件的过程中，只能服从两样东西：一是事实；二是法律。对于法律可以作出适当自由的解释，但如果完全离开法律进行司法，则会沦为司法专制主义，司法专制主义是对司法法治主义的根本否定。在法官的法律信念中，有关司法职责的信念应当成为法官的核心信念，法官有责任维护法律，而不是根据与法律不一致的个人观点来判决，法官所作出的判决应该与法治以及该理想所要求的一切相互协调。[①] 我国要实现司法公正，最为基础的一步就是树立法律的权威和信仰，法律必须被信仰，否则就形同虚设，就毫无权威。如果法官作出裁判可以不以法律为根据，可以引用法律外的依据作为裁判的理由，则司法公正就无从谈起。

---

① 参阅解兴权：《通向正义之路》，中国政法大学出版社，2000年，第202页。

因此，要在司法领域中树立起一个理念：唯法律是从，依法律办事，以法的精神和原则为依据作出对具体个案的裁判。我们要消除违背司法规律的一些行为。比如说破产，现在的破产，债权人说了不算，债务人说了也不算，只有行政机关说了才算，破产还要领取指标，这实际上否定了破产法的作用，否定了司法机关的作用。当然，现在这种观念已经有了很大的改观，也可以说并不是一个普遍的观念，只是在部分地方或部分时候还有此种做法。司法工具主义或法律虚无主义是司法改革的第一个绊脚石，克服这种观念，也是我国司法改革要实现的第一个目标，也是最为基础的目标。

我们要抛弃的第二个观念是实体本位主义。这种观念的结果就是程序虚无主义。实体本位主义比法律虚无主义要进步，但是还不是完全的进步。实体本位主义打出的旗号是法律的客观真实，要求司法机关追求裁判结果的正确性。表面上看，实体本位主义似乎还不错，但揭开这种观念的面纱，就容易发现，实体本位主义容易导致一系列与现代司法理念相违背的后果。实体本位主义往往导致法院职权的无限膨胀，从而使司法领域人治主义横行；它会导致法外执法，使司法最终脱离法律；它会导致行政权与司法权相互渗透，导致程序主体的虚无化，使程序主体在程序过程中沦为客体的地位，难以体现主体性；而且还容易导致司法的不稳定性和司法裁判的不易执行，司法的结果难以受到程序的监控。所以，实体本位主义实质上是程序虚无主义，程序虚无主义实质上就是为干涉司法提供机会，为干涉司法提供机会实质上就是对司法权威的否定。任何人在任何时候都有可能将他们所认为的“结果正义”或“正确答案”强加在法院的头上，要求法院遵照执行，或者要求法院改变生效裁判。如果司法的结果缺乏应有的稳定性，朝令夕改，那就缺乏了可信赖性。我国的再审程序就是一个典型例子。再审程序本以纠错为目的，但是它却牺牲了裁判的稳定性。之所以导致再审程序的广泛适用和一再适用，是与实体本位主义联系在一起的，同时也与各种法外因素对司法的干预有密切关联。

可见，在实体法和程序法、程序公正与实体公正这一对辩证概念中，我们要转变观念，要摒弃实体本位的观念，要形成和弘扬程序本位的观念。离开程序公正的实体公正是一个虚无的概念，也是无法把握的概念。实体法上还有很多盲点、漏洞存在。一般化的实体规范落实到审判过程中，落实到具体的裁判中，实际上是对实体法的再造，要确保这种再造的实体公正，就需要运用公正的程序。离开了程序公正，所谓的实体公正实际上是不可能产生的。

所以，坚持程序本位主义，就是要建立一个科学的、合理的、符合规律的程序。这种程序被绝大多数人认为是合理的、理性的，能产生实体结果的合理性或正当性。程序的公正是可把握的、透明的、刚性的，因此是可以监督的。只有程序公正是真正意义上的公正。程序公正不是实体公正的自然结果，相反，实体公正是程序公正的自然结果和自然延伸。离开程序公正谈实体公正，必然导致司法权丧失，必然导致司法中的神秘主义，必然导致真正的实体公正的丧失。正是程序决定了法治与人治的区别，程序是法治与人治的分水岭。所以从这个意义上来讲，有没有实体法，实体法律体系是否健全，都还是其次的事情，如果没有一个公正的司法程序，如果没有一支可胜任的司法队伍，那么再健全的实体法律都是没用的。所以司法的核心应该是依程序而展开的。

因此，在司法公正与司法效率的观念保障机制上，我们首先要摒弃法律虚无主义与司法工具主义，树立起唯法律是从，依法律办事的观念；其次我们要抛弃实体本位主义的观念，树立起程序本位主义观念，我们要依照程序本位主义的观念来认识司法的作用，来评估法官的工作，来对当事人及其代理律师提出要求。

2004 年 10 月份最高人民法院组织召开了全国法院系统第十六届学术讨论会。这种讨论会对提高全国法官的司法水准起到了极大的推动作用，其作用和意义应当得到充分肯定和认识。这次讨论会的中心议题是“现代司法理念与审判方式改革研究”。这就给我们提出了一个新型概念：现代司法理念。什么样的司法理念属于现代性的司法理念？原最高人民法院院长肖扬在 2001 年 12 月就给它下了一个列举性定义，他认为现代司法理念包括：中立、平等、透明、公正、高效、独立、文明等七个方面。我们可以对这七个理念做一个理论上的整合，将它概括为五个理念：一是司法独立理念；二是法律至上理念；三是司法公正理念；四是司法高效理念；五是司法文明理念。中立、平等、透明等要求都包括在司法公正理念中了。司法文明理念是司法独立、法律至上、司法公正和司法高效理念得到实现的自然结果。前面我们讲的实际上包含了法律至上和司法公正尤其是程序公正的理念。司法独立理念是指司法的体制保障，司法高效与司法公正有内在的联系。因此，我们所说的观念保障，也可以说是理念保障。

三　实现司法体制的创新

如前所述，在司法理念上，为了实现司法公正，就必须坚持司法法治主义和司法程序主义，实际上就是要求法院审判案件严格按照实体法和程序法进行，同时要求它排除任何外在干涉，实现自主司法和程序自治。这样一种司法观念和司法模式，需要有一个健全的司法体制加以保障，缺乏这种体制上的保障，所谓司法公正就是无本之木、无源之水。正是在这个意义上，党的十五大、十六大报告中都提出了“推进司法体制改革”这样一个根本性目标，由此可见司法体制创新的重要性和实质性。

体制保障在西方国家又称“背景保障”，司法公正与司法效率是在背景保障下体现出来的，它不可能脱离具体的司法背景。体制保障的主要方面就是司法独立。司法独立是实现依法治国的根本。司法不独立，就难以实现依法治国的目标。要实现依法治国，就要在我国的宪政结构下形成以司法权为核心的权力结构体系。司法是法治的灵魂。从司法独立中又可以揭示出三层含义：

1. 司法权独立。司法权是国家权力中的一个组成部分，国家权力的分化以及相互之间制衡，是国家和社会进步的表征。司法权从国家权力体系中剥离出来，具有相对的独立性和制约性，这是实现依法治国的前提条件，也是实现司法公正的基本前提。司法权独立具有两层含义：一是司法权与其他国家权力之间的界限是清晰的、明确的，它们之间不存在含糊、交叉的关系，司法权具有独立性，它具有独立的自身规定和内在特征，同时也具有独立的功能。二是司法权能够对其他的国家权力产生足够的制约，它不能派生于其他国家权力，同时对其他国家权力具有制衡性。其内容具体包括以下方面：

第一，对所有的法律纠纷，司法机关具有最终的话语权和决定权。法院的主管范围应当包括所有的法律性纠纷，所有的可以受到法律评价的社会纠纷均应由司法机关作出最终的化解，其他任何国家机关都不能行使这种权力，同时法院也不能任意地缩小这个范围。也就是说，所有的法律纠纷均具有可司法性。需要加以指出的是，我国目前诉讼法中的“主管”概念是应当予以取消的，因为存在这个概念，就意味着还有其他国家机关分享这种法律纠纷的解决权。

第二，司法权对行政权具有控制性和制约性。司法权从行政权中分离出来标志着历史的进步，其目的在于限制行政权的行使，防止行政权的专断。行政权和司法权具有不同的属性，它们处在相互制衡的关系中，司法权并不隶属于行政权，行政权应当尊重司法权。司法权对行政权实施制约的一个非常重要的方面或表现就是法院具有行政审判权，法院所具有的行政审判权是司法权独立的一个极其重要的保障。如果一个法院不能对行政性纠纷作出最终处理和化解，则说明该司法权还不具有独立性。

第三，司法权对违反宪法的法律法规具有排斥作用。法院对于具体的案件的解决，只能适用符合宪法或宪法性法律的法律法规，如果所适用的法律法规与宪法原则或精神相违背，法院则可以拒绝适用。这就是所谓“违宪审查权”问题。法院所享有的这一违宪审查权是司法权对立法权实施制衡的重要内涵和方法，否则，司法权就无法抵制立法权的非理性贯彻，也就无法抵御多数人的暴政，就会使“恶法亦法”变为现实，从而就会牺牲个案中的正义。因此，世界上多数国家都规定法院享有违宪审查权或司法审查权。

第四，宪法司法化。宪法的司法化是指法院可以直接根据宪法作出裁判，这主要发生在两种情形下：一是部门法付诸阙如，有法律的漏洞；二是实体法本身是恶法，恶法非法，司法机关没有义务遵守恶法作出裁判。因为从法理上说，法律必须是正义的，违背正义的法律根本上就失去了成为法律的资格。比如说破产要政府或上级部门同意，这种规定就不合理，这是用行政命令在指挥法院的司法审判。再比如说，在民事诉讼中，当事人可以随时提出证据，这种规定本来是合理的，但现在变成了不合理的规范了。

司法权的独立应当包括上述四个功能。检验司法权是否独立、是不是真正得到实现，就要看其是否具备上述四个功能。如果没有的话，司法独立的概念是要打折扣的。

2. 法院独立。法院独立是指法院机构的独立。法院独立就是作为行使审判权的国家机构、司法权的载体能否真正独立于立法机关和行政机关。也就是说，在机构建设和制度建设上，是不是能使法院独立于其他国家机关？法院独立还包括上下级法院之间的独立。当然在我国首先是指法院独立于行政机构，应当说我国的法院还不具有真正的独立性。因为首先，法院的人、财、物都受制于各级地方政府的支配、摊派，人、财、物并不能独立，尤其是法院的经费不能独立支配，政府可以用经费拨付作为要挟法院的“法宝”，法院要以最高的礼节来接待政府的财政大员。① 这是我国法院在体制结构上的一个特点。司法的管辖区划和行政权的管辖区划具有统一性，也使法院不能独立。司法辖区和行政辖区的划分具有不同的功能，它们划分的标准也是不一样的，不能一致化。另外，检察院和法院的关系在法律上没有理清，检察机关究竟是不是司法机关？它能不能分享司法权？司法权是不是就是审判权？法院除了行使审判权外，还能不能行使诸如执行权这样的行政权？这些问题的回答都与法院的独立性相关。只有把这些关系彻底厘清楚了，使法院不受到立法机关、行政机关和其他任何机关的控制与制约，同时法院上下级之间保持相对的独立，才能实现真正意义上的法院独立。②

3. 法官独立。法院独立必须要落实到法官的独立。如果没有法官的独立，法院独立就是不可能存在的。法官独立是在法院独立的基础上提出的一个概念，如果没有法院独立，法官独立也不可能实现。因此，法院独立是法官独立的前提，法官独立是法院独立的深化。我国法院内部，法官还有严重的行政化倾向，法官与法官是不平等的，院长、庭长式的法官对普通法官具有领导权，他们对案件的最终结果具有审批权或签字权。在同一个法院内部，法官分为三六九等，他们具有不同的行政级别。这就完全将法院行政机构化了。法院和行政机构是完全不同的。法院行使的是判断权，而判断权的行使并不依赖于外在的强制性或行政性，而决定于法官个体的内心确信以及作为形成这种确信前提的理智、经验、知识和道德伦理水准，而这完全是个别化的因素，不能以外在因素作为高低的评价。因此，法官所行使的审判权天然地要求法官之间具有平等性。应当将司法行政权和司法审判权彻底地分离开来，行使司法行政权或管理权的主体不得同时行使司法审判权。法官独立说到底是对法官人权或人格的尊重，也是司法公正

① 参阅马骏驹、聂德宗：《当前我国司法制度中存在的问题与改进对策》，载张卫平：《司法改革论评》（第1辑），中国法制出版社，2001年。

② 参阅甘文：《司法公正和法官独立的内涵》，载毕玉谦：《中国司法审判论坛》（第1卷），法律出版社，2001年，第15页。

的必要前提。只有独立的法官才能够根据自由心证原则、理智、良知、道德来审判，而不是根据院长、庭长的指示或者外来的压力、影响、干预等来审判。为此应当落实主审法官责任制、弱化审判委员会职能、实行证据制度上的自由评价。一句话，法官独立是法院独立的落实和保障，法官不独立法院就不可能独立。法官独立的标志是法官的地位一律平等，法官在行使审判权时，只服从法律，不服从任何人。

总之，司法独立是实现司法公正和司法效率的体制保障。没有司法的独立，应有的公正就无法实现，效率更无从说起。我们反推，如果法官不独立、法院不独立、司法权不独立，那么审判必然被立法者、行政者所扭曲，司法公正根本无法实现。

四　确保当事人对诉讼程序的充分利用权

司法公正中的一个重要含义就是当事人对诉讼程序应有充分的、有效的利用权。如果当事人对诉讼程序没有充分的利用权，那就不能构成现代意义上的司法公正。现代意义上的司法公正是一种以当事人诉讼主体资格获得充分尊重为内容或标准的公正，是以程序为本位的司法公正。要实现这一点，就要在以下方面着力于程序的构建。

第一，从宪法上看，当事人是权利主体，享有宪法上的人权、诉讼权和所有其他实体权利，因此在诉讼当中，当事人应当是主角。当事人享有权利的自治权、处分权、充分参与权等各种诉讼基本权等。当事人在诉讼程序当中的尊严、人格要受到尊重。当事人既是一般主体，也是特殊主体。不能因为当事人参与诉讼，就丧失了作为一般的权利主体所应享有的权利。当事人应当在诉讼过程中能够感受到司法的温暖、司法的文明，应当能够体会到司法的进步性，应当能够产生对司法的信赖感，应当对诉讼具有参与性和对结果的影响性，应当有公正的听审请求权，应当具有对司法的监督权、控制权和引导权，为司法者行使司法权划定范围，应当有权对司法行为进行跟踪监督。一个诉讼程序是否公正，从当事人角度来看，就是要看当事人是否具有宪法的基本程序权。这些基本程序权不仅要得到宪法的保障和规范，同时也要受到全面的尊重和落实。基本程序权是人权的重要内容。我国宪法规定了人权，从人权中可以演绎出程序的基本权。同时，我国加入了许多国际公约，这些国际公约中的程序基本人权同样对我国民事诉讼可以直接适用。这就是诉讼程序的宪法化和国际化的问题。我们要站在宪法和国际公约的高度来看待当事人所享有的基本程序权。

第二，从立法视角来看，民事诉讼法的制定和设计应当以当事人的主体地位为本位。民事诉讼法的立法视角有两种：一是以法院如何行使审判权为视角。以这种视角所形成的诉讼程序乃是职权主义的诉讼程序，当事人行使诉权依赖于法院行使审判权。由此所构建的诉讼程序模式为职权主义模式。二是以当事人如何行使诉讼权利为视角。由此所建构的民事诉讼程序为当事人主义的诉讼程序，当事人的诉权决定着法院的审判权，法院不得任意行使审判权。现代意义上的司法公正，要求民事诉讼法以保障当事人的诉权行使为目的而加以构建，诉讼程序法就其本质而言乃是诉权保障法，而不是审判法。

第三，建立当事人主义的诉讼模式。这就要转变法院的超职权诉讼模式。在国家干预主义模式下，当事人在诉讼模式中不具有主体地位，甚至沦为了诉讼的客体，形成了程序主体的异化现象。这种职权膨胀主义的模式显然不适应市场经济的发展需要，显然不适应当事人权利保护的需要。权利主体是市场经济的主体，公民的各种权利神圣不可侵犯。在审判权和诉权这一对矛盾概念中，诉权应当处于矛盾的主要方面，审判权服从于诉权。审判权来之于民，用之于民。抽象的审判权，是人民通过立法赋予法院的；具体的审判权，是纠纷主体通过诉权的行使赋予法院的。因此在民事诉讼中，当事人是主人，法院的审判权就是要围绕着当事人的诉权而行使。①“司法为民”就是体现这样的意思。法官应服务于当事人，法官要走下“神坛”，为当事人服务。这就叫司法的服务化，也是法官的公仆化和司法的温暖化、人性化。②

第四，应当确保当事人接近法院、利用法院的权利。如同缺乏制约的权力必然导致腐败一样，缺乏保障的权利不是真正意义上的权利。权力具有天生的外张性，而权利是脆弱的，二者的方向是相反的。应当约束权力、保障权利。具体而言，应当使当事人有充分的机会和条件接近法院、利用法院、使用法院，从而保证当事人享有充分的司法救济权。这就是诉权保

---

① 参阅田平安、刘春梅：《试论协同型民事诉讼模式的建立》，《现代法学》，2003 年第 1 期。

② 参阅丘联恭：《司法之现代化与程序法》，（台湾）三民书局股份有限公司，1992 年，第 15 页。

障论。要改变法院是衙门的观念。法院就是一个“超市”，当事人可以随便进出，可以随便选择其所欲购买的司法产品。现在很多当事人像“幽灵”一样徘徊在法院门口，而更多的当事人求助于申诉或上访。为此，当事人的起诉权应当首当其冲地得到保护，改变目前所实施的立案受理制度，当事人的起诉只要履行了起诉手续，法院就应当立案，而不得以诉讼成立要件缺乏为由拒绝受理案件，更不得以诉讼缺乏权力保护要件为理由拒绝受理案件。要建立、完善法律援助制度，通过法律援助使那些打不起官司的当事人能打得起官司，同时要切实实行诉讼费用的缓交、减交、免交制度，还要反思我国诉讼费用的合理性问题。我国现在的诉讼费用非常昂贵，这为当事人行使诉权设置了天然障碍，这个障碍也是强加给当事人的。当事人纳了税，到使用利用其税收建立起来的法院时，却又要叫他交第二遍税收性质的费用。尤其是缴纳理由，不具有合理性。标的额上亿的案件的审理难度和执行难度有时候并不比标的额只有几十元的案件的审理难度和执行难度大，但是却要交纳高得多的诉讼费用，这显然是违背马克思主义的劳动价值论的。诉讼费用制度是当事人接近法院的一个“瓶颈”问题，应当加以彻底改革。要发挥当事人主义诉讼模式的作用，要充分尊重当事人的诉讼权利，就必须消除各种影响当事人行使诉权的因素和障碍，降低法院的门槛。

第五，完善律师培育制度、代理制度、免费服务制度，同时对律师的收费制度进行改革和规范，减轻胜诉方当事人因为诉讼而支出的费用。当事人主义模式的运作离不开律师制度的完善。律师制度的完善与否直接决定法治国家的建设以及水平高低。律师如何产生？这是律师养成制度或培育制度所要解决的问题。我国的律师形成机制还有待于进一步完善，司法考试制度尚需进一步完善。这是其一。其二，要努力形成法律职业共同体，使法官与律师在职位上能够互动，实行“法曹一元化”，也就是能够从律师当中选拔法官。国外是从优秀的律师中选法官，我国是优秀的法官去做律师，这是反常的。同时可以考虑法官和检察官、律师和检察官之间的互调轮换；也可以考虑这里的法官到那里去，那里的法官到这里来。其三，现在当事人打官司，除隐性的费用外，还要交纳大量的显性费用。当事人交给律师的费用就是这种隐性费用和显性费用的有机统一体。律师费用上的高昂化，是当事人行使诉权的又一障碍。此外，胜诉的当事人还要负担自己律师的费用，这也是不合理的。因为败诉方的原因导致了诉讼，由此所产生的费用应当全由败诉方负担才合理。胜诉方的权利得到了保障，为什么还要扣一块给律师？因此，要改造我国的律师收费制度，要实行律师收费固定制和转换制，废除目前这种律师费用各自负担的制度和做法，同时要废除律师费用的约定制或胜诉取酬制，必须要实行诉讼费用的法定制。[①]其四，应当实行一定范围内的律师强制代理制度，比如对于中级以上的法院所实施的诉讼程序，尤其在二审、再审中，就一定要实行律师强制性代理。再比如说，到高级法院或者最高法院进行一审，也应当实行律师强制代理制度。其五，要实行律师固定范围执业制度，现在我们的律师全国一盘棋，在任何地方注册的律师可以到全国各地、各级法院执业、出庭，这样不仅影响代理效果，而且也增加当事人的诉讼成本，还影响法院的庭审日期的确定和庭审计划。律师一定要以其注册地为中心展开活动，北京的律师只能在北京执业，或者扩大一点，华北地区的律师只能在华北地区执业，不能到东北地区去出庭。其六，公民代理制度要逐步取消，公民代理制度之所以实行，是因为原来律师比较少，现在已基本上不存在这个现象了。公民代理不好管理，同时也和证人制度相冲突。如一个工厂里的部门负责人，本来应当作为证人到庭作证，但他可能已被委任为代理人了。代理人所作的陈述属于当事人陈述范围，证人证词是另外一种证据。相对而言，证人证词比较可靠，当事人陈述不容易获得法院的信任。其七，建立律师免费代理制度、公设律师制度，尽量使律师在诉讼中能够渗透于每一个领域和角落，全面地参与诉讼，有效地和法官一起处理案件。

第六，诉讼程序参与权。诉讼程序的可参与性是诉讼程序公正的一个重要表现，在当事人主义诉讼模式下，当事人应当有充分的程序参与权。法院应当在当事人的阴影下实行审判权，而不是当事人在法院的阴影下行使诉权。因此现在有学者提出一种称为“参与模式”的诉讼模式论。参与模式要求当事人能够参与到诉讼程序的每一个领域中去，在任何一个程序上都要有当事人的意志体现。不仅要求当事人有平等的诉讼权，而且当事人要有充分的诉讼权利。仅仅当事人有平等的诉讼权利是不够的，当事人还要能够富有影响地参与诉讼程序之中，充分地进行程序对话，诉讼程序的每个结果都应该是当事人可以理解的结果。当事人的程序参与权反对诉

---

① 参阅杨剑：《试论民事诉讼胜诉当事人之费用求偿权》，《河北法学》，2003年第1期。

讼裁判中的任何突袭行为，突袭裁判结果出来后，当事人会感觉很陌生。法院作出裁判前，应当与当事人进行充分的、公开的法律对话，并公开心证，应当将裁判结果事先告知当事人及其代理人，使当事人就裁判结果能够和法院进行预先的沟通和交流。

第七，当事人的诉讼责任制度。当事人不仅是诉讼权利的充分享有者，是诉讼程序的积极参与者，同时还是诉讼责任的主体。处分权是一种权利或者说是所有关于处分性诉讼权利的总称，但同时它还是一种责任，当事人必须通过处分权的行使为法院行使审判权划定最大限度的范围。辩论主义更加是诉讼责任的表现，当事人应当承受辩论主义下的各种责任，包括举证责任、主张案件事实的责任等。[①] 法院不得代替当事人主张事实或提供证据，在特殊情形下法院根据当事人的申请调查证据，是履行法院的协助义务，而不是包办代替。当事人的证人化也是应当予以确立的一个制度，当事人应当作为证人对待，他自己可以申请自己作证，对方当事人可以申请他出庭作证。只有当事人证人化了，当事人出庭率才能提高，才能改变目前这种当事人普遍不出庭的现象。当事人普遍不出庭不是一个良好的或者说正常的现象，当事人不出庭实际上限制了法院了解案件事实的信息渠道，也影响了诉讼效率。当事人要善意地、诚实地参与诉讼，要弘扬诉讼中的诚信原则，并由此形成协同主义的诉讼模式，当事人与法官应当富有合作精神，不得妨碍当事人行使诉讼权利和法院行使审判权，否则应承担诉讼中的制裁责任。同时要建立宣誓制度，确信所举的证据是真实的。防止当事人的突袭行为，避免来自对方当事人的举证突袭。诉讼应当在公平的平台上实行，应当在真实的平台上进行。在这样的基础上弘扬主体的程序地位，才是现代司法公正应有含义。

五　从程序建构的角度看程序保障

程序保障的前提是存在着一个公平合理、为多数人所接受的理性程序。一个程序如何构建就符合公正的要求了呢？程序公正的理论给出了多种答案。这就是所谓程序公正的要素问题。程序的公正就像实体的公正一样，

---

① 参阅李浩：《证明责任与不适用规范说——罗森贝克的学说及其意义》，《现代法学》，2003年第4期。

其标准既有永恒性的部分，也有可变性或个性的部分。一般来说，程序的公正要素包括：裁判者的中立性、当事人的平等性、过程的公开性、诉讼主体的参与性以及诉讼结果的稳定性或程序自身的安定性。这些要素是任何一个公正程序都必须具备的，我国诉讼机制中自然应当包含这些要素。我们这里所要强调的，是在现代司法理念的指导下所特别强调的程序要素，这些程序要素反映了现代民事诉讼制度的鲜明特征，打上了现时代的烙印。主要包括以下方面：

第一个方面，程序机制的多元化。所谓程序机制的多元化，是指针对不同的案件适用不同的程序，案件和程序应当始终相适应。我们既要反对程序的不足，也要反对程序的浪费，强调程序利益的保障。程序设置的不恰当，是对实体利益的浪费或消耗，同时也是对程序利益的直接牺牲。程序设置的科学性，是程序公正的基础。我国处在近代社会和现代社会的交汇处，各种性质、各种类型的纠纷交叉混杂，这就给我们设置统一的诉讼程序带来了难度，一定意义上说，统一的诉讼机制是不可能建构出来的。因此，诉讼机制的多元化就是一个必然的选择。诉讼机制的多元化是程序的科学化、合理化的一个重要表现。所以我们在程序上面，不管是民事诉讼还是刑事诉讼，都强调程序的多元化：普通程序、简易程序、非诉讼程序、人事诉讼程序、小额诉讼程序、特殊诉讼程序、诉讼外解决纠纷程序等等，都是应当加以配置的程序类型。法院诉讼程序在替代性纠纷解决方式（ADR）的观念的影响下已经发生了改变，审判权的概念已经发生了裂变，法院可以运用诉讼外程序解决纠纷。这在英美法系国家表现更为突出。因此，除了法庭审判以外，还有大量的 ADR 解决方式，实现程序分流，这也是程序适应性的一个体现。我们可以考虑在法院设置除法庭以外的各种 ADR 庭，如和解庭、调解庭、模拟陪审团审判庭、司法性仲裁庭、退休法官审判庭、业余法官审判庭、律师审判庭、小额审判庭、交通审判庭等等。不要一进入法院，满眼看到的都是正规审判庭。

第二个方面，审级制度的多元化。我国有四级法院，但实行二审终审制，二审终审制是我国审级制度的基本形态。但是这样一个二审终审制，目前遇到了挑战，人们提出了实行有条件的三审终审制的立法建议。现行法实行二审终审有其理由，但这种理由现在原则上都不复存在了。比如说，过去的案件一般比较简单，现在看来案件一般都比较复杂；过去的案件审判一般与造法无关，现在看来许多案件的处理都与法律的创新性解释甚至造法有关；过去交通不发达，实行三审终审于民不便，现在这种状况有所改善了；过去当事人经过思想说服工作，经过二审往往能够服判息诉，现在当事人对诉讼程序的层次性提出了更高的要求。因此，我国实行多元化的审级制度是有必要的，也就是说不仅要有二审终审，还要有一审终审和三审终审。这种审级制度与我国的司法解释制度和判例制度的创建有一定的关系。而我国的司法解释是空对空的，缺乏针对性，结果必然会含有脱离实际的因素。同时最高法院的司法解释实际上具有了立法性，有的司法解释已突破民事诉讼法的规定。针对具体的案例进行司法解释是我国司法解释发展的必然方向，由此可以带动判例制度的形成。现在无论英美法系还是大陆法系国家都非常重视判例制度的作用，这是司法公正所必然地要求，也是与司法效率有密切关系的。

第三个方面，诉讼法理与非诉讼法理的交错适用。诉讼程序无论在类型上多么丰富，它都不可能完全适应每一个个案的解决。诉讼程序与非诉讼程序之间的界限不可能泾渭分明，许多案件既有诉讼因素也有非诉讼因素，单纯运用诉讼程序无法实现解决纠纷的适当性和妥当性。在这种既不纯是诉讼案件也不纯是非诉讼案件的领域中，就应当交错运用诉讼法理和非诉讼法理来最妥当的解决纠纷。目前我国法院出现的最大问题是不善于针对不同的案件适用不同的程序，完全地千篇一律。诉讼程序是要创造性适用的，立法者不可能将每一种案件最适当的程序都具体地一一规定在民事诉讼法中，就像实体问题需要自由裁量一样，程序问题也要自由裁量。一个法官水平的高低，在程序法上关键看他接受案件后所构想出来的具体程序是否科学、合理，是否能令当事人感到满意。这是一种艺术，这种艺术只有那些领会了程序法精神以及具体案件状况的法官，才能有效掌握。

第四个方面，要从管辖制度方面克服地方保护主义，建立司法联邦主义。我国目前的管辖制度具有非常明显的放纵地方保护主义的倾向。不是原告就被告，就是被告就原告，不是原告方法院搞地方保护主义，就是被告方法院搞地方保护主义，总有一方会搞地方保护主义。因此这就出现了原告不敢到被告所在地法院进行诉讼的现象，原告就在家门口首先提起诉讼。被告为此提出异议，原告所在地的法院则指定管辖或管辖权的转移，判定依然在原告方所在地进行诉讼。被告无奈，只好在被告所在地就同一个案件又提起了一个诉讼，这两个诉讼的结果之间必然会发生冲突，也违背了一事不再理原则，这种管辖上的混乱已经不是个别现象。如此这般，还能有什么司法公正可言？还能有什么司法权威性可言？尤其是，一个地方的法院已作出了生效的民事判决，另一个法院居然以同样的事实作出一个结论完全相反的刑事判决。面对这种情形，唯一的出路就是引进司法联邦主义，或者把联邦制运用到司法领域中来。联邦制的一个基本作用就是中央和地方适当分权、合理分工。我们不讨论全面的联邦制，也可以说全面的联邦制在我国是不现实的，但司法联邦制却是可以实现的，而且也不违背法院组织法和现行民事诉讼法的原则规定。司法联邦主义的具体含义有：其一，跨地区的案件应当提高一个审级，由共同的上级法院行使管辖权。比如跨基层法院管辖区的，一方当事人在A县，另一方当事人在B县，则这两个县法院都不能行使管辖权，而应当提高一个审级，由它们的共同上级法院行使一审管辖权；跨中级法院管辖区的，由高级法院来行使一审管辖权；跨省的，由最高法院行使一审管辖权。当然，如果由最高法院来行使一审管辖权，就会影响当事人的审级利益，因为最高法院作出的裁判是终审裁判，当事人不能提出上诉。这样就涉及司法联邦主义的第二个问题。其二，在最高法院内部建立原讼庭和上诉庭。有人主张废除最高法院的一审民事审判权。我认为不应当废除，反而应当加强原讼庭行使一审管辖权，二审由上诉庭审理。由于原讼庭在北京，审理案件不方便，所以应当将原讼庭派生出去，按照民事诉讼法规定的巡回审理原则，建立最高法院巡回法院，可以在全国范围内建立若干巡回法院。巡回法院的审判是一审而不是二审，上述做法都可以找到现行法上的依据。级别管辖的一个考虑因素就是案件影响较大，如果当事人跨地区了，就可以认为案件影响较大了。最高法院具有一审案件审判权，但却没有专门审理一审案件的审判庭，事实上最高法院也没有行使过一审审判权，这样就使立法规定虚设了。实行司法联邦主义，就可以将最高法院的一审审判职能激活了。一句话，我认为，在民事案件尤其是在跨地域的民事案件中，为了克服地方保护主义，而实行司法联邦主义是较好的选择。

第五个方面，程序的公开化和透明化。“阳光是最好的防腐剂”，要实行“阳光下的司法”，建议最高法院制定“阳光司法规则”，全面规定公开原则。在司法领域中，除了那些需要特别保护的案件外，要全部公开。公开是实行民主、公正、效率的一个法宝，公开性可以成为公正性的一个指标。哪个法院越公开，其公正性越值得信赖。哪个法院越遮遮掩掩，其公正性越值得怀疑。法官也是这样，一个光明磊落、胸襟开阔的法官，一般是公正的法官。这种公开是全部公开，不仅包括诉讼程序公开、证据公开，而且还包括法官的心证公开、内心确信公开。公开是对法院来说的，现在要求当事人当庭举证、当庭质证，但法院却不当庭认证、当庭裁判，原来有“四个当庭”，现在只剩下“两个当庭”了，删除了对法院当庭认证、当庭裁判的要求。法院说他们没有这个能力，有部分学者说没有这个必要。我认为有这个必要，法院通常也有这个能力。如果法院做不到“两个当庭”，那么，为什么要当事人做到“两个当庭”呢？法院做不到“两个当庭”，要当事人做到“两个当庭”有何意义？同时，要完善质证程序、法官心证公开程序。要以公开原则为着力点，消除司法中的神秘主义、专横主义作风和各种干涉等不合理、不正常的现象。

第六个方面，程序的管理机制。程序管理机制是指特定案件从进入法院时起到执行结束的各个环节之间的衔接关系。我们现在实行几种“分离”，立审分立、审执分立、审监分离等等。程序与程序之间需要科学地衔接，现在最大的问题是立审分离。立案与审判是诉讼程序的两个环节，因而是可以分开来操作的。但是，这中间还有一个审前程序，这个审前程序应当放在立案庭中完成，还是应当放在审判庭中完成？各法院的做法不一致，这样就引起了法庭与法庭之间的职能混乱。另一个问题是立案庭与审监庭之间的关系，实践中也非常混乱，再审案件的立案与再审案件的审理之间的界限不清楚，立案庭决定立案了，实际上已经审理完毕了，审监庭已不起作用了，这样实际上就通过立案庭把审监庭给架空了。这说明，我国民事诉讼中的程序管理机制还不健全，还有待于完善，这些司法管理体制的完善有利于司法公正和司法效率的实现。而这种司法管理体制的建立应当是科学的、符合司法规律的。

第七个方面，程序的可选择性。程序的可选择性是现代诉讼制度的基本特性。所谓程序的可选择性，指的是诉讼程序应当具有多种方案，采用“或者”式的立法方式，而不是单一性的、无选择余地的。程序选择性的强化在增强程序的合理性和妥当性的同时，也增强了当事人的诉讼责任，当事人必须对其所选择的行为负责。除特殊情形外，任何一种程序行为都是可以由当事人选择的，如当事人可以选择管辖、审级、是否上诉、合议制与独任制、是否公开审判、选择鉴定人、选择普通程序或者简易程序、选择人民陪审员甚至选择法官等等。有人就说为什么不能像仲裁那样选择法官？据说有的地方已经实行这方面试点，结果是有的法官门可罗雀，有的法官却门庭若市。我个人是赞同选择法官的。因为选择法官可以增强透明度，同时强化法官之间的竞争意识，有利于提高法官的审判水平。仲裁制度中选择仲裁员的做法在实践中出现的问题比较少，这可以供诉讼制度借鉴：现在国际上出现一个趋势，就是诉讼制度仲裁化，或者将仲裁机制引入诉讼机制，出现了诉讼机制和仲裁机制相融合的趋势。

与此相联系，还应当确立程序的合意化和再造性机制。除诉讼法中的强制性规范外，诉讼程序都是可以根据当事人的合意予以再造和改变的。这是因为程序不仅具有公法的要素，还具有私法的性质。当然这主要是指民事诉讼。刑事诉讼法中也有部分程序自治的因素，如审前程序的证据交换等。所以要弘扬诉讼契约的观念：就民事诉讼而言，如果当事人能够达成一致，就可以完全离开诉讼法的规定，就用以解决其纠纷的程序作出约定，当然，这种约定或诉讼契约只能涉及当事人诉讼权利的部分内容，而不能约定改变法院的审判权力及其程序。将来可以考虑制定多个版本的民事诉讼法，由当事人自由选择，就像仲裁规则一样。甚至于，当事人相互之间也可以约定一个程序规则，由法院审查后予以认可。

第八个方面，程序效力的维持性与程序的安定性。① 如果裁判结果的稳定性得不到保障，那么它就可能会由于各种借口被推翻，所以诉讼程序的既判力理论应当予以坚持。如果当事人已经在诉讼程序中充分行使了诉讼权利，其诉讼结果对当事人就是有拘束力的。无论是诉讼程序的阶段性结果抑或终局性结果都要毫无保留的予以维持。诉讼程序中的每一步都是诉讼效应的累加，都是对当事人有效力的。这种行为的效果就是裁判的结果，或者是裁判结果的组成部分。正是在此意义上，裁判结果才是可以理解的、可信赖的，是内在的，而不是外在的。

六　从裁判者的视角谈制度保障

在制度保障上，裁判者是不可缺少的核心要素。如果裁判者不公正，

① 参阅汤维建：《论民事诉讼中的诚信原则》，《法学家》，2003 年第 3 期。

再公正的程序也是没用的。如何确保裁判者的公正性？我们要改变把目光局限于诉讼领域的思维模式，要把目光投向于裁判者的产生领域。裁判者从哪里来？到哪里去？这不仅事关表象的公正，而且与实质的公正有关。这可以从以下几个方面予以考虑：

第一，完善法官的遴选机制。法官如何产生？当事人对程序公正的判断必定要集中于法官的产生机制上。是全民选举的、还是行政机关任命的、还是由立法机关任命的？法官的产生一定要能经受住公正的考验。如果按照产生行政官员的办法来产生法官，必然会打上行政的痕迹。

第二，实行法曹一元制，就是法官与律师的一元制和互动制。[①] 前面已经涉及这个问题。从律师当中选法官是一种理想的模式，但不是唯一的模式。为什么要从律师中选法官？主要原因在于法官应当是优秀的司法实践者。司法是经验主义的一个过程，需要有一定的经验。我们在司法实践中离不开两种规则：法律规则和经验规则。经验规则因人而异，不是通过学习就能够掌握的。经验规则是用来认定案件事实的，因此没有一定的经验，不能形成经验规则。没有经验规则，也不能准确认定事实。我们经常说的盖然性标准主要是对法官适用的。现在法官的选择机制就是只看法官对法律规则的掌握程度，而不看对经验规则的掌握程度。这样产生的法官，必然在事实的判断上依赖于像鉴定人这样的外在因素。法官过分年轻化也是其中暴露出来的一个问题。任何领域都可以提年轻化，但是在司法领域不能提法官的年轻化。法官年轻化所造成的结果就是社会正义的全面丧失。我们应当规定在45岁以下的人不能充当法官。

第三，法院的中立性保障。法官与双方当事人之间应当保持等同的距离，法官与双方当事人之间的距离是“等腰三角形”。我们现在的回避制度并没有真正落实，看似有，实际上没有落实。要真正实行回避制度，就要把审理法官的所有背景资料都公开化，要将法官的方方面面的社会关系都搞清楚。任何一个法官充当该案的主审法官之前，都要接受双方当事人的询问，包括直接询问和交叉询问，在法官询问当事人之前先接受当事人的“审判”。现在我国的回避原则基本上是虚的，实践中很难落实。因为当事人不知道审理案件的法官是否与案件有利益关系、是否与当事人有利害关系。比如说，这个法官有没有在被告公司购买股票？当事人对此是不清

① 参阅丘联恭：《司法之现代化与程序法》，（台湾）三民书局股份有限公司，1992年，第3页。

楚的。不清楚这些重要信息，当事人如何行使回避申请权呢？显然不可能。法官应当是透明的法官，除有因回避外，还应当建立无因回避制度。如果当事人感觉到法官可能会不公正但也说不出理由，也可要求回避。当然，申请无因回避的次数应当有所限制。

第四，法院要有规则制定权。法官对于程序规则和证据规则应当有制定权，这样可以更好地适应具体案件的审理，这是法官内在的权力，是神圣不可剥夺的。① 程序规则应当由法官来制定。这方面我们可以借鉴英国的模式。我们现在是通过最高法院的司法解释来进行的。以后我们要进一步明确最高法院有程序规则制订权，比如说制定《民事诉讼程序规则》《民事上诉程序规则》《民事再审程序规则》等等。民事诉讼法不仅要与审判法分离，而且也要与《民事诉讼规则》相分离。只有这样，才能确保当事人的诉讼权利，并明确其诉讼义务，从而保障司法公正和效率的实现。

第五，建立法官的责任机制。法官的责任机制主要包括主审法官责任制和错案责任追究制。现在有人批判错案责任追究制，理由是法官的言论应当受到豁免，而且裁判结果有多种可能性。② 我认为这两个理由都不能成立，法官的言论只有在合法的情况下才能豁免，如果是违法的，则不享有豁免权。另外，认为裁判结果可以有多种正确的结果，这是陷入了主观主义和相对主义的泥潭，因为在盖然性标准上面，案件只能有一个正确的结果。同时，按照程序正义决定实体正义的观点来看，实体正义的结果也只能是一种。不能说不存在错案，只能说存在不同的评价错案的标准。对于错案，理应追究主审法官的责任。在我国应适当强化错案责任追究制，等到法官完全独立办案后，再实行豁免制。

第六，建立法官事后评价机制。要形成对法官的评估机构、评估程序和责任机制，这就是所谓法官审判案件的质量评估体系。比如可以由司法部牵头组成评估机构，专门给法官评分。这种评估机构的建立是非常必要的。法官的铁饭碗和金饭碗要打破。当事人在诉讼结束后，法院应当给当事人发一张评估表，由当事人给法官打分。只有对法官和法院形成一种常

① 参阅丘联恭：《司法之现代化与程序法》，（台湾）三民书局股份有限公司，1992 年，第 51 页。

② 参阅王晨光：《“错案追究制”的误区：兼谈法律运行的不确定性》，载张卫平：《司法改革论评》，中国法制出版社，2001 年。

规的评估机制，才能促进法官和法院的进步。应当同时形成法官的惩戒机制，可以弹劾不称职的法官。对法官的委任需要慎重，对法官的罢免也需要慎重。对法官的罢免应当纳入正式的法律程序，不能一个领导说免了就免了，说换岗就换岗了。

第七，形成法官的培训机制和晋升机制。法官的地位是平等的，但对法官的配置应当是有差异的。最高法院的职能和高级法院不同，高级法院的职能与中级法院不同，中级法院的职能与基层法院不同，不同的法院有不同的职能，对法官的能力要求也应当是不一样的。在最高法院当法官，法官除了具有办案的能力外，还要有类似于司法解释、给出批复等能力。现在有一个非常不合理的法官就业模式，就是不管是什么学位毕业的，甚至不管是否学法律的，都可以平行地到任何级别的法院去找工作，一进去后就是该法院的法官，世界上罕见这种做法。法官应当逐级晋升，只有在基层法院做法官达到一定年限后，经过考试或考核合格，才可以到中级法院做法官，依此类推，最高法院的法官应当从高级法院选拔，高级法院的法官应当从中级法院选拔。只有这样，才能做到法官与诉讼程序的运用相适应，与法院的功能相适应。人们对法官的看法也是判断程序是否公正的一个非常重要的方面。此外，各个省、地域之间的差异也非常大，要建立合理的、层次性的法官培训机制和选拔机制。

第八，完善我国的人民陪审员制度。人民陪审员制度在我国落实的应当说是很不理想，基本上处在形式主义的阶段，这是公民参与司法的原初状态，也是人民司法的最起码含义。由于人民陪审员的参与不起实际作用，现在有人主张将它废除。我不同意废除论，废除论实际上是一种悲观主义的见解，我认为应当改我国的人民陪审员制度为人民陪审团制度。一字之别，含义和效果迥然不同。实行陪审团制度的核心是赋予陪审员以独立的权能，让陪审团具有事实认定权。比如说，原告说被告借款，被告否认，究竟是否有借款事实，由陪审团决定。如果有借款事实，法官据此判决被告还款。法院的任务是进行诉讼管理和诉讼指挥，对陪审团进行法律指导，解决诉讼中出现的所有要适用法律才能解决的问题。只有这样，陪审员才有内在的动力，才有参与诉讼的积极性。陪审团享有了事实认定权，实质上是分割了法院垄断着的审判权，行使了审判权中的实质性部分。这样一方面可以减轻法官审判案件的压力和负荷，另一方面也可以抵挡来自当事人以及社会一般群众对司法的批评。12个人组成的陪审团作出了一致性决定，你还不满意吗？你即使不满意，也不是法院的事情，而是不知道是从社会中哪个领域中选拔出来的陪审员的事情，实际上是人民自己的事。当事人有权选择陪审员，陪审员作出的决定对他不利，他也只能接受。再加上，我们现在普法是与司法完全隔离开来进行的，如果将普法与老百姓参与审判结合起来，这样的效果波及开来，会非常理想和深刻。应该说在我国实行陪审团制度条件是比较成熟的，就现行民事诉讼法而言，实行陪审团制度也无实质性障碍，因为对组成合议庭成员的数量立法上只有单数的限制，而没有数量的限制。对陪审团成员可以有一定的限制，同时对进入陪审团审判的案件也应有一定的限制。实行陪审团制度，不仅是审判民主的体现，而且法院还将会成为法制教育的生动课堂，成为人民自己真正的法院。

七　证据制度的保障

诉讼程序中始终要寻找两样东西：一是实体法律规范；二是案件事实。寻找这两样东西的程序规则是诉讼法的内容，但实体法律规范和案件事实本身不是程序法的内容。求证案件事实的法律也就是证据法是独立于程序法的，有人说证据制度是程序制度中的实体内容，就是从这个意义上说的。程序制度是纯粹的一个过程规则，证据制度是发现案件真实的一种机制。

如何从证据制度的建构中形成一种体现司法公正与司法效率的理念和价值目标，这是我们要考虑的问题。我国现在进行民事证据立法，还需要一个过程，尚待努力。但是目前主要不是理论研究的问题，而是立法机关作出艰难选择的问题。但是证据制度立法的理念必须是清楚的，就是要实现司法公正与司法效率。如何通过证据制度的建设发现客观存在的案件事实，或者说发现尽量接近原始案件事实的事实，是证据法或证据制度最为关心的问题。① 这种案件事实的发现和认定，是实现司法公正的事实基础。没有这个关于事实的认定机制，所谓司法公正就是一个乌托邦，就像水中的浮萍，无立足之地。如何适应现代司法理念的需要，建立我国的证据制

① 厦门市两级法院执行《关于民事诉讼证据的若干规定》情况的调研报告：《新民事诉讼证据司法解释的执行与完善》，《法律适用》，2003年第6期。

度呢？我认为要做到以下几个方面：

第一，改变证据立法的模式，实行以当事人为中心的证据模式。我国的证据制度现在还是为了法院调查证据、运用证据查清事实等而建立的。这种视角是自上而下的，而不是从当事人角度去规定当事人如何取证、举证、质证，如何要求法院公开心证、如何与法官进行对话等。现在的证据立法就是要从当事人的角度来考虑。当事人是证据制度的利用者，证据制度是为当事人服务的。那种认为证据制度是为法院查明事实服务的观念是一种陈旧的观念，应予摈弃。①

第二，举证责任的分配，要保证当事人举证地位的平衡。举证责任的分配，有法定分配和裁量分配两种途径和形式，这都是非常重要、缺一不可的。法官在分配举证责任时，应当坚持司法公正和司法效率的原则进行恰当的分配，从而使形式上的平等变为实质上的平等。我们主张完善法官裁量分配举证责任的程序和条件，比如说，法官对举证责任分配应当告知当事人，使当事人有针对性地举证。当事人对法院所分配的举证责任不服的，法院应当作出书面裁定。对此裁定当事人可以提出中间上诉或称及时抗告。现在我们实践中在这个方面还很不健全，当事人对举证责任分配这样一件头等大事，几乎没有参与决定权，完全听命于法官的分配，这是不符合以当事人为中心的现代司法理念的。当事人的诉讼权利要充满诉讼程序的每一个角落，包括平时不注意的那些领域。

第三，要正确处理当事人举证和法官查证的关系，确立以当事人举证为主，法院查证为辅的原则。民事审判方式改革的确弱化了法院调查证据的职能，但是并没有取消法院的查证职能或职责。法院依然是调取证据的主力军，只是现在一般情况下不能依职权主动查证，而是要根据当事人的申请调查取证。因此法官的查证职责只能调整，而不能取消。所谓调整就是从程序上确保法院的查证是按照当事人意志来进行的，而不是干涉当事人的辩论权，不能越俎代庖，更不能约束当事人的处分权。法院应当根据当事人的申请进行查证。我们要弱化法院的查证职权实际上也是转换审判机制，变主动式的审判为被动式的审判，变不顾当事人意志的审判为体现当事人意志的审判，变法院我行我素的审判为时时刻刻征询当事人意见的审判，变自上而下

---

① 参阅万长红：《切实强化当事人举证能力，进一步规范人民法院调查收集证据职能》，《河北法学》，2003 年第 1 期。杨志彩：《论民事诉讼证据的收集》，《河北法学》，2003 年第 6 期。

式的审判为自下而上式的审判。连实行律师强制代理制度的德国等国家，都还实行根据当事人的证据声明进行法院职权调查的制度，我国怎么可能现在就超越德国直接照搬美国的做法呢?

第四，完善审前程序。这是一个程序问题，但与证据密切关联。审前程序是介于立案受理与开庭审判之间的程序，是一种中间性程序。对于这个位居中间状态的程序，各个国家所寄托的期望是不一样的。有的国家希望通过审前程序发挥解决纠纷的功能，如美国，95% 的案件都是在这个阶段消化掉的。也有的国家仅仅将审前程序看做是为庭审作准备的程序，并不打算用它来解决纠纷，我国就是这样。但是现在的诉讼制度改革发生了相当大的变化，审前程序所负载的功能越来越多，其中就有解决纠纷的功能。为了解决纠纷，就有必要赋予当事人充分的诉讼权利收集证据和交换证据，从而使他们能够明确争议焦点。在明确争议焦点的过程中，他们会充分评估其各自案情的利害得失，评估各自的胜算如何，这样就容易导致和解或者类似于和解这样的解决纠纷的局面，有许多纠纷因此而得到了化解，这是审前程序的主要功能所在。我们要改变观念，要认识到审前程序是可以解决纠纷的，解决纠纷是可以在庭审之前或者可以不通过开庭来达到的，这是一方面。另一方面，审前程序也不仅仅是法院用来为庭审做准备的程序，审前程序主要是当事人利用来收集证据、明确案件事实的，审前程序是当事人的审前程序，当事人在审前程序中应当有所作为，而且应当大有作为，法官在审前程序中也只是起着指挥和管理的作用，并不起实质性的作用。

第五，举证指导制度，强化法官的阐明权。① 收集证据是当事人的事，或者主要是当事人的事情，法官一般不主动干预，但法官对当事人收集证据要进行指导。在当事人收集证据遇到困难时，法官要进行协助，但是又不能失去中立的立场。所以阐明权变成了阐明义务。如果法官没有履行阐明义务，就属于程序严重违法，当事人可以以此为理由提出上诉或者申请再审。在这样的审判模式上，法院既是消极的，又是积极能动的。积极能动就表现在对审判过程的指导上，如阐明权的行使。因此，在现代诉讼理念上，法官的职权不是在弱化，而是在调整：法官应当在能动的过程中保持中立，在中立的立场上实现能动。因此，现在的法官比起近代资本主义时期的法官更难当了，现在的法官不能像当时的法官仅仅充当“守夜人”

① 参阅杨钧、秦嬿 :《论释明制度》,《法学》，2003 年第 9 期。

的角色、“竞技裁判者”的角色。法官的角色呈现出多元化：既要积极，又要消极，既有近代的中立性，又有现代的能动性，这种能动性能够促进社会公益的形成，推动社会的发展。法官的阐明权在民事诉讼中并不陌生，如法官在受理案件时，如果不受理，要告知当事人怎么办，这就是阐明权。这种阐明权过去并不十分强调，也没有必要强调。因为法官的职权是全面性的，几乎无所不包，因而单纯强调阐明权就无必要。但现在不同了，法官的职权有所弱化了，但是有一种权力或职责不能弱化，这就是阐明权或阐明义务。法官的阐明权不仅不能弱化，反而还要强化。这就将法官的阐明权一下子给凸显出来了。法官行使阐明权的必要性是无需论证的，即使在美国，也不能全盘否定法官的阐明权。问题在于如何行使阐明权，对哪些事项行使阐明权？这就是一项需要十分慎重对待的事情。这对法官的中立性保障提出了心理学上的挑战，当然最基本的挑战是社会学上的，这就是法官需要调整的新型观念，也是法官需要调整的新型角色。现代意义上的法官比近代意义上的法官难当，我国的法官当起来则难上加难。

第六，建立非法证据的排除规则。非法收集的证据在刑事诉讼中应当受到排除，这个原则是确定的。但是在民事诉讼中，非法收集的证据要不要受到排除，国际上还没有定论，也可以说各国都还在争论中。我国现在倾向于采用这个规则，最高法院的司法解释也肯定了这项规则。应当认为，肯定性的观点是正确的。[①] 为什么呢？原因就在于民事诉讼的价值是多元化的，不能为了客观真实一个价值就牺牲宝贵的人权价值、隐私价值、人格价值等宪法性的价值。这个规则实际上说，宁可牺牲客观真实，也不要带有瑕疵的真实。这就是对司法公正的现代化理解，司法公正首先是指程序公正，在程序运作中如果允许非公正的因素混杂其中，并且走进法院的裁判文书之中，则是违背公正的整体观念的。司法必须要有一个好的导向作用，如果为了鼓励人们获得胜诉而不择手段，那么，司法的伦理成本就过分高昂了。在诉讼成本的结构中，有一个成本是伦理成本，伦理成本要保持在最低限度。判决书必须是纯洁的，里面如果还有非法收集的证据，这就玷污了司法的纯洁性。司法的纯洁性是司法文明性的体现。司法的文明性又是司法公正性的自然结果。所以，非法证据是一定要予以排除的，所需研究的是排除什么样的非法证据。

① 参阅魏健：《非法证据：前提、认定机制及排除》，《河北法学》，2003年第1期。

八 监督机制的保障

司法的公正性与效率性有赖于监督机制的完善。程序本身就有监督的意味，每一步程序的运作都是一种监督，或者说都含有监督的意义。司法公正程度如何，一个很重要的指标就是看其监督程序和监督制度是否完善。监督机制可以分为内部监督和外在监督。

第一方面，内在监督制，就是程序内在的监督。程序的公开就是要引进监督机制和监督的力量，法院搞的几个分离，如立审分离、审执分离、审监分离等等，也是为了监督。所以，法院里的法官对于同一个案件的解决，实际上是通过分工与合作来完成的，在这个过程中，就有互相监督的价值存在。有人主张取消合议制，我不同意这种观点合议制有很多的好处，有利于法官进行相互监督、有利于案件的正确处理。美国是在陪审团制度下实行法官独任制的，1个法官再加上 12 个陪审员，共有 13 个审判官。我们现在只有 3 人还嫌多？我们要保留合议制，但是要进行改造。审判委员会固然有许多弊端，尤其他在决定案件的结果是违背了程序的基本要求，如不公开进行、违背了直接言词原则等等，但我也不同意废除论。有一个理由就是他们人多，可以互相监督。以前讲人多好办事，我觉得在诉讼过程中，让较多的人参与其中，有利于监督；有利于监督，就是有利于实现司法公正。上级法院对下级法院也有监督的功能，但是这种监督不能游离在正规程序之外，应当纳入到程序中，实现程序化的监督。

第二方面，外部监督，我们所谈的监督机制主要集中在外部监督。外部监督主要有两类：

舆论监督：舆论监督的集中表现是媒体监督。媒体监督是司法民主化和公开化的产物，是进步的表现。但新闻媒体不能对未生效裁判的案件进行评价，只能是事后评价，而不能随意干涉。新闻监督也会有过度、偏颇之处。新闻监督是必要的，但是应该是适度监督。尤其是新闻监督也要纳入到法制的轨道，也要进行程序化的制度建设。新闻可以说是对审判的审判，审判都是要接受监督的，新闻的审判也要接受监督。

检察监督：我国的检察院比较特殊，它与法院是平起平坐的，实际中的权限可能比法院更大。检察机关和法院在刑事诉讼中是“一家”，或者给人以“一家”的感觉，关系是比较和谐的，配合也是比较默契的。但这恐怕是不正常的。在民事诉讼中刚好相反，检、法两家矛盾不断，很难协调。人们经常提出的一个问题是：作为公权力的检察机关，能否介入到解决私权纠纷的民事诉讼中来？我的基本观点是检察监督是必要的，是有利于司法公正的。但是我又认为，检察机关在民事领域内的监督早晚是要消除的，或者说现在的这种监督是会消除的，因为它不符合民事诉讼的本质属性。

其他还有许多监督方式和机制，如人大的监督、政协的监督、民主党派的监督等等，均应当予以完善，限于篇幅不再赘述。总的来说，在我国目前的司法背景下，我们不要害怕监督，相反，我们要热烈地欢迎监督。为此，我建议我国制定一部专门的“司法监督法”，把这些方方面面的监督全部都规范进去。

总而言之，为了提高司法的地位，强化司法权威，我们要观念先行，强调法律的作用、程序法的作用，强调程序公正的优先地位和效率意识，强调司法独立、司法权独立、法官独立。同时我们要从程序机制、证据制度和监督机制等各个方面，来保障法院在各个具体案件的审理过程中实现程序公正和程序效率，从而推动我国的法治进步，进而推动我国的社会转型、人权进步和社会发展，最后通过司法现代化实现“四个”现代化。

（本文原载于《河南省政法管理干部学院学报》2004 年第 6 期）

第四部分

附　录

中共中央关于坚决保证刑法、刑事诉讼法切实实施的指示

1979年9月9日　中发〔1979〕64号

五届人大二次会议一致通过的刑法、刑事诉讼法等七个重要法律，得到了全国各族人民的热烈拥护。现在大家最关心的，是我们能否坚决实施这些法律。在这七个重要法律中，刑法、刑事诉讼法同全国人民每天的切身利害有密切关系，它们能否严格执行，是衡量我国是否实行社会主义法治的重要标志，因此也更为广大群众所密切注意。各级党委、党的各级领导干部和全体党员，都要充分认识，这是一个直接关系到党和国家信誉的大问题。只有真正做到有法可依，有法必依，执法必严，违法必究，才能维护人民正常的工作、生产、生活秩序，巩固和发展安定团结、生动活泼的政治局面；才能有效地发挥我国社会主义制度的优越性，进一步巩固无产阶级专政；才能最大限度地调动一切积极因素，集中亿万群众的智慧和力量，顺利地进行社会主义现代化建设。

粉碎"四人帮"、特别是党的十一届三中全会以来，我们为加强社会主义民主和法制，已经做了大量工作，创造了许多有利条件。但是，旧社会遗留下来的封建主义、官僚主义、特权思想、家长制作风至今严重存在。我们党内，由于建国以来对建立和健全社会主义法制长期没有重视，否定法律，轻视法律，以党代政，以言代法，有法不依，在很多同志身上已经成为习惯；认为法律可有可无，法律束手束脚，政策就是法律，有了政策可以不要法律等思想，在党员干部中相当流行。林彪、"四人帮"推行极"左"路线，疯狂破坏民主和法制的流毒还远未肃清，派性、无政府主义等仍在许多地方为害的情况，更必须严肃对待。如果我们不下决心解决这些问题，国家制定

的法律就难以贯彻执行，我们党就会失信于民。

五届人大二次会议通过的刑法和刑事诉讼法，对加强社会主义法制有特别重要的意义。中央现就保证这两个法律的顺利实施及有关问题，作如下指示。

一 严格按照刑法和刑事诉讼法办事，坚决改变和纠正一切违反刑法、刑事诉讼法的错误思想和做法

刑法的任务，是用刑罚同一切反革命和其他刑事犯罪行为作斗争。刑事诉讼法的任务，是保证准确、及时地查明犯罪事实，正确应用法律，积极同犯罪行为作斗争。今后，各级司法机关和公安机关都要在党的领导下，严格按照这两个法律办事，正确运用法律武器，保护人民，打击敌人，惩办罪犯，保障社会主义现代化建设的顺利进行。

各级司法机关处理违法犯罪问题，都必须以事实为根据，以法律为准绳，具体分析，准确量刑。要特别注意严格区分和正确处理罪与非罪的问题；罪与非罪界限一对分不清的，不要想当然地匆忙地定罪判刑。在同一切反革命罪行和危害社会罪行的斗争中，必须严格区分和正确处理敌我矛盾和人民内部矛盾；改变过去在一部分同志中曾经存在过的那种把一切犯罪和判刑的人员，统统当作敌我矛盾看待、处理的错误观念和做法。无论被控告者社会政治地位、社会成分和政治历史有什么不同，无论被控告者是否犯罪或是否属于敌我矛盾，在应用法律上必须一律平等，这就是在法律面前人人平等。要严禁公、检、法以外的任何机关和个人，捕人押人，私设公堂，搜查抄家，限制人身自由和侵犯人民的正当权益。也不允许以各种理由，指令公安、检察机关违反刑法规定的法律界限和刑事诉讼法规定的司法程序，滥行捕人抓人；或者背离法律规定，任意判定、加重或减免刑罚。严禁公、检、法机关以侮辱人格、变相体罚、刑讯逼供等非法手段对待违法犯罪人员或被拘留、逮捕、羁押人员。对于依法判刑的人员，是否剥夺其政治权利，是剥夺一部或全部，剥夺多长时间，也要分情况，作不同的处理。至于摘掉了地、富、反、坏分子帽子的人，则都已经属于人民的范围，应保证他们享有人民的民主权利。

处理违反党纪、政纪和其他纪律问题，都必须严格按照有关的规章办事，凡未触犯刑法的，一概不得与刑事犯罪问题相混淆。党内的最高处分，

只能是开除党籍。共产党员是无产阶级先进分子，他们的思想觉悟、政治表现和其他条件一般都高于群众。所以，有些党员虽然由于各种原因被开除了党籍，但仍违法犯罪的人，才应该也必须按照法律规定和司法程序处理。党员按照党章规定，对党的路线、方针、政策进行讨论，提出意见；对党中央和地方各级党组织及其领导人的思想、工作和作风实行监督，提出批评，都是党内民主生活的正常状态。党员在这方面的言论、行动如果有错误，应该进行批评教育，但不得打击报复。更不得认为是反党、反社会主义，是犯了“恶毒攻击”罪和“反革命”罪。对于非党群众中的同类问题，也以按此精神处理。各级党政领导人，不论职务高低、权力大小，都不得以言代法，把个人意见当作法律，强令别人执行。如果发生这种情况，任何人都有权予以抵制、揭发和控告检举。

二　加强党对司法工作的领导，切实保证司法机关行使宪法和法律规定的职权

今后，加强党对司法工作的领导，最重要的一条，就是切实保证法律的实施，充分发挥司法机关的作用，切实保证人民检察院独立行使检察权，人民法院独立行使审判权，使之不受其他行政机关、团体和个人的干涉。国家法律是党领导制定的，司法机关是党领导建立的，任何人不尊重法律和司法机关的职权，这首先就是损害党的领导和党的威信。党委与司法机关各有专责，不能互相代替，不应互相混淆。为此，中央决定取消各级党委审批案件的制度。对县级以上干部和知名人士等违法犯罪案件，除极少数特殊重大情况必须向上级请示者外，都由所在地的司法机关独立依法审理。对于司法机关依法作出的判决和裁定，有关单位和个人都必须坚决执行；如有不服，应按照司法程序提出上诉，由有关司法机关负责受理。各级公安机关必须坚决服从党的领导，但在执行法律所赋予的职责时，又必须严格遵守法律规定，这两者毫不矛盾，认为服从党的领导就可以违背法律规定的想法是极端错误的，必须坚决纠正。

党对司法工作的领导，主要是方针、政策的领导。各级党委要坚决改变过去那种以党代政、以言代法，不按法律规定办事，包揽司法行政事务的习惯和做法。应该说明：过去的那种习惯和做法，是在我国社会主义法制很不完善的情况下产生的，就在那种情况下，有许多事也办得不妥，在林彪、

“四人帮”横行时的很多作法更是根本破坏了社会主义法制。现在国家已经制定了刑法、刑事诉讼法等一系列重要法律，继续过去的那种习惯和做法就完全不能允许。各级党委应着重从以下几方面加强对司法工作的领导：其一，经常了解、研究司法工作情况，指导司法机关的党组织分析一定时期的敌情、社情及其他有关情况，确定工作重点，解决实际困难。其二，检查、监督司法机关贯彻执行党的方针政策和国家法律的情况，帮助他们总结经验，改进作风，发扬成绩，纠正错误，坚决同违法犯罪行为作斗争。其三，认真挑选、配备司法干部。加强对司法机关中党员干部的管理教育，不断提高他们的思想、政策和业务水平。

各级司法机关中的党组织和党员干部，要主动向同级党委汇报请示工作，并充分发挥工作中的主动性、积极性和创造性。要表彰那些大公无私、刚直不阿、精通业务的司法人员。对于利用职权，对司法机关的工作非法进行干涉和施加影响的干部，对于渎职失职、屈从权势、徇私舞弊、贪赃枉法的司法人员，必须依法严加查究。

三　迅速健全各级司法机构，努力建设一支坚强的司法工作队伍

中央责成中央组织部会同各司法机关和国家编制委员会，根据新的形势和任务的需要，尽快研究、制定健全各级司法机构和加强司法干部队伍的具体方案，有计划、有步骤地从党政机关、军队系统和经济部门，抽调一大批思想好、作风正、身体健康，有一定的政策和文化水平的干部，经过必要的训练后，分配到司法部门工作。对学过司法专业和做过司法工作，包括教学、研究工作的人员，进行一次普查、摸底，凡现在仍然适合做司法工作的，应尽量动员归队。

争取在今年内，对省、地、县司法机关的领导班子，进行必要的调整和充实。这三级的公安厅（局）长、法院院长和检察长，都应当从具有相当于同级党委常委条件的干部中，慎选适当的同志担任。要首先把法院、检察院的机构健全起来。在调整和充实各级司法机关领导班子的同时，对现有司法干部队伍要进行必要的整顿。

国务院已经成立的司法部，除主管司法行政工作外，要把培训司法干部工作统一抓起来。公安干警和专业人员的培训工作，由公安部门负责。过去撤销的政法院系和政法、公安院校应尽快恢复起来。有条件的文科大学应设

置法律系或法律专业。各省、市、自治区可根据需要，逐步新建各类政法院校和司法、公安干警学校，举办各种形式的训练班，培养各种专门人才，轮训现有司法、公安干部。

为了保持县以上公、检、法机关领导骨干的相对稳定，恢复由上级公、检、法机关协助地方党委管理、考核有关干部的制度。地方党委对公、检、法机关党员领导干部的调配，应征得上级公、检、法机关的同意。

四　广泛、深入地宣传法律，为正式实施刑法和刑事诉讼法做好准备

要运用各种宣传工具，采用生动活泼的方式，广泛、深入地对广大党员、干部和群众宣传法律，加强法制教育。各大、中、小学都要根据不同情况，对学生进行法律教育。各级党校和各类干部学校，都要把学习法律列入教学计划。各级公、检、法机关的全体工作人员（包括民警、监狱和劳改工作人员）要首先学好刑法、刑事诉讼法的全部内容。对于广大群众，要把刑法和刑事诉讼法作为宣传教育的重点，使两个法律的主要内容逐步做到家喻户晓，深入人心。要使大家知道这些法律保障的是什么，反对的是什么，怎样是守法，怎样是违法，提高遵守和维护法律的自觉性。

各级党组织和司法机关，要继续贯彻党的三中全会精神，本着实事求是、有错必纠的原则，认真落实党的政策，抓紧清理积案和纠正冤假错案的工作。对过去习惯使用的一切不符合刑法、刑事诉讼法规定的办法，应坚决改正。对现行的同刑法、刑事诉讼法的规定不符合的各种规章条例，应予修订。对在押人犯没有起诉和审判的，必须以刑事诉讼法规定的程序迅速准备起诉和审判，罪证不足的应按照法律规定及时作出适当处理。总之，要积极为刑法、刑事诉讼法在 1980 年 1 月 1 日起正式实施做好各种准备。

五　党的各级组织、领导干部和全体党员，都要带头遵守法律。

我国法律是在党的领导下，在广泛发扬民主的基础上，由国家最高权力机关制定的，它既反映了全国人民的意志和利益，又体现了党的政策和主张，具有极大的权威。因此，从党中央委员会到基层组织，从党中央主

席到每个党员，都必须一体遵行。必须坚持法律面前人人平等的原则，绝不允许有不受法律约束的特殊公民，绝不允许有凌驾于法律之上的特权。所有共产党员，特别是党的各级领导干部，都要学习法律，懂得法律，带头遵守法律。

我们党的绝大多数干部是好的和比较好的。但是也有少数干部、特别是某些领导干部，以及他们的亲属，存在着特权思想，喜欢搞特殊化，甚至目无党纪国法，利用职权，营私舞弊，压制民主，打击报复，把旧式官场的腐朽作风和封建衙门的恶劣习气带进党内和国家机关内，严重地侵蚀党的肌体，损害党和人民群众的关系，破坏我国社会主义法制的尊严。党中央认为，有必要向全党同志敲起警钟，坚决刹住这一切歪风邪气。对那些屡教不改、严重违法乱纪的人，不论现在地位多高，过去功劳多大，都要给以纪律制裁；对于其中触犯刑律、构成犯罪的人，一定要依法处理，决不允许包庇、纵容。

执行法律和贯彻执行党的路线、方针、政策是一致的。今后，各级党组织的决议和指示，都必须有利于法律的执行，而不能与法律相抵触。如果某些法律的某些内容确已不适应形势发展的需要，应通过法定程序加以修改。

各级党委接到本指示后，应结合实际，认真讨论，贯彻执行。执行中有什么重要情况和问题。望及时报告中央。

（转自张慜、蒋惠岭《法院独立审判问题研究》，
人民法院出版社，1998 年版）

“深化司法体制改革”理论研讨会综述

陈　效*

为了全面贯彻落实十八大报告精神和“12·4”讲话以及中央政法工作会议精神，推进依法治国、法治建设和司法体制改革，2013年1月26日，中国社会科学院法学研究所在北京主办了“深化司法体制改革”理论研讨会。来自最高人民法院、最高人民检察院、司法部、中央党校、天津市高级人民法院、浙江省高级人民法院、北京大学、清华大学、中国人民大学、中国政法大学以及中国社会科学院法学研究所等单位的30余位专家学者参加了研讨会。本次研讨会就深化司法体制改革的一系列重大理论问题与实践难点，立足中国国情和世界视野，理论联系实际，对深化司法体制改革的基础问题、依法独立行使职权、司法公开、深化司法体制改革的法治路径等主题进行了深入研讨。现将研讨会的主要观点综述如下：

一　深化司法体制改革的基础问题

（一）司法体制改革的理论基础

关于司法体制改革的理论基础，有学者认为，现行司法体制的主要弊端是权力设置不够合理，各种权力多有交叉，配合有余，制约不足，行政化倾向过于严重，不能从体制上切实保障司法公正及效率的实现，不少冤假错案和超期羁押的形成与当前的体制多有关系。因此，司法体制改革的目标应该

* 陈效，中国社会科学经济研究所博士后研究人员。

是从权力划分上使各机关边界清楚，相互独立，相互制衡，相互配合，确保公正与高效。其改革的基本理念应该是分权和制衡原则。没有监督和制衡的权力必然导致腐败，已被中外历史所反复证明。应合理划分公安、检察、法院、司法行政四家的权力，不使权力交叉或重叠，科学配置审判权、检察权、侦查权、执行权和司法行政权五权，以形成相互独立又相互制约的高效机制，是司法体制改革的方向和目标。

具体到权力的配置，有学者认为，刑事司法体制的改革关涉公检法三机关既有权力的重新配置。在打破三机关既有的权力格局、对权力进行重新配置的过程中，权力运行中的公正、高效与节约是立法者必须要考量和遵循的三个基本原则。围绕这三大基本原则，立法者的核心任务是寻找一种最符合这三大基本原则的并能使得这三种原则之间的关系最为优化的权力配置方案。

（二）深化司法体制改革的顶层设计

有学者指出，应当高度重视做好司法体制改革的顶层设计，具体包括：其一，司法体制改革应当体现宪法原则和宪法精神的取向。其二，司法体制改革应当体现法治思维和法治方式的取向。其三，司法体制改革应当体现尊重司法规律和司法属性的取向。深化司法体制改革坚持“三个取向”，是对前一阶段司法改革的补充、完善和发展，而不是对以往司法改革的全面否定和改弦更张。国家政体中之所以有权力机关、行政机关、审判机关和检察机关的不同分工，之所以有立法权、行政权、审判权和检察权的不同设计，就是因为它们有着角色、功能、价值、职责和运行方式等各方面不同的分工、属性和特征。这些符合中国国情和人类政治文明发展规律的制度安排和权力分工，在得到国家宪法确认后，就具有宪法上的最高效力，应当得到全面落实。

（三）司法体制改革与党的领导

有学者认为，深化司法体制改革，最根本的是如何加强党的领导，处理好党组织与司法机关的关系。党如何加强对司法改革的领导？集中到一点就是保证司法机关依照宪法和法律独立行使职权。对此，今后应建立问责制度，以从关键上保证司法机关独立行使权力。

有学者认为，推动司法体制改革必须坚持中国特色社会主义政治方向，在全社会达成共识，最重要的是坚持在党的领导下，树立和维护法律权威，这是司法体制改革的核心和重要内容。

还有学者指出，在我国，宪法和法律是党的主张和人民意志、国家意志相统一的集中体现，是党的领导、人民当家做主和依法治国有机统一。依法办事，维护社会主义法治权威，就是维护党和人民共同意志的权威；严格执法，捍卫社会主义法治尊严，就是捍卫党和人民共同意志的尊严；依法独立行使审判权和检察权，保证公正司法，就是保证党的事业和人民根本利益的实现。

（四）深化司法体制改革的方向

关于我国司法改革方向是否存在偏差，有学者认为，即使存在偏差，这种偏差也不大，不难纠正。一方面，在长期实行计划经济、司法机关是专政“刀把子”的中国，推进司法改革，面临亘古未有之困惑与难题。左右摇摆、方向模糊是改革过程中难以避免之正常现象。摸着石头过河，巨石乱石都有。国外各种压力逼人，国内维稳形势严峻，一时手足无措，回到传统中找办法，完全可以理解这一点。另一方面，同其他国家机关相比，我国司法机关专业性强、机构体系稳定、人员素质整齐、程序严格、规定明确、职责清晰。虽不能不受宏观指导思想影响，但实体和程序的详细规定使得具体司法工作受到的影响有限。理论可以变来变去，而判决书之法理表述、署名印鉴、法律责任却是真切具体，不容含混，需经历史检验，任何法官对此都不敢掉以轻心。与此同时，在几十年解放思想扎实研究之基础上，我国法学界坚持真理敢于直言之风日渐形成，有关司法工作倒退之观点亮于研讨会场，给上级的各种内部研究报告频频报送。知识界客观冷静坚守法律人底线的真知灼见，成为照亮我国司法改革方向的盏盏灯火。更为重要的是，司法改革方向似有偏差，应该仅仅来自上级有关部门（偏差之存在亦有某种合理性），而中央对司法体制改革的大方向始终未变。中共十六大、十七大一直遵循十五大确定的改革方向，十八大则进一步提出新的“深化司法体制改革”之目标。总书记习近平强调“宪法至上”“依法治国首先是依宪治国”的理念令人振奋。在十八大进一步深化改革精神指引下，我国司法体制改革应该能够向前推进一步，一步不行半步也好。

（五）司法体制改革的价值取向

公平与效率，是任何社会发展必须解决的课题，中国也不例外，司法体制改革更不例外。所以，任何司法体制改革目标模式及体制设计都应有其明确的价值趋向。

对此，有学者指出，目前进行的司法体制改革应以追求公平为目标，同时兼顾效率的提高，节约司法资源。在司法体制设计时应首先考虑的是公平。为了保证公平，有时可能就要适当牺牲效率。特别是在和平年代，在中国法制建设的起初阶段，更应如此，才能取信于民，建立起法律的权威，最终有利于建成法制社会。我们司法目的是为了追求公平还是追求效率，是为了维护社会正义还是为了完成某项任务，应该不至于产生疑问或本末倒置。人们对社会正义的价值追求不应被忽视，只有人们感到社会是正义的、公平的，才能从根本上维护稳定，维护国家的长治久安。如果人们感到社会不公，不能信任法律，有矛盾纠纷不寻求法律解决的途径，那么社会的稳定从根本上难以维持，这也是对社会相当大的破坏力量。所以说，从体制上追求维护社会公平的价值趋向，是保持社会稳定、持续健康高速发展的最低成本、最佳途径。

（六）新一轮司法体制改革前瞻

随着十八大报告关于“深化司法体制改革”的新部署，新一轮司法体制改革已蓄势待发。对此，有学者指出，新一轮司法体制改革应当着力把握以下几个关键词：一是“全面”。深化司法体制改革不是单兵突进，不能单打独斗，应当把它放在全面建成小康社会、加强“五位一体”建设和全面推进依法治国、加快建设社会主义法治国家的时代背景下来把握，放在未来中国政治体制改革和法治系统建设的整体制度条件下来展开，否则就难以“深入”和“推进”。二是“司法体制”。新一轮司法改革的重点既不是司法机制、司法工作机制、司法工作方法的改革，也不是泛泛而论的一般司法改革，而是以司法体制作为改革的对象和着力点。所谓司法体制，主要就是有关司法职能和司法活动的各种制度安排、权力配置、相互关系和程序设计，是司法权力运行规范化、制度化、法律化的制度载体。三是“深化”。新一轮司法体制改革应当由浅入深，切实在“深化”上下功夫，敢于涉足司法体制的深水区、敏感区，善于突破司法体制的所谓“禁区”，以大无畏的改革创新精神和实事求是的科学态度，在政治体制改革进程中切实解决那些制约和束缚依法独立行使审判权和检察权的体制问题。四是“法治思维”。深化司法体制改革要始终坚持依法治国方略和依宪执政原则，坚持法治思维和法治取向，坚持司法的法律属性和基本规律，警惕以人治取代法治、以德治弱化法治和以政治否定法治等违背政治文明发展规律的苗头。

有学者认为，新一轮司法体制改革应：其一，进一步协调好司法体制改革的若干外部关系。其二，进一步优化司法职权配置与完善人权保障制度。

其三，进一步加强对司法权的监督制约机制从而提升司法公信力。其四，进一步健全化解矛盾的工作机制从而提高司法机关在社会管理创新中的法治保障能力和水平。其五，进一步健全司法机关的组织体系和管理制度。其六，进一步完善司法经费保障机制。

还有学者认为，贯彻党的十八大精神，继续深化司法改革，必须站在全局和战略的高度，以法治的思维方式，进行更加理性的分析和研究，推动改革达到预期目的和效果。对此，应首先厘清：司法体制改革和政治体制改革的关系；司法体制改革和工作机制改革的关系；司法体制改革和民众司法需求的关系。其次，对于新一轮的司法体制改革，应做好以下几个方面：通过依法独立行使审判权推动法治国家建设；通过基础调研强化司法体制改革的理论支持；通过司法衡平引导良性利益博弈机制建设；通过统一法律方法提升司法公信力建设。

二　司法独立与司法改革

（一）中国语境下的“司法独立”

有学者指出，目前，有些人认为“司法独立”是一个错误的观念，对此应予以否定。司法独立是现代宪政的一项重要原则与制度。现在对当代中国司法独立的理论和实践，中外学术界和法律实务界正予以特别的关注。为“司法独立”正名与脱敏，是其中一个需要认真对待和解决的问题。

“司法独立”一词，在我党我国的立宪史和重要文献中早已接受和使用。例如：1954 年宪法的规定是“人民法院独立行使审判权，只服从法律”，最准确而又清晰地表达了“司法独立”的理念和原则。新中国成立以来，党中央的主要领导人都对司法独立的原则和制度予以充分肯定和高度重视。实际上，反对“司法独立”的，只是党内极个别的领导。在我国，司法机关办案只服从法律。这与党在政治上思想上对司法工作进行领导、各级人大对司法工作是否严格依法办案进行监督，并不矛盾。完全用不着也不应当否定“司法独立”这一原则本身。在我国，宪法和法律是党领导人民制定的，在一定意义和程度上，宪法和法律是党的路线、方针、政策的具体化和条文化、是党的主张和人民意志的统一。司法机关独立行使职权，排除来自任何方面的干涉和干扰，以维护宪法和法律的崇高权威，就是最好地维护党的领导，能最有力地保证党的领导的实现。在我国，要切实实现“司法独立”这一原则和制度，必须对司法体制和机制作出深入的改革，其中尤以体制的改革最具有关键性意义。

（二）司法独立与党的领导

针对司法独立与党的领导的关系，有学者认为，在我们国家，各方面的原因决定了司法独立是党领导之下的司法独立，是人民代表大会制度下的司法独立，而重中之重则是要理顺党的领导与司法独立之间的关系。妥善处理党的领导和司法独立之间的关系，需要把握好一个基本的原则，即既要认识到司法需要也离不开党的领导，也要认识到党的领导也应当适可而止，不能够超越相应的限度，干扰司法活动的基本规律。因此，探索科学合理的领导方式是实现党的领导与司法独立相统一的核心任务。

对此，1979 年中发 64 号文件《关于坚决保障刑法、刑事诉讼法切实实施的指示》早在 30 多年前就曾经作出过阐释，“今后，加强党对司法工作的领导，最重要的一条，就是切实保证法律的实施，充分发挥司法机关的作用，切实保证人民检察院独立行使检察权，人民法院独立行使审判权……党委和司法机关各有专责，不能互相代替，不应互相混淆。为此，中央决定取消各级党委审批案件的制度。……党对司法工作的领导，主要是方针、政策的领导。各级党委要坚决改变过去那种以党代政、以言代法，不按法律规定办事，包揽司法行政事务的习惯和作法”。

在司法工作中，衡量党的领导的标准就是依法办案。司法机关严格依照法律办案，就是坚持党的领导。这是因为法律在我国是人民意志的体现，同样是党的意志的体现。法律的制定是在党领导下完成的，是党的政策的制度化、规范化的体现。所以，司法机关不要按照某一个党委、哪一个书记的指示办案。依据事实和法律依法办案，就是体现党的领导。法律滞后了，和司法机关没有关系，是立法机关应当关注的事。党应该领导立法机关及时修改法律。

还有学者认为，人们在对待审判独立的问题上，存有疑虑的是，推进和实行审判独立是否会影响党对司法的领导。在现有基本政治架构之下，党对司法的领导是必需的，但党对司法的领导应当是间接领导而非直接领导。间接领导主要是通过制定法律来加以实现。党的领导意志通过法律加以体现，相应的法律制度和程序规范的实施也就实现了党领导司法的意志。无论是实体法，还是程序法都能够充分地体现执政党的意志。另外，在现存的政治架构中，司法高层的人事安排也将体现好贯彻党对司法的领导。

执政党没有必要直接对司法审判活动进行干预，直接干预最终都可能是个人干预，是个人意志的体现，无法真正实现执政党对司法的领导，反而降低党的领导权威。这一点已经为我国的司法实践所证实。只要保证了所有的法律都能够体现党的意志，党对国家的领导地位，对司法的领导都是不可能动摇的，因此上述疑虑是没有必要的。相反，如果实现审判独立，则因为能够更好地实施法律，必将使得党的意志能够得到落实，恰恰对党领导国家、人民是最为有力的。

（三）政法委的职能转变

在司法工作中，党的领导的重要表现形式便是政法委对司法工作的领导。但是，让政法委协调具体案件显然违背了司法独立的原则，更不能代表党的领导。人民法院、人民检察院依法独立行使审判权、检察权的宪法条文也将成为空谈。

对此，有学者指出，政法委什么时候会协调案件？只有当这个案件有不同意见的时候才需要协调。如果说公检法三家认识都一致，政法委还会协调吗？不用协调了，只是向书记报告一下就好了。三家意见不一致的时候很可能就是冤假错案发生的时候，如赵作海案件。因此，要完善政法委对司法工作的领导，就要停止政法委协调案件制度。停止政法委协调案件制度，绝不意味着不要党的领导了。这不是一个不要政法委领导的问题，而是一个党怎么样领导司法工作的问题，这是一个方法论的问题。要想从根本上解决这个问题，有两个选择方案。第一个方案是改革地方政法委体制。中央政法委负责领导整个国家政法工作的展开，而地方治理部门、地方各级政法机关内部的党组织都在贯彻党的意图。在这种情况下，地方政法委存在的必要性值得再思考。第二个方案是要改变司法区划和行政区划完全合一的做法。现在，司法区划和行政区划合一的做法也导致了司法不独立和司法严重地方化的现象。这个改革方案动作也比较大，但这是从根本上废止政法委协调案件的一个比较有利的方法。因此，改革政法委对司法的领导方式，不仅有利于司法独立，而且有利于从根本上解决司法的地方化问题。

有学者认为，在新的形势下，政法委要重新定位自己的职能。政法委要把依法执政作为根本指导思想，把维护宪法法律的最高权威作为基本职能。首先，要维护司法独立，实行党法分开，地方政法委书记不能兼任公检法机关的领导职务。政法委对司法个案应该坚持不协调、不批示、不提处理意见，禁止地方党委干预个案，对干预司法个案的领导干部要给予纪律追究。其次，将政法委的职能定位于深化司法体制改革，完善司法制度，把制度建设和队伍建设作为工作重心。政法委要坚持司法独立原则，尊重司法规律和法官的职业尊严。要实现法官独立判案制和判决公开制，让公正的法官得以彰显，不公正的法官得以暴露。客观界定法官的责任边界，改变评价标准政治化、问责机制行政化的现状，让内行评判内行。应该明确，对那些经过二审的案件，只要一审的程序公正、法官没有徇私枉法，即使被上级法院改判，也不能一概追究一审法官的责任。不要搞企业式、指标化的评价机制，不能把法官当做生产线上的操作工。政法委要抓好司法队伍职业化建设。在司法队伍建设当中，一要提高法官素质，二要提高法官地位，三要提高法官的职业责任感和道德规范，全面实现法官精英化。政法委要保障各级司法机关活动的独立性。上级机关对下级机关的个案指导、下级机关对上级机关的个案请示都要有严格的程序，包括专门的文书和记录。建立独立的上诉法院体系，建立最高人民法院大区分院。

还有学者认为，关于政法委，主要是使其正确发挥作用。这包括三个方面的内容。其一，要科学配置政法委职权，有所为有所不为。比如政法委是否要领导和干预劳动教养等问题，就值得讨论。政法委书记这个职位与政法委这个机构，两者的权力不能混同。其二，要避免以党代政。比如综合治理等工作，本来是政府的职责，但实际上变成了政法委的工作，由党来行使政府应该行使的权力，这应该谨慎。其三，政法委不应干涉个案。这个问题在胡耀邦任总书记的时候，曾经有中央文件明确规定。

（四）依法独立行使审判权

在我国，法治的滞后根本原因还不是法律制定的滞后，而是司法的滞后，司法的滞后导致法律的彻底虚无。司法的滞后除了制度建设滞后、司法知识、经验积累不够等原因之外，其中一个最重要的原因是司法体制方面的原因，是司法体制的滞后导致了司法滞后，而司法体制中的主要痼疾是没能够实现和保障司法机关审判权的独立行使。

对此，有学者认为，审判独立的充分实现是一个复杂的系统工程。要完成这一工程需要根据我国的现实情形分阶段进行。

第一阶段，在组织纪律上保障审判独立。基于目前党政一体化的现实，我们有必要，也必须从组织纪律上明确审判独立。没有组织纪律上的保障，任何措施都可能是摆设而已。这种改革措施虽然不是正式的制度安排，但却是现实可行的。组织纪律方面，应当明确任何人不得利用职权对审判进行干预，禁止任何机构和个人（主要是各级领导人）以任何方式，以任何理由直接或间接地干预审判活动。任何司法救济活动只能通过法律程序实现。地方党政一把手应当做出表率。在党的组织纪律上要做出明确规定，违者将给予组织处分。

第二阶段，司法机关在人事和财政方面脱离地方，仅保留地方人大对司法机关法官及司法机关负责人的人事的决定权。要做到真正、充分的审判独立，必须在人事和财政两个方面脱离地方权力部门的控制。司法不能脱离于地方，地方司法必然听命和受制于地方各个权力机构和掌握权力的个人，干预是必然发生的。在财政方面，司法机关的财政应当单列，而不是放入地方财政的大盘子中，由地方政府分配。

第三个阶段，实现法官独立。要做到审判独立，法官的独立是最根本的。没有法官独立，便不可能有审判独立。因此，改变现存的观念以及制度上进行改革是非常有必要的。法官独立的制度保障主要是法官身份保障。这涉及法官体制和制度的改革。鉴于法官在司法中的特殊地位，因此不能将法官作为一般公务员加以对待。法院内部也要逐步实现非行政化，避免外界借助法院的行政化干预审判。

在我国，影响人民法院依法独立行使审判权的一个重要弊端便是法院工作的“行政化”。在新一轮的司法体制改革中，法院工作行政化将依然是改革的主要对象。对此，有学者指出，法院一向是按照公务员的制度运作，但公务员制度和法院制度有一个很本质的区别。在行政权力方面，是下级服从上级；而在审判工作方面，不能够提下级服从上级，应该是只服从法律、只按照法律来办。法院制度很大的一个缺陷就是，法院所管的事务不仅有审判工作，而且有许多行政工作，诸如法院院长的提升、法官的提升和培养、宣传等等。我国不像世界上大多数国家那样，司法行政工作是由司法部或者其他国家机关去管。法院的行政化、地方化和官僚化问题这需要很好地解决。

为彻底祛除司法制度中的行政化，有学者认为，应主要推动三项措施：其一，把法官从公务员队伍中分离出来并实行单独序列管理。这看起来是法官管理制度中的一个技术问题，但在中国特色的干部管理制度之下，这是祛除法院工作行政化的一个基础问题。虽然法官是国家公务人员的组成部分，但其选任、管理、职责、履行职责的方式都与普通公务员有根本区别。在“党管干部”这一政治原则之下，如果法官管理混同于普通公务员管理，消除行政化则不可能真正实现。其二，精简合并法院内的行政机构，突出提高审判机构的地位。目前一个法院内的行政管理机构和人员与审判机构和法官“平起平坐”，甚至行政人员的地位显得更加重要，实属轻重不分。笔者结合其他国家的经验提出一个大胆的设想：将法院内部的行政序列与审判序列彻底分离，在最高人民法院设法院事务管理总局，在各高级和中级法院垂直下设分局、办公室。总局对地方事务采取划片分类管理。行政事务管理总局局长由最高人民法院一名副职院长担任，专门管理法院系统的行政事务；地方法院的分局、办公室分别管理本地区的法院行政事务。行政管理系统（序列）不参与案件审判事务，从而形成一个与法院审判系统并行、为审判服务的自上而下的行政系统，把法院内设的行政机构真正变成一个服务和保障部门，凸显出法院审判工作的主体性和重要性。其三，探索“一个合议庭就是一个审判庭”的审判组织模式。最高人民法院早在“二五改革纲要”等多个重要文件中就曾重复强调，重大复杂疑难案件可以由院长、审委会委员或庭长担任审判长审理，并探索“一个合议庭就是一个审判庭”的制度。对于一个具体案件而言，实行“一个合议庭就是一个审判庭”之后，案件的审判权由合议庭独立行使，合议庭的审判长就是审判庭的庭长。这一机制在日本、韩国以及我国台湾地区均有成功的实践。

三　司法公开与司法改革

（一）司法公开存在的问题

有学者指出，当前我国司法公开中仍存在不少问题：其一，司法公开工具主义盛行。尽管司法公开的重要性和价值得到了普遍的认可，但对于实务界而言，司法公开是上层司法机关掀起的一场运动，而未将司法公开作为司法工作的本质要求而加以常态化和制度化。还有的认为司法公开增加了工作量，给司法工作带来了麻烦。司法公开在许多地方流于形式，公开范围有限、公开内容避重就轻。其二，司法公开地域发展不平衡。各地法院司法公开发展不平衡的问题十分突出：一些法院的网站建设和透明化程度非常高，有些做法甚至领先于国际司法公开的水准；也有相当一部分法院的司法公开工作仍处于应付状态，无网站、网站运行较差、有栏目而无内容等现象不同程度存在。其三，司法公开打上了“宣传”烙印。普遍存在重“宣传”、轻“公开”的现象，网站演变成为“秀领导”“秀文化”“秀先进”“秀风貌”的舞台。其四，财政信息公开是司法透明的短板。其五，司法统计数据公开不到位。

还有学者指出，现在存在两个层次的司法，一个是大家看得见的司法诉讼的过程，一个是大家看不见的、幕后的暗箱操作。在暗箱操作当中，有一些是不可告人的或者不方便告人的，比如说领导批示；还有一些纯粹是由于司法官僚制度中的神秘化产生的问题，背后非常重要的一个原因就是政治上的官僚制和司法中的官僚制。所谓的司法官僚制都有一个共同的特点，只向给他官做的人负责，而不向人民负责。我国确立的法官是一个等级制的法官，这造成他们最大的愿望是一层一层走仕途、爬台阶，他们最大的兴趣点是自己是不是在所谓的仕途上取得了进步，上了一层台阶。这就会产生法官不会对民众负责，而对给他官做的人负责，看提拔他的人的脸色行事。这种官僚政治的生态和司法的生态造成了权力对司法的非正常干预。这种影响又是不可以外在张扬的，从而产生了内部的司法操作，也即所谓的暗箱操作。

（二）司法公开的重要意义

司法公开是我国宪法的一项基本原则，推进司法公开是近年来司法改革的重点之一。党的十八大报告提出：“推进权力运行公开化、规范化，完善党务公开、政务公开、司法公开和各领域办事公开制度”，“让人民监督权力，让权力在阳光下运行”，从公开的角度对规范权力运作、保障权力有效运行提出了明确要求。

有学者认为，司法公开是法院工作的“牛鼻子”工程，也是当前司法改革的核心内容之一，其重要意义在于：其一，强化司法公开，是推进司法权规范运行、法律得到有效实施的重要保证。阳光是最好的“防腐剂”，实行司法公开，将司法信息通过便捷的方式向全社会公布，有利于解决监督者与被监督者的信息不对称问题，充分调动广大法官接受监督的主动性、自觉性，防止“暗箱操作”，推进权力运行程序化和公开透明，建立科学的权力运行机制，最大限度地减少和杜绝司法工作的随意性，确保权力正确行使，从源头上预防腐败现象的发生，实现司法的公正、公平。其二，强化司法公开，是提升司法公信力的有效举措。党的十八大将“司法公信力不断提高”作为全面建成小康社会和全面深化改革开放的一项新要求，提升司法公信和权威是司法改革目标的应有之义。作为一项司法原则，坚持司法公开有其深刻的理论意义和实践意义。一方面，公开能够促进公正，公正能够促进公信，公信又能够促进权威；另一方面，人民群众对司法的要求和期待，主要来自对司法过程和裁判结果的关注。强化司法公开，使审判与执行的每个环节尽可能的透明，让老百姓打一场公开、明白、受尊重、有尊严的官司，以让人民群众看得见的方式感受司法公正，是树立人民法院公信力的有效举措。其三，强化司法公开，是加强司法能力建设的有效途径。司法改革的深入推进有赖于法官司法能力的不断提升，而司法公开是加强司法能力建设的有效途径。一方面，从管理层面讲，司法公开对法院的工作能起到一种“倒逼”的作用，可以促使法院做好各项审判执行工作；对法官而言，司法公开也能产生制约、激励作用，迫使法官全神贯注地关注当事人的诉请与陈述、认真分析论证每一个证据，在裁判文书制作过程中真正做到释法析理，明辨是非，不会担心裁判文书在网上公开，让社会公众评价，裁判文书上网是展现法官司法能力和司法智慧的平台，反映当代法官的法律素养。另一方面，司法公开有利于密切法院审判组织与法官的关系，营造审判权、执行权内部阳光运作的良好氛围，使法官更好地了解和参与法院管理，最大限度凝聚各方面智慧和力量，提高人民法院科学管理的水平。其四，强化司法公开，是法院信息化、现代化建设的强大动力。当今世界，科技已成为支撑、引领经济发展和人类进步的主要动力，也是法院破解工作难题、加强自身建设的重要手段。当前的司法改革也必须紧紧依托现代信息技术进行现代化的改革，而实行司法公开，能有力地推动法院基础建设信息化、现代化进程，并最终有利于司法高效价值的实现。

还有学者认为，司法公开包括司法过程和司法结果的公开透明，具体是指，除涉及国家秘密、有关当事人商业秘密或者个人隐私以及可能影响法院正常审判秩序的事项外，法院的各项审判活动以及与审判活动有关的各类信息，均应向案件当事人和社会公众公开。司法公开是司法改革进行到一定阶段的产物，也是进一步深化司法改革的必要条件。司法透明对于司法改革的意义在于防止司法腐败、维护司法权威、提升司法水平和保障公民的知情权。首先，司法透明是将司法权“曝晒在阳光”下，有助于有效监督司法，避免“暗箱操作”，预防司法腐败，最终实现司法正义。其次，司法透明是以公众看得见的方式实现司法正义，公众对于亲眼所见的司法过程和司法结果接受起来更容易，增强公众对司法的信任感，提高司法公信力，从而维护司法权威。再次，司法透明通过将审判暴露在聚光灯下，督促法官谨慎行使司法权，审慎对待司法参与人的意见，从而提升司法水平。最后，司法透明有助于保障公民知情权，使司法贴近人民，进而落实公民的参与权和监督权。

（三）司法公开的改革路径

针对司法公开中存在的问题，有学者认为，要进一步推动司法公开，提升司法透明度，必须加强以下几个方面的工作：

第一，提升理念，将司法公开上升到司法改革的高度。权力在暗箱中操作必然会为谋私利留下空间，司法公开就是将司法机关的权限空间和行使程序进行公开，置于公众的监督之下，对于司法机关而言是一场自我革命。理念是行动的先导，只有树立正确的司法公开理念，才能真正推动和进行司法公开。因此，要推进司法公开，必须提升司法公开理念，将司法公开上升到司法系统自我革命的高度，认识到司法公开本身所具有的制度意义。

第二，不断加快司法透明的法制化进程。推动司法透明必须加快相关立法进程。司法透明方面虽然可以找到宪法及诉讼法等方面的依据，但是具体的操作性依据欠缺，当前主要依靠最高院以司法解释、内部文件的形式加以推动，随意性强，缺乏系统性。为此，我国未来必须加快信息公开立法进程，为司法公开提供法律依据。

第三，改革司法体制，实现司法权与司法管理权的分离。在司法机关内部，司法审判权应该由法官行使，而辅助工作和一些行政事务则由行政辅助人员处理，属于行政权，但是目前我国并没有将二者严格区分开来，而笼统称之为司法权。如果我国司法机关将司法管理权与司法权进行分离，由司法服务部门负责司法公开，则既可以解决法律适用的问题，又能将法官从该项业务中解放出来，全身心投入司法审判工作中去，并且还可以避免司法公开的主动性与司法权的中立性之间的矛盾。

第四，要处理好司法公开与保密、隐私权保护以及司法独立的关系。首先，司法公开要防止泄露审判秘密，如国家秘密、商业秘密以及不宜公开的审判工作信息等。其次，司法公开过程要注意隐私权的保护，不但要保护法官等司法工作人员的私人信息，还要尊重诉讼当事人的个人隐私。再次，司法公开不能妨碍审判独立。新闻媒体旁听甚至拍摄庭审情况是司法公开的一项内容，也是一种常见的舆论监督形式，但是需要在细节上进行制度完善，否则会干扰法官审判案件，尤其是在形成判决之前，容易形成“媒体审判”，从而损害审判的独立性。

第五，改革现行司法财政体制，促进全方位公开。目前，司法机关极少公开法官及司法人员的薪酬报告、经费预算与使用情况方面的信息，司法财政信息不透明成为司法公开的短板。司法不透明与现行的司法体制不无关系。现行体制下，法院与其他行政机关一样，其预算向本级政府归拢，由财政部门统一拨付。司法机关在向人大做年度报告时，也只报告事权，不报告财权，这种体制与宪法规定的人大领导下的“一府两院”体制不相符合。司法公开应该是全方位的公开，不仅包括人员和事项的公开，也包括财政信息的公开，为此必须改革现行的司法财政体制，建立独立的司法预算体制。

第六，网站建设改分散建设模式为集中建设模式。目前，在司法公开与电子政务浪潮的推动下，各地司法机关大力加强司法公开网络平台建设，很多地方建立了省、市、县（区）三级法院网站，甚至提出一院一网站的目标。这种分散建设模式造成资源浪费，由于法院的工作相对单一，并且适用统一的诉讼程序，再加上一些专项的网站由最高人民法院统一建设，因此，许多基层乃至中级法院都没有必要单独建设网站。因此，网站建设应考虑采取集约化建设模式，既节省信息化资源，又保证信息发布的统一协调，方便公众查询本省法院的信息。

第七，完善司法公开目录。法院在公开司法信息的时候应该对之进行整合和分类，建立清晰的司法公开目录，否则，即使公开了相关信息，但是由于未加以系统化，公众很难查到，也会降低司法透明度。

（四）裁判文书公开方式的改革

充分利用网络这种经济而又高效的方式实施司法公开，是我国司法界和学术界早已形成的共识。最高人民法院也早已明文规定了立案公开、庭审公开、执行公开、听证公开、文书公开、审务公开。各级法院也都建立了各自的网站，以便用网络形式落实上述各项公开制度。但是，概括地说，目前法院在利用网络实施司法公开方面是流于形式，或者说是有形无实。

有学者指出，以裁判文书公开为例。现在法院的确把某些判决书公开在网络上，但是他们是有选择的公开，即不是所有裁判文书全部公开，不是所有的案件都公开，甚至不是多数裁判文书公开，只是选择少数几个公开。裁判文书公开的目的既是要让人民看那些判得公正正确的文书，更是要让人们有可能看到那些判决有问题的文书，让大家评判，让大家监督，让法官不敢枉法，不敢懈怠，必须慎重对待他在裁判文书上写的每一个字。这才是裁判文书公开的真正目的。把几个判得比较好的、没有争议的东西放上去，而把有问题的判决文书藏起来、紧锁起来，这是欺骗党，欺骗人民的做法！

有学者认为，裁判文书公开必须是无例外的公开。各级法院的所有裁判文书都必须一个不藏地全部公开，不允许有例外，否则就视同没有公开。此外，法院公开裁判文书时，要同时公开刑事案件中被告人的律师辩护词或民事案件中当事人的律师代理词。一审判决书公开的时候，还一定要同时公开一审当事人的上诉书。人们对照法官的判决和双方当事人的意见，就能彻底明白这个案件判决得是否合法，是否正确。一看就知道法官的水平如何，有没有玩猫腻，有没有枉法裁判。法院公开裁判文书就是要让人们能把案件的案情和审理看得清清楚楚，把案件所涉问题的是非曲直搞明白，如同上诉审法官那样，把案件的各方意见都看完，才能得出正确的结论，才能作出维持原判或推翻原判的结论。法院公开裁判文书的目的就是要人民群众对此案当一次再审法官，让历史做一次再审法官。

也有学者指出，法院为什么没有把上诉书、抗辩书、代理词也公开？其一，这本来是不需要法院公开的问题，作为律师、检察官，公开自己的代理词、辩护词这是没有问题的，不存在保密的问题。其二，即使是公开了代理词、上诉书这些文书，仍然不足以构成公众评判案件的充分信息。即使公开了这些，公众可以进一步追问，开庭怎么开的，证据怎么认定的？如果把这些东西都要公开，那么追求的是什么？可能追求的是让公众监督司法。公众监督司法这个提法是对的，但这是一个政治意义上的提法，而不是一个司法意义上的提法，因为诉讼法没有这个程序。如果把这个进一步引导的话，就会陷入一个更加危险的境地，舆论审判、公众审判。如果想让这个发挥诉讼程序内的作用，让它来评价法官、评价判决，作为个案，这不用反对，但是作为一个制度或者说普遍现象推广的话，这是非常危险的。到底应该怎样看待司法公开？司法公开的意义是想在诉讼程序之外另造一个监督机制来促进司法公正，还是其他的？对待司法问题必须有一个基本点，就是在诉讼程序内解决诉讼问题。任何想把司法问题带到诉讼程序之外的任何做法，都是危险的，包括通过网上公开的监督。从这一点上来讲，公开到什么程度，并不是一个能够解决我们司法公正的一个措施，或者说司法公开的意义是什么？如果说司法公开一定能够保证司法公正的话，一审二审当中的律师制度、辩护制度、庭审质证制度的作用是什么？司法公开能不能对诉讼程序起到补充意义上的监督作用，是值得怀疑的。司法公开的主要意义是司法作风问题，而不是一个具体的诉讼程序问题。前提是法院履行了法定的公开义务之后就结束了，而在这个义务完成之后，不应该再有过多的延伸。

四　深化司法体制改革的突破口

（一）法院、检察院改革的突破口

有学者认为，以前讲司法改革，都过多地纠缠于权力的配置，一说到司法体制改革就是分权。过多地关注权力问题，不利于司法体制改革的推进，也不能起到很好的效果。相比而言，以下几个方面的问题更值得研究。

第一，法院、检察院内设机构的设置问题。内设机构的设置涉及人事的安排，涉及领导干部的待遇、职务、职级。如果在内设机构上进行大规模改革，还必然涉及对人事部门和组织部门的协调。

第二，法院、检察院内部的职权配置问题。研究司法改革的时候都研究权力配置。实现权力配置要通过法律的授权，可以说，这一步由于刑事诉讼法、民事诉讼法的修改已经基本上告一段落了。所以，不应该过多关注法律授权性的权力配置，而是应该关注权力在内部的分担和运作。内部机制也涉及体制的问题，检察长、部门负责人和承担案件的检察官各有各自的职权，法院的院长、审判庭庭长和主办法官之间也是这样。这看着是一个很小的问题，但可以以此为突破，在法官和检察官到底应该有什么权力上下功夫，实现审判独立。

第三，认真研究法院、检察院的人事制度改革问题。中央这几轮司法改革都提出要建立单独的职务序列，实行单独的管理，但现在看来仍然没有突破。怎么样才能让法官、检察官挣脱行政级别的藩篱，让他们的职级设计和待遇不要和行政挂钩？在这方面的改革仅靠法院、检察院是做不到的。怎么才能让法官、检察官在办案的同时仅凭自己的专业知识和职业荣誉感就能获得相应的资源供给和保障。希望学术界、实务界认真研究人事制度改革的问题。如果在这方面有所突破，实现法官、检察官的专业化就会有保障。

第四，认真研究法院、检察院上下级之间的关系。法院上下级之间是监督关系，检察院上下级之间是领导关系。事实上，上下级之间的关系涉及人事上的关系、财政上的关系和事权上的关系。要理顺这些关系，涉及重大的国家体制问题，因为我国各级法院、检察院都是依附于各级人大，并由各级党委领导。

（二）废除劳动教养制度

为什么说劳动教养制度已经到了非改革不可的时候？有学者指出，首先，是因为它无法适应已经发生巨大变化的社会形势。劳动教养的历史原型是新中国建立后，我们接管城市并对游民、妓女进行清理、改造和安置而组织的生产教养的治理经验，在随后的内部“肃反运动”中被重新提出。如果说在过去法制不健全的年代，相比起定罪判刑这类严重的后果，劳动教养的问题尚不突出，那么在如今国家法治建设已经进入新的时代，刑法、刑事诉讼法和监狱法都日趋完善并不断加大人权保障的力度的情况下，再让劳动教养制度这样一种“灵活”“开放”“好用”的制度继续游离于旨在把公权力锁在笼子里的法治精神之外，显然已严重不合时宜。其次，是在立法上存在重大欠缺。2000 年颁布实施的立法法明确规定：对限制和剥夺人身自由的强制措施和处罚，只能由全国人大及其常委会通过制定法律来规定。劳动教养无疑属于剥夺人身自由的处罚，但它的最高位阶法律只是 1957 年《国务院关于劳动教养问题的决定》和 1979 年《国务院关于劳动教养问题的补充规定》，因此不符合立法法的要求。况且立法法还特别禁止对限制和剥夺人身自由的强制措施和处罚的授权立法，也就是说，全国人大常委会不可以授权国务院就限制人身自由的强制措施和处罚进行立法。再次，就是在认定和执行中存在很大的随意性。目前，各省、自治区、直辖市和大中城市的劳动教养管理委员会，作为法定的劳动教养工作的领导和管理机构，是由民政、公安、劳动部门负责人兼职组成，并未设置专职的负责人。其主要法定权限有两项：一是审查批准收容劳动教养人员；一是批准提前解除劳动教养和延长或减少劳动教养期限。而这两项职权长期以来实际上分别由公安部门和司法行政部门以劳动教养管理委员会的名义行使。这样一种机制使劳动教养在实践中难免带有随意性。最后，劳动教养的法律性质与其实际严厉程度极其不相适应。劳动教养的适用对象主要是有轻微违法犯罪行为，不够刑事处分的人。但从劳动教养的期限以及剥夺被劳动教养人员的人身自由程度看，却比适用犯罪人的管制和拘役这两种刑罚还要严厉，甚至严厉得多。

关于劳动教养制度的改革，有学者认为，中国的劳教制度应当“向死而生”，从名称到内容、从实体到程序，予以全面改革。首先，是改名称。“劳动教养”是一个恶名，名声不好，必须改，所谓名不正则言不顺。建议把“劳动教养”改名为“教育矫治”。其次，是分流劳动教养的对象，将一部分纳入治安处罚范围，一部分纳入刑事处罚范围。再次，是对劳动教养程序予以司法化改造。笔者建议在刑事诉讼特别程序中设置“教育矫治程序”。规定公安机关认为符合教育矫治条件的，应当写出教育矫治意见书，移送人民检察院。人民检察院经审查认为符合教育矫治条件的，应当向人民法院提出教育矫治的申请。由人民法院作出教育矫治的决定。同时，应当规定人民法院受理教育矫治的申请后，应当开庭进行审理。被申请教育矫治人及其亲属有委托辩护人的权利；没有辩护人的，人民法院应当通知法律援助机构指派律师为其提供法律帮助。对决定不服的，可以向上一级人民法院申请复议。人民检察院对教育矫治的决定和执行实行监督。

有学者认为，从长远看，应当实现刑法与治安处罚法的衔接，而把现行的劳动教养制度改造成为保安处分制度。还有学者认为，劳教制度必须废除，这是原则。剥夺公民人身自由的权力交给司法机关，是世界潮流，是法治底线，是所有民众的共识。作为一种衔接，废除劳教后，以《违法行为教育矫治法》取而代之。

（三）法官培养制度

为什么选择法官制度改革或者法官培养制度作为突破口？有学者指出，正义的质量取决于法官的素质，这是在世界范围内普遍接受的一种理论。现在来看，法官的地位或者法官的素质从原发性的宪法的框架的设计，或者司法制度设计来讲，法官应该是一个制度性的独立和制度性的高素质才是原发的目的。如果不够高素质，就到不了法官的岗位上。在具体的改革措施方面，无论是采取原发性还是采取渐进式的，很多提高法官素质的措施都是必须要采取的。其一，大学法学教育的改革，需要满足实务部门的需求。其二，法律职业研修制度的建立。其三，是法律职业共同体的建立。特别是第二个问题，是目前法官培养制度改革当中最为重要的一个问题。现在的法官能够成为法官，首先或者最主要的一个条件是通过司法考试，因为通过司法考试是进入司法领域的一个龙门。实际上在中国并不是这样，不仅仅在中国的现实当中不是这样，从理性上来讲，也未必就应当这样。通过了一个一次性的考试，四门考试通过，就过去了。过去之后立刻就进入了一个广阔的天地，一个享受很好的尊容、地位甚至待遇，独立性很强的这么一个群体。是不是真正有它的正当性？或者这个正当性足不足？从现在大陆法系国家的经验来看，一段时间的职业研修才是真正法律人要跳的龙门。在国外，包括日本、韩国，他们的职业研修制度，就是通过考试进入法官学院，两年学习之后到法检任职。出来的时候，就完全脱胎换骨了，完全跳过了一个龙门。实际上，在我国，成为一名法官并不容易，要经过助理、书记员，经过三四年之后才可能被任命为法官，也是一个学徒式的培养方式。按说学到的也不见得比在司法研修院少，但是我们这两三年、三四年的时间是白过的。在制度上的消费是没有价值的，只是熬一个年资而已。所以建立职业研修制度，应该是法官培养制度的一个突破，是法律职业者的龙门。

（四）办案责任制

有学者认为，以推进办案责任制为突破口，逐步健全司法独立的工作机制和保障体制，是一条可供研究和选择的路径。2013 年全国政法工作会议提出，要在政法各单位内部落实法官、检察官、人民警察办案责任制。办案责任制是一种权力与责任对应设置的工作机制，也是一种在权力分配上有很大弹性的权责结合机制，可以是权力和责任都比较小的“小办案责任制”，也可以是权力和责任比较大的“中办案责任制”，还可以是代表法院或者检察院行使审判权或者检察权的“大办案责任制”。可以根据国家政治体制改革和司法改革的进程，由小办案责任制到中办案责任制，最后发展成大办案责任制，适时地推进，逐步打破法院和检察院内设机构，淡化行政管理色彩，确立、完善和巩固检察官、法官的独立地位，奠定司法独立的基础；同时，建立健全与司法独立配套的、保障与监督并重的机制和体制。这条司法改革道路目标明确，思路清晰，风险较小，可以避免走弯路、走回头路。

（五）个人申诉机制

有学者认为，司法体制改革应与国际机制相衔接。加强人权保障是司法改革的重要目标，没有哪个案件解释到最后不是人权案件。接受人权条约的个人申诉机制，至少可以提高司法公信力。如果当事人认为我国法院的判决不够公正，那就可以申诉。现在，有些案件的当事人不服法院的终审判决，一直在上访。在接受人权条约的个人申诉机制后，如果当事人申诉失败，这意味着我国法院确实处理得对；如果当事人申诉成功，我国应该履行人权条约机构的意见。为什么说意见呢？因为这是准司法，不是法院判决。人权条约机构的意见出来之后，国家可接受可不接受。但是，从实践来看，国家不接受的还是少数。因为如果国家不接受，将承担很大的道义压力。

依法治国，建设社会主义法治国家学术研讨会综述（1996年）

沧 麟*

1996年4月13—15日，中国社会科学院法学研究所召开了依法治国，建设社会主义法治国家学术研讨会。① 来自外省和北京的法学专家、学者以及有关中央国家机关的同志，共80余人（包括旁听者）参加了研讨会。在依法治国，建设社会主义法治国家这个主题下，会议着重研讨了四个问题：依法治国的概念及其意义；法治国家的特征、原则、目标与模式；依法治国与法律制度的改革；依法治国与法制观念的更新。现将研讨会的观点综述如下。

一 依法治国，建设社会主义法治国家的伟大意义

1996年2月8日，江泽民同志在《依法治国，保障国家长治久安》的重要讲话中指出："加强社会主义法制，依法治国，是邓小平同志建设有中国特色社会主义理论的重要组成部分，是我们党和政府管理国家事务的重要方针。实行和坚持依法治国，就是使国家各项工作逐步走上法制化和规范化；就是广大人民群众在党的领导下依照宪法和法律的规定，通过各种途径和形式参与管理国家，管理经济文化事业，管理社会事务；就是逐步实现社会主义民主的法制化、法律化。"与会者认为，我们党和国家对依法治国，

* 沧麟，中国社会科学院法学研究所研究人员。

① 该次研讨会收到的论文已集结出版。详见刘海年、李步云、李林主编：《依法治国 建设社会主义法治国家》，中国法制出版社，1996年。

建设社会主义法治国家的明确肯定，是我国社会主义法制建设新的里程碑，对我国民主与法律制度的发展具有重要的现实意义和深远的历史意义。这一重大方针的确立，具有以下重要性和必要性：

第一，依法治国是加强社会主义民主政治建设、实现人民当家做主的根本保证。学者们指出，我国是人民民主的社会主义国家，人民是国家的主人。切实保证并真正实现人民当家做主，就必须使民主制度化、法律化；就必须实行法治，依法治国，建设社会主义法治国家。这是宪法规定的“国家的一切权力属于人民”的必然要求，也是社会主义民主政治建设的应有之义。

第二，依法治国是培育社会主义市场经济、促进生产力发展的客观要求。社会主义市场经济是一种制度，既区别于传统的以僵化的计划经济体制为特征的社会主义，也区别于各种以市场经济体制为特征的资本主义。市场经济的内在属性，必然从客观上要求法律的规范、引导、保障、服务、制约和调控，要求建立健全与之相适应的法律体系、法律制度、法律秩序和法律观念，要求厉行法治，依法治国，建设社会主义法治国家。

第三，依法治国是推进精神文明建设、促进社会全面进步的内在要求。社会主义法律与道德、文化教育、科学技术等的发展密切相连，与中华民族精神文明的升华休戚相关。依法治国，既能够保障在实现物质文明的同时促进精神文明和社会的全面进步，又能够把精神文明的某些要求内化到法律中，赋予法律更加文明的精神内涵。

第四，依法治国是保证国家稳定、实现长治久安的关键所在。学者们指出，中外正反两方面的历史经验一再证明，保持国家稳定、实现长治久安最根本最靠得住的是实行法治。法律具有极大的权威性、规范的明确性、内容的稳定性、功能的多样性、效力的强制性和普遍性等特性。依法治国就是凭藉法律的这些特性，要求决策、立法、行政、司法等活动依照法律的规定进行，从而保证权力行使的有序化、合法化；要求公民和一切社会组织、企业事业单位在享有法律权利的同时，认真履行相应的法律义务。以此建立起来的法律秩序才是实现国家长治久安的根本保证。

总之，只有实行法治，依法治国，才能保证经济和社会的稳步协调发展，才能保证国家政治生活、经济生活和社会生活依法有序进行，才能有效地推进社会主义精神文明建设，健全社会主义民主政治，实现社会全面进步，保证国家长治久安。

二　有关依法治国的几个理论概念问题

学者们指出，讨论依法治国，建立社会主义法治国家，首先应对一些相关的词语予以界定，从理论上弄清与此命题相关的各个概念的基本含义。这是展开学术讨论的前提。研讨会涉及的主要理论概念问题如下：

第一，依法治国的概念。学者们大多认为，依法治国即法治，是指依照体现人民意志、反映社会发展规律的法律来治理国家；国家的政治、经济、社会的活动以及公民在各个领域的行为都应依照法律进行，而不受任何个人意志的干涉、阻碍和破坏；它的基本要求是：国家的立法机关依法立法，政府依法行政，司法机关依法独立行使职权，公民的权利和自由受法律的切实保护，国家机关的权力受法律严格控制。有人认为，依法治国是一个广泛的不断发展的概念，是指依法治理国家的思想、原则和制度的总称。也有人认为，依法治国包括四层含义：它是政治学家、法学家的一种理论；它是执政党和最高领导集团选择的一种建国治国方针；它是立法、执法、司法机关必须贯彻的根本指导原则；它是全国人民、举国上下的共同行为模式。

依法治国的内容很丰富，有学者将之概括为：其一，从本质上讲，依法治国就是实行法治，排除人治，实行大多数人决定国家事务的民主政治；其二，从结构形式上讲，依法治国就是通过法律构造国家机器，划分国家立法、行政、司法权力，界定国家机关的权力与责任、公民的权利与义务，确立个体与集体、个体与国家、集体与国家的合理关系，恰当分配各种社会利益；其三，从价值目标上讲，依法治国是指有效地规范国家和组织的权力，切实地保障公民的权利；其四，从规范效力上讲，法律是一个国家最高的行为规范，任何规范都不得与之相冲突或凌驾于其上；其五，从依法治国的主客体上讲，一切国家机关、政党组织、社会团体、企业事业单位、公民个人，都既是依法治国的主体，又是依法治国的客体，都兼具主客体的角色；其六，从外部形式上讲，依法治国的特征表现为平等性、公开性和程序性；其七，从实际操作上讲，依法治国的关键是能否建立严格执法的程序、体制和机制，保证法律得到切实的遵守，能否在全社会树立崇尚法律的普遍心理。

第二，邓小平的依法治国理论。江泽民在最近的讲话中指出："依法治国，是邓小平同志建设有中国特色社会主义理论的重要组成部分。”学者们认为，邓小平一向强调并重视依法治国。早在党的十一届三中全会前的中央工作会议上，他就指出：“为了保障人民民主，必须加强法制。必须使民主制度化、法律化……”后来，小平同志又多次阐述了他的依法治国的理论。概括起来主要有：其一，民主立国论。民主是法治的基础，法治是民主的保障，两者密不可分。邓小平提出的“没有民主就没有社会主义，就没有社会主义现代化”的观点，把民主同社会主义及其现代化直接结合起来，富有鲜明的时代特征。其二，法律权威论。依法治国的前提是树立法律的极大权威，严格依法办事。在国家生活范围内，法律的权威至上。正如小平同志指出的，“要通过改革处理好法治和人治的关系”，当领导人与法律发生矛盾时，法律至上。同时，“必须使民主制度化、法律化，使这种制度与法律不因领导人的改变而改变，不因领导人的看法和注意力的改变而改变”。其三，法制观念论。要“在全体人民中树立法制观念”，“要讲法制，真正使人人懂得法律”。其四，法律平等论。小平多次强调的，“我们要在全国坚决实行这样一些原则：有法必依，违法必究，执法必严，在法律面前人人平等”。其五，“两手”建国论。在社会主义现代化建设中，要“一手抓建设，一手抓法制”，两手都要硬。其六，党法关系论。对于作为执政党的共产党与国家法律的关系，小平同志一再强调要加强党的领导和改善党的领导。他说：“法律范围的问题应该由国家和政府管。党干预太多，不利于在全体人民中树立法制观念。”《中国共产党党章》亦有明确规定：党必须在宪法和法律范围内活动。由此可见，邓小平依法治国的思想是完整的，是我国实行和坚持依法治国的指导思想。

第三，法治的界定。法治就是法律的统治（或法律主治）已为与会者认同，但如何具体理解或从什么角度切入来理解它的构成和内涵，在论证上却见仁见智。

有学者认为，法治的内涵为：在法律规束住了国家权力和政府后而使权利在人和人之间得到合理配置的社会状态。在这种状态中，法治由精神、实体和形式三个要件构成。法治的精神要件包括：它是安排国家制度、确立法律与权力比值关系的观念力量；它是一种相对稳定的、为保持法的崇高地位而要求人们持有的崇尚法理念；它反映法律运行的内在规律，对变法具有支配、评价等作用，能指导人们认同法律的权威。法治的精神要素之一，是认同法律的最高权威，法律至上。在我国，社会主义法是人民意志的集中体现，主张法律至上即是主张人民意志至上；四项基本原则已变成了我国社会主义法的组成部分，主张法律至上即是主张四项基本原则至上。法治的实体要件是指：依据法治精神而被奉行的法制原则以及由这些原则所决定的形成制度的法律内容，包括法律对待公共权力、国家责任、个人权利、社会自由、公民义务的各项原则和制度。法治的形式要件指的是法治实体要件的表现方式及实现实体要件的技术条件，包括：法制的统一性，法律的一般性，规范的有效性，司法的中立性，法律工作的职业性。

另有学者认为，从逻辑的角度把握法治概念，包括三层意思：法律秩序，这是法治的基本含义；合法性原则，这是法治的形式含义；法的统治，这是法治的实质含义。

还有学者认为，法治不仅仅是一种政治理想，它应是一个多层次的具有制度和行为内涵的概念：在意识层面上，法治主要是指统治和管理国家的理念、理想、价值、意识和学说；在制度层面上，法治主要是指在法律基础上建立或形成的体制、方法、程序和技巧；在运作层面上，法治则主要指法律秩序和法律实现的过程及方法。

与会者认为，法治的存在不是超阶级、超社会、超历史的。不同质的社会制度决定着法治的性质。因此，社会主义法治与资本主义法治有本质的区别。其一，反映的利益和意志不同。社会主义法治反映的是全体人民的利益和意志，资本主义法治反映资产阶级的利益和意志。其二，经济基础不同。前者建立在以公有制为主体、多种经济成分共同发展的基础之上，后者则建立在私有制基础之上。其三，政权性质不同。前者是人民当家做主，后者则是资产阶级当权。其四，追求的目标不同。前者追求全体人民的共同富裕，后者则追求少数富人的利益。

有学者进一步指出，我国社会主义法治在价值取向上的定性特征是：其一，它以追求每个人的全面而充分的发展、实现人的彻底解放为目的，把人当做历史和社会的主体，通过依法治国，充分确认人民当家做主的主体地位，保障人权真正实现。其二，它以解放和发展生产力、实现高度的物质文明为依托。公有制为主体的市场经济的建立，为社会主义法治的发展提供了日益丰富的物质条件，因而使法治的实现更具有真实性。其三，它以共产党领导的民主政治的共和政体为载体，尽可能地把人民的要求、共产党的主张以及国家的意志统合于法律之中，使法治所依之法始终贯彻主权在民的原则。其四，它以精神文明的发展为条件，不仅承袭和弘扬中国法文化中的优秀传统思想和精神，而且吸纳或借鉴外国法治文化中的一些精华和人类共同的法治价值；不仅借助传统道德的合理内涵来丰富和拓展社会主义法治的内在价值，而且引入现代化的科学思想及方法来深化和充实社会主义法治的底蕴。

有学者特别强调，法治与人治是对立的，不应当简单地在“法治”与“法的作用”、“人治”与“人的作用”之间画等号。法治与人治既是两种对立的治国理论，也是两种不同的治国原则和方法。主张法治与发挥领导者个人的作用是完全一致的，因为只有依靠稳定、连续、科学的法律和制度，才能使领导人发挥他应有的作用，使其不犯或少犯错误。

（四）法制与法治。如何理解和使用“法制”与“法治”两词，与会者见仁见智。概括起来，有四种观点。其一，有的学者认为，从两者的起源、本意和约定俗成来看，“法制”与“法治”是完全不同的概念。“法制”概念是静态的，是“法律制度”的简称，并不必然地与民主政治相关联，它在“有什么法”和“如何保证依法办事”上缺乏规定性的要求。其二，认为两个概念是一回事，表达的都是“有法可依”和“依法办事”的内涵，“法治”这个概念可以不用。其三，较多的学者认为，它们是既有联系又有区别的两个概念。它们之间的联系在于，都与一个国家的法律、法律原则、法律的制度密切相关。当“法制”概念用于动态、表达“有法可依，有法必依，执法必严，违法必究”的意思时，与现代“法治”概念的要求有某些契合。法制是法治的基础和前提条件，其关注的焦点是秩序；法治的焦点在于有效制约和合理运用公共权力，比法制含有更深一层和更高一层的内涵。法制的本意是指法律制度，是相对于经济、政治、文化等制度而言的，法治则是相对于人治而言的。法制的内容指法律及其相关的各项制度，而法治则是同人治相对立的一种治理国家的理论、原则，即指“依法治国”。任何国家在任何时期都有自己的法律制度，但不一定是实行法治。其四，还有学者认为，两个概念均可通用，问题不在于使用哪一个概念来表达，而在于它们的内涵是否是依法治国，符合依法治国的基本要求。

三　实现依法治国的思路和途径

一般认为，在我国，实现依法治国的过程即是法治化的过程。学者们在梳理如何实现中国法治化的思路时，提出了四种观点（思路）：

第一，人文主义的法治论。主张以人为核心，以尊重、关怀人的价值和尊严为主旨来建构当代中国的法治模式。

第二，改良主义法治论。强调国家在法治建构中的主导地位，认为中国目前的法制建设是一种政府推进型的法制，其前景在很大程度上取决于政府对法制目标和实现步骤的战略设计与思考，取决于国家对近期行动计划与长远目标行动的统筹谋划和适时合理推进的结果。中国法治化的出路，在于从整体上设计出法制（法治）的外围部分（依法治国）与核心部分（政治体制改革）相统一的法制发展战略。

第三，历史主义法治论。认为中国法治化的建立和形成是一个渐进的历史过程，作为一种制度的现代法治不可能靠“变法”或移植来建立，而必须依靠中国人民的实践，利用本土资源，重视社会生活中形成的习惯、惯例和传统。

第四，“折衷主义”法治论。主张中国的法治化应当走政府推进型与社会推进型相结合的道路，以政府推进法制的改革为主导，辅之以社会、民间自然生成的具有现代法治精神的制度、规范和力量。

有学者指出，我们所期望的法治化是既保持社会政治稳定又有效利用各种经济、政治资源，避免损失和浪费的变革。从整体上讲，这一进程，应当与经济的市场化、政治法制化、权力制约化、社会生活有序化等相关联、协调发展。因此，在我国，实现依法治国的根本途径是积极稳妥地深化改革，更新法制观念，改革法律制度，建设社会主义法治国家。

依法治国，建设社会主义法治国家是我国历史上的伟大创举，是我国法制建设的新的里程碑。共产党的领导是实现依法治国的根本保证。与会者认为，我们以邓小平同志建设有中国特色的社会主义理论作为强大的思想武器，在江泽民同志为核心的党中央的正确领导下，一定能够坚定地沿着建设社会主义法治国家的道路前进，为中国人民的幸福和人类文明进步做出贡献！

四　法制观念的更新

思想是行为的先导。实行和坚持依法治国，建设社会主义法治国家，必须转变看法，更新观念。法制观念的更新，既应对一些现有观念进行分析和重新认识，也应确立一些与依法治国相适应的新观念。包括：

第一，关于“法的工具主义”观念。法律以及实行法治具有工具性价值，这是其应有的属性之一。所以它们常被视为一种治国的方法、手段或工具。在人们心目中，法律也常常被列为“不得不”使用的手段。然而，社会主义法律和法治的核心价值并不在于它们的工具性，而在于以社会主义民主、自由、人权、正义等为内涵的确证性、评判性价值。有学者指出，如果说法律是人民意志的体现，以法为工具，不即是说以人民的意志为工具吗？

第二，关于“法的实用主义”观念。法律以及法治具有实用性，这是它们之所以存在的实有之义。但是，将其仅仅视为工具，并用实用主义的态度对待它们，各取所需，为我所用，则只可能导致法律躯壳下的混乱，而不是秩序和长治久安。现在的“立法无序”“执法混乱”“地方、部门保护主义”盛行等，在一定程度上均与各社会主体对法律采取实用主义态度有关。

第三，进一步完善法制建设的“十六字”方针。这个方针仅强调了它的形式要件，如果所定之法并非“善法”（一般理解为：符合人民利益和意志、符合时代发展和客观规律的法），则依法、执法、护法越严，对法治的破坏就越烈，离法治的目标就越远。所以，法制建设方针中，应增加法律价值原则，以制约立法的不法；还应增加法律监督的内容，以使善法达到真治。

第四，正确理解法与权的关系。在法治国家，权力与法律是不能分离的。国家的一切权力来自人民且属于人民；人民以民主形式创制法律；国家机关依法享有并行使职权，依法办事；一切政党组织、机关和个人都必须受法律约束，在法律范围内活动。

第五，树立制约权力的观念。不受制约的权力必然会被滥用，必然会导致腐败和罪恶，这是人类历史证明了的真理。有学者指出，在中国，一切权力属于人民。人民通过科学分工的各种国家机关来行使权力。这些权力要受到制约。司法机关、行政机关要受到人民代表大会的制约；政府机关违法的具体行政行为，要受到司法机关的制约。法治是制约权力的有效体制。有学者认为，法治对权力的制约，主要体现在三个方面：其一，立法明示。法律要以明确的规范，确认各权力主体行使权力的职能，即权力法定原则，任何公权力的行使和运用，都应有法律上的依据，否则不得视为有法律效力之行为；立法要以明确的语言，对权力行使规定一些限制性条款；立法要尽量减少权力真空、权力漏洞；要以立法方式对权力行使行为规定法律责任条款，尤其是对滥用权力、越权、扩权等行为，要有明确的责任承担规定。其二，司法校正。在涉及诉讼时，司法承担着对公权力行为或“准公权力行为”的法律评价任务。司法的这种作用对制约权力、实现法治举足轻重。其三，宪法审查。就是在国家和地方的各级权力机关中，设立专门的审查机构，对涉及公民权利及其他重大事项的权力性决策和行为，按照宪法和法律进行审查。有学者认为，要以权力制约权力，以权利制约权力，以社会权利制约国家权力，才能真正防止权力不被滥用。

第六，树立国家是公权力机关的观念。这种公权力，对外抵御侵略，对内维持秩序。但是，它是政治组织，不是谋利的经济组织。把国家和谋利的经营活动联在一起，经济搞不好，政治容易腐败，权钱交易难免。必须把政权从经济中剥离出来。国家政权要管理经济，但只是职能性管理，而不是经营谋利。

第七，树立权利观念。权利是人本身所具有的。在我国，公民享有宪法和法律规定的权利。依法治国就必须树立切实保护权利的观念。作为社会主义国家，以全心全意为宗旨的执政党，必须把保护人民的权利作为我们一切工作的根本出发点和归宿。权利和义务是统一的，但是权利总是基本的，应占主导地位。社会主义最讲公平、最重视保护人民的权利。我们应当理直气壮地讲人权，高举人权旗帜。

五　法律制度的改革

如何评价中国的法制现状，尽管与会者众说纷纭，但都认为实现依法治国，应当正视中国法制现实中存在的问题，积极而又稳妥地进行体制改革。概括起来，学者们的看法和建议有如下一些。

第一，立法制度的改革。有学者认为，在当前经济体制向市场经济转变的过程中，我国的立法工作存在一些值得注意和必须逐步加以改革的问题。其一，无法可依。1993 年以前，我国法制建设的最大成就是制定了大量法律，建立了社会主义法律体系，基本做到了有法可依。但当市场经济改革推进时，人们发现，在整个市场经济运作领域几乎无法可依。所以才提出要制定 150 多部法律的立法计划，建立市场经济法律体系。其二，过去计划经济体制下制定的一些法律，主要是原计划体制下的经济法，已成为建立现代法制的严重障碍。例如，在计划经济下的企业立法，按主体、行业、地域、规模不同制定了大量“市场主体法”，包括全民所有制工业企业法、中外合资经营企业法、中外合作经营企业法、外资企业法等，当制定公司法时，已经没有空间了。其三，一些法律严重不适应建立市场经济体制的需要。如，民法通则不能解决基本的民事问题——债务，以至“三角债”不得不靠政府来清理。过去在计划经济体制下制定的合同法，规定合同以完成计划为前提条件。关于市场经济主体的一些立法，视主体所有制的不同而给予不同的法律地位。其四，一些法律过于原则，难以实施；一些立法遇到矛盾、困难绕着走，不敢面对困难，解决矛盾；一些法律只有宣告，没有程序执行措施；一些法律有制裁措施，而没有执行机关；由于立法权限不清，立法工作中“争权夺利”“趋利弃责”等情况时有发生。

关于如何进行立法改革，学者们提出以下一些建议：

其一，转变立法方式，加大民众、专家参与立法的力度。法律起草的主管单位，应当主要由中央和省级权力机关（包括专门委员会和法制工作机构）负责，法律起草小组应有各方面人士参加，有条件的还可专门委托法律专家和其他方面专家负责起草工作，以避免或减少“部门起草法律”所产生的弊端，增强立法的民主性和科学性。

其二，转变立法方略，立法一般应“宜细不宜粗”“宜实不宜虚”“宜详不宜略”，提高立法质量，提高法律的可操作性。

其三，强化人大的立法权、监督权，通过坚持和完善人民代表大会制度，切实保障人民当家做主的“立法优位”，法律至上。在制度上，有学者建议增设两个委员会：一是编制委员会。把行政机关、司法机关的人事部门划入人大，成立编制委员会，由其决定同级行政机关、司法机关的机构、职位、人员等的设置，以保证行政的精简、高效。二是监督委员会。下设立法监督委员会，负责对立法活动和立法工作的监督；把行政机关中的监察部门、审计部门、计监部门等划入人大，设行政监督委员会，负责监督行政机关及其工作人员依法行政；把法院的申告庭、检察院的法纪厅并入人大，设司法监督委员会，负责监督法院、检察院严格依法履行职权。

其四，要重视基本法律的完善，这是依法治国的基础。当务之急，要尽快完善物权法和合同法；反垄断法要尽早出台；要进一步完善刑事立法，将反革命罪改为危害国家安全罪；根据国际贸易和我国市场经济的发展，及时清理、修改、废除计划经济条件下制定的不合时宜的法律。同时，要保证立法法等已列入国家立法规划的其他法律按期出台。

第二，司法制度的改革。有的学者在发言中指出，目前在一些地方和司法机关，司法腐败已到了非整肃不可的程度。表现有：地方保护主义、部门保护主义严重，在为本地方、本部门经济“保驾护航”的名义下，对一些案件不该起诉的起诉，不该判的判了，该判的却不判，以罚代刑。执法、司法中的一些“土政策”“土制度”，如“罚款返还制”“受案提成制”及法官参与调查与当事人同吃同住、保外就医、取保候审等，都成了单位、个人敛财、发财的渠道和手段。当前，有法不依、执法不公往往表现为“以权压法”“以钱腐法”“以情败法”。从一定意义上讲，司法腐败的现象已从根本上危害了依法治国、建设社会主义法治国家宏图伟业的根基，影响了社会的公正信念，危及国家的长治久安！

司法制度的改革，要在总结实践经验的基础上，适应我国现代化进程和市场经济体制的建立，借鉴国际通行做法，对我国司法机关从机构设置、职权划分到管理体制、诉讼制度、监督制约机制，进行必要的完善和改革，从制度上防止司法腐败，保证司法公正。为此，有学者提出较具体的建议：一定要建立独立的司法，没有独立的司法，就没有法治；现代法治是法律至上、法律统治；要实现依法治国，建设社会主义法治国家，法院就要裁判政府的违法行为。

改革法院体制，消除地方保护主义，维护法制的统一性。建议将司法辖区与行政辖区分开，中央法院系统与地方法院系统分开；法院的人权、财权划归人大管辖。

改革审判制度，取消合议审判和审判委员会制，实行主审法官个人负责制。

抬高法官“门槛”，减少法官数量，提高法官质量，提高法官地位和待遇，加大法官责任，强化对法官的监督。

第三，改革行政执法制度，实现依法行政。依法治国的关键之一，是实现法治行政，做到依法行使行政权。当前，行政执法主要存在两个问题：一是行政执法中的部门保护主义、地方保护主义，严重干扰了国家经济建设这个中心；二是滥施行政处罚，侵害公民合法权益，或者以罚代刑。建议应更好地保障办案经费，罚没款必须依法移送司法机关直至上缴国库。

上述问题产生的一个主要原因，是行政权力缺乏行政程序法的有效规制。因此，消除我国行政执法的无序状态，建立、健全现代行政程序制度，实现行政执法过程法治化，就应当：一要明确和严格行政程序的设定主体，国家的主要行政程序必须由最高立法机关规定，从而彻底改变行政程序主要由行政机关自行设定的状况。二要早日制定统一的行政程序法，集中规定各类行政行为所应当遵守的行政程序以及行政机关自行设定行政程序所应当遵守的各种原则和规则。三要以法律明确规定行政行为涉及公民、国家公务员以及社会组织的合法权益时的程序。四要建立有效的行政程序监督机制。

推进司法改革，实现司法公正

——“依法治国与司法改革”学术研讨会综述（1999年）

沧　麟*

1999年5月8~9日，中国社会科学院的邓小平理论研究中心和法学研究所在北京共同主办了“依法治国与司法改革”学术研讨会。① 这是由中国社会科学院的这两个单位自1996年发起的“依法治国，建设社会主义法治国家”系列研讨会的第四次会议。来自全国各地法学界的专家学者和最高人民法院、最高人民检察院以及其他有关部门的同志80余人参加了研讨会。本次研讨会着重从“依法治国，建设社会主义法治国家”的角度，深入探讨了推进我国司法改革、实现司法独立公正的一些重大理论和实践问题。现将研讨会的讨论情况综述如下。

一　司法改革的目标

我国的司法改革是在十五大精神指导下进行的从观念到行为、从制度到机制的一场深刻变革。学者们对我国司法改革要达到的目标，展开了热烈讨论。一种意见认为，我国司法改革的目标是实现司法独立和司法公正；另一种意见认为，司法改革的目标，一是提高司法效率，二是实现司法公正；再一种意见认为，司法改革的目标，除了实现司法独立公正外，还应当包括防止司法腐败、提高司法效率等内容。也有学者认为，我国司法改革应当有终极目标和具体目

*　沧麟，中国社会科学院法学研究所研究人员。

①　该次研讨会收到的论文已集结出版。详见信春鹰、李林主编：《依法治国与司法改革》，中国法制出版社，1999年。

标之分：终极目标是要树立司法机关的真正权威，确保司法公正，兼顾司法效率，进而实现社会的长治久安。具体目标包括三个方面：宏观方面，应当在司法机关外部创造一种良好的司法环境；中观方面，应当实现司法的真正独立、制约和公正；微观方面，应当实现司法机关内部的廉洁、专业和分类。

第一，关于司法独立。

学者们普遍认为，司法独立是保障司法公正的重要前提条件，如果司法不独立，受到来自各方面的干扰，就不可能做出独立、公正、及时的判断，就不可能实现司法公正。司法独立，包括司法权和司法机关的独立，不受任何其他权力和机关的非法干预；司法人事和司法财政的独立，以保证司法活动能够依法独立进行。司法机关只对事实和法律负责，司法活动只服从法律，不受其他任何机关和个人的非法干预。也有学者认为，司法独立与司法制约是实现司法公正的两个方面，不能片面强调司法独立，强调法院独立、法官独立，要求取消合议庭、审判委员会，乃至取消政法委员会，实现所谓“真正的司法独立”。司法独立只是实现司法目的的条件之一，司法改革的终极目的是司法公正。片面或者极端强调司法独立，忽视中国法制的现实状况，要求取消一些行之有效的制约措施，对中国司法改革危害极大，其结果将可能与实现司法公正的目的“南辕北辙”。

有学者认为，司法独立有以下三个特征：其一，司法独立体现为司法机关地位独立，包括司法机关的设置、权限等的法定，组织独立，人事独立和经费独立。其二，司法独立体现为司法活动独立，法官、检察官在司法行为过程中，仅依照法律规定，在法定程序范围内，独立自主地行使职权，不受其他国家机关、社会团体、政党和个人的干预。其三，司法独立体现为司法官员职务独立，包括职业独立和官职独立。在三者中，司法机关地位独立是司法独立的基础，司法官员职务独立是司法独立的核心，司法活动独立是地位和职务独立的必然结果。司法独立与司法公正是手段和目的的关系，两者相互依存，司法公正是司法独立追求的价值目标，司法公正的实现有赖于司法独立，司法独立为司法公正的实现提供了前提条件。

有的学者从国际普遍承认的角度，即根据 1982 年国际律师协会第 19 届大会通过的《关于司法独立最低标准的规则》，1983 年世界司法独立第一次会议通过的《世界司法独立宣言》，1985 年第 7 届联合国预防犯罪和罪犯待遇大会通过的《关于司法独立的基本原则》，阐述了对司法独立的一般看法。

学者认为，对于司法独立，可以从两个层面来理解：一是基于司法的权力面的理解，那就是司法权独立；二是基于司法的裁判面的理解，那就是法官独立。司法独立作为一项原则，主要由三个规则构成：其一，审判权的专属性规则，国家的司法审判权只能由国家的审判机关行使，其他任何机关都不得行使该项权力；其二，行使审判权的独立自主性规则，法官或者由法官或其他非职业法官组成的审判组织独立行使审判权，不受外界任何机关、团体和个人的干扰、影响和控制；其三，行使审判权的合法性规则，审判机关在行使国家审判权时，必须服从宪法和法律，也只能服从宪法和法律，这既是审判机关的权利，也是审判机关的义务。为了保证司法权的专属性，避免包括行政机关在内的其他机关左右审判活动，《关于司法独立的基本原则》确立了三项规则：其一，向司法机关提供充足的资源，由国家保证法院的经费和工作条件，以使法院得以适当地履行其职责；其二，法官享有言论自由和结社自由；其三，法官对具体案件的审理权由法院决定，包括将案件分配给某一法官或者法院内某一审判组织负责审判、确定开庭日期和地点、对法院内受理和审结案件的情况予以统计和上报等，属法院内部事务，其他机关不得进行任何形式的干涉和控制。为了保障行使审判权的独立自主性，避免法官的审判活动受到外界的不当干扰、影响和控制，《关于司法独立的基本原则》确立了以下规则：其一，法官的服务条件应当受到法律保障。现代法治国家的通行作法是，法官一般在任职期间和退休后享有较高的薪俸待遇，这是法官在国家公职人员中享有较高社会地位的象征，同时也体现了法官职务的社会尊严和风险性；其二，法官的任期应当受到保障。在许多国家，法官实行终身制或长任期制，法官的任期由法律加以明确规定，以确保法官的任职期间不被任意缩短或延长；其三，法官对履行职责时所获知的秘密享有免证权，以消除法官履行职责时所面临的外在压力，确保法官能够完全自主和独立地进行司法审判；其四，法官享有司法豁免权。在执行审判职务时的过失行为不受法律追究，但法官在审判过程中有行为不检或其他触犯法律的行为，仍应当承担相应的民事、行政和刑事法律责任；其五，对法官的惩戒应当依公正程序进行。为了保障行使审判权的合法性，《关于司法独立的基本原则》要求法官应当有良好的道德素质和高水平的法律、法学素养：其一，甄选法官应当注重法官的内在条件，法官应当是受过适当法律训练或在法律方面具有一定资历的正直的、有能力的、具有优良素质的人；其二，法官的晋升应当以客观因素特别是能力、操守和经验为基础。

第二，关于司法公正。

一般认为，司法公正包括形式（程序）公正和实质（实体）公正。理想状态的司法公正，应当是形式公正和实质公正的统一，是程序正义与实体正义的一致，即司法活动及其结果，能够符合客观事实和法律规定，能够保护公民权利和国家、社会与集体利益，符合社会道德和正义要求。但是，在现实状态下，很难做到两者的完全统一和一致。当它们不能两全时，有的学者主张应当以实质公正为原则，只要结果公正即可。但多数学者主张，在司法审判中，由于司法主要是一种按照规则和程式独立进行的判断性活动，程序是实现这种判断过程及产生公正结果的充分必要条件，因此，只有程序公正，才能保证司法的公正，也只有程序公正才能做出司法是否公正的评判。就司法的结果是否公正而言，不同的人有不同的评判标准，很难产生当事人、法官、社会和国家都认为是公正的审判结果。而追求形式公正是一种具有可操作性的能够评判和实现的公正标准，只要这种标准设计得当，就可以认为其结果通常是公正的。至于实质上是否公正，只能通过某些监督和救济程序予以一定程度地补救。

有学者把实质公正的理论概括为“结果本位主义的司法公正理论”，把形式公正的理论概括为“程序本位主义的司法公正理论”，认为这两种公正理论把司法结果公正与司法程序公正割裂开来，都不可取。他们认为，司法是司法结果和司法过程的有机统一，因此，司法公正的内容应当包括相互关联的两项：司法结果公正和司法过程公正。司法过程的公正是在司法程序运作的过程中所要实现的价值，其实质就是司法程序公正。就是说，判断现代司法是否具有公正价值，就是要看它是否既具有司法结果公正价值又具有司法程序公正价值。司法结果公正的实质在于，司法机关作出的司法判决对当事人的实体权利义务的分配处于合理状态。司法程序公正既是现代司法的独立的价值取向，又是司法结果公正的保障。

为什么公正是司法和司法改革的一个重要目标？有学者论证：公正司法是法的精神的内在要求，只有公正司法，才能将法的精神一以贯之；公正对司法的重要意义也是由司法活动的性质和职能决定的；司法机关公正司法，是其自身存在的合法性基础。司法公正的重点不是实质公正，而是形式公正，应当通过包括法律推理等措施和渠道在内的各种有效机制来实现司法公正。

有的与会者认为，保证基本的司法公正，应当具备四个要件：一是有法可依，即有“良法”或者“善法”可依，这是实现司法公正的基本前提；二是要注重程序，以公正的程序来保证司法公正的实现；三是必须有高素质的德才兼备的司法队伍；四是建立良性司法机制，对内要完善内部制约，对外要确保司法独立。也有学者认为，实现司法公正，必须具备一定条件，包括：民主的政治经济环境，公民法律意识和公正意识的增强，健全的公正的法律体系，健全的司法机关和高素质的司法人员，完善的司法监督制约机制。而实现司法公正的标准是：通过实施法律，不断提高人们确信法律公正的意识；立法意图的完全实现；法治环境和公正秩序的建立；司法功能得以充分发挥；人权和基本自由得到充分实现。

第三，关于司法效率。

有学者指出，现在司法效率低、成本高，当事人打不起官司，打官司打得倾家荡产、企业倒闭的现象屡见不鲜。司法改革必须强调司法效率。司法效率是对司法活动中人力、物力和时间等资源进行利用的最佳“投入产出比”的一种经济学的概括。在通常情况下，司法必须讲效率和效益，成本过高（无论对于国家或者对于当事人）的诉讼，是不值得提倡的；司法也必须讲及时，“迟到的正义不是正义”。同时，也应当看到，在司法领域，仍然存在公正和效率的矛盾，即在有些情况下，公正和效率是统一的，有效率才有公正。但在另一些情况下，必须“牺牲”效率以追求公正，如诉讼时效的保障、证据的保全和验证、为补充证据而需要等待的时间，等等。公正是司法追求的主要价值目标，效率是从属目标，如果司法公正与司法效率发生冲突，通常应当实行“公正优先，兼顾效率”的原则。

二　司法改革的基本思路

与会者认为，厘清司法改革的思路是推进司法改革的重要前提。我国司法改革是整体性、系统性的改革，应当放在社会主义初级阶段的国情和经济体制改革、政治体制改革以及依法治国的大背景下考虑和设计。有学者建议，司法改革应当将构成要素改革与整体结构改革相结合，将内在状况改革与外在环境改革相并重，将运行机制改革与监督机制改革相并行，将内求司法公正与外求司法独立相协同。只有这样，才能厘清司法改革的思路，逐步实现司法改革的目标。

有学者指出，我国司法改革应当按照以下思路进行：其一，按照有利于保障司法独立和实现司法公正的原则，理顺司法权与其他权力（党权、立法权、行政权等）的关系，防止其他权力对司法权的非法干预。其二，根据司法改革的总体目标，按照权力分工制约和相互监督的原则，理顺司法机关（法院、检察院、公安、安全等）之间的相互关系，既防止它们越权，又防止它们失职，更要有利于预防和杜绝司法腐败。其三，按照有利于建立精简、高效、廉洁的司法体制和司法运行机制的原则，按照有利于实现司法独立公正的目标，重新设计司法机关的设置、职能、权限，以及人、财、物的分配和管理等等，理顺司法机关的内部管理关系。其四，按照公开、公正的原则，进一步完善司法程序，保证审判活动、检察活动等都依法进行。

有学者指出，作为我国司法改革重要组成部分的检察改革，其基本思路和要求是，检察改革必须在国家政治体制改革的总体框架内进行，必须以建设有中国特色的社会主义理论为指导从制度上保障检察机关依法、独立、公正、高效地行使检察权。检察改革，要坚持理性原则，切合中国国情的实际；要以消除司法腐败、维护司法公正为重点；要以保障法律监督权依法、独立、公正、高效行使为目标；要进行全面的、系统的和配套的改革。

有学者认为，我国司法改革应当在坚持四项基本原则的大前提下，遵循以下具体原则进行：借鉴国外先进经验与发掘利用本土资源相结合的原则，立足具体国情和与国际标准接轨相结合的原则，适时修改法律与保持法律稳定性相统一的原则，逐个突破与整体推进相互动的原则。

也有学者指出，中国司法改革应当关注司法独立、司法的开放性和司法的能动性；应当确立司法权威，在认识上保持开放，在组织上保持自治。认识开放，是指法院、法官除了熟悉普通法律知识和具备一般业务能力以外，还应当对现代化的发展规律、政治与司法的关系、司法与行政的关系、司法独立与司法开放的关系、法律原则与法律条文、法律条文与现实需要、司法自我克制与司法能动性、法律的量变与质变等问题，都有清醒认识，主动自觉地使司法工作为国家的现代化服务，而不是不问政治机械地适用法律。组织自治即自我管理，是指司法权和司法活动有关的一切环节，包括司法人员的选拔、奖惩、监督、考核、培训、调动、提拔、待遇，案件的审理、决定过程、内部讨论、错案纠正等，都应当由司法机关自己掌握和作出最后的决定，尤其是当审理具体案件时，司法权应当免受外界的任何影响和压力，完全根据自己的判断来决定案件的结果；所有与司法有关的过程只能由司法机关定夺，任何一个司法决定只能由另一个司法决定加以改变。中国司法改革的思路，应当与中国整个渐进式的改革过程相呼应，是一个逐步推进的漫长过程，具体改革措施的出台取决于具体的社会发展条件和制度承受能力，要求司法改革在一夜之间按某种既定方案完成是不现实的。只有实现司法的独立、开放与能动三者之间的良性循环，才能保证具体的改革措施之间相互促进和衔接，而不至于相互抵消和冲突。中国现代化道路的特殊性决定了我们在处理司法的独立、开放和能动三者之间的关系时，将会面临巨大的挑战和风险，因此，司法改革始终不应当忘记和脱离这一主题。

三　司法权的性质与特征

第一，关于司法权。

有学者认为，司法权具有以下特质：其一，司法权是被动性的权力，它只有受到请求，才能采取行动。具体表现为非因当事人的请求，不得启动司法程序；司法程序必须围绕当事人的请求事项进行，司法者不得添加或减损；司法程序一旦启动必须依法定程序推进，司法者既不得随意加快程序、缩减程序，更不得随意拖延程序、随意中断程序。其二，司法权是独立性的权力，司法权除法律外无其他法源，因此司法权只服从法律。司法权的独立性包括：司法权只服从法的引导而不接受任何其他命令；对司法权只能实行监督而不能进行领导；司法权只服从良知，而不屈从权势。其三，司法权是被规束性的权力，由法律给定，由依法运作，受法律制约。其四，司法权是居中裁判性的权力，它只负责裁判，而不负责执行；它应当居中裁断，而不应当偏袒诉讼中的任何一方。其五，司法权是分散性的权力，它由独立平等的法官行使；法官之间不存在命令与服从的关系；司法判决的责任后果由作出此判决的法官独立承担。其六，司法权是终极裁判性的权力。

有的学者强调，司法权必须保持中立。对于立法权而言，司法中立意味着：司法权不能隶属、依附和僭越立法权。司法审查权作为司法机关的一项权力是非常规的，司法机关不能以审查立法为主业；司法机关行使司法审查权应当是被动的，只有受到请求才能行使；司法机关必须以中立的立场行使司法审查权，不应当假借司法审查权随意侵涉立法权。对于行政权而言，司法权不能依附和命令行政权，但裁判行政行为。此外，司法权还应当在官与民之间、公与私之间、中央与地方之间、诉讼双方当事人之间，保持自己的中立性。

有的学者认为，当代中国司法权运行过程中存在着较为强烈的国家主义倾向，表现为：在司法权运行的价值观上，重保护、轻调整；在司法权运行过程中在法律规范的依托上，重实体、轻程序；在案件审理过程中的重权力、轻权利；在司法权运行过程中涉及利益的保护上，重集体、轻个体；在司法裁判形成的过程中，重集权、轻分权。鉴于此，学者建议，当代中国司法权的运行应当将保障和实现公民权利为其价值基础的核心，确立以下价值取向：司法权的运行中，应当确立公开性原则；司法权的运行，应当体现公平精神，尤其是程序正义的精神；司法权的运行，应当坚持廉洁原则，杜绝司法腐败；司法权的运行，应当贯彻效益原则；司法权的运行，应当遵循法官独立裁判的原则，完成由法院独立审判到法官独立审判的转变。

第二，关于强制执行权。

与司法权有关的一个问题是强制执行权。强制执行是指国家执行机关，运用国家强制力，根据法定程序，实现执行依据所确定的民事权利义务内容的一系列活动的总和。关于强制执行权的权力属性，有三种观点：第一种观点认为，强制执行权是行政权，因为审判和执行是两种不同性质的活动，强制执行在性质上属行政活动，具有行政权的确定性、主动性、命令性和强制性的特点；第二种观点认为，强制执行权是由法院拥有和行使的司法权，是法院审判权的组成部分；第三种观点认为，强制执行权不能独立存在，它是依附于执行依据做出时所体现的国家权力性质的，如果执行依据是法院的生效判决，则执行生效判决的权力属于司法权；如果执行依据是行政处罚或者处理决定，则执行行政处罚或者处理决定的权力属于行政权。与会者指出，强制执行权在国家权力分工上具有司法权和行政权的双重性，在执行工作中，司法权和行政权的有机结合，构成了复合的独立的完整的强制执行权。根据强制执行权的这个特点，我们在构建执行机构的设计方案时，可以有三种选择：一是执行机构设立在法院，这是司法权吸收行政权的方案；二是执行机构设置在行政机关，这是行政权吸收司法权的方案；三是分别在法院和行政机关设置执行机构，各司其职，相互配合，这是执行中的司法权和行政权分别由各自机关来行使。有学者建议，执行机构设置在法院为最佳选择，在这个体制下，法院的执行机构应由三个部分构成：其一，执行裁判庭，由法官组成，专司执行中的司法权；其二，执行工作部，由执行员组成（改革的方向应该把执行员从法官队伍中分离出来），专司执行中的行政权；其三，司法警察队，由法警组成，作为强制执行的国家强制力表现形式的组织，应当成立一个执行局统管这三个执行部门。从司法权的角度看，执行机构的上下级之间的关系是监督关系；从行政权的角度看，它们之间的关系是领导与被领导的关系。考虑到强制执行权的双重性，法院执行机构上下级之间的关系应当是一种半垂直领导的上下级关系。根据这种理解，有学者建议，法院执行机构的设置应当是：其一，最高法院成立执行总局，负责统一指挥全国各级法院执行局的工作；其二，省级法院及其以下的执行机构三个部分的工作人员全部纳入地方编制，属于同级法院的工作人员，经费纳入同级法院的预算；其三，全国各级法院执行裁判庭的法官和庭长由同级人大常委会任命；其四，除最高法院执行总局以外的省级法院及其以下的执行局的正副局长，由上级法院任命；其五，执行局的负责人领导执行机构中三个部门的工作。这种设置，有利于在一定程度上排除执行中的地方保护主义，解决部分执行难的问题；有利于委托执行的全面开展，以节省执行成本，提高执行效率；有利于强化执行机构，充实执行力量，为解决执行难创造机构设置上的条件；有利于将执行员从法官队伍中分离出来，为实现司法官员的分类管理提供基础性条件。

四　检察权的性质和检察机关的地位

有学者指出，检察权应当是一种行政权而非司法权，这是因为：与司法权的被动性不同，检察权是一种主动性权力，检察机关如不主动地行使其权力去侦察、控诉违法犯罪行为就是失职；与司法权的中立性不同，检察机关是代表国家并以国家名义行使检察权的；与司法权的判断性不同，检察权具有命令执行性，上下级检察机关之间、检察机关与其组成人员之间是命令与服从关系；与司法权的终极性不同，检察权属一般性权力，要接受司法权的裁判。所以，检察权是行政权性质的权力，应当从司法权中剥离出来，归属到行政权中。

也有学者认为，当前检察院的权力过大，有悖分权制衡的诉讼原则。表现在：其一，我国宪法将人民检察院定性为“法律监督机关”，主要任务是对其他司法机关在行使职权中是否有违法行为实施监督，然而它却拥有侦察权，于是，一方面检察院有权对公安机关的侦察活动实行监督，另一方面检察院自行侦察的案件，却没有其他机关进行监督。其二，检察院作为国家的公诉机关，承担着代表国家进行控诉的职能，它的诉讼请求是否成立，应当由法院进行裁决。然而，法律又授权检察院要对人民法院的审判活动实施监督，因而使检察院具有了“公诉人”和“监督者”的双重身份。这种身份如同运动员兼任裁判员一样，在制度设计上是不合理、不科学的。有学者建议，应当参照世界各国通行的做法，以审判为中心来配置司法权力，将检察机关合并到司法部，由司法部长兼任总检察长，检察机关专门负责公诉，不再承担对法院审判活动进行监督的职能。这样改革的好处是：有利于消除检察院与法院“二虎相争”的局面；有利于精简机构，理顺诉讼关系，突出法院在依法治国中的作用；扩充司法部的职权，改变“司法部不司法”的局面。也有学者认为，反对检察机关拥有侦察权的观点是值得商榷的。其一，检察机关对职务犯罪行使侦察权，本身是对国家工作人员遵守和实施法律的情况的监督，因而是法律监督权的一个组成部分；其二，职务犯罪的特殊性和复杂性，决定了对这类犯罪的侦察，难以由一般的侦察机关来承担，而只能由一个享有国家的法律监督权的机关、有一支具有较高侦察能力的队伍来实施；其三，检察机关同时享有对职务犯罪的立案侦察权和审查起诉权，最终要接受法院的审查和审判结果的检验，因而不是自己为自己案件的法官，不存在违反司法公正原则的问题；其四，检察机关行使侦察权，除了其内部不同职能部门要对它形成监督和制约外，还要受到人大、案件当事人、社会舆论、新闻媒体、人民群众等的监督，检察机关的侦察权并非是一种不受监督制约的权力。

针对有人主张“检察院要么从属法院，要么从属司法行政机关”的观点，有与会者提出，检察机关应当是履行法律监督职能的司法机关。可从以下方面来理解检察机关的性质和地位：我国现行检察制度是历史上御史制度的继承和发展，孙中山先生提出的五权宪法中的监察权，就是对我国历史上御史监察权的改造。新民主主义革命时期，共产党领导的根据地分别实行过“检（检察机关）法（审判机关）合一”和“检警（警察）合一”的体制，新中国成立前夕，华北解放区着手司法机关的正规化建设，首创了“人民检察院”。世界上，检察机关的设置主要有三种模式：以法国德国为代表的大陆法系国家，多实行检察机关从属审判机关的模式；以英国美国为代表的普通法系国家，多实行检察机关从属司法行政机关的模式；社会主义法系的多数国家和新近设立检察机关的国家，实行检察机关独立设立的模式。检察机关的存在，有其历史的渊源和现实的合理性。

针对有人主张“世界上大多数国家的司法机关只有一个，那就是法院”的观点，有与会者认为，正如一些外国的议会分为上、下两院一样，把司法机关分为审判机关和检察机关也是防止司法专横和司法腐败的良策之一。从制度上保证司法公正的途径是两条：一条是排除干扰，加强司法独立；另一条是加强司法机关内部的监督与制约，即在审判机关与检察机关之间建立起以权力制约权力的机制，才能保证监督的全面性、持久性和有效性。

五　司法领导管理体制的改革

第一，关于司法管理体制。

有学者指出，现行法院实行的“条块结合，以块为主”的管理体制，给司法权力的合法运行带来诸多危害，应当予以改革。改革法院现行司法管理体制的目的是要防止地方保护主义，消除地方党政机关对法院的干预。应当按照以下要求建构新的法院管理体制：法院的人、财、物不再由地方主管，以切实保证司法独立；法院管理体制应当有利于坚持和完善党的领导；在新建构的法院体制中，上下级法院之间的工作关系仍然是监督关系；新建构的法院管理体制应当有利于确保和提高法官素质和有利于人大对司法权合法运行的监督保障。有学者建议，应当建立垂直管理的法院体制，基本内容包括：上下级法院之间的工作上的监督关系不变；上级法院对下级法院的人、财、物进行管理，最高法院的人、财、物由全国人大的有关机构进行管理；法院内部不再设立党组，改设党委，下级法院党委受上级法院党委领导，最高人民法院的党委受中央政法委员会的领导，地方各级党委无需再设立政法委员会，下级法院向上级法院负责并汇报工作，最高人民法院向全国人大负责并汇报工作。

有的学者建议，应当实行司法机关的垂直领导体制。在我国现行的司法领导管理体制中，法官、检察官是国家干部，依法定程序，由同级人民代表大会任免，但在干部考核、人事管理上，往往受非司法部门的同级党政机关的管理，经费开支由同级政府的财政部门拨付。这种体制，实际上已使司法机关无法独立于同级党政机关，甚至难以独立于同级政府下属的职能机关。

垂直领导作为行政管理和行政执法的一项改革方案，在国务院已频频出台。与之相比，司法机关由于其行使国家司法权的需要，更应当实行垂直领导体制。鉴于此，有必要对现行司法机关的领导体制进行改革，实行垂直领导的体制，以便统一司法，厉行法治。具体改革措施有两个方面：一是应当对法官和检察官的任免办法作相应调整，最高法院的高级法官、最高检察院的高级检察官，省级法院、检察院的院长、检察长、高级法官和高级检察官，分别由全国人大及其常委会产生，同时组成中央和省级法官委员会和检察官委员会负责考察管理。省级以下法院的法官、检察院的检察官以及它们的行政领导的任免权，均上提一级管辖，主要由上级法院、检察院及其法官委员会、检察官委员会决定。二是应当实现司法预算独立，由地方各级法院和检察院编制预算，逐级上报最高法院和最高检察院，由“两高”汇总并审查后，编制全国法院和检察院系统的财政预算方案，报全国人大审议批准后，由中央财政统一下拨。

第二，关于司法权的设置。

有学者建议，为了消除地方保护主义，应当实行司法辖区与行政辖区分开，中央法院系统与地方法院系统分开，应当打破行政辖区对司法辖区的统辖关系，建立独立于行政的司法管辖系统，建立中央和地方两套司法审判系统。中央法院系统设最高法院、上诉法院和初审法院，其经费由中央财政统一拨付，法官由中央任免。地方法院系统由高级法院、中级法院和基层法院组成，经费由省级财政统一拨付，地方法院法官由省级人大任免。中央法院与地方法院实行分权管辖制，管辖权划分的大致原则是：基层法院管辖普通治安、刑事案件、普通民事案件。中央初审法院负责审理政治案件，重大贪污贿赂案件，跨司法辖区的经济合同纠纷，土地、山林、水利纠纷，涉外、涉港澳台经济纠纷，重大知识产权纠纷。地方中级法院受理基层法院的上诉案，中央上诉法院受理初审法院的上诉案，同时可受理某些不服地方基层法院审理的案件。最高法院的职权基本不变。学者们认为，这样的法院设置具有以下功效：其一，改变了司法与行政混合的体制，使司法管辖与行政管辖脱钩，保证司法独立；其二，调节了中央和地方的关系，一些跨地区的经济案件和重大复杂案件，实际上都由中央法院系统管辖，有利于解决地方保护主义问题；其三，改善了法院系统内部关系。

第三，关于政法委员会与司法独立原则。

有学者认为，我国在各级党委内部专门设立一个政法委员会，统一领导、协调当地政法各部门工作的制度，这种制度与司法独立的原则相抵触，特别是有的地方由公安局长兼任政法委员会书记，事实上形成了由公安局长领导法院、检察院的格局，违背了“人民法院依法独立行使职权，不受行政机关干涉”的宪法和法律原则。

也有学者指出，各级政法委员会对司法工作的指导和协调是完全必要的，在理论上行得通，在实际工作中也显示了其优越性。就理论上而言，党的政策不仅对法的制定有指导作用，而且对法的实施也有指导、监督作用。作为党的法制政策的具体贯彻落实者，各级政法委员会对司法机关依法履行法定职责发挥着重要作用。就实际效果而言，重大案件经过政法委员会协调，不但可以得到正确及时地裁判，而且在实际中容易得到执行。有人认为政法委员会干扰了司法独立，干扰了审判权和检察权的行使。其实，各级政法委员会对案件的协调权是比较抽象的，不对具体的公民和个人，而且由于它不参与案件而行使制约监督权，更显得理性和冷静。在中国法治欠发达的状况下，各级政法委员会站在全局的高度协调重大案件，正确处理改革、发展和稳定的关系，使法律的实施实行社会效果、法律效果的统一。

第四，关于纪律检查部门用“双规”限制人身自由的合法性。

有学者指出，我国法定的司法机关，只有法院、检察院、公安、安全、司法五大部门，其中前四个部门的职责权限，法律均有明确授权。尤其是对于侦察权以及与其相关的采取强制措施的权力，法律有严格限制，只授权公安机关、国家安全机关和人们检察院行使，“其他任何机关、团体和个人都无权行使这些权力”（刑事诉讼法第 3 条）。但实际上，我们党的纪律检查部门，在实施纪律检查的工作中，规定了可以要求被检举有问题的当事人，在“规定的时间、规定的地点”（即“双规”）接受纪律检查部门审查。有学者认为，“双规”的做法，与刑事诉讼中的拘留、逮捕没有实质性的区别，事实上行使了类似于侦察中采取强制措施的权力。改革开放以来，党政干部利用职权牟取私利甚至贪污受贿的问题不断发生，官员腐败现象日益严重。在这种形势下，加强纪律检查工作，对违纪、违法的官员进行查处，理所当然。但是党内的纪律检查工作，也应当在宪法和法律的范围内进行，不能在没有法律依据的情况下规定限制人身自由的“准强制措施”。对于“双规”是否合法的问题，已经引起法学界的关注。有学者认为，纪律检查也应纳入国家法治的轨道，需要为它寻找一种合法的适当的替代办法。

六　司法人事制度改革

有学者建议，应当建立法官享有全权审理和裁判案件的权利，同时对其不正确或者错误裁判承担完全责任的审判工作制度。法官独立审判的重要标志是，法官根据自己基于对案件事实的认识和对法律的理解所形成的独立意志，决定裁判结果，即裁判结果的形成只决定于法官的独立意志，同时必须对法官的权力加以监督和约束，建立相应的法官责任制。学者认为，实现这一要求，应当废除法院院长、庭长审批或者决定案件的做法，撤销审判委员会，其行使的“判决权”应当归还法官。实行法官独立审判和责任制的前提是，提高法官素质，并使之制度化：建立法官任职资格及选拔淘汰机制；建立法官考试机制，考核内容应当全面、有深度；建立充分反映法官职业性和专业性的法官等级评定晋升制度，排除法官等级评定、晋升中的行政性；建立法官淘汰制；实行法官高薪制；建立法官助手制度。

有的学者建议，应当改革司法机关的人事管理制度：其一，对司法人员实行分类管理，将他们分为业务类人员和行政类人员。业务类人员主要由法官、检察官、助理法官、助理检察官及书记官等组成；行政类人员由党务、人事、后勤等非业务类人员组成。实行分类管理的目的，在于改变人员结构，明确各自职责，提升业务人员的地位和待遇，建构以法官、检察官为主导的司法人事体制。其二，按照少而精的原则改革业务类司法人员的人事体制，内容包括：一要以立法对各级法院、检察院的业务类人员的编制作出明确规定，法官和检察官的数量要明显减少，基层法院法官每个庭设 3 ~ 5 人，全院法官总数保持在 20 ~ 30 人之间；中级法院法官每个庭设 5 人以内，全院法官总数在 30 ~ 50 人之间；高级法院法官每个庭设 5 ~ 7 人，全院法官总数在 50 ~ 70 人之间；最高人民法院法官每个庭不超过 9 人，全院法官总数保持在 70 ~ 90 人之间。同级检察院检察官的数量，比照上述法官数量相应减少 30% ~ 50%。二要实行法官助手、检察官助手制，法官只负责审理案件，检察官只负责起诉、抗诉案件。建议每个法官和检察官配置助手的人数，基层司法机关 1 ~ 2 名，中级司法机关 2 ~ 3 名，高级司法机关 3 ~ 5 名，最高司法机关 3 ~ 7 名。法官助手、检察官助手不审理案件，不能作出司法决定，不具有法官或者检察官的身份，其任务是负责制作法律文书，提供法律资料和咨询，做必要的调查取证和其他辅助性工作。三要建立高素质业务类人员的管理机制，首先，把住“进口”，规定凡不具有法学专业学士以上学位者，不得出任法官、检察官之职；建立科学的全国统一的法官、检察官、律师、警官考试制度；高级和最高司法机关的法官、检察官，应当从下级司法机关的业务类人员、资深律师、法学家中按照德才兼备的标准遴选。其次，大幅度提高法官、检察官的薪金，以达到与其职业相称的足以保证法官检察官独立和高薪养廉的程度。再次，管好“出口”，对业务类人员实行与错案追究制相结合的考绩淘汰制，按照一定标准和程序，凡考绩不合格者，应当予以“分流”。其三，行政类人员统一归司法行政机关管理，法院、检察院不再承担此项行政管理事务。

七　审判委员会制度和审判方式改革

第一，关于法院审判委员会制度。

有学者指出，审判委员会是按照“民主集中制”原则在各级法院内部设立的机构，其职责是“总结审判经验，讨论重大的或者疑难的案件和其他有关审判工作的问题”。由于审判委员会拥有对案件进行“讨论”和作出“决定”的权力，因此它尽管不直接主持或参加法庭审判，却实际承担着审判职能，成为一种审判组织。如何评价审判委员会制度的合理性与实际效能，成为司法改革的一个理论和实践问题。有人认为审判委员会的存在：可以充分发挥法院的集体智慧，避免法官个人或者合议庭在认识事实和适用法律问题上的局限性，保证案件得到正确处理；可以防止司法腐败，保证审判人员的廉洁性。但是，一些学者认为，审判委员会制度存在诸多弊端，导致“判、审分离”，“庭审流于形式”，即“审者（合议庭）不判，判者（审判委员会）不审，这就恰如看病的人不开药方，不看病的人却敢开药方”。这些弊端诸如：由于刑事被告人及其辩护人无法参加审判委员会的讨论，被告人的辩护权事实上遭到剥夺，法庭审判中进行的辩护也失去了应有的意义；由于审判委员会在讨论案件时不进行任何证据的调查，那些应当贯穿于审判过程中的直接审理、言词辩论、法官不更换、庭审不间断等诉讼原则无法发挥作用；由于合议庭进行的法庭审判形同虚设，为规范合议庭的审判活动而建立的诉讼制度，如合议制、回避制、评议制等，都失去了存在的意义；由于审判委员会的讨论秘密举行，社会公众无法参加旁听，也就不能对讨论过程实施有效监督制约。

有学者并不赞成废除法院内部的审判委员会制度，认为这种制度是我国法院内部的少数正式审判制度之一，目前在我国基层法院的功能是具有相当的合理性的，如果将其废除，在现有的法院制度下，只会更进一步强化法院的行政化色彩。尽管审判委员会的运作存在不少问题，但这些问题反映的是它嵌在法院的行政体制中的弊端，行政管理的逻辑限制了审判委员会的成员构成及其在法院内部的作用，削弱了它的司法逻辑和功能。如果强化了审判委员会制度的审判功能，使之完全从法院现行的行政体制中剥离出来，成为真正法定的法院内部的最高审判决策机构，充分发挥其审判功能，尽管它也许不完全符合法官个人独立审判的理念，但至少可以大大削弱法院目前实际上的“首长负责制”的行政性特色。这位学者认为，法院实际上存在着审判工作和行政管理工作，担负着审判职能和行政管理职能，本来法院内部的行政管理制度和职能是从属性的，是为审判制度和审判职能服务的，但现在是行政管理制度可能侵入、侵蚀审判制度，造成正式审判制度的变形，甚至其主次位置在相当大程度上已经被颠倒过来，造成正式的审判体制的制度变形和功能失效。因此，法院审判方式改革或者体制改革，包括审判委员会制度的改革，首先要从法院两种制度（审判和行政管理）的功能分离入手，才可能实现法院的职能转换，建立起法院作为审判机关的制度逻辑。

对于审判委员会制度的改革，有的学者主张，应当缩小审判委员会讨论案件的范围和数量，由最高人民法院通过司法解释，对各级人民法院审判委员会讨论决定案件的范围做出明确的限制；有学者主张，改革审判委员会的组织机构和人员构成，按照审判专业化分工的思路，成立若干个专业审判委员会，如民事审判委员会、刑事审判委员会、行政审判委员会、经济审判委员会等，各专业委员会只讨论决定各相关业务庭的案件；有学者建议，取消实权性质的现行审判委员会，成立由资深法官、法学家和著名律师等组成的咨询性质的审判委员会，使其成为顾问和咨询机构。还有学者建议，审判委员会制度改革应当与保证法院的司法独立一并考虑，与法院的人事制度、财政制度改革，以及体制设置、程序完善、职责分工等的重构整体地同步地设计和进行。

第二，关于领导审批式行政化审判方式的改革。

有与会者指出，所谓领导审批式行政化审判方式，是指法院的审判组织在审理特定案件过程中，不能由该审判组织独立作出有效裁决，而由其上级领导就该案判决结果指示裁决意见，并以该意见作为实际裁判结果的一种审判工作方式。这种领导审批式行政化审判方式的弊端：一是违反审判公开原则、司法民主原则和司法独立原则；二是给审判工作带来诸多负面影响：首先，由于审而不能判，法官的审判权被直接剥夺。其次，由于判而不能审，审批者仅以听取下级法官的报告作为其发表裁判案件结果的依据，将会产生裁决依据不客观、不全面、难以提高审批者责任心等问题。再次，违背诉讼的经济原则，由于在案件审理中增加了领导审批这个环节，无形中增多了一个诉讼环节，导致具体案件中浪费大量诉讼资源。最后，由于审批式审判方式的存在，领导审批这一程序必然挤占有限的案件审理法定审限，给独任法官或者合议庭依法查明案件事实、正确适用法律、准确裁判案件带来办案期限不足的困难，从而导致延长审限，使一些案件久拖不决、程序违法或者产生其他不利后果。废除领导审批式审判方式势在必行。具体设想是：其一，改革院长、庭长审批案件制度的措施，强化审判组织的职权；恰当分案；大幅度提高当庭宣判率；把院长、庭长对个案的审批工作改为在合议庭中以主审法官身份作出决定。其二，取消请示案件制度。其三，改革审判委员会决定个案的做法。

八 人大对司法的监督

有学者指出，目前人民代表大会对法院的监督和制约很不统一、不规范，这导致了两种结果：一是监督不力，难以对法院依法公正行使司法权产生实际作用；一是损害了法院的独立审判。有学者指出，人民代表大会对司法进行监督是合法的，但是，由于缺少权力的明确分工和监督的规范，随着人民代表大会权力的加强，一些地方人民代表大会对司法出现某些不当监督给司法带来了严重影响。人民代表大会监督司法的制度应当坚持，但必须严加限制，防止监督权的滥用。有学者建议，完善人大监督司法制度，一是应当有法律加以规范，明确监督的条件、程序、方式、范围以及监督失当的法律责任；二是应当避免对具体案件的干预，防止人大监督司法变为人大领导人批示的个人化监督。有学者认为，权力机关对司法的监督，原则上应限于对法官的任免和弹劾，如果对个案如何判决进行“监督”，就混淆了立法权和司法权的界限，降低和削弱了立法机关的权威。甚至有人提出，行政腐败也是触目惊心的，为什么人大不对行政机关的人事、财政、金融、执法等进行“个案”监督？同时，也有学者认为，人大可否对个案进行监督，在法律中找不到明确答案，然而根据现行有关法律对我国人民代表大会的性质和职权规定的精神，却是可以的。因为人民代表大会是国家权力机关，司法机关由人大产生，对人大负责，受人大监督。这种监督可以解释为对司法工作总的监督，也可以解释为对具体案件的监督。但是人大的个案监督：一要在用尽其他司法救济监督程序后，方可实施人大的个案监督，否则当事人会把人大变成第二个法院；二要避免把人大监督个案变成领导个人审批案件，而必须坚持人大集体行使职权的少数服从多数的宪法原则来进行；三要杜绝对司法案件的监督提出具体处理意见；四要避免人大代表和常委会委员以个人特殊身份影响和干涉案件，防止人大的个案监督孵化出新的司法腐败；五要抓大案要案进行监督，切忌“案无巨细”；六要注重深入全面地调查研究，没有调查，就没有发言权；七要依法进行监督，防止监督不当，导致干涉司法；八要建立救济机制，给予被监督者以向上级的法院、检察院和人民代表大会进行申辩、陈述、解释、要求重新审议等的权利；九要对个案监督建立制约机制，凡以个案监督权谋私者，或者滥用人大监督权，导致不良后果者，应当予以严惩。

飘移在两种司法理念间的司法改革

——台湾司法改革的社经背景与法制基础*

苏永钦**

一 司改的社经条件与法制基础

司法改革不仅在大陆地区和台湾地区热烈地进行着，同时也在很多国家被提上跨世纪改革的日程，全球化的发展为改革者们创造了有利的对话机会，但也凸显了司法改革在不同语境下的“不可共量性”“Inkommensurabilitat”（不可通约性）。① 因此在检验台湾司改之前，先作一点宏观的分析，应该不能说全无意义。

（一）推动司法改革背后的社会经济动力

同时在许多国家进行的司法改革，其实是在十分不同的社会经济条件下蓄积了改革的动力，并决定了改革的大方向。如果我们以司法作为实现法治的必要配套体制来切入，大体上可以把地球上正在进行的司法改革区分为以下几个类型：

第一，建立法治以非共化的前苏联国家和东欧国家为代表，司法改革在这些地区实际上是体制转轨的一部分，司法的功能因为法治作为基本国家原则的确立而重新定位，司法在国家政治力退出、社会力解放后，必须承担起

---

* 本文为作者参加中国社会科学院法学研究所公法研究中心于 2001 年 8 月 13 日—14 日在北京怀柔区举办的“中国司法改革的回顾与前瞻”研讨会所发表的论文，会后略做增删。

** 苏永钦，台湾政治大学法律系教授。

① 全球化的发展形成了所谓跨国公民社会，相关论述可参阅 Beck，Ulrich，Wasist Globalisierung，1999, Kap · 5。

维系新秩序的主要责任。① 从旧秩序下作为执行中央统制命令的一环，反动敌人制裁者的角色，改变为中立于争议，依“法”审判的第三者角色。司法改革很重要的一个目的，是巩固刚起步的市场经济，并加速它与国际经济体系的接轨。

第二，深化法治以拉美和再早一波民主化的南欧后威权主义或后法西斯国家为代表，司法改革被赋予的主要意义，在巩固民主和落实法治所追求的核心目的——保障人权。② 和前者不同之处，其经济体制并没有发生本质的改变，从而作为市场经济基础结构之一的司法原已具备，不需要从头来过，司法改革的主要方向毋宁是借政治依附性的斩断，来提升人民对司法的信赖与尊崇。

第三，简化法治以美国和西欧工业国家为代表，在这些区域进行的司法改革几乎都只围绕着一个问题打转，也就是减轻司法的负担，③ 提高司法的效率。法治的问题既不在量，也不在质。刚好相反，问题正在于法治信仰的深植，让其他传统的社会控制或争议解决机制功能日衰，司法承担了过多过重的任务，其产能却不能无限扩张，因此改革的主要方向就在司法资源的更有效分配 ④ 并寻找替代的制度或让一些既存的替代制度复苏。

第四，转化法治高度工业化的民主国家中，日本在20世纪末推动的第三次司法改革可以说独树一帜，他们是在经历泡沫经济、金融风暴后，决心落实管制革新，要把一个高度行政主导的国家改造为市场主导的国家，因此作为事后审查者的司法将替代事前规范的政府承担更多的功能，和其他高度工业国家的改革目标刚好相反，他们寻求的是司法供给面的扩大，让司法的

① 参阅 P.H.Brietzke, Designing the Legal Frameworks for Markets in Eastern Europe, 7 Transnat'l L · 35, 51（1994）。

② 参阅 Nagle, Luz Estella, The Cinderella of Government：Judicial Reform in Latin America，30 California Western International Law Journal（2000），pp.79—345。

③ 参阅 Blankenburg，Erhard，Special review essay：A Flood of Litigation Legal Cultures and Litigation Flows Before European Courts in His-torical and Comparative Perspective，16 The Justice System Journal（1992），pp.10—101；Friedman，Lawrence，Opening the Time Capsule：A Progress Report on Studies of Courts Over Time，24 Law and Society Review（1990），pp.40—229。

④ 比如德国新任法务部长就宣示要大幅调整审级功能及以独任制替代合议制，以提升资源效率，参阅 Daubler-Gmelin，Herta，Justizreform，ZRP 2000，pp.63—457。

利用更为便捷。司法不应该再是“官僚的司法”“而应该是市民的司法”。[①]

（二）作为改革基础的司法体制

与其理念如果说，社会经济条件的不同，区隔的是司法改革的大方向，而左右司法改革具体内容的，还是个别司法体制背后的基本理念。同样被称为司法，同样被认为应具有独立、中立、依法、专业、被动、事后、个案、争议等特质，在不同的国家和地区，它其实是在不尽一致的指导理念下，和其他的部门配合运作。[②] 比较法学者用法律家族来区分不同的法律传统，除了法源和法律方法，深刻的反映了不同的历史文化外，[③] 其实构成司法的各个环节——法院结构、诉讼程序、司法行政、法律职业、裁判风格等，以及其背后的基本理念，恐怕是区隔家族更重要的基因。最具代表性的英美法律家族与大陆法律家族，在司法体制上对比之强烈，与一般人熟知的法源与方法——制定法或判例法——相较，可说毫不逊色。诸如：二元（多元）或一元的审判体系，[④] 集中或分散的法律违宪审查，[⑤] 纠问或对辩程序，[⑥] 科层管理或各自为政，[⑦] 审检辩的角色分配、[⑧] 养成管理，乃至裁判的论述采三段演绎还是归纳模拟。[⑨] 两大家族差异之大，美国 Holmes 大法官曾经做过十分生动的描述：“当我们从外头观察这样一套体制时，它就像一堵石墙，

---

① 参阅戒能通厚主讲《日本之司法改革——以律师自治为中心》，《月旦法学》，2000 年第 61 期；潘剑峰：《从日本第三次司法改革看我国司法改革存在的问题》，《法学》，2000 年第 8 期；季卫东：《世纪之交日本司法改革的述评》，发表于本次研讨会。

② 从这个角度来分析司法类型，参阅 Damaska，Mirjan R.，The Faces of Justice and State Authority，1986。

③ 参阅 Cruz，Peter De，Comparative Law in A Changing World，1995，第二章有很好的整理，方法论和法源是许多作者共同强调的区分因素；从历史的角度分析可另参 Van Caenegem，R.C.，Judges，Legislators & Professors，Chapters in European Legal History，1987。

④ 最近的一次国际研讨会：Monism（s）or Dualism（s）in Administrative Law？论文刊登于 European Review of Public Law，Vol.12，No.2，2000，pp.341—850。

⑤ 参阅 Cappelletti，Mauro，The Judicial Process in Comparative Perspective，1989，pp.49—132。

⑥ 参阅 Damaska，Mirjan R.，Evidentiary Barriers to Conviction and Two Models of Criminal Procedure：A Comparative Study，121 U.Penn.L.R.，pp.89—506（1973）；Strier，Franklin，What Can the American Adversary System Learn From an Inquisitorial System of Justice？ 76 Jud-icature pp.109—110，pp.62—161（1992）。

⑦ 详见 Damaska，Mirjan R.，前注 7，pp.16—46。

⑧ 参阅 Griffiths，John，Ideology in Criminal Procedure or a Third “Model” of the Criminal Process，79 The Yale Law Journal（1970），pp.359—417。

⑨ 参阅 Cruz，前注 8，chap.8；朱苏力也曾对普通法系和欧陆法系的裁判风格做了比较，请参阅所撰：《判决书的背后》，发表于香港大学法律学院与北京大学法学院法学研究中心联合举办“司法改革与法制发展”研讨会，2001 年 1 月 11—12 日。

从每一部分到它的整体都难以穿透……但对在墙内成长的人而言，任何轻重的微小变化、隐含的假设、不成文的习惯，以及千百种从每天生活中受到的影响，都让他体会到其中的价值，只可意会，而不是从任何书本的文法逻辑可以推演出来的。”①

也许我们可以用中国法家所说的“定纷止争”来说明两种司法理念的基本差异，一偏重定分，一偏重止争，换成西方的观念来说，就是一以客观秩序的维护，一以主权权利的保障为其主要功能。欧陆的司法属于前者，英美的司法则属于后者。② 这当然不是说欧陆的司法不重视人权，或英美的司法完全不考虑个案裁判的外溢效果，但在前者的法律传统之下，独立于行政立法、中立于争议双方的司法，始终还是国家的一个部门，法院“以人民之名”作成的每一个判决。③ 只是实定法体系再一次的操作，再一次的排除了法律秩序中的逆反状态，法官作为法院的成员，和其他公权力一样是实定法秩序的忠实维护者——唯一的差别是他只在法律之下，而行政人员则还受他所“司”之“法”（Rechtsprechung）的拘束。而检察官代表的是“国家的法律意志”（Rechtswille），也不同于行政人员所代表的“权力意志”（Machtwille），④ 他们和法官一样有发现真实的义务，甚至可以在接到法官的裁判后角色颠倒的为被告利益上诉。律师则是“在野法曹”，法律绝对不会为了他举发当事人的犯罪事实而对他施以处罚，他们提供的法律服务，也因此不能完全听由自由市场来决定对价。欧陆的司法和他们在政治上实施的国会内阁体制有点类似，审检辩之间功能性的分工远大于真正的分权，法律的实现才是所有角色最终共同的关怀。欧陆的司法几乎都在科层式的行政管理下，目的也是让司法资源的分配公平而有效率，客观法秩序透明而有序的运作。

相对于此，美国的法官不仅独立于行政立法，而且不在任何科层式的行政管理之下；不但中立于争议双方的利益，而且中立于事实重建的整个过程。他只负责维持双方对决的程序公平，并在陪审团认定事实后，做出最后

---

① Diaz v.Gonzalez，261 U.S.102，106（1923）.

② 与本文所采用的二分法最接近的就是 Damaska，Mirjan R.，前注 7，认为科层结构的司法和协调结构的司法都有止争和定分的功能，惟方式和效果不同而已，参阅该书第四、五、六章。

③ 德国法院判决传统上都在页首印有“以人民之名”（Im Namen des Volkes）字样。

④ 参阅 Kintzi，Heinrich，Staatsanwaltschaft-objektive Beh ? rde und Anwalt des Staates，DRiZ 1987，457ff。

的法律判断。独立与中立性的强调，使英美法传统下的法官几乎没有公务员的色彩，而且与法律的专业没有绝对的关系，超过3万人的和平法官是英国司法的重要支柱，① 香港司法到今天都还依赖“外国”法官。英美的检察官是争讼的一方，不是司法权的一部分。职业伦理更要求律师百分之百的忠于当事人，尤在法律之上。它的对价就是律师服务的完全市场化，配合诉讼费用的“内部化”（由当事人负担），美国的司法实质上已经变成一个交易金额极为庞大的市场，大到每300个人可以供养一个律师。美国司法的争议解决取向，也反映在当事人处分空间之大，而且不仅以民事与行政事件为限，连犯罪的追诉也不例外。美国人完全知道什么时候该进场争取正义的伸张，什么时候已经超出他的负荷而该退场，像微软诉讼背后天文数字的律师费用，对采取费率管制的欧洲律师而言只存在于梦中。因此从各个角度看，司法维护客观法秩序的功能都远不及解决争议，与其说它是一个政府部门，实不如把它看成一个争议解决的自由市场。②

只有当掌握了基本理念的分歧后，我们才能理解为什么两种司法体制在“每一块石头”都有这样那样的差异，外观上同样坚固的城堡，实际上是用这些不一样的石头叠砌起来的。而司法改革只能在既有的石头上重新堆砌，改革者最好不要想在空中筑梦。

（三）全球化凸显体制差异也促成了对话

这样看起来，全球有志一同的司法改革，其实是在完全不同的轨道上，各自朝不同的方向进行。有的改革是要打造现代意义的司法，有的改革却是要冷却过热的司法。即使方向相同，改革者提出的计划仍可能因为司法体制的迥异，而南辕北辙。故当欧洲的法界访客盛赞中国社区调解机制时，北京的司法改革者应该知道中国的问题不在司法的替代，而在被替代的司法。意大利和之前的许多拉丁美洲国家花了很大的力气把欧陆纠问型的刑事诉讼修

① 根据1994年的统计，全英国只有650位担任高等以上法院的全职法官，有约300位地区法院法官，1500位兼职法官，89位全职的荣誉法官和超过30000位的非专业的和平法官，参阅Abraham，Henry，The Judicial Process，7ed.，1998，271。

② 美国50个州就是50个法院类型的实验所，因应社会争议的大量需求，《时代杂志》曾报导加州的出租法院（Rent a court），最近《纽约时报》还报导密歇根州正在研拟一种网络法院（cyber court），让全部诉讼程序都在计算机网络上进行，可参Belluck，Pam，Michigan Considers a Cyber court，Feb.22，2001，http//www.nytimes.com/2001/02/22/technology/22CYBE.html。

改成英美对辩型的刑事诉讼，几乎完全没有达到改革的目的，① 则说明在不同司法体制基础上换轨行驶的不易。但另一方面，全球化的发展又不仅为不同方向的改革者提供了经验与创意交流的绝佳契机，而且全球化隐含的去中心化，跨国境社区或社群的形成，也迫使不同的法律家族积极展开对话，寻找不同脉络下的普遍性。所以我们看到美国的法院管理革新运动，在德国法官之间引起激烈的争辩；② 法国律师早已按照美国的行情向美国公司收取费用。欧洲法院的运作，则证明两大法律家族的司法理念不是完全没有异中求同的可能。③ 因此今天的司法改革者，一方面要精准掌握改革的条件语境，另一方面必须开放心灵，扩大与其他改革者的对话，学习别人成功与失败的经验。以下就是出于这样的想法，简单的谈一谈台湾司法改革的现况。④

二 台湾地区司法改革的挑战与响应

（一）必须同时深化法治与简化法治

推动台湾地区司法改革背后的社会因素，可以说相当复杂。用前面分析的类型来看，司法改革的诉求发生于台湾民主化的过程中绝对不是巧合，司法被当成威权体制的一部分，人权没有得到足够保护，和司法的不够独立，确实不能说全无关系。因此和拉丁美洲、韩国一样，推动司法改革有一股很重要的动力，就是来自政治民主化，很多人希望借司法独立的强化来辅助民主化。从另外一个角度看，也就是在形式的法治基本上已经完备之后，借司法和政治的脱钩，更实质地落实法治。但除此以外，和欧美高度工业化的国家和地区类似，台湾的各类诉讼案件从十年前开始暴增，司法产能呈现饱和，任何资源的增加似乎都追不上案件的增长，显示社会的多元化发展，以及传统社

---

① 参阅 Pizzi/ Marafioti，“ The New Italian Code of Criminal Procedure：The difficulties of building an adversarial trial system on a civil lawtrad-ition”，17 The Yale Journal of International Law（1992），pp.1—40；Fabri，Marco，“Theory versus Practice of Italian Criminal Justice Reform”，77 Judicature（1994），pp.211—216；Grande，Elisabetta，“Italian Criminal Justice：Borrowing and Resistance”，48 AmJ.C.L.（2000），pp.59—227；Nagle，前注 3，358。

② 反对者为巴伐利亚司法部长 Hermann Leeb，赞成者为汉堡司法厅长（后被任命为宪法法院法官）Hoffmann-Riem，其正反论点可参 DRiZ 1997，pp.93—287。

③ 参阅 Koopmans，Thijmen，“The Birth of European Law at the Crossroads of Legal Traditions”，39 Am .J.C.L.（1991），pp.493。

④ 对最近十年司法改革比较完整的评论，另请参阅苏永钦：《反思台湾司法改革的经验》，发表于前注 14 研讨会。

会控制机制的失调，都已使得司法担起了“不可承受之重”。因此尽管实质上还不能算是高度法治，台湾已经深受过度法治之害，而有必要朝简化法治的方向去改革。不同发展阶段的两种法治问题交叠出现，还不是问题的全部，如果我们再仔细的为台湾司法把一下脉，会发现脉象之错综复杂，尤不止此。

先说独立的迷思。审判独立是现代司法不移的原则，但此一原则的落实需要许多外在条件的累积，不是一蹴可就。包括纳粹德国和二次大战后的日本在内，许多的外国经验告诉我们，司法不够独立是政治不够民主的必然结果。① 期待司法变成政府中的“灰姑娘”，不仅不受制于政府，反倒去促成政府的民主，是多么的不切实际。独立的司法充其量只能在民主化获得初步成果之后，发挥一点巩固的作用。然而另一方面，就司法体制而言，独立的保障有其合理性的极限，独立不是司法唯一需要维护的原则，过度保障独立很可能降低司法的效率——包括生产效率和资源配置效率。因此非常诡异的地方是，当政治不够民主而改革者期待以提升独立保障的手段来加速民主化时，成果通常十分有限，拉美国家司法改革乏善可陈就是最好的例子。一旦民主政治臻于成熟，司法独立基本上已经不是问题时，再一味提高独立保障又往往会妨害司法真正需要的改革。台湾地区的司法改革诉求提出于民主化未完成之际，因此司法权的独立被摆在最优先的次序，真正开始推动司法改革却是到了民主化已经完成以后，改革者并没有意识到此一情势的变迁，遂造成了方向上的重大偏差。司法院审判机关化被领导改革者认为是审判能否独立的指针，殊不知此一组织的调整，竟开启了司法体制的连锁调整，从一块石头的搬动演变为整个城堡的重建，恐怕是许多人始料不及的。②

这当然不是说台湾地区的法治已经没有“质”的问题。人权作为法治的核心，在早年构建整套司法组织和程序时，并没有受到重视，所幸这方面的先天不足，经过最近十多年大法官的努力，已经得到相当改善。不能保障人权的司法程序只是徒具其形而已，这方面的认知在台湾已经相当深刻。③台湾到今天仍然明显不足的，还是社会对于法治的真实信仰，包括对于基本

① 西班牙的经验，可参 Toharia，Jose，Judicial Independence in An Authoritarian Regime：The Case of Contemporary Spain，Law and Society（1975），pp.96—475。

② 详参苏永钦：《司法改革的再改革》，1998，第四章。

③ 参阅翁岳生大法官于接任司法院长前发表的一篇纪念“宪法”施行 51 周年的讲话“建立以人权保障为基础的民主政治——司法院大法官释宪制度在民主改革过程中扮演的角色”（1998 年 12 月 24 日），刊登于“司法院”公报 41 卷 1 期，1999 年 1 月，第 9 ~ 14 页。

法律内容的认知和对于法律适用结果的基本认同，在多次调查中都显示十分欠缺。这和威权政治体制的关系不大，而和法律非自本土成长毋宁更为相关。换言之，台湾地区的法治问题根本上还是法律文化的问题，法律制度的移植不难，制度下面的价值观要和被移植社会的价值观契合，则需要施以相当大量的教育，包括言教和身教，就此而言，香港反而占了较大的优势。在西方社会不被质疑的一些法律观念和被高度信任的法律职业，到了台湾的中国人社会，却一直到今天都没有取得相同的地位，传统上统治者把法律当成治术，对人民而言，明法也只是为了趋避触法，法治绝对不是理想的生活方式。司法改革如果掌握这个关键问题，而且体会到司法其实正是深化法治最有效的工具，法官、检察官和律师透过他们的法庭和法庭外活动就可以成为最好的法治教育者，则改革可以用最低的成本达到最高的效果，很可惜今天领导改革者，宁可花大成本作制度改革，而规避了更急切的“文化改革”。

法治没有深植社会成为人民的生活方式（way of life），反而成为知法者的工具，是法治浅薄的一面，但浅薄的法治同样可以过度发展，而使司法不胜负荷，台湾的情形正是如此。调查显示，人民虽然对司法只有相当低度的信任，[①] 但当社会已经发展到一定程度，而人们除了上法院没有太多选择时，司法机关仍然可以被大量的案件搞瘫痪，司法人员频频传出“过劳死”。而糟糕的是，信任只会因为司法给付的更粗糙而更难提升。因此改革者在思考对策时必须把质和量的问题放在一起配套规划，而不能拉开两条战线，互扯后腿。这样高难度的挑战，是欧洲、美国乃至日本的司法改革者不能想象的，需要改革者集中事权，作短中长期的周密规划，把有限的改革资源投入最需要的地方，而始终维持司法体系正常的运作。换言之，台湾更需要有擘画、执行能力而且可以负责的司法行政。令人匪夷所思的是，在“司法院审判机关化”的口号催眠下，1999 年“司法院”召开的司法改革会议竟达成共识，未来将把这样一个沉重的工作，交给改制后同时职司各种事件终级审判

① 参阅苏永钦 :《当前司法问题的症结——第二次民众“法律认知及态度”调查结果分析》，收于《司法改革的再改革》，1998，第一章 ; 较近的则有李宗薇教授受“法务部”委托所作的《国人法治观念认知程度之调查研究》，完成于 2000 年 3 月，受访者对于法院的整体满意程度，正面的占 37.6%，负面的占 36.6% ; 相信法院审判公正的占 55%，不相信的占 34.1%，详阅期末报告，第 69 页、第 71 页 ; 即使司法院自己作的大规模调查（有效样本 4500），对于到法院可否得到伸张正义的判决，只有 38.2% 表示肯定，37.3% 则持否定，另有 24.5% 表示不清楚，参阅“司法院”统计处编印 :《一般民众对法院服务满意度调查报告》，2001 年，第 14 页。

的“司法院”。从过时的问题意识，导出过时的响应方案，让人对台湾司法改革的前景，很难乐观。

（二）变法以来最大规模的体制转轨

依前面的分析，司法改革的正常程序，应该是先审视所处社会经济发展阶段，确认法治的问题所在，然后从其司法体制出发思考改革的着力点。司法体制的改革不是目的，而是手段；而且基于体制稳定的考量，不应该是唯一的手段。体制的环环相扣，从人员、组织、程序到管理，必然在某些指导理念下串联运作，使得改革几乎都是在体制内做小幅度调整，德国法官协会不过试探性的提出把社会、财税审判权和一般的行政审判权合并，劳工法院则和普通法院合并的构想，已经被认为过于天真，且立刻招来各方的抵制，[①] 至于是否干脆改采一元审判体系，根本没有人敢作此想。[②] 意大利在1989年把刑事诉讼的指导原则朝向当事人进行的方向修正，也被认为是全欧洲幅度最大的司法改革。[③] 道理很简单，法治的问题都是源于社会的变迁，而造成司法体制在某个环节上出现失调，不是整个体制突然和它所规范的社会都不能合套；因此除了国家体制全盘转轨，而带动司法的转轨外，司法改革自然会限制于原有体制内的功能调整。只要有最起码的务实精神，都会理解和同意这样一种本质的界限。

但台湾地区在这两年推动的司法改革，包括诸如：多元的审判体系改变为一元，集中的违宪审查改变为分散，刑事诉讼从职权调查主义朝当事人进行、严格证据原则调整，法官也将从考选派任改变为从检察官、律师、学者中遴任，从行政监督改变为社会评鉴等等，再加上周边的改革，如废除法官的官职等、判决书附具不同意见书等等，可说将彻底改变原来的“司法权”定位，“法院”的理念，“刑事诉讼”的社会功能，乃至“法官”“检察官”“律师”的角色功能。实际上就是把一个典型的大陆法系司法体制，朝向英美法系的司法体制调整，可说已接近全盘改革（holistic reform）的规模，而且计划在十年内全部完成！这样大的改变实际上是由“司法改革会议”在短短三天就达成所谓“共识”，而交给“司法院”去执行，到今天没有任何人能负责任地说清楚：为什么要在司法体制上作这么大幅度的改革，凭什么

① 参阅德国法官杂志 DRiZ 的报导和评论：1998，264f.；505；1999，6f.；50f.；139。

② 参阅 Eichberger，Michael，Monism or Dualism？，in 前注 9，398。

③ 参阅 Esser，Albin，Entwicklung des Strafverfahrensrechts in Europa，ZStW 108（1996），87。

让人相信，法治的质与量问题经过这样的全盘改造，就可以得到相当程度的改善。更多的迹象显示，体制改造只是从“司法院审判机关化”的口号“逻辑衍伸”的结论，很多人甚至没有意识到这里改变之大，一如为了配一双新袜子而换掉整套西装。①

事实上，现在的情况正如前面所说，一旦改革者订定了宏伟的目标，义无反顾地投入执行以后，已经没有人再去问改革原来的目的是什么，因为改革制造的新问题已经多到难以应付。偏偏司法和医疗的制度改革一样，必须面对每天有人生病的事实，因此任何改革只能“徐徐图之”，有点像已经中渡的木舟，舟上的人只能慢慢移位，既不能停止行进，更不能让船翻覆。全盘改革的问题还不只是想快却快不得，环环相扣的体制，任何一个环节的调整出了状况，都可能卡住全部的改革进程，而造成进退失据。台湾地区正在进行的司改，不容许在修宪的时候出错，也不容许在立法的时候开花。检察部门的抗拒必须克服，律师方面的支持也必须到位。任何一环卡住，都会比不改的时候还糟。“过渡”的问题还不止此，过渡几乎必然要经过“混合”，所以在过去两年开始推动的期间，我们看到了种种光怪陆离的混合制：“刑事诉讼法”把法官调查证据规定（第 163 条）从“应”调查修改为“得”调查；② “高等行政法院”刚刚完成建制，从法官来源到诉讼程序都和民事诉讼有了进一步的区隔，“最高行政法院”又将被“一元化”形成下级多元、上级一元的奇怪结构；到了 2003 年底，“司法院”更将变成由一百多位由特任和非特任的各种终审法官组成的司法大杂院。③ 这些混合有的是经过评估必要的过渡制度，有的其实只反映了改革者难以割舍旧制既有的成效，而想左右逢源的心境。比如得调查证据既不能落实法官发现真实的义务，也不能

① 事实上，整套改制的切入点就是“司法院审判机关化”，而其主要理由就是“司法院不应凌驾于最高法院之上”。虽然“司法院”坚决否认它曾干预最高法院的审判，也没有任何倡议改制者主张司法院在体制上有干预审判的空间。“最高法院”的终审权既无被侵害之虞，“凌驾”显然只是一种不当的描述，此一提法却忽略了司法行政机关和终审机关“分离”，其实在多数民主国家正属常态，为了避免“凌驾”而由终审法院兼理司法行政的，反而只见于日本等少数国家。然而真正可怕的，是司法院审判机关化造成其他司法体制的连带改变，几乎没有经过任何较为深入的评估与讨论，详参前注 27 文。

② 刑事诉讼法学者的讨论与批评可参阅林山田主持：《刑事诉讼法改革对案》，2000 年，第 117 ~ 182 页。

③ 可参阅笔者在司法改革会议所提的书面意见：《缺乏理念的体制混合——一元多轨制方案将使司法院变成功能混乱的司法大杂院》，收于“司法院”编印：《司法改革会议实录》下册，1999 年，第 151 ~ 180 页。

提升他的中立形象，会不会两头落空？一元化审判体系是建立在一个完全中立的法院理念和司法入口的简化上（需求面取向），多元化审判体系则强调法院的专精与司法给付的效率（供给面取向），上下游结构不同的行政诉讼审判体系，既不能贯彻专精化的司法理念——下级高度专业的法官可能不服终审法院不够专业的判决，也不能贯彻单一窗口的司法理念——人民还是可能跑错法院，混合到底成全了什么？若说混合只是过渡，为什么不在“高等行政法院”刚开始运作时并入普通法院，而要等它运作一段时间以后再改，徒增观念的错乱与反改革者的抗拒？事实上，“司法院”推动的刑事诉讼理念与刚完成的行政诉讼改革之间，也存在着某种难解的矛盾：如果刑事诉讼强调法官角色必须更中立，真实发现的重任必须下放给争议两造是对的，为什么新的行政诉讼法又往职权调查的方向走，同样是以国家为对造，难道在刑事诉讼程序当被告的人民，和在行政诉讼当原告的人民，对法官的角色果真会有如此不同的期待？这些因为转轨不彻底而制造出来的新问题，还将在未来几年持续困扰台湾地区的司法。转轨的决定，实际上已使台湾地区司法陷入了极大的不确定。

（三）以调整法律违宪审查制度为例这里可以再就司法院审判机关化后，法律违宪审查权如何行使的问题来说明这样的困境

原来台湾地区在“宪法”上就规定得很清楚，是由司法院大法官掌理法律的违宪审查（“宪法”第 171 条），大法官也曾明确的解释，各级法官不得在审判中对法律作附带的违宪审查，如果有违宪的质疑，只能停止审判申请大法官解释（第 371 号解释）。但那是在“司法院”不直接行使民、刑、行政事件的终审权所作的设计，一旦“司法院”取代“最高法院”和“最高行政法院”成为单一的终审法院，而不再是专司宪法解释的机关，又怎能继续独占宪法审判，而禁止下级法院行使违宪审查？换言之，采一元审判体系的国家由各级法院法官行使违宪审查（“分散审查”），采二元审判体系的国家另设宪法法院专司违宪审查（“集中审查”），好像已成体制的必然结果。但“司法院定位推动小组”在面对这个重大的政策转折时，又开始踌躇不定，对于行之有年、成效卓著的大法官解释制度依依难舍，最后决定一方面保留现制由“司法院”大法官继续行使抽象法规违宪审查，另一方面明定“司法院”以下各级法院法官均得于具体个案中拒绝适用其认为违宪的法规，发明了在一元审判体系下集中与分散并行的混合设计，问题是：这种混合究竟可集两制之利，还是只会集两制之弊？事实上，以美国为典型的分散审查模式，与以德国为典型盛行于欧洲的集中审查模式，各有其成因、理念，乃至不同的社会条件、法制配套，故虽利弊互见，各有千秋，建制者仍须先深入评估本身的条件与法制兼容性，而不能只从两模式的利弊去做选择。日本在大陆法系的基本架构下勉强继受美国的分散审查模式，却明显不见分散模式的成效，就是最好的例证（迄今还没有任何一个法律被最高法院认定违宪）。[①] 为省篇幅，以下仅以三个简表来说明两种违宪审查制度的特色、利弊与其背后因素的分析：

两种违宪审查模式的特征比较

表 1

美 国 模 式	欧 洲 模 式
所有法官皆有审查权，未特设机关	专设法院或机关，独占法律违宪审查
审查者为一般法官，受相同保障	审查者由特殊管道产生，与法官保障不同
审查原因限个案审查	除个案争讼外，可就规范违宪疑义抽象审查
审查依一般诉讼程序	审查程序异于一般诉讼程序
认定违宪法律仅在系争案件不予适用	认定违宪法律发生无效或其他的一般性效力
违宪认定就个案当然有溯及效力	违宪认定一般地发生溯及或向后的效力

两种违宪审查模式的优缺点比较

表 2

模式评价	美 国 模 式	欧 洲 模 式	模式评价
优点	1. 纯度 2. 深度 3. 广度 4. 和谐	1. 违宪审查机关性质复杂，不易定位 2. 非与个案争讼结合的抽象审查在宪法内涵的探索上较欠缺深度 3. 非如分散审查触及社会问题层面之广 4. 司法体系内部因特设释宪机关而易与普通终审法院发生冲突	缺点

① 参阅 Lijphart 最近所作有关司法积极主义的比较研究，日本被列为司法制衡功能最弱的国家之一，参阅所着 Patterns of Democ-racy，2ed.，1999，pp.226；违宪审查模式相关的社经因素不全然与两大法律家族的划分因素相同，此所以英国虽为普通法系的鼻祖，但因坚守“国会至上”传统，且迄无成文宪法，以至到今天对法律的违宪审查还多所保留。不过在“欧洲化”的大趋势之下，工党政府已倾向建构一个具有某种宪法审判权的最高法院，可参 Brazier，Rodney，Constitutional Reform，Reshaping the British Po-litical System，2ed.，1998，pp.82—178。

续表 2

模式评价	美 国 模 式	欧 洲 模 式	模式评价
缺点	1. 容易造成法律适用的混乱分歧 2. 法律效力可能须经相当长时间才告真正确定 3. 以一般诉讼程序审查法律合宪性，不易纳入各种信息及观点 4. 职业法官较缺乏对法律背后公共政策的了解，及形成共识的说服力	1. 统一 2. 时效 3. 周延 4. 稳妥	优点

影响采取分散或集中审查模式的因素

表 3

倾向因素	有利于采分散审查	有利于采集中审查
法律文化	问题取向（Topic）	体系取向（System）
国家结构	单一国或同构型高的联邦国	新国家或异质性高的联邦国
国会地位	国会在体制上无特别优越地位	国会在体制上有特别优越地位
司法高权	地方有司法权	司法权属中央
法制渊源	具高度影响力的国家采分散审查	具高度影响力的国家采集中审查
宪法传统	无独立宪法审判传统	有独立宪法审判传统
法官出身	法学教育外有丰富社会历练、选任经民主程序	经考试训练产生，选任未经民主程序
司法体制	司法一元化，终审法院不分庭	司法多元化，终审法院分庭
法院程序	较具开放性，第三人有参加管道	较少开放性，非当事人无参加管道
先例拘束	采先例拘束原则	不采先例拘束原则

就台湾地区的社会与法制现况而言，以上附表 3 的 10 个因素大多不利于采分散审查制，故行宪以来由大法官独占对法律的违宪审查与权限争议的解释，起先虽因民主政治未落实而看不出效果，等到社会走向多元开放，民主宪政开始落实，大法官的违宪审查功能不仅日益显著，而且事实上也是加速民主化的重要推手，若说已成为亚洲实施集中审查制的一个典范，恐怕都不为过。① 所以推动改革者才会觉得弃之可惜。然而混合是否真能集两制

① 到 2000 年年底为止，大法官共做成 105 件有关法律是否违宪的解释，其中被宣告违宪的多达 35 件（含第四九九号宣告修宪条文抵触宪法中具有本质重要性的规定而全部失效一件），比例高达 33.3%，共有 34 个法律被认定违宪，这还没把基于司法自制，仅对违宪边缘的法律提出警告者算进去，否则更为可观。

之长呢？乍思之下，开放法官对于法律违宪疑义也有认定之权，可鼓励人民在诉讼中质疑法律，使宪法深入社会生活；另一方面，保留大法官释宪，又可有使违宪争议定于一的效果，过去大法官建立的释宪传统和社会威望，也不至中断，似乎确实不冲突。但两制并行，同时也暴露了两制之短，分散审查最大的缺失，是使“国会”通过的“法律”可能在相当长的时间，因为不同法院或法官间对于违宪与否的认定不同，而陷于混乱。现行法下，法院对于法律以外的法源，如行政命令、判例，虽也有附带审查而不予适用的权限，但与法律相较，由于大陆法系的方法论是以制定法为中心，法律一旦被认定无效，其他相关法源均将受其影响，与命令、判例的认定违宪而不用，尚不能相提并论。此一缺失在混合并行制下，并不能获得多大改善，因为如上所述，当审判体系改为一元，“司法院”审判机关化后，即使保留大法官的抽象释宪权，制度上也不太可能再容许人民和法官在个案审判中“飞跃”声请为法律违宪的解释，唯一可以提早发动释宪，结束法律有效无效的混乱状态的，只有机关和立法委员的声请。但二者仍须符合“行使职权”的要件，实务显示，由机关或“立委”发动的违宪审查和人民、法官发动者，鲜有重叠，后者几乎都与人权有关，前者则多涉机关分权问题。由此推论，采并行制必然引起的法律混乱隐忧，不会因保留大法官集中审查而降低。另一方面，集中审查制最受诟病的，就是抽象审查及一般效力对于司法机关、程序的“异质化”，此一指摘不但因为大法官保留集中审查制度——不论决定的形式维持解释或改为裁判——而未改善，且因大法官兼理民、刑、行政事件的终审诉讼，反而会受到更大的质疑。

这是从并行的弊来分析，两制的缺失未因并行而相抵，反而有加重之虞。若再从并行的利来看，集中审查制最大的优点，是法律效力的安定，也较符合大陆法系对于立法、司法分权的基本理念，这个优点却将因并行而消失，已如前述。分散审查制最大的优点则是法官释宪权的普遍赋予可凸显司法权的一致性，并使“宪法”深入社会生活。采两制并行的结果，将使大法官独占的抽象解释权，理论上仍高于审判权，而随时可像立法权一样排除下级法官的法律适用，造成司法权的异质化。只有“宪法”深入社会生活这一点，不会因两制并行而打折扣。但集中审查制为吸收此一优点所建立的法官声请程序，自“释字第 371 号”解释后也已正式引进，虽不能完全达到分散审查的相同效果，仍大幅缩短了两制的差距，此一优点却与分散审查制的优点完全重叠，而于改采并行后势必废除。足见两制并行的结果，在优点方面，不是相抵而降低，就是重叠而无任何增益或相乘。

故利弊加总的结果，两制并行反而是集其弊多于集其利，既较集中审查的现制为劣，也不如单纯改采分散审查。"司法院"为什么决定采行这样奇怪的混合制度，唯一的理由，就是违宪审查的改制纯粹只为了配合审判体制的改变，对于改制有着太多的不确定。然而犹疑不决的结果，只是一再追加改革工程的成本，弄出来的东西反而更是不伦不类。最根本的原因，还是改革者没有搞清楚司法体制一环扣一环的本质。从更换一个石头，演变为必须重新堆砌一个城堡。

（四）回到问题，在既有基础上改革

本来不管黑猫白猫还是杂色的猫，能抓老鼠的猫就是好猫。但台湾地区正在进行的司法改革，很像一只追着尾巴打转的猫，精力耗尽，老鼠依旧猖獗。因为问题根本不在台湾地区采行了100年的欧陆司法体制，而在社会还没有成功的发展出可以接纳这套体制的法律文化。如果人们的脑袋不改，花了再大的力气去把体制改成同样非本土的英美制，包括修改专业法律人的脑袋，疏离还是疏离，人们真的会因为法官、检察官和律师的角色改变，就比较相信司法的公正？如果人们对于所谓的程序正义欠缺基本的信仰，对于"毒树果实"理论嗤之以鼻，对于律师的职业没有源于传统的亲近感，对于认罪协商（plea bargain）更是全然不能接受。① 这样硬生生、横柴入灶式的转轨，会不会徒然使法治的问题有如雪上加霜——包括法治的信仰和司法的负担？

因此在我看来，台湾地区的司法改革必须立刻改弦易辙，回到问题，在既有的法制基础上进行改革。改革的重点应该放在司法的"社会化"设法让司法本身承担教育的功能。② 制度面的调整，应该把重点放在法治的"简化"制度改革必须精算成本效益而不能好大喜功，事实上大部分现在进行的调整，都可以用较少的成本获得更大的成果。比如建构所谓"金字塔型诉讼结构"的想法，目的无非在于更有效地利用审判资源，则不变动多元的审判

---

① 对于信仰实体正义超过程序正义的国家，像认罪协商这样的制度因为技术上无法保障实体的公平，几乎注定失败，西班牙和意大利都是前车之鉴，参阅Schünemann演讲稿，许玉秀译，《美国刑事诉讼法在世界上的优势地位》，载《刑事法杂志》，第36卷3期，1992年，第72页。

② 从这个角度看，"司法院"推动的改革中，真正具有建设性，成本反而最低的，就是先后由王泽鉴大法官与"最高法院"纪俊干庭长担任召集人的裁判书通俗化研究推动小组。

体系同样可以达到目的，也就是以普通法院“行政法院”并立的金字塔群来替代建立单一金字塔（一元化）的巨大工程。① 事实上在调整三个审级的功能以前，只要参考多元体制的欧陆国家做法，在多庭的终审法院实施专业分庭，已经可以大大提升审判品质与效率，改革的成本远低于拖泥带水、遥遥无期的一元化改革。又比如前面花了很大篇幅谈的违宪审查制度，现阶段最多也只需要针对较明显的缺点，包括：抽象解释因非建立于具体争议上，可能与生活脱节；解释结果常予人争点模糊，解释效力也不明确之感；人民声请法律违宪解释仍须等待漫长诉讼程序结束等等，分别加以改善即可。由于“大法官第 371 号解释”所建立的法官声请制度（德国称之为“具体规范审查制”），基本上已相当程度改善了第一和第三个缺失，只要再修法以裁判代替解释，第二个缺失也可以得到相当改善；针对影响人民权益重大且急迫的情形，还可以修法使利害关系人在法院未裁定停止审判时，即得自行声请大法官对法律违宪疑义作成判决。大幅更张可以说全无必要。②

没有人说，台湾地区的司法问题还不够严重。但正因为冰冻三尺非一日之寒，改革者更应该准确地诊断病因，对症才下药。改革当然需要魄力，但改革的魄力若不能用在务实的方案上，而只一味求变求新，台湾地区的司法恐怕不只是重蹈意大利的覆辙而已。

三　旁观大陆司法改革的几点浅见

海峡两岸的司法改革可比较之处不多，大陆和前苏联解体以后的欧亚新国家，反而有较多类似与不同之处。类似的是来自市场经济的强烈法治需求，以及基于马克思主义法律哲学建构的法制，不同的则是政治体制改革的方向。尽管在建立法治的过程中，两者仍然各自受到种种社会经济条件的制约，但基本上对于不同的司法制度，乃至司法理念，这两个进行转轨改革的地区，比起早已配合市场经济建构了司法体制的其他地区，如台湾地区，还

① 参阅笔者的意见书：《金字塔的理念与迷思——一元单轨制是成本最高效益却最不可期的体制调整方案》，载“司法院”编印，《司法改革会议实录》下册，1999 年，第 1496 ~ 1509 页。

② 参阅许宗力：《大法官释宪权行使的程序及范围——从大法官审理案件法与修正草案之检视谈起》，载《宪法与法治国行政》，1999 年，第 87 ~ 130 页。

是有较大的选择空间。[①] 20世纪90年代美国和欧洲的法学家络绎于途，各自兜售他们的法院体系、违宪审查、司法管理、刑事诉讼等等，可说各擅胜场，[②] 整体而言，却还是西欧的司法制度得其近水楼台的人和地利 [③] 但是许多调适的问题仍然困扰着这些转轨国家。[④] 作为一个连基本认知都不足的旁观者，以下几点只能说是出于参与两岸交流的热诚与义务，所提的浅薄看法，姑妄言之、妄听之即可。

（一）司法专业化应列为当前改革重点

依法治国的指导原则和蓬勃发展的市场经济是不可分的，市场经济吸引广大人民投入市场，开始独立经营、自负盈亏，这时彼此之间的行为，乃至国家机关的作为，有一定程度的“可预期性”就变得非常重要，除了法治，没有第二种规范模式足以承担这个功能。而法治的核心，也就是一套碰到争议可以站在第三人的地位“依法”来裁判的司法制度。如前所述，解决争议其实还只是司法的显性功能，更重要的，是司法制度的存在而且有功能本身，即足以强化人民行为和国家作为的可预期性，从而也降低了市场的防险成本，调高了每个经营者的积极性。问题在于司法怎样才能发挥功能，如果因为司法人员的专业训练不够，法律的操作变成完全不可测，其他什么都不必谈了。中立于争议，独立于国家其他部门，当然也非常重要，但司法人员的专业化，毋宁是建立现代司法，告别巫师式审判更关键的第一步。如果再考虑到审判独立原则在制度上的落实有诸多复杂之处，以及专业程度提高同时即有防阻不当干预的效果，更可说明专业化的迫切性。从这个角度来看最

---

① 不要误解我的意思，大陆地区司法的转轨工程在规模上无论如何是大于台湾地区的，这里说的是选择的空间。台湾地区果真要从一个已有百年历史的欧陆法制转轨到英美法制，必须付出巨大的转轨成本，效益却十分不可期，因此是一个大好或大坏的选择。大陆地区的转轨是从一个苏联式的司法体制转向欧美式的司法体制，工程虽大，但终究是大势所趋，至于欧或美的选择，相对而言反而没有那么大的差异。

② 参阅 G.Ajani，By Chance and Prestige：Legal Transplants in Russia and Eastern Europe，43 Am.J.C.L.（1994），93；U.Mattei，Why the Wind Changed：Intellectual leadership in Western Law，42 Am.J.C.L.（1993）195。

③ 比较法学者如 Quigley 根本认为社会主义法制就是欧陆法系的分支，从实体法的制度到程序、组织、方法论等，基本上都以欧陆法为基础，可参 Socialist Law and the Civil Law Tradition，33 Am.J.C.L.（1989），800，803。

④ 比如今年在匈牙利布达佩斯举行的第九届国际司法会议（主办单位为 The Center for Democracy），捷克的代表，最高法院法官 F.Duchon 就谈到司法改革的挫折，各级法院包括最高法院在内可说全无独立保障，更别谈法官自治，前法务部长还因国会未通过改革计划愤而辞职；亚美尼亚提出的司法改革报告则细数贪渎、旧官僚的反弹、公众对改革的冷漠等等，详参其书面报告 Judicial and Legal Reforms in the Republic of Armenia（迄未正式出版）。

近统一司法考试的决策，方向绝对是正确的，进一步的养成训练应该是另一个重点。①

（二）国家体制中给予明确的功能定位

司法无论如何是国家体制的一部分，因此正值体制调整之际，司法制度的设计难免跟着浮动，甚至被赋予某种辅助体改的工具意义。经验却显示这类期待是不切实际的，作为国家“最不危险的部门”（the least dangerous branch），② 司法永远不可能扮演体改急先锋的角色，而只会被动的反映体改的成果。因此在党政分离已经一定程度上获得实现，严格意义的分权却还完全不被接受的现阶段，务实的司法改革应该以建构明确的司法功能为其目标，也就是在组织、程序上，让司法的中立、被动、事后、个案、争议等特质得到彰显，以与其他部门区隔。尽快建立保障法官身份、职务独立保障的制度，藉裁判格式、推理的严谨，程序的公开来达到“审判”的独立。换言之，就是在未分权的国家体制内，仿照设计欧美分权体制下的司法，使其至少具其形，③ 而随未来政治体制逐步改变，水到渠成地走向“司法”的独立。这时候，基于体制背后的理念和内在的运作逻辑，即使选择性的参考乃至混合是不可避免的，最终还是要面临“家族”的选择。在我看来，美英司法代表一种鲜明争议取向的司法体制，法德司法则代表另一种同样鲜明的定分取向的司法体制，④ 前者与大陆地区社会经济现况的距离远大于后者，因此除非抱着“休克疗法”的想法，后者应该是较佳的参考架构。所谓中国特色，不妨在这个基础上去添加，但最好能减少不必要的偏离，以免增加配套的成本。

（三）专业化改革应避免造成社会疏离

最后一点，是从海峡对岸另一个中国人社会的经验出发，最深切的感

---

① 套用美国宪法学者 Alexander Bickel 的名著：The Least Dangerous Branch，1962。贺卫方早已提出此一主张，可参《对抗制与中国法官》，载《司法的理念与制度》，中国政法大学出版社，1998年，第101～102页；王利明进一步谈到各种司法人员的分流与专业化，可参所著《司法改革研究》，法律出版社，1999年，第422～423页。

② 套用美国宪法学者 Alexander Bickel 的名著：*The* Least Dangerous Branch，1962。

③ 最近美国学者陆思礼（Stanley B.Lubman）就写了一本“笼中鸟”，藉鸟笼经济的比喻来说明大陆地区法治的现况，参阅 Bird in a Cage,Legal reform in China after Mao，1999；王利明曾对大陆地区在议行合一体制下，如何调和审判独立与法院监督的问题，详细论述，前注46，第11章。他如陈瑞华：《中国大陆刑事司法改革之架构——公检法关系之重塑》，发表于前注14研讨会。

④ 宋冰编的《读本：美国与德国的司法制度及司法程序》对两制作了深入而不偏颇的介绍，中国政法大学出版社，1998年。

受：司法在追求专业化的同时，一定要透过适当的教育，避免专业因素加深人民对法律的排斥。司法的社会化，当然不是要走回人民公审的老路。但司法人员在学习专业的同时必须体认，浸润在人情世故，差序格局的伦理有一两千年的中国社会，对于法律的不近人情、不分内外，基本上是排斥的。因此怎样透过法庭的开放、裁判书的通俗与网络化，至少不让专业增加的精确与可预期性，被它因为专而“隔”的副作用抵消。司法行政应该分出很大一部分资源用于对外的教育与沟通，利用各种机会去改变人民对司法的刻板印象，学习正确利用法律，了解法律不仅可以“治国”，它也可以是一种生活方式，是一种像交通规则一样、“自己方便，大家方便”的信息。① 台湾地区的司法就因为长期忽略了这一环，而陷入法官越专业就越自以为是，民众越不懂就越不信任司法的困境，司法的专业性越高，社会的疏离感越强。台湾地区人民接受好莱坞法庭戏剧的教育和包青天连续剧的教育，远比实定法的教育多得多，他们脑中浮现的理想司法飘移在程序正义和实体正义的两个极端之间，是任何现实的司法制度都无法满足的空想，信任自然更无从建立，大陆地区在努力提升司法专业性之际，绝对要避免犯同样的错误。*

（本文原载于《环球法律评论》2002 年春季号）

① 就此可参阅吴志攀：《论法院的教育功能》，发表于前注 14 研讨会。

* （出版单位按照现行出版体例要求对文中个别机构的名称做了技术处理。）

后 记

天命维新，大道有常；法治方略，理政安邦。景山东麓，法学允张；建言献策，绵泽久长。岁在癸巳，时逢初春，中国社会科学院法学研究所借党的十八大与十八届三中全会之东风，习近平总书记系列讲话之泽润，邀聚学界英杰、业内翘楚，以“深化司法体制改革”为主题，各抒胸臆，商略京华，共襄盛举。言不尽意，汇集成书，旨在献计社稷，传承志识，砥砺学问，分享见解。

本著作上承法学所20世纪末研讨依法治国与司法改革之学脉，下汇当今法治中国建设理论实务之新论；鸟瞰法治进展现状，纵观司法改革今昔；论及司法独立公正高效权威之多维，贯通新中国成立与改革开放60多年之前后；名家云集，高论共欣赏；翘楚竞出，疑义相与析。虽见解不尽相同，而匠心正该独运；凡篇目各有讲究，然思虑全系法治。

本书由中国社会科学院学部委员李林所长担纲主编，论坛筹幄高屋建瓴，著作编纂厚重恢弘。方志出版社社长、总编辑冀祥德研究员鼎力襄助同任主编，出谋划策，协调组织，精心出版。法学系刘晨琦、张硕老师，博士后研究人员陈效，博士生冀敏，硕士生王晓明、宋夏瀛洁等，勤恳勤勉，劳心劳力，为本书之编辑出版贡献颇多。尤其是焦旭鹏博士，参与了会议组织、论文结集及部分文字写作，付出诸多精力。

方志出版社的编辑们敬业爱岗，积极奉献，不辞辛苦，加班加点，才使得本书能够在十八届三中全会召开后即付梓问世。

论著不足之处，在所难免，端赖各方，赐正改进。

编者

2013年11月18日